신선화 지음(전 시사일본어학원 시험대비반 강사)

시나공 JLPT 일본어능력시험 N3

Crack the Exam! - JLPT for Level N3

초판 발행 · 2018년 7월 30일
초판 5쇄 발행 · 2024년 3월 15일

지은이 · 신선화
기획 · 북스코어
발행인 · 이종원
발행처 · (주)도서출판 길벗
브랜드 · 길벗이지톡
출판사 등록일 · 1990년 12월 24일
주소 · 서울시 마포구 월드컵로 10길 56 (서교동)
대표 전화 · 02)332-0931 | **팩스** · 02)323-0586
홈페이지 · www.gilbut.co.kr | **이메일** · eztok@gilbut.co.kr

기획 및 책임 편집 · 오윤희(tahiti01@gilbut.co.kr), 김대훈 | **표지 디자인** · 최주연 | **제작** · 이준호, 손일순, 이진혁
마케팅 · 이수미, 최소영, 장봉석 | **영업관리** · 김명자, 심선숙 | **독자지원** · 윤정아

편집진행 및 교정 · 정보경 | **본문 디자인** · 이도경 | **본문 일러스트** · 최정을 | **전산편집** · 수(秀) 디자인
오디오 녹음 · 와이알미디어 | **CTP 출력 및 인쇄** · 예림인쇄 | **제본** · 예림바인딩

ISBN 979-11-5924-179-6 03730
(길벗 도서번호 300914)

정가 24,000원

시험에 나오는 핵심만 요약했다!

N3는 새로 생긴 레벨인데 어떤 수준인가요?

N3는 전체 레벨 중 중간 레벨로 기존 시험이 2급과 3급의 레벨 차이가 심하였던 것을 개선하기 위해 2급과 3급 사이의 중간 난이도를 목표로 2010년부터 새롭게 만들어진 단계로 '생활 일본어를 어느 정도 이해할 수 있는 수준'입니다.

핵심만 간추리고 완벽대비법을 제시했다!

본 교재는 문자 · 어휘, 문법, 독해, 청해의 모든 영역을 新 일본어능력시험의 개정의도 및 목표에 따라 철저히 분석하여, 각 유형의 분석과 대비법 및 기출어를 제시하고 N3 레벨에서 반드시 익혀야 할 핵심한자 400자와 핵심어휘 2,000어, 핵심문법을 요약 정리해 놓았습니다. 또한 최신 출제경향에 딱 맞춘 문제와 문제에 대한 해설을 제시함으로써 혼자서도 시험에 완벽하게 대비할 수 있습니다. 정답과 해설편에 모든 문제에 대한 어휘를 상세하게 제시하고 있으므로 꼼꼼하게 챙겨서 내 것으로 만들 수 있도록 한다면, 합격뿐만 아니라 고득점까지도 얻을 수 있으리라 확신합니다.

실용적인 측면에서의 일본어 실력을 측정해요!

新 일본어능력시험은 커뮤니케이션 능력의 향상을 목적으로, 실용적인 측면에서의 일본어 실력을 측정하는 시험입니다. 시험이 개정되면서 나타난 두드러지는 특징은 먼저, 문자 · 어휘의 비중이 하향 조정되었고, 문법 문제에 있어 문어체적인 표현보다는 회화체에 많이 쓰이는 문법표현의 비중이 높아지고, 하나의 문장을 완성시킬 수 있는지를 묻는 문장만들기 문제와 본문의 전체 내용을 완성하기 위한 문형이나 표현을 사용할 수 있는지를 묻는 글의 문법 문제가 신설되었다는 것입니다. 또한 독해 문제에서 여러 가지 정보소재 안에서 필요한 정보를 찾아낼 수 있는지를 묻는 정보검색 문제가 신설되었다는 것, 그리고 무엇보다 가장 많은 큰 변화를 보이는 것은 청해 문제가 과거 시험에 비해 점수의 비중이 높아지고 일상회화 장면을 떠올리게 하는 발화표현과 즉시응답의 문제 유형이 신설되었다는 점이 큰 변화라 할 수 있습니다. 이러한 변화를 잘 이해하고 학습계획을 세우고 대비하시기 바랍니다.

이번에 개정판을 출간하면서 최신 기출 정보를 수록하였습니다. 부디 이 교재가 여러분들의 일본어능력시험의 합격과 함께 일본어 실력 향상을 위해 많은 도움이 되길 바랍니다.

2018년 8월 신선화

목차

1교시 완벽대비 언어지식(문자 · 어휘)

첫째마당 | 문자편

둘째마당 | 어휘편

1교시 완벽대비 언어지식(문법) · 독해

| 셋째마당 | 문법편

| 넷째마당 | 독해편

2교시 완벽대비 청해

| 다섯째마당 | 청해편

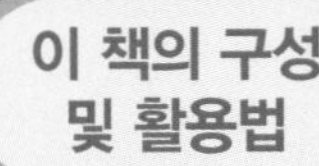

STEP 01 | 문제분석

문제유형을 익히고 대비책 세우기!

〈문제 소개〉와 〈문제 미리 풀어 보기 및 풀이〉를 통해 문제 유형을 소개하고, 최신 출제경향을 철저히 분석하여, 대비법과 기출어를 제시했다.

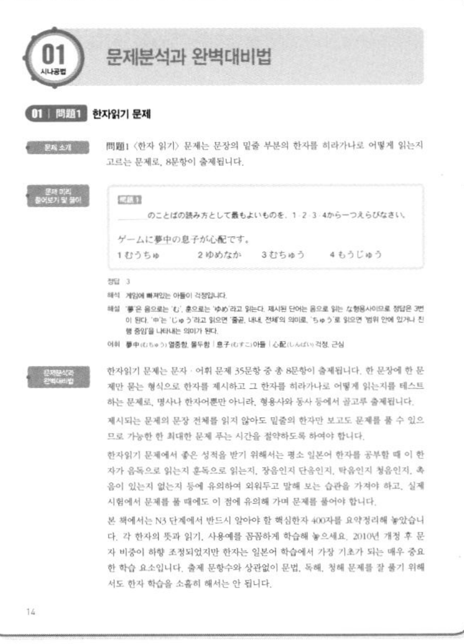

01 시나공법 문제분석과 완벽대비법

01 | 問題1 한자읽기 문제

문제 소개

問題1 〈한자 읽기〉 문제는 문장의 밑줄 부분의 한자를 히라가나로 어떻게 읽는지 고르는 문제로, 8문항이 출제됩니다.

문제 미리 풀어보기 및 풀이

問題1

＿＿＿のことばの読み方として最もよいものを、1・2・3・4から一つえらびなさい。

ゲームに夢中の息子が心配です。
1 むうちゅ　2 ゆめなか　3 むちゅう　4 もうじゅう

정답 3

해석 게임에 빠져있는 아들이 걱정입니다.

해설 '夢'은 음으로는 'む', 훈으로는 'ゆめ'라고 읽는다. 제시된 단어는 음으로 읽는 な형용사이므로 정답은 3번이 된다. '中'는 'じゅう'라고 읽으면 '줄곧, 내내, 전체'의 의미로, 'ちゅう'로 읽으면 '범위 안에 있거나 진행 중임'을 나타내는 의미가 된다.

어휘 夢中(むちゅう) 열중함, 몰두함 | 息子(むすこ) 아들 | 心配(しんぱい) 걱정, 근심

문제분석과 완벽대비법

한자읽기 문제는 문자 · 어휘 문제 35문항 중 총 8문항이 출제됩니다. 한 문장에 한 문제만 묻는 형식으로 한자를 제시하고 그 한자를 히라가나로 어떻게 읽는지를 테스트하는 문제로, 명사나 한자어뿐만 아니라, 형용사와 동사 등에서 골고루 출제됩니다.

제시되는 문제의 문장 전체를 읽지 않아도 밑줄의 한자만 보고도 문제를 풀 수 있으므로 가능한 한 최대한 문제 푸는 시간을 절약하도록 하여야 합니다.

한자읽기 문제에서 좋은 성적을 받기 위해서는 평소 일본어 한자를 공부할 때 이 한자가 음독으로 읽는지 훈독으로 읽는지, 장음인지 단음인지, 탁음인지 청음인지, 촉음이 있는지 없는지 등에 유의하여 외워두고 말해 보는 습관을 가져야 하고, 실제 시험에서 문제를 풀 때에도 이 점에 유의해 가며 문제를 풀어야 합니다.

본 책에서는 N3 단계에서 반드시 알아야 할 핵심한자 400자를 요약정리해 놓았습니다. 각 한자의 뜻과 읽기, 사용예를 꼼꼼하게 학습해 놓으세요. 2010년 개정 후 문자 비중이 하향 조정되었지만 한자는 일본어 학습에서 가장 기초가 되는 매우 중요한 학습 요소입니다. 출제 문항수와 상관없이 문법, 독해, 청해 문제를 잘 풀기 위해서도 한자 학습을 소홀히 해서는 안 됩니다.

14

STEP 02 | 핵심이론

핵심요약으로 탄탄하게 실력 쌓기!

N3 레벨에서 반드시 익혀야 할 핵심한자 400자, 핵심어휘 2000어, 기초 핵심문법 및 핵심문법 150개를 골라 핵심만 요약 제시했다.

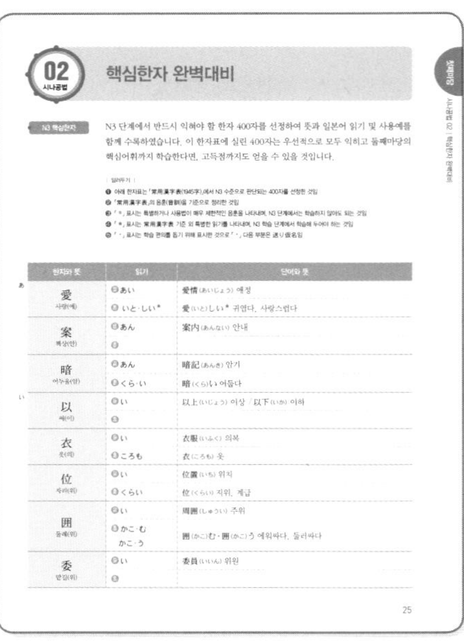

02 시나공법 핵심한자 완벽대비

첫째마당 | 시나공법 02 | 핵심한자 완벽대비

N3 핵심한자

N3 단계에서 반드시 익혀야 할 한자 400자를 선정하여 뜻과 일본어 읽기 및 사용예를 함께 수록하였습니다. 이 한자표에 실린 400자는 우선적으로 모두 익히고 둘째마당의 핵심어휘까지 학습한다면, 고득점까지도 얻을 수 있을 것입니다.

| 일러두기 |

❶ 아래 한자표는 「常用漢字表(1945字)」에서 N3 수준으로 판단되는 400자를 선정한 것임
❷ 「常用漢字表」의 음훈(音訓)을 기준으로 정리한 것임
❸ 「＊」 표시는 특별하거나 사용법이 매우 제한적인 음훈을 나타내며, N3 단계에서는 학습하지 않아도 되는 것임
❹ 「＊」 표시는 常用漢字表 기준 외 특별한 읽기를 나타내며, N3 학습 단계에서 학습해 두어야 하는 것임
❺ 「・」 표시는 학습 편의를 돕기 위해 표시한 것으로 「・」 다음 부분은 送り仮名임

	한자와 뜻	읽기	단어와 뜻
あ	愛 사랑(애)	あい	愛情(あいじょう) 애정
		いと・しい＊	愛(いと)しい＊ 귀엽다, 사랑스럽다
	案 책상(안)	あん	案内(あんない) 안내
	暗 어두울(암)	あん	暗記(あんき) 암기
		くら・い	暗(くら)い 어둡다
い	以 써(이)	い	以上(いじょう) 이상 / 以下(いか) 이하
	衣 옷(의)	い	衣服(いふく) 의복
		ころも	衣(ころも) 옷
	位 자리(위)	い	位置(いち) 위치
		くらい	位(くらい) 지위, 계급
	囲 둘레(위)	い	周囲(しゅうい) 주위
		かこ・む かこ・う	囲(かこ)む・囲(かこ)う 에워싸다, 둘러싸다
	委 맡길(위)	い	委員(いいん) 위원

25

STEP 03 | 문제 풀기

완벽대비 문제 풀고 시험에 적응하기!

최신 시험을 철저하게 분석하여 출제경향에 딱 맞춘 문제와 문제에 대한 해설을 제시함으로써 혼자서도 시험에 완벽하게 대비할 수 있다.

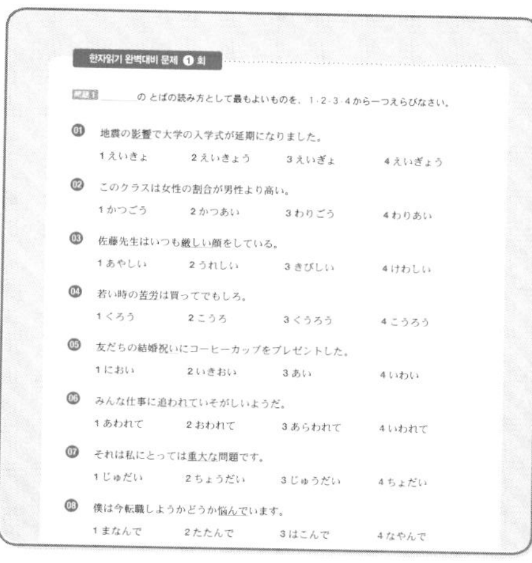
한자읽기 완벽대비 문제 ❶ 회

문제 1 ＿＿＿のことばの読み方として最もよいものを、1・2・3・4から一つえらびなさい。

01 地震の影響で大学の入学式が延期になりました。
1 えいきょ　2 えいきょう　3 えいぎょ　4 えいぎょう

02 このクラスは女性の割合が男性より高い。
1 かつごう　2 かつあい　3 わりごう　4 わりあい

03 佐藤先生はいつも厳しい顔をしている。
1 あやしい　2 うれしい　3 きびしい　4 けわしい

04 若い時の苦労は買ってでもしろ。
1 くろう　2 こうろ　3 くうろう　4 こうろう

05 友だちの結婚祝いにコーヒーカップをプレゼントした。
1 におい　2 いきおい　3 あい　4 いわい

06 みんな仕事に追われていそがしいようだ。
1 あわれて　2 おわれて　3 あらわれて　4 いわれて

07 それは私にとっては重大な問題です。
1 じゅだい　2 ちょうだい　3 じゅうだい　4 ちょだい

08 僕は今転職しようかどうか悩んでいます。
1 まなんで　2 たたんで　3 はこんで　4 なやんで

STEP 04 | 해설 보기

해설을 읽으며 꼼꼼하게 내 것으로 만들기!

해설편에 모든 문제에 대한 어휘 및 문법을 상세하게 풀이하였다. 꼼꼼하게 챙겨서 내 것으로 만들 수 있도록 한다면, 합격뿐만 아니라 고득점까지도 얻을 수 있다.

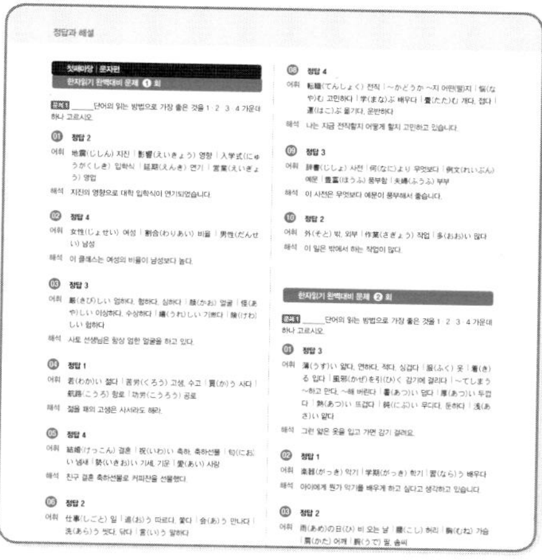
정답과 해설

첫째마당 | 문자편
한자읽기 완벽대비 문제 ❶ 회

문제 1 ＿＿＿단어의 읽는 방법으로 가장 좋은 것을 1・2・3・4 가운데 하나 고르시오.

01 정답 2
어휘 地震(じしん) 지진 | 影響(えいきょう) 영향 | 入学式(にゅうがくしき) 입학식 | 延期(えんき) 연기 | 営業(えいぎょう) 영업
해석 지진의 영향으로 대학 입학식이 연기되었습니다.

02 정답 4
어휘 女性(じょせい) 여성 | 割合(わりあい) 비율 | 男性(だんせい) 남성
해석 이 클래스는 여성의 비율이 남성보다 높다.

03 정답 3
어휘 厳(きび)しい 엄하다, 험하다, 심하다 | 顔(かお) 얼굴 | 怪(あや)しい 이상하다, 수상하다 | 嬉(うれ)しい 기쁘다 | 険(けわ)しい 험하다
해석 사토 선생님은 항상 엄한 얼굴을 하고 있다.

04 정답 1
어휘 若(わか)い 젊다 | 苦労(くろう) 고생, 수고 | 買(か)う 사다 | 航路(こうろ) 항로 | 功労(こうろう) 공로
해석 젊을 때의 고생은 사서라도 해라.

05 정답 4
어휘 結婚(けっこん) 결혼 | 祝(いわ)い 축하, 축하선물 | 匂(にお)い 냄새 | 勢(いきお)い 기세, 기운 | 愛(あい) 사랑
해석 친구 결혼 축하선물로 커피잔을 선물했다.

06 정답 2
어휘 仕事(しごと) 일 | 追(お)う 따르다, 쫓다 | 会(あ)う 만나다 | 洗(あら)う 씻다, 닦다 | 言(い)う 말하다

08 정답 4
어휘 転職(てんしょく) 전직 | ~かどうか ~지 어떤(할)지 | 悩(なや)む 고민하다 | 学(まな)ぶ 배우다 | 畳(たた)む 개다, 접다 | 運(はこ)ぶ 옮기다, 운반하다
해석 나는 지금 전직할지 어떻게 할지 고민하고 있습니다.

09 정답 3
어휘 辞書(じしょ) 사전 | 何(なに)より 무엇보다 | 例文(れいぶん) 예문 | 豊富(ほうふ) 풍부함 | 夫婦(ふうふ) 부부
해석 이 사전은 무엇보다 예문이 풍부해서 좋습니다.

10 정답 2
어휘 外(そと) 밖, 외부 | 作業(さぎょう) 작업 | 多(おお)い 많다
해석 이 일은 밖에서 하는 작업이 많다.

한자읽기 완벽대비 문제 ❷ 회

문제 1 ＿＿＿단어의 읽는 방법으로 가장 좋은 것을 1・2・3・4 가운데 하나 고르시오.

01 정답 3
어휘 薄(うす)い 얇다, 연하다, 적다, 싱겁다 | 服(ふく) 옷 | 着(き)る 입다 | 風邪(かぜ)を引(ひ)く 감기에 걸리다 | ~てしまう ~하고 만다, ~해 버리다 | 暑(あつ)い 덥다 | 厚(あつ)い 두껍다 | 熱(あつ)い 뜨겁다 | 鈍(にぶ)い 무디다, 둔하다 | 浅(あさ)い 얕다
해석 그런 얇은 옷을 입고 가면 감기 걸려요.

02 정답 1
어휘 楽器(がっき) 악기 | 学期(がっき) 학기 | 習(なら)う 배우다
해석 아이에게 뭔가 악기를 배우게 하고 싶다고 생각하고 있습니다.

03 정답 2
어휘 雨(あめ)の日(ひ) 비 오는 날 | 腰(こし) 허리 | 胸(むね) 가슴 | 肩(かた) 어깨 | 腕(うで) 팔, 솜씨

STEP 05 | 모의고사

총 2회 실전 모의고사로 최종점검하기!

본 교재 학습이 끝난 후 시험 전에 최종점검용으로 풀어볼 수 있는 실전 모의고사를 2회 수록하였다. 실전처럼 시간을 체크하면서 풀어보자.

실전 모의고사
言語知識 - 文字・語彙

問題1 ＿＿＿のことばの読み方として最もよいものを、1・2・3・4から一つえらびなさい。

1 簡単な仕事なので、経験の浅い人でもできる。
1 あさい　2 うすい　3 かたい　4 あらい

2 ニュースによると、来月から公共料金が値上げになるそうだ。
1 こうこう　2 こうきょう　3 きょうこう　4 きょうきょう

3 彼にその仕事をする能力があるかどうか疑問だ。
1 いむん　2 いもん　3 ぎむん　4 ぎもん

4 自分の子を他人の子と比較するな。
1 ひこう　2 びこう　3 ひかく　4 びかく

5 とても暑い夜だったので夜中まで眠れなかった。
1 よなか　2 よちゅう　3 やなか　4 やちゅう

6 あの人に頼むのはちょっと気が進まない。
1 なやむ　2 たたむ　3 かこむ　4 たのむ

신 일본어능력시험 N3 알아보기

▶ JLPT란 무엇인가요?

JLPT는 Japanese-Language Propiciency Test에서 따온 이름으로 일본어를 모국어로 하지 않는 사람을 대상으로 52개 국가에서 응시하고 있는 일본어능력을 평가하는 시험입니다. 일본어와 관련된 지식과 더불어, 실제로 사용할 수 있는 실용적인 일본어 능력을 중시하기 때문에, 문자 · 어휘 · 문법과 같은 언어 지식을 활용한 커뮤니케이션 상의 과제 수행능력을 측정합니다.

- **실시횟수 :** 연 2회 (7월과 12월에 실시)
- **시험레벨 :** N1, N2, N3, N4, N5의 5단계
- **시험접수 :** 능력시험사무국 홈페이지 (http://www.jlpt.or.kr)에 안내
- **주의사항 :** 수험표, 신분증 및 필기도구 (HB연필, 지우개)를 반드시 지참

▶ N3 레벨은 구체적으로 어떤 수준인가요?

N3은 '생활 일본어를 어느 정도 이해할 수 있는 수준'으로, 읽기와 듣기의 언어행동으로 나누어 제시한 인정기준은 아래와 같습니다.

읽기	· 일상적인 화제에 대하여 쓰여진 구체적인 내용이 표면적으로 드러난 문장을 읽고 이해하는 것이 가능하다. · 신문의 표제어를 보고 대략적인 정보를 유추할 수 있다. · 일상적으로 접하는 다소 난이도가 있는 글의 경우, 다른 표현이 주어졌을 때는 요점을 파악하는 것이 가능하다.
듣기	일상에 있어 비교적 자연스러운 속도의 정돈된 대화를 듣고, 이야기의 구체적인 내용을 등장인물과 대조하여 대체적으로 이해가 가능하다.

▶ N3 시험 시간표를 알려주세요!

입실	1교시		휴식	2교시
13:10	언이지식(문자어휘) 13:30~ 14:00	언어지식(문법) · 독해 14:05~15:15	15:15~15:35	청해 15:35~16:20
	(105분)		(20분)	(40분)

▶ N3 합격기준은 어떻게 되나요?

새로운 일본어능력시험은 종합득점과 각 과목별 득점의 두 가지 기준에 따라 합격여부를 판정합니다. 즉, 종합득점이 합격에 필요한 점수(합격점) 이상이며, 각 과목별 득점이 과목별로 부여된 합격에 필요한 최저점(기준점) 이상일 경우 합격입니다.

구분	합격점	기준점		
		언어지식	독해	청해
N3	95	19	19	19

▶ N3 구성과 득점범위는 어떻게 되나요?

교시	항목	시간	내용		문항수	득점범위
1교시	언어 지식 (문자 · 어휘)	30분	1	한자읽기	8	0~60
			2	한자쓰기	6	
			3	문맥규정	11	
			4	유의표현	5	
			5	용법	5	
	언어 지식 (문법)	70분	1	문법형식 판단	13	
			2	문장만들기	5	
			3	글의 문법	5	
	독해		4	단문이해	4	0~60
			5	중문이해	6	
			6	장문이해	4	
			7	정보검색	2	
2교시	청해	40분	1	과제이해	6	0~60
			2	포인트이해	6	
			3	개요이해	3	
			4	발화표현	4	
			5	즉시응답	9	
		총 140분			총 102	0~180

※ 문항 수는 매회 시험에서 출제되는 대략적인 기준으로 실제 시험에서의 출제 수는 다소 달라질 수 있습니다.

▶ N3 합격을 위한 학습요령을 알려주세요!

하나,

일본어 단어를 공부할 때는 한자읽기 방법을 정확히 구별하여 한자는 1음절씩, 그리고 동음이의어는 함께 묶어서, 그리고 단어의 사전적 대표 의미만이 아닌 전체 의미를 확인하고, 유의어나 반의어를 동시에 외워두는 것이 문제를 푸는 데 도움이 됩니다.

둘,

문법 문제에서 좋은 점수를 얻기 위해서는 교재에 제시하고 있는 N3의 기본이 되는 문법을 문형별 · 주제별 · 접속별로 구분해서 암기하여 실력을 쌓은 후, 평소 생활 속에서 단어와 다양한 문법적인 요소를 조합해 문장을 만들어 보는 연습과 예문이나 글을 많이 접해보아야 합니다.

셋,

독해 문제의 고득점을 원한다면 평소 다양한 분야의 많은 글을 단문부터 중 · 장문까지 빠른 시간 내에 읽어나가는 습관이 필수적입니다. 또한 육하원칙에 충실하여, 서론 · 본론 · 결론을 나누어 읽는 연습을 하면 보다 더 좋은 결과를 얻을 수 있습니다.

넷,

개정된 일본어능력시험에서 고득점을 원한다면 청해를 잡아야 합니다. 청해 문제는 청취 시작과 끝부분에 정답의 힌트가 많으므로 절대로 그 부분을 놓쳐서는 안 됩니다. 또한 문제를 들으면서 메모를 하여 기억하는 습관과, 평소 일본의 뉴스나 드라마, 재팬애니메이션, 음악 등을 활용하여 언어적인 센스를 높일 수 있다면 분명 청해 실력은 향상될 수 있습니다.

학습계획표

본 교재의 최단기 학습 일자입니다. 시험이 얼마 남지 않은 분은 이 6주 완성 프로그램으로 학습하시고, 12주 전에 시작하시는 분은 6주 완성프로그램을 2회 반복하시거나 6주를 12주로 늘리거나 하여 각자 자신만의 학습 계획을 세워보세요.

첫째주	1일차	2일차	3일차	4일차	5일차	6일차	7일차
학습 내용	| 첫째마당 | 시나공법 01	| 첫째마당 | 시나공법 02	| 첫째마당 | 시나공법 02	| 첫째마당 | 시나공법 02	| 첫째마당 | 문제풀이	| 첫째마당 | 문제풀이	| 첫째마당 | 복습
둘째주	8일차	9일차	10일차	11일차	12일차	13일차	14일차
학습 내용	| 둘째마당 | 시나공법 01	| 둘째마당 | 시나공법 02	| 둘째마당 | 시나공법 02	| 둘째마당 | 시나공법 02	| 둘째마당 | 시나공법 02	| 둘째마당 | 시나공법 02	| 둘째마당 | 복습
셋째주	15일차	16일차	17일차	18일차	19일차	20일차	21일차
학습 내용	| 둘째마당 | 시나공법 02	| 둘째마당 | 시나공법 02	| 둘째마당 | 시나공법 02	| 둘째마당 | 시나공법 02	| 둘째마당 | 문제풀이	| 둘째마당 | 문제풀이	| 둘째마당 | 복습
넷째주	22일차	23일차	24일차	25일차	26일차	27일차	28일차
학습 내용	| 셋째마당 | 시나공법 01	| 셋째마당 | 시나공법 02	| 셋째마당 | 시나공법 02	| 셋째마당 | 시나공법 02	| 셋째마당 | 문제풀이	| 셋째마당 | 문제풀이	| 셋째마당 | 복습
다섯째주	29일차	30일차	31일차	32일차	33일차	34일차	35일차
학습 내용	| 넷째마당 | 시나공법 01	| 넷째마당 | 문제풀이	| 넷째마당 | 문제풀이	| 넷째마당 | 문제풀이	| 넷째마당 | 문제풀이	| 넷째마당 | 문제풀이	| 넷째마당 | 복습
여섯째주	36일차	37일차	38일차	39일차	40일차	41일차	42일차
학습 내용	| 다섯째마당 | 시나공법 01	| 다섯째마당 | 문제풀이	| 다섯째마당 | 문제풀이	| 다섯째마당 | 문제풀이	| 다섯째마당 | 복습	실전 모의고사	총복습

시나공
JLPT
일본어능력시험
N3

첫째마당 문자편

1교시 완벽대비 언어지식(문자 · 어휘)

문제분석과 완벽대비법

01 | 問題1 한자읽기 문제

문제 소개

問題1 〈한자 읽기〉 문제는 문장의 밑줄 부분의 한자를 히라가나로 어떻게 읽는지 고르는 문제로, 8문항이 출제됩니다.

문제 미리 풀어보기 및 풀이

> **問題 1**
> ＿＿＿＿のことばの読み方として最もよいものを、1・2・3・4から一つえらびなさい。
>
> ゲームに<u>夢中</u>の息子が心配です。
>
> 1 むうちゅ　　2 ゆめなか　　3 むちゅう　　4 もうじゅう

정답　3

해석　게임에 빠져있는 아들이 걱정입니다.

해설　'夢'은 음으로는 'む', 훈으로는 'ゆめ'라고 읽는다. 제시된 단어는 음으로 읽는 な형용사이므로 정답은 3번이 된다. '中'는 'じゅう'라고 읽으면 '줄곧, 내내, 전체'의 의미로, 'ちゅう'로 읽으면 '범위 안에 있거나 진행 중임'을 나타내는 의미가 된다.

어휘　夢中(むちゅう) 열중함, 몰두함 | 息子(むすこ) 아들 | 心配(しんぱい) 걱정, 근심

문제분석과 완벽대비법

한자읽기 문제는 문자 · 어휘 문제 35문항 중 총 8문항이 출제됩니다. 한 문장에 한 문제만 묻는 형식으로 한자를 제시하고 그 한자를 히라가나로 어떻게 읽는지를 테스트하는 문제로, 명사나 한자어뿐만 아니라, 형용사와 동사 등에서 골고루 출제됩니다.

제시되는 문제의 문장 전체를 읽지 않아도 밑줄의 한자만 보고도 문제를 풀 수 있으므로 가능한 한 최대한 문제 푸는 시간을 절약하도록 하여야 합니다.

한자읽기 문제에서 좋은 성적을 받기 위해서는 평소 일본어 한자를 공부할 때 이 한자가 음독으로 읽는지 훈독으로 읽는지, 장음인지 단음인지, 탁음인지 청음인지, 촉음이 있는지 없는지 등에 유의하여 외워두고 말해 보는 습관을 가져야 하고, 실제 시험에서 문제를 풀 때에도 이 점에 유의해 가며 문제를 풀어야 합니다.

본 책에서는 N3 단계에서 반드시 알아야 할 핵심한자 400자를 요약정리해 놓았습니다. 각 한자의 뜻과 읽기, 사용예를 꼼꼼하게 학습해 놓으세요. 2010년 개정 후 문자 비중이 하향 조정되었지만 한자는 일본어 학습에서 가장 기초가 되는 매우 중요한 학습 요소입니다. 출제 문항수와 상관없이 문법, 독해, 청해 문제를 잘 풀기 위해서도 한자 학습을 소홀히 해서는 안 됩니다.

기출문제 분석

개정 후 2010년부터 2017년까지의 기출문제를 살펴보면, 명사와 동사, 형용사 문제가 주로 출제되고 있는 것을 알 수 있습니다. 그 중 가장 많이 출제되고 있는 것은 2글자로 된 음독명사입니다. 자 그럼, 출제 어휘들을 살펴볼까요!

2010년~2017년 기출 어휘 보기

기출 1글자 명사 보기

□□ 汗(あせ)	땀
□□ 息(いき)	숨, 호흡
□□ 岩(いわ)	바위
□□ 首(くび)	목
□□ 件(けん)	건, 사항, 사건
□□ 島(しま)	섬
□□ 席(せき)	자리
□□ 根(ね)	뿌리
□□ 豆(まめ)	콩
□□ 湖(みずうみ)	호수
□□ 横(よこ)	가로, 옆

기출 명사 보기

□□ 合図(あいず)	신호
□□ 相手(あいて)	상대
□□ 以降(いこう)	이후
□□ 位置(いち)	위치
□□ 笑顔(えがお)	웃는 얼굴
□□ 横断(おうだん)	횡단
□□ 応募(おうぼ)	응모
□□ 応用(おうよう)	응용
□□ 改札(かいさつ)	개찰
□□ 各地(かくち)	각지
□□ 過去(かこ)	과거
□□ 下線(かせん)	밑줄

□□ 観客(かんきゃく) 관객

□□ 完成(かんせい) 완성

□□ 共通(きょうつう) 공통

□□ 疑問(ぎもん) 의문

□□ 協力(きょうりょく) 협력

□□ 空席(くうせき) 공석

□□ 苦労(くろう) 고생, 수고

□□ 訓練(くんれん) 훈련

□□ 経営学(けいえいがく) 경영학

□□ 計算(けいさん) 계산

□□ 外科(げか) 외과

□□ 血液型(けつえきがた) 혈액형

□□ 検査(けんさ) 검사

□□ 広告(こうこく) 광고

□□ 呼吸(こきゅう) 호흡

□□ 個人(こじん) 개인

□□ 支給(しきゅう) 지급

□□ 情報(じょうほう) 정보

□□ 首都(しゅと) 수도

□□ 事情(じじょう) 사정

□□ 自然(しぜん) 자연

□□ 失業(しつぎょう) 실업

□□ 実力(じつりょく) 실력

□□ 集中(しゅうちゅう) 집중

□□ 手術(しゅじゅつ) 수술

□□ 出張(しゅっちょう) 출장

□□ 主要(しゅよう) 주요

□□ 順番(じゅんばん) 순번

□□ 商業(しょうぎょう) 상업

□□ 商品(しょうひん) 상품

□□ 食器(しょっき) 식기

□□ 税金(ぜいきん) 세금

□□ 製品(せいひん) 제품

□□ 選手(せんしゅ) 선수

□□ 想像(そうぞう) 상상

□□ 早退(そうたい) 조퇴

□□ 卒業(そつぎょう) 졸업

□□ 大会(たいかい) 대회

□□ 他人(たにん) 타인

□□ 単語(たんご) 단어

□□ 地球(ちきゅう) 지구

□□ 朝食(ちょうしょく) 조식, 아침밥

□□ 直接(ちょくせつ) 직접

□□ 貯金(ちょきん) 저금

□□ 通知(つうち) 통지

□□ 通勤(つうきん) 통근

□□ 到着(とうちゃく) 도착

□□ 独立(どくりつ) 독립

□□ 努力(どりょく) 노력

□□ 荷物(にもつ) 짐

□□ 発見(はっけん) 발견

□□ 発表(はっぴょう) 발표

□□ 表面(ひょうめん) 표면

□□ 夫婦(ふうふ) 부부

□□ 文章(ぶんしょう) 문장

□□ 分類(ぶんるい) 분류

□□ 平均(へいきん) 평균

□□ 平日(へいじつ) 평일

□□ 変化(へんか) 변화

□□ 方向(ほうこう) 방향

□□ 申(もう)し込(こ)み 신청

□□ 留守(るす) 빈집을 지킴, 집을 비움, 부재중

기출 형용사 보기

□□	浅(あさ)い	얕다, 정도가 낮다
□□	厚(あつ)い	두껍다, 두텁다
□□	痛(いた)い	아프다
□□	一般的(いっぱんてき)だ	일반적이다
□□	美(うつく)しい	아름답다
□□	固(かた)い	단단하다
□□	汚(きたな)い	더럽다, 지저분하다
□□	苦(くる)しい	괴롭다, 고통스럽다
□□	得意(とくい)だ	자신이 있다, 잘하다
□□	深(ふか)い	깊다
□□	丸(まる)い	둥글다
□□	短(みじか)い	짧다

기출 동사 보기

□□	表(あらわ)す	나타내다
□□	移(うつ)す	옮기다
□□	遅(おく)れる	늦다
□□	覚(おぼ)える	느끼다, 기억하다
□□	折(お)る	접다, 구부리다, 꺾다
□□	折(お)れる	접히다, 부러지다
□□	返(かえ)す	돌려주다, 되돌려 놓다
□□	替(か)える	바꾸다, 교환하다
□□	配(くば)る	나누어주다
□□	組(く)む	끼다, 꼬다, 짜다, 엮다
□□	加(くわ)える	보태다, 더하다
□□	困(こま)る	곤란하다
□□	転(ころ)ぶ	구르다, 넘어지다
□□	示(しめ)す	(나타내) 보이다, 가리키다
□□	伝(つた)える	전하다
□□	包(つつ)む	싸다, 둘러싸다
□□	生(は)える	나다, 자라다

□□ 測(はか)る　달다, 재다, 짐작하다

□□ 払(はら)う　없애다, 지불하다

□□ 冷(ひ)える　식다, 차가워지다

□□ 干(ほ)す　말리다

□□ 回(まわ)す　돌리다

□□ 結(むす)ぶ　묶다

□□ 燃(も)える　타다, 불타다

□□ 汚(よご)れる　더러워지다

□□ 笑(わら)う　웃다

□□ 割(わ)れる　깨지다, 부서지다

02 | 問題2 한자쓰기 문제

문제 소개

問題2 〈한자쓰기〉 문제는 문장의 밑줄 부분의 히라가나를 한자로 어떻게 표기하는지 고르는 문제로, 6문항이 출제됩니다.

문제 미리 풀어보기 및 풀이

問題 2

________のことばを漢字で書くとき、最もよいものを、1・2・3・4から一つえらびなさい。

あの先生の授業はねむくて頭になかなか入ってこない。

1 寝くて　　2 睡くて　　3 眼くて　　4 眠くて

정답　4

해석　저 선생님 수업은 졸려서 머리에 좀처럼 들어오지 않는다.

해설　정답인 4번 '잠잘 (면)'으로 '眠(ねむ)い 졸리다, 眠(ねむ)る 잠들다' 등으로 쓰이는 한자이다. 1번은 '잠잘 (침)'으로 '寝(ね)る 자다' 등으로 쓰이는 한자, 2번은 '잘 (수)'로 '睡眠(すいみん) 수면'과 같은 단어로 쓰이는 한자, 3번은 '눈 (안)'으로 '眼鏡(めがね) 안경' 등과 같은 단어로 쓰이는 한자이다.

어휘　授業(じゅぎょう) 수업 | 眠(ねむ)い 졸리다 | 頭(あたま) 머리 | なかなか 상당히, 좀처럼 | 入(はい)ってくる 들어오다

문제분석과 완벽대비법

한자쓰기 문제는 문자 · 어휘 문제 35문항 중 6문항이 출제됩니다. 기존의 시험에서는 한 문장에서 여러 한자 표기를 묻는 문제의 형식으로 출제되었지만, 2010년 개정 후에는 한 문장에 한 문제만 묻는 형식으로 출제됩니다.

한자 쓰기 문제는 히라가나로 쓰인 어휘를 한자로 표기하는 문제로, 한자의 일부분이 다른 한자어나 생김새가 비슷한 한자를 구별하거나, 동음이자어(同音異字語)를 구별하는 형식의 질문이 자주 출제됩니다.

한자쓰기 문제는 비슷한 한자로 인하여 혼동하기 쉬우므로, 애초에 한자를 공부할 때 한자의 의미와의 연관관계를 생각하며, 부수를 최대한 활용하면서 학습하도록 합시다. 한자의 부수는 문제를 푸는 데 중요한 역할을 하는 경우가 많으므로, 한자의 부수를 외우고 부수가 가지고 있는 의미를 정확히 파악해 둔다면 문제를 풀 때 유용하게 활용할 수 있습니다.

한자읽기 문제는 대부분 문제의 한자 부분만 읽고 정답을 찾아도 되는 경우가 많지만, 한자쓰기 문제는 문제에 제시된 질문 단어인 히라가나가 여러 가지 한자로 쓰일 수 있는 경우도 있기 때문에 반드시 문장 전체를 읽고 그 문장 안에서 어떤 의미로 사용되고 있는지를 정확히 파악하고 문제를 풀도록 합시다.

평소에 눈으로만 보는 학습을 하지 말고 직접 써 보도록 하세요. 쓰고 소리 내어 읽으면서 학습하는 습관을 들이는 것이 좋습니다.

기출문제 분석

개정 후 2010년부터 2017년까지의 기출문제를 살펴보면, 명사와 동사, 형용사 문제가 주로 출제되고 있는 것을 알 수 있습니다. 그 중 가장 많이 출제되고 있는 것은 한자읽기와 마찬가지로 2글자로 된 음독명사입니다. 자 그럼, 출제 어휘들을 살펴볼까요!

2010년~2017년 기출 어휘 보기

기출 1글자 명사 보기

□□ 預(あず)け　맡김
□□ 池(いけ)　연못
□□ 券(けん)　표
□□ 波(なみ)　파도
□□ 涙(なみだ)　눈물
□□ 歯(は)　이(빨)
□□ 葉(は)　잎
□□ 倍(ばい)　배, 2배
□□ 秒(びょう)　초
□□ 緑(みどり)　녹색, 나무의 새싹

기출 명사 보기

□□ 案内(あんない)　안내
□□ 内側(うちがわ)　안쪽, 내부
□□ 応募(おうぼ)　응모
□□ 温泉(おんせん)　온천
□□ 解決(かいけつ)　해결
□□ 楽器(がっき)　악기
□□ 仮定(かてい)　가정
□□ 関係(かんけい)　관계
□□ 観光(かんこう)　관광
□□ 関心(かんしん)　관심
□□ 気温(きおん)　기온
□□ 規則(きそく)　규칙
□□ 期待(きたい)　기대

□□ 帰宅(きたく) 귀택, 귀가

□□ 教師(きょうし) 교사

□□ 記録(きろく) 기록

□□ 経由(けいゆ) 경유

□□ 血液(けつえき) 혈액

□□ 欠席(けっせき) 결석

□□ 欠点(けってん) 결점

□□ 原因(げんいん) 원인

□□ 健康(けんこう) 건강

□□ 現在(げんざい) 현재

□□ 減少(げんしょう) 감소

□□ 原料(げんりょう) 원료

□□ 坂道(さかみち) 언덕길, 비탈길

□□ 雑誌(ざっし) 잡지

□□ 残業(ざんぎょう) 잔업

□□ 自信(じしん) 자신

□□ 自由(じゆう) 자유

□□ 週刊誌(しゅうかんし) 주간지

□□ 乗車(じょうしゃ) 승차

□□ 身長(しんちょう) 신장

□□ 頭痛(ずつう) 두통

□□ 正解(せいかい) 정해, 해답

□□ 正常(せいじょう) 정상

□□ 成績(せいせき) 성적

□□ 制服(せいふく) 제복

□□ 専門家(せんもんか) 전문가

□□ 相談(そうだん) 상담

□□ 大量(たいりょう) 대량

□□ 注射(ちゅうしゃ) 주사

□□ 停電(ていでん) 정전

□□ 独身(どくしん) 독신

□□ 復習(ふくしゅう) 복습

□□ 複数(ふくすう) 복수

□□ 平均(へいきん) 평균

□□ 法律(ほうりつ) 법률

□□ 満足(まんぞく) 만족

□□ 物語(ものがたり) 이야기

□□ 輸出(ゆしゅつ) 수출

□□ 容器(ようき) 용기

기출 형용사 보기

□□ 遅(おそ)い 늦다, 느리다

□□ 痛(いた)い 아프다

□□ 恋(こい)しい 그립다

□□ 細(こま)かい 잘다, 미세하다, 세세하다

□□ 速(はや)く 급히, 빨리

□□ 若(わか)い 젊다, 어리다

기출 동사 보기

□□ 預(あず)ける 맡기다, 위임하다

□□ 温(あたた)める 따뜻하게 하다

□□ 移(うつ)る 옮기다, 이동하다

□□ 追(お)う 쫓다, (뒤)따르다

□□ 驚(おどろ)く 놀라다

□□ 降(お)りる 내리다

□□ 重(かさ)ねる 포개다, 겹치다, 되풀이하다

□□ 貸(か)す 빌려주다

□□ 借(か)りる 빌리다

□□ 組(く)む 엇걸다, 끼다, 짜다

□□ 暮(く)らす 보내다, 지내다

□□ 消(け)す 끄다

□□ 困(こま)る 곤란하다

□□ 信(しん)じる 믿다

□□	育(そだ)てる	키우다, 기르다
□□	違(ちが)う	다르다, 틀리다
□□	疲(つか)れる	지치다, 피로해지다
□□	包(つつ)む	싸다, 감추다, 에워싸다
□□	勤(つと)める	근무하다
□□	飛(と)ぶ	날다
□□	投(な)げる	던지다
□□	逃(に)げる	도망치다, 회피하다
□□	願(ねが)う	원하다, 바라다
□□	眠(ねむ)る	잠자다
□□	守(まも)る	지키다
□□	回(まわ)る	돌다
□□	結(むす)ぶ	잇다, 매다, 묶다, 맺다
□□	焼(や)く	태우다

핵심한자 완벽대비

N3 핵심한자

N3 단계에서 반드시 익혀야 할 한자 400자를 선정하여 뜻과 일본어 읽기 및 사용예를 함께 수록하였습니다. 이 한자표에 실린 400자는 우선적으로 모두 익히고 둘째마당의 핵심어휘까지 학습한다면, 고득점까지도 얻을 수 있을 것입니다.

| 일러두기 |

❶ 아래 한자표는 「常用漢字表(1945字)」에서 N3 수준으로 판단되는 400자를 선정한 것임
❷ 「常用漢字表」의 음훈(音訓)을 기준으로 정리한 것임
❸ 「*」 표시는 특별하거나 사용법이 매우 제한적인 음훈을 나타내며, N3 단계에서는 학습하지 않아도 되는 것임
❹ 「★」 표시는 常用漢字表 기준 외 특별한 읽기를 나타내며, N3 학습 단계에서 학습해 두어야 하는 것임
❺ 「・」 표시는 학습 편의를 돕기 위해 표시한 것으로 「・」 다음 부분은 送り仮名임

	한자와 뜻	읽기	단어와 뜻
あ	愛 사랑(애)	음 あい	愛情(あいじょう) 애정
		훈 いと・しい★	愛(いと)しい★ 귀엽다, 사랑스럽다
	案 책상(안)	음 あん	案内(あんない) 안내
		훈	
	暗 어두울(암)	음 あん	暗記(あんき) 암기
		훈 くら・い	暗(くら)い 어둡다
い	以 써(이)	음 い	以上(いじょう) 이상 / 以下(いか) 이하
		훈	
	衣 옷(의)	음 い	衣服(いふく) 의복
		훈 ころも	衣(ころも) 옷
	位 자리(위)	음 い	位置(いち) 위치
		훈 くらい	位(くらい) 지위, 계급
	囲 둘레(위)	음 い	周囲(しゅうい) 주위
		훈 かこ・む かこ・う	囲(かこ)む・囲(かこ)う 에워싸다, 둘러싸다
	委 맡길(위)	음 い	委員(いいん) 위원
		훈	

한자와 뜻	읽기	단어와 뜻
胃 밥통(위)	음 い	胃(い) 위, 밥통 / 胃腸(いちょう) 위장
	훈	
移 옮길(이)	음 い	移動(いどう) 이동
	훈 うつ·る うつ·す	移(うつ)る 옮기다, 바뀌다 移(うつ)す 옮기다
育 기를(육)	음 いく	育児(いくじ) 육아 / 教育(きょういく) 교육
	훈 そだ·つ そだ·てる	育(そだ)つ 자라다 育(そだ)てる 기르다
印 도장(인)	음 いん	印刷(いんさつ) 인쇄
	훈 しるし しる·す★	印(しるし) 표시, 상징 印(しる)す★ 표하다
う		
羽 날개(우)	음 う	羽毛(うもう) 깃털
	훈 は はね	羽(は)·羽(はね) 날개, 깃털
運 운전할(운)	음 うん	運動(うんどう) 운동 / 運転(うんてん) 운전
	훈 はこ·ぶ	運(はこ)ぶ 나르다, 옮기다
雲 구름(운)	음 うん	雲海(うんかい) 운해, 구름바다
	훈 くも	雲(くも) 구름
え		
泳 헤엄칠(영)	음 えい	水泳(すいえい) 수영
	훈 およ·ぐ	泳(およ)ぐ 헤엄치다
英 꽃부리(영)	음 えい	英語(えいご) 영어
	훈	
映 비출(영)	음 えい	映画(えいが) 영화
	훈 うつ·る うつ·す は·える*	映(うつ)る 비치다 映(うつ)す 비추다 映(は)える* 빛나다, 비치다
栄 꽃(영)	음 えい	栄養(えいよう) 영양
	훈 さか·える は·え は·える	栄(さか)える 번영하다, 번창하다 栄(は)え 영광, 영예 栄(は)える 훌륭하다, 돋보이다

한자와 뜻	읽기	단어와 뜻
液 액체(액)	음 えき	液体(えきたい) 액체 / 血液(けつえき) 혈액
	훈	
園 동산(원)	음 えん	公園(こうえん) 공원
	훈 その	園(その) 정원, 뜰
塩 소금(염)	음 えん	食塩(しょくえん) 식염
	훈 しお	塩(しお) 소금

お

한자와 뜻	읽기	단어와 뜻
王 임금(왕)	음 おう	王(おう) 왕, 임금 / 王国(おうこく) 왕국
	훈	
央 가운데(앙)	음 おう	中央(ちゅうおう) 중앙
	훈	
横 가로(횡)	음 おう	横断(おうだん) 횡단
	훈 よこ	横(よこ) 가로, 옆, 곁
億 억(억)	음 おく	億(おく) 억, 수의 단위
	훈	
温 따뜻할(온)	음 おん	温度(おんど) 온도 / 気温(きおん) 기온
	훈 あたた·かい あたた·まる あたた·める ぬる·い★ あたた·か*	温(あたた)かい 따뜻하다 温(あたた)まる 따뜻해지다 温(あたた)める 따뜻하게 하다, 데우다 温(ぬる)い★ 미지근하다 温(あたた)か* 따뜻함, 따스함

か

한자와 뜻	읽기	단어와 뜻
化 될(화)	음 か け	化学(かがく) 화학 化粧(けしょう) 화장
	훈 ば·ける ば·かす	化(ば)ける 둔갑(변장)하다 化(ば)かす 호리다
加 더할(가)	음 か	加入(かにゅう) 가입
	훈 くわ·える くわ·わる	加(くわ)える 더하다 加(くわ)わる 늘다
価 값(가)	음 か	価格(かかく) 가격 / 価値(かち) 가치
	훈 あたい	価(あたい) 가격, 가치

한자와 뜻	읽기	단어와 뜻
果 실과(과)	음 か	結果(けっか) 결과 / 果物(くだもの)★ 과일
	훈 は·たす は·てる は·て*	果(は)たす 완수하다, 다하다 果(は)てる 끝나다 果(は)て* 끝, 말로
科 과정(과)	음 か	科目(かもく) 과목 / 科学(かがく) 과학
	훈	
荷 짐(하)	음 か	入荷(にゅうか) 입하
	훈 に	荷物(にもつ) 짐
貨 재화(화)	음 か	貨物(かもつ) 화물
	훈	
過 지날(과)	음 か	過去(かこ) 과거 / 過程(かてい) 과정
	훈 す·ぎる す·ごす あやま·つ あやま·ち*	過(す)ぎる 지나가다, 지나치다 過(す)ごす 보내다, 지내다 過(あやま)つ 잘못(실수)하다 過(あやま)ち* 실수, 잘못, 죄
課 매길(과)	음 か	課長(かちょう) 과장 / 課題(かだい) 과제
	훈	
画 그림(화) 그을(획)	음 が かく	映画(えいが) 영화 計画(けいかく) 계획
	훈	
回 돌(회)	음 かい え*	回復(かいふく) 회복 回心(えしん)* 회심
	훈 まわ·る まわ·す	回(まわ)る 돌다 回(まわ)す 돌리다
改 고칠(개)	음 かい	改善(かいぜん) 개선
	훈 あらた·める あらた·まる	改(あらた)める 고치다 改(あらた)まる 고쳐지다
械 형틀(계)	음 かい	機械(きかい) 기계
	훈	

한자와 뜻	읽기	단어와 뜻
絵 그림(회)	음 かい え	絵画(かいが) 회화 絵(え) 그림
	훈	
階 섬돌(계)	음 かい	階段(かいだん) 계단
	훈	
貝 조개(패)	음	
	훈 かい	貝(かい) 조개
害 해칠(해)	음 がい	害(がい) 해(로움) / 被害(ひがい) 피해
	훈	
各 각각(각)	음 かく	各自(かくじ) 각자 / 各国(かっこく) 각국
	훈 おのおの	各々(おのおの) 각자, 각각
角 뿔(각)	음 かく	直角(ちょっかく) 직각
	훈 かど つの	角(かど) 모퉁이, 모서리 角(つの) 뿔
覚 깨달을(각)	음 かく	感覚(かんかく) 감각 / 覚悟(かくご) 각오
	훈 おぼ·える さ·ます さ·める	覚(おぼ)える 느끼다, 기억하다, 외우다 覚(さ)ます 깨우다 覚(さ)める 깨다
活 살(활)	음 かつ	生活(せいかつ) 생활 / 活動(かつどう) 활동
	훈	
完 완전할(완)	음 かん	完成(かんせい) 완성 / 完全(かんぜん) 완전
	훈	
官 벼슬(관)	음 かん	官庁(かんちょう) 관청
	훈	
感 느낄(감)	음 かん	感(かん)じ 느낌 / 感覚(かんかく) 감각
	훈	
管 피리(관)	음 かん	管理(かんり) 관리
	훈 くだ	管(くだ) 관, 대롱

한자와 뜻	읽기	단어와 뜻
関 빗장(관)	음 かん	関係(かんけい) 관계 / 関心(かんしん) 관심
	훈 せき かか·わる★	関(せき) 관문 関(かか)わる★ 관계되다, 관계하다
観 볼(관)	음 かん	観光(かんこう) 관광 / 観察(かんさつ) 관찰 / 観客(かんきゃく) 관객
	훈 み·る★	観(み)る★ 보다
丸 알(환)	음 がん	丸薬(がんやく) 환약, 알약
	훈 まる まる·い まる·める	丸(まる) 동그라미, 원 丸(まる)い 둥글다 丸(まる)める 둥글게 하다
岸 언덕(안)	음 がん	海岸(かいがん) 해안
	훈 きし	岸(きし) 물가, 벼랑
岩 바위(암)	음 がん	岩石(がんせき) 암석
	훈 いわ	岩(いわ) 바위
願 원할(원)	음 がん	願書(がんしょ) 원서
	훈 ねが·う	願(ねが)う 원하다, 바라다
危 위태할(위)	음 き	危険(きけん) 위험 / 危機(きき) 위기
	훈 あぶ·ない あや·うい あや·ぶむ★	危(あぶ)ない 위험하다 危(あや)うい 위태롭다 危(あや)ぶむ★ 걱정하다, 불안해하다
希 바랄(희)	음 き	希望(きぼう) 희망
	훈 まれ★	希(まれ)★ 드묾, 많지 않음
季 끝(계)	음 き	季節(きせつ) 계절
	훈	
記 기록할(기)	음 き	記念(きねん) 기념 / 記録(きろく) 기록
	훈 しる·す	記(しる)す 적다, 기록하다
規 법(규)	음 き	規則(きそく) 규칙 / 規模(きぼ) 규모
	훈	
喜 기쁠(희)	음 き	喜劇(きげき) 희극, 코미디
	훈 よろこ·ぶ	喜(よろこ)ぶ 기뻐하다

한자와 뜻	읽기	단어와 뜻
期 기약할(기)	음 き ご*	期間(きかん) 기간 / 期限(きげん) 기한 期(ご)する* 미리 각오하다, 기대하다
	훈	
器 그릇(기)	음 き	器具(きぐ) 기구 / 楽器(がっき) 악기 / 食器(しょっき) 식기
	훈 うつわ	器(うつわ) 그릇
機 틀(기)	음 き	機械(きかい) 기계 / 機会(きかい) 기회
	훈 はた	機(はた) 베틀
疑 의심할(의)	음 ぎ	疑問(ぎもん) 의문
	훈 うたが·う	疑(うたが)う 의심하다
議 의논할(의)	음 ぎ	議論(ぎろん) 의론, 토론, 논의
	훈	
客 손(객)	음 きゃく かく*	客(きゃく) 손님 / 乗客(じょうきゃく) 승객 旅客(りょかく)* 여객
	훈	
求 구할(구)	음 きゅう	求人(きゅうじん) 구인 / 要求(ようきゅう) 요구
	훈 もと·める	求(もと)める 구하다, 바라다
泣 울(읍)	음 きゅう	感泣(かんきゅう) 감읍
	훈 な·く	泣(な)く 울다
級 등급(급)	음 きゅう	上級(じょうきゅう) 상급
	훈	
救 구원할(구)	음 きゅう	救急車(きゅうきゅうしゃ) 구급차
	훈 すく·う	救(すく)う 구하다, 돕다
球 공(구)	음 きゅう	地球(ちきゅう) 지구 / 野球(やきゅう) 야구
	훈 たま	球(たま) 공, 전구
給 줄(급)	음 きゅう	給料(きゅうりょう) 월급 / 供給(きょうきゅう) 공급 / 支給(しきゅう) 지급
	훈	
漁 고기잡을 (어)	음 ぎょ りょう	漁業(ぎょぎょう) 어업 漁師(りょうし) 어부
	훈 あさ·る★	漁(あさ)る★ 잡다, 따다

한자와 뜻	읽기	단어와 뜻
共 함께(공)	음 きょう	共同(きょうどう) 공동 / 共通(きょうつう) 공통
	훈 とも	共(とも)に 함께, 같이, 동시에
協 화할(협)	음 きょう	協力(きょうりょく) 협력
	훈	
橋 다리(교)	음 きょう	鉄橋(てっきょう) 철교
	훈 はし	橋(はし) 다리, 교량
競 다툴 (경)	음 きょう けい*	競争(きょうそう) 경쟁 競馬(けいば)* 경마
	훈 きそ·う せ·る*	競(きそ)う 다투다, 겨루다 競(せ)る* 겨루다, 경쟁하다
曲 굽을(곡)	음 きょく	作曲(さっきょく) 작곡
	훈 ま·がる ま·げる	曲(ま)がる 구부러지다, 돌다 曲(ま)げる 구부리다
局 판(국)	음 きょく	放送局(ほうそうきょく) 방송국
	훈	
極 다할(극)	음 きょく ごく	積極(せっきょく) 적극 / 極限(きょくげん) 극한 極秘(ごくひ) 극비
	훈 きわ·める きわ·まる きわ·み*	極(きわ)める 끝까지 가다 極(きわ)まる 극도에 이르다, 다하다 極(きわ)み 끝, 극한, 극도
玉 옥(옥)	음 ぎょく	玉石(ぎょくせき) 옥석
	훈 たま	玉(たま) 둥근 것, 렌즈, 옥
勤 부지런할(근)	음 きん ごん*	勤務(きんむ) 근무 / 通勤(つうきん) 통근 勤行(ごんぎょう)* 근행
	훈 つと·める つと·まる	勤(つと)める 근무하다 勤(つと)まる 그 직무를 감당해내다
苦 괴로울(고)	음 く	苦労(くろう) 고생, 수고
	훈 くる·しい くる·しむ くる·しめる* にが·い にが·る*	苦(くる)しい 괴롭다 苦(くる)しむ 괴로워하다 苦(くる)しめる* 괴롭히다 苦(にが)い 쓰다 苦(にが)る* 못마땅해하다

け

한자와 뜻	읽기	단어와 뜻
具 갖출(구)	음 ぐ	具合(ぐあい) 형편, 상태
君 임금(군)	음 くん	主君(しゅくん) 주군
	훈 きみ	君(きみ) 임금, 자네
訓 가르칠(훈)	음 くん	訓練(くんれん) 훈련
	훈	
軍 군사(군)	음 ぐん	軍隊(ぐんたい) 군대
	훈	
形 모양(형)	음 けい ぎょう*	形式(けいしき) 형식 形相(ぎょうそう)* 형상
	훈 かた かたち	形(かた)・形(かたち) 형, 모양, 형상
係 걸릴(계)	음 けい	関係(かんけい) 관계
	훈 かか・る かかり	係(かか)る 관계되다 係(かかり) 담당자
型 거푸집(형)	음 けい	原型(げんけい) 원형
	훈 かた	型(かた) 형, 본, 틀
景 볕(경)	음 けい	景気(けいき) 경기 / 景色(けしき)★ 경치
	훈	
芸 심을(예)	음 げい	芸術(げいじゅつ) 예술
	훈	
欠 이지러질(결)	음 けつ	欠席(けっせき) 결석
	훈 か・ける か・く	欠(か)ける 빠지다 欠(か)く 깨다, 빠지다, 결여하다
血 피(혈)	음 けつ	血液(けつえき) 혈액 / 血液型(けつえきがた) 혈액형
	훈 ち	血(ち) 피
決 터질(결)	음 けつ	決定(けってい) 결정 / 解決(かいけつ) 해결
	훈 き・める き・まる	決(き)める 정하다 決(き)まる 정해지다

한자와 뜻	읽기	단어와 뜻
結 맺을(결)	음 けつ	結婚(けっこん) 결혼 / 結果(けっか) 결과
	훈 むす·ぶ ゆ·う ゆ·わえる	結(むす)ぶ 매다, 묶다 結(ゆ)う 매다, 묶다 結(ゆ)わえる 매다, 묶다
件 사건(건)	음 けん	件(けん) 건, 사항, 사건 / 事件(じけん)사건
	훈	
建 세울(건)	음 けん こん*	建設(けんせつ) 건설 建立(こんりゅう)* 건립
	훈 た·てる た·つ	建(た)てる 짓다 建(た)つ 건립되다
健 튼튼할(건)	음 けん	健康(けんこう) 건강
	훈 すこ·やか	健(すこ)やか 튼튼함, 건강함
険 험할(험)	음 けん	危険(きけん) 위험
	훈 けわ·しい	険(けわ)しい 가파르다, 험하다
験 시험할, 증험할(험)	음 けん げん*	経験(けいけん) 경험 霊験(れいげん)* 영험
	훈	
原 근원(원)	음 げん	原因(げんいん) 원인
	훈 はら	原(はら)っぱ 들(판)
減 덜(감)	음 げん	減少(げんしょう) 감소
	훈 へ·る へ·らす	減(へ)る 줄다 減(へ)らす 줄이다
こ 戸 지게(호)	음 こ	戸籍(こせき) 호적
	훈 と	戸(と) 문, 대문
固 굳을(고)	음 こ	固定(こてい) 고정 / 固有(こゆう) 고유
	훈 かた·める かた·まる かた·い	固(かた)める 굳히다 固(かた)まる 굳다 固(かた)い 단단하다, 굳다
庫 곳집(고)	음 こ く*	倉庫(そうこ) 창고 / 金庫(きんこ) 금고 庫裏(くり)* 절의 부엌
	훈 くら	庫(くら) 창고, 곳간

한자와 뜻	읽기	단어와 뜻
湖 호수(호)	음 こ	湖水(こすい) 호수
	훈 みずうみ	湖(みずうみ) 호수
公 공변될(공)	음 こう	公共(こうきょう) 공공
	훈 おおやけ	公(おおやけ) 국가, 정부, 공공
向 향할(향)	음 こう	方向(ほうこう) 방향
	훈 む·く む·ける む·かう む·こう	向(む)く 향하다 向(む)ける 향하다 向(む)かう 향하다 向(む)こう 맞은편
好 좋을(호)	음 こう	好感(こうかん) 호감
	훈 この·む す·く	好(この)む·好(す)く 좋아하다
幸 다행(행)	음 こう	幸福(こうふく) 행복
	훈 さいわ·い しあわ·せ さち*	幸(さいわ)い 행복, 운이 좋음 幸(しあわ)せ 행복, 행운 幸(さち) 행복, 행운, 다행
候 물을, 기후(후)	음 こう	候補(こうほ) 후보
	훈 そうろ·う	候(そうろ)う 있사옵니다
航 배(항)	음 こう	航空(こうくう) 항공
	훈	
降 내릴(강)	음 こう	以降(いこう) 이강, 이후
	훈 お·りる お·ろす ふ·る	降(お)りる (탈것에서) 내리다 降(お)ろす 내리다, 내려놓다 降(ふ)る (눈,비가) 내리다
康 편안할(강)	음 こう	健康(けんこう) 건강
	훈	
黄 누를(황)	음 こう* おう	黄砂(こうさ)* 황사 黄金(おうごん) 황금
	훈 き こ*	黄色(きいろ)い 노랗다 黄金(こがね)* 황금

한자와 뜻	읽기	단어와 뜻
港 항구(항)	음 こう	空港(くうこう) 공항
	훈 みなと	港(みなと) 항구, 포구
号 부르짖을(호)	음 ごう	信号(しんごう) 신호 / 番号(ばんごう) 번호
	훈	
告 알릴(고)	음 こく	広告(こうこく) 광고 / 告白(こくはく) 고백
	훈 つ·げる	告(つ)げる 고하다, 알리다
谷 골(곡)	음 こく	渓谷(けいこく) 계곡
	훈 たに	谷(たに) 골짜기
根 뿌리(근)	음 こん	根拠(こんきょ) 근거
	훈 ね	根(ね) 뿌리
差 어긋날(차)	음 さ	差(さ) 차이 / 差別(さべつ) 차별
	훈 さ·す	差(さ)す 비치다, 나타나다, 밀려오다
才 재주(재)	음 さい	才能(さいのう) 재능 / 天才(てんさい) 천재
	훈	
再 두(재)	음 さい さ*	再生(さいせい) 재생 再来(さらい)* 다음다음
	훈 ふたた·び	再(ふたた)び 두 번, 다시
祭 제사(제)	음 さい	祭日(さいじつ) 제일, 축제일
	훈 まつ·る* まつ·り	祭(まつ)る* 제사지내다 祭(まつり) 제사, 축제
細 가늘(세)	음 さい	詳細(しょうさい) 상세함
	훈 ほそい ほそ·る* こま·か* こま·かい	細(ほそ)い 가늘다 細(ほそ)る* 가늘어지다, 작아지다 細(こま)か* 아주 작음, 상세함, 세심함 細(こま)かい 잘다
菜 나물(채)	음 さい	野菜(やさい) 야채, 채소
	훈 な	菜(な) 야채, 푸성귀
最 가장(최)	음 さい	最近(さいきん) 최근 / 最高(さいこう) 최고
	훈 もっと·も	最(もっと)も 가장

한자와 뜻	읽기	단어와 뜻
材 재목(재)	음 ざい	材料(ざいりょう) 재료
	훈	
昨 어제(작)	음 さく	昨年(さくねん) 작년
	훈	
札 패, 편지(찰)	음 さつ	改札口(かいさつぐち) 개찰구
	훈 ふだ	札(ふだ) 표찰, 표 / 名札(なふだ) 명찰
刷 인쇄할, 쓸(쇄)	음 さつ	印刷(いんさつ) 인쇄
	훈 す·る	刷(す)る 인쇄하다
殺 죽일(살)	음 さつ さい* せつ*	殺人(さつじん) 살인 減殺(げんさい)* 감쇄, 줄임 殺生(せっしょう)* 살생
	훈 ころ·す	殺(ころ)す 죽이다
察 살필(찰)	음 さつ	観察(かんさつ) 관찰
	훈	
皿 그릇(명)	음	
	훈 さら	皿(さら) 접시
参 간여할(참)	음 さん	参加(さんか) 참가
	훈 まい·る	参(まい)る 가다, 오다
産 낳을(산)	음 さん	生産(せいさん) 생산
	훈 う·む う·まれる うぶ*	産(う)む 낳다 産(う)まれる 태어나다 産(うぶ)* 갓 낳은 그대로, 출산의
散 흩을(산)	음 さん	散歩(さんぽ) 산책
	훈 ち·る ち·らす ち·らかす ち·らかる	散(ち)る 지다, 떨어지다 散(ち)らす 흩뜨리다 散(ち)らかす 어지르다, 흩뜨리다 散(ち)らかる 흩어지다
算 셀(산)	음 さん	計算(けいさん) 계산
	훈	

한자와 뜻	읽기	단어와 뜻
残 남을(잔)	음 ざん	残念(ざんねん) 아쉬움, 유감임 / 残業(ざんぎょう) 잔업
	훈 のこ·る のこ·す	残(のこ)る 남다 残(のこ)す 남기다
史 역사(사)	음 し	歴史(れきし) 역사
	훈	
司 맡을(사)	음 し	司会(しかい) 사회
	훈	
糸 실(사)	음 し	製糸(せいし) 제사
	훈 いと	糸(いと) 실, 줄
私 사사(사)	음 し	私立(しりつ) 사립
	훈 わたくし わたし★	私(わたくし) 나, 저 私(わたし)★ 나, 저
姉 손위누이(자)	음 し	姉妹(しまい) 자매
	훈 あね	姉(あね) 언니, 누나
姿 맵시(자)	음 し	姿勢(しせい) 자세
	훈 すがた	姿(すがた) 몸매, 모습, 모양
指 손가락(지)	음 し	指導(しどう) 지도 / 指示(しじ) 지시
	훈 ゆび さ·す	指(ゆび) 손(발)가락 指(さ)す 가리키다
歯 이(치)	음 し	歯科(しか) 치과
	훈 は	歯(は) 이
試 시험할(시)	음 し	試験(しけん) 시험 / 試合(しあい) 시합
	훈 こころ·みる ため·す	試(こころ)みる 시도해 보다, 시험해 보다 試(ため)す 시도해 보다, 시험해 보다
寺 절(사)	음 じ	寺院(じいん) 사원, 절
	훈 てら	寺(てら) 절
次 버금(차)	음 じ し*	次期(じき) 차기 / 次男(じなん) 차남 次第(しだい)に* 서서히, 차츰, 점점
	훈 つ·ぐ つぎ	次(つ)ぐ 잇따르다 次(つぎ) 다음

한자와 뜻	읽기	단어와 뜻
児 아이(아)	음 じ に	児童(じどう) 아동 小児(しょうに) 소아
	훈	
辞 말(사)	음 じ	辞書(じしょ)·辞典(じてん) 사전
	훈 や·める	辞(や)める 그만두다
式 법(식)	음 しき	形式(けいしき) 형식
	훈	
失 잃을(실)	음 しつ	失礼(しつれい) 실례 / 失望(しつぼう) 실망
	훈 うしな·う	失(うしな)う 잃다
質 바탕(질)	음 しつ しち* ち*	質問(しつもん) 질문 質屋(しちや)* 전당포 言質(げんち)* 언질
	훈	
実 열매(실)	음 じつ	実力(じつりょく) 실력
	훈 み みの·る	実(み) 열매 実(みの)る 열매를 맺다
借 빌릴(차)	음 しゃく	借金(しゃっきん) 차금, 빚
	훈 か·りる	借(か)りる 빌리다
守 지킬(수)	음 しゅ* す	守備(しゅび)* 수비 留守(るす) 빈집을 지킴, 집에 없음
	훈 まも·る も·り	守(まも)る 지키다 守(も)り 보살핌, 지킴
取 취할(취)	음 しゅ	取得(しゅとく) 취득 / 取材(しゅざい) 취재
	훈 と·る	取(と)る 집다, 들다, 취하다, 잡다
酒 술(주)	음 しゅ	飲酒(いんしゅ) 음주
	훈 さけ さか	酒(さけ) 술 居酒屋(いざかや) 선술집
種 씨(종)	음 しゅ	種類(しゅるい) 종류
	훈 たね	種(たね) 씨, 종자

한자와 뜻	읽기	단어와 뜻
受 받을(수)	음 じゅ	受験(じゅけん) 수험
	훈 う·ける う·かる	受(う)ける 받다 受(う)かる 합격하다
収 거둘(수)	음 しゅう	収入(しゅうにゅう) 수입
	훈 おさ·める おさ·まる	収(おさ)める 넣다, 담다 収(おさ)まる 꼭 알맞게 들어가다
州 고을(주)	음 しゅう	本州(ほんしゅう) 혼슈
	훈 す	三角州(さんかくす) 삼각주
周 두루(주)	음 しゅう	周囲(しゅうい) 주위
	훈 まわ·り	周(まわ)り 둘레, 부근, 주변, 근처
拾 주울(습)	음 しゅう じゅう*	拾得(しゅうとく) 습득 拾万円(じゅうまんえん)* 10만 엔
	훈 ひろ·う	拾(ひろ)う 줍다, 습득하다
修 닦을(수)	음 しゅう しゅ*	修理(しゅうり) 수리 修行(しゅぎょう)* 수행
	음 おさ·める おさ·まる	修(おさ)める 닦다, 익히다 修(おさ)まる 행실이 바로잡아지다
習 익힐(습)	음 しゅう	習慣(しゅうかん) 습관
	훈 なら·う	習(なら)う 배우다
集 모일(집)	음 しゅう	集中(しゅうちゅう) 집중
	훈 あつ·まる あつ·める	集(あつ)まる 모이다 集(あつ)める 모으다
祝 빌(축)	음 しゅく しゅう*	祝日(しゅくじつ) 축일, 경축일 祝言(しゅうげん) 축언, 축사
	훈 いわ·う	祝(いわ)う 축하하다
宿 묵을(숙)	음 しゅく	宿題(しゅくだい) 숙제
	훈 やど やど·る やど·す	宿(やど) 숙소 宿(やど)る 묵다 宿(やど)す 묵게 하다
順 순할(순)	음 じゅん	順番(じゅんばん) 순번, 차례
	훈	

한자와 뜻	읽기	단어와 뜻
初 처음(초)	음 しょ	最初(さいしょ) 최초 / 初歩(しょほ) 초보
	훈 はじ·め はじ·めて はつ うい そ·める	初(はじ)め 처음, 시작 初(はじ)めて 처음으로 初(はつ) 처음, 최초, 첫 初(うい) 첫, 처음 初(そ)める ~하기 시작하다, 처음 ~하다
助 도울(조)	음 じょ	助言(じょげん) 조언
	훈 たす·ける たす·かる すけ	助(たす)ける 구하다, 돕다 助(たす)かる 살아나다, 도움이 되다 助(すけ) 일을 도움, 또는 그 사람
消 사라질(소)	음 しょう	消費(しょうひ) 소비 / 解消(かいしょう) 해소
	훈 き·える け·す	消(き)える 사라지다, 꺼지다 消(け)す 끄다, 지우다
笑 웃을(소)	음 しょう	談笑(だんしょう) 담소
	훈 わら·う え·む	笑(わら)う 웃다 笑(え)む 미소 짓다 / 笑顔(えがお)★ 웃는 얼굴
商 헤아릴(상)	음 しょう	商売(しょうばい) 장사 / 商業(しょうぎょう) 상업
	훈 あきな·う	商(あきな)う 장사하다
章 글(장)	음 しょう	文章(ぶんしょう) 문장
	훈	
勝 이길(승)	음 しょう	優勝(ゆうしょう) 우승
	훈 か·つ まさ·る	勝(か)つ 이기다 勝(まさ)る 낫다
焼 사를(소)	음 しょう	焼失(しょうしつ) 소실
	훈 や·く や·ける	焼(や)く 태우다, 굽다 焼(や)ける 타다, 구워지다
象 코끼리(상)	음 しょう ぞう	象徴(しょうちょう) 상징 象(ぞう) 코끼리
	훈	

한자와 뜻	읽기	단어와 뜻
傷 상처(상)	음 しょう	負傷(ふしょう) 부상
	훈 きず いた·む いた·める	傷(きず) 상처 傷(いた)む 깨지다, 상하다 傷(いた)める 흠내다, 썩히다
照 비출(조)	음 しょう	照明(しょうめい) 조명
	훈 て·る て·らす て·れる	照(て)る 비치다 照(て)らす 비추다 照(て)れる 수줍어하다
賞 상줄(상)	음 しょう	賞金(しょうきん) 상금
	훈	
常 항상(상)	음 じょう	正常(せいじょう) 정상 / 日常(にちじょう) 일상
	훈 つね とこ*	常(つね)に 항상, 늘 常世(とこよ)* 영원히 변하지 않음
植 심을(식)	음 しょく	植物(しょくぶつ) 식물
	훈 う·える う·わる	植(う)える 심다 植(う)わる 심어지다
申 납(신)	음 しん	申告(しんこく) 신고
	훈 もう·す	申(もう)す 말씀드리다 / 申(もう)し込(こ)み 신청
臣 신하(신)	음 しん* じん	臣下(しんか) 신하 大臣(だいじん) 대신
	훈	
身 몸(신)	음 しん	身長(しんちょう) 신장, 키
	훈 み	身(み) 몸 / 身分(みぶん) 신분
信 믿을(신)	음 しん	信用(しんよう) 신용 / 自信(じしん) 자신
	훈	
神 귀신(신)	음 しん* じん	神話(しんわ)* 신화 神社(じんじゃ) 신사
	훈 かみ かん* こう*	神様(かみさま) 하느님 神主(かんぬし)* 신사의 신관 神戸(こうべ)* 고베(지명)

한자와 뜻	읽기	단어와 뜻
深 깊을(심)	음 しん	深刻(しんこく) 심각 / 深夜(しんや) 심야
	훈 ふか·い	深(ふか)い 깊다
	ふか·まる	深(ふか)まる 깊어지다
	ふか·める	深(ふか)める 깊게 하다
森 나무 빽빽할(삼)	음 しん	森林(しんりん) 삼림
	훈 もり	森(もり) 숲, 삼림
親 친할(친)	음 しん	親切(しんせつ) 친절 / 両親(りょうしん) 부모
	훈 おや	親(おや) 부모
	した·しい	親(した)しい 친하다
	した·しむ	親(した)しむ 친하게 지내다
す 数 셀(수)	음 すう	数字(すうじ) 숫자 / 人数(にんずう) 인원수
	す*	数奇(すき)* 풍류(를 즐김)
	훈 かず	数(かず) 수
	かぞ·える	数(かぞ)える 세다
せ 成 이룰(성)	음 せい	成功(せいこう) 성공 / 作成(さくせい) 작성
	じょう*	成就(じょうじゅ)* 성취
	훈 な·る	成(な)る 이루어지다, 완성되다
	な·す	成(な)す 이루다, 달성하다
声 소리(성)	음 せい	音声(おんせい) 음성
	しょう*	去声(きょしょう)* 거성
	훈 こえ	声(こえ) 목소리, 소리
	こわ*	声色(こわいろ) 목소리, 음색
制 억제할(제)	음 せい	制限(せいげん) 제한 / 制度(せいど) 제도
	훈	
省 살필(성)	음 せい	反省(はんせい) 반성
	しょう	省略(しょうりゃく) 생략
	훈 かえり·みる	省(かえり)みる 돌이켜보다
	はぶ·く	省(はぶ)く 줄이다, 생략하다
清 맑을(청)	음 せい	清潔(せいけつ) 청결
	しょう*	清浄(しょうじょう)* 청정, 맑고 깨끗함
	훈 きよ·い	清(きよ)い 깨끗하다, 맑다
	きよ·まる	清(きよ)まる 맑아지다
	きよ·める	清(きよ)める 깨끗하게 하다

한자와 뜻	읽기	단어와 뜻
晴 갤(청)	음 せい	晴天(せいてん) 청천, 맑게 갠 하늘
	훈 は·れる は·らす	晴(は)れる 개다, 밝아지다 晴(は)らす 개게 하다
盛 성할, 담을(성)	음 せい じょう*	盛大(せいだい) 성대 繁盛(はんじょう)* 번성
	훈 も·る さか·る さか·ん	盛(も)る 쌓아 올리다, 수북이 담다 盛(さか)る 번창하다 盛(さか)ん 번성함, 번창함, 왕성함, 열렬함
製 지을(제)	음 せい	製造(せいぞう) 제조 / 製作(せいさく) 제작
静 고요할(정)	음 せい じょう*	冷静(れいせい) 냉정 静脈(じょうみゃく)* 정맥
	음 しず* しず·か しず·まる しず·める	静岡(しずおか) 시즈오카(지명) 静(しず)か 조용함, 고요함 静(しず)まる 조용해지다, 가라앉다 静(しず)める 가라앉히다, 조용하게 하다
整 가지런할(정)	음 せい	整理(せいり) 정리
	훈 ととの·える ととの·う	整(ととの)える 갖추다 整(ととの)う 정돈되다, 갖추어지다
石 돌(석)	음 せき しゃく* こく*	金石(きんせき) 금석 磁石(じしゃく)* 자석 石高(こくだか)* 곡식(쌀)의 수확량
	훈 いし	石(いし) 돌
昔 예(석)	음 せき しゃく	昔年(せきねん) 석년, 옛날 今昔(こんじゃく) 금석, 옛날과 지금
	훈 むかし	昔(むかし) 옛날, 예전
席 자리(석)	음 せき	空席(くうせき) 공석 / 出席(しゅっせき) 출석
	훈	
積 쌓을(적)	음 せき	積極(せっきょく) 적극
	훈 つ·む つ·もる	積(つ)む 쌓다 積(つ)もる 쌓이다

한자와 뜻	읽기	단어와 뜻
績 길쌈할, 실 낳을(적)	음 せき	成績(せいせき) 성적 / 実績(じっせき) 실적
	훈	
折 꺾을(절)	음 せつ	骨折(こっせつ) 골절
	훈 お·る お·り* お·れる	折(お)る 접다, 굽히다, 꺾다 折(お)り* 계절, 시절, 그때, 경우, 접음, 나무 도시락 折(お)れる 접히다
雪 눈(설)	음 せつ	雪原(せつげん) 설원
	훈 ゆき	雪(ゆき) 눈
節 마디(절)	음 せつ せち*	節約(せつやく) 절약 節(せち)* 명절, 특히 설날의 향응
	훈 ふし	節(ふし) 마디, 관절, 고비
説 말씀(설)	음 せつ ぜい*	説明(せつめい) 설명 遊説(ゆうぜい)* 유세
	훈 と·く	説(と)く 설명(설득)하다
専 오로지(전)	음 せん	専攻(せんこう) 전공 / 専門家(せんもんか) 전문가
	훈 もっぱ·ら	専(もっぱ)ら 오로지, 한결같이
浅 얕을(천)	음 せん	浅薄(せんぱく) 천박
	훈 あさ·い	浅(あさ)い 얕다
洗 씻을(세)	음 せん	洗濯(せんたく) 세탁, 빨래
	훈 あら·う	洗(あら)う 씻다
染 물들일(염)	음 せん	汚染(おせん) 오염
	훈 そ·める そ·まる し·みる し·み	染(そ)める 물들이다 染(そ)まる 물들다 染(し)みる 배다, 번지다 染(し)み 얼룩
船 배(선)	음 せん	船室(せんしつ) 선실
	훈 ふね ふな	船(ふね) 배 船路(ふなじ) 항로, 뱃길
戦 싸울(전)	음 せん	戦争(せんそう) 전쟁
	훈 いくさ たたか·う	戦(いくさ) 전쟁, 싸움 戦(たたか)う 싸우다

한자와 뜻	읽기	단어와 뜻
線 줄(선)	음 せん	路線(ろせん) 노선 / 直線(ちょくせん) 직선
	훈	
選 가릴(선)	음 せん	選挙(せんきょ) 선거 / 選手(せんしゅ) 선수
	훈 えら·ぶ	選(えら)ぶ 고르다
全 온전할(전)	음 ぜん	全国(ぜんこく) 전국
	훈 まった·く すべて★	全(まった)く 전혀 全(すべ)て★ 전부
然 그럴(연)	음 ぜん ねん	自然(しぜん) 자연 / 全然(ぜんぜん) 전혀 天然(てんねん) 천연
	훈	
祖 조상(조)	음 そ	祖父(そふ) 할아버지 / 祖母(そぼ) 할머니
	훈	
組 끈(조)	음 そ	組織(そしき) 조직
	훈 く·む くみ	組(く)む 끼다, 엮다, 짜다 組(くみ) 쌍, 학급, 패
相 서로(상)	음 そう しょう	相談(そうだん) 상담 首相(しゅしょう) 수상
	훈 あい	相手(あいて) 상대
草 풀(초)	음 そう	草原(そうげん) 초원
	훈 くさ	草(くさ) 풀
想 생각할(상)	음 そう そ	想像(そうぞう) 상상 愛想(あいそ) 붙임성
	훈	
増 더할, 불을(증)	음 ぞう	増加(ぞうか) 증가
	훈 ま·す ふ·える ふ·やす	増(ま)す 보태다 増(ふ)える 늘다 増(ふ)やす 늘리다
束 묶을(속)	음 そく	結束(けっそく) 결속
	훈 たば	束(たば) 다발, 묶음

한자와 뜻	읽기	단어와 뜻
則 법(칙)	음 そく	規則(きそく) 규칙 / 原則(げんそく) 원칙
	훈	
息 숨쉴(식)	음 そく	休息(きゅうそく) 휴식
	훈 いき	息(いき) 숨, 호흡
速 빠를(속)	음 そく	速度(そくど) 속도
	훈 はや·い はや·める はや·まる★ すみ·やか＊	速(はや)い 빠르다 速(はや)める 속력을 내다 速(はや)まる★ (속도가) 빨라지다 速(すみ)やか＊ 빠름, 신속함
側 곁(측)	음 そく	側面(そくめん) 측면
	훈 かわ, そば	側(かわ)·側(そば) 곁, 옆, 주위, 근처 / 内側(うちがわ) 안쪽, 내부, 내면
続 이을(속)	음 ぞく	継続(けいぞく) 계속
	훈 つづ·く つづ·ける	続(つづ)く 계속되다 続(つづ)ける 계속하다
卒 군사(졸)	음 そつ	卒業(そつぎょう) 졸업
	훈	
孫 손자(손)	음 そん	子孫(しそん) 자손
	훈 まご	孫(まご) 손자
た 他 다를(타)	음 た	他人(たにん) 타인
	훈 ほか★	他(ほか)★ 딴것, 딴 곳
打 칠(타)	음 だ	打撃(だげき) (야구에서) 타격
	훈 う·つ	打(う)つ 치다
対 대답할(대)	음 たい つい	対立(たいりつ) 대립 一対(いっつい) 한 쌍
	훈	
帯 띠(대)	음 たい	地帯(ちたい) 지대
	훈 お·びる おび	帯(お)びる (몸에) 차다 帯(おび) 띠
貸 빌릴(대)	음 たい	貸借(たいしゃく) 대차
	훈 か·す	貸(か)す 빌려주다

한자와 뜻	읽기	단어와 뜻
第 차례(제)	음 だい	第一(だいいち) 제일, 처음, 첫째, 최고, 우선
	훈	
達 통할(달)	음 たつ	発達(はったつ) 발달 / 達成(たっせい) 달성
	훈	
単 홑(단)	음 たん	単語(たんご) 단어 / 単数(たんすう) 단수
	훈	
炭 숯(탄)	음 たん	石炭(せきたん) 석탄
	훈 すみ	炭(すみ) 숯, 목탄
短 짧을(단)	음 たん	短所(たんしょ) 단점 / 短期(たんき) 단기
	훈 みじか·い	短(みじか)い 짧다
談 말씀(담)	음 だん	相談(そうだん) 상담
	훈	
ち 池 못(지)	음 ち	電池(でんち) 전지
	훈 いけ	池(いけ) 연못
値 값(치)	음 ち	価値(かち) 가치
	훈 ね あたい	値段(ねだん) 가격 値(あたい) 값, 가치
置 둘(치)	음 ち	配置(はいち) 배치
	훈 お·く	置(お)く 놓다, 두다
治 다스릴(치)	음 ち じ	治安(ちあん) 치안 政治(せいじ) 정치
	훈 おさ·める おさ·まる なお·る なお·す	治(おさ)める 진정시키다 治(おさ)まる 진정되다 治(なお)る 낫다 治(なお)す 치료하다
遅 늦을(지)	음 ち	遅刻(ちこく) 지각
	훈 おく·れる おく·らす おそ·い	遅(おく)れる 늦다 遅(おく)らす 늦추다 遅(おそ)い 느리다, 늦다

한자와 뜻	읽기	단어와 뜻
竹 대(죽)	음 ちく	竹林(ちくりん) 죽림, 대숲
	훈 たけ	竹(たけ) 대나무
着 붙을 (착)	음 ちゃく じゃく*	着実(ちゃくじつ) 착실 / 到着(とうちゃく) 도착 愛着(あいじゃく)* 애착
	훈 き·る き·せる つ·く つ·ける	着(き)る 입다 着(き)せる 입히다 着(つ)く 닿다, 도착하다 着(つ)ける 착용하다, 입다
仲 버금(중)	음 ちゅう	仲介(ちゅうかい) 중개
	훈 なか	仲(なか) 사이, 관계
虫 벌레(충)	음 ちゅう	害虫(がいちゅう) 해충
	훈 むし	虫(むし) 벌레, 곤충
柱 기둥(주)	음 ちゅう	電柱(でんちゅう) 전신주
	훈 はしら	柱(はしら) 기둥
貯 쌓을(저)	음 ちょ	貯金(ちょきん) 저금
	훈	
兆 조짐(조)	음 ちょう	兆(ちょう) 징조, 조짐, 조, 억의 1만배
	훈 きざ·す きざし	兆(きざ)す 움트다, 싹트다 兆(きざ)し 조짐
調 고를(조)	음 ちょう	調査(ちょうさ) 조사
	훈 しら·べる ととの·う ととの·える	調(しら)べる 조사하다 調(ととの)う 갖추어지다 調(ととの)える 갖추다
直 곧을(직)	음 ちょく じき	直接(ちょくせつ) 직접 正直(しょうじき) 정직
	음 ただ·ちに なお·す なお·る	直(ただ)ちに 곧, 바로, 직접 直(なお)す 고치다 直(なお)る 고쳐지다

つ

한자와 뜻	읽기	단어와 뜻
追 좇을(추)	음 つい	追加(ついか) 추가
	훈 お·う	追(お)う 따르다, 좇다

て

한자와 뜻	읽기	단어와 뜻
低 낮을(저)	음 てい	低下(ていか) 저하
	훈 ひく·い ひく·める ひく·まる	低(ひく)い 낮다 低(ひく)める 낮추다 低(ひく)まる 낮아지다
定 정할(정)	음 てい じょう*	定価(ていか) 정가 / 安定(あんてい) 안정 定規(じょうぎ)* 자, 모범, 본보기
	훈 さだ·める さだ·まる さだ·か	定(さだ)める 정하다 定(さだ)まる 정해지다 定(さだ)か 확실함
底 밑(저)	음 てい	海底(かいてい) 해저
	훈 そこ	底(そこ) 바닥, 속, 한계
庭 뜰(정)	음 てい	家庭(かてい) 가정
	훈 にわ	庭(にわ) 정원
停 머무를(정)	음 てい	停止(ていし) 정지 / バス停(てい) 버스정류소
	훈	
的 과녁(적)	음 てき	目的(もくてき) 목적
	훈 まと	的(まと) 과녁, 목표
鉄 쇠(철)	음 てつ	鉄道(てつどう) 철도
	훈	
点 점(점)	음 てん	点検(てんけん) 점검
	훈	
転 구를(전)	음 てん	運転(うんてん) 운전
	훈 ころ·がる ころ·げる ころ·がす ころ·ぶ	転(ころ)がる 구르다, 넘어지다 転(ころ)げる 구르다, 넘어지다 転(ころ)がす 굴리다, 넘어뜨리다 転(ころ)ぶ 구르다, 넘어지다
伝 전할(전)	음 でん	伝達(でんたつ) 전달
	훈 つた·わる つた·える つた·う*	伝(つた)わる 전해지다 伝(つた)える 전하다 伝(つた)う* 타고 가다

한자와 뜻	읽기	단어와 뜻
徒 무리(도)	음 と	生徒(せいと) 생도, 학생
	훈 いたずら★ ただ★	徒(いたずら)★ 헛됨, 공연함 徒(ただ)★ 보통, 보람 없이
努 힘쓸(노)	음 ど	努力(どりょく) 노력
	훈 つと·める	努(つと)める 노력하다, 힘쓰다
怒 성낼(노)	음 ど	怒鳴(どな)る 고함치다
	훈 いか·る おこ·る	怒(いか)る·怒(おこ)る 화내다
灯 등불(등)	음 とう	電灯(でんとう) 전등
	훈 ひ	灯(ひ) 등불 / 灯(あかし)★ 등불
当 당할(당)	음 とう	当然(とうぜん) 당연 / 本当(ほんとう) 정말임
	훈 あ·たる あ·てる	当(あ)たる 맞다, 적중하다, 해당하다 当(あ)てる 부딪다, 대다, 명중시키다
投 던질(투)	음 とう	投手(とうしゅ) 투수
	훈 な·げる	投(な)げる 던지다
島 섬(도)	음 とう	列島(れっとう) 열도
	훈 しま	島(しま) 섬
湯 끓인 물(탕)	음 とう	熱湯(ねっとう) 열탕
	훈 ゆ	湯(ゆ) 뜨거운 물, 온천
登 오를(등)	음 とう と	登録(とうろく) 등록 登山(とざん) 등산
	훈 のぼ·る	登(のぼ)る 등산하다, 산을 오르다
等 가지런할(등)	음 とう	均等(きんとう) 균등 / 平等(びょうどう) 평등
	훈 ひと·しい	等(ひと)しい 같다
堂 집(당)	음 どう	食堂(しょくどう) 식당
	훈	
童 아이(동)	음 どう	児童(じどう) 아동
	훈 わらべ	童(わらべ) 어린아이(들)
働 일할(동)	음 どう	労働(ろうどう) 노동
	훈 はたら·く	働(はたら)く 일하다

	한자와 뜻	읽기	단어와 뜻
	特 특별할(특)	음 とく	特別(とくべつ) 특별 / 特(とく)に 특히
		훈	
	得 얻을(득)	음 とく	説得(せっとく) 설득 / 得意(とくい) 자신 있음
		훈 え·る う·る	得(え)る·得(う)る 얻다, ~할 수 있다
	毒 독(독)	음 どく	中毒(ちゅうどく) 중독
		훈	
な	内 안(내)	음 ない だい*	案内(あんない) 안내 / 国内(こくない) 국내 内裏(だいり)* 천황의 거처
		훈 うち	内(うち) 안, 내부, 나, 우리
ね	熱 더울(열)	음 ねつ	熱心(ねっしん) 열심
		훈 あつ·い	熱(あつ)い 뜨겁다
	念 생각할(념)	음 ねん	記念(きねん) 기념 / 信念(しんねん) 신념
		훈	
の	農 농사(농)	음 のう	農業(のうぎょう) 농업 / 農家(のうか) 농가
		훈	
は	波 물결(파)	음 は	波乱(はらん) 파란
		훈 なみ	波(なみ) 파도, 물결
	馬 말(마)	음 ば	木馬(もくば) 목마
		훈 うま ま	馬(うま) 말 馬子(まご) 마부
	配 짝(배)	음 はい	配達(はいたつ) 배달 / 心配(しんぱい) 걱정
		훈 くば·る	配(くば)る 나누어 주다
	敗 깨뜨릴(패)	음 はい	失敗(しっぱい) 실패
		훈 やぶ·れる	敗(やぶ)れる 패하다, 지다
	売 팔(매)	음 ばい	売店(ばいてん) 매점 / 売買(ばいばい) 매매
		훈 う·る う·れる	売(う)る 팔다 売(う)れる 잘 팔리다

한자와 뜻	읽기	단어와 뜻
倍 곱(배)	음 ばい	二倍(にばい) 2배
	훈	
麦 보리(맥)	음 ばく	麦芽(ばくが) 맥아, 엿기름
	훈 むぎ	麦(むぎ) 보리 / 小麦(こむぎ) 밀
箱 상자(상)	음	
	훈 はこ	箱(はこ) 상자 / ゴミ箱(ばこ) 쓰레기통
畑 화전(전)	음	
	훈 はた·はたけ	畑(はた)·畑(はたけ) 밭
反 되돌릴(반)	음 はん ほん* たん*	反対(はんたい) 반대 謀反(むほん)* 모반, 반역 反物(たんもの)* 어른 옷 한 벌 감
	훈 そ·る そ·らす	反(そ)る 휘다 反(そ)らす 뒤로 젖히다
坂 비탈(판)	음 はん	急坂(きゅうはん) 가파른 비탈
	훈 さか	坂(さか) 고개, 비탈
板 널빤지(판)	음 はん* ばん	板木(はんぎ)* 판목 黒板(こくばん) 칠판
	훈 いた	板(いた) 판자, 무대
飯 밥(반)	음 はん	ご飯(はん) 밥, 식사
	훈 めし	飯(めし) 밥, 식사
番 갈마들(번)	음 ばん	番号(ばんごう) 번호 / 一番(いちばん) 가장
	훈	
ひ 皮 가죽(피)	음 ひ	皮膚(ひふ) 피부 / 皮肉(ひにく) 빈정거림
	훈 かわ	皮(かわ) 가죽, 껍질
飛 날(비)	음 ひ	飛行機(ひこうき) 비행기
	훈 と·ぶ と·ばす	飛(と)ぶ 날다 飛(と)ばす 날리다
秘 숨길(비)	음 ひ	秘密(ひみつ) 비밀
	훈 ひ·める	秘(ひ)める 숨기다

한자와 뜻	읽기	단어와 뜻
悲 슬플(비)	음 ひ	悲劇(ひげき) 비극
	훈 かな·しい かな·しむ	悲(かな)しい 슬프다 悲(かな)しむ 슬퍼하다
費 쓸(비)	음 ひ	費用(ひよう) 비용 / 消費(しょうひ) 소비
	훈 つい·やす つい·える	費(つい)やす 쓰다, 소비되다 費(つい)える 줄다, 허비되다
美 아름다울(미)	음 び	美人(びじん) 미인
	훈 うつく·しい	美(うつく)しい 아름답다
鼻 코(비)	음 び	鼻音(びおん) 비음
	훈 はな	鼻(はな) 코, 후각
必 반드시(필)	음 ひつ	必要(ひつよう) 필요
	훈 かなら·ず	必(かなら)ず 반드시, 꼭
筆 붓(필)	음 ひつ	鉛筆(えんぴつ) 연필 / 筆記(ひっき) 필기
	훈 ふで	筆(ふで) 붓
氷 얼음(빙)	음 ひょう	氷山(ひょうざん) 빙산
	훈 こおり ひ	氷(こおり) 얼음 氷雨(ひさめ) 우박
表 겉(표)	음 ひょう	表現(ひょうげん) 표현 / 発表(はっぴょう) 발표
	훈 おもて あらわ·す あらわ·れる	表(おもて) 겉, 앞면 表(あらわ)す 나타내다, 표현하다 表(あらわ)れる 드러나다
標 우듬지(표)	음 ひょう	目標(もくひょう) 목표
	훈	
秒 분초(초)	음 びょう	秒読(びょうよ)み 초읽기
	훈	
品 물건(품)	음 ひん	商品(しょうひん) 상품
	훈 しな	品物(しなもの) 물건, 물품
貧 가난할(빈)	음 ひん* びん	貧困(ひんこん)* 빈곤 貧乏(びんぼう) 궁핍, 가난
	훈 まず·しい	貧(まず)しい 가난하다

한자와 뜻	읽기	단어와 뜻
不 아닐(불, 부)	음 ふ ぶ	不可能(ふかのう) 불가능 不器用(ぶきよう) 손재주가 없음
	훈	
夫 지아비(부)	음 ふ ふう	夫人(ふじん) 부인 夫婦(ふうふ) 부부
	훈 おっと	夫(おっと) 남편
付 줄(부)	음 ふ	付近(ふきん) 부근
	훈 つ·ける つ·く	付(つ)ける 붙이다, 켜다 付(つ)く 붙다, 켜지다
府 곳집(부)	음 ふ	政府(せいふ) 정부
	훈	
負 질(부)	음 ふ	負担(ふたん) 부담 / 負傷(ふしょう) 부상
	훈 ま·ける ま·かす お·う	負(ま)ける 지다 負(ま)かす 이기다 負(お)う 짊어지다, 업다
婦 며느리(부)	음 ふ	婦人(ふじん) 부인, 여성
	훈	
部 거느릴(부)	음 ぶ	部分(ぶぶん) 부분 / 部品(ぶひん) 부품
	훈	
服 옷(복)	음 ふく	服装(ふくそう) 복장
	훈	
副 버금(부)	음 ふく	副作用(ふくさよう) 부작용
	훈	
福 복(복)	음 ふく	幸福(こうふく) 행복
	훈	
粉 가루(분)	음 ふん	粉末(ふんまつ) 분말
	훈 こ こな	粉(こ) 가루 粉(こな) 가루

へ

한자와 뜻	읽기	단어와 뜻
平 평평할(평)	음 へい びょう	平日(へいじつ) 평일 / 平均(へいきん) 평균 平等(びょうどう) 평등
	훈 たいら ひら	平(たい)ら 평평함 平社員(ひらしゃいん) 평사원
兵 군사(병)	음 へい ひょう*	兵役(へいえき) 병역 兵糧(ひょうろう)* 병량, 군량, 식량
	훈	
米 쌀(미)	음 べい まい	米国(べいこく) 미국 新米(しんまい) 햅쌀
	훈 こめ	米(こめ) 쌀
別 나눌(별)	음 べつ	別(べつ)に 별로 / 区別(くべつ) 구별
	훈 わか·れる	別(わか)れる 헤어지다
辺 가(변)	음 へん	周辺(しゅうへん) 주변
	훈 あたり べ	辺(あたり) 근처, 부근 辺(べ) 근처
返 돌아올(반)	음 へん	返事(へんじ) 대답, 답장
	훈 かえ·す かえ·る	返(かえ)す 돌려주다 返(かえ)る 돌아가다
変 변할(변)	음 へん	変化(へんか) 변화
	훈 か·わる か·える	変(か)わる 바뀌다 変(か)える 바꾸다
便 편할(편, 변)	음 べん びん	便利(べんり) 편리 交通便(こうつうびん) 교통편
	훈 たよ·り	便(たよ)り 편지, 소식
ほ 包 쌀(포)	음 ほう	包帯(ほうたい) 붕대 / 包装(ほうそう) 포장
	훈 つつ·む	包(つつ)む 싸다
放 놓을(방)	음 ほう	放送(ほうそう) 방송
	훈 はな·す はな·つ はな·れる	放(はな)す 놓다 放(はな)つ 놓아주다 放(はな)れる 놓이다

한자와 뜻	읽기	단어와 뜻
法 법(법)	음 ほう はっ* ほっ*	法律(ほうりつ) 법률 法度(はっと)* 무가시대의 법도 法界(ほっかい)* 법계
	훈	
豊 풍성할(풍)	음 ほう	豊富(ほうふ) 풍부
	훈 ゆた·か	豊(ゆた)か 풍족함, 풍부함, 넉넉함
望 바랄(망)	음 ぼう もう*	希望(きぼう) 희망 所望(しょもう)* 소망, 소원
	훈 のぞ·む	望(のぞ)む 바라다
ま 妹 누이(매)	음 まい	姉妹(しまい) 자매
	훈 いもうと	妹(いもうと) 여동생
末 끝(말)	음 まつ ばつ*	週末(しゅうまつ) 주말 末孫(ばっそん) 말손, 먼 자손
	훈 すえ	末(すえ) 끝, 마지막
満 찰(만)	음 まん	満足(まんぞく) 만족
	훈 み·ちる み·たす	満(み)ちる 차다 満(み)たす 채우다
み 未 아닐(미)	음 み	未来(みらい) 미래 / 未満(みまん) 미만
	훈	
密 빽빽할(밀)	음 みつ	密接(みっせつ) 밀접 / 秘密(ひみつ) 비밀
	훈	
民 백성(민)	음 みん	民族(みんぞく) 민족
	훈 たみ	民(たみ) 국민, 백성
む 無 없을(무)	음 む ぶ*	無理(むり) 무리 無事(ぶじ)* 무사
	훈 な·い	無(な)い 없다 無(な)くす★ 없애다
め 命 목숨(명)	음 めい みょう	命令(めいれい) 명령 寿命(じゅみょう) 수명
	훈 いのち	命(いのち) 목숨, 생명

	한자와 뜻	읽기	단어와 뜻
	迷 미혹할(미)	음 めい	迷惑(めいわく) 폐, 귀찮음, 성가심
		훈 まよ·う	迷(まよ)う 헤매다, 망설이다
	鳴 울(명)	음 めい	悲鳴(ひめい) 비명
		훈 な·く な·る な·らす	鳴(な)く 울다 鳴(な)る 소리가 나다 鳴(な)らす 소리를 내다
	面 낯(면)	음 めん	方面(ほうめん) 방면 / 面接(めんせつ) 면접
		훈 おも おもて つら	面(おも) 얼굴, 표면 面(おもて) 얼굴, 표면 面(つら) 낯, 표면
も	毛 털(모)	음 もう	毛布(もうふ) 모포, 담요
		훈 け	毛(け) 털
や	役 부릴(역)	음 やく えき	役割(やくわり) 역할 役(えき) 전쟁, 전역
		훈	
	約 묶을(약)	음 やく	約束(やくそく) 약속 / 予約(よやく) 예약
		훈	
ゆ	由 말미암을(유)	음 ゆ ゆう ゆい*	由来(ゆらい) 유래 理由(りゆう) 이유 由緒(ゆいしょ)* 유서, 유래, 내력
		훈 よし	由(よし) 까닭, 사정
	油 기름(유)	음 ゆ	油断(ゆだん) 방심, 부주의
		훈 あぶら	油(あぶら) 기름
	勇 날쌜(용)	음 ゆう	勇気(ゆうき) 용기
		훈 いさ·む*	勇(いさ)む* 용기가 솟아나다 / 勇(いさ)ましい* 용감하다
	遊 놀(유)	음 ゆう ゆ	遊園地(ゆうえんち) 유원지 遊山(ゆさん) 들이나 산으로 놀러 다님, 유람
		훈 あそ·ぶ	遊(あそ)ぶ 놀다
よ	予 미리(예)	음 よ	予定(よてい) 예정 / 予想(よそう) 예상
		훈	

한자와 뜻	읽기	단어와 뜻
要 구할(요)	음 よう	要求(ようきゅう) 요구
	훈 い·る	要(い)る 필요하다
葉 잎(엽)	음 よう	葉緑素(ようりょくそ) 엽록소
	훈 は	葉(は) 잎, 잎사귀
陽 볕(양)	음 よう	太陽(たいよう) 태양
	훈	
様 모양(양)	음 よう	様子(ようす) 상태, 모습
	훈 さま	お客様(きゃくさま) 손님
浴 목욕할(욕)	음 よく	浴室(よくしつ) 욕실 / 浴衣(ゆかた)★ 유카타
	훈 あ·びる あ·びせる	浴(あ)びる 끼얹다, 뒤집어쓰다 浴(あ)びせる 끼얹다, 퍼붓다

ら

한자와 뜻	읽기	단어와 뜻
落 떨어질(락)	음 らく	落下(らっか) 낙하 / 落書(らくが)き 낙서
	훈 お·ちる お·とす	落(お)ちる 떨어지다 落(お)とす 떨어뜨리다, 분실하다

り

한자와 뜻	읽기	단어와 뜻
利 날카로울(리)	음 り	利用(りよう) 이용 / 利益(りえき) 이익
	훈 き·く	利(き)く 효력이 있다, 듣다
陸 뭍(륙)	음 りく	大陸(たいりく) 대륙
	훈	
流 흐를(류)	음 りゅう る*	流行(りゅうこう) 유행 流浪(るろう)* 유랑
	훈 なが·れる なが·す	流(なが)れる 흐르다 流(なが)す 흘리다
両 두(량)	음 りょう	両面(りょうめん) 양면
	훈	
良 좋을(량)	음 りょう	改良(かいりょう) 개량
	훈 よ·い	良(よ)い 뛰어나다, 좋다
料 되질할(료)	음 りょう	料金(りょうきん) 요금
	훈	
量 헤아릴(량)	음 りょう	大量(たいりょう) 대량
	훈 はか·る	量(はか)る 달다, 짐작하다

한자와 뜻	읽기	단어와 뜻
緑 푸를(록)	음 りょく ろく*	緑地(りょくち) 녹지 緑青(ろくしょう) 녹청
	훈 みどり	緑(みどり) 녹색, 초록
輪 바퀴(륜)	음 りん	車輪(しゃりん) 차륜, 수레바퀴
	훈 わ	輪(わ) 원형, 고리, 바퀴, 테
類 무리(류)	음 るい	種類(しゅるい) 종류 / 分類(ぶんるい) 분류
	훈	
礼 예도(례)	음 れい らい*	礼儀(れいぎ) 예의 礼賛(らいさん)* 예찬
	훈	
令 명령할(령)	음 れい	命令(めいれい) 명령
	훈	
冷 찰(랭)	음 れい	冷房(れいぼう) 냉방 / 冷静(れいせい) 냉정
	훈 つめ·たい ひ·える ひ·や ひ·やす ひ·やかす さ·める さ·ます	冷(つめ)たい 차다 冷(ひ)える 식다, 차가워지다 冷(ひ)や 찬물, 냉수 冷(ひ)やす 식히다, 차게 하다 冷(ひ)やかす 놀리다 冷(さ)める 식다 冷(さ)ます 식히다
例 법식(례)	음 れい	例年(れいねん) 예년 / 例外(れいがい) 예외
	훈 たと·える	例(たと)える 예를 들다
歴 지낼(력)	음 れき	歴史(れきし) 역사
	훈	
列 벌일(렬)	음 れつ	列車(れっしゃ) 열차 / 行列(ぎょうれつ) 행렬
	훈	
連 잇닿을(련)	음 れん	連絡(れんらく) 연락 / 関連(かんれん) 관련
	훈 つら·なる つら·ねる つ·れる	連(つら)なる 줄지어 있다, 늘어서 있다 連(つら)ねる 늘어세우다, 줄짓다 連(つ)れる 데리고 가(오)다

한자와 뜻	읽기	단어와 뜻
練 익힐(련)	음 れん	練習(れんしゅう) 연습
	훈 ね·る	練(ね)る 개다, 단련하다, 연마하다
ろ 路 길(로)	음 ろ	道路(どうろ) 도로 / 通路(つうろ) 통로
	훈 じ	家路(いえじ) 귀로
老 늙은이(로)	음 ろう	老人(ろうじん) 노인
	훈 お·いる ふ·ける	老(お)いる 늙다 老(ふ)ける 나이를 먹다
労 일할(로)	음 ろう	苦労(くろう) 고생, 수고
	훈	
録 기록할(록)	음 ろく	記録(きろく) 기록 / 録音(ろくおん) 녹음
	훈	
わ 和 화할(화)	음 わ お*	平和(へいわ) 평화 和尚(おしょう)* 스님, 절의 주지
	훈 やわ·らぐ やわ·らげる なご·む なご·やか	和(やわ)らぐ 누그러지다 和(やわ)らげる 누그러뜨리다 和(なご)む 온화해지다 和(なご)やか 온화함

한자읽기 완벽대비 문제 ① 회

問題 1 ＿＿＿＿の とばの読み方として最もよいものを、1・2・3・4から一つえらびなさい。

01 地震の影響で大学の入学式が延期になりました。

1 えいきょ　　2 えいきょう　　3 えいぎょ　　4 えいぎょう

02 このクラスは女性の割合が男性より高い。

1 かつごう　　2 かつあい　　3 わりごう　　4 わりあい

03 佐藤先生はいつも厳しい顔をしている。

1 あやしい　　2 うれしい　　3 きびしい　　4 けわしい

04 若い時の苦労は買ってでもしろ。

1 くろう　　2 こうろ　　3 くうろう　　4 こうろう

05 友だちの結婚祝いにコーヒーカップをプレゼントした。

1 におい　　2 いきおい　　3 あい　　4 いわい

06 みんな仕事に追われていそがしいようだ。

1 あわれて　　2 おわれて　　3 あらわれて　　4 いわれて

07 それは私にとっては重大な問題です。

1 じゅだい　　2 ちょうだい　　3 じゅうだい　　4 ちょだい

08 僕は今転職しようかどうか悩んでいます。

1 まなんで　　2 たたんで　　3 はこんで　　4 なやんで

09 この辞書は何より例文が豊富でいいです。

1 ふうふ　　2 ほうぶ　　3 ほうふ　　4 ふうぶ

10 この仕事は外で作業することが多い。

1 さくぎょう　　2 さぎょう　　3 さくぎょ　　4 さぎょ

問題 1 ＿＿＿＿のことばの読み方として最もよいものを、1・2・3・4から一つえらびなさい。

01 そんな薄い服を着ていったら風邪を引いてしまうよ。

1 あつい　2 にぶい　3 うすい　4 あさい

02 子どもに何か楽器を習わせたいと思っています。

1 がっき　2 らっき　3 がくき　4 らくき

03 雨の日には、腰が痛くなる。

1 むね　2 こし　3 かた　4 うで

04 日本の企業はグローバル人材を求めている。

1 あつめて　2 すすめて　3 ながめて　4 もとめて

05 人生で一番貴重なものは時間だ。

1 きちょう　2 きおも　3 きじゅう　4 きちゅう

06 生ごみを少なくする工夫をしましょう。

1 こうふ　2 こうふう　3 くふう　4 くうふ

07 急に意識がなくなり、倒れてしまいました。

1 なれて　2 たおれて　3 あふれて　4 おれて

08 あまりにも突然のことでびっくりしました。

1 とつねん　2 どつぜん　3 とつぜん　4 どつねん

09 お荷物は私がお持ちします。

1 にもつ　2 にもの　3 かぶつ　4 かもつ

10 いよいよ桜の季節がやってきました。

1 いせち　2 いせつ　3 きせち　4 きせつ

한자읽기 완벽대비 문제 ③ 회

問題 1 ＿＿＿＿のことばの読み方として最もよいものを、1・2・3・4から一つえらびなさい。

01 かなりチャンスがあったのに、1点で終わってしまって悔しい。

1 くるしい　　2 くわしい　　3 くやしい　　4 かなしい

02 デジカメで撮った写真をプリンターで印刷した。

1 いんさつ　　2 いんしょう　　3 いんさい　　4 いんしゃつ

03 何か身分を証明するものはお持ちですか。

1 しんぶん　　2 しんふん　　3 みふん　　4 みぶん

04 彼のがんばっている姿を見てすごく感動しました。

1 ようす　　2 うわさ　　3 すがた　　4 しるし

05 用心に越したことはない。

1 ようしん　　2 ようじん　　3 ゆうしん　　4 ゆうじん

06 友だちを招いて家でホームパーティーをします。

1 むいて　　2 みがいて　　3 まねいて　　4 だいて

07 初めは難しいかと思ったけど、案外簡単だった。

1 いがい　　2 いげい　　3 あんがい　　4 あんげい

08 電車の中で気を失って倒れてしまった。

1 うたがって　　2 おこなって　　3 おぎなって　　4 うしなって

09 彼女はきれいで、上品な感じの女性です。

1 じょうひん　　2 じょうびん　　3 うえしな　　4 うえじな

10 インターネットで航空券を予約すれば、やすく買えます。

1 くうこうけん　　2 こうくうけん　　3 くこうけん　　4 こうくけん

한자읽기 완벽대비 문제 ④ 회

問題 1 ＿＿＿＿のことばの読み方として最もよいものを、1・2・3・4から一つえらびなさい。

01 食べないダイエットほど、失敗しやすいダイエット法はない。

1 しつはい　　2 しつばい　　3 しっはい　　4 しっぱい

02 相手の立場になって考えよう。

1 りっぱ　　2 りつじょう　　3 たちば　　4 たちじょう

03 合格の知らせを受けた時は、涙が出るほどうれしかったです。

1 なみだ　　2 むね　　3 たね　　4 しみ

04 これは幼い子供に聞かせたり、一緒に読んだりするのに最適な本です。

1 ひとしい　　2 まぶしい　　3 おさない　　4 うれしい

05 顔はあなたのすべてを表している。

1 あらわして　　2 おかして　　3 しめして　　4 なおして

06 私の家はあまり経済的に豊かな家ではない。

1 ほがらかな　　2 ゆたかな　　3 なだらかな　　4 たしかな

07 今後とも皆さまのご協力よろしくお願いいたします。

1 どりょく　　2 どうりょく　　3 きょうりょく　　4 きょりょく

08 どれを選べばいいか迷っている。

1 かよって　　2 まもって　　3 さそって　　4 まよって

09 これは偶然ではないような気がします。

1 ぐうぜん　　2 ゆうぜん　　3 ぐうねん　　4 ゆうねん

10 子供たちのかわいい笑顔を見ていたら、元気が出ます。

1 しょうがん　　2 しょうあん　　3 わらいかお　　4 えがお

한자읽기 완벽대비 문제 ⑤ 회

問題 1 ＿＿＿のことばの読み方として最もよいものを、1·2·3·4から一つえらびなさい。

01 皆さんの率直な意見をお聞かせください。

1 しょうじき　2 しょっちょく　3 そじき　4 そっちょく

02 真実は直接本人に確認しなければわからない。

1 かくにん　2 がくにん　3 かくいん　4 がくいん

03 大きな事故を防ぐためにいつも気をつけている。

1 いそぐ　2 およぐ　3 ふせぐ　4 さわぐ

04 外国から参加する人のための通訳ボランティアを募集している。

1 もうしゅう　2 もしゅう　3 ぼうしゅう　4 ぼしゅう

05 小さい時、デパートで迷子になったことがある。

1 まよいこ　2 まいご　3 めいご　4 みこ

06 頭がいい人と賢い人は違う。

1 かしこい　2 おかしい　3 まずしい　4 するどい

07 岩のような小さな島が見えます。

1 いし　2 えだ　3 いわ　4 えさ

08 思い切ってプロポーズをしたが、断られた。

1 きこえられた　2 とおられた　3 ことわられた　4 なげられた

09 どうしても期限内にはできなさそうで、期限を延期することにした。

1 えんき　2 えんぎ　3 えんこ　4 えんご

10 今回の作戦は見事に成功しました。

1 みことに　2 みごとに　3 けんしに　4 けんじに

한자읽기 완벽대비 문제 ⑥ 회

問題 1 ＿＿＿のことばの読み方として最もよいものを、1・2・3・4から一つえらびなさい。

01 どのくらいの時間が必要か見当がつかない。

1 みとう　2 みあて　3 けんとう　4 けんあて

02 電車の中で財布をすられてしまいました。

1 さいふ　2 ざいふ　3 さいほ　4 ざいほ

03 彼は世界中の貧しい人々のために活動している。

1 おそろしい　2 ひとしい　3 やかましい　4 まずしい

04 自分の将来のことを真剣に考える。

1 じんけんに　2 しんけんに　3 じんげんに　4 しんげんに

05 パソコンが壊れて修理に出して直してもらった。

1 じゅうり　2 じゅり　3 しゅうり　4 しゅり

06 最近、不幸が重なって起こるような気がする。

1 うらなって　2 おこなって　3 かさなって　4 ともなって

07 簡単な例を挙げて説明します。

1 れつ　2 さつ　3 ねつ　4 れい

08 出発が遅かったので、着いたらもう夜遅くなりました。

1 ぬいたら　2 むいたら　3 きいたら　4 ついたら

09 駅から近いところに住みたかったが、家賃が高くてあきらめた。

1 かにん　2 かちん　3 やにん　4 やちん

10 自ら計画を立てて実行する。

1 かれら　2 みずから　3 じぶんら　4 じら

한자읽기 완벽대비 문제 ⑦ 회

問題 1 ＿＿＿＿のことばの読み方として最もよいものを、1・2・3・4から一つえらびなさい。

01 髪を短く切ったら前より若く見えるようになった。

1 かわく　2 あつく　3 かゆく　4 わかく

02 法律は全国民に対して平等でなければならない。

1 へいとう　2 べいとう　3 びょうどう　4 ひょうどう

03 マニュアルを読んでも操作方法がわからなくて、かなり困りました。

1 ぞうさ　2 そうさ　3 ぞうさく　4 そうさく

04 勢いよく始めたのに、結局長くは続かなかった。

1 いきおい　2 たがい　3 せい　4 いだい

05 この店はいろいろな商品を扱っている。

1 くばって　2 たたかって　3 はらって　4 あつかって

06 最近はインターネットで必要な情報が得られるから、本を読まなくなった。

1 じょほう　2 じょうぼ　3 じょうほう　4 じょぼう

07 今日は早く帰ると娘と約束したので、早く帰らなければならない。

1 あね　2 よめ　3 むすめ　4 いもうと

08 残りはお持ち帰り用に包んでください。

1 たのんで　2 むすんで　3 ぬすんで　4 つつんで

09 人の忠告は、素直に聞いた方がいい。

1 そじきに　2 すなおに　3 そちょくに　4 すてきに

10 担当者は海外出張で留守でした。

1 りゅうす　2 りゅうしゅ　3 るす　4 るしゅ

한자읽기 완벽대비 문제 ⑧ 회

問題 1 ＿＿＿のことばの読み方として最もよいものを、1·2·3·4から一つえらびなさい。

01 あの夫婦はいつ見ても幸せそうだ。

1 ふふ　2 ふうふ　3 ふぶ　4 ふうぶ

02 この町は昔から商業が盛んだった。

1 げひん　2 ねっしん　3 さかん　4 ふあん

03 あのことで国民の首相への非難が始まった。

1 しゅうそう　2 しゅそう　3 しゅうしょう　4 しゅしょう

04 父は退職して田舎で暮しています。

1 くらして　2 かくして　3 すごして　4 まわして

05 彼女に会って詳しい話を聞いてみよう。

1 かなしい　2 くわしい　3 したしい　4 くやしい

06 今日傘を持ってこなかったので、雨が降らないうちに帰りたいです。

1 かぎ　2 そで　3 かさ　4 はば

07 先月買ったばかりのケータイが壊れてしまいました。

1 すぐれて　2 たおれて　3 つかれて　4 こわれて

08 帰宅したら日本にいる家族から小包が届いていた。

1 しょうほう　2 しょうぼう　3 こづつみ　4 ごつづみ

09 何事によらず上手になるには練習が必要です。

1 れんしゅう　2 れんしゅ　3 えんしゅう　4 えんしゅ

10 まだ私のことを疑っているんですか。

1 うらなって　2 したがって　3 ぶつかって　4 うたがって

한자읽기 완벽대비 문제 ⑨ 회

問題 1 ＿＿＿＿のことばの読み方として最もよいものを、1・2・3・4からーつえらびなさい。

01 とても悲しくて涙が止まりませんでした。

1 さびしくて　2 かなしくて　3 おかしくて　4 きびしくて

02 今年は例年に比べて寒くないですね。

1 ならべて　2 しらべて　3 うかべて　4 くらべて

03 皆さん、努力しないと成功はできませんよ。

1 のうりょく　2 どうりょく　3 のりょく　4 どりょく

04 自分の出る番組は見ないという芸能人は多い。

1 ばんぐみ　2 ばんくみ　3 はんぐみ　4 はんくみ

05 棚の上に本が置いてあります。

1 だい　2 つくえ　3 たな　4 いす

06 何時ごろならご都合がよろしいでしょうか。

1 つあい　2 つごう　3 とあい　4 とごう

07 医者になりたければ、もっと熱心に勉強しなさい。

1 ねつしん　2 ねっしん　3 ねつじん　4 ねしん

08 空になったビンはあちらのゴミ箱に捨ててください。

1 あき　2 そら　3 すき　4 から

09 彼が戻ってきたら、私に電話するようお伝えください。

1 もどって　2 かえって　3 よって　4 おくって

10 今年の流行ファッションは何といってもジーンズですね。

1 りゅうぎょう　2 りゅうこう　3 りゅぎょう　4 りゅごう

한자읽기 완벽대비 문제 ⑩ 회

問題 1 ＿＿＿＿のことばの読み方として最もよいものを、1・2・3・4から一つえらびなさい。

01 多くの病気の原因はストレスだそうです。

1 げんいん　2 げんにん　3 えんいん　4 えんにん

02 誕生日に実家の母から手紙が届きました。

1 つきました　2 とどきました　3 ききました　4 いただきました

03 犬は人間の最も親しい友達である。

1 たのしい　2 やさしい　3 したしい　4 ただしい

04 バスケットボールは、身長が高いほうが有利なスポーツです。

1 みなが　2 みちょう　3 しんなが　4 しんちょう

05 テニスの試合があって、毎日練習していたら腕が痛くなってきた。

1 むね　2 うで　3 かた　4 こし

06 旅行に行くため、犬をペットショップに預けた。

1 あずけた　2 さけた　3 あけた　4 とどけた

07 今年も梅雨の時期がやってきましたね。

1 ばいゆ　2 つゆ　3 まいう　4 うめあめ

08 私は朝早く起きるのが苦手です。どうしたら早く起きられますか。

1 にがしゅ　2 にがて　3 くしゅ　4 くて

09 再来月、結婚することになりました。

1 さいらいげつ　2 さいらいがつ　3 さらいげつ　4 さらいがつ

10 子供の世話をするために会社をやめました。

1 せわ　2 せいわ　3 よわ　4 よはなし

한자쓰기 완벽대비 문제 ① 회

問題 2 ＿＿＿＿のことばを漢字で書くとき最もよいものを、1・2・3・4から一つえらびなさい。

01 水を半分ほど入れておゆを沸かしてください。

1 お熱　　2 お浴　　3 お湯　　4 お温

02 ぼうえきによって生活が豊かになった。

1 貨易　　2 貸易　　3 資易　　4 貿易

03 日本人は家に入るとき靴をぬぐ。

1 脱ぐ　　2 服ぐ　　3 説ぐ　　4 税ぐ

04 あぶないですから、この機械にさわらないでください。

1 厚ない　　2 危ない　　3 荒ない　　4 険ない

05 彼の病気はしゅじゅつをしなければ治らないらしい。

1 受術　　2 手術　　3 受述　　4 手述

06 学校は子どもの学力向上につとめている。

1 務めて　　2 勤めて　　3 詰めて　　4 努めて

07 彼の仕事に対するまじめな態度にかんしんしました。

1 感心　　2 関心　　3 歓心　　4 甘心

08 交通事故にあったが、さいわいにも軽いけがで済んだ。

1 辛い　　2 幸い　　3 福い　　4 良い

09 やっとしあいに出ることができました。

1 試会　　2 仕相　　3 仕回　　4 試合

10 夕べははが痛くてぜんぜん寝られなかった。

1 葉　　2 胃　　3 歯　　4 腰

問題 2 ＿＿＿＿のことばを漢字で書くとき最もよいものを、1・2・3・4 から一つえらびなさい。

01 道に落ちているお金をひろう夢をみた。

1 拾う　　2 捨う　　3 持う　　4 払う

02 彼は最近仕事がいそがしくてストレスを感じているようです。

1 激しくて　　2 急しくて　　3 多しくて　　4 忙しくて

03 今日は体のぐあいが悪くて、食欲もありません。

1 貝合　　2 具合　　3 貝会　　4 具会

04 外交官になるためには、語学力がひつようです。

1 必幼　　2 必容　　3 必要　　4 必有

05 これは性能はいいんですが、使い方がふくざつすぎます。

1 復雑　　2 複雑　　3 復難　　4 複難

06 寒いのは苦手だけど、雪まつりは行きたい。

1 際り　　2 擦り　　3 察り　　4 祭り

07 重要な話ほど、電話でれんらくしてはいけない。

1 連絡　　2 蓮絡　　3 連結　　4 蓮結

08 彼女は友達からしょうかいしてもらいました。

1 紹介　　2 招介　　3 沼介　　4 昭介

09 子供が勉強に興味をしめさなくて心配です。

1 表さなくて　　2 見さなくて　　3 現さなくて　　4 示さなくて

10 契約のけんでご相談したいことがあるのですが、お時間よろしいでしょうか。

1 券　　2 県　　3 権　　4 件

한자쓰기 완벽대비 문제 ③ 회

問題 2 ＿＿＿＿のことばを漢字で書くとき最もよいものを、1・2・3・4から一つえらびなさい。

01 次はゆうしょうできるようにがんばっていきたいと思います。

1 憂勝　　2 憂賞　　3 優勝　　4 優賞

02 健康は人生最大のざいさんです。

1 材産　　2 在産　　3 才産　　4 財産

03 今年の夏もあつくなりそうですね。

1 暑く　　2 厚く　　3 熱く　　4 温く

04 一回会っただけですが、その人の顔がわすれられません。

1 忘れ　　2 望れ　　3 芒れ　　4 妄れ

05 家の近くで大きなじけんが起きたそうだ。

1 事故　　2 事件　　3 事態　　4 事実

06 これはだれが見てもかんたんな問題ではありません。

1 間単な　　2 簡単な　　3 問単な　　4 関単な

07 まごが生まれたばかりで、かわいくてしかたがない。

1 娘　　2 児　　3 嫁　　4 孫

08 彼女に初めて出会った日のことは今でもおぼえている。

1 賞えて　　2 営えて　　3 覚えて　　4 覚えて

09 もしうちゅう旅行ができるとしたらどの星に行きたいですか。

1 宇由　　2 宇宙　　3 字宙　　4 字由

10 授業に遅刻して先生にしかられました。

1 叱られ　　2 怒られ　　3 送られ　　4 恐られ

問題 2 ＿＿＿＿のことばを漢字で書くとき最もよいものを、1・2・3・4から一つえらびなさい。

01 昨日飲みすぎて朝から頭がいたい。

1 痛い　2 病い　3 疲い　4 症い

02 彼女がここに来ても来なくても私にはかんけいない。

1 関系　2 関係　3 間系　4 間係

03 きかいがあれば、ぜひお会いしてみたいと思います。

1 機会　2 機械　3 概会　4 概械

04 彼が来たら、私は家に帰ったとつたえてください。

1 任えて　2 告えて　3 話えて　4 伝えて

05 あいての気持ちを考えて行動しよう。

1 対手　2 会手　3 相手　4 合手

06 第一印象は、たったの3びょうで決まるらしい。

1 炒　2 秒　3 抄　4 沙

07 新聞、雑誌などはもえるごみとして出さないでください。

1 焼える　2 煙える　3 燃える　4 煥える

08 どんな人でも自分のとくいな分野が一つはあるはずだ。

1 特技　2 特意　3 得技　4 得意

09 風邪をひいたのか、体があつい。

1 暖い　2 熱い　3 厚い　4 温い

10 うちの子はがんばって勉強しているのに、せいせきが上がらない。

1 成積　2 誠積　3 成績　4 誠績

問題 2 ＿＿＿のことばを漢字で書くとき最もよいものを、1･2･3･4から一つえらびなさい。

01 しんしょうひんを開発しましたが、なかなか売れません。

1 新商品　　2 新製品　　3 新制品　　4 新賞品

02 せっかく海外旅行に行ったのに、雨であまりかんこうできなかった。

1 観行　　2 歓行　　3 歓光　　4 観光

03 外へ出て新鮮な空気をすった。

1 呼った　　2 吸った　　3 叱った　　4 叫った

04 やっぱり自分の好きなことをしているときが一番しあわせだ。

1 辛せ　　2 倖せ　　3 幸せ　　4 幸せ

05 バス停はどうろの向こう側にあります。

1 道路　　2 通路　　3 歩道　　4 車道

06 3おく円の宝くじに当たった。

1 臆　　2 億　　3 憶　　4 檍

07 車の運転中にケータイを使用するのは、とてもきけんです。

1 危険　　2 危検　　3 危剣　　4 危倹

08 事故にあって相手の車ににげられてしまった。

1 避げられて　　2 迷げられて　　3 送げられて　　4 逃げられて

09 最近仕事が忙しくて、休みの日などないにひとしい。

1 正しい　　2 人しい　　3 等しい　　4 同しい

10 1年もかかったプロジェクトがついにせいこうした。

1 成行　　2 成功　　3 正行　　4 正攻

問題 2 ＿＿＿のことばを漢字で書くとき最もよいものを、1·2·3·4から一つえらびなさい。

01 たくさんうんどうしても、食事に気をつけなければダイエットはできません。

1 運働　2 運動　3 連動　4 連働

02 くもが切れて明るくなってきました。

1 雪　2 曇　3 雲　4 雷

03 親のよろこぶ顔が見たいからがんばろうと思います。

1 喜ぶ　2 嬉ぶ　3 喜こぶ　4 嬉こぶ

04 いい大学を出て、いい企業にしゅうしょくするのが本当に幸せな人生か。

1 就識　2 修職　3 修識　4 就職

05 先生のおたくへみんなでご招待を受けました。

1 お店　2 お屋　3 お室　4 お宅

06 早めに出ていたのでなんとか間に合いましたが、あやういところでした。

1 険い　2 危うい　3 厄うい　4 怖い

07 この仕事をするには専門的なぎじゅつが必要です。

1 技術　2 技述　3 機術　4 機述

08 緊張していたけど、彼が手をにぎってくれてリラックスできた。

1 握って　2 扱って　3 抜って　4 招って

09 健康のためにも、てきせつな運動は大切です。

1 適当　2 的当　3 適切　4 的切

10 このホテルはくうこうから近くてとても便利です。

1 空航　2 航空　3 空港　4 航港

問題 2 ＿＿＿＿のことばを漢字で書くとき最もよいものを、1・2・3・4 から一つえらびなさい。

01 この曲はれきしに残る名曲だと思う。

1 暦史　2 歴史　3 暦吏　4 歴吏

02 これは子供でもよういにできる問題です。

1 用易　2 用意　3 容易　4 容意

03 バスケットボールをやれば背がのびるって本当ですか。

1 伸びる　2 申びる　3 延びる　4 述びる

04 私はけっしんしたこと、心から決めたことは必ず実現します。

1 決信　2 決心　3 結信　4 結心

05 遠くから、人のさけぶような声が聞こえる。

1 呼ぶ　2 叱ぶ　3 叫ぶ　4 吸ぶ

06 駄目かもしれないが、やってみるかちはあると思う。

1 価格　2 加値　3 加格　4 価値

07 私はコーヒーを飲むとむねがどきどきします。

1 腕　2 胸　3 腰　4 腹

08 昨日は会社のなかまたちとの飲み会でした。

1 仲間　2 中間　3 仲問　4 中問

09 あいまいな答えじゃなくて、めいかくな答えがほしい。

1 名確な　2 名覚な　3 明確な　4 明覚な

10 学校のレポートのため日本の文化に関するしりょうを集めています。

1 資科　2 資料　3 貸科　4 貸料

한자쓰기 완벽대비 문제 ⑧ 회

問題 2 ＿＿＿＿のことばを漢字で書くとき最もよいものを、1・2・3・4から一つえらびなさい。

01 最近ぶっかが高くなって生活が大変です。

1 物加　2 物家　3 物価　4 物可

02 インターネットを利用すれば、無料でこくさい電話がかけられるそうだ。

1 国際　2 国祭　3 交際　4 交祭

03 だめだと思ったけど、合格できたのでとてもうれしいです。

1 幸しい　2 喜しい　3 快しい　4 嬉しい

04 少々きゅうりょうが少なくてもいいから楽な仕事がしたい。

1 結料　2 給料　3 結科　4 給科

05 たまにははでな生活をしてみたいです。

1 派手な　2 脈手な　3 派出な　4 脈出な

06 この商品は店によって、価格のはばが非常に広いです。

1 張　2 副　3 帳　4 幅

07 彼は自分が間違っていることをみとめた。

1 許めた　2 確めた　3 試めた　4 認めた

08 日曜日にはふつう何をしますか。

1 普通　2 不通　3 普進　4 不進

09 ほしい商品をさがしてみたけど、ちょうどいいものが見つからない。

1 指して　2 接して　3 探して　4 採して

10 駅のしゅうへんに車を止めるところはない。

1 周辺　2 周返　3 週辺　4 週返

한자쓰기 완벽대비 문제 ⑨ 회

問題 2 ＿＿＿＿のことばを漢字で書くとき最もよいものを、1·2·3·4から一つえらびなさい。

01 ごしょうたいしてくださってどうもありがとうございました。

1 紹持　2 紹待　3 招持　4 招待

02 同じアパートにあやしい男性が住んでいます。

1 危しい　2 怪しい　3 恐しい　4 険しい

03 最近はれいぎを知らない人が多い。

1 例儀　2 例議　3 礼儀　4 礼議

04 かおりのよい花は気持ちをリラックスさせます。

1 香り　2 臭り　3 匂り　4 芳り

05 もうすぐ彼の病気はかいふくするだろう。

1 回服　2 回腹　3 回複　4 回復

06 それぞれ別々のふくろに入れてください。

1 紙　2 袋　3 箱　4 裏

07 日本酒はあたためて飲むことができる、世界でも珍しいお酒です。

1 温めて　2 熱めて　3 穏めて　4 緩めて

08 みんなでわになって座って話をしました。

1 愉　2 輸　3 綸　4 輪

09 子供が勉強しなくてこまっています。

1 固って　2 困って　3 因って　4 囚って

10 この本は何回読んでもりかいできない。

1 理界　2 利界　3 理解　4 利解

問題 2 ＿＿＿＿のことばを漢字で書くとき最もよいものを、1·2·3·4から一つえらびなさい。

01 普段はとてもやさしい彼があんなに怒るなんてめずらしいですね。

1 診しい　2 真しい　3 珍しい　4 頼しい

02 約束したことは必ずまもるようにしましょう。

1 宇る　2 守る　3 定る　4 宗る

03 日本には人にめいわくをかけてはいけないという文化があります。

1 明確　2 明惑　3 迷確　4 迷惑

04 最近よくむかしのことを思い出します。

1 昔　2 古　3 向　4 旧

05 この部屋は海がすぐそばに見えてけしきがいいです。

1 風景　2 風気　3 景色　4 景気

06 目的のためならしゅだんを選ばない。

1 手担　2 手段　3 収担　4 収段

07 まだ時間があるから、しんぱいしなくてもいい。

1 心配　2 心杯　3 必配　4 必杯

08 私はいつも自分のけってんを直そうと努力しています。

1 決占　2 欠占　3 決点　4 欠点

09 ライバルとは大切なそんざいです。

1 村在　2 村材　3 存在　4 存材

10 海外での生活にはもうなれている。

1 成れて　2 慣れて　3 鳴れて　4 生れて

시나공
JLPT
일본어능력시험
N3

둘째마당 어휘편

1교시 완벽대비 언어지식(문자 · 어휘)

문제분석과 완벽대비법

01 | 問題3 문맥규정 문제

문제 소개

問題3 〈문맥규정〉 문제는 문장의 (　　)에 들어갈 의미적으로 가장 적당한 어휘를 고르는 문제로, 11문항이 출제됩니다.

문제 미리 풀어보기 및 풀이

> **問題 3**
>
> (　　)に入れるのに最もよいものを、1・2・3・4から一つえらびなさい。
>
> 大切な約束を(　　)忘れてしまった。
>
> 1 がっかり　　2 はっきり　　3 さっぱり　　4 うっかり

정답　4

해석　중요한 약속을 깜빡 잊어버렸다.

해설　유사한 단어(부사)의 용법의 차이와 쓰임새를 정확히 이해하고 있는지를 테스트하는 문제. 문맥의 의미상 약속을 깜빡하고 잊었다는 것이 되므로 정답은 4번 うっかり가 된다.

어휘　大切(たいせつ)な 중요한, 소중한 | 約束(やくそく) 약속 | 忘(わす)れる 잊다 | がっかり 실망하는 모양 | はっきり 뚜렷이, 분명히, 확실히 | さっぱり 산뜻이, 깨끗이 | うっかり 깜빡, 무심코

문제분석과 완벽대비법

문맥규정 문제는 문장의 흐름을 보고 (　　)에 들어갈 의미적으로 가장 적당한 어휘를 고르는 문제로 문자 · 어휘 문제 35문항 중 11문항이 출제됩니다.

문맥규정 문제는 크게 3가지 유형으로, 한자나 동사, 형용사, 부사, 접속사, 복합조사, 외래어, 접두어, 접미어, 관용표현의 문맥에서의 올바른 쓰임새를 묻는 문제와 우리말에서는 쓰이지 않으나 일본어에서 쓰이는 특수 한자어를 넣는 문제, 그리고 일본어에도 우리말에도 동일한 한자어가 존재하나 서로 의미의 쓰임새가 다른 동자이의어(同字異義語)를 넣는 문제로 나눌 수 있습니다.

문맥규정 문제는 선택지에 의미상 비슷한 한자어나 어휘가 제시되므로 전체적인 문맥의 의미적 흐름을 파악한 후 빈칸 앞뒤에 오는 단어와의 의미상 쓰임새의 조합을 정확히 파악해야 합니다. 또한 단어를 외울 때 하나의 개별 단어로 외우기보다 어구나 숙어의 형태로 익혀둔다면 문제를 풀 때 도움이 될 것입니다.

기출문제 분석

2010년부터 2017년까지의 기출 어휘를 살펴보면, 명사가 가장 많이 출제되었고, 동사, 부사, 가타카나어, 형용사, 접미어 등으로 품사별로 골고루 출제되고 있습니다.

2010년~2017년 기출 어휘 보기

기출 1글자 명사 보기

- □□ 穴(あな) 구멍
- □□ 泡(あわ) 거품
- □□ 噂(うわさ) 소문
- □□ お祝(いわ)い 축하
- □□ 香(かお)り 향기
- □□ 感(かん)じ 느낌
- □□ 傷(きず) 상처, 흠
- □□ 癖(くせ) 버릇, 습관
- □□ 盛(さか)ん 번성함, 기세가 좋음
- □□ 染(し)み 얼룩
- □□ 底(そこ) 바닥
- □□ 流(なが)れ 흐름
- □□ 床(ゆか) 바닥, 마루
- □□ 列(れつ) 줄

기출 명사 보기

- □□ 意志(いし) 의지
- □□ 印象(いんしょう) 인상
- □□ 影響(えいきょう) 영향
- □□ 営業(えいぎょう) 영업
- □□ 演奏(えんそう) 연주
- □□ 応援(おうえん) 응원
- □□ 応募(おうぼ) 응모
- □□ 外食(がいしょく) 외식
- □□ 確実(かくじつ) 확실
- □□ 片方(かたほう) 한쪽, 한편

□□ 我慢(がまん) 참음, 자제, 용서함

□□ 間隔(かんかく) 간격

□□ 観察(かんさつ) 관찰

□□ 完成(かんせい) 완성

□□ 感動(かんどう) 감동

□□ 期待(きたい) 기대

□□ 記念(きねん) 기념

□□ 希望(きぼう) 희망

□□ 興味(きょうみ) 흥미

□□ 検査(けんさ) 검사

□□ 合計(ごうけい) 합계

□□ 交換(こうかん) 교환

□□ 最新(さいしん) 최신

□□ 材料(ざいりょう) 재료

□□ 資源(しげん) 자원

□□ 自身(じしん) 자신, 자기

□□ 姿勢(しせい) 자세

□□ 自慢(じまん) 자랑

□□ 主張(しゅちょう) 주장

□□ 出張(しゅっちょう) 출장

□□ 渋滞(じゅうたい) 정체, 밀림

□□ 順番(じゅんばん) 순번, 차례

□□ 申請(しんせい) 신청

□□ 整理(せいり) 정리

□□ 前後(ぜんご) 전후

□□ 想像(そうぞう) 상상

□□ 代金(だいきん) 대금

□□ 体力(たいりょく) 체력

□□ 調子(ちょうし) 상태, 기세

□□ 当日(とうじつ) 당일

□□ 登場(とうじょう) 등장

□□ 特長(とくちょう) 특별한 장점

□□ 突然(とつぜん) 돌연

□□ 内緒(ないしょ) 비밀

□□ 農業(のうぎょう) 농업

□□ 発表(はっぴょう) 발표

□□ 反対(はんたい) 반대

□□ 半日(はんにち) 반일, 한나절

□□ 比較(ひかく) 비교

□□ 不安(ふあん) 불안

□□ 物価(ぶっか) 물가

□□ 不満(ふまん) 불만

□□ 平均(へいきん) 평균

□□ 別々(べつべつ) 따로, 각각

□□ 方法(ほうほう) 방법

□□ 申込書(もうしこみしょ) 신청서

□□ 目的(もくてき) 목적

□□ 文句(もんく) 불평, 이의

□□ 流行(りゅうこう) 유행

□□ 両替(りょうがえ) 환전

□□ 料金(りょうきん) 요금

□□ 家賃(やちん) 집세

□□ 割合(わりあい) 비율

기출 형용사 보기

□□ うまい 맛있다, 솜씨가 좋다

□□ おかしい 이상하다

□□ 惜(お)しい 아깝다

□□ 悔(くや)しい 분하다, 억울하다

□□ 苦(くる)しい 괴롭다

□□ 清潔(せいけつ)だ 청결하다

□□ しつこい 끈질기다, 집요하다, (맛 · 빛깔 · 냄새 따위가) 짙다

□□ 自動的(じどうてき)だ 자동적이다

□□ 積極的(せっきょくてき)だ 적극적이다

□□ 代表的(だいひょうてき)だ 대표적이다

□□ 懐(なつ)かしい 그립다

□□ 複雑(ふくざつ)だ 복잡하다

□□ 立派(りっぱ)だ 훌륭하다

□□ 緩(ゆる)い 헐렁하다, 느슨하다

기출 동사 보기

□□ 飽(あ)きる 질리다, 싫증나다

□□ 扱(あつか)う 취급하다

□□ 編(あ)む 엮다, 뜨다

□□ 合(あ)わせる 맞추다, 합치다

□□ 追(お)い付(つ)く (뒤쫓아) 따라붙다, 따라잡다

□□ 起(お)きる 일어나다, (사건 등이) 발생하다

□□ 落(お)ち着(つ)く 안정되다

□□ おぼれる 빠지다

□□ かかる 걸리다

□□ 隠(かく)す 감추다, 숨기다

□□ 囲(かこ)む 둘러싸다, 에워싸다

□□ 枯(か)れる (식물이) 마르다, 시들다

□□ 乾(かわ)く (목이) 마르다, 건조하다

□□ 断(ことわ)る 거절하다

□□ 覚(さ)める 깨다, 눈이 뜨이다

□□ 沈(しず)む 가라앉다, 지다

□□ 縛(しば)る 묶다, 매다

□□ 仕舞(しま)う 끝내다, 치우다, 안에 넣다

□□ 確(たし)かめる 확인하다

□□ 戦(たたか)う 싸우다, 전투하다

□□ 畳(たた)む 접다, 개다

□□ 経(た)つ (시간, 세월이) 지나다

□□ 貯(た)める (돈을) 모으다

□□ 頼(たよ)る 의지하다

□□ 閉(と)じる 닫다, (눈을) 감다

□□ 流(なが)れる 흐르다

□□ 延(の)ばす (시간을) 연기하다, 연장하다

□□ 引(ひ)き受(う)ける (일, 역할을) 맡다

□□ 拭(ふ)く 닦다

□□ 防(ふせ)ぐ 방어하다, 막다

□□ 振(ふ)る 흔들다

□□ ぶつける 부딪치다

□□ 守(まも)る 지키다

□□ 迷(まよ)う 망설이다, (길을) 헤매다

□□ むく (껍질을) 벗기다, 까다

□□ 破(やぶ)れる 찢어지다, 깨지다

□□ 許(ゆる)す 용서하다, 허락하다

□□ 呼(よ)びかける 부르다, 호소하다

□□ 分(わ)ける 나누다, 분배하다

□□ 別(わか)れる 헤어지다, 작별하다

기출 부사 보기

□□ うっかり 무심코, 깜박, 멍청히

□□ 主(おも)に 주로, 대부분

□□ がっかり 실망, 낙담하는 모양

□□ からから 바싹 마른 모양

□□ がらがら 텅텅 비어있는 모양, 와르르, 드르륵

□□ さっそく 즉시, 바로

□□ しっかり 단단히, 똑똑히, 견실하게

□□ しばらく 잠시, 당분간

□□ ずいぶん 상당히

□□ そっくり 꼭 빼닮음

□□ どきどき 두근두근

□□ なるべく 가능한 한, 되도록

□□ 早(はや)めに 빨리, 일찌감치

□□ ぴったり 딱 들어맞음

□□ ふらふら 비틀비틀

□□ ぶらぶら 어슬렁어슬렁, 빈둥빈둥

기출 접미어, 접두어 보기

□□ ～差(さ) ～차, ～차이

□□ ～産(さん) (지역, 나라)～산

□□ 全(ぜん)～ 전(모두)～

□□ ～向(む)き ～방향, ～에 적합함

□□ ～料(りょう) ～료, 요금

기출 가타카나어 보기

□□ アドバイス 충고, 조언

□□ イメージ 이미지

□□ インタビュー 인터뷰

□□ カタログ 카탈로그

□□ カバー 커버, 덮개, (손실 등을) 보충함

□□ カーブする 구부러지다

□□ キャンセル 취소

□□ セット 세트, 조절, 세팅

□□ チャレンジ 도전

□□ テーマ 테마

□□ ノック 노크

□□ パンフレット 팸플릿, 소책자

□□ ヒント 힌트

□□ マナー 매너, 예의

□□ リサイクル 재활용

02 | 問題4 유의표현 문제

문제 소개

問題4 〈유의표현〉 문제는 문장의 밑줄 부분과 바꿔 사용할 수 있는 유의어를 고르는 문제로, 5문항이 출제됩니다.

문제 미리 풀어보기 및 풀이

問題 4

＿＿＿＿のことばに意味が最も近いものを1・2・3・4から一つえらびなさい。

この息子は父親に<u>そっくりだ</u>。

1 仲がいい　　2 うまくいく　　3 よくけんかする　　4 似ている

정답　4

해석　이 아들은 아버지를 꼭 닮았다.

해설　제시된 단어인 そっくり는 부사로서는 '전부, 모조리, 몽땅'이라는 의미로 쓰이고 , な형용사로서는 '꼭 닮은 모양'을 나타낸다. 이 문장에서는 꼭 닮았다는 의미의 な형용사로 사용되고 있으므로 선택지 가운데 가장 유사한 표현은 4번 似ている(닮다)가 된다.

어휘　息子(むすこ) 아들 | 父親(ちちおや) 부친, 아버지 | そっくりだ 꼭 닮다 | 仲(なか)がいい 사이가 좋다 | うまくいく 잘 되어가다 | 喧嘩(けんか) 싸움, 다툼 | 似(に)ている 닮았다, 비슷하다

문제분석과 완벽대비법

유의표현 문제는 제시되는 문장 속에 어휘나 표현을 제시해 주고 그 어휘나 표현과 가장 비슷한 의미를 갖고 있어 바꾸어 사용할 수 있는 것이 무엇인지를 찾는 문제로 문자·어휘 문제 35문항 중 5문항이 출제됩니다.

문제를 풀 때에는 먼저 제시된 문장을 읽고 해석하여 밑줄 친 부분의 의미를 파악한 후 유사한 말을 찾습니다. 따라서 평소에 단어나 표현을 공부할 때 단어가 가지고 있는 여러 가지 의미나 유사표현 또는 반의표현을 함께 외워둔다면 도움이 될 것입니다.

기존 시험에서는 명사와 부사의 문제가 많이 출제 되었으나, 새로운 시험에서는 한자어 명사, 동사, 형용사, 부사, 외래어, 관용표현 등 다양한 어휘가 출제되고 있습니다.

기출문제 분석

2010년부터 2017년까지의 유의표현 문제를 살펴보면 명사, 동사, 형용사 부사, 가타카나어가 골고루 출제되고 있습니다. 평소에 유의어나 반대말로 바꿔서 연습해보는 습관을 들이면 유의표현 문제를 쉽게 풀 수 있습니다.

2010년~2017년 기출 어휘 보기

기출 1글자 명사 보기

□□ 案(あん) ≒ アイデア
안, 예상, 생각 ≒ 아이디어, 생각

□□ お仕舞(しま)い ≒ 終(お)わり
끝, 마지막, 끝맺음 ≒ 끝, 마지막

□□ 決(き)まり ≒ 規則(きそく)
규칙 ≒ 규칙

□□ 孫(まご) ≒ 娘(むすめ)の息子(むすこ)
손자 ≒ 딸의 아들

□□ 約(やく) ≒ 大体(だいたい)
약 ≒ 대체(로), 대개, 대강

□□ 訳(わけ) ≒ 理由(りゆう)
의미, 도리, 원인, 이유 ≒ 이유

기출 명사 보기

□□ 相反(そうはん) ≒ 反対(はんたい)
상반 ≒ 반대

□□ 位置(いち) ≒ 場所(ばしょ)
위치 ≒ 장소

□□ 売(う)り切(き)れだ ≒ 全(すべ)て売(う)れた
품절이다, 매진이다 ≒ 전부 팔렸다

□□ 延期(えんき)になった ≒ 後(あと)の別(べつ)の日(ひ)にすることになった
연기되었다 ≒ 나중의 다른 날로 하게 되었다

□□ 横断禁止(おうだんきんし) ≒ 渡(わた)ってはいけません
횡단금지 ≒ 건너서는 안 됩니다

□□ 回収(かいしゅう)する ≒ 集(あつ)める
회수하다 ≒ 모으다

□□ 機会(きかい) ≒ チャンス
기회 ≒ 찬스, 기회

□□ 共通点(きょうつうてん) ≒ 同(おな)じところ
공통점 ≒ 같은 점

□□ 欠点(けってん) ≒ 悪(わる)いところ
결점 ≒ 나쁜 점

□□ この頃(ころ) ≒ 最近(さいきん)
요즘 ≒ 최근

□□ 混雑(こんざつ)している ≒ 客(きゃく)がたくさんいる
혼잡하다 ≒ 손님이 많이 있다

□□ 指導(しどう)する ≒ 教(おし)える
지도하다 ≒ 가르치다

□□ 手段(しゅだん) ≒ やり方(かた)
수단 ≒ 하는 방법

□□ 整理(せいり)する ≒ 片付(かたづ)ける
정리하다 ≒ 정리하다

□□ 注文(ちゅうもん)する ≒ 頼(たの)む
주문하다 ≒ 부탁하다, 의뢰하다

□□ 通勤(つうきん)する ≒ 仕事(しごと)に行(い)く
통근하다 ≒ 일하러 가다

□□ 当然(とうぜん) ≒ もちろん
당연 ≒ 물론

□□ 内緒(ないしょ)にして ≒ 誰(だれ)にも話(はな)さないで
비밀로 하고 ≒ 아무에게도 말하지 않고

□□ 年中(ねんじゅう) ≒ いつも
연중, 항상, 늘 ≒ 언제나, 항상

□□ 配達(はいたつ)してもらった ≒ 届(とど)けてもらった
배달 받았다 ≒ 전해 받았다

□□ 翌年(よくねん) ≒ 次(つぎ)の年(とし)
익년, 다음 해 ≒ 다음 해

기출 형용사 보기

□□ おかしな ≒ 変(へん)な
우스운, 이상한 ≒ 이상한

□□ 恐(おそ)ろしい ≒ 怖(こわ)い
두렵다 ≒ 무섭다

□□ 必(かなら)ず ≒ 絶対(ぜったい)

반드시 ≒ 절대로

□□ きつい ≒ 大変(たいへん)だ

심하다, 강하다, 꽉 끼다 ≒ 힘들다

□□ 短期(たんき)だ ≒ すぐ怒(おこ)る

성격이 급하다 ≒ 바로 화내다

□□ 単純(たんじゅん)だ ≒ 分(わ)かりやすい

단순하다 ≒ 알기 쉽다

□□ 得意(とくい)だ ≒ 上手(じょうず)にできる

자신 있다, 잘하다 ≒ 잘할 수 있다

□□ 不安(ふあん)だ ≒ 心配(しんぱい)だ

불안하다 ≒ 걱정스럽다

□□ 眩(まぶ)しい ≒ 明(あか)るすぎる

눈부시다 ≒ 너무 밝다

□□ 楽(らく)だ ≒ 簡単(かんたん)だ

편하다, 쉽다 ≒ 간단하다

기출 동사 보기

□□ 諦(あきら)める ≒ やめる

그만두다 ≒ 그만두다

□□ 明(あ)ける ≒ 終(お)わる

(날이) 새다, 밝(아지)다, 새해가 되다, 기간이 끝나다 ≒ 끝나다

□□ 余(あま)りました ≒ 多(おお)すぎて残(のこ)りました

남았습니다 ≒ 너무 많아서 남았습니다

□□ 慌(あわ)てる ≒ 急(いそ)ぐ

당황하다, 허둥대다 ≒ 서두르다

□□ 疑(うたが)っている ≒ 本当(ほんとう)ではないと思(おも)っている

의심하고 있다 ≒ 진짜가 아닐 것이라고 생각하고 있다

□□ 奪(うば)う ≒ 取(と)る

빼앗다 ≒ 잡다, 쥐다, 취하다, 빼앗다

□□ 覚(おぼ)える ≒ 暗記(あんき)する

기억하다, 외우다 ≒ 암기하다

□□ がっかりした ≒ 残念(ざんねん)だと思(おも)った

실망했다 ≒ 유감스럽게 생각했다

□□ 輝(かがや)く ≒ 光(ひか)る
빛나다 ≒ 빛나다

□□ 気(き)に入(い)っている ≒ 好(す)きな
마음에 들다 ≒ 좋아하는

□□ くたびれる ≒ 疲(つか)れる
지치다, 피로하다 ≒ 지치다, 피로해지다

□□ 喋(しゃべ)る ≒ 話(はな)す
지껄이다, 재잘거리다, 수다 떨다 ≒ 이야기하다

□□ 信(しん)じている ≒ 本当(ほんとう)だと思(おも)っている
믿고 있다 ≒ 정말이라고 생각하고 있다

□□ 確(たし)かめる ≒ チェックする
확인하다 ≒ 체크하다, 확인하다

□□ 経(た)つ ≒ 過(す)ぎる
(시간이) 지나다, 경과하다 ≒ 지나다

□□ 溜(たま)る ≒ 残(のこ)る
(한곳에)모이다, 쌓이다, 밀리다 ≒ 남다

□□ 黙(だま)って ≒ 何(なに)も言(い)わずに
말을 하지 않고 ≒ 아무말도 하지 않고

□□ 手伝(てつだ)う ≒ 協力(きょうりょく)する
돕다 ≒ 협력하다

□□ どなる ≒ 大声(おおごえ)で怒(おこ)る
호통치다 ≒ 큰소리로 화내다

□□ 減(へ)る ≒ 少(すく)なくなる
줄다, 감소하다 ≒ 적어지다

□□ 学(まな)んでいる ≒ 勉強(べんきょう)している
배우고 있다 ≒ 공부하고 있다

□□ やり直(なお)す ≒ もう一度(いちど)やる
다시 하다 ≒ 다시 한번 하다

기출 부사 보기

□□ 相変(あいか)わらず ≒ 前(まえ)と同(おな)じで
변함없이 ≒ 전과 같이

□□ あらゆる ≒ すべての
모든, 온갖 ≒ 모든

□□ 先(さっき) ≒ 少(すこ)し前(まえ)
아까, 조금 전 ≒ 조금 전

□□ 次第(しだい)に ≒ 少(すこ)しずつ
점점, 차츰 ≒ 조금씩

□□ 全(すべ)て ≒ 全部(ぜんぶ)
모두 ≒ 전부

□□ 絶対(ぜったい)に ≒ 必(かなら)ず
반드시, 절대로, 꼭 ≒ 반드시, 꼭

□□ そっと ≒ 静(しず)かに
살짝, 가만히 ≒ 조용히

□□ 全(まった)く ≒ 全然(ぜんぜん)
전혀 ≒ 전혀

기출 가타카나어 보기

□□ カーブする ≒ 曲(ま)がる
구부러지다 ≒ 구부러지다, 굽다

□□ キッチン ≒ 台所(だいどころ)
부엌 ≒ 부엌

□□ サイズ ≒ 大(おお)きさ
사이즈 ≒ 크기

□□ スケジュール ≒ 予定(よてい)
스케줄 ≒ 예정

03 | 問題5 용법 문제

문제 소개

問題5 〈용법〉 문제는 제시된 어휘의 의미나 제시된 어휘가 문장 안에서 어떻게 쓰이는지를 묻는 문제로, 5문항이 출제됩니다.

문제 미리 풀어보기 및 풀이

問題 5

つぎのことばの使い方として最もよいものを、1・2・3・4から一つえらびなさい。

思い出す

1 疲れているときはよいアイデアが思い出せません。
2 このいすに座ると、すっかり気分が思い出す。
3 私はいつも人の名前を思い出すのに苦労する。
4 学校生活は楽しい思い出しのひとつになるだろう。

정답 3

해석 나는 항상 사람의 이름을 생각해 내는데 고생한다.

해설 단어의 의미를 파악하고 그 단어가 문장 속에서 바르게 사용되고 있는지를 파악해야 하는 문제로 1번은 思(おも)いつく (문득) 생각이 떠오르다로, 2번은 落(お)ち着(つ)く 안정되다로, 4번은 思(おも)い出(で) 추억으로 바꾸어야 바른 문장이 된다.

어휘 思(おも)い出(だ)す 생각해 내다, 생각나다 | 疲(つか)れる 지치다, 피곤하다 | アイデア 아이디어 | 椅子(いす) 의자 | 座(すわ)る 앉다 | すっかり 완전히, 아주, 몽땅 | 気分(きぶん) 기분 | 名前(なまえ) 이름 | 苦労(くろう) 고생 | 学校生活(がっこうせいかつ) 학교생활 | 楽(たの)しい 즐겁다

문제분석과 완벽대비법

용법 문제는 제시되는 어휘의 의미와 올바른 쓰임새에 관한 지식을 테스트하는 문제로, 제시된 어휘의 의미나 제시된 어휘가 문장 안에서 어떻게 쓰이는지를 묻습니다. 문자 · 어휘 문제 35문항 중 5문항이 출제됩니다.

용법 문제는 제시된 어휘의 의미와 품사를 정확히 파악하고 그 어휘가 의미상 어떤 말과 어울려 쓰이는지, 문장 속에서 문법적으로 어떻게 활용되어 쓰이고 문법적으로 어떠한 기능을 하는지를 파악하여 정답을 고르는 문제 유형으로 한자어 명사, 외래어 명사, 부사, 형용사, 동사, 연체사, 접속사 등 다양한 품사에서 출제됩니다.

문제의 문장에 제시된 단어는 우리말 뜻만 생각하여 문장 전체를 해석하면 해석 자체는 문제가 없어 정답을 고르기 힘든 경우가 많습니다. 어휘는 어휘 자체가 가지고 있는 의미적 용법이 있기 때문에 제시된 일본어 어휘를 우리말 의미로 문장에 대입시켜 해석하여 정답을 고르면 안 됩니다. 먼저 제시된 어휘의 의미나 품사를 정확히 알고, 제시된 어휘가 어떤 품사를 수식하고 문장 속에서 어떤 말과 접속될 수 있는지, 문법적으로 어떠한 기능을 하는지, 즉 어휘의 쓰임새를 주의 깊게 살펴본 후 정답을 골라야 합니다.

기출문제 분석

2010년부터 2017년까지 출제된 용법 문제를 살펴보면, 명사, 동사, 형용사, 부사, 가타카나어 문제가 출제되고 있습니다.

2010년~2017년 기출 어휘 보기

기출 1글자 명사 보기

□□ 空(から)	빔, 비어 있음, 아무것도 갖고 있지 않음
□□ 急(きゅう)	급함, 갑작스러움

기출 명사 보기

□□ 暗記(あんき)	암기
□□ 移動(いどう)	이동
□□ 回収(かいしゅう)	회수
□□ 活動(かつどう)	활동
□□ 期限(きげん)	기한
□□ 緊張(きんちょう)	긴장
□□ 経由(けいゆ)	경유
□□ 減少(げんしょう)	감소
□□ 建設(けんせつ)	건설
□□ 効果(こうか)	효과
□□ 指示(しじ)	지시
□□ 締(し)め切(き)り	마감
□□ 修理(しゅうり)	수리
□□ 渋滞(じゅうたい)	정체
□□ 縮小(しゅくしょう)	축소
□□ 出張(しゅっちょう)	출장
□□ 消費(しょうひ)	소비
□□ 進歩(しんぽ)	진보
□□ 性格(せいかく)	성격
□□ 制限(せいげん)	제한
□□ 早退(そうたい)	조퇴
□□ 滞在(たいざい)	체재, 체류

□□	中古(ちゅうこ)	중고
□□	内容(ないよう)	내용
□□	発生(はっせい)	발생
□□	発展(はってん)	발전
□□	沸騰(ふっとう)	끓어오름, 비등
□□	分類(ぶんるい)	분류
□□	訪問(ほうもん)	방문
□□	募集(ぼしゅう)	모집
□□	翻訳(ほんやく)	번역
□□	未来(みらい)	미래
□□	行(ゆ)き先(さき)	행선지, 목적지

기출 형용사 보기

□□	親(した)しい	친하다
□□	正直(しょうじき)だ	정직하다
□□	新鮮(しんせん)だ	신선하다
□□	清潔(せいけつ)だ	청결하다
□□	そっくりだ	꼭 닮다
□□	だるい	나른하다, 지루하다
□□	なだらかだ	완만하다, 원활하다, 온화하다
□□	貧(まず)しい	가난하다
□□	緩(ゆる)い	느슨하다, 엄하지 않다

기출 동사 보기

□□	預(あず)ける	맡기다
□□	余(あま)る	남다
□□	植(う)える	심다
□□	受(う)け入(い)れる	받아들이다
□□	受(う)け取(と)る	받다
□□	落(お)ち着(つ)く	자리 잡다, 안정되다, 침착하다, 차분하다
□□	枯(か)れる	마르다, 시들다
□□	区切(くぎ)る	단락 짓다, 구획 짓다

□□	断(ことわ)る	거절하다
□□	こぼす	흘리다, 엎지르다
□□	転(ころ)ぶ	넘어지다, 구르다
□□	溜(たま)る	모이다, (재산이) 늘다
□□	伝(つた)わる	전해지다, 알려지다
□□	通(とお)り過(す)ぎる	지나가다, 통과하다
□□	怒鳴(どな)る	고함치다, 호통 치다
□□	慰(なぐさ)める	위로하다, 달래다
□□	似合(にあ)う	어울리다, 잘 맞다
□□	握(にぎ)る	쥐다, 잡다, 장악하다
□□	量(はか)る	(무게 · 길이 · 깊이 · 넓이 등을) 재다
□□	話(はな)しかける	말 걸다
□□	離(はな)す	(거리를) 벌리다, 떼다, (시선을) 옮기다, 풀다
□□	引(ひ)き受(う)ける	떠맡다, (책임지고) 맡다, 인수하다
□□	曲(ま)げる	굽히다, 구부리다
□□	混(ま)ぜる	섞다
□□	見送(みおく)る	배웅하다
□□	身(み)につける	몸에 걸치다, 몸에 지니다, 배워 익히다
□□	茹(ゆ)でる	데치다, 삶다

기출 부사 보기

□□	そろそろ	이제 슬슬
□□	どきどき	두근두근, 울렁울렁

기출 가타카나어 보기

□□	ユーモア	유머

핵심어휘 완벽대비

N3 핵심어휘

N3 단계에서 반드시 익혀야 할 어휘 2,000어를 품사별로 정리하여 일본어 읽기와 뜻을 함께 수록하였습니다. 반대말, 관련 어휘 등도 같이 학습하도록 하세요.

01 | 한자 1자로 된 훈독명사

□□에 체크하면서 학습하세요!

あ행

あ	□□ 愛(あい)	사랑
	□□ 味(あじ)	맛
	□□ 汗(あせ)	땀
	□□ 穴(あな)	구멍
	□□ 姉(あね)	언니, 누이/妹(いもうと) 여동생/兄(あに) 형, 오빠/弟(おとうと) 남동생
	□□ 泡(あわ)	거품
	□□ 案(あん)	안, 생각, 계획
い	□□ 息(いき)	숨, 호흡
	□□ 勢(いきお)い	기세, 힘, 기운
	□□ 池(いけ)	연못
	□□ 石(いし)	돌
	□□ 泉(いずみ)	샘, 샘물
	□□ 糸(いと)	실, 줄
	□□ 命(いのち)	목숨, 생명
	□□ 色(いろ)	색
	□□ 岩(いわ)	바위
	□□ 祝(いわ)い	축하(선물)
う	□□ 嘘(うそ)	거짓말
	□□ 腕(うで)	팔, 솜씨
	□□ 裏(うら)	뒤, 안, 앞면 반 表(おもて) 겉, 바깥쪽
	□□ 噂(うわさ)	남의 이야기, 소문
え	□□ 絵(え)	그림
	□□ 餌(えさ)	모이, 먹이
	□□ 枝(えだ)	가지
お	□□ 億(おく)	억

	□□ 帯(おび)	띠
	□□ お宅(たく)	댁
	□□ お釣(つ)り	거스름돈
	□□ 夫(おっと)	남편 반 妻(つま) 아내
	□□ 音(おと)	소리,음/音(おん) 소리, 음
	□□ お祭(まつ)り	축제
	□□ 親(おや)	부모
	□□ お礼(れい)	사례, 사례 인사(선물)

か행

か	□□ 貝(かい)	조개
	□□ 香(かお)り	향기
	□□ 鏡(かがみ)	거울
	□□ 係(かかり)	담당, 담당 직원
	□□ 鍵(かぎ)	열쇠
	□□ 影(かげ)	그림자/陰(かげ) 그늘
	□□ 傘(かさ)	우산
	□□ 数(かず)	수
	□□ 肩(かた)	어깨
	□□ 形(かたち)	모양, 모습, 형식
	□□ 角(かど)	모퉁이, 모서리
	□□ 株(かぶ)	주식
	□□ 壁(かべ)	벽
	□□ 髪(かみ)	머리털/紙(かみ) 종이/神(かみ) 신
	□□ 空(から)	(속이) 빔
	□□ 代(か)わり	대신, 대체
き	□□ 傷(きず)	상처
	□□ 決(き)まり	규정, 규칙, 결말, 결정
く	□□ 草(くさ)	풀
	□□ 薬(くすり)	약
	□□ 癖(くせ)	버릇, 습관
	□□ 靴(くつ)	구두, 신발
	□□ 首(くび)	목, 머리
	□□ 雲(くも)	구름
け	□□ 毛(け)	털
	□□ 件(けん)	건, 사항, 사건/県(けん) 현/券(けん) 표
こ	□□ 声(こえ)	목소리
	□□ 心(こころ)	마음
	□□ 腰(こし)	허리

□□	粉(こな)	가루, 분말
□□	米(こめ)	쌀

さ행

さ	□□	坂(さか)	고갯길, 비탈(길)
	□□	札(さつ)	지폐/札(ふだ) 표찰, 표
	□□	皿(さら)	접시
し	□□	塩(しお)	소금
	□□	島(しま)	섬
	□□	染(し)み	얼룩
	□□	印(しるし)	표, 상징, 표시
す	□□	姿(すがた)	몸매, 모습, 모양, 옷차림
	□□	砂(すな)	모래
	□□	隅·角(すみ)	모퉁이, 구석
そ	□□	底(そこ)	바닥, 끝, 속
	□□	袖(そで)	소매

た행

た	□□	畳(たたみ)	다다미
	□□	縦(たて)	세로 반 横(よこ) 가로, 옆
	□□	棚(たな)	선반
	□□	谷(たに)	골짜기
	□□	種(たね)	씨
	□□	旅(たび)	여행
	□□	便(たよ)り	알림, 편지, 소식
ち	□□	血(ち)	피
つ	□□	罪(つみ)	죄, 벌
	□□	爪(つめ)	손톱, 발톱
て	□□	寺(てら)	절
と	□□	隣(となり)	이웃, 옆, 곁, 이웃집
	□□	鳥(とり)	새, 닭
	□□	泥(どろ)	진흙

な행

な	□□	仲(なか)	사이, 관계
	□□	波(なみ)	파도, 물결
	□□	涙(なみだ)	눈물
に	□□	匂(にお)い	냄새, 향기
ね	□□	猫(ねこ)	고양이
	□□	熱(ねつ)	열
の	□□	喉(のど)	목

は행	
は □□ 歯(は)	이/葉(は) 잎
□□ 箱(はこ)	상자
□□ 橋(はし)	다리/端(はし) 끝, 가장자리/箸(はし) 젓가락
□□ 肌(はだ)	피부, 살갗
□□ 畑(はたけ)	밭
□□ 羽(はね)	깃, 날개
□□ 幅(はば)	폭
□□ 腹(はら)	배/腹(はら)が立(た)つ 화가 나다
ひ □□ 髭(ひげ)	수염
□□ 紐(ひも)	끈
ふ □□ 袋(ふくろ)	주머니, 봉지
□□ 船(ふね)	배
ほ □□ 星(ほし)	별
□□ 骨(ほね)	뼈
ま행	
ま □□ 孫(まご)	손자
□□ 祭(まつり)	축제, 제사
□□ 窓(まど)	창문
□□ 豆(まめ)	콩
□□ 回(まわ)り	둘레, 주위, 회전, 퍼짐
み □□ 湖(みずうみ)	호수
□□ 港(みなと)	항구
む □□ 昔(むかし)	옛날
□□ 向(む)き	방향, 방면
□□ 虫(むし)	벌레, 곤충
□□ 胸(むね)	가슴
や행	
ゆ □□ 湯(ゆ)	끓인 물, 뜨거운 물
□□ 床(ゆか)	마루
□□ 指(ゆび)	손가락, 발가락
□□ 夢(ゆめ)	꿈
ら행~わ 행	
り □□ 量(りょう)	양/療(りょう) 기숙사
れ □□ 例(れい)	예, 전례, 전례, 보기/礼(れい) 예, 예의
□□ 列(れつ)	열, 줄, 등급
わ □□ 輪(わ)	원, 바퀴, 테두리
□□ 訳(わけ)	사리, 까닭, 사정, 이유, 의미, 뜻

02 | 훈독명사

あ행

あ	□□	合図(あいず)	신호
	□□	相手(あいて)	상대
	□□	赤(あか)ちゃん	아기/赤(あか)ん坊(ぼう) 아기
い	□□	市場(いちば)	시장
	□□	田舎(いなか)	시골, 고향
	□□	入(い)り口(ぐち)	입구 반 出口(でぐち) 출구
う	□□	受付(うけつけ)	접수
	□□	打(う)ち合(あ)わせ	미리 상의함, 사전 협의
	□□	内側(うちがわ)	안쪽, 내면 반 外側(そとがわ) 바깥쪽, 겉면
	□□	売(う)り上(あ)げ	매상, 매출
	□□	売(う)り場(ば)	매장
え	□□	笑顔(えがお)	웃는 얼굴
お	□□	大家(おおや)	집주인
	□□	贈(おく)り物(もの)	선물
	□□	お手洗(てあら)い	화장실
	□□	落(おと)し物(もの)	분실물
	□□	大人(おとな)	어른, 성인
	□□	お見舞(みま)い	문병, 문안
	□□	お土産(みやげ)	여행지 등에서 사 오는 선물
	□□	思(おも)い出(で)	추억

か행

か	□□	貸(か)し出(だ)し	대출
	□□	風邪(かぜ)	감기/風(かぜ) 바람 風邪(かぜ)を引(ひ)く 감기에 걸리다
	□□	我慢(がまん)	참음, 견딤
き	□□	きっかけ	계기, 실마리/契機(けいき) 계기
	□□	切手(きって)	우표
	□□	切符(きっぷ)	표, 티켓
	□□	着物(きもの)	옷, 일본 옷
く	□□	具合(ぐあい)	형편, 상태
	□□	組合(くみあい)	조합
	□□	工夫(くふう)	궁리, 고안
け	□□	怪我(けが)	다침, 상처, 손실
	□□	景色(けしき)	경치, 풍경/風景(ふうけい) 풍경, 경치
	□□	現場(げんば)	현장
こ	□□	ご馳走(ちそう)	맛있는 음식, 음식을 대접함, 한턱냄

	□□ 小遣(こづか)い	용돈
	□□ 小包(こづつみ)	소포
	□□ 言葉(ことば)	말, 언어
	□□ ご無沙汰(ぶさた)	격조, 무소식
	□□ ゴミ箱(ばこ)	쓰레기통
	□□ 小麦(こむぎ)	밀/小麦粉(こむぎこ) 밀가루
さ행		
し	□□ 試合(しあい)	시합
	□□ 仕方(しかた)	하는 방법, 수단
	□□ 下着(したぎ)	속옷, 내복
	□□ 支度(したく)	준비/用意(ようい) 준비, 채비/準備(じゅんび) 준비
	□□ 品物(しなもの)	물건, 물품
	□□ 芝居(しばい)	연극
	□□ 芝生(しばふ)	잔디밭
	□□ 締(し)め切(き)り	마감
	□□ 職場(しょくば)	직장
	□□ 知(し)り合(あ)い	서로 앎, 지인/知人(ちじん) 지인
	□□ 素人(しろうと)	비전문가
す	□□ 頭痛(ずつう)	두통
せ	□□ 背中(せなか)	등/背(せ) 등, 배경, 키
	□□ 背広(せびろ)	신사복
	□□ 世話(せわ)	도와줌, 보살핌/お世話(せわ)になる 신세를 지다
た행		
た	□□ 台所(だいどころ)	부엌
	□□ 互(たが)い	서로, 쌍방, 상호/お互(たが)いに 서로
	□□ 立場(たちば)	입장
	□□ 建物(たてもの)	건물
つ	□□ 梅雨(つゆ)	장마
て	□□ 出入(でい)り	출입
	□□ 手入(てい)れ	손질, 손봄, 단속
	□□ 手帳(てちょう)	수첩
	□□ 手続(てつづ)き	절차, 수속
	□□ 手袋(てぶくろ)	장갑
	□□ 手間(てま)	품, 수고, 노력
	□□ 手前(てまえ)	자기 앞, 바로 앞
	□□ 出迎(でむか)え	마중
	□□ 手元(てもと)	주변, 곁
と	□□ 問(と)い合(あ)わせ	문의, 조회

□□	床屋(とこや)	이발소, 이발사
□□	年寄(としよ)り	노인, 늙은이/老人(ろうじん) 노인
□□	泥棒(どろぼう)	도둑

な행

な	□□	半(なか)ば	절반, 중앙, 중간, 도중
	□□	仲間(なかま)	한패, 동료
	□□	中身(なかみ)	내용물, 알맹이
	□□	名前(なまえ)	이름
	□□	名札(なふだ)	명찰, 이름표
に	□□	荷物(にもつ)	짐, 화물

は행

は	□□	場合(ばあい)	경우
	□□	葉書(はがき)	엽서
	□□	場所(ばしょ)	장소
	□□	花束(はなたば)	꽃다발
	□□	花嫁(はなよめ)	신부, 새색시
	□□	場面(ばめん)	장면
	□□	番組(ばんぐみ)	프로그램
ひ	□□	引(ひ)き出(だ)し	인출, 서랍
	□□	久(ひさ)しぶり	오래간만
	□□	日付(ひづけ)	날짜
	□□	昼間(ひるま)	주간, 낮
	□□	広場(ひろば)	광장

ま행

ま	□□	迷子(まいご)	미아
	□□	窓口(まどぐち)	창구
	□□	真(ま)ん中(なか)	한가운데, 중앙
み	□□	味方(みかた)	내편, 우리 편/見方(みかた) 보는 방법, 견해, 관점
	□□	身分(みぶん)	신분
	□□	見本(みほん)	견본
む	□□	息子(むすこ)	아들 반 娘(むすめ) 딸
も	□□	申(もう)し込(こ)み	신청/申込書(もうしこみしょ) 신청서
	□□	文字(もじ)	문자
	□□	物語(ものがたり)	이야기
	□□	物差(ものさ)し	자, 척도, 기준
	□□	紅葉(もみじ)	단풍/紅葉(こうよう) 단풍

や행

や □□ 役割(やくわり) 역할

□□ 家賃(やちん) 집세

ゆ □□ 夕方(ゆうがた) 해질녘, 저녁때

□□ 行方(ゆくえ) 행방

よ □□ 夜中(よなか) 한밤중

□□ 世(よ)の中(なか) 세상, 시대

ら행~わ행

り □□ 両替(りょうがえ) 환전

る □□ 留守(るす) 빈집을 지킴, 집을 비움/留守番電話(るすばんでんわ) 자동응답전화

わ □□ 若者(わかもの) 젊은이, 청년

□□ 忘(わす)れ物(もの) 분실물

□□ 割合(わりあい) 비율

□□ 割引(わりびき) 할인

03 | 음독명사

あ행

あ □□ 愛情(あいじょう) 애정

□□ 握手(あくしゅ) 악수

□□ 暗記(あんき) 암기

□□ 安心(あんしん) 안심

安全(あんぜん) 안전 반 危険(きけん) 위험

□□ 案内(あんない) 안내

い □□ 委員(いいん) 위원

□□ 以下(いか) 이하 반 以上(いじょう) 이상

以外(いがい) 이외

以内(いない) 이내

□□ 医学(いがく) 의학

□□ 意見(いけん) 의견

意志(いし) 의지, 의사, 뜻/医師(いし) 의사

意識(いしき) 의식

意味(いみ) 의미

□□ 移転(いてん) 이전

移動(いどう) 이동

□□ 違反(いはん) 위반

□□ 育児(いくじ) 육아

□□ 一瞬(いっしゅん) 일순간, 순간

	□□ 印刷(いんさつ)	인쇄
	印象(いんしょう)	인상
う	□□ 宇宙(うちゅう)	우주
	□□ 有無(うむ)	유무
	□□ 運転(うんてん)	운전
	運動(うんどう)	운동
え	□□ 影響(えいきょう)	영향
	□□ 営業(えいぎょう)	영업
	□□ 衛生(えいせい)	위생
	□□ 栄養(えいよう)	영양
	□□ 液体(えきたい)	액체
	□□ 延期(えんき)	연기
	延長(えんちょう)	연장
	□□ 演技(えんぎ)	연기
	演奏(えんそう)	연주
	□□ 鉛筆(えんぴつ)	연필
	□□ 遠慮(えんりょ)	조심함, 삼감, 사양함
お	□□ 汚染(おせん)	오염
	□□ 応援(おうえん)	응원
	応接(おうせつ)	응접, 접대
	応募(おうぼ)	응모
	応用(おうよう)	응용
	□□ 横断歩道(おうだんほどう)	횡단보도
	□□ 往復(おうふく)	왕복 반 片道(かたみち) 편도
	□□ 欧米(おうべい)	구미, 유럽과 미국
	□□ 屋上(おくじょう)	옥상
	□□ 音楽(おんがく)	음악
	□□ 温度(おんど)	온도

か행

か	□□ 価格(かかく)	가격/値段(ねだん) 가격
	□□ 科学(かがく)	과학/化学(かがく) 화학
	□□ 過去(かこ)	과거
	□□ 火事(かじ)	화재/家事(かじ) 가사, 집안일
	□□ 家族(かぞく)	가족
	家内(かない)	아내, 집안, 가족
	□□ 価値(かち)	가치
	□□ 過程(かてい)	과정/家庭(かてい) 가정/仮定(かてい) 가정
	□□ 我慢(がまん)	참음

□□	貨物(かもつ)	화물
□□	開館(かいかん)	개관 반 閉館(へいかん) 폐관
	開店(かいてん)	개점 반 閉店(へいてん) 폐점/回転(かいてん) 회전
□□	海岸(かいがん)	해안
□□	会議(かいぎ)	회의
	会計(かいけい)	회계, 계산
	会場(かいじょう)	회장, 집회 장소
	会費(かいひ)	회비
□□	解決(かいけつ)	해결
□□	回収(かいしゅう)	회수
	回復(かいふく)	회복
□□	改札(かいさつ)	개찰
	改正(かいせい)	개정
	改善(かいぜん)	개선
	改造(かいぞう)	개조
□□	階段(かいだん)	계단
□□	外見(がいけん)	외견, 외관, 겉보기
	外交(がいこう)	외교
	外出(がいしゅつ)	외출
	外食(がいしょく)	외식
□□	各自(かくじ)	각자
□□	確認(かくにん)	확인
	確率(かくりつ)	확률
□□	学力(がくりょく)	학력
□□	活気(かっき)	활기
	活動(かつどう)	활동
	活躍(かつやく)	활약
	活用(かつよう)	활용
□□	楽器(がっき)	악기
□□	学期(がっき)	학기
□□	感覚(かんかく)	감각
	感(かん)じ	감촉, 느낌, 분위기/漢字(かんじ) 한자
	感謝(かんしゃ)	감사
	感情(かんじょう)	감정
	感想(かんそう)	감상
	感動(かんどう)	감동
□□	間隔(かんかく)	간격
□□	環境(かんきょう)	환경

□□	関係(かんけい)	관계
	関心(かんしん)	관심/感心(かんしん) 깊이 마음으로 느낌
□□	歓迎(かんげい)	환영
□□	観光(かんこう)	관광
	観察(かんさつ)	관찰
	観測(かんそく)	관측
□□	完成(かんせい)	완성
	完了(かんりょう)	완료
□□	監督(かんとく)	감독
□□	看板(かんばん)	간판
□□	管理(かんり)	관리
き □□	記憶(きおく)	기억
	記事(きじ)	기사
	記入(きにゅう)	기입
	記念(きねん)	기념
	記録(きろく)	기록
□□	気温(きおん)	기온
	気候(きこう)	기후
	気分(きぶん)	기분, 기질, 성미, 분위기
□□	機械(きかい)	기계
	機会(きかい)	기회
	機能(きのう)	기능
□□	期間(きかん)	기간/機関(きかん) 기관
	期限(きげん)	기한
	期待(きたい)	기대
□□	企業(きぎょう)	기업
□□	季節(きせつ)	계절
□□	基礎(きそ)	기초
	基本(きほん)	기본
□□	規則(きそく)	규칙
□□	希望(きぼう)	희망
□□	技術(ぎじゅつ)	기술
□□	義務(ぎむ)	의무
□□	疑問(ぎもん)	의문
□□	議論(ぎろん)	의론, 토론
□□	休暇(きゅうか)	휴가
	休息(きゅうそく)	휴식
	休養(きゅうよう)	휴양

□□ 救助(きゅうじょ) 구조
□□ 急用(きゅうよう) 급한 용무
□□ 給料(きゅうりょう) 급여
□□ 許可(きょか) 허가
□□ 距離(きょり) 거리
□□ 教育(きょういく) 교육
教科書(きょうかしょ) 교과서
教室(きょうしつ) 교실
教授(きょうじゅ) 교수
□□ 供給(きょうきゅう) 공급 반 需要(じゅよう) 수요
□□ 競争(きょうそう) 경쟁
□□ 兄弟(きょうだい) 형제 반 姉妹(しまい) 자매
□□ 共通(きょうつう) 공통
共同(きょうどう) 공동
□□ 興味(きょうみ) 흥미
□□ 協力(きょうりょく) 협력
□□ 行事(ぎょうじ) 행사
行列(ぎょうれつ) 행렬
□□ 禁煙(きんえん) 금연
禁止(きんし) 금지
□□ 近所(きんじょ) 근처, 이웃
□□ 緊張(きんちょう) 긴장
く □□ 苦労(くろう) 고생, 수고
□□ 空気(くうき) 공기
空港(くうこう) 공항
□□ 訓練(くんれん) 훈련
け □□ 化粧(けしょう) 화장
□□ 気配(けはい) 기척, 기미, 낌새
□□ 外科(げか) 외과
□□ 経営(けいえい) 경영
□□ 計画(けいかく) 계획
計算(けいさん) 계산
□□ 景気(けいき) 경기
□□ 経験(けいけん) 경험
経済(けいざい) 경제
□□ 傾向(けいこう) 경향
□□ 警察(けいさつ) 경찰
警備(けいび) 경비

□□	形式(けいしき)	형식
□□	契約(けいやく)	계약
□□	芸術(げいじゅつ)	예술
□□	血圧(けつあつ)	혈압
	血液(けつえき)	혈액
□□	結果(けっか)	결과
	結局(けっきょく)	결국
	結婚(けっこん)	결혼 반 離婚(りこん) 이혼
	結論(けつろん)	결론
□□	傑作(けっさく)	걸작
□□	決心(けっしん)	결심
	決定(けってい)	결정
□□	欠席(けっせき)	결석 반 出席(しゅっせき) 출석
	欠点(けってん)	결점
□□	月末(げつまつ)	월말
□□	限界(げんかい)	한계
□□	研究(けんきゅう)	연구
□□	健康(けんこう)	건강
□□	検査(けんさ)	검사
□□	研修(けんしゅう)	연수
□□	建設(けんせつ)	건설
	建築(けんちく)	건축
□□	検討(けんとう)	검토
□□	見当(けんとう)	(대체적인) 방향, 어림, 짐작
	見物(けんぶつ)	구경
□□	権利(けんり)	권리
□□	原因(げんいん)	원인
	原料(げんりょう)	원료
□□	喧嘩(けんか)	싸움
□□	現在(げんざい)	현재
	現実(げんじつ)	현실
	現象(げんしょう)	현상
	現状(げんじょう)	현재 상태
こ □□	呼吸(こきゅう)	호흡
□□	故郷(こきょう)	고향
	故障(こしょう)	고장
□□	個人(こじん)	개인
□□	誤解(ごかい)	오해

□□	公園(こうえん)	공원/講演(こうえん) 강연/公演(こうえん) 공연
	公共(こうきょう)	공공
	公衆(こうしゅう)	공중
□□	効果(こうか)	효과
	効力(こうりょく)	효력
□□	郊外(こうがい)	교외/公害(こうがい) 공해
□□	合格(ごうかく)	합격
	合計(ごうけい)	합계
	合流(ごうりゅう)	합류
□□	交換(こうかん)	교환
	交通(こうつう)	교통
	交流(こうりゅう)	교류
□□	講義(こうぎ)	강의
	講師(こうし)	강사
□□	航空(こうくう)	항공
□□	広告(こうこく)	광고
□□	工業(こうぎょう)	공업
	工場(こうじょう)	공장
□□	構成(こうせい)	구성/公正(こうせい) 공정
	構造(こうぞう)	구조
□□	肯定(こうてい)	긍정 반 否定(ひてい) 부정
□□	行動(こうどう)	행동/講堂(こうどう) 강당
□□	後輩(こうはい)	후배 반 先輩(せんぱい) 선배
□□	幸福(こうふく)	행복
□□	候補(こうほ)	후보
□□	国際(こくさい)	국제
	国語(こくご)	국어
	国民(こくみん)	국민
	国家(こっか)	국가
□□	混雑(こんざつ)	혼잡
	混乱(こんらん)	혼란
□□	今度(こんど)	이번, 이다음
	今夜(こんや)	오늘 밤
□□	困難(こんなん)	곤란

さ행

さ □□	作業(さぎょう)	작업
	作法(さほう)	예의범절, 작법
□□	差別(さべつ)	차별

□□	左右(さゆう)	좌우
□□	最後(さいご)	마지막 반 最初(さいしょ) 맨 처음
	最終(さいしゅう)	최종 반 最初(さいしょ) 맨 처음
	最新(さいしん)	최신
	最大(さいだい)	최대
	最中(さいちゅう)	한창인 때, 한창 진행되고 있는 도중
	最低(さいてい)	최저 반 最高(さいこう) 최고
□□	催促(さいそく)	재촉
□□	才能(さいのう)	재능
□□	財布(さいふ)	지갑
	財産(ざいさん)	재산
□□	材料(ざいりょう)	재료
□□	作成(さくせい)	작성
	作品(さくひん)	작품
	作物(さくもつ)	농작물, 작품
□□	撮影(さつえい)	촬영
□□	作家(さっか)	작가
	作曲(さっきょく)	작곡
□□	雑誌(ざっし)	잡지
□□	参加(さんか)	참가
	参考(さんこう)	참고
□□	産業(さんぎょう)	산업
□□	賛成(さんせい)	찬성 반 反対(はんたい) 반대
し □□	刺激(しげき)	자극
□□	試験(しけん)	시험
□□	資源(しげん)	자원
	資本(しほん)	자본
	資料(しりょう)	자료
□□	支出(ししゅつ)	지출 반 収入(しゅうにゅう) 수입
□□	姿勢(しせい)	자세
□□	思想(しそう)	사상
□□	支店(してん)	지점 반 本店(ほんてん) 본점
	支配(しはい)	지배
□□	市民(しみん)	시민
□□	氏名(しめい)	성명
□□	使用(しよう)	사용
□□	事件(じけん)	사건

	事故(じこ)	사고/自己(じこ) 자기
□□	持参(じさん)	지참
□□	指示(しじ)	지시
	指定(してい)	지정
	指導(しどう)	지도
	指名(しめい)	지명
□□	事情(じじょう)	사정
	事態(じたい)	사태
	事務(じむ)	사무, 직무, 업무/事務所(じむしょ) 사무실
□□	地震(じしん)	지진/自信(じしん) 자신/自身(じしん) 자신, 자기
□□	辞典(じてん)	사전/辞書(じしょ) 사전
□□	自身(じしん)	자신, 자기
	自転車(じてんしゃ)	자전거
	自動(じどう)	자동/児童(じどう) 아동
	自慢(じまん)	자랑
	自由(じゆう)	자유
□□	失業(しつぎょう)	실업
	失望(しつぼう)	실망
	失礼(しつれい)	실례
□□	湿気(しっけ)	습기
	湿度(しつど)	습도
□□	実現(じつげん)	실현
	実験(じっけん)	실험
	実行(じっこう)	실행
	実際(じっさい)	실제
	実力(じつりょく)	실력
□□	質問(しつもん)	질문
□□	借金(しゃっきん)	빚
□□	邪魔(じゃま)	방해, 훼방/お邪魔(じゃま)する 방문하다, 찾아뵙다
□□	手術(しゅじゅつ)	수술
	手段(しゅだん)	수단
□□	首相(しゅしょう)	수상
	首都(しゅと)	수도
□□	主張(しゅちょう)	주장
	主婦(しゅふ)	주부
□□	趣味(しゅみ)	취미
□□	種類(しゅるい)	종류
□□	授業(じゅぎょう)	수업

□□	受験(じゅけん)	수험
□□	寿命(じゅみょう)	수명
□□	周囲(しゅうい)	주위
	周辺(しゅうへん)	주변
□□	習慣(しゅうかん)	습관
□□	宗教(しゅうきょう)	종교
□□	集合(しゅうごう)	집합
	集中(しゅうちゅう)	집중
□□	住所(じゅうしょ)	주소
	住民(じゅうみん)	주민
□□	渋滞(じゅうたい)	정체, 밀림
□□	就職(しゅうしょく)	취직
□□	修正(しゅうせい)	수정
	修理(しゅうり)	수리
□□	終了(しゅうりょう)	종료
□□	宿題(しゅくだい)	숙제
□□	出場(しゅつじょう)	출장, (연기나 경기 등에) 참가함
	出張(しゅっちょう)	출장
	出発(しゅっぱつ)	출발 반 到着(とうちゃく) 도착
□□	順序(じゅんじょ)	순서
	順番(じゅんばん)	순번, 차례
□□	紹介(しょうかい)	소개
□□	正月(しょうがつ)	정월, 설
	正面(しょうめん)	정면
□□	招待(しょうたい)	초대
□□	承知(しょうち)	(사정 등을) 알고 있음, 들어줌
□□	勝敗(しょうはい)	승패
□□	商売(しょうばい)	장사
	商品(しょうひん)	상품
□□	消費(しょうひ)	소비
□□	証明(しょうめい)	증명
□□	将来(しょうらい)	장래
□□	省略(しょうりゃく)	생략
□□	状況(じょうきょう)	상황
	状態(じょうたい)	상태
□□	条件(じょうけん)	조건
□□	上司(じょうし)	상사 반 部下(ぶか) 부하
□□	常識(じょうしき)	상식

□□	乗車(じょうしゃ)	승차
□□	情報(じょうほう)	정보
□□	職業(しょくぎょう)	직업
□□	食品(しょくひん)	식품
□□	植物(しょくぶつ)	식물/動物(どうぶつ) 동물
□□	署名(しょめい)	서명
□□	処理(しょり)	처리
□□	書類(しょるい)	서류
□□	進学(しんがく)	진학
	進行(しんこう)	진행/信仰(しんこう) 신앙
	進出(しんしゅつ)	진출
	進歩(しんぽ)	진보
□□	信号(しんごう)	신호
	信用(しんよう)	신용
□□	診察(しんさつ)	진찰
□□	親戚(しんせき)	친척
	親友(しんゆう)	친구, 벗
□□	心臓(しんぞう)	심장
□□	診断(しんだん)	진단
□□	身長(しんちょう)	신장, 키
□□	深夜(しんや)	심야
□□	人工(じんこう)	인공
	人口(じんこう)	인구
	人種(じんしゅ)	인종
	人生(じんせい)	인생
	人物(じんぶつ)	인물
	人類(じんるい)	인류
す □□	水泳(すいえい)	수영
	水平(すいへい)	수평
□□	睡眠(すいみん)	수면
□□	数字(すうじ)	숫자
せ □□	世界(せかい)	세계
□□	性格(せいかく)	성격
	性質(せいしつ)	성질
□□	生活(せいかつ)	생활
	生産(せいさん)	생산
□□	税金(ぜいきん)	세금
□□	制限(せいげん)	제한

		制度(せいど)	제도
		制服(せいふく)	제복
	□□	成功(せいこう)	성공 반 失敗(しっぱい) 실패
		成績(せいせき)	성적
	□□	製作(せいさく)	제작 (물품과 제품을 만듦)/制作(せいさく) 제작 (작품을 만듦)
		製品(せいひん)	제품
	□□	政治(せいじ)	정치
		政府(せいふ)	정부
	□□	正常(せいじょう)	정상 반 異常(いじょう) 이상
	□□	製造(せいぞう)	제조
	□□	西洋(せいよう)	서양/東洋(とうよう) 동양
	□□	整理(せいり)	정리
	□□	責任(せきにん)	책임
	□□	石油(せきゆ)	석유
	□□	接近(せっきん)	접근
	□□	設計(せっけい)	설계
		設備(せつび)	설비
	□□	説明(せつめい)	설명
	□□	節約(せつやく)	절약
	□□	選挙(せんきょ)	선거
		選手(せんしゅ)	선수
		選択(せんたく)	선택/洗濯(せんたく) 세탁, 빨래
	□□	専攻(せんこう)	전공
		専門(せんもん)	전문/専門家(せんもんか) 전문가
	□□	先日(せんじつ)	일전, 요전 날
	□□	戦争(せんそう)	전쟁
	□□	宣伝(せんでん)	선전
	□□	全員(ぜんいん)	전원
		全国(ぜんこく)	전국
		全体(ぜんたい)	전체
		全般(ぜんぱん)	전반, 전체
	□□	前後(ぜんご)	전후, 앞뒤
そ	□□	祖父(そふ)	할아버지/祖母(そぼ) 할머니
	□□	相互(そうご)	상호
		相談(そうだん)	상담
	□□	操作(そうさ)	조작
	□□	創作(そうさく)	창작
	□□	掃除(そうじ)	청소

□□ 想像(そうぞう) 상상
□□ 増加(ぞうか) 증가 반 減少(げんしょう) 감소
□□ 卒業(そつぎょう) 졸업 반 入学(にゅうがく) 입학
□□ 存在(そんざい) 존재
□□ 尊重(そんちょう) 존중

た행

た □□ 多少(たしょう) 다소, 많음과 적음
□□ 退院(たいいん) 퇴원 반 入院(にゅういん) 입원
□□ 対象(たいしょう) 대상
対立(たいりつ) 대립
□□ 態度(たいど) 태도
□□ 台風(たいふう) 태풍
□□ 太陽(たいよう) 태양
□□ 大会(たいかい) 대회
大陸(たいりく) 대륙
□□ 大量(たいりょう) 대량
□□ 体力(たいりょく) 체력
□□ 代金(だいきん) 대금
代表(だいひょう) 대표
□□ 単語(たんご) 단어
□□ 短所(たんしょ) 단점, 결점 반 長所(ちょうしょ) 장점
□□ 誕生日(たんじょうび) 생일
□□ 担当(たんとう) 담당
担任(たんにん) 담임
□□ 団体(だんたい) 단체
□□ 暖房(だんぼう) 난방 반 冷房(れいぼう) 냉방
ち □□ 地域(ちいき) 지역
地球(ちきゅう) 지구
地図(ちず) 지도
地方(ちほう) 지방
地理(ちり) 지리
□□ 遅刻(ちこく) 지각
□□ 知識(ちしき) 지식
□□ 治療(ちりょう) 치료
□□ 中央(ちゅうおう) 중앙
中止(ちゅうし) 중지
中心(ちゅうしん) 중심
□□ 駐車(ちゅうしゃ) 주차

	□□ 昼食(ちゅうしょく)	중식, 점심
	□□ 注文(ちゅうもん)	주문
	□□ 貯金(ちょきん)	저금
	□□ 朝食(ちょうしょく)	조식, 아침밥
	□□ 調査(ちょうさ)	조사
	調子(ちょうし)	장단, 가락, 상태, 컨디션
	調節(ちょうせつ)	조절
	□□ 頂上(ちょうじょう)	정상
つ	□□ 都合(つごう)	형편, 사정
	□□ 追加(ついか)	추가
	□□ 通過(つうか)	통과
	通勤(つうきん)	통근
	通行(つうこう)	통행
て	□□ 低下(ていか)	저하/定価(ていか) 정가
	□□ 提供(ていきょう)	제공
	提出(ていしゅつ)	제출
	□□ 程度(ていど)	정도
	□□ 鉄道(てつどう)	철도
	□□ 徹夜(てつや)	철야
	□□ 店員(てんいん)	점원
	□□ 展開(てんかい)	전개
	□□ 天気(てんき)	날씨/天気予報(てんきよほう) 일기예보
	□□ 電気(でんき)	전기
	電卓(でんたく)	탁상용 전자계산기
	電灯(でんとう)	전등/伝統(でんとう) 전통
	電報(でんぽう)	전보
	□□ 伝染(でんせん)	전염
と	□□ 都会(とかい)	도회, 도시
	都市(とし)	도시
	□□ 登山(とざん)	등산/山登(やまのぼ)り 등산
	□□ 途中(とちゅう)	도중
	□□ 努力(どりょく)	노력
	□□ 統一(とういつ)	통일
	□□ 当日(とうじつ)	당일
	□□ 投票(とうひょう)	투표
	□□ 同一(どういつ)	동일
	同僚(どうりょう)	동료
	□□ 道具(どうぐ)	도구

	道路(どうろ)	도로
□□	動作(どうさ)	동작
□□	特長(とくちょう)	특색, 특장
	特徴(とくちょう)	특징
□□	独立(どくりつ)	독립

な행

な □□	内容(ないよう)	내용
	内緒(ないしょ)	비밀, 은밀
□□	納得(なっとく)	납득
に □□	日時(にちじ)	일시
	日常(にちじょう)	일상
	日記(にっき)	일기
	日程(にってい)	일정
□□	入社(にゅうしゃ)	입사 반 退社(たいしゃ) 퇴사, 퇴근
	入場(にゅうじょう)	입장
□□	人気(にんき)	인기
	人間(にんげん)	인간
	人数(にんずう)	인원수
ね □□	熱中(ねっちゅう)	열중
□□	年齢(ねんれい)	연령
の □□	農業(のうぎょう)	농업
□□	能率(のうりつ)	능률
	能力(のうりょく)	능력

は행

は □□	配達(はいたつ)	배달
□□	俳優(はいゆう)	배우
□□	売店(ばいてん)	매점
□□	爆発(ばくはつ)	폭발
□□	発見(はっけん)	발견
	発行(はっこう)	발행
	発達(はったつ)	발달
	発展(はってん)	발전
	発売(はつばい)	발매
	発表(はっぴょう)	발표
□□	範囲(はんい)	범위
□□	反映(はんえい)	반영
	反省(はんせい)	반성
□□	犯罪(はんざい)	범죄

犯人(はんにん) 범인
□□ 判断(はんだん) 판단
□□ 半日(はんにち) 반일, 반나절
□□ 販売(はんばい) 판매
□□ 番号(ばんごう) 번호
ひ □□ 被害(ひがい) 피해
□□ 比較(ひかく) 비교
□□ 秘書(ひしょ) 비서
秘密(ひみつ) 비밀
□□ 批判(ひはん) 비판
批評(ひひょう) 비평
□□ 費用(ひよう) 비용
□□ 美人(びじん) 미인
□□ 必要(ひつよう) 필요
□□ 評価(ひょうか) 평가
評判(ひょうばん) 평판
□□ 表現(ひょうげん) 표현
表情(ひょうじょう) 표정
表面(ひょうめん) 표면
□□ 病院(びょういん) 병원
ふ □□ 布団(ふとん) 이불
□□ 普及(ふきゅう) 보급
□□ 付近(ふきん) 부근, 근처
□□ 不満(ふまん) 불만
□□ 部品(ぶひん) 부품
部分(ぶぶん) 부분
□□ 夫婦(ふうふ) 부부
□□ 復習(ふくしゅう) 복습 반 予習(よしゅう) 예습
□□ 服装(ふくそう) 복장
□□ 物価(ぶっか) 물가
□□ 雰囲気(ふんいき) 분위기
□□ 文化(ぶんか) 문화
文章(ぶんしょう) 문장
文房具(ぶんぼうぐ) 문구
文明(ぶんめい) 문명
□□ 分析(ぶんせき) 분석
分担(ぶんたん) 분담
分類(ぶんるい) 분류

へ □□	平均(へいきん)	평균
	平和(へいわ)	평화
□□	変化(へんか)	변화
	変更(へんこう)	변경
ほ □□	保存(ほぞん)	보존
□□	募集(ぼしゅう)	모집
□□	貿易(ぼうえき)	무역
□□	放送(ほうそう)	방송/包装(ほうそう) 포장
□□	方向(ほうこう)	방향
	方法(ほうほう)	방법
□□	報告(ほうこく)	보고
□□	防止(ぼうし)	방지/帽子(ぼうし) 모자
□□	法則(ほうそく)	법칙
	法律(ほうりつ)	법률
□□	包帯(ほうたい)	붕대
□□	訪問(ほうもん)	방문
□□	本日(ほんじつ)	금일, 오늘
□□	翻訳(ほんやく)	번역/通訳(つうやく) 통역

ま행

ま □□	毎度(まいど)	매회, 매번, 항상
□□	満員(まんいん)	만원
	満足(まんぞく)	만족
□□	万年筆(まんねんひつ)	만년필
み □□	未来(みらい)	미래
□□	魅力(みりょく)	매력
む □□	無料(むりょう)	무료/ただ 공짜, 거저 반 有料(ゆうりょう) 유료
め □□	命令(めいれい)	명령
□□	免許(めんきょ)	면허
□□	面接(めんせつ)	면접
も □□	目的(もくてき)	목적
	目標(もくひょう)	목표
□□	文句(もんく)	불평, 불만

や행

や □□	夜間(やかん)	야간 반 昼間(ちゅうかん) 주간
□□	野菜(やさい)	채소
□□	約束(やくそく)	약속
ゆ □□	油断(ゆだん)	방심, 부주의
□□	輸出(ゆしゅつ)	수출 반 輸入(ゆにゅう) 수입

	□□	勇気(ゆうき)	용기
	□□	優勝(ゆうしょう)	우승
	□□	友情(ゆうじょう)	우정
		友人(ゆうじん)	친구
	□□	郵便(ゆうびん)	우편
よ	□□	予算(よさん)	예산
		予想(よそう)	예상
		予定(よてい)	예정
		予備(よび)	예비
		予防(よぼう)	예방
		予約(よやく)	예약
	□□	余裕(よゆう)	여유
	□□	要求(ようきゅう)	요구
	□□	用事(ようじ)	볼일, 용무
		用心(ようじん)	조심함
	□□	様子(ようす)	상황, 형편, 모습
	□□	要素(ようそ)	요소
		要領(ようりょう)	요령
	□□	翌週(よくしゅう)	다음 주

ら행

り	□□	利益(りえき)	이익
		利用(りよう)	이용
	□□	理解(りかい)	이해
		理想(りそう)	이상
		理由(りゆう)	이유
	□□	留学(りゅうがく)	유학
	□□	流行(りゅうこう)	유행
	□□	旅行(りょこう)	여행
	□□	料金(りょうきん)	요금
	□□	両親(りょうしん)	부모님
れ	□□	礼儀(れいぎ)	예의
	□□	冷蔵庫(れいぞうこ)	냉장고
	□□	歴史(れきし)	역사
	□□	列車(れっしゃ)	열차
	□□	練習(れんしゅう)	연습
	□□	連絡(れんらく)	연락
ろ	□□	労働(ろうどう)	노동, 근로
	□□	論文(ろんぶん)	논문

04 | い형용사

あ행

□□	青(あお)い	파랗다
□□	赤(あか)い	빨갛다
□□	明(あか)るい	밝다 반 暗(くら)い 어둡다
□□	浅(あさ)い	얕다 반 深(ふか)い 깊다
□□	暖(あたた)かい· 温(あたた)かい	따뜻하다/温(ぬる)い 미지근하다 반 涼(すず)しい 시원하다
□□	新(あたら)しい	새롭다 반 古(ふる)い 낡다, 오래되다
□□	暑(あつ)い	덥다 반 寒(さむ)い 춥다
□□	厚(あつ)い	두껍다 반 薄(うす)い 얇다
□□	熱(あつ)い	뜨겁다 반 冷(つめ)たい 차갑다
□□	危(あや)うい	위태롭다, 위험하다/危(あぶ)ない 위험하다, 위태롭다
□□	怪(あや)しい	신비스럽다, 이상하다, 의심스럽다
□□	荒(あら)い	거칠다
□□	慌(あわ)ただしい	분주하다, 어수선하다
□□	勇(いさ)ましい	용감하다, 씩씩하다
□□	忙(いそが)しい	바쁘다
□□	痛(いた)い	아프다
□□	薄(うす)い	얇다, 연하다, 적다 반 濃(こ)い 짙다
□□	美(うつく)しい	아름답다
□□	うまい	맛있다, 솜씨가 좋다
□□	うらやましい	부럽다
□□	嬉(うれ)しい	기쁘다 반 悲(かな)しい 슬프다
□□	偉(えら)い	훌륭하다, 장하다
□□	多(おお)い	많다 반 少(すく)ない 적다
□□	おかしい	우습다, 이상하다
□□	幼(おさな)い	어리다
□□	おしい	아깝다
□□	恐(おそ)ろしい	무섭다, 두렵다/怖(こわ)い 무섭다, 두렵다
□□	大人(おとな)しい	얌전하다, 수수하다, 고분고분하다

か행

□□	賢(かしこ)い	현명하다, 영리하다
□□	固(かた)い·硬(かた)い ·堅(かた)い	단단하다, 견고하다, 굳다 반 柔(やわ)らかい 부드럽다
□□	痒(かゆ)い	가렵다
□□	辛(から)い	맵다, 짜다/辛(つら)い 괴롭다
□□	黄色(きいろ)い	노랗다

□□ きつい　강하다, 심하다, 엄하다, 꼭 끼다
□□ 厳(きび)しい　엄하다, 험하다, 심하다, 혹독하다
□□ 清(きよ)い　깨끗하다
□□ 臭(くさ)い　역한 냄새가 나다, 수상쩍다
□□ 悔(くや)しい　분하다, 억울하다, 후회스럽다
□□ 苦(くる)しい　답답하다, 괴롭다, 힘겹다/苦(にが)い 쓰다
□□ 黒(くろ)い　검다
□□ 詳(くわ)しい　상세(자세)하다, 정통하다
□□ 険(けわ)しい　험하다
□□ 細(こま)かい　잘다, 상세하다, 자세하다/細(ほそ)い 가늘다, 좁다, 적다
반 太(ふと)い 굵다

さ행

□□ 寂(さび)しい　쓸쓸하다, 허전하다
□□ 親(した)しい　친하다
□□ しつこい　집요하다, 끈질기다, 개운하지 않다
□□ 白(しろ)い　희다
□□ 酸(す)っぱい　시다, 시큼하다
□□ 素晴(すば)らしい　훌륭하다, 대단하다
□□ 鋭(するど)い　날카롭다, 예리하다 반 鈍(にぶ)い 무디다, 둔하다

た행

□□ 正(ただ)しい　바르다, 옳다
□□ 楽(たの)しい　즐겁다
□□ 頼(たの)もしい　믿음직하다
□□ つまらない　시시하다, 재미없다

な행

□□ 懐(なつ)かしい　그립다, 정겹다
□□ 鈍(にぶ)い　무디다, 둔하다, 느리다/鈍(のろ)い 무디다, 둔하다, 느리다
□□ 眠(ねむ)い　졸리다
□□ 激(はげ)しい　심하다, 격하다, 세차다

は행~わ행

□□ 恥(は)ずかしい　부끄럽다, 겸연쩍다
□□ 等(ひと)しい　같다
□□ 貧(まず)しい　가난하다, 빈약하다
□□ 眩(まぶ)しい　눈부시다
□□ 丸(まる)い　둥글다
□□ 蒸(む)し暑(あつ)い　무덥다
□□ 珍(めずら)しい　드물다, 희귀하다
□□ やかましい　시끄럽다, 까다롭다

□□ 優(やさ)しい | 우아하다, 곱다, 상냥하다/易(やさ)しい 쉽다, 용이하다
□□ 柔(やわ)らかい・軟(やわ)らかい | 부드럽다
□□ ゆるい | 헐렁하다, 느슨하다
□□ 若(わか)い | 젊다

05 | な형용사

あ행

□□ 明(あき)らか | 분명함, 명백함
□□ 当(あ)たり前(まえ) | 당연함, 마땅함/当然(とうぜん) 당연
□□ 安易(あんい) | 안이함, 손쉬움
□□ 案外(あんがい) | 뜻밖에, 예상외의, 의외로
□□ いい加減(かげん) | 적당히 함, 무책임함, 철저하지 않음
□□ 意外(いがい) | 의외임, 뜻밖임
□□ 偉大(いだい) | 위대함
□□ 一般的(いっぱんてき) | 일반적
□□ 嫌(いや) | 싫음
□□ 穏(おだ)やか | 평온함, 온화함, 차분함
□□ 主(おも) | 주됨, 중심이 됨, 대부분임
□□ 温暖(おんだん) | 온난함

か행

□□ 快適(かいてき) | 쾌적함
□□ 確実(かくじつ) | 확실함
□□ 勝手(かって) | 제멋대로 굶, 자기 좋을 대로 함
□□ 完全(かんぜん) | 완전함
□□ かわいそう | 가엾음, 불쌍함
□□ 簡単(かんたん) | 간단/単純(たんじゅん) 단순 반 複雑(ふくざつ) 복잡
□□ 危険(きけん) | 위험함
□□ 貴重(きちょう) | 귀중함
□□ 気(き)の毒(どく) | 딱함, 가엾음, 불쌍함
□□ 逆(ぎゃく) | 반대임, 거꾸로임
□□ 急速(きゅうそく) | 급속함
□□ 巨大(きょだい) | 거대함
□□ けち | 인색함, 초라함, 비열함
□□ 強引(ごういん) | 막무가내로 함, 억지로 함
□□ 公平(こうへい) | 공평함

さ행

□□	幸(さいわ)い	행복함, 운이 좋음/幸(しあわ)せ 행복함
□□	盛(さか)ん	번성함, 번창함, 왕성함, 열렬함
□□	様々(さまざま)	가지가지임, 여러 가지임
□□	爽(さわ)やか	상쾌함, 명쾌함
□□	残念(ざんねん)	유감스러움, 아쉬움
□□	自動的(じどうてき)	자동적
□□	自由(じゆう)	자유로움 반 不自由(ふじゆう) 부자유로움
□□	地味(じみ)	수수함, 검소함 반 派手(はで) 화려함
□□	重大(じゅうだい)	중대함
□□	十分(じゅうぶん)	충분함, 부족함이 없음
□□	重要(じゅうよう)	중요함
□□	順調(じゅんちょう)	순조로움
□□	正直(しょうじき)	정직함
□□	上品(じょうひん)	품위가 있음, 고상함 반 下品(げひん) 품위가 없음, 천함
□□	丈夫(じょうぶ)	건강함, 튼튼함
□□	真剣(しんけん)	진정임, 진지함
□□	深刻(しんこく)	심각함
□□	親切(しんせつ)	친절함
□□	新鮮(しんせん)	신선함, 싱싱함
□□	慎重(しんちょう)	신중함
□□	心配(しんぱい)	걱정스러움, 근심스러움
□□	シンプル	심플함, 단순함, 간단함
□□	素敵(すてき)	멋짐, 근사함, 굉장함
□□	素直(すなお)	순진함, 고분고분함
□□	スマート	스마트함, 멋짐, 세련됨, 날씬함, 재치 있음
□□	正確(せいかく)	정확함
□□	清潔(せいけつ)	청결함
□□	贅沢(ぜいたく)	사치스러움, 분에 넘침
□□	積極的(せっきょくてき)	적극적 반 消極的(しょうきょくてき) 소극적
□□	相当(そうとう)	상당함, 꽤임, 제법임
□□	率直(そっちょく)	솔직함

た행

□□	退屈(たいくつ)	지루함, 따분함
□□	代表的(だいひょうてき)	대표적
□□	大変(たいへん)	대단함, 힘듦
□□	平(たい)ら	평평함, 평탄함
□□	確(たし)か	확실함, 정확함

□□ 楽(たの)しみ	낙임, 즐거움, 재미임
□□ 駄目(だめ)	허사임, 소용없음
□□ 短期(たんき)	성미가 급함
□□ 直接(ちょくせつ)	직접임
□□ 丁寧(ていねい)	정중함, 공들임
□□ 適切(てきせつ)	적절함
□□ 適当(てきとう)	적당함, 알맞음, 대강대강 함
□□ 手頃(てごろ)	알맞음, 적합함
□□ 同様(どうよう)	같음, 다름없음, 마찬가지임
□□ 得意(とくい)	자신이 있음, 우쭐거리는 모양 반 苦手(にがて) 서투름, 잘하지 못함
□□ 独特(どくとく)	독특함
□□ 特別(とくべつ)	특별함

な행

□□ なだらか	완만함, 온화함, 순조로움
□□ 生意気(なまいき)	건방짐, 주제넘음
□□ 熱心(ねっしん)	열심임
□□ のんき	낙관적이고 느긋함

は행

□□ 非常(ひじょう)	대단함, 심함
□□ 皮肉(ひにく)	빈정거림, 얄궂음
□□ 微妙(びみょう)	미묘함
□□ 平等(びょうどう)	평등함
□□ 不安(ふあん)	불안함
□□ 不幸(ふこう)	불행함
□□ 複雑(ふくざつ)	복잡함
□□ 無事(ぶじ)	무사함, 평온함
□□ 不思議(ふしぎ)	불가사의함, 이상함
□□ 不便(ふべん)	불편함 반 便利(べんり) 편리함
□□ 平気(へいき)	태연함, 예사로움, 끄떡없음
□□ 豊富(ほうふ)	풍부함
□□ 朗(ほが)らか	명랑한 모양, 날씨가 쾌청한 모양

ま행

□□ 希(まれ)	드묾, 많지 않음
□□ 満足(まんぞく)	충분함, 만족함
□□ 見事(みごと)	훌륭함, 멋짐, 완벽함
□□ 無口(むくち)	말수가 적음, 과묵함
□□ 無駄(むだ)	보람이 없음, 쓸데없음, 헛됨
□□ 夢中(むちゅう)	열중함, 몰두함

□□ 無理(むり)	무리임
□□ 明確(めいかく)	명확함
□□ 迷惑(めいわく)	폐, 귀찮음, 성가심/面倒(めんどう) 번거로움, 귀찮음, 돌봄, 보살핌/厄介(やっかい) 귀찮음, 번거로움, 신세, 폐, 보살핌, 돌봄
□□ 面倒(めんどう)	번거로움, 귀찮음/돌봄, 보살핌

や행

□□ 優秀(ゆうしゅう)	우수함
□□ 有利(ゆうり)	유리함 반 不利(ふり) 불리함
□□ 愉快(ゆかい)	유쾌함
□□ 豊(ゆた)か	풍족함, 풍부함
□□ 容易(ようい)	용이함, 손쉬움
□□ 余計(よけい)	물건이 남는 모양, 쓸데없음, 부질없음

ら행

□□ 楽(らく)	편안함, 안락함, 쉬움
□□ 立派(りっぱ)	훌륭함, 뛰어남, 충분함
□□ 冷静(れいせい)	냉정함
□□ ロマンチック	로맨틱함, 낭만적임
□□ わがまま	제멋대로 굶, 버릇없음

06 | 동사

あ행

あ □□ 諦(あきら)める	단념하다, 체념하다
□□ 飽(あ)きる	물리다, 싫증나다
□□ 開(あ)く	열리다/開(ひら)く 열리다, 펴지다, 열다
開(あ)ける	열다
□□ 空(あ)く	(시간이) 나다, (공간이) 비다/空(す)く (속이) 비다, 공복이 되다
□□ 開(あ)ける	열다/明(あ)ける (날이) 밝다, 새해가 되다, (어느 기간이) 끝나다
□□ 憧(あこが)れる	그리워하다, 동경하다
□□ 味(あじ)わう	맛보다
□□ 預(あず)かる	맡다/預(あず)ける 맡기다
□□ 与(あた)える	주다, 가하다
□□ 暖(あたた)まる·温(あたた)まる	따뜻해지다/暖(あたた)める·温(あたた)める 따뜻하게 하다
□□ 当(あ)たる	맞다, 부딪치다, 해당하다, 들어맞다, 상대하다/当(あ)てる 부딪다, 대다, 맞히다

	□□ 扱(あつか)う	다루다, 취급하다
	□□ 集(あつ)まる	모이다/集(あつ)める 모으다
	□□ 溢(あふ)れる	(가득 차서) 넘치다
	□□ 余(あま)る	남다
	□□ 編(あ)む	뜨다, 엮다, 짜다
	□□ 謝(あやま)る	사과하다/詫(わ)びる 사과하다, 사죄하다
	□□ 争(あらそ)う	다투다, 맞서다, 싸우다/戦(たたか)う 싸우다, 겨루다, 다투다
	□□ 表(あら)わす·現(あら)わす	나타내다/表(あら)われる·現(あら)われる 나타나다
	□□ 歩(ある)く	걷다
	□□ 合(あ)わせる	맞추다, (마음을) 합치다
	□□ 慌(あわ)てる	당황하다, 허둥거리다
い	□□ 生(い)きる	살다
	□□ 急(いそ)ぐ	서두르다
	□□ 祈(いの)る	빌다, 기도(기원)하다
	□□ 要(い)る	필요하다/居(い)る (사람, 동물이) 있다
	□□ 祝(いわ)う	축하하다
	□□ 植(う)える	심다
う	□□ 浮(う)かぶ·浮(う)く	뜨다, 떠오르다/浮(う)かべる 띄다, 떠올리다
	□□ 受(う)ける	받다
	□□ 動(うご)く	움직이다/動(うご)かす 움직이다
	□□ 失(うしな)う	잃다
	□□ 歌(うた)う	노래하다
	□□ 疑(うたが)う	의심하다
	□□ 打(う)つ	치다
	□□ 写(うつ)る	(사진에) 찍히다, 박히다/写(うつ)す 베끼다, 그리다, 찍다
	□□ 映(うつ)る	비치다/映(うつ)す 비추다
	□□ 移(うつ)る	옮기다/移(うつ)す 옮기다
	□□ 生(うま)れる	태어나다, 생기다
	□□ 占(うらな)う	점치다/占(し)める 차지하다
	□□ 売(う)る	팔다/売(う)れる 팔리다
え	□□ 描(えが)く	그리다
	□□ 選(えら)ぶ	고르다, 뽑다
お	□□ 追(お)う	따르다, 뒤쫓아 가다/負(お)う 지다, 업다
	□□ 犯(おか)す	어기다, 범하다
	□□ 補(おぎな)う	보충하다, 메우다
	□□ 置(お)く	놓다, 두다
	□□ 送(おく)る	보내다/贈(おく)る (감사, 축하의 뜻으로) 보내다

□□ 遅(おく)れる	늦다
□□ 起(お)こす	일으키다, 깨우다
□□ 行(おこな)う	(행동)하다, 실시(실행)하다
□□ 怒(おこ)る	화내다, 꾸짖다
□□ 教(おし)える	가르치다/教(おそ)わる 배우다
□□ 押(お)す	밀다, 누르다 반 引(ひ)く 끌다, 당기다, 빼다
□□ 落(お)ちる	떨어지다/落(お)とす 떨어뜨리다
□□ 踊(おど)る	춤추다
□□ 驚(おどろ)く	놀라다
□□ 覚(おぼ)える	느끼다, 기억하다, 익히다
□□ 溺(おぼ)れる	빠지다
□□ 降(お)りる·下(お)りる	(아래로) 내리다, (탈것에서) 내리다/降(ふ)る (비 · 눈 등이) 내리다
□□ 折(お)る	접다, 굽히다, 꺾다/折(お)れる 접히다, 꺾이다, 구부러지다
□□ 終(お)わる	끝나다/終(お)える 끝내다

か행

か □□ 飼(か)う	기르다/買(か)う 사다
□□ 変(か)える	바꾸다/変(か)わる 변하다, 바뀌다
□□ 替(か)える	바꾸다, 교환하다, 갈다
□□ 輝(かがや)く	빛나다, 반짝이다
□□ かかる	(시간이) 걸리다, (병에) 걸리다
□□ 限(かぎ)る	한정(제한)하다
□□ 隠(かく)す	감추다, 숨기다/隠(かく)れる 숨다
□□ かける	걸다, (말을) 붙이다, 걸터앉다, 채우다
□□ 囲(かこ)む	둘러싸다
□□ 重(かさ)なる	포개어지다, 겹치다/重(かさ)ねる 쌓아 올리다, 거듭하다
□□ 飾(かざ)る	꾸미다, 장식하다
□□ 稼(かせ)ぐ	벌다
□□ 数(かぞ)える	세다, 헤아리다
□□ 片付(かたづ)く	정돈되다/片付(かたづ)ける 정돈하다, 치우다
□□ 傾(かたむ)く	기울다, 비스듬해지다/片寄(かたよ)る (한쪽으로) 기울다, 치우치다
□□ 勝(か)つ	이기다 반 負(ま)ける 지다
□□ 悲(かな)しむ	슬퍼하다
□□ 構(かま)う	상관하다, 개의하다, 마음 쓰다
□□ 噛(か)む	물다, 씹다
□□ 通(かよ)う	다니다
□□ 借(か)りる	빌리다 반 返(かえ)す 돌려주다, 돌려놓다/貸(か)す 빌려주다
□□ 乾(かわ)く	마르다, 건조하다/乾(かわ)かす 말리다
□□ 枯(か)れる	마르다, 시들다

□□	代(か)わる	대신하다/変(か)わる 변하다/替(か)わる·換(か)わる 바뀌다, 교체되다
□□	頑張(がんば)る	노력하다
き □□	消(き)える	사라지다, 지워지다, 꺼지다/消(け)す 끄다, 지우다, 없애다
□□	聞(き)く	듣다, 묻다/聴(き)く 듣다/利(き)く 듣다, 효력이 있다
□□	気付(きづ)く	깨닫다, 정신이 들다
□□	決(き)まる	정해지다/決(き)める 정하다
く □□	区切(くぎ)る	구분하다, 매듭짓다
□□	崩(くず)す	무너뜨리다 /崩(くず)れる 무너지다, 흐트러지다
□□	くたびれる	지치다/疲(つか)れる 지치다
□□	配(くば)る	나누어주다
□□	組(く)む	끼다, 꼬다, 짜다
□□	暮(く)らす	살다, 지내다
□□	比(くら)べる	비교하다, 겨누다
□□	苦(くる)しむ	괴로워하다
□□	暮(く)れる	(해가) 지다, 저물다
□□	加(くわ)える	보태다, 더하다/加(くわ)わる 늘다, 추가되다
こ □□	越(こ)える	넘다
□□	答(こた)える	대답하다
□□	異(こと)なる	다르다
□□	断(ことわ)る	거절하다
□□	好(この)む	좋아하다, 즐기다
□□	困(こま)る	어려움을 겪다, 곤란하다
□□	込(こ)む·混(こ)む	붐비다
□□	転(ころ)ぶ	구르다, 넘어지다/転(ころ)がる 구르다, 넘어지다/転(ころ)がす 굴리다
□□	壊(こわ)す	부수다, 고장 내다/壊(こわ)れる 깨지다, 고장 나다

さ행

さ □□	探(さが)す·捜(さが)す	찾다
□□	逆(さか)らう	거스르다
□□	咲(さ)く	(꽃이) 피다
□□	叫(さけ)ぶ	외치다, 소리 지르다
□□	避(さ)ける	피하다, 삼가다
□□	支(ささ)える	떠받치다, 지탱하다
□□	指(さ)す	가리키다
□□	誘(さそ)う	권하다, 꾀다
□□	覚(さ)める	깨다, 눈이 뜨이다
□□	騒(さわ)ぐ	떠들다
□□	触(さわ)る·触(ふ)れる	닿다, 만지다
し □□	叱(しか)る	혼내다, 꾸짖다 반 褒(ほ)める 칭찬하다

	□□	沈(しず)む	가라앉다, 지다
	□□	従(したが)う	따르다
	□□	支払(しはら)う	지급하다, 지불하다
	□□	縛(しば)る	묶다, 매다
	□□	仕舞(しま)う	끝내다, 닫다, 치우다, 간수하다, 챙겨 넣다
	□□	締(し)まる	죄이다, 야무지다, 긴장되다/閉(し)まる 닫히다
	□□	示(しめ)す	(나타내) 보이다, 가리키다
	□□	絞(し)める	매다, 죄다, 다잡다/閉(し)める 닫다/湿(しめ)る 눅눅해지다
	□□	喋(しゃべ)る	말하다, 수다 떨다
	□□	知(し)らせる	알리다
	□□	調(しら)べる	조사하다, 찾다
	□□	知(し)る	알다
	□□	信(しん)じる· 信(しん)ずる	믿다
す	□□	吸(す)う	들이마시다, 빨다
	□□	過(す)ぎる	지나가다, 넘다, 지나다
	□□	救(すく)う	구하다
	□□	優(すぐ)れる	뛰어나다
	□□	過(す)ごす	보내다, 지내다
	□□	進(すす)む	나아가다, 빨라지다, 진행되다/進(すす)める 전진시키다, 진행시키다
	□□	捨(す)てる	버리다 반 拾(ひろ)う 줍다, 거두다
	□□	滑(すべ)る	미끄러지다
	□□	済(す)む	끝나다, 해결되다/済(す)ませる 끝내다, 마치다/住(す)む 살다
	□□	座(すわ)る	앉다
そ	□□	育(そだ)てる	기르다, 키우다/育(そだ)つ 자라다, 성장하다

た행

た	□□	倒(たお)れる	쓰러지다/倒(たお)す 쓰러뜨리다, 무너뜨리다
	□□	抱(だ)く	안다, 품다/抱(いだ)く 안다, 둘러싸다, 품다
	□□	確(たし)かめる	확인하다
	□□	足(た)す	더하다, 보태다
	□□	助(たす)かる	살아나다, 도움이 되다/助(たす)ける 구하다, 살리다, 돕다
	□□	尋(たず)ねる	묻다, 찾다, 캐다/訪(たず)ねる 방문하다
	□□	畳(たた)む	개다, 접다
	□□	経(た)つ	(시간, 세월이) 지나다, 흐르다
	□□	立(た)つ	서다/建(た)つ (건물이) 서다/経(た)つ (시간, 세월이) 지나다
	□□	立(た)てる	세우다/建(た)てる 건물을 짓다, 세우다
	□□	戦(たたか)う	싸우다, 전투하다
	□□	楽(たの)しむ	즐기다

	□□	頼(たの)む	부탁하다
	□□	試(ため)す	시험하여 보다/試(こころ)みる 시도해보다, 시험해 보다
	□□	溜(たま)る	괴다, 모이다, 늘다, 밀리다/溜(た)める 모으다, 미루다
	□□	頼(たよ)る	의지하다, 믿다
	□□	足(た)りる	충분하다, 족하다
ち	□□	違(ちが)う	다르다, 틀리다
	□□	近付(ちかづ)く	접근하다, 다가가(오)다
つ	□□	捕(つか)まえる	잡다, 파악하다/捕(と)らえる 잡다, 붙잡다, 파악하다
	□□	着(つ)く	도착하다, 닿다/着(き)る 입다
	□□	付(つ)く	붙다/付(つ)ける 붙이다
	□□	伝(つた)える	전하다, 알리다/伝(つた)わる 전해지다
	□□	包(つつ)む	싸다, 둘러싸다
	□□	努(つと)める	노력하다/勤(つと)める 근무하다/務(つと)める 소임을 맡다, 역할을 하다
	□□	積(つ)もる	쌓이다
	□□	連(つ)れる	데리다, 동반하다
て	□□	出(で)かける	나가다
	□□	手伝(てつだ)う	도와주다
と	□□	通(とお)る	지나다, 통하다/通(とお)す 통하게 하다, 통과시키다/通(つう)じる 통하다
	□□	閉(と)じる	닫히다, 닫다, 끝나다, 끝내다
	□□	届(とど)ける	보내다, 전하다, 신고하다/届(とど)く 닿다, 도착하다, 미치다, 이루어지다
	□□	伴(ともな)う	따라가다, 동반하다, 따르다
	□□	撮(と)る	찍다

な행

な	□□	直(なお)す	고치다/直(なお)る 고쳐지다
	□□	流(なが)す	흘리다, 떠내려 보내다/流(なが)れる 흐르다, 흘러가다
	□□	眺(なが)める	바라보다
	□□	泣(な)く	울다
	□□	無(な)くす	잃다, 없애다/無(な)くなる 없어지다
	□□	投(な)げる	던지다
	□□	悩(なや)む	괴로워하다, 고민하다
	□□	習(なら)う	배우다/学(まな)ぶ 배우다
	□□	並(なら)ぶ	줄서다, 나란히 서다/並(なら)べる 늘어놓다, 줄지어 놓다
	□□	鳴(な)る	울리다, 널리 알려지다
	□□	慣(な)れる	길들다, 익숙해지다
に	□□	似合(にあ)う	어울리다
	□□	握(にぎ)る	쥐다, 잡다
	□□	逃(に)げる	도망치다
	□□	似(に)る	닮다, 비슷하다/煮(に)る 삶다

ぬ	□□	抜(ぬ)く	뽑다, 빼내다/抜(ぬ)ける 빠지다
	□□	脱(ぬ)ぐ	벗다
	□□	盗(ぬす)む	훔치다
	□□	塗(ぬ)る	칠하다, 바르다
	□□	濡(ぬ)れる	젖다
ね	□□	願(ねが)う	원하다, 바라다, 빌다/望(のぞ)む 바라다, 원하다, 바라보다
	□□	眠(ねむ)る	자다, 잠들다
の	□□	残(のこ)る	남다/残(のこ)す 남기다
	□□	乗(の)せる	태우다/載(の)せる 위에 놓다, 게재하다
	□□	延(の)ばす	(시간을) 연기하다, 연장하다
	□□	伸(の)びる	자라다, 늘다/延(の)びる 연장되다, 늘어나다
	□□	述(の)べる	말하다, 진술하다, 기술(서술)하다
	□□	上(のぼ)る・登(のぼ)る・昇(のぼ)る	오르다, 올라가다
	□□	乗(の)る	타다/載(の)る 위에 놓이다, 실리다

は행

は	□□	計(はか)る	달다, 재다
	□□	運(はこ)ぶ	옮기다
	□□	走(はし)る	달리다
	□□	始(はじ)める	시작하다
	□□	外(はず)す	떼다/外(はず)れる 빠지다
	□□	働(はたら)く	일하다
	□□	離(はな)れる	떨어지다, 떠나다/放(はな)れる 놓이다, 풀리다
	□□	省(はぶ)く	줄이다, 덜다, 생략하다
	□□	払(はら)う	돈을 치르다
	□□	貼(は)る	바르다, 붙이다
	□□	晴(は)れる	맑다, 개다 반 曇(くも)る 흐리다
ひ	□□	冷(ひ)える	식다, 차가워지다
	□□	光(ひか)る	빛나다
	□□	弾(ひ)く	(악기를) 타다, 켜다, 연주하다
	□□	冷(ひ)やす	식히다, 차게 하다/冷(ひ)える 식다, 차가워지다
	□□	広(ひろ)がる	넓어지다, 퍼지다/広(ひろ)げる 넓히다, 펴다
ふ	□□	増(ふ)える	늘다/増(ふ)やす 늘리다, 불리다/増(ま)す 늘리다, 더하다
	□□	吹(ふ)く	불다
	□□	含(ふく)む	머금다, 포함하다, 품다/含(ふく)める 포함시키다, 타이르다
	□□	防(ふせ)ぐ	막다, 방지하다
	□□	ぶつかる	부딪치다, 충돌하다/ぶつける 부딪치다, 던지다
	□□	太(ふと)る	살찌다 반 やせる 살이 빠지다

	□□ 踏(ふ)む	밟다
	□□ 振(ふ)る	흔들다
へ	□□ 減(へ)る	줄다/減(へ)らす 줄이다, 덜다
ほ	□□ 干(ほ)す	말리다

ま행

ま	□□ 任(まか)せる	맡기다
	□□ 曲(ま)がる	구부러지다, 돌다
	□□ 間違(まちが)える	잘못하다, 잘못 알다/間違(まちが)う 틀리다, 잘못되다
	□□ 招(まね)く	손짓하여 부르다, 불러오다, 초대하다, 초래하다
	□□ 真似(まね)る	흉내 내다, 모방하다
	□□ 守(まも)る	지키다
	□□ 迷(まよ)う	헤매다, 망설이다
	□□ 回(まわ)す	돌리다/回(まわ)る 돌다
み	□□ 見(み)える	보이다
	□□ 見送(みおく)る	전송하다, 배웅하다 반 出迎(でむか)える 마중하다, 나가서 맞다
	□□ 磨(みが)く	닦다, 연마하다
	□□ 見(み)せる	보여주다, 내보이다, 나타내다
	□□ 見付(みつ)かる	들키다, 찾게 되다/見付(みつ)ける 찾다, 발견하다
	□□ 認(みと)める	인지하다, 보다, 인정하다, 판단하다
む	□□ 迎(むか)える	맞다, 맞이하다
	□□ 向(む)く	향하다/向(む)ける 향하게 하다, 돌리다
	□□ むく	(껍질을) 벗기다, 까다
	□□ 結(むす)ぶ	매다, 묶다, 연결하다
め	□□ 目指(めざ)す	목표로 하다, 지향하다
	□□ 目立(めだ)つ	눈에 띄다
も	□□ 燃(も)える	타다/燃(も)やす 태우다
	□□ 用(もち)いる	쓰다, 사용하다
	□□ 基(もと)づく	의거하다, 근거하다
	□□ 求(もと)める	구하다, 요구하다
	□□ 戻(もど)る	되돌아가다, 되돌아오다/戻(もど)す 되돌리다

や행

や	□□ 焼(や)く	태우다, 굽다/焼(や)ける 타다, 구워지다
	□□ 破(やぶ)る	찢다, 깨다/破(やぶ)れる 찢어지다, 깨지다/敗(やぶ)れる 패하다, 지다
	□□ 止(や)む	멎다, 그치다
ゆ	□□ 許(ゆる)す	허가하다, 허락하다
	□□ 揺(ゆ)れる	흔들리다
よ	□□ 汚(よご)す	더럽히다/汚(よご)れる 더러워지다
	□□ 寄(よ)る	다가서다, 모이다, 들르다

□□ 喜(よろこ)ぶ | 기뻐하다

わ행

わ □□ 沸(わ)かす | 끓이다, 데우다/沸(わ)く 끓다, 녹다
□□ 分(わ)かれる | 갈리다, 나뉘다/分(わ)ける 나누다/別(わか)れる 헤어지다
□□ 忘(わす)れる | 잊다
□□ 渡(わた)す | 건네다, 넘기다/渡(わた)る 건너다
□□ 笑(わら)う | 웃다
□□ 割(わ)れる | 깨지다/割(わ)る 쪼개다, 깨다, 나누다

07 | 복합동사

□□ 言(い)い返(かえ)す | (남의 말에 대해) 대답하다
□□ 受(う)け取(と)る | 받다, 납득하다, 떠맡다
□□ 売(う)り切(き)れる | 다 팔리다, 매진되다
□□ 追(お)い付(つ)く | 따라잡다
□□ 落(お)ち着(つ)く | 안정되다, 진정되다
□□ 思(おも)い出(だ)す | 생각해 내다, 생각나다
□□ 思(おも)い付(つ)く | (문득) 생각이 떠오르다
□□ 着替(きが)える | 옷을 갈아입다
□□ 気(き)に入(い)る | 마음에 들다
□□ 気(き)にする | 걱정하다, 마음에 두다
□□ 気(き)になる | 걱정이 되다, 마음에 걸리다
□□ 気(き)を付(つ)ける | 조심하다, 주의하다
□□ 組(く)み合(あ)わせる | 짜 맞추다
□□ 組(く)み立(た)てる | 짜 맞추다, 조립하다
□□ 繰(く)り返(かえ)す | 되풀이하다, 반복하다
□□ 付(つ)き合(あ)う | 사귀다
□□ 出来上(できあ)がる | 다 되다, 완성되다
□□ 手(て)に入(い)れる | 손에 넣다
□□ 問(と)い合(あ)わせる | 조회하다, 문의하다
□□ 飛(と)び込(こ)む | 뛰어들다
□□ 飛(と)び出(だ)す | 뛰어나가다, 뛰쳐나가다
□□ 取(と)り替(か)える | 바꾸다, 교환하다
□□ 取(と)り消(け)す | 취소하다
□□ 乗(の)り換(か)える | 갈아타다
□□ 話(はな)し合(あ)う | 서로 이야기하다, 의논하다
□□ 話(はな)しかける | 말을 걸다, 말을 시작하다

□□ 引(ひ)き受(う)ける | 맡다, 부담(담당)하다
□□ 引(ひ)っ越(こ)す | 이사하다
□□ 間(ま)に合(あ)う | 아쉬운 대로 도움이 되다, 시간에 늦지 않게 대다
□□ 向(む)き合(あ)う | 마주보다
□□ 申(もう)し込(こ)む | 신청하다
□□ 役(やく)に立(た)つ | 도움이 되다/役立(やくだ)つ 유용하다, 도움이 되다
□□ 呼(よ)び掛(か)ける | 말을 걸다, 호소하다

복합동사 만들기

둘 이상의 동사가 만나서 앞의 동사는 ます형 + 뒤의 동사는 기본형으로 접속하여 하나의 동사가 된 것을 복합 동사라 한다.

- ～合(あ)う　서로 ～하다
  殴(なぐ)り合(あ)う 서로 때리다/話(はな)し合(あ)う 이야기를 나누다
- ～終(お)わる　(동작, 작용이) 완결되다, 다 ～하다
  読(よ)み終(お)わる 다 읽다/飲(の)み終(お)わる 다 마시다
- ～替(か)える·換(か)える　고쳐 ～하다
  乗(の)り換(か)える 갈아타다/言(い)い換(か)える 바꾸어 말하다
- ～かける　～하기 시작하다, ～하다 말다, 막 ～하려 하다
  走(はし)りかける 달리기 시작하다/食(た)べかける 먹다 말다/消(き)えかける 막 꺼지려 하다
- ～きる　다 해내다, 끝까지(완전히) ～하다, ～하는 것을 그만두다
  売(う)り切(き)る 다 팔다/使(つか)いきる 다 써버리다/疲(つか)れきる 완전히 지치다 /
  思(おも)いきる 생각을 그만두다, 단념하다
- ～すぎる　지나치다, 너무 ～하다
  言(い)い過(す)ぎる 말이 지나치다/働(はたら)きすぎる 과로하다
- ～出(だ)す　～하기 시작하다, ～해내다
  泣(な)き出(だ)す 울기 시작하다/考(かんが)え出(だ)す 생각해내다
- ～続(つづ)ける　계속 ～하다
  歌(うた)いつづける 계속 노래하다/読(よ)みつづける 계속 읽다
- ～直(なお)す　다시(고쳐) ～하다
  やり直(なお)す 다시 하다/書(か)き直(なお)す 다시 쓰다
- ～慣(な)れる　～을 해서 익다, 길들다
  使(つか)いなれる 늘 써서 손에 익다/住(す)み慣(な)れる 오래 살아서 안락하다
- ～逃(のが)す　～할 것을 하지 못하다, 그냥 지나치다
  見逃(みのが)す 못 보고 말다, 보고 그냥 지나치다 /
  聞(き)き逃(のが)す 못 듣고 말다, 그냥 못 들은 체하다
- ～始(はじ)める　～하기 시작하다
  動(うご)き始(はじ)める 움직이기 시작하다/咲(さ)き始(はじ)める 꽃이 피기 시작하다
- ～回(まわ)る　～하고 다니다
  歩(ある)きまわる 걸어 다니다/持(も)ち回(まわ)る 갖고(들고) 다니다

08 | 부사 (의성어, 의태어)

あ행

□□ 相変(あいか)わらず	변함없이, 여전히
□□ あっさり	깨끗이, 간단히, 산뜻하게, 담박하게
□□ あまり	너무, 지나치게, 그다지
□□ 生(い)き生(い)き	생생한 모양, 싱싱한 모양, 활기찬 모양
□□ いきなり	돌연, 갑자기/急(きゅう)に 갑자기/突然(とつぜん) 돌연, 갑자기
□□ 一応(いちおう)	일단, 우선은, 한 번
□□ 一段(いちだん)と	한층, 더욱
□□ いつか	언젠가
□□ 一斉(いっせい)に	일제히
□□ 一層(いっそう)	한층 더, 더욱
□□ いつのまにか	어느 사이엔지
□□ いったい	도대체, 본래
□□ 今(いま)にも	당장에라도, 이내
□□ いよいよ	마침내, 드디어/ついに 마침내, 결국/とうとう 드디어, 결국/結局(けっきょく) 결국
□□ うっかり	깜빡, 멍청히, 무심코
□□ うろうろ	어슬렁어슬렁, 허둥지둥
□□ 恐(おそ)らく	아마, 틀림없이
□□ 思(おも)い切(き)り	마음껏, 실컷, 대단히
□□ 主(おも)に	주로
□□ およそ	대강, 대충, 전혀, 일반적으로

か행

□□ かえって	오히려, 도리어
□□ がっかり	실망(낙담)하는 모양
□□ 必(かなら)ず	반드시, 꼭, 틀림없이
□□ 必(かなら)ずしも～ない	반드시 ~인 것은 아니다
□□ かなり	상당히, 꽤
□□ からから	바짝 마른 모양
□□ がらがら	텅 빈 모양
□□ きちんと	말끔히, 깔끔히, 규칙적인, 정확히
□□ ぎっしり	가득, 꽉
□□ きっと	꼭, 반드시, 틀림없이
□□ 偶然(ぐうぜん)	우연히, 뜻밖에
□□ ぐっすり	깊은 잠을 자는 모양, 푹
□□ ぐらぐら	흔들흔들
□□ 結構(けっこう)	꽤, 제법, 상당히

□□ 決(けっ)して	결코, 절대로
□□ 現(げん)に	실제로, 현재
□□ こっそり	남몰래, 살짝
□□ ごろごろ	데굴데굴, 빈둥빈둥

さ행

□□ さすが	과연, 역시
□□ さっき	아까, 조금 전
□□ 早速(さっそく)	곧, 즉시
□□ ざっと	대충, 대강
□□ さっぱり	산뜻한, 시원히, 깔끔히
□□ 更(さら)に	더욱 더, 더 한층, 다시 한 번
□□ 直(じか)に	직접, 바로
□□ 次第(しだい)に	점점, 차츰, 서서히
□□ しっかり	단단히, 확실히, 똑똑히, 빈틈없이
□□ じっと	가만히, 꼼짝 않고
□□ 実(じつ)に	실로, 참으로, 매우
□□ 実(じつ)は	실은, 사실은
□□ しばしば	자주, 여러 차례/度々(たびたび) 번번이, 자주
□□ しばらく	잠시, 당분간
□□ じめじめ	눅눅히, 축축이
□□ 少々(しょうしょう)	잠시, 잠깐/약간, 조금
□□ 徐々(じょじょ)に	서서히, 천천히
□□ ずいぶん	몹시, 매우, 아무쪼록
□□ 少(すく)なくとも	최소한, 적어도
□□ すぐに	곧, 금방, 바로
□□ 少(すこ)しも	조금도, 전혀
□□ すっかり	완전히, 아주, 죄다, 몽땅
□□ すっきり	말쑥이, 산뜻이
□□ ずっと	훨씬, 줄곧
□□ 既(すで)に	이미, 벌써, 이젠
□□ 全(すべ)て	모두, 전부
□□ 絶対(ぜったい)に	절대로
□□ ぜひ	꼭, 반드시
□□ せめて	최소한, 하다못해
□□ 全然(ぜんぜん)	전혀, 완전히/全(まった)く 전혀, 완전히, 정말로
□□ そっくり	전부, 몽땅/そっくりだ 꼭 닮은 모양
□□ そっと	살짝, 몰래
□□ そのうち	일간, 멀지 않아, 가까운 시일 내에

□□ それぞれ 각각, 저마다, 각기
□□ それほど 그렇게, 그만큼, 그다지
□□ そろそろ 천천히, 이제 슬슬, 이제 곧

た행

□□ 大体(だいたい) 대개, 대충, 거의, 도대체, 애당초
□□ 大抵(たいてい) 대개, 거의, 아마
□□ だいぶ 상당히, 꽤
□□ 確(たし)か 분명히, 확실히, 아마
□□ ただいま 방금, 지금 막, 조금 전
□□ 直(ただ)ちに 즉시, 곧, 바로, 직접
□□ たちまち 금세, 갑자기
□□ たった 단지, 겨우, 그저
□□ たっぷり 듬뿍, 잔뜩
□□ たとえ 비록, 가령, 설령
□□ 例(たと)えば 예를 들면
□□ 多分(たぶん) 아마, 대개, 거의
□□ たまたま 가끔, 마침, 우연히
□□ たまに 모처럼, 간혹
□□ 段々(だんだん) 점점, 차츰, 차차
□□ 単(たん)に 단순히
□□ ちっとも 조금도, 전혀
□□ ちゃんと 분명하게, 틀림없이, 확실하게, 바르게
□□ つい 무심코, 그만, 바로
□□ 次々(つぎつぎ)に 잇달아, 계속해서
□□ 常(つね)に 늘, 항상, 평소에/年中(ねんじゅう) 언제나, 일년 내내, 항상
□□ つまり 즉, 결국/要(よう)するに 요컨대, 결국
□□ どうして 어떻게, 왜/なぜ 왜, 어째서
□□ どうせ 어차피, 결국
□□ 当分(とうぶん) 당분간, 얼마 동안
□□ どうも 아무래도
□□ どきどき 두근두근
□□ 突然(とつぜん) 갑자기
□□ とても 매우, 아주, 도저히, 아무리 해도
□□ とにかく 여하튼, 어쨌든/ともかく 어쨌든, 어떻든 간에
□□ 共(とも)に 함께, 같이
□□ どんどん 척척, 순조롭게, 자꾸자꾸, 계속해서

な행

□□ なかなか 상당히, 꽤, 좀처럼

□□ なるべく	가능한 한
□□ なるほど	과연, 정말
□□ 何(なん)でも	무엇이든지
□□ 何(なん)とか	어떻게 좀, 어떻게
□□ 何(なん)となく	왠지, 어쩐지, 무심코
□□ 何(なん)とも	정말, 참으로, 뭐라고
□□ にこにこ	생글생글, 싱글벙글
□□ のんびり	한가롭게, 유유히

は행

□□ 果(は)たして	역시, 과연
□□ はっきり	분명히, 확실히
□□ 早(はや)めに	일찌감치, 조금 일찍
□□ 非常(ひじょう)に	매우, 몹시
□□ びっくり	깜짝 놀람
□□ ぴったり	꼭, 딱, 착
□□ 再(ふたた)び	다시, 재차
□□ 普段(ふだん)	일상, 평소
□□ 普通(ふつう)	보통, 대개
□□ ぶつぶつ	중얼중얼, 투덜투덜, 부글부글
□□ ふらふら	비틀비틀
□□ ぶらぶら	어슬렁어슬렁, 빈둥빈둥
□□ 別々(べつべつ)	따로따로, 각각
□□ ほっと	한숨짓는 모양, 긴장이 풀려 마음을 놓는 모양
□□ ほとんど	거의, 하마터면
□□ ほぼ	거의, 대강, 대략
□□ ぼんやり	희미한, 우두커니

ま행

□□ まごまご	우물쭈물
□□ まさか	설마
□□ まず	우선
□□ ますます	더욱더, 점점 더
□□ また	또, 또한
□□ まだ	아직(도)
□□ 間(ま)も無(な)く	머지않아, 곧
□□ まるで	마치, 전혀(부정어 수반)
□□ 自(みずか)ら	몸소, 스스로, 손수
□□ むしろ	오히려
□□ めったに	좀처럼 ~않다

□□ もう | 이미, 벌써, 이제, 더
□□ もし | 만약, 만일, 혹시
□□ 最(もっと)も | 가장, 제일

や행～わ행

□□ やがて | 이윽고, 머지않아
□□ やっと | 겨우, 간신히
□□ ようやく | 차츰, 차차, 겨우, 가까스로
□□ わざと | 일부러, 고의로/わざわざ 일부러, 특별히
□□ 割合(わりあい)に | 비교적, 생각보다

09 | 연체사와 접속사

연체사

□□ あらゆる | 모든, 온갖
□□ いわゆる | 소위, 이른바
□□ 大(たい)した | 대단한
□□ 単(たん)なる | 단순한

접속사

□□ あるいは | 또는, 혹은
□□ 一方(いっぽう) | 한편
□□ さて | 다른 화제로 바꿀 때의 말. 그런데, 그건 그렇고, 이제
□□ さらに | 게다가, 그 위에
□□ しかし | 그러나
□□ しかも | 게다가, 그런데도
□□ 従(したが)って | 따라서, 그러므로
□□ すなわち | 즉, 바로
□□ すると | 그러자, 그렇다면
□□ そこで | 그래서
□□ そして | 그리고, 그러고 나서
□□ そのうえ | 게다가, 또한, 더욱
□□ それから | 그리고, 그러고 나서
□□ それで | 그래서
□□ それでも | 그럼에도 불구하고, 그런데도
□□ それでは (それじゃ,では,じゃ) | 그럼, 그러면
□□ それとも | 아니면, 그렇지 않으면

□□ それなのに | 그런데도
□□ それなら | 그렇다면, 그럼
□□ それに | 게다가
□□ だが | 그러나, 그렇지만, 하지만
□□ だから | 그러니까, 그래서
□□ ただ | 단, 다만, 그러나
□□ ただし | 단, 다만
□□ つまり | 결국, 즉, 요컨대
□□ ですから | 그러므로, 그러니, 그래서
□□ でも | 그래도, 그렇더라도
□□ ところが | 그런데, 그러나
□□ ところで | 그런데, 그건 그렇고
□□ なお | 또한, 덧붙여 말하면
□□ なぜなら | 왜냐하면
□□ また | 또한, 게다가
□□ または | 또는, 혹은

10 | 가타카나어

あ행

ア □□ アイデア | 아이디어
□□ アイロン | 다리미
□□ アクセサリー | 액세서리
□□ アクセント | 악센트
□□ アジア | 아시아
□□ アドバイス | 충고
□□ アナウンサー | 아나운서
□□ アニメ | 애니메이션
□□ アルコール | 알코올, 술
□□ アルバム | 앨범
イ □□ イコール | 이퀄, 같음, 동등함
□□ イメージ | 이미지
□□ インターネット | 인터넷
□□ インタビュー | 인터뷰
エ □□ エチケット | 에티켓, 예의
□□ エネルギー | 에너지
□□ エプロン | 에이프런, 앞치마
オ □□ オイル | 오일, 기름

	□□ オーケストラ	오케스트라
	□□ オーダー	오더
	□□ オートバイ	오토바이
	□□ オートメーション	오토메이션, 자동제어장치
	□□ オーバー	오버, 초과함, 넘침
	□□ オープン	오픈
	□□ オフィス	오피스

か행

カ	□□ カーテン	커튼
	□□ ガス	가스
	□□ ガソリン	가솔린, 휘발유
	□□ ガソリンスタンド	주유소
	□□ カタログ	카탈로그
	□□ カット	컷, 끊음, 자름, 삭제함
	□□ カバー	커버
	□□ ガム	껌
	□□ カロリー	칼로리
キ	□□ キャプテン	캡틴
	□□ キャンセル	캔슬, 취소
	□□ キャンパス	캠퍼스
	□□ キャンプ	캠프
ク	□□ クーラー	쿨러, 냉방장치
	□□ クラシック	클래식
	□□ クラス	클래스, 학급, 반
	□□ クラスメート	클래스메이트
	□□ クリーニング	세탁, 드라이클리닝
	□□ グループ	그룹
ケ	□□ ケース	케이스
	□□ ゲーム	게임
コ	□□ コック	요리사
	□□ コピー	카피, 복사/コーヒー 커피
	□□ コミュニケーション	커뮤니케이션
	□□ ゴム	고무
	□□ コレクション	컬렉션, 수집
	□□ コンクール	콩쿠르, 경연회
	□□ コンサート	콘서트
	□□ コンセント	콘센트
	□□ コントロール	컨트롤

さ행

サ	□□	サークル	서클
	□□	サービス	서비스
	□□	サイレン	사이렌
	□□	サイン	사인
	□□	サラリーマン	샐러리맨
	□□	サンダル	샌들
	□□	サンプル	샘플, 견본
シ	□□	シーズン	시즌, 계절
	□□	ジム	짐, 체육관
	□□	ジャーナリスト	저널리스트
	□□	シャッター	셔터
	□□	ジョギング	조깅
	□□	シリーズ	시리즈
ス	□□	スイッチ	스위치
	□□	スーツ	슈트, 양복
	□□	スーツケース	슈트케이스, 여행용 소형가방
	□□	ストレス	스트레스
	□□	スーパー	슈퍼
	□□	スケジュール	스케줄
	□□	スタート	스타트, 출발
	□□	スタイル	스타일
	□□	ステージ	스테이지, 무대
	□□	スピーチ	스피치, 연설
	□□	スピード	스피드, 속력
	□□	スポーツ	스포츠
セ	□□	セーター	스웨터
	□□	セール	세일
	□□	セット	세트
	□□	ゼミ	세미나
	□□	センター	센터

た행

タ	□□	タイプ	타입, 유형
	□□	タイヤ	타이어
	□□	ダイヤ	다이아몬드, 철도 운행표
	□□	ダム	댐
	□□	ダンス	댄스
チ	□□	チーム	팀

	□□	チャレンジ	도전
	□□	チェック	체크
	□□	チェックアウト	체크아웃
	□□	チャンス	찬스, 기회, 운
ツ	□□	ツアー	투어
テ	□□	テーマ	테마, 주제
	□□	テキスト	텍스트, 교과서
	□□	デジタル	디지털
	□□	デモ	데모, 시위
	□□	デパート	백화점
	□□	テンポ	템포
ト	□□	トイレペーパー	화장지
	□□	トップ	탑, 첫째, 선두
	□□	ドライブ	드라이브
	□□	トラック	트럭
	□□	トレーニング	트레이닝, 연습, 훈련
	□□	トンネル	터널

な행

ナ	□□	ナイロン	나일론
ネ	□□	ネックレス	목걸이
ノ	□□	ノック	노크

は행

ハ	□□	パーティー	파티
	□□	パートタイム	파트타임
	□□	バック	백, 뒤, 배경
	□□	パスポート	패스포트, 여권
	□□	パソコン	퍼스널 컴퓨터, 개인용 컴퓨터
	□□	バター	버터
	□□	パッケージ	패키지, 포장, 꾸러미
	□□	バランス	밸런스, 균형
	□□	ハンカチ	손수건
	□□	ハンドル	핸들, 손잡이
	□□	パンフレット	팸플릿, 소책자
ヒ	□□	ビール	맥주
	□□	ピクニック	피크닉, 소풍
	□□	ピストル	피스톨, 권총
	□□	ビタミン	비타민

	□□ ビニール	비닐
	□□ ビル	빌딩
	□□ ヒント	힌트
フ	□□ ファックス	팩스
	□□ ファッション	패션, 유행
	□□ ファン	팬
	□□ プラットホーム·ホーム	플랫폼
	□□ プラン	플랜, 계획
	□□ ブレーキ	브레이크
	□□ プロ	프로
ヘ	□□ ベテラン	베테랑
	□□ ペット	애완동물
	□□ ペットボトル	페트병
	□□ ベル	벨
	□□ ベルト	벨트
ホ	□□ ボーナス	보너스
	□□ ホームページ	홈페이지
	□□ ポスター	포스터
	□□ ポスト	우체통
	□□ ボタン	버튼, 단추

ま행

マ	□□ マッチ	성냥
	□□ マナー	매너, 예의범절
	□□ マネー	머니, 돈
	□□ マラソン	마라톤
ミ	□□ ミス	미스(미혼 여성), 실수, 실패
メ	□□ メートル	미터
	□□ メール	메일
	□□ メッセージ	메시지
	□□ メニュー	메뉴
	□□ メモ	메모

や행~わ행

ユ	□□ ユーモア	유머
ラ	□□ ラッシュアワー	러시아워
リ	□□ リーダー	리더
	□□ リサイクル	리사이클, 재활용
	□□ リズム	리듬
	□□ リラックス	릴랙스, 긴장을 풂, 편안히 쉼

ル	□□ ルール	룰, 규칙, 규정
レ	□□ レジ	레지스터, 금전 등록기
	□□ レシート	리시트, 영수증
	□□ レジャー	레저
	□□ レベル	레벨, 수준, 단계
	□□ レポート	리포트
ロ	□□ ロッカー	로커(자물쇠가 달린 장)
	□□ ロビー	로비
ワ	□□ ワープロ	워드프로세서
	□□ ワンピース	원피스

11 | 파생어

접두어

접두어 : 명사, 형용사, 동사에 붙어 다른 의미를 만들거나 어조를 강하게 한다.

□□ 各(かく)～	각～ 各方面(かくほうめん) 각방면/各団体(かくだんたい) 각단체
□□ 空(から)～	빈～, 헛된～ から財布(さいふ) 빈 지갑/から勇気(ゆうき) 헛된 용기
□□ 現(げん)～	현～ 現住所(げんじゅうしょ) 현주소/現成績(げんせいせき) 현성적
□□ 高(こう)～	고～ 高成長(こうせいちょう) 고성장/高栄養(こうえいよう) 고영향
□□ 再(さい)～	재～, 다시 한 번～ 再発行(さいはっこう) 재발행/再軍備(さいぐんび) 재군비
□□ 最(さい)～	가장～, 최～ 最先端(さいせんたん) 최첨단/最上級(さいじょうきゅう) 최상급
□□ 数(すう)～	몇～, 수～ 数時間(すうじかん) 몇 시간/数ヶ月(すうかげつ) 수 개월
□□ 全(ぜん)～	전～, 모든～ 前世界(ぜんせかい) 전세계/全国民(ぜんこくみん) 전국민
□□ 反(はん)～	반～, ～에 어긋나다, 반대되다 反社会(はんしゃかい) 반사회/反国家的(はんこっかてき) 반국가적

□□ 非(ひ)～

비～, 어떤 규범이나 표준적인 상태에 위배되는 것
非常識(ひじょうしき) 비상식/非科学的(ひかがくてき) 비과학적

□□ 不(ふ·ぶ)～

불～, 부～, ～이 아니다, ～지 않다
不必要(ふひつよう) 불필요/不注意(ふちゅうい) 부주의

□□ 毎(まい)～

매～, ～마다
毎年(まいねん) 매년/毎号(まいごう) 매호, 호마다

□□ 真(ま)っ·真(ま)ん·真(ま)～

아주, 완전히, 정확히
真夜中(まよなか) 한밤중/真(ま)ん中(なか) 한가운데/真(ま)っ白(しろ) 새하얀

□□ 丸(まる)～

전부, 전체, 완전, 만
丸一日(まるいちにち) 하루 종일/丸暗記(まるあんき) 통째로 외움/丸(まる)3年(ねん) 만 3년

□□ 未(み)～

미～, 아직 이루어지지 않음
未完成(みかんせい) 미완성/未成年(みせいねん) 미성년

□□ 無(む)～

무～, ～없다, ～하지 않다
無意味(むいみ) 무의미/無条件(むじょうけん) 무조건

□□ 両(りょう)～

양～
両選手(りょうせんしゅ) 양선수/両代表(りょうだいひょう) 양대표

접미어

접미어: 명사, 동사(ます형)에 붙어서 다른 의미를 만들거나 어조를 강하게 한다.

□□ ～置(お)き

～간격, ～걸러
5分置(ごふんお)き 5분 간격/一月置(ひとつきお)き 한 달 걸러

□□ ～化(か)

～화, 어떤 상태로 되다
映画化(えいがか) 영화화/具体化(ぐたいか) 구체화

□□ ～界(かい)

～계, 어떤 한정된 범위의 사회, 동아리
経済界(けいざいかい) 경제계/学界(がっかい) 학계

□□ ～街(がい)

～가, ～거리
商店街(しょうてんがい) 상점가/住宅街(じゅうたくがい) 주택가

□□ ～方(かた)

～하는 방법
やり方(かた) 하는 방법/読(よ)み方(かた) 읽는 법

□□ ～難(がた)い
~하기 어렵다(힘들다), (좀처럼) ~할 수 없다
信(しん)じがたい 믿기 어렵다/言(い)いがたい 말하기 어렵다

□□ ～がち
~하는 일이 많음, ~하는 경향이 많음
病気(びょうき)がち 병에 자주 걸림/忘(わす)れがち 잊기 쉽다, 자주 잊음

□□ ～軒(けん)
건물을 세는 말. ~채,~집
五軒(ごけん) 다섯 집/一軒(いっけん) 한 집

□□ ～ごと
~째, ~마다
皮(かわ)ごと 껍질째/夜(よ)ごと 밤마다

□□ ～代(だい)
~요금, 대금, 연대
食事代(しょくじだい) 식사대/バス代(だい) 버스 요금/
30代(だい) 30대

□□ ～差(さ)
~차

□□ ～産(さん)
~산

□□ ～にくい/～やすい
~하기 어렵다/~하기 쉽다
歩(ある)きにくい 걷기 어렵다/分(わ)かりにくい 알기 어렵다
汚(よご)れやすい 더러워지기 쉽다/間違(まちが)いやすい 틀리기 쉽다

□□ ～費(ひ)
~비, ~비용
交通費(こうつうひ) 교통비/生活費(せいかつひ) 생활비

□□ ～向(む)き
~에게 알맞음, 적합함, ~향
初心者向(しょしんしゃむ)き 초심자에게 적합/子供向(こどもむ)き 어린이에게 적합함

□□ ～向(む)け
~용, ~대상
大人向(おとなむ)け 어른용/海外向(かいがいむ)け 해외용

□□ ～名(めい)
~명, 사람의 수, 이름, 명칭
二十名(にじゅうめい) 20명/団体名(だんたいめい) 단체명

□□ ～用(よう)
~용, 무엇에 사용되는 것임을 나타냄
非常用(ひじょうよう) 비상용/男性用(だんせいよう) 남성용

□□ ～料(りょう)
~료

12 | 경어

존경동사

□□ いらっしゃる	가시다, 계시다, 오시다
□□ おいでになる	가시다, 계시다, 오시다
□□ お越(こ)しになる	가시다, 오시다
□□ おっしゃる	말씀하시다
□□ お見(み)えになる	오시다
□□ お召(め)しになる	입으시다
□□ くださる	주시다
□□ ご存(ぞん)じだ	잘 아시다, 익히 아시다
□□ ご覧(らん)になる	보시다
□□ なさる	하시다
□□ 召(め)し上(あ)がる	드시다

겸양동사

□□ 致(いた)す	하다
□□ いただく	받다, 먹다
□□ 伺(うかが)う	찾아뵙다, 듣다, 여쭙다
□□ 承(うけたまわ)る	삼가 듣다
□□ お目(め)にかかる	만나 뵙다
□□ お目(め)にかける	보여드리다
□□ ご覧(らん)にいれる	보여드리다
□□ おる	있다
□□ 差(さ)し上(あ)げる	(해)드리다
□□ 存(ぞん)じ上(あ)げる	알다
□□ 存(ぞん)じる	생각하다, 알다
□□ 参(まい)る	가다, 오다
□□ 申(もう)す	말씀드리다
□□ 拝見(はいけん)する	보다

問題 3 （　　　）に入れるのに最もよいものを、1・2・3・4から一つえらびなさい。

01 あの映画は何回も見たので、もう（　　　）。

1 あけた　2 あいた　3 あきらめた　4 あきた

02 入学（　　　）は入学日の3日前までにすませてください。

1 手入れ　2 手続き　3 手間　4 手伝い

03 彼はいつも嘘ばかりついていて（　　　）できない。

1 進歩　2 親友　3 信用　4 心配

04 このカードで買い物をすると、5%も（　　　）してもらえます。

1 わりびき　2 わりあい　3 わりかん　4 わりこみ

05 知らない人に（　　　）のは確かに勇気が必要です。

1 話し合う　2 話し込む　3 話しかける　4 話しすぎる

06 来週、国へ帰ることになりました。今まで本当に（　　　）。

1 お世話になりました　2 ごめんください
3 お大事に　4 おじゃまします

07 赤ちゃんは（　　　）眠っているようだ。

1 ぎっしり　2 こっそり　3 しっかり　4 ぐっすり

08 忘れないように必ず（　　　）しておいてください。

1 チャンス　2 メモ　3 コンクール　4 ゼミ

09 今日は家にいる。（　　　）天気が悪いから。

1 なぜなら　2 さらに　3 それとも　4 だから

10 使用（　　　）を必ず守ってご使用ください。

1 期日　2 期待　3 期年　4 期間

문맥규정 완벽대비 문제 ❷ 회

問題 3 （　　　）に入れるのに最もよいものを、1・2・3・4から一つえらびなさい。

01 その話はまた（　　　）コーヒーでも飲みながらしましょう。

1 今度　**2** 今年　**3** 今日　**4** 今回

02 まだ雨は降っていませんが、（　　　）降り出しそうな空です。

1 今も　**2** 今頃　**3** 今時　**4** 今にも

03 彼は疲れている。（　　　）まだ仕事をしないといけない。

1 それから　**2** それに　**3** でも　**4** ただし

04 ダイエットのために来週から自転車で（　　　）することにしました。

1 通行　**2** 通勤　**3** 通過　**4** 通信

05 彼女は約束の時間を（　　　）来ないし、連絡もない。

1 過ぎても　**2** 進んでも　**3** 延びても　**4** 始めても

06 もう（　　　）帰らないと終電に乗れなくなる。

1 ただいま　**2** それぞれ　**3** そろそろ　**4** たまたま

07 最近は買い物をするとき、（　　　）をもらわない人が多いようだ。

1 レジ　**2** レシピ　**3** レジャー　**4** レシート

08 会社まで歩いていけるなんて（　　　）なあ。

1 やかましい　**2** うらやましい　**3** いさましい　**4** おそろしい

09 来週からは営業時間を1時間（　　　）して夜10時まで営業します。

1 延長　**2** 延期　**3** 移動　**4** 待機

10 あの人は口が（　　　）から、何を相談しても大丈夫だ。

1 重い　**2** 軽い　**3** 堅い　**4** うまい

문맥규정 완벽대비 문제 ③ 회

問題 3 （　　　）に入れるのに最もよいものを、1·2·3·4から一つえらびなさい。

01 人間関係は、お互いの（　　　）から成り立っています。

1 ルール　　2 エネルギー　　3 インタビュー　　4 コミュニケーション

02 インターネットで注文すれば直接買いに行かなくても自宅まで（　　　）してくれる。

1 販売　　2 配達　　3 伝達　　4 配布

03 道に（　　　）しまって、約束の時間に1時間も遅れてしまいました。

1 あたって　　2 かよって　　3 まよって　　4 さそって

04 ここにお名前とお電話番号を（　　　）してください。

1 記入　　2 記念　　3 記録　　4 記憶

05 主人は休みの日にはいつも家で（　　　）して寝てばかりいる。

1 ぐらぐら　　2 ごろごろ　　3 ぶつぶつ　　4 まごまご

06 彼はいつもおもしろい話や（　　　）話で私たちを笑わせてくれる。

1 えらい　　2 おとなしい　　3 つまらない　　4 おかしい

07 （　　　）携帯電話はテーブルの上に置いたはずなのです。

1 おもに　　2 ぶじに　　3 たしかに　　4 よけいに

08 大学に進むか、（　　　）会社で働くか、自分で決めなさい。

1 それとも　　2 それに　　3 そして　　4 それなのに

09 自分の常識が他人から見たら、（　　　）常識かもしれない。

1 無　　2 非　　3 不　　4 未

10 どうやら彼は私があなただと（　　　）しているようだ。

1 結論　　2 意識　　3 行動　　4 誤解

문맥규정 완벽대비 문제 ④ 회

問題 3 （　　　）に入れるのに最もよいものを、1･2･3･4から一つえらびなさい。

01 多くの学生が将来の（　　　）に向かってがんばっています。

1 要求　　2 都合　　3 目標　　4 用事

02 この本は初心者（　　　）に大変わかりやすく書かれています。

1 当て　　2 的　　3 向け　　4 界

03 なぜ医学が（　　　）しているのに、病気が増えているのか。

1 発見　　2 発達　　3 発行　　4 発明

04 失敗の背景には、必ずその（　　　）があるはずだ。

1 結果　　2 行動　　3 心理　　4 原因

05 これらの服は（　　　）いるので洗濯する必要がある。

1 汚れて　　2 洗って　　3 破れて　　4 疲れて

06 彼女は（　　　）、人の前でしゃべるのが苦手な性格です。

1 あたたかくて　　2 おとなしくて　　3 やかましくて　　4 こわくて

07 作業は当初の計画どおり（　　　）進んでいる。

1 単純に　　2 重要に　　3 順調に　　4 慎重に

08 その点については二人の意見が（　　　）いる。

1 離れて　　2 集まって　　3 行って　　4 分かれて

09 疲れて（　　　）休みたい時には、温泉が最適です。

1 のんびり　　2 ぼんやり　　3 うっかり　　4 ぴったり

10 これ以上いい（　　　）は思いつかないと思う。

1 オフィス　　2 サービス　　3 スケジュール　　4 アイデア

問題 3 (　　　) に入れるのに最もよいものを、1・2・3・4から一つえらびなさい。

01 この本は若い人たちにぜひ読んでもらいたい本当にいい（　　　）です。

1 作品　　2 商品　　3 品物　　4 製品

02 その料理は作るのに（　　　）がかかるので、あまり作らない。

1 手段　　2 手前　　3 手間　　4 手入れ

03 突然の雨に降られて（　　　）しまいました。

1 ぬすんで　　2 ぬって　　3 ぬいで　　4 ぬれて

04 カメラは夫が（　　　）を見て、一番気に入ったものを購入しました。

1 レシート　　2 カタログ　　3 セール　　4 オーダー

05 この人は母の兄（　　　）、私の伯父です。

1 または　　2 それなら　　3 そこで　　4 つまり

06 私は（　　　）音楽が好きですが、クラシックが一番好きです。

1 あらゆる　　2 大した　　3 単なる　　4 いわゆる

07 ほしいと思っていた本を（　　　）手にいれました。

1 かなり　　2 もう　　3 やっと　　4 つい

08 チケットの予約は出発の72時間前まで（　　　）ことができます。

1 取り入れる　　2 取り消す　　3 取り上げる　　4 取り出す

09 私は心配性なので、何か気になることがあると（　　　）していられない。

1 じっと　　2 きっと　　3 ざっと　　4 ずっと

10 この荷物をタクシー乗り場まで（　　　）ください。

1 結んで　　2 渡して　　3 乗って　　4 運んで

문맥규정 완벽대비 문제 ❻ 회

問題 3 （　　　）に入れるのに最もよいものを、1・2・3・4から一つえらびなさい。

01 日本料理は洋食に比べて、味が（　　　）していると言われている。

1 すっきり　　2 そっくり　　3 たっぷり　　4 あっさり

02 人間が生きていくためには、一人では（　　　）可能です。

1 無　　2 不　　3 非　　4 未

03 先生は私が困った時はいつでも（　　　）に乗ってくれます。

1 相談　　2 会話　　3 世話　　4 話題

04 新聞にきのうの地震に関する（　　　）が出ていた。

1 気分　　2 計画　　3 記事　　4 意志

05 間違いがないようにちゃんと（　　　）しています。

1 ショック　　2 ノック　　3 チェック　　4 コック

06 私の会社は若い社員が多く、活気に（　　　）います。

1 おぼれて　　2 はなれて　　3 ふれて　　4 あふれて

07 先週からずっと過ごしやすい（　　　）天気が続いています。

1 おとなしい　　2 おだやかな　　3 やわらかい　　4 しずかな

08 文明の（　　　）はとても速い。

1 進歩　　2 変更　　3 増加　　4 信仰

09 一日に（　　　）二回は歯をみがくべきだ。

1 けっして　　2 じつに　　3 きっと　　4 せめて

10 私は1時間かけて彼を説得した。（　　　）、私の意見は聞き入れられなかった。

1 すると　　2 それで　　3 しかし　　4 だから

問題 3 (　　　) に入れるのに最もよいものを、1·2·3·4 から一つえらびなさい。

01 料理の味は (　　　) の質で決まります。

1 資源　　2 材料　　3 才能　　4 資料

02 一人旅は、自分自身で (　　　) を立てることができます。

1 イメージ　　2 タイプ　　3 プラン　　4 ケース

03 その町の人口は (　　　) 3万人です。

1 かなり　　2 現に　　3 一応　　4 およそ

04 クレジットカードは本人以外は (　　　) できません。

1 使用　　2 活用　　3 応用　　4 適用

05 大学進学について、親と意見が (　　　) しています。

1 相談　　2 対立　　3 存在　　4 競争

06 朝は時間がないので、朝食はコンビニで簡単に (　　　) ことが多いです。

1 すすむ　　2 しまう　　3 すませる　　4 なくす

07 その知らせは (　　　) 広まった。

1 たちまち　　2 いきいき　　3 たまたま　　4 ぎりぎり

08 妻とは同級生で、長年 (　　　) 結婚しました。

1 話し合って　　2 間に合って　　3 付き合って　　4 向き合って

09 あの店はいつも (　　　) いるけど、今日は席を予約してあるから大丈夫。

1 くんで　　2 こんで　　3 すんで　　4 つんで

10 窓から (　　　) 風が入ってきて、気持ちがいい。

1 うつくしい　　2 あきらかな　　3 はげしい　　4 さわやかな

문맥규정 완벽대비 문제 ⑧ 회

問題 3 （　　　）に入れるのに最もよいものを、1·2·3·4から一つえらびなさい。

01 どうぞ、冷めないうちに（　　　）ください。

1 召し上がって　　2 おっしゃって　　3 いただいて　　4 うかがって

02 朝夕の通勤時間帯は電車は2分（　　　）に、バスは5分（　　　）に発車します。

1 だい　　2 おき　　3 あいだ　　4 うち

03 昨日妻の誕生日だったのですが、（　　　）忘れていました。

1 すっきり　　2 はっきり　　3 しっかり　　4 すっかり

04 このレストランは夜景がきれいで、とても（　　　）なデートが楽しめる。

1 ロマン　　2 ロマンチスト　　3 ロマンチック　　4 ロマンス

05 子供の頃の夢は（　　　）できましたか。

1 実現　　2 実験　　3 実行　　4 実際

06 テストの（　　　）が良くなくて、先生に怒られました。

1 結論　　2 結果　　3 予想　　4 予報

07 毎年、春になると花粉アレルギーで目が（　　　）なります。

1 からく　　2 かたく　　3 かゆく　　4 かるく

08 ある人のうわさをしていると、（　　　）にその当人がそこへ来る。

1 不便　　2 不安　　3 不幸　　4 不思議

09 会社の近くにアパートを（　　　）一人で暮らしている。

1 借りて　　2 貸して　　3 返して　　4 払って

10 最近（　　　）が悪くてお客さんが少なくなった。

1 経験　　2 経済　　3 景気　　4 景色

問題 3 （　　　）に入れるのに最もよいものを、1・2・3・4から一つえらびなさい。

01 私はおもしろくないと思った本は、（　　　）で読むのをやめてしまいます。

1 中間　2 中心　3 途中　4 夢中

02 駅の（　　　）は学生や通勤客で混雑していました。

1 ゴール　2 チーム　3 プール　4 ホーム

03 私は毎日その日の出来事を忘れないように日記を（　　　）います。

1 ついて　2 つけて　3 かかって　4 かけて

04 昼には降っていた雨は夕方になったら、（　　　）やんでいた。

1 いつか　2 いつでも　3 いつまでも　4 いつのまにか

05 説明会に参加する人は電話で（　　　）ください。

1 申し込んで　2 話し合って　3 取り替えて　4 受け取って

06 言葉で言うのは簡単だけど、実際（　　　）に移すのは難しい。

1 移動　2 作動　3 行動　4 運動

07 論文は日本語（　　　）英語で書いてください。

1 さらに　2 または　3 しかも　4 でも

08 あの人は若いのに、考えが（　　　）している。

1 しっかり　2 ぴったり　3 さっぱり　4 そっくり

09 この学校の去年の大学進学（　　　）は99.5％で全国1位だった。

1 割　2 人　3 数　4 率

10 彼は金持ちだが、一生懸命（　　　）いる。

1 うごいて　2 かいて　3 はたらいて　4 きいて

問題 3 （　　　）に入れるのに最もよいものを、1·2·3·4 から一つえらびなさい。

01 社会人になったら、失敗はすべて自分の（　　　）です。

1 成果　　2 責任　　3 義務　　4 意志

02 私の（　　　）は誰とでも仲よくなることです。

1 長点　　2 強点　　3 長所　　4 強所

03 いい天気なので、遠くの山が（　　　）見える。

1 かなり　　2 きちんと　　3 だいぶ　　4 はっきり

04 彼は私が困っているときはいつも私の（　　　）になってくれる。

1 味方　　2 仲間　　3 助手　　4 身内

05 考えても考えてもいい（　　　）が浮かばないので困っています。

1 件　　2 案　　3 噂　　4 方

06 勇気を出してデートに（　　　）のに、断られてしまった。

1 であった　　2 つきあった　　3 さわった　　4 さそった

07 運転中の携帯電話の使用は（　　　）されている。

1 防止　　2 中止　　3 禁止　　4 停止

08 このコンサートのチケットは発売開始1分で（　　　）となった。

1 売り切れ　　2 売り上げ　　3 売り買い　　4 売り込み

09 この前見た映画、（　　　）おもしろかったですよ。

1 なるべく　　2 なかなか　　3 なぜか　　4 なんとか

10 雪が降っているから（　　　）を落として運転してください。

1 スペース　　2 スタート　　3 スマート　　4 スピード

유의표현 완벽대비 문제 ① 회

問題 4 ＿＿＿に意味が最も近いものを、1・2・3・4から一つえらびなさい。

01 それよりもっとシンプルなデザインのものがほしいです。

1 変わった　2 単純な　3 きれいな　4 複雑な

02 つらいとき、私をすくってくれたのはこの本でした。

1 みつけて　2 さそって　3 たすけて　4 まかせて

03 あとはお湯を入れればできあがりです。

1 完成　2 完売　3 完全　4 完璧

04 おまちどおさま。遅くなってすみません。

1 お邪魔しました　2 お世話になりました
3 失礼しました　4 お待たせしました

05 今の世の中、いくら考えても納得できないことが多すぎる。

1 説明　2 発表　3 理解　4 安心

06 彼は一生懸命勉強してりっぱな成績で卒業しました。

1 見事な　2 つよい　3 たいへんな　4 まぶしい

07 駅はたいへん混雑していました。

1 すいて　2 あつまって　3 おくれて　4 こんで

08 ご利用後は必ず元の位置に戻してください。

1 並べて　2 返して　3 置いて　4 直して

09 そのうちやり方がわかるでしょう。

1 少なくとも　2 ただちに　3 近いうちに　4 すぐに

10 これからも時々便りをください。

1 手紙　2 注文　3 約束　4 意見

유의표현 완벽대비 문제 ② 회

問題 4 ＿＿＿＿に意味が最も近いものを、1・2・3・4から一つえらびなさい。

01 わが国のおもな農産物は米である。

1 すべての　2 代表的な　3 大事な　4 具体的な

02 友だちの結婚祝いにワイングラスを贈った。

1 貸した　2 あげた　3 借りた　4 もらった

03 どうぞおかけになってご覧ください。

1 置いて　2 立って　3 入って　4 座って

04 お風呂で一日の疲れをとったり、ゆっくりリラックスする。

1 やすむ　2 あらう　3 はなす　4 おこる

05 彼はいつ会ってもにこにこしている。

1 しんせつだ　2 かいてきだ　3 しずかだ　4 えがおだ

06 すみません。お手洗いはどこでしょうか。

1 ベランダ　2 洗濯室　3 トイレ　4 お風呂

07 問い合わせのメールを送ったのに、返事がこない。

1 質問　2 連絡　3 要求　4 案内

08 その日、たまたま私は彼の家の前を通った。

1 たまに　2 常に　3 ただいま　4 偶然

09 眠い時やたいくつな時にはあくびが出る。

1 むずかしい　2 つまらない　3 おもしろい　4 たのしい

10 こんなよいチャンスは二度と来ないよ。

1 事件　2 関心　3 機会　4 気分

問題 4 ＿＿＿＿に意味が最も近いものを、1・2・3・4 から一つえらびなさい。

01 私は試験に合格するように努力した。

1 あきらめた　2 つとめた　3 ならった　4 ためした

02 一日も休むことなく毎日トレーニングしている。

1 練習　2 競争　3 試合　4 活動

03 彼女は一万人の応募者の中から選ばれた。

1 希望　2 参加　3 質問　4 申し込み

04 予約しないで行ったが、平日の昼間だったので店はすいていた。

1 人が少なかった　2 人が多かった　3 開いていた　4 閉まっていた

05 私にできるだけのことはすべてやった。

1 全力　2 全体　3 全部　4 全然

06 早くみなさんに実物をお目にかけたいです。

1 会いたい　2 見せたい　3 言いたい　4 食べたい

07 この山の景色はとてもうつくしい。

1 かいてきだ　2 なつかしい　3 めずらしい　4 きれいだ

08 私の考えはあなたの考えとかなり違います。

1 まったく　2 とても　3 すこし　4 たぶん

09 なるべく早くご返事いただければ幸いです。

1 まもなく　2 ぜったいに　3 できるだけ　4 とにかく

10 彼は動作がにぶい。

1 あやしい　2 やさしい　3 えらい　4 おそい

유의표현 완벽대비 문제 ④ 회

問題 4 ＿＿＿＿に意味が最も近いものを、1・2・3・4から一つえらびなさい。

01 最近、あわただしい日々が続いている。

1 忙しい　2 楽しい　3 暖かい　4 寒い

02 彼女はスタイルがいいから、何を着てもよく似合う。

1 体力　2 頭　3 顔　4 格好

03 彼は天文学、すなわち星の研究をしている。

1 やはり　2 それとも　3 つまり　4 あるいは

04 交通ルールを守ることは大切だ。

1 意識　2 規則　3 順番　4 常識

05 天気が非常によく変わる。

1 めずらしく　2 めったに　3 ようやく　4 とても

06 電話が一般に普及したために、今日では手紙を書く人々は少なくなってきた。

1 広がった　2 変わった　3 与えた　4 代わった

07 一日中あちこち歩き回ったので、くたびれてしまった。

1 苦しんで　2 悲しんで　3 疲れて　4 倒れて

08 彼は彼女が笑っていたのでほっとした。

1 感動した　2 安心した　3 心配した　4 油断した

09 彼女は常に約束の時間に遅れてくる。

1 たまに　2 ときどき　3 いつも　4 しばしば

10 新製品の見本を無料で配っています。

1 テキスト　2 プラン　3 チケット　4 サンプル

問題 4 ＿＿＿＿に意味が最も近いものを、1・2・3・4から一つえらびなさい。

01 航空の方が鉄道より料金が高い。

1 やちん　2 ねだん　3 よさん　4 かち

02 緊急の用事ができたので約束を取り消した。

1 チェックした　2 コントロールした
3 キャンセルした　4 セットした

03 松田先生との出会いをきっかけに、私の人生は変わった。

1 機会　2 記念　3 基礎　4 契機

04 この本はこまかく説明が書かれていて、とてもわかりやすい。

1 くわしく　2 ただしく　3 やさしく　4 するどく

05 連休が明けたら、期末テストです。

1 はじまったら　2 おわったら　3 とれたら　4 きまったら

06 彼が言ったことはおそらく本当だろう。

1 もちろん　2 じつは　3 たぶん　4 けっして

07 彼はいきなり性格が変わった。

1 いつか　2 突然　3 いつのまにか　4 早速

08 最近は友達に会うのも面倒で、家で一人で過ごすことが多いです。

1 地味で　2 下手で　3 やっかいで　4 無駄で

09 母の病気を治すため、田舎に引っ越してきた。

1 うごいた　2 もどった　3 かえった　4 うつった

10 頭が痛いのも当たり前だよ。昨夜あんなに飲んだんだからね。

1 当然　2 意外　3 残念　4 平気

용법 완벽대비 문제 ❶ 회

問題 5 つぎのことばの使い方として最もよいものを、1・2・3・4から一つえらびなさい。

01 済む

1 朝は時間がないので、朝食はなるべく簡単に済んでいます。
2 試験が済むまでは忙しくて暇がないだろうと思います。
3 彼は仕事を済むとすぐに帰宅した。
4 その仕事を一日で済むのは難しい。

02 交換

1 社員たちは会議で意見を交換した。
2 彼と私は交換で車を運転した。
3 皿洗いは母と二人で交換にやります。
4 両国の文化交換は様々な分野で活発に行われています。

03 たのもしい

1 金曜日になると、私はリラックスして週末をたのもしくしている。
2 パーティーに出席することができないことをたのもしいに思う。
3 子どもは学校の授業がたのもしく分かりやすいと言っている。
4 彼は責任感が強く、とてもたのもしい人です。

04 正直

1 あなたが気づいていない一つの正直な事実がある。
2 彼女が行けて私が行けないのは正直だ。
3 彼は非常に正直なので誰でも彼を信用する。
4 彼が正直のは疑いのないことだ。

05 なんとなく

1 彼はなんとなく知っているように見えた。
2 彼はうそをつくのをなんとなく思ってないようだ。
3 なんとなく時間どおりに駅に着いた。
4 彼は利益のためならなんとなくするだろう。

06 ミス

1 東京では、タクシーの運転手でも道をミスすることがよくあるそうです。
2 注意すればするほど、ミスをしなくなる。
3 彼が英語を話すのを聞けば、イギリス人とミスするだろう。
4 バスにミスしないように、急ごうよ。

07 わざわざ

1 物価はわざわざ上がりつづけている。
2 彼はわざわざその質問に答えなかった。
3 彼女は道で会っても僕をわざわざ無視した。
4 そんなに遠い所からわざわざ来なくてもよかったのに。

08 意志

1 あなたの率直な意志を聞きたい。
2 彼はまだ意志を回復していない。
3 彼女は自分の意志で彼と結婚したのではない。
4 僕は君の意志に完全に同意する。

09 ちゃんと

1 遊びたいならちゃんとにルールを決めておきました。
2 ちゃんと朝ご飯を食べて行きなさい。
3 彼が彼女を愛していることはちゃんとだった。
4 彼は金を私のポケットにちゃんと入れた。

10 単なる

1 彼は友人でなく単なる知り合いだ。
2 彼は単なる読むふりをしていたとわかった。
3 空が単なる明るくなってきた。
4 どの学校を出たかは単なることではない。

용법 완벽대비 문제 ❷ 회

問題 5 つぎのことばの使い方として最もよいものを、1・2・3・4から一つえらびなさい。

01 たまに

1 彼の誕生日はたまに私の誕生日と同じです。
2 あなたは私が信用できるたまに一人の人です。
3 勉強ばかりしていないで、たまには外出して楽しみなさい。
4 彼はたまに風邪をひきやすい。

02 無事

1 彼が無事だと聞いて私は、安心した。
2 このセーターは洗っても無事です。
3 人にドアを開けてあげるのは無事なことです。
4 彼は彼女がなぜそんなことをしたのかと無事に思った。

03 なつかしい

1 彼はその問題に答えられなくてなつかしいと思った。
2 この歌は私になつかしい学生時代のことを思い出させる。
3 彼女は一人だがなつかしいとは思うことはなかった。
4 大きくなったら、なつかしい人になりたい。

04 みまい

1 手伝いのおみまいとして私は彼に一杯おごった。
2 彼女は来るたびにおみまいを持って来てくれる。
3 私は彼らの結婚に心からのみまいを伝えた。
4 彼は入院中の彼女を毎日みまいに行った。

05 知らせる

1 彼女にそのことを知らせる必要はない。
2 世間を知らせるように新聞を読む。
3 学べば学ぶほど、自分が無知であることがよく知らせる。
4 辞書はことばの意味を知らせるのに使う。

06 必ずしも

1 その計画は必ずしも成功する。
2 約束の時間までに必ずしもここに来てください。
3 金持ちが必ずしも幸せではない。
4 もっと勉強しないと必ずしも失敗するわよ。

07 そのうえ

1 彼は帰ってくると約束した。そのうえ帰ってこなかった。
2 彼は偉大な政治家であり、そのうえりっぱな学者でもある。
3 彼はドアをノックして、そのうえ入ってきた。
4 彼には欠点があるが、そのうえ彼が好きだ。

08 マナー

1 彼女はルームマナーを注文した。
2 彼がマナーで言ったことは事実ではない。
3 今ではマナーがないと何も買えません。
4 近ごろの親は子供に甘いので、マナーの知らない子供が多い。

09 見物

1 彼は2つの方法のどちらを選ぶかを見物した。
2 君のアイデアは確かに見物する価値がある。
3 彼はあちこち歩き回って町を見物した。
4 彼らは毎日その問題について見物する。

10 似合う

1 この新しい服に似合う帽子を選ぶのを手伝ってください。
2 彼女は母親にとてもよく似合っている。
3 遠くから見ると、この山は富士山に似合っている。
4 私はきっと彼と気が似合うと思います。私たちは同じ県の出身だから。

問題 5 つぎのことばの使い方として最もよいものを、1・2・3・4から一つえらびなさい。

01 夢中

1 彼は宇宙飛行士になることを夢中に描いている。
2 彼女は夢中してその記事を読んでいるように見えた。
3 彼はその計画を実行することに夢中になっている。
4 その小説は長い間たいへん夢中だった。

02 手前

1 彼が電話したとき、私は出かける手前だった。
2 映画が始まる手前には携帯電話の電源を切ってください。
3 その問題を解決するのはもう手前だった。
4 あの信号の手前で降ろしてください。

03 少なくとも

1 彼女が少なくとも言わなかったのは変だと思う。
2 彼は少なくとも週に一度車を洗う。
3 彼女は魚がとてもきらいで、少なくとも食べない。
4 もっと時間があったら、少なくともうまくやることができたのだが。

04 節約

1 時間を節約するためにコンピューターを使った。
2 外出する前に、すべてのライトを節約することを確かめなさい。
3 あの騒音にはもうこれ以上は節約することはできません。
4 彼は自分たちの席を先に節約した。

05 助ける

1 私の成功はあなたが助けてくれたおかげです。
2 約束をした人はだれでもそれを助けるべきだ。
3 私は忙しくて彼を助けることができない。
4 彼の給料は安すぎて一家を助けていけない。

06 故障

1 君のシャツは故障している。別のシャツを着た方がいい。
2 この窓は一ヶ月前から故障したままになっている。
3 道の真ん中に故障した車がとまっていた。
4 インクが故障してしまった。あなたのペンをお借りできますか。

07 きつい

1 高橋先生って本当に頭がきついよね。
2 この上着は背中のところが少しきつい。
3 私の部屋は少しきついけれども快適である。
4 彼は信頼できる人で、責任感がきつい。

08 平気

1 私は彼女に、顔色が悪いようだけど平気ですかとたずねた。
2 彼の話を聞いて彼女は自分の将来に平気を感じた。
3 彼女は夫が平気に戻ってきたことを喜んだ。
4 彼は目的のためには平気で何でもやる。

09 イメージ

1 疲れているときはよいイメージが思いつきません。
2 あの子、髪を切ってイメージチェンジしたのかな。
3 何か恐ろしいことが起こりそうなイメージがする。
4 彼らは私を見るとすぐに、手を振ってイメージをした。

10 消える

1 私は寝る前にテレビを消えるのを忘れた。
2 夜中に台所で物が消える音がした。
3 彼女の思い出は決して消えることはないであろう。
4 時代は消えるだろうが、人間の本性は変わらないものだ。

問題 5 つぎのことばの使い方として最もよいものを、1・2・3・4から一つえらびなさい。

01 持参

1 お弁当や飲み物は各自で持参してください。
2 彼がうちに来たときは必ず子供にお土産を持参する。
3 彼女はとても大きな家を持参している。
4 私はその時、持参するすべてのお金を彼にあげた。

02 めったに

1 子供が生まれてからめったに彼らは出かけない。
2 近くに住んでいるから、めったに彼女に会うことが多い。
3 彼女はとても注意深いのでめったに間違いをする。
4 お父さんは夜中の12時前にはめったに帰ってくることが少なくない。

03 作法

1 母は私にキムチの作法を教えてくれました。
2 作家は誰でも自分に合った作法をする。
3 彼はコンピューターの作法をよく知っている。
4 一週間に2回、日本の伝統的なお茶の作法を学んでいます。

04 冷たい

1 今は冷たい判断を必要とする状況である。
2 冷たい朝は早く起きるのがつらい。
3 私を驚かせたのは彼の冷たい態度だった。
4 最近自分の中で彼女への気持ちが冷たくなってきました。

05 テキスト

1 彼の小説は、いつも愛がテキストだった。
2 このテキストは初心者向きにできている。
3 彼女は一日も休まず、毎日テキストの練習をした。
4 留守番電話にテキストを入れてください。

06 新鮮

1 彼女は新鮮な知識を学ぶことに興味がある。
2 彼はまだ新鮮なんだから大目に見てやれよ。
3 私は毎日新鮮な野菜サラダを食べている。
4 私はこのネクタイは気に入りません。もっと新鮮なのを見せてください。

07 たしかめる

1 仕事を失っても、僕は貯金にたしかめることができる。
2 私は彼女が人をたしかめるのを見たことがない。
3 私には上司にお金を貸してくれるようにたしかめる勇気はない。
4 私は彼の言ったことが本当かどうかたしかめるつもりだ。

08 きちんと

1 彼は人生にきちんとした目標を持っていない。
2 自分の部屋はきちんと片づけておきなさい。
3 彼はきちんと入学試験に合格するだろう。
4 きちんと出発しなければ、私は約束に遅れるだろう。

09 だめ

1 彼は何度かタバコをやめようとしたがだめだった。
2 空港で長く待たされたのはだめだった。
3 彼は若いけれども、決して時間をだめにしない。
4 彼女が話せば話すほど、私はますますだめになった。

10 実に

1 理論上はそれは可能だけれど、実にはとても難しい。
2 彼の論理は実に説得力があった。
3 実に私もそのことについて何も知らないのです。
4 私は彼の名前は知っているが、実に彼と話したことはない。

용법 완벽대비 문제 ⑤ 회

問題 5 つぎのことばの使い方として最もよいものを、1·2·3·4から一つえらびなさい。

01 差別

1 人間と動物を差別するのは言語である。
2 国籍や性別または職業などで人を差別してはいけない。
3 彼は貧しい人々に食べ物を差別してやった。
4 彼女は妹によく似ているので、私は二人の差別がつかない。

02 ユーモア

1 彼はユーモアを失って倒れた。
2 あの雑誌には何もユーモアなところがなかった。
3 彼にはすばらしいユーモアの感覚があった。
4 私は昨日、結婚式でとても長いユーモアをしました。

03 述べる

1 この問題については私が特に述べることがない。
2 彼女の声はまだ私の耳に述べられている。
3 内面の欠点はきっと外面に述べるものだ。
4 クリスマスには必ず売り上げが述べる。

04 まごまご

1 田中君は授業中いつもまごまごしている。
2 重い荷物を持って歩いたので、まごまごになった。
3 よく眠れなかったので、頭がまごまごする。
4 機械の使い方がわからなくてまごまごしている。

05 ほぼ

1 一般的に言えば、女性は男性よりほぼ10年長生きする。
2 彼はほぼ犬を連れて公園に散歩に行く。
3 早寝早起きするほぼの人は健康である。
4 ほぼな機会があれば、あなたを彼に紹介しよう。

06 恐ろしい

1 人は多くの恐ろしい仕事をしなければ、人生で成功しない。
2 彼女はその恐ろしいニュースを聞いて気を失った。
3 車の窓から顔を出すのは恐ろしい。
4 恐ろしい運動の後はシャワーを浴びる。

07 行方

1 駅への行方を教えていただけませんか。
2 東京行方の最終列車は何時ですか。
3 あの事件の犯人の行方はまだわからないそうだ。
4 次の空港行方の列車は２番ホームから出発する。

08 スピード

1 彼は覚えるのも忘れるのもとてもスピードだ。
2 時間というものはスピードに過ぎていくものだ。
3 飛行機で行くのが旅行するのに一番スピードな方法です。
4 私はいつも適度なスピードで運転しています。

09 おかげ

1 風邪をひいたおかげで声が出なくなった。
2 私たちは太陽のおかげを当たり前のことだと思っている。
3 彼女は奨学金のおかげで大学に進学することができた。
4 年をとったおかげで、記憶力が悪くなった。

10 勝手

1 彼は田舎で勝手な生活を送っている。
2 たとえ何が起こっても勝手でなければならない。
3 好きな人には、自分の勝手な気持ちを伝える。
4 彼はなんでも自分勝手にやろうとする。

시나공
JLPT
일본어능력시험
N3

셋째마당 문법편

1교시 완벽대비 언어지식(문법) · 독해

문제분석과 완벽대비법

01 | 問題1 문법형식 판단

문제 소개

問題1 〈문법형식 판단〉 문제는 문장의(　　　)에 들어갈 의미적으로 가장 적당한 문법 형식을 고르는 문제로, 13문항이 출제됩니다.

문제 미리 풀어보기 및 풀이

> **問題 1**
>
> つぎの文の（　　　）に入れるのに最もよいものを、1・2・3・4から一つえらびなさい。
>
> お寺を見学したいんですが、案内（　　　）か。
>
> 1 させてくださいません　　　2 させていただきます
>
> 3 していただけません　　　4 してさしあげます

정답　3

해석　절을 견학하고 싶은데 안내해 주실 수 있겠습니까?

해설　절을 견학하고 싶으니 안내를 해 달라고 부탁하는 내용이다. 따라서 정답은 정중한 부탁 · 의뢰의 표현인 3번 'していただけませんか(해 주실 수 없겠습니까?)'가 된다. 1번 させてくださいませんか는 '하게 해 주시지 않겠습니까?', 2번 させていただきますか는 '하게 해 주십니까?' 4번 してさしあげますか는 '해 드립니까?'로 공통적으로 본인이 '한다'는 의미를 가지고 있으므로 의미상 부적절하다.

어휘　お寺(てら) 절 | 見学(けんがく) 견학 | 案内(あんない) 안내

문제분석과 완벽대비법

문장 내용에 알맞은 문법형식을 찾는 문제는 총 13문제가 출제되는데 전체 문장의 흐름을 파악한 후, 빈칸에 들어갈 문법적인 의미와 기능을 가진 말, 즉 알맞은 기능어를 선택하는 문제입니다.

문법형식 판단 문제는 개정 전 능력시험의 문법 문제와 유형은 비슷하지만, 새로운 일본어능력시험은 커뮤니케이션 능력의 평가를 목표로 삼고 있기 때문에 문어체에만 쓰이는 딱딱한 표현의 기능어는 그다지 출제될 가능성이 높지 않습니다. 따라서 N3에서는 기출 문제에서의 출제빈도에 중점을 두어 공부하기 보다는 수동 · 사역 · 조건 · 추량 · 경어 등과 같은 일본어의 기초가 되는 중요한 문형 · 문법과 함께 회화체에서 많이 쓰일 수 있는 기능어를 의미적 · 문법적으로 나누어 공부하는 것이 바람직합니다.

문법은 문장을 구성하는 법칙을 말합니다. 따라서 문법형식 판단 문제 또한 문장 구성의 법칙을 제대로 파악하고 있지 않으면 정확히 정답을 찾아내지 못합니다. 따라서 문제를 풀 때에는 먼저 빈칸이 있는 상태로의 문제 문장을 읽어 보고 그 내용이 전체적으로 어떤 내용인지를 파악합니다. 그 다음 빈칸의 앞뒤에 오는 내용과의 의미적 · 문법적 호응관계를 따져보고 가장 어울리는 표현을 빈칸에 채웁니다. 즉, 빈칸이 문장 중간이나 뒤에 제시 되어 있을 때 빈칸에 어떠한 내용의 표현이 와야 출제자의 의도에 맞는 완성도 높은 문장이 만들어질 수 있는지를 파악하고, 보기에서 그에 해당하는 문형 · 문법을 찾아야 합니다.

기출문제 분석

개정 후 2010년부터 2017년까지의 기출문제를 살펴보면, ～あいだ, ～うちに, ～かどうか, ～ことになっている, ～すぎる 등의 N3 수준의 문법표현을 비롯하여 조사, 수수표현, 추량표현, 조건 · 가정, 사역, 수동, 경어 등의 일본어의 기초가 되는 문형, 문법이 출제되고 있습니다. 또한 いつか, いつのまにか, かならず 등의 부사어도 출제되고 있으므로 둘째마당 어휘편의 부사를 잘 학습해 놓도록 합니다.

2010년~2017년 기출문법 보기

□□ ああ	저렇게	
□□ あと	앞으로	
□□ あの	저	
□□ ～あいだ	～하는 동안	〈2회 출제〉
□□ あんなに～のに	그렇게나 ～데도	
□□ いただく	받다 (겸양어)	
□□ いつか	언젠가	
□□ いつのまにか	어느새	
□□ ～いらっしゃる	계시다	
□□ いまにも～そうだ	금세라도 ～할 것 같다	
□□ うかがう	찾아뵙다 (겸양어)	
□□ うかがう	여쭙다	
□□ ～うちに	～하는 사이에	
□□ お～いたす	하다 (겸양표현)	
□□ お～ください	～해 주십시오	
□□ おっしゃる	말씀하시다 (존경어)	
□□ お目にかかる	만나 뵙다 (겸양어)	

□□	～か	～할지	
□□	～形をしている	～모습을 하다	
□□	～かどうか	～인지 어떤지	
□□	必ず	반드시	
□□	～かもしれない	～할지도 모른다	
□□	～がる	～해하다	
□□	～くらい	～정도	〈2회 출제〉
□□	ご～いたす	～하다	
□□	ござる	있다 (겸양어)	〈2회 출제〉
□□	ご存知だ	아시다, 알고 계시다 (존경어)	
□□	～ことができる	～할 수 있다	
□□	～ことになっている	～하기로 되어 있다	〈2회 출제〉
□□	ご覧になる	보시다 (존경어)	
□□	こんなに	이렇게	
□□	さし上げる	드리다	
□□	～させてあげる	～하게 해주다	
□□	～(さ)せていただきます	～하겠습니다	
□□	させていただけませんか	～하게 해주실 수 없습니까?	
□□	～させてください	～하게 해 주세요	〈2회 출제〉
□□	～させないでください	～하게 하지 마세요	
□□	～させるつもりだ	～시킬 작정이다	
□□	～される	억지로 ～하게 되다	
□□	～しか	～밖에	
□□	しか～ない	밖에 ～없다	〈2회 출제〉
□□	次第に	점차, 점점	
□□	～してもよさそうだ	～할 것 같다	
□□	～すぎる	너무 ～하다	〈3회 출제〉
□□	少しも～ない	조금도 ～않다	
□□	～ずつしかない	～씩밖에 없다	
□□	～するところだ	～하려는 참이다	
□□	～せいで	～탓에	

□□	そう	그렇게	
□□	～そうだ	～할 것 같다(양태, 추량)	〈2회 출제〉
□□	～そうだ	～라고 한다(전문)	
□□	～そうにない	～할 것 같지 않다	
□□	～そうもない	～할 것 같지도 않다	
□□	～たがる	～하고 싶어 하다	
□□	～たくても	～하고 싶어도	
□□	～だけ	～뿐	
□□	～だけだ	～뿐이다	
□□	～だけで	～만으로	
□□	～だけでも	～만이라도	
□□	～だけでよければ	～만으로 좋다면	
□□	～たこともある	～한 적도 있다	
□□	たしかに	분명히	
□□	～たところだ	막 ～한 참이다	
□□	～たばかりだ	막 ～한 참이다	〈2회 출제〉
□□	～たびに	～할 때마다	
□□	～たまま	～한 채	
□□	～ため	～때문에	
□□	～ためなら	～을 위해서라면	
□□	～ために	～때문에 (원인)	
□□	～ためにも	～하기 위해서도	
□□	～たら	～하면 (조건)	
□□	～たら	～했더니 (발견)	
□□	～たらどうでしょう	～하면 어떨까요?	
□□	～たりする	～하기도 한다	
□□	～たり～たり	～하기도 하고 ～하기도 하다	
□□	誰からも	누구로부터든	
□□	～だろうけど	～하겠지만	
□□	～だろうと思う	～할 것이라고 생각하다	
□□	近くに	근처에, 가까이에	

□□	～って（=と）	～라고	
□□	～って(～というのは)	～은, ～라는 것은	〈2회 출제〉
□□	ついに	끝내, 마침내	
□□	～つもりだ	～할 작정이다	
□□	～てあげる	～해 주다	〈2회 출제〉
□□	～ていただく	～해 받다（겸양표현）	
□□	～でいらっしゃいます	～입니다 (겸양어)	
□□	～ておく	～해 두다	
□□	～てから	～하고 나서	
□□	～てくれ	～해 줘	
□□	～てくれる	～해 주다	
□□	～でございます	～입니다	
□□	～てくる	～해 오다	
□□	～てしまいたい	～해 버리고 싶다	
□□	～てしまう	～해 버리다	〈2회 출제〉
□□	～でなくてもよければ	～아니라도 좋다면	
□□	～てほしい	～해주면 좋겠다	〈4회 출제〉
□□	～てみる	～해 보다	
□□	～でも	～라도 (예시)	
□□	～てもいいんじゃない	～해도 좋지 않을까	
□□	～てもおかしくない	～해도 이상하지 않다	
□□	～ても不思議ではない	～해도 이상하지 않다	
□□	～でもなんでも	～이든 무엇이든	
□□	～てもらえませんか	～해 주시겠습니까?	
□□	～という	～라고 하는 (인용, 설명)	
□□	どうしたらいいのか	어떻게 하면 좋을지	
□□	どうしても～たい	무슨 일이 있어도 ～하고 싶다	
□□	とうとう	드디어	
□□	どこからでも	어디서든	
□□	～としたら	～한다고 하면	
□□	～と比べて	～과 비교해서	

□□ ～として	～로서	
□□ ～として	～라고 해서	
□□ ～としても	～라고 할지라도	
□□ どれだけ～か	얼마나 ～한지	
□□ ～な	～하지 마	
□□ ～ないうちに	～하기 전에	〈2회 출제〉
□□ ～ないと	～하지 않으면	
□□ ～ないといけない	～하지 않으면 안 된다	
□□ ～ないように	～하지 않도록	〈2회 출제〉
□□ ～なおす	다시 ～하다	
□□ ～なくて	～하지 않아서	
□□ ～なくなってから	～하지 않게 되고 나서	
□□ ～など	～등	
□□ ～なら	～라면	
□□ ～なんか	～같은 것	
□□ なんて～だろう	얼마나 ～란 말인가	
□□ AにBにC	A에 B에 (첨가, 나열)	
□□ ～にくい	～하기 어렵다	
□□ ～に比べて	～과 비교해서	〈2회 출제〉
□□ ～にする	～으로 하다	
□□ ～に対して	～에 대해서, ～를 상대로	
□□ ～について	～에 대해서	
□□ ～にとって	～에게 있어서	〈2회 출제〉
□□ ～にともなって	～에 따라	
□□ ～になら	～에게라면	
□□ ～になるまで	～가 될 때까지	
□□ ～には	～하려면	
□□ ～には	～에게는	
□□ ～にまで	～에 까지	
□□ ～によって	～에 따라서 (차이, 구별)	
□□ ～により	～에 의해서	

□□	～のか	～인 것인지	
□□	～のことで	～에 관한 일로	
□□	～のだから	～한 것이니까	
□□	～のだったら	～하는 것이라면	
□□	～ば	～하면	
□□	～ばいい	～하면 된다	
□□	～ばかり	～뿐	
□□	～はじめる	～하기 시작하다	
□□	～はずがない	～할 리가 없다	
□□	～はずだ	(틀림없이) ～할 것이다	
□□	～ほかに	～외에	
□□	～ほしがる	～을 원하다	
□□	～ば～ほど	～하면 할수록	
□□	～への	～로의	
□□	～前に	～하기 전에	
□□	～ましょうか	～할까요?	
□□	～までには	～까지는	
□□	まだ～ている	아직 ～하고 있다	
□□	もう～ない	이제 ～않는다	
□□	～申す	말하다 (겸양어)	
□□	もちろん	물론	
□□	～やすい	～하기 쉽다	
□□	～(よ)うとする	～하려고 하다	
□□	～ような	～와 같은	
□□	～ようなら	～할 것 같으면	
□□	～ように	～하도록	〈4회 출제〉
□□	～ようになる	～하게 되다	〈2회 출제〉
□□	ようやく	마침내	
□□	～らしい	～답다	
□□	～られる	～할 수 있다 (가능)	
□□	～れる/られる	～하게 되다	

□□	～ろ	～해
□□	～を	～을, ～를
□□	～をしている	～를 하고 있다 (상태)
□□	～を中心に	을 중심으로
□□	～んじゃなくて	～한 것이 아니라

02 | 問題2 문장만들기

문제 소개

問題2 〈문장만들기〉 문제는 제시된 4개의 보기를 문장 속에서 알맞게 나열한 후 ___★___ 부분에 들어갈 말을 고르는 문제로, 5문항이 출제됩니다.

문제 미리 풀어보기 및 풀이

問題 2

つぎの文の___★___に入る最もよいものを、1·2·3·4から一つえらびなさい。

そんなに悲しんだところで、_____ ___★___ _____ _____。

1 帰って来る　　2 人が　　3 死んだ　　4 わけではない

정답　2

해석　그렇게 슬퍼한들 죽은 사람이 돌아오는 것은 아니다.

해설　밑줄 앞에 제시되어 있는 표현인 ～たところでは '～해 봤자, ～는 아니다, ～지 않는다'는 의미이다. 따라서 이 문장은 전체 문장의 구조상 4번 ～わけではない가 가장 마지막 밑줄에 위치하여 '～해 봤자, ～하는 것은 아니다'는 의미가 될 것이다. 그 다음 2번 人が와 4번 わけではない를 중심으로 1번과 3번에 제시되어 있는 동사를 앞뒤로 넣어보면, 2번 人が 앞에는 3번 死んだ가, 4번 わけではない 앞에는 1번 帰ってくる가 와야 의미적으로 자연스럽게 완성됨을 알 수 있다. 따라서 3-2-1-4번의 순으로 배열되어 2번이 정답이 된다.

어휘　悲(かな)しむ 슬퍼하다 | ～たところで ～해 봤자, ～한들 | 帰(かえ)ってくる 돌아오다 | 死(し)ぬ 죽다 | ～わけではない ～하는(인) 것은 아니다

문제분석과 완벽대비법

문장만들기 문제는 문장을 구성하는 단어와 단어의 조합이나 위치배열, 그리고 의미가 통하는 문장으로 만들기 위한 문법형식의 이해와 문법형식을 사용하여 문장을 만들 수 있는 능력을 측정하는 문제로 5문제가 출제됩니다.

일반적으로 주어는 문장의 앞쪽에 위치, 술어는 문장의 뒤쪽에 오고, 목적어는 주어와 술어 사이에 옵니다. 또한 부사는 수식하여 주는 동사나 형용사 앞에 위치하고, 접속사는 앞 문장의 끝과 뒤 문장의 앞에 옵니다. 이와 같이 각 품사마다 문장 속에서 있어야 할 위치가 다르다는 기본 사항을 숙지한 후에, 4개의 밑줄이 포함된 문제의 전체 문장이 의미적 · 문법적으로 자연스럽게 완성될 수 있도록 보기에 나온 4개의 단어 또는 문법표현을 의미가 통하도록 순서대로 조합하여 완성된 문장을 만듭니다.

문장만들기 문제는 일본어의 말과 말의 연결 및 연결된 말의 순서에 따른 배열을 묻는 것이므로, 말의 연결과 배열의 파악을 위해서는 첫 번째 밑줄에 오는 단어가 무엇이며 뒤에 오는 말과 어떤 형태로 연결될 수 있도록 제시되어 있는지 파악해야 합니다. 따라서 문장 전체를 모두 읽을 필요는 없지만 우선 4개의 보기를 조합하기 이전에 첫 번째 밑줄 앞의 단어가 무엇인지 확인하고, 그 단어를 토대로 첫 번째 밑줄에 들어갈 단어 및 문법표현을 4개의 보기 가운데 고릅니다. 그리고 난 후에 마지막 밑줄 바로 뒤에 나오는 단어 및 문법표현을 참고로 하여 나머지 3개 단어 및 문법표현을 의미가 통하도록 조합합니다.

한국어와 일본어는 문법 구조나 어순이 같기 때문에 일본어 단어와 문형의 의미만 알고 있으면 그다지 어렵지 않은 문제입니다. 따라서 N3에서 필요로 하는 어휘와 문법표현을 빠뜨림 없이 기억해 두도록 합니다. 그리고 가장 중요한 제시된 문제의 4개의 밑줄 중에 ★가 몇 번째 밑줄에 있는지 정확히 알아두고 정답을 마킹해야 한다는 것을 잊지 마세요.

기출문제 분석

문장만들기 문제는 주어, 술어, 목적어의 위치, 부사, 접속사의 위치는 어디인지 각 품사의 기본 사항을 숙지하고 있으면 어렵지 않게 풀 수 있는 문제들이 출제되고 있습니다. 전체 문장이 의미적 문법적으로 자연스럽게 완성되도록 연결하면 됩니다. 문법 구조나 어순이 우리말과 같아서 그다지 어렵지 않은 문제이기 때문에 문장만들기 문제 역시 어휘와 문형 학습을 잘 해놓는 것이 중요합니다.

2016년 기출문제 보기

□□ 今日は、久しぶりに家族 5人 で 楽しい休日 を 過ごした。
오늘은 오랜만에 가족 5명이서 즐거운 휴일을 보냈다.

□□ 駅前の店のラーメンは、濃い 味が 好きな人には いい かもしれないが 私はちょっと苦手だ。
역전 앞의 가게 라면은 진한 맛을 좋아하는 사람에게는 좋을지 모르겠으나 나는 좀 안 맞는다.

□□ 久しぶりにふるさとに帰ったが、昔は何もなかった 駅の周りが すっかり 変っている のを 見て驚いた。
오랜만에 고향에 갔는데 옛날에는 아무것도 없었던 역주변이 확 변해 있는 것을 보고 놀랐다.

□□ これまでの人生の中で 自分の子供が 生まれた 日ほど うれしかった 日はなかった。
지금까지의 인생 속에서 나의 아이가 태어난 날만큼 기쁜 날은 없었다.

□□ 今回の彼の新曲は、友情がテーマになっている という点で これまでに 発表されてきた 彼の曲と 大きく違う。
이번 그의 신곡은 우정이 주제라는 점에서 지금까지 발표된 그의 곡과 크게 다르다.

2017년 기출문제 보기

□□ コンサートは7時からですから、そんなに 早く 行っても まだ 開いていないと 思いますよ。
콘서트는 7시부터라서 그렇게 빨리 가도 아직 열지 않았을 것이라고 생각한다.

□□ 今、ほかの学生と話して いらっしゃいます から すこし 待って ください。

지금 다른 학생과 이야기하고 있으니까 조금 기다려 주세요.

□□ 今日はかさがなくても 大丈夫 だろう と思って 出かけた が、雨に降られてしまった。

오늘은 우산이 없어도 괜찮겠지라고 생각하고 외출했는데 비를 맞고 말았다.

□□ 昨日動物園に行ったら、先月 生まれた ばかりの ライオンの 赤ちゃんを 見ることができた。

어제 동물원에 갔더니 지난달 막 태어난 사자의 새끼를 볼 수 있었다.

□□ ジョン「この『理解』という言葉はどういう意味ですか。」

アリ 「ああ、確か『わかる』 という ような 意味だった と思う んですけど。」

존 「이『이해』라는 말은 어떤 의미입니까? 」

아리 「아, 아마도『알다』와 같은 의미였던 것 같습니다만. 」

□□ 山田さん、資料の整理をやってもらえますか。来週の金曜日 まで で いい ですから できる時にお願いします。

야마다 씨, 자료 정리를 해줄 수 있을까요? 다음 주 금요일까지 하면 되니까 할 수 있을 때 부탁합니다.

□□ 私は、もし自分が 患者だったら どうしてほしいか ということを 考えながら 看護師の仕事をしています。

나는 만약 자신이 환자였더라면 어떻게 해주기를 원했을까라는 것을 생각하면서 간호사 일을 하고 있습니다.

□□ 私はエアコンの風が好きではないので、夏の夜、暑くて どうしても 寝られない とき 以外は 自分の部屋ではエアコンを使いません。

나는 에어컨 바람을 좋아하지 않아서 여름 밤에 더워서 도저히 잘 수가 없을 때를 빼고는 나의 방에서는 에어컨을 사용하지 않는다.

□□ 最近、田中さんは元気がない。心配だが、何が あったのか 聞いても 答えてくれないので 何も してあげられない。

최근에 다나카 씨는 기운이 없다. 걱정이 되는데 무슨 일이 있었는지 물어봐도 대답을 해주지 않아서 아무것도 해줄 수가 없다.

□□ この辺りは自然が多く、いつかこういう所に住んでみたいと思うが、近くに買い物できる場所がないので、車の運転が できない 私には 生活する のは大変そうだ。

이 근처는 자연이 많아서 언젠가 이런 곳에서 살아보고 싶다고 생각하지만 근처에 장을 볼 수 있는 곳이 없어서 차 운전을 할 수 없는 나로서는 생활하는 것은 힘들 것 같다.

03 | 問題3 글의 문법

문제 소개

問題3 〈글의 문법〉 문제는 글 전체의 흐름을 파악하는 능력과 함께 문장과 문장의 흐름 속에서 알맞은 표현이나 단어를 빈칸에 넣어 문장과 문장의 연결 방법을 이해할 수 있는지를 평가하는 문제로, 5문항이 출제됩니다.

문제 미리 풀어보기 및 풀이

問題 3

次の文章を読んで、文章全体の内容を考えて、[01]から[05]の中に入る最もよいものを、1・2・3・4から一つえらびなさい。

「最近の若いものは…」という…言葉を、絶対使わない。つい2〜3年前まで、私はそう思っていた。年配の人に、この言葉で始まるたいくつな話をさんざん[01]、うんざりした経験がある。

[02]、最近になって、私もまた「最近の若いものは…」と、言っているのに気づいた。例えば、横一列に並んで、歩道をふさぐように歩く女子高校生。「後ろの人が迷惑するわよ」と注意でも[03]、逆にすごい目つきでにらまれてしまう。そこで私はその後最初に会った友人に、「最近の若いものは…」と、話す[04]。「つまり、あなたが年を取っただけのことよ。」友人は、私が不愉快な思いを延々とまくしたてる[注1]のを、こう言ってからかう。その時、私はハット気づくのだ。かつて、絶対使わないと思っていた言葉を、自分が今、口に出したことを。

しかし、後悔はしていない。これこそ、若者と大人の永遠の関係なのだ。これからは、遠慮なく「最近の若いものは…」と[05]つもりである。

注1) まくしたてる：たてつづけに勢いよく言い立てる。

01
1 聞かせて　2 聞かれて　3 聞かさせれて　4 聞かされて

02
1 それに　2 ところが　3 つまり　4 それで

03
1 したつもりでは　2 しなければ　3 しようとしたら　4 したところで

04
1 ことになる　2 ことになっている
3 ことにする　4 ことにしている

05
1 言っていただく　2 言わせてもらう
3 おっしゃってくれる　4 申し上げてやる

정답 **01** 4　**02** 2　**03** 3　**04** 1　**05** 2

해석 "요즘 젊은 사람들은…"이라는 말을 절대 쓰지 않겠다. 바로 2~3년 전까지 나는 그렇게 생각하고 있었다. 나이 드신 분들로부터 이 말로 시작되는 지루한 이야기를 몹시 들어서 지긋지긋해 했던 경험이 있다.
그러나, 최근 들어, 나도 또한 "요즘 젊은 사람들은…"이라고 말하고 있는 것을 깨달았다. 예를 들면, 옆으로 나란히 서서 보도를 가로막는 듯이 걷는 여자 고등학생들. "뒤에 오는 사람에게 피해가 돼요."라고 주의라도 주려고 하면, 오히려 무서운 눈초리로 노려본다. 그래서 나는 그 후에 처음 만난 친구에게 '요즘 젊은 사람들은…"이라고, 이야기하게 된다. "결국, 네가 나이를 먹은 것일 뿐인거야." 친구는 내가 불쾌한 생각을 계속해서 지껄이는 것을, 이렇게 말하면서 놀린다. 그때, 나는 문득 깨달았다. 예전에 절대로 하지 않겠다고 생각하고 있었던 말을 자신이 지금 말했다는 것을.
그러나, 후회는 하지 않는다. 이것이야말로, 젊은이와 어른의 영원한 관계인 것이다. 앞으로는 주저하지 않고 "요즘 젊은 사람들은…"이라고 말할 생각이다.

어휘 若(わか)い 젊다 | 言葉(ことば) 말, 언어 | 絶対(ぜったい) 절대 | つい 조금, 바로, 그만, 무심코 | 年配(ねんぱい) 연배, 지긋한 나이 | 退屈(たいくつ)な 지루한, 따분한 | さんざん 심하게, 몹시, 실컷 | うんざり 지긋지긋하게, 지겹게 | 経験(けいけん) 경험 | それに 그런데도, 게다가 | ところが 그런데, 그러나 | つまり 결국, 즉 | それで 그래서 | 気付(きづ)く 알아차리다, 깨닫다 | 例(たと)えば 예를 들면 | 横(よこ) 가로, 옆 | 一列(いちれつ) 일렬, 한 줄 | 並(なら)ぶ 늘어(나란히)서다, 줄서다 | 歩道(ほどう) 보도 | 塞(ふさ)ぐ 막다, 가리다 | 迷惑(めいわく) 폐, 성가심, 불쾌함 | 注意(ちゅうい) 주의 | 逆(ぎゃく)に 거꾸로, 반대로 | すごい 무섭다, 굉장하다, 심하다 | 目付(めつ)き 눈빛, 눈초리 | にらむ 노려보다 | 友人(ゆうじん) 친구 | 不愉快(ふゆかい)な 불쾌한 | 延々(えんえん)と 아주 길게 이어지는 모양, 구구절절 | まくしたてる 숨도 쉬지 않고 지껄여대다 | からかう 조롱하다, 놀리다 | ハット 문득, 퍼뜩, 깜짝 | かつて 이전에, 아직껏 | 口(くち)に出(だ)す 입 밖에 내다, 말하다 | しかし 그러나 | 後悔(こうかい) 후회 | 大人(おとな) 어른, 성인 | 永遠(えいえん) 영원 | 関係(かんけい) 관계 | 遠慮(えんりょ) 조심함, 삼감, 사양함

글 전체의 흐름을 파악하는 능력과 함께 문장과 문장의 흐름 속에서 알맞은 표현이나 단어를 빈칸에 넣어 문장과 문장의 연결 방법을 이해할 수 있는지를 평가하는 글의 문법력 문제는 5문제가 출제됩니다.

제시되어 있는 문제의 텍스트만 보면 독해 문제처럼 보이지만 문법에 관한 문제이므로 독해 문제와 같이 주제를 파악하거나 내용에 관련된 문제가 아닌, 여러 가지 문법 관련 문제가 출제됩니다. 모든 품사가 출제 대상에 해당되며, N3 필수 문법 요소인 수동 · 사역 · 사역수동 · 수수 · 조건 · 경어 표현 등을 활용하거나 결합하여 문맥에 알맞은 적절한 어구나 문장을 고르거나, 글의 흐름과 논리에 맞는 합성어나 접속사, 부사 그리고 문법적인 표현 문형 등을 찾아 넣는 문제 등이 출제됩니다.

글의 문법력 문제를 풀 때는 문맥의 흐름과 의미를 파악하고 문장과 문장의 관계를 파악해서 보기를 체크해가며 답을 찾아야 하기 때문에 원칙적으로는 첫 문장부터 마지막 문장까지 읽어가는 것이 바람직합니다. 그러나 대부분의 시험 때는 문제를 풀 시간이 부족한 경우가 많기 때문에, 전체 내용을 읽어 볼 시간이 없는 경우에는 빈칸이 있는 문제의 앞과 뒤의 문장의 내용을 정확하게 해석하고 이해하여 빈칸에 들어갈 표현을 찾는 것도 문제를 푸는 하나의 요령이 될 것입니다.

글의 문법력 문제는 가능한 한 정확하고 신속하게 문제를 푸는 것이 고득점을 얻을 수 있는 길입니다. 따라서 시험을 보기 전에 다소 난이도가 있는 다양한 일본어로 되어 있는 글을 읽고 해석해 보는 연습을 통하여 문법 능력뿐만 아니라 어휘와 독해 실력을 함께 겸비할 수 있는 일본어의 종합적 실력향상을 도모하도록 합시다.

기초 핵심문법 완벽대비

N3 문법

기초 핵심문법에서는 N3 문제를 풀 때에 가장 기본이 되는 문법 항목인 조사, 수수표현, 추량표현, 조건 · 가정, 사역, 수동, 사역수동, 경어를 자세하게 다루었습니다. 기출문제를 보면 이 기초 핵심문법은 출제빈도도 높을 뿐만 아니라 기초 핵심문법을 정확히 숙지해 두고 있지 않으면 문제의 이해도가 떨어지는 경우가 많으므로, 본격적인 N3 핵심문법 학습에 앞서 반드시 완벽하게 학습을 해두어야 합니다.

또한 기초 핵심문법에서 다룬 내용은 시험대비의 전 단계뿐만 아니라 일본어 회화에서도 문장을 만드는 데에 가장 기본이 되는 문법 학습의 핵심 중의 핵심이라고 할 수 있습니다.

아울러 문법 문제에 출제되고 있는 부사는 어휘 문제에도 출제되고 있어서 앞쪽 둘째마당의 어휘편에서 정리해 두었습니다. 고득점을 받기 위해서는 어휘편의 접속사, 부사, 접두어, 접미어, 경어까지 함께 학습해 두도록 합니다.

01 | 조사

~から	~에서, ~로부터 (시작점이나 출처를 나타냄) この地方は３月末から桜の花が咲く。 이 지방은 3월말부터 벚꽃이 핀다. ~니까, ~ 때문에 (원인) もう遅いから、早く寝なさい。 이미 늦었으니까, 빨리 자라. 어휘 地方(ちほう) 지방 | 桜(さくら) 벚꽃 | 咲(さ)く 피다 | 遅(おそ)い 늦다 | 早(はや)く 빨리 | 寝(ね)る 자다
~こそ	~야 말로, ~만은 (강조) 今度こそはミスをしないようにしよう。 이번만은 실수하지 않도록 하자. 어휘 今度(こんど) 이번 | ミス 실수
~さえ	~조차, ~마저 彼は日曜日さえ働かなければならなかった。 그는 일요일조차 일하지 않으면 안 되었다. ~만 (그것 하나뿐임을 강조) あなたさえよければ、私は別にかまいません。 당신만 좋으면 나는 별 상관없습니다. 어휘 働(はたら)く 일하다 | 別(べつ)に 별로 | かまう 상관하다, 관계하다

～し	～기도 하고 (게다가, 그 뿐만 아니라 등의 의미가 포함) 彼は頭もいいし、性格もいいし、しかもお金持ちだ。 그는 머리도 좋고 성격도 좋고 게다가 부자이다. ～기도 하고, ～기도 하니까 (주로 이유를 나타냄) 今日は雨も降っているし、早く帰りましょう。 오늘은 비도 내리고 일찍 집에 갑시다. 어휘 頭(あたま) 머리 | 性格(せいかく) 성격 | しかも 게다가 | お金(かね)持(も)ち 부자 | 雨(あめ) 비 | 降(ふ)る 내리다
～しか	～밖에 机の上には本が１冊しかない。 책상 위에는 책이 한 권밖에 없다. * 뒤에 부정문이 오며 だけしか(～밖에)와 같은 형태로 쓰이면 한층 강한 강조가 됩니다. 어휘 机(つくえ) 책상 | ～冊(さつ) ～권
～ずつ	～씩 (수량이나 분량을 나타냄) 外は、少しずつ暗くなっていきます。 밖은 조금씩 어두워져 갑니다. 어휘 外(そと) 밖 | 少(すこ)し 조금 | 暗(くら)い 어둡다
～だけ	～뿐, ～만 (한정이나 한도를 나타냄) これはあなたと私だけの秘密だ。 이것은 너와 나만의 비밀이다. ～정도, ～만큼 (정도를 나타냄) 必要なだけお持ち帰りください。 필요한 만큼 가져가세요. 어휘 秘密(ひみつ) 비밀 | 必要(ひつよう) 필요 | 持(も)ち帰(かえ)る 가져가다
～だって	～도, ～도 역시 子供だってそれはわかる。 아이도 그것은 안다. * 주로 체언에 붙어 회화체에서 쓰입니다. 접속사로 쓰일 때는 '왜냐하면'의 뜻으로 이유를 나타냅니다. 어휘 子供(こども) 아이 | わかる 알다
～でも	～라도 学生はだれでも自由に図書館を利用できる。 학생은 누구라도 자유롭게 도서관을 이용할 수 있다. * 극단적인 예를 들어 말할 때나 가정할 때, 그리고 가벼운 예시나 제안을 나타내거나 부정칭에 접속되어 제한이 없음을 나타냅니다. 어휘 自由(じゆう)に 자유롭게 | 図書館(としょかん)도서관 | 利用(りよう) 이용

～とか	～라든지, ～든지 (어떤 사물이나 동작, 구체적인 예를 열거하거나 제시) 休日でも掃除とか洗濯とかで休めないんです。 휴일이라도 청소라든지 빨래든지로 쉴 수 없습니다. 어휘 休日(きゅうじつ) 휴일 | 掃除(そうじ) 청소 | 洗濯(せんたく) 빨래 | 休(やす)む 쉬다
～には	～하기에는 (목적이나 평가의 기준 등을 나타냄) よい子になるには早寝早起きすることです。 착한 아이가 되기 위해서는 일찍 자고 일찍 일어나야 합니다. 어휘 早寝(はやね) 일찍 잠 | 早起(はやお)き 일찍 일어남
～ので	～때문에 (원인, 이유) 明日学校が休みなので遊びに行く予定です。 내일 학교가 쉬는 날이기 때문에 놀러 갈 예정입니다. * から와 함께 원인이나 이유를 나타내는 대표적인 표현으로 から가 주관적인 이유를 나타내는 데 비해 ので는 객관적인 이유를 나타낸다고 할 수 있습니다. 또한, 정중하게 이유를 말할 때는 から보다는 ので를 쓰는 경향이 있습니다. 어휘 休(やす)み 휴일, 쉬는 날 | 遊(あそ)ぶ 놀다 | 予定(よてい) 예정
～のに	'～하는데'라는 역접의 의미로 앞의 내용과 상반되는 내용이 뒤에 옵니다. 彼女は金持ちなのに幸せではない。 그녀는 부자인데 행복하지 않습니다. * 조사 の+に의 형태의 '～하는 데'라는 의미로 사용되는 경우도 있습니다. 어휘 金持(かねも)ち 부자 | 幸(しあわ)せ 행복

02 | 수수표현

あげる 주다 (주어→제3자)	**あげる** 나, 또는 제 3자가 다른 제 3자에게 주는 경우에 사용하는 표현입니다. 높임말로 '드리다'라고 할 때는 さしあげる, 손아랫사람이나 동 · 식물에게 '주다'라고 할 때는 やる를 사용합니다. 私は田中さんに誕生日プレゼントをあげた。 나는 다나카 씨에게 생일 선물을 주었다. 森さんは佐藤先生に花束をさしあげました。 모리 씨는 사토 선생님에게 꽃다발을 드렸습니다. 親が子供にこづかいをやります。 부모가 자식에게 용돈을 줍니다. **잠깐만요** 내가 속한 그룹, 즉 가족이나 직장 동료나 상사에 대해 제 3자에게 이야기할 때에는 **さしあげる**를 사용해서는 안 됩니다. 部長にネクタイをさしあげました。(X) 부장님에게 넥타이를 드렸습니다. 部長にネクタイをあげました。(O) 부장님에게 넥타이를 드렸습니다. 어휘 **誕生日**(たんじょうび) 생일 | **花束**(はなたば) 꽃다발 | **親**(おや) 부모 | **子供**(こども) 아이, 자식 | **こづかい** 용돈
	～てあげる 내가 누군가에게 또는 제3자가 제3자에게 어떤 행위나 동작을 해 줄 때는 ～てあげる(~해 주다), ～てさしあげる(~해 드리다), ～てやる(~해 주다)를 사용합니다. 山田さんは田中さんを駅まで送ってあげました。 야마다 씨는 다나카 씨를 역까지 데려다 주었습니다. 私は子供に本を買ってやった。 나는 아이에게 책을 사 주었다. **잠깐만요** 윗사람 앞에서는 **～てあげる**나 **～てさしあげる**를 직접 쓰면 내가 뭔가를 해준다는 생색의 느낌이 강하므로 사용하지 않도록 하며 'お+동사 **ます**형+**する(いたす)**' 또는 **～ましょうか**와 같은 표현으로 완곡하게 표현하거나 다른 정중한 표현을 사용하는 것이 좋습니다. 단, 윗사람이라도 상대방 면전에서 말하는 것이 아니라면 **～てあげる**를 사용해도 됩니다. 先生、私が道を教えてさしあげましょうか。(X) 선생님, 제가 길을 가르쳐 드릴까요? 先生、私が道をお教えしましょうか。(O) 선생님, 제가 길을 가르쳐 드릴까요? 어휘 **駅**(えき) 역 | **送**(おく)**る** 배웅하다 | **買**(か)**う** 사다 | **道**(みち) 길 | **教**(おし)**える** 가르치다

くれる 주다 (다른 사람→나)	**くれる** 상대방이 나 또는 나의 가족, 친구, 동료에게 주는 경우에 사용하는 표현으로, 주는 사람이 윗사람일 경우는 존경어인 くださる를 사용합니다. 友だちが私にシャツをくれました。 친구가 나에게 셔츠를 주었습니다. 友達が私にくれた手袋はとても暖かいです。 친구가 나에게 준 장갑은 매우 따뜻합니다. 田中さんのお母さんが私にハンカチをくださいました。 다나카 씨 어머님이 저에게 손수건을 주셨습니다. 어휘 シャツ 셔츠 | 手袋(てぶくろ) 장갑 | 暖(あたた)かい 따뜻하다 | ハンカチ 손수건
	～てくれる 다른 사람이 나 또는 나의 가족, 친구, 동료에게 어떤 행동을 해 주는 것을 말할 때 사용하고, 윗사람이 해 주시는 것을 말할 때에는 ～てくださる를 사용합니다. 彼は喜んで私を手伝ってくれた。 그는 기꺼이 나를 도와주었다. 佐藤先生が私たちに英語を教えてくださる。 사토 선생님이 우리들에게 영어를 가르쳐 주신다. 鍵を忘れたとき、管理人がドアを開けてくれました。 열쇠를 잊었을 때, 관리인이 문을 열어 주었습니다. **잠깐만요** くれる도 あげる와 마찬가지로 주는 사람이 내가 속한 그룹인 경우는 경어인 くださる를 쓰지 않습니다. 父が私に新しい車を買ってくださいました。(X) 아버지가 나에게 새 차를 사 주셨습니다. 父が私に新しい車を買ってくれました。(O) 아버지가 나에게 새 차를 사 주셨습니다. 어휘 喜(よろこ)んで 기꺼이 | 手伝(てつだ)う 돕다 | 英語(えいご) 영어 | 教(おし)える 가르치다 | 新(あたら)しい 새롭다, 오래지 않다 | 車(くるま) 차 | 買(か)う 사다 | 鍵(かぎ) 열쇠 | 忘(わす)れる 잊다 | 管理人(かんりにん) 관리인 | ドア 문 | 開(あ)ける 열다

もらう 받다 (나, 제3자 → 나, 제3자)	**もらう** もらう는 '받다'는 뜻으로 우리말과 크게 다를 것이 없습니다. 존경어는 없고 윗사람에게 뭔가를 받을 경우에는 겸양표현인 いただく를 사용합니다. 私は友だちに時計をもらいました。 나는 친구에게 시계를 받았습니다. 山田さんは先生に辞書をいただきました。 야마다 씨는 선생님에게 사전을 받았습니다. **잠깐만요** '~한테 받다'고 할 때 사람에게는 조사 に와 から를 다 사용할 수 있지만, 기관이나 단체로부터 받는 경우에는 から만 사용합니다. 佐藤さんは母校から賞をもらいました。 사토 씨는 모교로부터 상을 받았습니다. 어휘 時計(とけい) 시계 | 辞書(じしょ) 사전 | 母校(ぼこう) 모교 | 賞(しょう) 상 | もらう 받다
	~てもらう 누군가가 어떠한 행동을 해 주는 것을 받는 경우에는 ~てもらう를 사용합니다. ~てもらう는 말하는 사람이 타인으로부터 도움을 받았거나, 자신이 부탁하여 어떤 혜택을 입었다거나 하여 고마운 마음이 들어있는 표현입니다. 주로 ~に~を~てもらう 형으로 쓰이는데 직역하면 '~에게 ~를 ~해 받다' 이지만, 누가 행동했느냐를 따져서 거꾸로 '행동을 한 사람이 ~를 ~해 주다'로 번역해야 자연스럽습니다. 윗사람이 해 주시는 것을 받은 경우에는 겸양표현인 ~ていただく를 사용합니다. 山田さんに病院の電話番号を教えてもらいました。 야마다 씨가 병원 전화번호를 가르쳐 주었습니다. 引っ越すとき、隣のおばさんに手伝っていただきました。 이사할 때, 이웃집 아주머니가 도와주셨습니다. 어휘 病院(びょういん) 병원 | 電話番号(でんわばんごう) 전화번호 | 教(おし)える 가르치다 | 引(ひ)っ越(こ)す 이사하다 | 隣(となり) 이웃, 옆 | 手伝(てつだ)う 돕다

そうだ

전문의 そうだ

전문의 そうだ는 '~라고 한다'는 뜻으로 다른 정보원으로부터 얻은 사실을 전할 때 사용하는 표현으로 동사, い형용사, な형용사, 명사의 보통형에 접속합니다. 문장 앞에 정보원을 나타내는 '～によると, ～によれば, ～では(~에 의하면, ~로는)'가 오는 경우가 많고, 유사한 표현으로 '～ということだ(~라고 한다)'가 있습니다.

最近失業者の数が、増加しているそうだ。 최근 실업자의 수가 증가하고 있다고 한다.

今年の冬は20年ぶりの寒さだそうだ。 올해 겨울은 20년 만의 추위라고 한다.

この店はコーヒーがとてもおいしいそうだ。 이 가게는 커피가 아주 맛있다고 한다.

彼女は結婚したばかりで、料理が苦手だそうだ。
그녀는 결혼한 지 얼마 안 되어 요리를 잘 못한다고 한다.

어휘 最近(さいきん) 최근 | 失業者(しつぎょうしゃ) 실업자 | 数(かず) 수 | 増加(ぞうか)する 증가하다 | 今年(ことし) 올해 | 冬(ふゆ) 겨울 | 寒(さむ)さ 추위

양태 · 추량의 そうだ

양태 · 추량의 ～そうだ는 '~것 같다, ~해 보인다'는 뜻으로 이 용법에서 중요한 것은 '눈으로 들어온 정보'라는 점입니다. ～そうだ는 동사에 접속하면 눈앞에 있는 상태나 사건을 보고 곧 일어날 일을 판단해서 '~할 것 같다'고 추측할 때 사용하고, 형용사에 접속하면 아직 확인해 보지 않아서 실제로는 어떨지 모르지만 겉으로 보기에는 '~것 같다, ~해 보인다'는 의미로 사용됩니다.
동사 ます형, い형용사와 な형용사의 어간에 접속하며, 주로 현재의 시각적인 정보에 근거하기 때문에 과거형에는 접속되지 않으며, いい(よい)는 よさそうだ 형태로, ない는 なさそうだ의 특별한 형태를 취합니다.

彼女は今にも泣き出しそうだ。 그녀는 당장에라도 울기 시작할 것 같다.

今日は雨が降りそうなので、傘を持っていったほうがよさそうだ。
오늘은 비가 내릴 것 같으니까, 우산을 갖고 가는 편이 좋을 것 같다.

잠깐만요

양태 · 추량의 **～そうだ**는 **な**형용사와 같이 활용하여, 뒤에 명사를 수식할 때에는 '**～そうな**+명사', 뒤에 동사를 수식할 때에는 '**～そうに**+동사'와 같이 활용하며, 부정 표현은 '**～そうに(も)ない**(~것 같지 않다)'의 형태가 되므로 주의합시다.

彼のおじいさんはとても元気そうな人だった。 그의 할아버지는 매우 건강해 보이는 사람이었다.

彼は他人の悪口を決して言いそうにない人物だ。
그는 다른 사람의 험담을 결코 말할 것 같지 않은 인물이다.

어휘 元気(げんき) 건강한 모양, 원기, 기력 | 悪口(わるぐち) 험담 | 決(けっ)して 결코 | 言(い)う 말하다

ようだ·みたいだ

추량의 ようだ·みたいだ

추량의 ～ようだ와 ～みたいだ는 '～것 같다'는 뜻으로, 당시의 상황이나 데이터 등 외부자료를 근거로 한 주관적인 판단에 의한 추측이나, 말하는 사람의 감각이나 경험을 토대로 한 주관적인 판단에 의한 추측의 표현으로 사용됩니다. ～みたいだ는 ～ようだ의 회화체 표현으로 접속형태가 다른 것에만 주의하면 됩니다.

～ようだ는 동사 · い형용사 · な형용사 · 명사의 명사수식형에 접속하고, ～みたいだ는 동사 · い형용사의 보통형, な형용사의 어간, 명사에 접속합니다.

彼は政治には無関心のようだ。 그는 정치에는 무관심한 것 같다.

彼女は今日体調がよくないようだ。 그녀는 오늘 몸상태가 좋지 않은 것 같다.

今回もテストの成績が上がったみたいだ。 이번에도 시험 성적이 오른 것 같다.

君は何かほかのことを考えているみたいだね。 너는 뭔가 다른 것을 생각하고 있는 것 같네.

잠깐만요

～ようだ는 な형용사와 같이 활용하여, 뒤에 명사를 수식할 때에는 '～ような+명사', 뒤에 동사나 형용사를 수식할 때에는 '～ように+용언'과 같이 활용하며, 부정 표현은 '～ようではない'가 아니라 '～ないようだ'가 되는 것에 주의합시다.

彼は田中さんほど優秀じゃないようです。 그는 다나카 씨만큼 우수하지 않은 것 같습니다.

彼女は彼の姉のように見えるが、実は母親なのだ。 그녀는 그의 누나처럼 보이지만, 사실은 엄마이다.

어휘 政治(せいじ) 정치 | 無関心(むかんしん) 무관심 | 考(かんが)える 생각하다 | 優秀(ゆうしゅう) 우수 | 姉(あね) 누나, 언니 | 実(じつ)は 사실은 | 母親(ははおや) 어머니

비유와 예시의 ようだ·みたいだ

비유와 예시의 ～ようだ와 ～みたいだ는 '～같다'는 뜻으로, 어떤 것을 다른 것에 비유해서 말하거나, 구체적인 예를 들어 말할 때 사용합니다. 비유의 용법으로 사용될 때에는 앞에 'まるで(마치)'가 수반되는 경우가 많고, 활용 형태는 추량의 용법과 같습니다.

眠っている子どもは天使のようだ。 잠들어 있는 아이는 천사 같다.

先生はいつもまるで親のように暖かく接して下さいます。
선생님은 언제나 마치 부모님처럼 따뜻하게 대해주십니다.

このハムスターのぬいぐるみはまるで本物みたいに動く。
이 햄스터 인형은 마치 진짜처럼 움직인다.

その犬はまるで人間みたいだ。 그 개는 마치 인간 같다.

어휘 眠(ねむ)る 자다 | 天使(てんし) 천사 | 犬(いぬ) 개 | まるで 마치 | 人間(にんげん) 인간

らしい	**추량의 らしい** '~것 같다, ~인 모양이다'의 뜻으로 근거나 이유가 있는 추량이나 불확실한 이야기를 남에게 전할 때 쓰는 표현입니다. 따라서 앞에 객관적인 정보를 나타내는 '~によると・~によれば・では(~에 의하면, ~로는)'가 오는 경우도 많습니다. 彼女にいい人ができたらしい。 그녀에게 좋은 사람이 생긴 모양이다. 彼女は自分のことを話すのが好きらしい。 그녀는 자신의 이야기를 하는 것을 좋아하는 것 같다. 어휘 **自分**(じぶん) 자신 | **話**(はな)**す** 이야기하다
	접미어 らしい 접미어로서의 らしい는 '~답다'로 '전형적인 ~다운 느낌이 들다, ~로서 걸맞는 성질을 갖추고 있다'는 의미를 나타냅니다. 彼は無口で男らしい男だ。 그는 과묵하고 남자다운 남자다. 最近は子供らしい子供が少なくなった。 요즘은 아이다운 아이가 적어졌다. 어휘 **無口**(むくち) 과묵 | **男**(おとこ) 남자 | **最近**(さいきん) 최근 | **子供**(こども) 아이 | **少**(すく)**ない** 적다

04 | 조건 · 가정표현

と	**필연적인 결과, 자연 현상, 논리 · 객관적인 사실, 예측 가능한 상황을 나타냄** と의 뒤에는 말하는 사람의 의지, 판단, 허가, 의견, 명령, 요구 등은 오지 않으니 주의합니다. 1に2を足すと3になる。 1에 2를 더하면 3이 된다. こんなに雪が積もると家から出られない。 이렇게 눈이 쌓이면 집에서 나갈 수 없다. 어휘 足(た)す 더하다 | 雪(ゆき) 눈 | 積(つ)もる 쌓이다 | 出(で)る 나가다
	의외의 상황, 발견, 습관적인 현상, 과거사실을 나타냄 と는 일반적으로 뒷문장에 과거문이 오지 않지만, 의외의 상황이나 발견, 습관적인 현상이나 과거사실 등을 표현할 때에는 '~하자, ~하니까'라는 의미로 과거문에 사용할 수 있습니다. 学校に行くと、新入生がたくさんいました。 학교에 갔더니, 신입생이 많이 있었습니다. 木村さんに手紙を出すと、すぐに返事がきました。 기무라 씨에게 편지를 보냈더니 바로 답장이 왔습니다. 어휘 新入生(しんにゅうせい) 신입생 | 手紙(てがみ) 편지 | 出(だ)す 보내다 | 返事(へんじ) 답장
ば	**조건을 제시하는 가정의 표현을 나타냄** ば는 이야기하는 사람이 반대의 상황을 머릿속에 그리고 이야기하는 경우에 주로 사용합니다. と와 같이 뒷문장에 의지, 명령, 금지, 의뢰, 충고, 권유, 희망, 추측과 같은 표현이 올 수 없습니다. 卒業論文を出せば、卒業できます。 졸업논문을 제출하면 졸업할 수 있습니다. 明日晴れれば、ドライブに行きましょう。 내일 날씨가 좋으면, 드라이브하러 갑시다. 어휘 卒業論文(そつぎょうろんぶん) 졸업논문 | 出(だ)す 제출하다 | 卒業(そつぎょう) 졸업 | 晴(は)れる 날씨가 맑다 | ドライブ 드라이브

필연적인 결과, 자연현상, 예측 가능한 상황을 나타냄

と와 같이 필연적인 결과, 자연현상, 예측 가능한 상황을 표현합니다.

あした雨が降れば、運動会は中止です。
내일 비가 내리면 운동회는 중지입니다.

緑が増えれば、空気もよくなる。
신록이 늘어나면 공기도 좋아진다.

어휘 **運動会**(うんどうかい) 운동회 | **中止**(ちゅうし) 중지 | **緑**(みどり) 신록 | **空気**(くうき) 공기

후회나 아쉬움, 과거의 습관을 나타냄

ば는 아직 일어나지 않은 일을 가정하므로 일반적으로 뒷문장에 과거문이 오지 않지만, 이야기하는 사람이 실제로 없었던 것을 가정하여 후회나 아쉬운 마음을 표현하거나, 과거의 습관을 표현할 때에는 과거문에 사용할 수 있습니다.

予約をしておけばよかったのに。
예약을 해두었더라면 좋았을 텐데.

週末になればいつも彼女とデートしたりした。
주말이 되면 항상 그녀와 데이트하거나 했다.

어휘 **予約**(よやく) 예약 | **週末**(しゅうまつ) 주말 | **デート** 데이트

속담이나 관용표현을 나타냄

속담이나 관용표현에는 대부분 ば로 표현합니다.

ちりも積もれば山となる。 티끌 모아 태산.
急がば回れ。 급할수록 돌아가라.

어휘 **ちり** 티끌, 먼지, 쓰레기 | **積**(つ)**もる** 쌓이다 | **山**(やま) 산 | **急**(いそ)**ぐ** 서두르다 | **回**(まわ)**る** 돌아가다 | **考**(かんが)**える** 생각하다

たら

조건을 제시하는 가정표현을 나타냄

ば와 마찬가지로 조건을 제시하는 가정의 표현으로 사용합니다.

試験に受かったら、新しいケータイを買ってあげよう。
시험에 합격하면 새 휴대 전화를 사 줄게.

問題を解決する良い方法があったら、教えてください。
문제를 해결할 좋은 방법이 있으면 가르쳐 주세요.

어휘 **試験**(しけん) 시험 | **受**(う)**かる** 합격하다 | **新**(あたら)**しい** 새롭다, 오래지 않다 | **ケータイ** 휴대 전화 | **問題**(もんだい) 문제 | **解決**(かいけつ)**する** 해결하다 | **良**(よ)**い** 좋다 | **方法**(ほうほう) 방법

	의외의 상황이나 발견, 후회나 아쉬움을 나타냄 と와 같이 의외의 상황이나 발견, 습관적인 현상이나 과거사실 등을 표현하거나, ば와 같이 이야기하는 사람이 실제로 없었던 것을 가정하여 후회나 아쉬운 마음을 표현합니다. 家へ帰ったら、だれもいなかった。 집에 돌아왔더니 아무도 없었다. 鳥だったら、すぐそこに飛んでいくのに。 새라면 바로 그곳에 날아갈 텐데. 어휘 **鳥**(とり) 새 | **すぐ** 바로 | **飛**(と)**ぶ** 날다
	확실한 미래를 나타냄 たら는 と, ば, たら, なら 중 가장 넓은 범위에서 사용됩니다. 단, 확실한 미래를 나타내는 의미는 たら밖에 없으므로 주의하세요. お借りした本は、読み終わったらすぐにお返しなさい。 빌린 책은 다 읽으면 바로 반납하세요. 向こうに着いたらすぐ連絡してください。 그쪽에 도착하면 바로 연락해 주세요. 어휘 **借**(か)**りる** 빌리다 | **読**(よ)**み終**(お)**わる** 다 읽다 | **返**(かえ)**す** 반납하다 | **向**(むこ)**う** 그쪽 | **着**(つ)**く** 도착하다 | **連絡**(れんらく)**する** 연락하다
なら	**조언, 요구, 판단을 나타냄** 상대방의 이야기나 생각, 결심 등을 듣고 그것을 근거로 어드바이스나 요구, 판단을 할 때 사용합니다. あの大学へ行くなら、自転車が便利です。 그 대학에 갈 거라면 자전거가 편리합니다. 北京へ行くなら、秋がいいよ。 북경에 갈 거라면 가을이 좋아요. 어휘 **自転車**(じてんしゃ) 자전거 | **便利**(べんり) 편리 | **秋**(あき) 가을

뒷문장이 먼저 이루어짐을 나타냄

동작의 순서가 시간적으로 뒷문장이 먼저 이루어질 때는 なら만 쓸 수 있습니다.

外国へ行くなら、その前にその国の言葉を学びなさい。
외국에 갈 거라면 그 전에 그 나라의 말을 배우세요.

試験をうけるなら、もっと勉強しなければいけません。
시험을 치를 거라면 좀 더 공부하지 않으면 안 됩니다.

어휘 国(くに) 나라 | 言葉(ことば) 말 | 学(まな)ぶ 배우다 | 試験(しけん)をうける 시험을 치다 | 勉強(べんきょう)する 공부하다

조건 · 가정표현 관련문형

～ば(なら)～ほど ~하면 ~할수록

年を取れば取るほど記憶力が悪くなる。
나이를 먹으면 먹을수록 기억력이 나빠진다.

어휘 年(とし)を取(と)る 나이를 먹다 | 記憶力(きおくりょく) 기억력 | 悪(わる)い 나쁘다

～も～ば、～も ~도 ~하고, ~도

どんな人でもいいところもあれば、悪いところもある。
어떤 사람이라도 좋은 점도 있고 나쁜 점도 있다.

～と(ば·たら)いい ~하면 좋다, ~하면 된다

彼女が私の隣に座ってくれるといいのだが。
그녀가 내 옆에 앉아주면 좋겠는데.

어휘 隣(となり) 옆, 이웃 | 座(すわ)る 앉다

～たらどうですか ~하는 게 어떻습니까?

よいお天気ですね。散歩でもしたらどうですか。
날씨 좋네요. 산책이라도 하는 게 어때요?

어휘 天気(てんき) 날씨 | 散歩(さんぽ) 산책

05 | 사역표현

~せる ~させる	**역할 · 임무 제공** 가장 일반적인 사역표현으로 'A가 B에게 어떤 행위를 시킬 때' 사용하는 용법입니다. 사역표현은 '1그룹 동사의 부정형에 ~せる, 2그룹 동사의 부정형에 ~させる, 3그룹 동사 する는 させる, 来る는 来させる'의 형태로 만듭니다. 母は子供ににんじんを食べさせました。 엄마는 아이에게 당근을 먹게 했습니다. 先生は学生にレポートを書かせます。 선생님은 학생에게 리포트를 쓰게 합니다. 어휘 にんじん 당근 | レポート 리포트
	원인 제공 A가 B에게 직접적으로 어떤 행위를 요구하진 않았지만, A의 행동이나 말에 의해 B의 행위가 이루어질 때 사용하는 표현으로, 이 때 B의 행위는 놀람이나 기쁨, 슬픔 등의 감정의 변화를 나타냅니다. 彼はいつもの冗談で我々を笑わせてくれた。 그는 언제나 농담으로 우리들을 웃게 해주었다. 彼女を喜ばせたかったので、プレゼントを買った。 그녀를 기쁘게 해주고 싶어서 선물을 샀다. 어휘 冗談(じょうだん) 농담 | 我々(われわれ) 우리들 | 笑(わら)う 웃다 | 喜(よろこ)ぶ 기뻐하다, 즐거워하다
자체 사역동사	**자체 사역동사를 이용한 사역표현** 동사를 사역표현으로 만드는 것이 아니라 스스로 자체 사역동사를 가지고 있는 경우로, 자 · 타동사가 짝을 이루고 있는 동사는 타동사를 이용하여 사역문을 만든다고 생각하면 됩니다. 대표적인 동사로는 '起きる(일어나다)→起こす(일으키다)', '寝る(자다)→寝かす(재우다)', '乗る(타다)→乗せる(태우다)', '飛ぶ(날다)→飛ばす(날리다)', '降りる(내리다)→降ろす(내려놓다)', '逃げる(도망치다)→逃す(놓아주다)', '見る(보다)→見せる(보여주다)' 등이 있습니다. 彼女は歌を歌って子供を寝かした。 그녀는 노래를 불러 아이를 재웠다. 彼は私にアルバムを見せた。 그는 나에게 앨범을 보여줬다. **잠깐만요** 물론 起きさせる, 寝させる와 같이 자동사도 사역표현을 만들어 사용할 수 있습니다. 다만, 타동사를 사용하는 자체사역은 주어의 적극적인 행위가 수반되지만, 자동사를 사용하여 사역표현을 쓰면 주어의 적극적 행위가 수반되지 않고, '~가 ~하라고 해서 ~하다'는 의미가 되는 차이가 있습니다. 어휘 歌(うた) 노래 | 歌(うた)う 노래하다 | 子供(こども) 아이 | 寝(ね)かす 재우다 | アルバム 앨범

사역표현 관련문형	～(さ)せてもらう･～(さ)せていただく ~하게 해 받다, (제가) ~하다 自己紹介をさせていただきます。 자기소개를 하겠습니다.
	～(さ)せてください ~하게 해 주세요 ちょっと急用ができたので、今日は少し早めに帰らせてください。 급한 용무가 좀 생겨서, 오늘은 조금 빨리 집에 돌아가게 해 주세요.
	～(さ)せてもらえますか･～(さ)せてもらえませんか/ ～(さ)せていただけますか･～(さ)せていただけませんか ~하게 해 받을 수 있겠습니까? ~해도 되겠습니까? すみませんが、私にも一曲歌わせてもらえませんか。 실례지만, 저도 한 곡 불러도 되겠습니까? すみませんが、ここに座らせていただけませんか。 실례지만, 여기에 앉아도 되겠습니까? 어휘 自己紹介(じこしょうかい) 자기소개 | 急用(きゅうよう) 급한 용무 | 早(はや)め 빨리, 일찌감치 | 曲(きょく) 곡 | 座(すわ)る 앉다

수동

수동

수동형은 행위의 주체가 아닌 객체, 즉 행위를 받는 사람의 입장에서 표현하는 것으로, 어떤 사람의 행위로 인해 상대방에게 결과가 미치는 것을 나타냅니다.
'1그룹 동사는 동사 ない형+～れる, 2그룹 동사는 동사 ない형+～られる, 3그룹 동사 する는 される, 来る는 来られる'의 형태를 취합니다.

私は基本的に人に頼まれたらイヤと言えない性格です。
저는 기본적으로 다른 사람에게서 부탁받으면 싫다고 말을 못하는 성격입니다.

韓国語を勉強している外国人の友達から韓国語について質問されました。
한국어를 공부하고 있는 외국인 친구에게서 한국어에 관해서 질문을 받았습니다.

잠깐만요

* 일반적으로 상태의 의미가 강한 'ある(있다)·見える(보이다)·聞こえる(들리다)·出来る(할 수 있다)'와 같은 동사는 수동형으로 표현되지 않습니다.
* 동사 뒤에 ～(ら)れる가 접속되면 수동의 의미 외에도 존경(~하시다), 가능(~할 수 있다), 자발(~하게 되다) 의 표현으로도 사용되므로 문맥을 통해 어떤 용법으로 쓰이고 있는지 잘 파악하여야 합니다.

어휘 基本的(きほんてき) 기본적 | 頼(たの)む 부탁하다 | 言(い)う 말하다 | 性格(せいかく) 성격 | 韓国語(かんこくご) 한국어 | 勉強(べんきょう)する 공부하다 | 外国語(がいこくご) 외국어 | 友達(ともだち) 친구 | 質問(しつもん)する 질문하다

피해의 수동

일본어 특유의 수동형으로, 내가 혹은 남이 제3자에게 실질적인 피해를 받았을 때 사용합니다. 우리말로 옮길 때는 능동문과 별 차이가 없을 수도 있지만, 피해를 입었다거나, 곤란했다거나, 싫었다거나 하는 느낌이 들어 있는 표현입니다.

夕べ、一晩中、近所の犬に鳴かれて眠ることができませんでした。
어젯밤 밤새도록 이웃집 개가 짖어서 잠을 잘 수 없었습니다.

店の主人は忙しいのに店員に休まれて困っています。
가게 주인은 바쁜데 점원이 안 나와서 애를 먹고 있습니다.

어휘 夕(ゆう)べ 어젯밤 | 一晩中(ひとばんじゅう) 밤새도록 | 近所(きんじょ) 이웃집 | 犬(いぬ) 개 | 鳴(な)く 울다, 짖다 | 眠(ねむ)る 잠들다 | 店(みせ) 가게 | 主人(しゅじん) 주인 | 忙(いそが)しい 바쁘다 | 店員(てんいん) 점원 | 休(やす)む 쉬다 | 困(こま)る 곤란하다

	행위자가 문제가 되지 않는 수동 행위자가 불특정 다수이거나 일반 다수인 경우, 행위자가 누구인지는 그다지 중요하지 않은 경우, 책이나 신문 기사 등에서 일반적으로 쓰이는 경우 등의 수동표현을 말합니다. 聖書は世界で最も多くの人々に読まれている本と言われています。 성서는 세계에서 가장 많은 사람들에게 읽혀지고 있는 책이라고 합니다. コンピューターは様々な分野で使われている。 컴퓨터는 여러 분야에서 사용되고 있다. 어휘 **聖書**(せいしょ) 성서 | **世界**(せかい) 세계 | **最**(もっと)**も** 가장 | **多**(おお)**い** 많다 | **人々**(ひとびと) 사람들 | **読**(よ)**む** 읽다 | **言**(い)**う** 말하다 | **コンピューター** 컴퓨터 | **様々**(さまざま) 여러 | **分野**(ぶんや) 분야 | **使**(つか)**う** 사용하다
사역수동	**피해의식을 나타내는 사역수동** 사역수동이란 일단 사역형으로 만든 동사를 다시 수동형으로 바꾼 것으로, 누군가가 어떤 일을 시켰을 때, 자신의 의지와는 상관없이 그것을 어쩔 수 없이 해야만 하는 사람의 입장을 나타내는 표현입니다. 즉, '하기 싫은데 억지로 한 느낌'이나 '피해의식'을 나타내기 위해 사역수동을 사용합니다. '1그룹동사는 동사 ない형+～せられる 또는 ～される, 2그룹동사는 동사 ない형+～させられる, 3그룹 동사 する는 させられる, 来る는 来させられる'의 활용을 합니다. 太郎は母にいやな野菜を食べさせられた。 엄마는 다로에게 싫어하는 채소를 먹게 했다. 選手たちはコーチにグラウンドを走らされた。 코치는 선수들에게 운동장을 뛰게 했다. だれだってそんなに長く待たされれば怒るだろう。 누구라도 그렇게 오래 기다리게 하면 화낼 것이다. 어휘 **長**(なが)**く** 오래 | **待**(ま)**つ**기다리다 | **怒**(おこ)**る** 화내다 | **野菜**(やさい) 야채 | **選手**(せんしゅ) 선수 | **コーチ** 코치 | **グラウンド**운동장 | **走**(はし)**る** 달리다

07 | 경어표현

일본어의 경어에는 상대방을 높이는 존경어, '나'를 낮추는 겸양어, 듣는 사람에게 정중하게 말하는 정중어 세 가지가 있습니다. 일본어의 경어표현의 가장 큰 특징은 '내 쪽'인지 '상대방 쪽'인지 하는 개념입니다. '내 쪽' 사람이라면 무조건 낮추고 '상대방 쪽' 사람은 높여야 하는데 특히 가족이나 같은 직장에 있는 사람은 '내 쪽'에 속하게 되므로 남에게 말할 때 주의해야 합니다.

1. 특별 경어

몇 가지의 동사는 특별한 형태의 존경과 겸양 동사를 갖고 있으므로 따로 꼭 외워두어야 합니다.

동사	존경어	겸양어
する 하다	なさる 하시다	いたす 하다
行く 가다	いらっしゃる おいでになる 가시다	まいる 가다 うかがう
来る 오다	いらっしゃる おいでになる お越(こ)しになる 오시다 お見えになる	まいる 오다 うかがう
いる 있다	いらっしゃる おいでになる 계시다	おる 있다
言う 話す 말하다	おっしゃる 말씀하시다	申(もう)す 申し上げる 말씀 드리다
食べる 먹다 飲む 마시다	召(め)し上(あ)がる 드시다	いただく 먹다, 마시다
見る 보다	ご覧(らん)になる 보시다	拝見(はいけん)する 보다
知っている 알고 있다	ご存(ぞん)じだ ご存じていらっしゃる 알고 계시다	存じている 存じておる 알고 있다
思う 생각하다		存じる 생각하다
くれる 주다	くださる 주시다	
もらう 받다		いただく 받다
あげる 주다		さしあげる 드리다
会う 만나다		お目にかかる 만나 뵙다

見せる 보이다		お目にかける ご覧にいれる 보여 드리다
着る 입다	お召しになる 입으시다	
聞く 듣다, 묻다		うかがう 듣다, 묻다
訪ねる 訪問する 찾아가다		うかがう おじゃまする 찾아뵙다
わかる 알다		承知(しょうち)する 알다 かしこまる
死ぬ 죽다	なくなる おなくなりになる 돌아가시다	
ある 있다		ござる 있다

お父様はいつ大阪においでになりますか。 아버님은 언제 오사카에 오십니까?

私に欠点があるならはっきりとおっしゃってください。 저에게 결점이 있다면 확실히 말씀해 주세요.

私は朝7時からもう会社におりました。 저는 아침 7시부터 이미 회사에 있었습니다.

私の故郷の美しい山々をぜひ先生にもお目にかけたいものです。
제 고향의 아름다운 산들을 꼭 선생님에게도 보여드리고 싶습니다.

어휘 **お父様**(とうさま) 아버님 | **欠点**(けってん) 결점 | **会社**(かいしゃ) 회사 | **故郷**(こきょう)고향 | **美**(うつく)**しい** 아름답다 | **山々**(やまやま) 산들 | **ぜひ** 꼭

2. 존경표현

お(ご)〜になる お(ご)〜なさる	**お(ご)+동사 ます형(명사)+〜になる/お(ご)+동사 ます형(명사)+〜なさる** 대부분의 동사는 이 형태로 바꾸어 '〜하시다'는 의미로 사용할 수 있으나, 見る와 같이 ます형 바로 앞의 음이 한 음절인 경우에는 이 형태로 바꿀 수 없습니다. 先生はただいまお帰りになりました。 선생님은 조금 전에 집에 돌아가셨습니다. たいした病気ではありませんから、ご心配なさらないでください。 큰 병은 아니니까, 걱정하시지 마세요. 어휘 **病気**(びょうき) 병 | **心配**(しんぱい)**する** 걱정하다

お(ご)〜だ お(ご)〜です	**お(ご)+동사 ます형(명사)+〜だ(です)** '〜하고 계시다'의 뜻으로 ている로 대체할 수 있는 것이 많습니다. '〜하실+명사'와 같이 뒤에 명사가 올 때는 お(ご)〜の의 형태로 쓰입니다. あなたはどんな趣味をお持ちですか。 당신은 어떤 취미를 가지고 계십니까? 5名以上でご参加の方は料金が割引になります。 5명 이상 참가하시는 분은 요금이 할인됩니다. 어휘 **趣味**(しゅみ) 취미 | **持**(も)**つ** 갖다 | 〜**名**(めい) 〜명 | **以上**(いじょう) 이상 | **参加**(さんか) 참가 | **方**(かた) 분 | **料金**(りょうきん) 요금 | **割引**(わりびき) 할인
〜れる 〜られる	**존경의 れる·られる** 조동사 〜(ら)れる는 수동, 가능, 존경, 자발의 용법이 있는데, '〜(하)시다'의 뜻으로 존경을 나타내는 경우입니다. 활용이나 접속방법은 수동일 때와 같습니다. 단, わかる나 できる, 가능동사 등은 이 형태로 바꿀 수 없습니다. お〜になる나 お〜です보다는 경어의 정도가 약간 낮은 캐주얼한 경어라고 할 수 있습니다. ご主人は今どんなお仕事をされているんですか。 남편 분은 지금 어떤 일을 하시고 계십니까? 先生、いつ日本へ帰られますか。 선생님, 언제 일본에 돌아가십니까? 어휘 **主人**(しゅじん) 주인 | **仕事**(しごと) 일
お(ご)〜くださる お(ご)〜ください	**お(ご)+동사 ます형(명사)+〜くださる/ください** '〜해 주시다/〜해 주십시오'의 뜻으로 お(ご)〜ください는 손윗사람에게 정중하게 의뢰할 때 많이 쓰는 표현입니다. 身分証明書を必ずご持参くださるようお願いいたします。 신분증을 반드시 지참해 주시도록 부탁드리겠습니다. どうぞこちらにお座りください。 자, 이쪽으로 앉아주세요. * 존경어의 의뢰표현은 특별존경어나 **お**+동사 **ます**형+〜**になる**에 〜**てください**를 붙여도 됩니다. 自分で作ったものですが、どうぞ、召し上がってください。 제가 만든 것인데, 어서 드세요. できるだけ詳しくお書きになってください。 가능한 한 자세히 써 주십시오. 어휘 **身分証明書**(みぶんしょうめいしょ) 신분증 | **必**(かなら)**ず** 반드시 | **持参**(じさん)**する** 지참하다 | **お願**(ねが)**いする** 부탁드리다 | **座**(すわ)**る** 앉다 | **作**(つく)**る** 만들다 | **詳**(くわ)**しい** 자세하다

3. 겸양표현

お(ご)~する お(ご)~いたす	**お(ご)+동사 ます형(명사)+する/いたす** 상대방을 위해 '~하다, ~해 드리다'라고 할 때 가장 일반적으로 쓰는 표현으로, 흔히 ~てあげる로 잘못 쓰기 쉬우므로 주의해야 합니다. 社長、私がタクシーをお呼びしましょう。 사장님, 제가 택시를 불러 드리겠습니다. 向こうに着いたら、すぐご連絡いたします。 그쪽에 도착하면, 바로 연락드리겠습니다. 어휘 社長(しゃちょう) 사장 | タクシー 택시 | 呼(よ)ぶ 부르다 | 向(むこ)う 그쪽 | 着(つ)く 도착하다 | 連絡(れんらく)する 연락하다
お(ご)~いただく	**お(ご)+동사 ます형(명사)+いただく** '~해 주시다'의 뜻으로 내가 부탁해서 ~해 받은 경우 또는, 상대방으로부터 은혜를 입은 경우에 쓰는 표현입니다. ここにお名前とご住所をお書きいただいて、お出しください。 여기에 성함과 주소를 적어주시고, 제출해 주십시오. きっとご満足いただくことができると存じます。 틀림없이 만족해 주실 수 있으리라 생각합니다. 어휘 名前(なまえ) 이름 | 住所(じゅうしょ) 주소 | 出(だ)す 제출하다 | きっと 틀림없이 | 満足(まんぞく)する 만족하다 | 存(ぞん)ずる 생각하다의 겸사말, 알다의 겸사말
~(さ)せていただく	**~(さ)せていただく** 우리말로는 '~시켜 받다'라는 의미이지만, 자신이 하려는 행위를 정중하게 나타내는 표현으로 '~하다'로 해석하여 사용합니다. これで、本日の会議を終わらせていただきます。 이것으로 오늘 회의를 마치겠습니다. 私でよければ、喜んで行かせていただきます。 저라도 괜찮으시면, 기꺼이 가겠습니다. 어휘 本日(ほんじつ) 오늘 | 会議(かいぎ) 회의 | 終(お)わる 끝나 | 喜(よろこ)ぶ 기뻐하다

~ていただけますか	**~ていただけますか·~ていただけません(でしょう)か** 우리말로는 '~해 받을 수 있습니까?'이지만, '~해 주실 수 있겠습니까?', '~해 주십시오'로 이해하고 사용하면 됩니다. パーティーをするんですが、手伝いに来ていただけますか。 파티를 하는데, 도와주러 와 주실 수 있으십니까? 日本語で手紙を書いたんですが、ちょっと見ていだだけませんか。 일본어로 편지를 썼는데, 좀 봐주시지 않겠습니까? 어휘 パーティー 파티 | 手伝(てつだ)う 돕다 | 日本語(にほんご) 일본어 | 手紙(てがみ) 편지

핵심문법 완벽대비

N3 핵심문법

N3 단계에서 익혀야 할 핵심문법 150개를 선정하여 오십음도순으로 나열한 후 뜻과 사용예문 및 해설을 함께 수록하였습니다. 앞에 제시한 기초 핵심문법과 함께 잘 익혀두시기 바랍니다.

※ 각 문법의 뜻은 제시 순서대로 /로 구분하여 정리하였습니다.

あ

문법	뜻과 예문
～間(あいだ) ～間に	～동안 계속, ～내내 / ～사이에, ～하는 동안에 両親が旅行をしている間、ぼくが毎日食事を作りました。 부모님이 여행하고 있는 동안 계속 제가 매일 식사를 만들었습니다. 赤ちゃんはたった１ヶ月見ない間にずいぶん大きくなった。 아기는 겨우 1개월 보지 못한 사이에 무척 컸다. ＊ 間는 '처음부터 끝까지 내내, 계속'이라는 의미로 뒤에 계속되는 동사나 상태를 나타내는 말이 주로 오고, 間に는 '그 시간 폭이 끝나기 전에'라는 의미를 나타냅니다. 어휘 両親(りょうしん) 부모 | 旅行(りょこう) 여행 | 間(あいだ) 사이, 동안 | 僕(ぼく) 나 | 毎日(まいにち) 매일 | 食事(しょくじ) 식사 | 作(つく)る 만들다 | 赤(あか)ちゃん 아기 | たった 겨우, 단 | ずいぶん 매우, 몹시, 아주, 무척
～あまり(に)	～한 나머지, 몹시 ～한 결과 彼は心配のあまりほとんど眠れなかった。 그는 너무 걱정한 나머지 거의 잠을 잘 수 없었다. ＊ 너무 ～해서, 보통이 아닌 상태나 좋지 않을 결과가 되었다고 말할 때 사용하는 표현입니다. 어휘 心配(しんぱい) 걱정, 염려 | ほとんど 거의, 대부분 | 眠(ねむ)る 자다, 잠들다
いくら ～ても・ どんなに ～ても	아무리 ～해도(라도) 私がいくら言っても、彼は聞こうとしないのよ。 내가 아무리 말해도, 그는 들으려고 하지 않아요. どんなに急いで運転しても、時間通りに着けないよ。 아무리 서둘러서 운전해도 제 시간에 도착할 수 없어요. ＊ ～ても 앞에 오는 말의 정도를 강조할 때 사용하는 표현으로 何度も(몇 번이나), 一生懸命(열심히)와 같은 말과 연결되기도 합니다. 어휘 聞(き)く 듣다, 묻다 | 急(いそ)ぐ 서두르다, 급하다 | 運転(うんてん) 운전 | ～通(どお)りに ～대로 | 着(つ)く 도착하다, 닿다

문법	뜻과 예문
以上(は)	~한 이상(은), ~인 이상(은) タバコをやめると約束した以上、どんなに吸いたくてもがまんしなければならない。 담배를 끊겠다고 약속한 이상, 아무리 피우고 싶어도 참지 않으면 안 된다. 任された以上は、完璧にしたいです。 맡은 이상은, 완벽하게 하고 싶습니다. * '~하(이)니까, 그러한 이상 당연히 ~해야 한다'는 의미로 이유를 들어 의지나 판단, 희망 등을 나타내는 표현입니다. * 뒷 문장에~べきだ(~해야 한다), ~つもりだ(~할 생각이다), ~はずだ(~할 것이다), ~にちがいない(~임에 틀림없다), ~なければならない(~하지 않으면 안 된다), ~てはいけない(~해서는 안 된다), ~てください(~해 주세요), ~だろう(~일 것이다) 등과 같은 표현이 오는 경우가 많습니다. * ~上は(~한 이상은), ~からには(~한(인) 이상은)와 같은 뜻입니다. 어휘 タバコをやめる 담배를 끊다 | 約束(やくそく) 약속 | どんなに~ても 아무리~해도 | 吸(す)う 들이마시다, 피우다 | 我慢(がまん)する 참다 | 任(まか)す 맡기다 | 完璧(かんぺき) 완벽
~一方(いっぽう)(で) ~一方だ	~하는 한편(으로) / ~하기만 하다, ~할 뿐이다. 彼は一生懸命勉強する一方、休日にはおもいっきり遊ぶ。 그는 열심히 공부하는 한편, 휴일에는 실컷 논다. 携帯電話を使う人の数は増える一方です。 휴대 전화를 사용하는 사람의 수는 늘기만 한다. * 一方(で)는 어떤 사항에 대해 두 가지 면을 대비시켜 나타낼 때 사용하는 표현이고, 一方だ는 계속 그 방향으로만 변화가 진행되고 있다는 경향을 나타내는 표현입니다. 어휘 勉強(べんきょう) 공부 | 休日(きゅうじつ) 휴일 | おもいっきり 마음껏, 실컷 | 遊(あそ)ぶ 놀다 | 携帯電話(けいたいでんわ) 휴대 전화 | 使(つか)う 쓰다, 사용하다 | 数(かず) 수 | 増(ふ)える 늘다
~上(うえ) ~上で	~하고 나서, ~한 후에 登録の前に内容をよく読んだ上で手続きしてください。 등록 전에 이하의 내용을 잘 읽고 나서 수속해 주세요. お問い合わせ内容を以下のフォームにご記入の上、送ってください。 문의 내용을 아래의 양식에 기입하고 나서, 보내 주세요. * 기초 문법에서 배우는 ~てから·~たあとで(~하고나서, ~한 후에)와 시간적 전후관계를 나타낸다는 것은 비슷하나, ~うえで는 '~의 결과를 토대로'라는 의미를 포함합니다. * 동사 기본형+~上で는 '~하는 경우에, ~하는 과정에서'라는 다른 의미로 사용됩니다. 어휘 登録(とうろく) 등록 | 内容(ないよう) 내용 | 手続(てつづ)き 수속 | 問(と)い合(あ)わせ 문의 | 以下(いか) 이하 | 記入(きにゅう) 기입 | 送(おく)る 보내다

문법	뜻과 예문
~うえ(に)	~한(인)데다가, ~뿐만 아니라 彼女はきれいなうえにものわかりがよい。 그녀는 예쁜데다가 이해력이 빠르다. * 앞 사항에 새로이 비슷한 성질의 사항을 뒤에 덧붙일 때 사용하는 부가의 의미로, ~し(~해(이)고), ~だけでなく(~뿐 아니라)와 유사한 표현입니다. 어휘 綺麗(きれい)だ 예쁘다, 깨끗하다 | ものわかり 이해, 이해력
~うちに ~ないうちに	~ 동안에, ~ 사이에 / ~하기 전에 父は僕が若いうちに海外留学するのを望んでいる。 아버지는 내가 젊은 동안에 해외 유학하는 것을 바라고 있다. 忘れないうちにメモしておいた方がいいですよ。 잊기 전에 메모해 두는 편이 좋아요. * うちに는 일정 기간 계속됨을 나타내는 표현과 함께 쓰여서 '그 상태가 계속되는 사이에', '그 시간 이내'에 하지 않으면 나중에는 하기 어려워지거나 불가능해진다는 걱정이 있을 때 사용합니다. 어휘 若(わか)い 젊다 | 海外(かいがい) 해외 | 留学(りゅうがく) 유학 | 望(のぞ)む 바라다 | 忘(わす)れる 잊다
~(よ)うとする ~(よ)うとしない ~(よ)うと思(おも)う	~하려고 하다/ ~하려고 하지 않다/ ~하려고 생각하다 彼は何でも自分の思いどおりにしようとする。 그는 뭐든지 자신의 생각대로 하려고 하다. 彼は私たちの言うことを信じようとしなかった。 그는 우리들이 말하는 것을 믿으려고 하지 않았다. 成功しようと思うなら、もっと一生懸命働かなければならない。 성공하려고 생각한다면, 좀 더 열심히 일하지 않으면 안 된다. * ~(よ)うとする는 의지의 실현, 어떠한 일이 이루어지기 직전을 나타냅니다. 그리고 ~(よ)うとは思わなかった의 형태가 되면 '~하리라고는 생각지 못했다'는 의미가 되므로 주의해야 합니다. 어휘 何(なん)でも 무엇이든지 | 自分(じぶん) 자기 자신 | 思(おも)い 생각, 느낌 | ~通(どお)り ~대로 | 信(しん)じる 믿다 | 成功(せいこう) 성공 | もっと 더, 더욱 | 一生懸命(いっしょうけんめい) 열심히 | 働(はたら)く 일하다
~(よ)うではないか	(함께)~하자, ~해야 하지 않겠는가 もう少し前向きに考えようではありませんか。 좀 더 긍정적으로 생각하지 않을래요? * 상대방에게 뭔가를 제안하거나 권유할 때 사용하는 표현으로 ~ましょう(~합시다), ~ませんか(~하지 않겠습니까?)의 의미입니다. 회화체에서는 ~(よ)うじゃないか가 됩니다. 어휘 もう少(すこ)し 조금 더 | 前向(まえむ)き 정면, 긍정적 | 考(かんが)える 생각하다

문법	뜻과 예문
~おかげ(で)	~ 덕분, ~ 때문 彼の助けのおかげで早く仕事を終わらせることができました。 그의 도움 덕분에 빨리 일을 끝낼 수 있었습니다. * 좋은 결과가 된 원인이나 이유를 말할 때 사용하는 표현으로, ~おかげだ는 '~덕분이다', ~おかげで는 '~덕분으로', ~おかげか는 '~덕분인가'로 해석하면 되고, 간혹 마이너스적인 결과에 대해 비꼬아 말할 때 사용하는 경우도 있으므로 주의해야 합니다. 어휘 助(たす)け 도움 | 早(はや)く 빨리, 급히 | 仕事(しごと) 일, 직업 | 終(お)わらす 끝내다
~おきに	~걸러, ~간격으로 この行事は、来年から２年おきに行います。 이 행사는 내년부터 2년 간격으로 개최합니다. * 비슷하게 사용되는 관련 문형으로는 ~ごとに(~마다)가 있습니다. 어휘 行事(ぎょうじ) 행사 | 行(おこな)う 하다, 실시하다, 거행하다
~がする	~이(가) 나다 その果物はおいしそうな匂いがする。 그 과일은 맛있을 것 같은 냄새가 난다. * 어떤 현상이나 느낌이 지각되었을 때 사용하는 표현으로 앞에 音(소리), 声(목소리), 匂い(냄새), 香り(향기), 味(맛), 感じ(느낌)과 같은 명사가 오게 됩니다. 어휘 果物(くだもの) 과일 | 美味(おい)しい 맛있다 | 匂(にお)い 냄새, 향기 | 音(おと) 소리, 음 | 声(こえ) 소리, 목소리 | 香(かお)り 향기 | 味(あじ) 맛 | 感(かん)じ 느낌, 감각, 기분
~がたい	~(하)기 어렵다, ~(하)기 곤란하다 殺人は誰が考えても許しがたいことです。絶対にしてはいけないことです。 살인은 누가 생각하더라도 용서하기 어려운 일입니다. 절대로 해서는 안 되는 일입니다. * 동사 ます형에 접속하여 그 동작을 하거나 그 상태에 있는 것이 어렵고, 곤란하다고 표현할 때 사용합니다. 능력 면에서 불가능하다는 의미로는 사용하지 않습니다. 어휘 殺人(さつじん) 살인 | 誰(だれ) 누구 | 考(かんが)える 생각하다 | 許(ゆる)す 허가하다, 허락하다, 용서하다 | 絶対(ぜったい)に 절대로
~かどうか	~인지 아닌지, ~한지 어떤지, ~할지 어떨지 私はそれができるかどうか自信がなかった。 나는 그것을 할 수 있을지 어떨지 자신이 없었다. * 불확실한 짐작을 나타내는 표현으로, ~か~ないか의 형태가 되면 '~할지 안 할지'라는 의미가 됩니다. 어휘 自信(じしん) 자신

문법	뜻과 예문
~かねる	~(하)기 어렵다, ~할 수 없다 下手な文章なので、みんなの前で読みかねる。 서툰 문장이라서, 모두의 앞에서 읽을 수 없다. * 동사 **ます**형에 접속하여 '(기분 상 거부감이 있어)~(하)기 어렵다, ~할 수 없다'는 의미를 나타냅니다. **答(こた)えかねる**(대답할 수 없다), **分(わ)かりかねる** 알 수 없다 등과 같이 서비스업에서 손님의 요구나 희망에 응할 수 없음을 완곡하게 말할 때 자주 사용됩니다. 어휘 **下手(へた)な** 서투른, 어설픈 | **文章(ぶんしょう)** 문장 | **読(よ)む** 읽다
~かねない	~할지도 모른다, ~할 수 있다 そんな危険な国に行けば死にかねないから、行かないで。 그런 위험한 나라에 가면 죽을지도 모르니까, 가지 마. * 동사 **ます**형에 접속하여 좋지 않은 가능성이 있어 걱정이라는 의미로 사용되는 표현입니다. 추측의 의미로 사용하는 **~かもしれない**(~할지도 모른다)와 비슷하지만 **~かねない**는 좋지 못한 결과를 초래할 가능성이 있어 걱정이라는 의미로 차이를 구별해 두는 것이 좋습니다. 어휘 **危険(きけん)な** 위험한 | **国(くに)** 나라 | **死(し)ぬ** 죽다 | **行(い)く** 가다
~かもしれない	~일(할)지도 모른다 彼女は私にうそをついたのかもしれない。 그녀는 나에게 거짓말을 한 것일지도 모른다. * 단정할 수는 없지만 ~의 가능성이 있다고 할 때 사용하는 표현으로, **~かも** 또는 **~かもね**의 형태로 사용되기도 합니다. 어휘 **嘘(うそ)をつく** 거짓말하다
~からこそ	(바로) ~이기 때문에 君が来てくれと言ったからこそ来たのだ。 네가 와 달라고 말했기 때문에 온 것이다. * 이유를 나타내는 **~から**(~기 때문에)에 앞의 단어를 강조해주는 **こそ**(~야 말로)가 결합된 것으로 '~'가 단 하나의 이유임을 강조하는 표현입니다. 어휘 **君(きみ)** 너, 자네
~からといって	~라고 해서 おいしいからといって、なんでも食べすぎてはいけない。 맛있다고 해서, 뭐든지 지나치게 먹어서는 안 된다. * 뒤에는 주로 **~とはかぎらない**(~라고는 할 수 없다), **~はよくない**(~는 좋지 않다), **~てはいけない**(~해서는 안 된다), **~わけではない** (~것은 아니다)와 같은 부정의 표현이 옵니다. 어휘 **何(なん)でも** 무엇이든지, 모두 | **食(た)べすぎる** 너무 많이 먹다

문법	뜻과 예문
~から~にかけて	~부터 ~에 걸쳐서 6月から7月にかけて、日本は梅雨のシーズンです。 6월부터 7월에 걸쳐서 일본은 장마시즌입니다. ＊ ~から~まで(~부터~까지)와 거의 비슷하게 사용되며 시간적 · 공간적 범위를 나타내지만, ~まで 쪽이 더 확실한 범위를 나타내고, ~にかけて는 まで 보다는 막연한 범위에 사용됩니다. 어휘 **梅雨**(つゆ) 장마 | **シーズン** 시즌, 계절
~からには	~하는 (한), ~하는 이상은 試合に出場するからには、勝利を目指します。 시합에 출장하는 이상은, 승리를 목표로 합니다. ＊ '~하(이)니까, 그러한 이상 당연히'라는 의미로 이유를 들어 의무, 의지, 희망, 의뢰 등을 나타내는 표현입니다. **~に**가 생략된 **~からは**로도 사용되고, **~以上は** (~한(인) 이상(은)), **~上は** (~한 이상은)과 같은 의미입니다. 어휘 **試合**(しあい) 시합, 경기 | **出場**(しゅつじょう) 출장, 출전 | **勝利**(しょうり) 승리 | **目指**(めざ)**す** 목표로 하다, 지향하다
~からすると ~からすれば ~からして	~에서 보면, ~로 보면 彼女の成績からすれば合格は間違いないです。 그녀의 성적으로 보면 합격은 틀림없습니다. 僕の経験からすると、彼は半年ぐらいでマスターできるでしょう。 내 경험으로 보면, 그는 반년 정도에 마스터 할 수 있을 것이다. 私の家の経済状況からして、家を買うのは無理だろう。 우리 집 경제상황으로 보면, 집을 사는 것은 무리일 것이다. ＊ '~의 입장에서 보면, ~의 면에서 생각하면, ~로 판단하면'이라는 의미로, 말하는 사람의 시점을 나타냅니다. ＊ **~からいうと・~からいえば・~からいって, ~からみると・~からみれば・~からみて**도 같은 뜻으로 쓰입니다. ＊ **~からして**는 **この本はタイトルからして難しそうだ**(이 책은 제목부터가 어려울 것 같다)와 같이 '~부터가, ~부터해서 다른 것들도 전부'라는 의미로도 사용됩니다. 어휘 **成績**(せいせき) 성적 | **合格**(ごうかく) 합격 | **間違**(まちが)**いない** 틀림없다 | **経験**(けいけん) 경험 | **半年**(はんとし) 반년 | **マスター** 마스터 | **経済**(けいざい) 경제 | **状況**(じょうきょう) 상황 | **買**(か)**う** 사다 | **無理**(むり) 무리 | **タイトル** 타이틀, 표제 | **難**(むずか)**しい** 어렵다

문법	뜻과 예문
～かわりに	～ 대신에 彼は普通現金のかわりにクレジットカードを使います。 그는 보통 현금 대신에 신용카드를 사용합니다. ＊ '～가 아닌 같은 역할을 하는 것이 대신한다'는 의미와, '～하지 않고, ～하는 대가로 어떤 일을 한다'는 의미로 사용됩니다. 어휘 普通(ふつう) 보통 | 現金(げんきん) 현금 | クレジットカード 신용카드 | 使(つか)う 쓰다, 사용하다
～きれない	완전히(다) ～할 수 없다 金ならもう十分持っている。一生かかっても使いきれないほどだ。 돈이라면 이미 충분히 갖고 있다. 평생 써도 다 못쓸 정도다. ＊ 동사ます형에 접속하여 '완전히(다) ～하는 것은 불가능하다'는 의미를 나타냅니다. ＊ 이와 비교하여 「동사ます형+～きる」는 '전부(다)～하다'는 의미로, 「동사ます형+～きれる」는 '(분명히)～할 수 있다'는 의미이다. 어휘 金(かね) 돈 | もう 이미, 벌써, 이제 | 十分(じゅうぶん) 충분함 | 持(も)つ 갖다, 들다 | 一生(いっしょう) 일생, 평생 | かかる 걸리다, 소요되다 | 使(つか)う 쓰다, 사용하다
～くせに	～한(인) 주제에, ～면서도, ～한(인)데 彼女はお金もないくせに、高いものばかりほしがる。 그녀는 돈도 없으면서 비싼 물건만 갖고 싶어 한다. ＊ 주로 좋지 않은 부분의 비난 · 경멸 · 의외 · 불만을 나타낼 때 사용하는 표현입니다. 어휘 高(たか)い 높다, 크다, 비싸다 | ～ばかり ～정도, 쯤, ～만, ～뿐 | 欲(ほ)しがる 갖고 싶어하다, 탐내다
～くらい ～くらいだ ～くらいなら ～くらい～はない	～ 정도, ～ 쯤 / ～ 정도다 / ～할 정도라면, ～할 거라면 / ～만큼(정도로) ～은 없다 水は空気と同じくらい貴重だ。 물은 공기와 같은 정도로 귀중하다. 美しすぎて見ていられないくらいだ。 너무 아름다워 보고 있을 수 없을 정도다. そんな仕事をするくらいなら会社をやめたほうがいいと思う。 그런 업무를 할 거라면 회사를 그만두는 편이 좋다고 생각한다. 彼女くらい頭のいい人はいない。 그녀만큼 머리가 좋은 사람은 없다. ＊ 정도 또는 비교의 기준을 나타내는 표현으로 ～くらい/～くらいだ/～くらい～はない의 くらい는 ほど와 바꾸어 사용할 수 있지만 ～くらいなら의 くらい는 ほど와 바꾸어 사용할 수 없습니다. 어휘 水(みず) 물 | 空気(くうき) 공기 | 同(おな)じ 같음, 동일함 | 貴重(きちょう) 귀중 | 美(うつく)しい 아름답다 | 会社(かいしゃ)をやめる 회사를 그만두다 | 頭(あたま) 머리

문법	뜻과 예문
~ことか	~한가, ~던가, ~인지, ~인가 あなたのいない毎日が、どれほど寂しかったことか。 당신이 없는 매일이, 얼마나 외로웠던지. * 마음속으로 강하게 느낀 것이나 감격한 것을 감탄 · 탄식의 감정을 강하게 담아 표현할 때 쓰이는 표현으로 **どんなに**(얼마나) · **どれほど**(얼마나) · **何度**(몇 번) · **なんと**(얼마나) 등과 같이 호응하는 경우가 많습니다. 회화에서는 **~ことだろう** · **~ことでしょう**로 쓰이는 경우도 많습니다. 어휘 **毎日**(まいにち) 매일 | **どれほど** 얼마나 | **寂**(さび)**しい** 쓸쓸하다, 외롭다
~ことだ ~ことはない	~해야 한다, ~할 필요가 있다 / ~할 필요는 없다 人の信頼を得たいのなら、うそは絶対言わないことだ。 다른 사람의 신뢰를 얻고 싶은 것이라면, 거짓말은 절대 하지 않아야 한다. あまり親しくない人の結婚式にあえて行くことはない。 별로 친하지 않은 사람의 결혼식에 굳이 갈 필요는 없다. * 상대방에게 자신의 주장, 충고, 견해를 간접적으로 권할 때 쓰는 표현입니다. 어휘 **信頼**(しんらい)신뢰 | **得**(え)**る** 얻다 | **嘘**(うそ) 거짓말 | **絶対**(ぜったい) 절대 | **あまり** 너무, 지나치게, 그다지, 별로 | **親**(した)**しい** 친하다, 가깝다 | **結婚式**(けっこんしき) 결혼식 | **あえて** 굳이, 감히
~ことで	~의 건으로, ~ 일로 中学生になる子供のことで相談したいことがあります。 중학생이 되는 아이에 관한 일로 상담하고 싶은 것이 있습니다. * '~에 대한 것'으로 **質問する**(질문하다), **相談する**(상담하다), **話す**(이야기하다), **悩む**(고민하다)와 같은 형태로 주로 사용됩니다. 어휘 **中学生**(ちゅうがくせい) 중학생 | **子供**(こども) 아이 | **相談**(そうだん) 상담 | **質問**(しつもん) 질문 | **話**(はな)**す** 이야기하다, 말하다 | **悩**(なや)**む** 고민하다
~ことなら	~ 것(일)이라면 彼は日本のことなら何でも知っている。 그는 일본에 관한 것이라면 뭐든지 알고 있다. * 어떤 상황에서 예측할 수 있는 사항을 화제로 다루어 그것에 관해서 이야기할 때 사용합니다. 어휘 **何**(なん)**でも** 무엇이든지, 모두 | **知**(し)**る** 알다
~ごとに	~마다 彼は週末ごとに旅行する。 그는 주말마다 여행을 한다. * '~할 때마다'라는 정기적으로 돌아오는 것, 또는 어떤 일이 누적, 진행, 반복되는 의미를 나타냅니다. 비슷한 표현으로 **~度**(たび)**に**(~마다)가 있습니다. 그러나 **~ごとに**는 매번 변화가 일어난다는 뉘앙스도 갖고 있으나, **~度**(たび)**に**는 '~할 때마다' 매번 같은 현상이라는 뉘앙스가 강합니다. 어휘 **週末**(しゅうまつ) 주말 | **旅行**(りょこう) 여행

문법	뜻과 예문
～ことにする ～ことにしている	～하기로 하다/ ～하기로 하고 있다 今度の休みに、北海道へ行くことにしました。 이번 여름휴가에 홋카이도에 가기로 했습니다. 彼は毎日、日記を付けることにしている。 그는 매일 일기를 쓰기로 하고 있다. * ～ことにする는 자신의 결정, 결의를 나타내고, ～ことにしている는 과거 어느 시점에 결심을 해서 현재에도 실행하고 있음을 나타냅니다. 어휘 今度(こんど) 이번 | 休(やす)み 휴식, 휴일 | 日記(にっき)を付(つ)ける 일기를 적다
～ことになる ～ことになっている	～하게 되다/ ～하게(～하기로) 되어 있다 この試験に落ちるともう１年待つことになる。 이 시험에 떨어지면 1년 더 기다리게 된다. 契約は今月末で終わることになっている。 계약은 이달 말로 끝나게 되어 있다. * ～ことになる는 외부적인 요인에 의해 그런 상황이 됨을 나타내고, ～ことになっている는 정해진 일이 현재에도 실행되고 있음을 나타내거나 약속 · 규칙 · 예정 · 법률 · 관례 등으로 인한 구속을 나타내기도 합니다. 어휘 試験(しけん) 시험 | 落(お)ちる 떨어지다 | もう 이미, 이제, 벌써, 더 | 待(ま)つ 기다리다 | 契約(けいやく) 계약 | 今月末(こんげつまつ) 이달 말 | 終(お)わる 끝나다
～ことは、～が	～(하)기는 ～지만 この辺は静かなことは静かだが、駅から遠くて不便だ。 이 근처는 조용하기는 조용하지만, 역에서 멀어서 불편하다. * ～が 대신에, ～けど·～けれど·～けれども 등으로 바꾸어 사용할 수도 있습니다. 어휘 この辺(へん) 이 주변, 이 근처 | 静(しず)か 조용함, 차분함 | 駅(えき) 역 | 遠(とお)い 멀다 | 不便(ふべん)だ 불편하다
～際(は) ～に際して	～ 때(는)/ ～ 때에,～에 즈음하여 お近くにお越しの際はぜひお立ち寄り下さい。 근처에 오실 때는 꼭 들러 주십시오. うちの会社では妻の出産に際して、一週間の休暇が取れる。 우리 회사는 아내의 출산 때에 일주일 간의 휴가를 받을 수 있다. * '～때(는), ～때에,～에 즈음하여'라는 의미로, '동작이나 작용이 행해지는 때·상황'을 나타내는 표현입니다. * ～に際して와 비슷한 표현으로 ～にあたって(～할 때에)가 있습니다. 어휘 近(ちか)く 근처 | お越(こ)し 가심, 오심 | 際(さい) 때, 기회 | ぜひ 꼭, 제발 | 立(た)ち寄(よ)る 들르다 | 妻(つま) 아내 | 出産(しゅっさん) 출산 | 休暇(きゅうか)を取(と)る 휴가를 받다

문법	뜻과 예문
さいちゅう ～最中(に) ～最中だ	한창 ~ 중(에)/ 한창 ~ 중이다 彼はスピーチの最中に気を失った。 그는 한창 연설하는 중에 의식을 잃었다. 友人のうちへ遊びに行ったら、大掃除の最中だった。 친구 집에 놀러갔더니, 한창 대청소 중이었다. ＊ 동사에 접속할 때는 ～ている형, 명사에 접속할 때는 の를 수반합니다. 어휘 スピーチ 스피치, 연설 | 気(き)を失(うしな)う 의식을 잃다, 의욕을 잃다 | 友人(ゆうじん) 친구 | 遊(あそ)びに行(い)く 놀러 가다 | 大掃除(おおそうじ) 대청소
～さえ ～さえ～ば	～조차, ～도/ ～만 ～하면 病気で水さえ飲めない。 병으로 물조차 마실 수 없다. 住所さえわかれば、地図で探して行きます。 주소만 알면, 지도로 찾아서 가겠습니다. ＊ ～さえ～ば는 그 조건만 맞으면 된다는 가정조건을 나타내는 표현으로, ～さえ를 ～だけ나 ～ばかり, ～のみ(～만)와 바꾸어 쓸 수 없다는 것에 주의해야 합니다. 어휘 病気(びょうき) 병 | 水(みず) 물 | 飲(の)む 마시다 | 住所(じゅうしょ) 주소 | 地図(ちず) 지도 | 探(さが)す 찾다
～しかない	～(할) 수밖에 없다 私は彼女の言うことを信じるしかなかった。 나는 그녀가 말하는 것을 믿을 수밖에 없었다. ＊ '～외에 다른 방법은 없다'라는 뜻으로, 가능한 방법이나 수단이 '～밖에 없다'고 한정하는 표현입니다. ＊ 명사에 연결되는 경우에는 '～밖에 없다'라는 의미가 됩니다. ＊ ～ほかない・～よりない・～よりほかない・～ほかしかたがない도 '～할 수 없다'는 의미로 함께 기억해 둡니다. 어휘 信(しん)じる 믿다
～次第	～하면 바로, ～하는 대로 担当者が戻り次第、こちらからお電話いたします。 담당자가 돌아오는 대로, 이쪽에서 전화 드리겠습니다. ＊ '～를 하면, 곧바로 ～를 하겠다'는 표현으로 동사 ます형에 접속합니다. 어휘 担当者(たんとうしゃ) 담당자 | 戻(もど)る 돌아가(오)다 | 電話(でんわ) 전화

문법	뜻과 예문
～ずに	～하지 않고, ～하지 말고 彼は一言も言わずに行ってしまった。 그는 한마디도 하지 않고 가버렸다. * ～ずに는 일반적으로 ～ないで로 동일하게 생각해도 되지만, する에 접속 될 때는 しずに가 아니라 せずに로 활용된다는 것에 주의해야 합니다. 어휘 一言(ひとこと/いちげん) 일언, 한마디 말
～ずにはいられない	～하지 않고는 있을 수 없다 あのニュースを聞いて驚かずにはいられなかった。 그 뉴스를 듣고 놀라지 않을 수가 없었다. * 동사의 부정형에 접속하여 '(아무래도)～하지 않을 수가 없다, ～하지 않고서는 참을 수가 없어 ～하게 되어버리고 만다'는 의미로 어떠한 상황 등으로 '～하려는 마음이 생김'을 나타내는 표현입니다. 어휘 聞(き)く 듣다, 묻다 | 驚(おどろ)く 놀라다
～すぎる	너무(지나치게) ～하다 彼女は結婚するには若すぎる。 그녀는 결혼하기에는 너무 젊다. * ～すぎ의 형태로 명사화되어 쓰이는 경우도 많습니다. 어휘 結婚(けっこん) 결혼 | 若(わか)い 젊다
～せいで ～せいだ ～せいか	～ 탓(때문)에/ ～ 탓(때문)이다/ ～ 탓(때문)인지 祖父は年のせいで耳がよく聞こえない。 할아버지는 나이 탓으로 귀가 잘 들리지 않는다. 彼の病気は過労のせいだ。 그의 병은 과로 탓이다. コーヒーを飲みすぎたせいか、どうしても眠れない。 커피를 너무 마신 탓인지 도저히 잠을 잘 수 없다. * 원인이나 책임의 소재를 나타내는 표현으로, 대부분 뒷 문장에 부정적 의미의 단어나 문장이 오고, ～ので나 ～ため로 바꾸어 쓸 수 있는 경우가 많습니다. 어휘 祖父(そふ) 할아버지 | 年(とし) 해, 나이 | 耳(みみ) 귀 | 聞(き)こえる 들리다 | 病気(びょうき) 병 | 過労(かろう) 과로 | 飲(の)み過(す)ぎる 과음하다 | どうしても 반드시, 아무리해도, 아무래도 | 眠(ねむ)る 자다, 잠들다

문법	뜻과 예문
~だけ(だ) ~だけで ~だけで(は)なく ~だけに ~だけ(の)	~만(뿐)이다/ ~만(뿐)으로/ ~뿐(만)아니라/ ~에게만, ~인(한) 만큼/~만큼(의) 私が欲しいのは金だけだ。 내가 갖고 싶은 것은 돈뿐이다. このボタンを押すだけで写真が撮れます。 이 버튼을 누르는 것만으로 사진을 찍을 수 있습니다. 君だけでなく、私もそのことには責任がある。 너뿐 아니라 나도 그 일에는 책임이 있다. ふだん健康なだけに、入院が必要と言われたときはショックだった。 평소에 건강한 만큼 입원이 필요하다고 들었을 때는 충격이었다. 彼には必要なだけの金がなかった。 그에게는 필요한 만큼의 돈이 없었다. * ~だけ는 '~만, ~뿐'이라는 한정 · 한도의 의미와 함께 '~만큼'이라는 정도나 분량의 의미로도 사용됩니다. 이러한 だけ의 여러 가지 의미를 기억하여 각 문형을 이해하고 외워두도록 합니다. 어휘 欲(ほ)しい 갖고 싶다, 필요하다 | ボタン 버튼, 단추 | 押(お)す 누르다, 밀다 | 写真(しゃしん)を撮(と)る 사진을 찍다 | 責任(せきにん) 책임 | 普段(ふだん) 평소, 일상 | 健康(けんこう) 건강 | 入院(にゅういん) 입원 | 必要(ひつよう) 필요 | ショック 충격, 쇼크
~たって	~(한)다고 해도, ~한들 逃げようとしたってだめだ。 도망치려고 해도 소용없다. * ~ても와 같은 의미로 회화체에서 자주 쓰입니다. 어휘 逃(に)げる 도망치다, 피하다 | 駄目(だめ)だ 못하다, 가망 없다, 해서는 안 된다
たとえ~ても	설령(비록) ~라(해)도 たとえ雨が降っても行かなければならない。 설령 비가 내리더라도 가지 않으면 안 된다. * ~ても 대신에 ~とも(~해도), ~としても(~라고 해도) 등이 쓰이는 경우도 있습니다. 어휘 雨(あめ)が降(ふ)る 비가 내리다
~だって	~라도, ~역시 だれだってそんなに長く待たされれば怒るだろう。 누구라도 그렇게 오래 기다리면 화날 것이다. * ~だって는 ~も(~도), ~でも(~라도)의 회화체 표현입니다. 그러나 문장 첫머리에 오면 '하지만, 그렇지만, 왜냐하면'이라는 반론을 하거나 이유나 변명을 할 때 사용하는 접속사가 되고, ~だって~だって와 같이 반복적으로 사용되면 '~든 ~든'이라는 의미로도 쓰입니다. 어휘 誰(だれ) 누구 | 長(なが)く 길게, 오래 | 待(ま)つ 기다리다 | 怒(おこ)る 화내다

문법	뜻과 예문
~たところ ~たところで	~했더니, ~한 결과/ ~해 봤자, ~한들, ~한다고 해도 年を聞いてみたところその人は私より若いことがわかった。 나이를 물어봤더니 그 사람은 나보다 젊다는 것을 알았다. いまさら謝ったところでもう遅い。 이제 와서 사과해봤자 늦었다. * ~たところ 뒤에 역접의 접속조사 が가 붙은 형태의 ~たところが가 되면 '~했는데, ~한 것이' 라는 의미의 역접표현이 됩니다. 또한 ~たところで는 ~たって(~한들, ~한다고 해도)와 같은 의미로 사용할 수 있습니다. 어휘 若(わか)い 젊다 | いまさら 새삼스럽게, 이제 와서 | 謝(あやま)る 사과하다, 사양하다 | もう 이미, 벌써, 이제, 더, 곧 | 遅(おそ)い 늦다
~たびに	~(할) 때마다, ~ 때면 언제나 彼女は部屋を掃除するたびに何かを壊す。 그녀는 방을 청소할 때마다 뭔가를 깨뜨린다. * 명사에 접속될 때는 の를 수반하며, 동작성명사에만 사용됩니다. 어휘 部屋(へや) 방 | 掃除(そうじ) 청소 | 壊(こわ)す 부수다, 고장 내다, 깨뜨리다
~ためだ ~ため(に) ~ための	~ 때문이다(이유), ~ 위해서다(목적)/ ~ 때문에(이유), ~ 위해서(목적)/ ~ 때문의(이유), ~ 위한(목적) 彼が休んだのは病気のためだ。(이유) 그가 쉰 것은 병 때문이다. 私がここへ来たのは君に会うためだ。(목적) 내가 여기에 온 것은 너를 만나기 위해서다. 電車は雪のために遅れた。(이유) 전철은 눈 때문에 늦었다. 車を買うために貯金をしている。(목적) 차를 사기위해서 저금을 하고 있다. 彼は過労のための病気で倒れてしまった。(이유) 그는 과로 때문인 병으로 쓰러져버렸다. これは子どものための本です。(목적) 이것은 아이를 위한 책입니다. * 이유를 나타내는 ~ため(に)는 대부분의 경우, 이유를 나타내는 ~から, ~ので로 바꾸어 사용할 수 있으나, ~ため(に) 뒤에는 의미, 의뢰, 권유, 명령 표현은 오지 않습니다. 어휘 休(やす)む 쉬다 | 病気(びょうき) 병 | 電車(でんしゃ) 전철 | 雪(ゆき) 눈 | 遅(おく)れる 늦다 | 貯金(ちょきん) 저금 | 過労(かろう) 과로 | 倒(たお)れる 쓰러지다, 넘어지다, 파산하다

문법	뜻과 예문
~たらおわりだ	~하면 끝이다 負けたらおわりなのではない。やめたらおわりなのだ。 지면 끝인 것이 아니다. 그만두면 끝인 것이다. * 동사의 ~た형에 접속하는 가정표현 ~たら(~(하)면)와 終(お)わりだ(끝이다)가 결합된 문형입니다. 어휘 負(ま)ける 지다, 패배하다 | 終(お)わる 끝나다 | やめる 그만두다, 끊다
~だらけ	~투성이 あの本は間違いだらけだ。 저 책은 틀린 것투성이다. * きず(상처), 毛(털), ごみ(쓰레기), 泥(진흙), 血(피), 間違い(틀린 것), ほこり(먼지) 등과 같은 명사와 함께 자주 사용됩니다. 어휘 間違(まちが)い 틀림, 잘못, 실수 | 傷(きず) 상처 | 毛(け) 털 | ごみ 쓰레기, 먼지 | 泥(どろ) 진흙 | 血(ち) 피 | ほこり 먼지
~ついでに	~하는(한) 김에 買い物のついでに、図書館へ行って本を借りて来た。 장을 보러 간 김에 도서관에 가서 책을 빌려 왔다. * 명사로서의 ついで는 어떤 일을 할 때, 함께 다른 일에도 이용하기에 알맞은 기회를 나타냅니다. 어휘 買(か)い物(もの) 물건사기, 장보기, 쇼핑 | 図書館(としょかん) 도서관 | 借(か)りる 빌리다
~っけ	~었지? ~었나? 何の話をしていたっけ。 무슨 이야기를 하고 있었었지? * 주로 상대방에게 자신의 기억을 확인할 때 사용하는 표현이지만, 잊었던 일이 떠오르거나 과거를 회상할 때도 사용할 수 있습니다. 어휘 話(はなし) 이야기
~つつ(も)	~하면서(도) たばこは体に悪いとわかっていつつもやめられない。 담배는 몸에 나쁘다고 알고 있으면서도 끊을 수가 없다. * 동사의 ます형에 접속하여, '두 가지 일을 동시에 하는 것'을 나타내는 동시동작을 나타내는 의미와, '앞 문장의 상태나 모습에 모순되는 일이 뒷 문장에 일어남'을 나타내는 역접의 의미의 2가지 용법으로 사용 됩니다. ~ながら(~하면서)와 비슷하나, 좀 더 격식을 차린 표현입니다. 어휘 たばこ 담배 | 体(からだ)に悪(わる)い 몸에 나쁘다 | 分(わ)かる 알다 | やめる 그만두다, 끊다

문법	뜻과 예문
~つつある	(지금) ~하고 있다 日本では高齢化が進みつつある。 일본에서는 고령화가 진행되고 있다. ＊ 동사 ます형에 접속하여 어떤 동작이나 작용이 진행 과정에 있음을 나타냅니다. 현재진행을 나타내는 ~ている(~하고 있다)의 문어체 표현이라고 생각하면 쉽습니다. 어휘 高齢化(こうれいか) 고령화 | 進(すす)む 나아가다, 전진하다, 발달하다, 진행되다
~って	~라고, ~라고 하는, ~이란, ~이라고 하는 것은 自分の意見を英語にするのって予想以上に難しい。 자신의 의견을 영어로 표현한다는 것은 예상 이상으로 어렵다. 彼女は花が好きだって。 그녀는 꽃을 좋아한대. ＊ ~と(~라고), ~という(~라고 하는), ~とは(~이란), ~というのは(~이라고 하는 것은)의 회화체 표현으로 사용됩니다. 또한 문장 끝에 사용되면 '~라고 하다, ~하대(이래)'와 같이 누군가에게 전해들은 정보를 전할 때 쓰이기도 하고, '~라니? ~라고?'와 같이 상대방에게 반문할 때 쓰이기도 합니다. 어휘 自分(じぶん) 자기 자신 | 意見(いけん) 의견 | 英語(えいご) 영어 | 予想(よそう) 예상 | 以上(いじょう) 이상 | 難(むずか)しい 어렵다 | 花(はな) 꽃 | 好(す)きだ 좋아하다
~っぽい	~같다, ~의 경향이 강하다 彼は何をしても飽きっぽい。 그는 무엇을 해도 싫증을 잘 낸다. ＊ 횟수나 빈도가 아니라 ~하는 느낌이나, 경향, 특징이 강함을 나타내는 표현입니다. 어휘 飽(あ)きる 물리다, 싫증나다, 질리다
~つもりで ~たつもりで	~할 생각 · 작정으로 / ~했다고 생각하고, ~ 셈 치고 彼は一日で読み切るつもりでその本を読み始めた。 그는 하루 만에 다 읽을 생각으로 그 책을 읽기 시작했다. 歌手になったつもりでカラオケで歌った。 가수가 되었다고 생각하고 노래방에서 노래했다. ＊ ~つもりだ(~할 생각이다), ~つもりだった(~할 생각이었다), ~つもりはない(~할 생각은 없다), ~たつもりだったが(~했다고 생각했지만)와 같은 형태로 활용하여 사용할 수도 있습니다. 어휘 一日(いちにち) 하루 | 동사 ます형+きる 다 ~해내다, 끝까지 ~하다 | 동사 ます형+始(はじ)める ~(하)기 시작하다 | 歌手(かしゅ) 가수 | カラオケ 노래방 | 歌(うた)う 노래하다

문법	뜻과 예문
～づらい	～(하)기 힘들다 この料理はお箸では食べづらいから、スプーンで食べたほうがいい。 이 요리는 젓가락으로는 먹기 힘드니까, 숟가락으로 먹는 게 좋다. * 비슷한 표현으로 ～にくい (～하)기 어렵다가 있습니다. 둘다 동사의 ます형에 접속하여 사람의 의지와 관계된 어렵고 힘듦을 나타낼 수 있습니다. 그러나 ～づらい는 말하는 사람의 주관적인 생각이나 사정, 의지 등을 표현하는 뉘앙스가 강하고, ～にくい는 주관적인 의지의 표현과 함께 객관적으로 봐서 어렵다고 느낄 때도 사용됩니다. 어휘 料理(りょうり) 요리 | お箸(はし) 젓가락 | スプーン 스푼, 숟가락
～ていく ～てくる	～해 가다/ ～해 오다(～어 지다) 町のあかりが少しずつ消えていった。 거리의 불빛이 조금씩 꺼져 갔다. 学生時代、彼ら二人はお互いに助け合ってきました。 학생 시절, 그들 두 사람은 서로 도와 왔습니다. * ～ていく는 현재에서 미래를 향한 변화가 진행되고 있음을 나타내고, ～てくる는 과거에서 현재를 향한 변화가 진행되고 있음을 나타냅니다. 어휘 町(まち) 시내, 동네, 거리 | 明(あ)かり 빛, 불빛, 등불 | 少(すこ)しずつ 조금씩 | 消(き)える 사라지다, 지워지다, 꺼지다 | 学生時代(がくせいじだい) 학생 시절 | お互(たが)いに 서로 | 助(たす)け合(あ)う 서로 돕다, 서로 힘을 합치다
～て以来(いらい)	～한 이래, ～한 후로 3年前に東京へ来て以来ずっとここに住んでいる。 3년 전에 도쿄로 온 이후로 줄곧 여기에 살고 있다. * 어떤 동작을 한 이후 어떤 상태가 계속 이어지고 있다는 의미로 가까운 과거의 일에 대해서는 사용할 수 없습니다. 어휘 以来(いらい) 이래, 이후 | ずっと 훨씬, 줄곧 | 住(す)む 살다
～てからでないと	～하고 나서가 아니면, ～하지 않고서는 上司と相談してからでないと、決められません。 상사와 상담하고 나서가 아니면 정할 수 없습니다. * ～てからでなければ로도 바꾸어 사용할 수 있고, 뒤에는 부정표현이 옵니다. 어휘 上司(じょうし) 상사 | 相談(そうだん) 상담 | 決(き)める 정하다, 결정하다

문법	뜻과 예문
~てしかたがない ~てしょうがない ~てたまらない ~てならない	~해서 어쩔 수가 없다, 매우 ~하다 今朝から何も食べていないのでお腹がすいてしかたがない。 아침부터 아무것도 먹지 않아서 너무 배가 고프다. 昨日寝るのが遅かったので眠くてしょうがない。 어제 늦게 잤기 때문에 너무 졸리다. 頭痛がしてたまらないので、近くの病院へ行った。 두통이 나서 참을 수 없어서 근처 병원에 갔다. ５年ぶりに帰国したのに、先生に会えず、残念でならない。 5년 만에 귀국했는데 선생님을 못 만나서 너무 안타깝다. * 주로 화자의 심정이나 기분, 몸의 상태를 나타내는 형용사와 동사에 접속되며, ~てしかたがない와 ~てならない는 특히 思える(생각된다), 思い出される(생각이 떠오르다), 泣ける(울음이 나다), 気がする(생각이 든다) 등과 같은 자발동사에 연결되면 자연스럽게 그렇게 되어버림을 나타냅니다. 어휘 今朝(けさ) 오늘 아침 | お腹(なか)がすく 배가 고프다 | 昨日(きのう) 어제 | 寝(ね)る 자다 | 遅(おそ)い 느리다, 늦다 | 眠(ねむ)い 졸리다 | 頭痛(ずつう) 두통 | 近(ちか)く 근처 | 病院(びょういん) 병원 | ~ぶり ~만에 | 帰国(きこく) 귀국 | 残念(ざんねん) 유감스러움, 아쉬움, 분함, 억울함 | 思(おも)い出(だ)す 생각나다 | 泣(な)ける 눈물 나다 | 気(き)がする 느낌이 든다, 생각이 든다
~てちょうだい	~해 줘 私の宿題を手伝ってちょうだい。 내 숙제를 도와줘. * 상대에게 어떤 것을 해 달라는 것 을 다정하게 표현으로, 보통 여성이나 아이가 쓰며, 애교나 부탁의 뉘앙스가 있습니다. 어휘 宿題(しゅくだい) 숙제 | 手伝(てつだ)う 돕다, (같이)거들다
~でもある ~でもない	~이기도 하다/ ~도 아니다 この方法が一番簡単でもあるし、また効率的でもある。 이 방법이 가장 간단하기도 하고, 또한 효율적이기도 하다. 時代を動かしているのは、政治家でもなく経営者でもない。大衆の心の動きそのものだ。 시대를 움직이는 것은, 정치가도 아니고, 경영자도 아니다. 대중의 마음의 움직임 그것이다. * 형용사와 명사에 접속하는데, い형용사의 경우에는 ~くもある, ~くもない와 같이 활용함에 주의합니다. ~でもあり, ~でもある(~이기도 하고, ~이기도 하다), ~でもなく, ~でもない(~도 아니고, ~도 아니다)와 같은 형태로 사용되는 경우가 많습니다. 어휘 方法(ほうほう) 방법 | 一番(いちばん) 가장, 제일 | 簡単(かんたん) 간단 | また 또, 또한 | 効率的(こうりつてき) 효율적 | 時代(じだい) 시대 | 動(うご)かす 움직이다, 옮기다 | 政治家(せいじか) 정치가 | 経営者(けいえいしゃ) 경영자 | 大衆(たいしゅう) 대중 | 心(こころ) 마음 | 動(うご)き 움직임, 활동

문법	뜻과 예문
~て(は)いられない	~하고(는) 있을 수 없다 いつまでも待ってはいられない。 언제까지나 기다리고 있을 수는 없다. * 반대 표현인 동사의 부정형에 접속하여 '~하지 않고서는 참을 수가 없어 ~하게 되어 버린다'는 의미의 ~ずにはいられない (~하)지 않고는 있을 수 없다, ~ないではいられない(~하)지 않고서는 있을 수 없다와 함께 기억해 두도록 합시다. 어휘 いつまでも 언제까지나 | 待(ま)つ 기다리다
~てはだめだ ~なくてはだめだ	~해서는 안 된다/ ~하지 않으면 안 된다, ~해야 한다 しばらくお酒を飲んではだめです。 당분간 술을 마시면 안 됩니다. これは修理しなくてはだめだよ。 이것은 수리하지 않으면 안 됩니다. * ~てはだめだ는 ~てはいけない(~해서는 안 된다)와 함께 어떤 행위가 용인될 수 없음을 나타내는 금지의 의미를 나타냅니다. * ~なくてはだめだ는 ~なければならない(~하지 않으면 안 된다), ~ねばならない(~하지 않으면 안 된다), ~なくてはいけない(~하지 않으면 안 된다) 등과 함께 의무 · 당연 · 필연 · 필요 · 권고의 의미를 나타냅니다. 어휘 しばらく 잠시, 당분간 | お酒(さけ)を飲(の)む 술을 마시다 | 修理(しゅうり) 수리
~てばかりだ ~てばかりいる	~하기만 하다/ ~만 하고 있다 彼女は、一日中、泣いてばかりだ。 그녀는 하루 종일 울기만 한다. 彼はいつも朝から晩まで働いてばかりいる。 그는 항상 아침부터 밤까지 일만 하고 있다. * 어떤 일을 여러 번 반복하거나, 언제나 같은 상태에 있음을 비판적으로 말할 때 사용하는 표현입니다. ~てばかりいないで의 형태가 되면 '~하지만 말고'라는 의미가 되는데 이 때 ばかり는 だけ나 ほど로 바꾸어 사용할 수 없습니다. 어휘 一日中(いちにちじゅう) 하루 종일 | 泣(な)く 울다 | 朝(あさ) 아침 | 晩(ばん) 저녁, 밤 | 働(はたら)く 일하다, 활동하다, 작용하다
~てはじめて	~하고 나서야 비로소 昨日になってはじめて私はその知らせを聞いた。 어제에서야 비로소 나는 그 소식을 들었다. * 주로 문장 끝에 分かる나 知る와 같은 동사가 오는 경우가 많습니다. 어휘 昨日(きのう) 어제 | 知(し)らせ 알림, 통지, 소식 | 分(わ)かる 알다 | 知(し)る 알다

문법	뜻과 예문
~てほしい	~해 주었으면 좋겠다, ~하길 바란다 できるだけ早くそれを返してほしい。 가능한 한 빨리 그것을 돌려주었으면 좋겠다. ＊ ~てもらいたい와 비슷한 의미로 사용할 수 있고, 부정형은 ~ないでほしい(~하지 않았으면 좋겠다)가 됩니다. 어휘 できるだけ 최대한, 가능한 한 | 早(はや)く 빨리 | 返(かえ)す 돌려주다, 되돌려 놓다
~というか	~라고 할지, ~라고 해야 할지 先生はやさしいというか、親切というか、とにかくいい先生です。 선생님은 상냥하다고 해야 할까, 친절하다고 해야 할까, 어쨌든 좋은 선생님입니다. ＊ 주로 설명을 위해 필요한 적당한 말을 찾고 있을 때 사용하며, ~というか가 반복되어 사용되기도 합니다. ~といったらいいか(~라고 해야 좋을지)의 형태로 사용할 수도 있습니다. 어휘 優(やさ)しい 우아하다, 온화하다, 부드럽다, 상냥하다 | 親切(しんせつ) 친절 | とにかく 여하튼, 어쨌든
~ということだ	~라고 한다 天気予報によると今年の冬は暖かいということです。 일기예보에 의하면 올 겨울은 따뜻하다고 합니다. ＊ 전문의 ~そうだ와 마찬가지로 들은 것을 전할 때 사용하는 표현으로, ~によると, ~によれば, ~では (~에 의하면, ~에 따르면, ~로는)와 함께 사용되는 경우가 많습니다. 어휘 天気予報(てんきよほう) 일기예보 | 今年(ことし) 올해 | 冬(ふゆ) 겨울 | 暖(あたた)かい 따뜻하다
~というと ~といえば ~といったら	~(라고) 하면 コンピュータを使ってやる仕事というと、難しい仕事だと考える人が多い。 컴퓨터를 사용하여 하는 일이라고 하면 어려운 일이라고 생각하는 사람이 많다. 日本といえばすぐ富士山を思い出します。 일본이라고 하면 바로 후지산이 생각납니다. 彼の家といったら、本当に大きくてまるで城のようです。 그의 집으로 말할 것 같으면 정말 커서 마치 성 같습니다. ＊ 화제로 삼았을 때나, 바로 연상되는 것을 말할 때, 또는 상대방이 한 말이 자신이 생각하고 있는 것과 같은지 어떤지를 물을 때 등에 사용합니다. 어휘 コンピューター 컴퓨터 | 使(つか)う 사용하다, 이용하다 | 仕事(しごと) 일 | 難(むずか)しい 어렵다 | 考(かんが)える 생각하다 | 多(おお)い 많다 | 富士山(ふじさん) 후지산 | 思(おも)い出(だ)す 생각나다 | 本当(ほんとう)に 정말로, 굉장히 | まるで 마치 | 城(しろ) 성

문법	뜻과 예문
～というのは ～とは	～라고 하는 것은, ~란 週刊誌というのは、週一回発行される雑誌のことだ。 주간지라는 것은 일주일에 한 번 발행되는 잡지를 말한다. 友情とは友人関係に生まれる感情である。 우정이란 친구관계에 생기는 감정이다. * 화제나 명제, 정의 등의 주제를 나타내는 말로, **というのは**는 문장 앞에 와서 '왜냐하면'이라는 의미의 접속사로도 쓰이기도 합니다. 어휘 **週刊誌**(しゅうかんし) 주간지 | **週**(しゅう)**一回**(いっかい) 주1회 | **発行**(はっこう)**する** 발행하다 | **雑誌**(ざっし) 잡지
～というより	~라기 보다 彼の成功は才能というよりむしろ努力によるものだ。 그의 성공은 재능이라기보다 오히려 노력에 의한 것이다. * '~라기 보다는 오히려 ~라고 하는 편이 옳다'고 말할 때 사용합니다. 어휘 **成功**(せいこう) 성공 | **才能**(さいのう) 재능 | **むしろ** 오히려, 차라리 | **努力**(どりょく) 노력
～といった	~ 같은, ~ 등의, ~라는 水泳やテニスといったスポーツは学生にとても人気がある。 수영과 테니스 같은 스포츠는 학생들에게 매우 인기가 있다. * 예를 들거나 두 가지 이상의 사항을 열거할 때, 이것이 전부가 아니라 그 밖에 더 있음을 나타내는 표현입니다. 어휘 **水泳**(すいえい) 수영 | **テニス** 테니스 | **スポーツ** 스포츠 | **人気**(にんき) 인기
～といっても	~라고 해도, ~라 하더라도 勉強しているといっても、ただ机の前に座っているだけだ。 공부하고 있다고 해도, 그저 책상 앞에 앉아 있을 뿐이다. * '~라고 해도, 사실은 ~하다'는 의미를 나타냅니다. 어휘 **勉強**(べんきょう) 공부 | **ただ** 오직, 그저, 단지, 단, 다만 | **机**(つくえ) 책상 | **座**(すわ)**る** 앉다
～とおり(に)	~ 대로 彼は何でも自分の思うとおりにしたがる。 그는 뭐든지 자신이 생각한 대로 하고 싶어 한다. * 주로 **言う**(말하다) · **思う**(생각하다) · **想像する**(상상하다) · **予想する**(예상하다) 등과 같은 동사나 **予定**(예정) · **計画**(계획) · **指示**(지시) 등과 같은 명사에 접속되는 경우가 많고, 명사에 접속될 때에는 ~どおり의 형태로 접속됩니다. 어휘 **何**(なん)**でも** 무엇이든지 | **自分**(じぶん) 자기 자신 | **思**(おも)**う** 생각하다 | **想像**(そうぞう)**する** 상상하다 | **予想**(よそう)**する** 예상하다 | **予定**(よてい) 예정 | **計画**(けいかく) 계획 | **指示**(しじ) 지시

문법	뜻과 예문
~とか	~라든지, ~ 따위 タイとかマレーシアとか東南アジアの国々の経済発展はめざましい。 태국이라든지 말레이시아라든지 동남아시아 국가들의 경제발전은 눈부시다. ＊ 어떤 사항이나 방법의 구체적인 예를 몇 가지 제시할 때 사용하는 표현입니다. ~とか·~とかで가 '~라고 하던데, ~라고 하면서'와 같은 전문(伝聞)의 의미로 사용되는 경우도 있습니다. 어휘 **東南**(とうなん) 동남 | **国々**(くにぐに) 각국, 여러 나라 | **経済**(けいざい) 경제 | **発展**(はってん) 발전 | **目覚**(めざ)**ましい** 눈부시다, 놀랄 만큼 훌륭하다
~どころか	~은커녕 私は彼に役に立つどころか、迷惑もかけた。 나는 그에게 도움이 되기는커녕, 폐를 끼쳤다. ＊ 앞에 말한 것은 물론 그것보다 더 정도가 심하다고 말하는 때와, 실제로는 그렇지 않고 정반대라는 것을 강조할 때에 사용하는 표현입니다. 어휘 **役**(やく)**に立**(た)**つ** 도움이 되다 | **迷惑**(めいわく)**をかける** 폐를 끼치다
~ところだ	~하려는 참이다(직전)/ ~하고 있는 중이다(도중)/ 막 ~했다(직후) 今出かけるところだ。 지금 나가려는 참이다. 彼女が来るのを待っているところだ。 그녀가 오는 것을 기다리고 있는 중이다. 宿題を終えたところだ。 숙제를 막 끝냈다. ＊ 동사의 기본형, **~ている**형, **~た**형과 같이 접속되는 시제에 따라 의미가 달라지므로 접속방법에 주의해야 합니다. 어휘 **出**(で)**かける** 나가다, 떠나다 | **宿題**(しゅくだい) 숙제 | **終**(お)**える** 끝마치다, 끝내다
~ところに ~ところへ ~ところを	~ 때에, ~ 차에, ~ 정도에, ~ 시점에, ~ 참에, 상황을, ~ 장면을 ちょうどいいところに帰ってきた。ちょっと手伝って。 마침 좋은 때 돌아왔네. 좀 도와줘. 寝ようとしたところへ彼から電話がかかってきた。 자려고 하는 참에 그에게서 전화가 걸려왔다. タバコを吸っているところを先生に見つかった。 담배를 피우고 있는 모습을 선생님에게 들켰다. ＊ **~ところに·~ところへ**는 어떤 상태(상황), 정도, 시기 등을 나타내고, **~ところを**는 중요한 포인트가 되는 바로 그 때, 그 시점, 그 장면, 그 상황이라는 의미를 나타내며, 이 표현들은 상황에 따라 적절히 해석을 달리합니다. 어휘 **ちょうどいい** 마침 알맞다, 딱 좋다 | **帰**(かえ)**る** 돌아오다, 돌아가다 | **手伝**(てつだ)**う** 도와주다, 거들다 | **寝**(ね)**る** 잠자다, 눕다 | **電話**(でんわ) 전화 | **タバコを吸**(す)**う** 담배를 피우다 | **見**(み)**つかる** 들키다, 발견되다

문법	뜻과 예문
～として ～としては ～としても	～로서/ ～로서는/ ～로서도 彼女は研究生として、この大学で勉強している。 그녀는 연구생으로서 이 대학에서 공부하고 있다. 私個人としてはその計画に賛成です。 저 개인으로서는 그 계획에 찬성입니다. 彼は医者であるが、小説家としても有名である。 그는 의사이지만, 소설가로서도 유명하다. * 입장, 자격, 명목, 부류를 나타내는 표현입니다. 어휘 **研究生**(けんきゅうせい) 연구생 | **勉強**(べんきょう) 공부 | **個人**(こじん) 개인 | **計画**(けいかく) 계획 | **賛成**(さんせい) 찬성 | **医者**(いしゃ) 의사 | **小説家**(しょうせつか) 소설가 | **有名**(ゆうめい) 유명
～とする	～라고 하다, ～라고 간주하다, ～라고 가정하다 例えば、あなたがネイティブの人と英語で話をしているとしましょう。 예를 들어, 당신이 네이티브 스피커와 영어로 이야기를 하고 있다고 합시다. * 어떤 일이 어떻다고 간주하거나 가정할 때 쓰입니다. **～としたら·～とすると·～とすれば**의 형태로는 '～라고 한다면'이라는 의미가 되고, **～としても**는 '～라고 해도, ～라고 가정해도'라는 양보의 의미가 됩니다. 어휘 **例**(たと)**えば** 예를 들면, 가령 | **ネイティブ** 네이티브 | **英語**(えいご) 영어
～とともに	～와 함께, ～하면서(～함에 따라) 大阪は東京とともに日本経済の中心地である。 오사카는 도쿄와 함께 일본경제의 중심지이다. 自動車が普及するとともに、交通事故も増えてきた。 자동차가 보급됨에 따라 교통사고도 늘었다. * '～와 함께', '～함(임)과 동시에', '～에 따라(서)'라는 여러 가지 의미로 사용됩니다. 어휘 **経済**(けいざい) 경제 | **中心地**(ちゅうしんち) 중심지 | **自動車**(じどうしゃ) 자동차 | **普及**(ふきゅう) 보급 | **交通**(こうつう) 교통 | **事故**(じこ) 사고 | **増**(ふ)**える** 늘다
～とは限(かぎ)らない	～하다고는 할 수 없다, ～한 것은 아니다 法が常に公平であるとは限らない。 법이 항상 공평하다고는 할 수 없다. * **必ずしも**(반드시) 또는 **～からといって**(～라고 해서)와 함께 쓰이는 경우가 많습니다. 어휘 **法**(ほう) 법 | **常**(つね)**に** 늘, 항상 | **公平**(こうへい) 공평 | **限**(かぎ)**る** 한정(제한)하다 | **必**(かなら)**ずしも** 반드시

문법	뜻과 예문
~な	~하지 마라/ ~해, ~해라/ ~구나 芝生に入るな。 잔디에 들어가지 마라. 早く起きな。 빨리 일어나라. 週末はとこかへ行きたいな。 주말에는 어딘가에 가고 싶구나. * 동사 기본형에 접속하면 '~하지 마라'는 강한 금지의 표현이 되고, 동사 ます형에 접속하면 '~해, ~해라'라는 명령의 표현이 됩니다. 또한 각 품사의 보통형에 접속되어 놀람이나 감탄 등의 감정을 나타내기도 하는데 이때에는 '~なあ'로 표기하는 경우가 많습니다. 어휘 芝生(しばふ) 잔디 | 入(はい)る 들어가(오)다 | 早(はや)く 빨리, 일찍 | 起(お)きる 일어나다 | 週末(しゅうまつ) 주말
~ないことはない	~하지 않는 것은 아니다, ~(못)할 것은 없다 独学でも合格できないことはない。 독학으로도 합격할 수 없는 것은 아니다. * ~ないこともない(~하지 않는 것도 아니다, ~(못)할 것도 없다)의 형태로도 사용할 수 있습니다. 어휘 独学(どくがく) 독학 | 合格(ごうかく) 합격
~ないで ~なくて	~하지 말고, ~하지 않고/ ~하지 않아서, ~가 없어서, ~가 아니어서 うちの息子は勉強しないで遊んでばかりいる。 우리 아들은 공부를 하지 않고 놀고만 있다. 高校生の息子が勉強しなくて困る。 고등학생 아들이 공부를 하지 않아서 애가 탄다. * ~なくて는 앞의 내용이 원인 · 이유가 되어 뒤의 결과가 초래되는 경우에 쓰입니다. 어휘 息子(むすこ) 아들 | 勉強(べんきょう) 공부 | 遊(あそ)ぶ 놀다 | 高校生(こうこうせい) 고등학생 | 困(こま)る 곤란하다, 난처하다
~ながら	~하면서, ~하지만 眠いとき、ガムをかみながら運転します。 졸릴 때, 껌을 씹으면서 운전합니다. 私たちは貧しいながらも幸せだった。 우리들은 가난하지만 행복했다. * ~ながら는 하나의 일을 하면서 또 다른 일을 하는 동시동작의 의미와, 앞 문장의 상태나 모습에 모순되는 일이 뒷 문장에 발생하는 역접의 의미 두 가지로, 두 경우 모두 자주 사용됩니다. 그리고 역접을 나타내는 의미인 경우에는 ~ながら 뒤에 조사 も가 붙는 경우가 많습니다. 어휘 眠(ねむ)い 졸리다 | ガムを噛(か)む 껌을 씹다 | 運転(うんてん) 운전 | 貧(まず)しい 가난하다 | 幸(しあわ)せ 행복

문법	뜻과 예문
~など ~なんか ~なんて	~ 등, ~같은 것(일), ~ 따위/ ~(하)다니 彼は嘘なんかつく人ではない。 그는 거짓말 같은 것 할 사람이 아니다. 彼女が来られないなんて残念だ。 그녀가 못 오다니 아쉽다. * ~など와 ~なんか는 여러 가지 것 중에서 예를 들어 제시하면서, 그 외에도 비슷한 종류의 것이 있음을 표현할 때 쓰이고, ~なんて는 의외 · 놀람 · 비난 등의 의미를 주로 나타냅니다. 어휘 **嘘**(うそ)**をつく** 거짓말을 하다 | **残念**(ざんねん)**だ** 유감스럽다, 아쉽다
~にあたって ~にあたり	~할 때에, ~을 맞이하여 先輩は面接にあたっての注意事項を教えてくれた。 선배는 면접 할 때의 주의사항을 가르쳐 주었다. 新年を迎えるにあたり、一年の計画を立てた。 신년을 맞이하여, 한 해의 계획을 세웠다. * 동사의 기본형과 명사에 접속하여 '~할 때에 미리(준비로)~하다.'는 의미, 즉 무엇인가를 해야 하는 특별한 기회와 상황'을 나타내는 표현입니다. 비슷한 표현으로 **~に際**(さい)**して** (~때에)가 있습니다. 어휘 **先輩**(せんぱい) 선배 | **面接**(めんせつ) 면접 | **注意**(ちゅうい) 주의 | **事項**(じこう) 사항 | **教**(おし)**える** 가르치다 | **新年**(しんねん) 신년, 새해 | **迎**(むか)**える** 맞다, 맞이하다 | **一年**(いちねん) 1년, 한 해 | **計画**(けいかく) 계획 | **立**(た)**てる** 세우다
~において	~에서, ~에 있어서 人生においてもっとも重要だと思うのは何でしょうか。 인생에서 가장 중요하다고 생각하는 것은 무엇인가요? * 상태나 상황, 장소, 때, 방면을 나타내는 표현으로, 명사를 수식하는 경우에는 **~における**(~에 있어서의) 형태로 주로 사용되며, **~においては**(~에 있어서는), **~においても**(~에 있어서도)의 형태로 활용되어 사용할 수도 있습니다. 어휘 **人生**(じんせい) 인생 | **最**(もっと)**も** 가장, 제일 | **重要**(じゅうよう)**だ** 중요하다
~にかけては	~에 있어서는, ~에 관해서 만큼은 彼女は数学にかけては天才です。 그녀는 수학에 있어서는 천재입니다. * 기술이나 능력, 소질, 성격 등 훌륭한 점을 부각시켜 평가할 때 쓰입니다. 어휘 **数学**(すうがく) 수학 | **天才**(てんさい) 천재

문법	뜻과 예문
～に関(かん)して	～에 관해서 その問題に関してはあなたと意見が違う。 그 문제에 관해서는 당신과 의견이 다르다. * 취급하는 대상을 말하는 표현으로, **～について**(～에 관해서)와 거의 같은 의미로 사용됩니다. 명사를 수식할 경우에는 **～に関する**(～에 관한)의 형태가 주로 사용되고, **～に関しては**(～에 관해서는), **～に関しても**(～에 관해서도)와 같이 활용되기도 합니다. 어휘 **問題**(もんだい) 문제 | **意見**(いけん) 의견 | **違**(ちが)**う** 다르다, 틀리다
～にかわって ～にかわり	～을 대신하여 入院した先生にかわって、新しい先生が授業をしている。 입원한 선생님을 대신하여 새로운 선생님이 수업을 하고 있다. 私が山田に代わりに回答します。 제가 야마다를 대신하여 회답하겠습니다. * 지금까지 했던 것을 다른 것으로 바꾸거나, 다른 사람을 대신하는 의미로 사용합니다. 어휘 **入院**(にゅういん) 입원 | **代**(か)**わる** 대신하다 | **新**(あたら)**しい** 새롭다, 새것이다 | **授業**(じゅぎょう) 수업 | **回答**(かいとう) 회답
～に決(き)まっている	분명(반드시) ～이다 同じ質の商品なら、安ければ安いほどいいにきまっている。 같은 품질의 상품이라면, 싸면 쌀수록 좋은 게 당연하다. * '(반드시, 틀림없이)～다, ～할 게 뻔하다, 당연하다'라는 뜻으로, 필연 · 당연의 표현입니다. **～にきまっている**는 '～할 게 뻔하다, ～할 게 분명하다'라는 추측에 가까운 의미로 사용되는 경우도 있는데, 이때에는 **～に違いない**(～임에 틀림없다), **～に相違ない**(～임에 틀림없다)와 비슷합니다. 하지만, **～にきまっている** 쪽이 훨씬 확실성이 높고 단정에 가까운 의미로 사용됩니다. 어휘 **同**(おな)**じ** 같음, 동일함 | **質**(しつ) 질 | **商品**(しょうひん) 상품 | **安**(やす)**い** 싸다 | **決**(き)**まる** 정해지다, 결정되다
～にくい ～やすい	～하기 어렵다 / ～하기 쉽다 この小説は理解しにくい。 이 소설은 이해하기 어렵다. この車は運転しやすい。 이 자동차는 운전하기 편하다. * '～하는 것이 어렵다, 좀처럼 ～할 수 없다 / ～(하)기 쉽다, 용이하다, 곧 ～해 버리는 경향이 있다'는 의미로, 물리적 · 시간적 등의 이유로, 또는 주관적인 생각 · 사정 · 의지 등으로 '～(하)기 어렵고 쉬움'을 나타냅니다. 어휘 **小説**(しょうせつ) 소설 | **理解**(りかい) 이해 | **車**(くるま) 차 | **運転**(うんてん) 운전

문법	뜻과 예문
～に比(くら)べて	～에 비해서 地球は太陽に比べて小さい。 지구는 태양에 비해서 작다. ＊ 두 사항을 비교할 때 사용하는 표현으로 ～と比べて(~와 비교해서), ～に(と)比べると(~와 비교하면)의 형태로 활용하여 사용할 수도 있습니다. 어휘 地球(ちきゅう) 지구 | 太陽(たいよう) 태양 | 比(くら)べる 비교하다 | 小(ちい)さい 작다
～にさきだち ～にさきだって	～에 앞서 会議に先立って、資料を集めておかなければならない。 회의에 앞서, 자료를 모아두지 않으면 안 된다. ご使用に先立ち、取扱説明書をよくお読みください。 사용하시기에 앞서, 취급설명서를 잘 읽어 주십시오. ＊ '~(하)기 전에 그 준비로'의 의미로, 뒤에 명사를 수식하는 경우에는 ～に先立つ(~에 앞선)+명사의 형태가 됩니다. 어휘 会議(かいぎ) 회의 | 先立(さきだ)つ 앞서다, (순서가) 앞서다 | 資料(しりょう) 자료 | 集(あつ)める 모으다 | 使用(しよう) 사용 | 取扱(とりあつかい) 취급 | 説明書(せつめいしょ) 설명서 | 読(よ)む 읽다
～にしたがって	～에 따라(서) 年をとるにしたがって彼女はますます美しくなった。 나이를 먹음에 따라서 그녀는 점점 아름다워졌다. ＊ ～にしたがい의 형태로도 사용하며, 동작이나 작용, 변화 등의 진행을 나타내는 의미입니다. 어휘 従(したが)う 따르다 | ますます 더욱더, 점점 | 美(うつく)しい 아름답다
～にすぎない	～에 지나지 않는다, ～에 불과하다 この問題について正しく答えられた人は、10人の中3人にすぎなかった。 이 문제에 대해 바르게 대답할 수 있었던 사람은 10명 중 3명에 불과했다. ＊ '그 이상은 아니다, 단지 그 정도이다'라는 정도가 낮음을 강조하는 표현입니다. 어휘 問題(もんだい) 문제 | 正(ただ)しい 바르다, 옳다 | 答(こた)える 대답하다 | 過(す)ぎない ~에 불과하다
～にする	～(으)로 하다 コーヒーとお茶がありますが、どちらにしますか。 커피와 차가 있는데, 어느 쪽으로 하겠습니까? ＊ 명사에 접속하여 여러 가지 중에서 하나를 골라 선택, 결정한다는 의미로, 명사+조사+にする의 형태로 사용되기도 합니다. 어휘 お茶(ちゃ) 차 | どちら 어느 쪽, 어디, 어느 분

문법	뜻과 예문
～に対(たい)して	～에 대해서 人は自分の行為に対して責任がある。 사람은 자신의 행위에 대해서 책임이 있다. ＊ 동작이나 감정의 상대 또는 대상을 나타내는 표현으로, 뒤에 명사를 수식할 경우에는 **～に対する**(～에 대한)의 형태를 사용합니다. 또한 **～のに対しては** '～(인)한데 비해'라는 어떤 사항에 관해서 두 가지 사항을 대비할 때 사용하기도 합니다. 어휘 **行為**(こうい) 행위 | **対**(たい)**する** 대하다 | **責任**(せきにん) 책임
～に違(ちが)いない	～임에 틀림없다, 틀림없이 ～것이다 彼女は約束を忘れたに違いない。 그녀는 약속을 잊었음에 틀림없다. ＊ 확신에 찬 추측의 표현으로, 비슷한 표현으로 **～に相違ない**(～임에 틀림없다)가 있습니다. 어휘 **約束**(やくそく) 약속 | **忘**(わす)**れる** 잊다 | **違**(ちが)**う** 다르다, 틀리다 | **相違**(そうい) 상위, 서로 다름
～について	～에 관해서 私たちはよく将来のことについて話し合ったものだ。 우리들은 자주 장래에 관해서 이야기를 나누곤 했다. ＊ 다루거나 취급하는 대상을 나타내는 표현으로, **～について** 뒤에는 **知る**(알다), **考える**(생각하다), **話す**(이야기하다), **述べる**(말하다), **聞く**(듣다), **書く**(쓰다), **読む**(읽다), **調べる**(조사하다), **相談する**(상담하다)와 같은 동사가 오는 경우가 많습니다. 어휘 **将来**(しょうらい) 장래, 미래 | **話**(はな)**し合**(あ)**う** 서로 이야기하다, 의논하다 | **知**(し)**る** 알다 | **考**(かんが)**える** 생각하다 | **話**(はな)**す** 이야기하다 | **述**(の)**べる** 말하다, 서술하다 | **調**(しら)**べる** 조사하다, 찾다 | **相談**(そうだん)**する** 상담하다
～につれて	～(함)에 따라 彼女は成長するにつれて、ますます美しくなった。 그녀는 성장함에 따라, 점점 아름다워졌다. ＊ 한쪽의 상황이나 정도가 변하면, 그것이 이유가 되어 다른 한쪽도 변함을 나타내는 의미로, 동사의 기본형과 명사에 접속됩니다. 앞뒤 문장 모두 변화를 나타내는 말이 오고, 일회성으로 끝나는 변화에는 사용할 수 없습니다. 또한 뒤에 **～つもりだ**(～할 생각이다), **～(よ)うと思う**(～하려고 생각하다)와 같이 말하는 사람의 의향을 나타내는 표현이나, **～ましょう**(～합시다)와 같은 권유문은 올 수 없습니다. 어휘 **成長**(せいちょう) 성장 | **ますます** 더욱더, 점점 더 | **美**(うつく)**しい** 아름답다 | **つもり** 생각, 작정, 의도

문법	뜻과 예문
～にとって	～에게 있어서 水は人間にとって大切だ。 물은 인간에게 있어서 소중하다. ＊ '～의 입장에서 생각하면'이라는 의미로 판단하거나 평가하는 입장 · 시점을 나타내는 표현으로, ～にとっては(～에게 있어서는), ～にとっても(～에게 있어서도)의 형태로도 많이 쓰입니다. 어휘 水(みず) 물 | 人間(にんげん) 인간 | 大切(たいせつ)だ 중요하다, 소중하다
～に反(はん)して	～와 반대로, ～와는 다르게 みんなの予想に反して試験はとても易しかった。 모두의 예상과는 다르게 시험은 매우 쉬웠다. ＊ 주로 予想(예상), 期待(기대), 意思(의사), 意志(의지), 予測(예측), 希望(희망), 命令(명령) 등과 같은 단어와 접속되는 경우가 많고, ～に反する(～에 반한,～와는 다른), ～に反した(～에 반한,～에 어긋난)의 형태로도 사용됩니다. 어휘 予想(よそう) 예상 | 反(はん)する 반하다, 반대되다, 위반되다, 어긋나다 | 試験(しけん) 시험 | 易(やさ)しい 쉽다, 용이하다 | 期待(きたい) 기대 | 意思(いし) 의사, 생각 | 意志(いし) 의지, 의사, 뜻 | 予測(よそく) 예측 | 希望(きぼう) 희망 | 命令(めいれい) 명령
～に基(もと)づいて	～에 의거(근거)하여 私の理論は新しい研究成果に基づいている。 나의 이론은 새로운 연구 성과에 의거하고 있다. ＊ ～に基づき의 형태로도 사용할 수 있고, 뒤에 명사를 수식할 경우에는 ～に基づく · ～に基づいた(～에 의거(근거)한)로 활용하여 쓰입니다. 어휘 理論(りろん) 이론 | 新(あたら)しい 새롭다 | 研究(けんきゅう) 연구 | 成果(せいか) 성과 | 基(もと)づく 의거하다, 근거하다
～によって ～による	～에 의해(서), ～에 따라(서)/ ～에 의한, ～에 따른 社会の習慣は国によって異なる。 사회의 풍습은 나라에 따라서 다르다. 彼の失敗は不注意によるものだ。 그의 실패는 부주의에 의한 것이다. ＊ 관련과 대응, 원인과 이유, 동작의 주체, 수단과 방법 등 문맥에 따라 다양한 의미로 사용됩니다. 또한 ～によって는 ～により의 형태로도 사용할 수 있고, ～によっては(～에 따라서는) 형태로 활용되어 사용되기도 합니다. 어휘 社会(しゃかい) 사회 | 習慣(しゅうかん) 습관 | 国(くに) 나라, 국가 | 異(こと)なる 다르다 | 失敗(しっぱい) 실패 | 不注意(ふちゅうい) 부주의

문법	뜻과 예문
~によると ~によれば	~에 의하면, ~로는 ニュースによると、日本で地震が起こったそうだ。 뉴스에 의하면 일본에서 지진이 일어났다고 한다. 統計によれば、この市の人口は10年で2倍になった。 통계에 의하면, 이 도시의 인구는 10년 만에 두 배가 되었다. ＊ 전문의 표현에서 그 내용의 근거를 나타낼 때 사용되는 표현으로 뒤에 **~そうだ·~らしい·~ということだ**와 같은 전문의 표현이 주로 오게 됩니다. 어휘 **地震**(じしん) 지진 | **起**(お)**こる** 일어나다, 발생하다 | **統計**(とうけい) 통계 | **市**(し) 시, 시장, 도시 | **人口**(じんこう) 인구 | **~倍**(ばい) ~배
~にわたって	~에 걸쳐서, ~ 동안, ~ 전체에 全国にわたって大雪が降った。 전국에 걸쳐 큰 눈이 내렸다. ＊ 주로 장소, 횟수, 기간의 범위를 나타내는 말에 붙어 '~의 범위 전체에 그렇다'는 의미를 나타냅니다. 명사를 수식할 경우에는 **~にわたる**(~에 걸친, ~동안의)의 형태로 활용하여 사용합니다. 어휘 **全国**(ぜんこく) 전국 | **大雪**(おおゆき) 대설, 큰눈 | **降**(ふ)**る** 내리다
~ぬく	끝까지~하다, 몹시~하다 どんなに辛くても最後までやりぬきたいです。 아무리 힘들어도 마지막까지 해내고 싶습니다. ＊ 동사의 **ます**형에 접속하여 '어려움을 극복하고 마지막까지 완전히 ~하다', 또는 '몹시(매우) ~하다', '철저히 ~하다'라고 표현할 때 사용합니다. 어휘 **辛**(つら)**い** 괴롭다, 고통스럽다 | **最後**(さいご) 최후, 마지막 | **やる** 하다, 주다
~のだ	~(것)이다 彼は正直だ。だから私は彼のことが好きなのだ。 그는 정직하다. 그래서 나는 그를 좋아하는 것이다. ＊ 앞 문장의 내용 또는 현재 상황에 대한 원인이나 이유를 설명하거나, 화자의 주장이나 결의를 나타낼 때 쓰입니다. 정중한 표현은 **~のです**이고, 회화체에서는 **~んです**로 사용되는 경우가 많습니다. 어휘 **正直**(しょうじき) 정직 | **だから** 그러니까, 그래서
~のではないだろうか	~게 아닌가 싶다, ~지 않을까 한다 これは本質的な問題なのではないだろうか。 이것은 본질적인 문제가 아닌가 싶다. ＊ **~のではないかと思う**의 형태로도 사용할 수 있습니다. 어휘 **本質的**(ほんしつてき) 본질적 | **問題**(もんだい) 문제

문법	뜻과 예문
～ばかり ～ばかりだ ～ばかりで(は)なく	～뿐, ～만, ～ 정도, ～ 쯤/～할 뿐이다, ～한지 얼마 안 되었다/ ～뿐 아니라 彼女はいつも文句ばかり言っている。 그녀는 항상 불평만 늘어놓고 있다. 店の中には10人ばかりの客がいた。 가게 안에는 10명 정도의 손님이 있었다. その子はただ泣くばかりだった。 그 아이는 그저 울 뿐이었다. 彼は外国から帰ったばかりだ。 그는 외국에서 돌아온 지 얼마 안 되었다. 彼は知識ばかりでなく経験もある。 그는 지식뿐 아니라 경험도 있다. * '～ばかり는 보통 한정의 의미를 나타내지만, 숫자 뒤에 접속되면 수량을 확실히 말하지 않고 대략적으로 표현하는 역할을 하게 됩니다. 그리고 ～ばかりだ는 동사와 형용사의 명사 수식형에 접속되면 범위의 한정을 나타내지만, 동사의 た형에 접속되면 동작이 완료되고서 얼마 지나지 않았음을 나타냅니다. 또한 ～ばかりで(は)なく는 ～だけで(は)なく와 거의 같은 의미로 '～뿐 아니라 범위가 더 크게 미침'을 나타냅니다. 어휘 **文句**(もんく) 문구, 불평, 트집 | **店**(みせ) 가게 | **客**(きゃく) 손님 | **ただ** 오직, 그저, 단지, 겨우, 단, 다만 | **泣**(な)**く** 울다 | **外国**(がいこく) 외국 | **知識**(ちしき) 지식 | **経験**(けいけん) 경험
～はずだ ～はずがない	(틀림없이) ～할(일) 것이다/～할(일) 리가 없다 会議は今ごろもう始まっているはずだ。 회의는 지금쯤 이미 시작되고 있을 것이다. 彼女が私にうそをついたはずがない。 그녀가 나에세 거짓말을 했을 리가 없다. * ～はずだ는 추론을 근거로 당연히 그렇다고 확신할 때 사용하는 표현이고, ～はずがない는 어떤 사실을 근거로 그럴 가능성이 없다고 말할 때 사용하는 표현입니다. 어휘 **会議**(かいぎ) 회의 | **今頃**(いまごろ) 지금쯤, 이맘때 | **始**(はじ)**まる** 시작되다 | **嘘**(うそ)**をつく** 거짓말을 하다
～は別(べつ)として	～은 차치하고, ～은 제쳐놓고 値段は別として、そのドレスは私に似合わない。 가격은 차치하고, 그 드레스는 나에게 어울리지 않는다. * ～は別にして (～은 차치하고), ～は除いて (～는 제외하고), ～はともかく(として) (～은 차치하고), ～はさておき (～은 차치하고)와 비슷한 의미로 사용됩니다. 어휘 **値段**(ねだん) 가격 | **似合**(にあ)**う** 어울리다

문법	뜻과 예문
～はもちろん	~은 물론 妻はもちろん子供たちもパーティーに招待された。 아내는 물론 아이들도 파티에 초대되었다. * '~은 당연하고 그 밖에도'라는 의미로, 비슷한 표현으로 **～はもとより**가 있는데 **～はもちろん**보다 문어적인 표현입니다. 어휘 **妻**(つま) 아내 | **もちろん** 물론 | **招待**(しょうたい) 초대
～反面(半面) (はんめん)	~한(인) 반면, ~한(인) 한편 この薬はよく効く反面、副作用がある。 이 약은 잘 듣는 반면, 부작용이 있다. * **反面**은 반대의 면을, **半面**은 다른 한쪽 면을 의미하는 명사이지만, 두 가지의 반대되는 경향이나 성격을 나타낼 때 이 두 표현은 바꾸어 사용할 수 있습니다. 어휘 **薬**(くすり) 약 | **効**(き)**く** 효력이 있다, 잘 듣다 | **反面**(はんめん) 반면 | **半面**(はんめん) 반면 | **副作用**(ふくさよう) 부작용
～ふう	~식, ~방법, ~것 같(다), ~듯(하다) どういうふうにやればいいか聞いてみなさい。 어떠한 식으로 하면 좋을지 물어보세요. * 구체적인 예나 내용을 설명하거나, 상태나 방법, 방식을 나타낼 때 사용합니다. 어휘 **どういう** 어떠한, 어떤 | **風**(ふう) 풍습, 경향, 방법, ~식, ~풍
～べきだ ～べきではない	~해야 한다(~하는 게 당연하다)/ ~해서는 안 된다(~하는 것은 옳지 않다) 行動する前に考えるべきだ。 행동하기 전에 생각해야 한다. 人は外見で判断すべきではない。 사람은 외견으로 판단해서는 안 된다. * **～べきだ**는 의무나 당연을 나타내는 표현이므로, 반드시 해야 하는 의무 표현인 **～なければならない**(~하지 않으면 안 된다)와 혼동하기 쉽습니다. 인간의 의지에 의해 행해지는 당연함에는 둘 다 사용할 수 있으나, 인간의 의지를 초월한 사태를 나타낼 때에는 **～なければならない**를 사용한다고 구별해 둡시다. 어휘 **行動**(こうどう) 행동 | **前**(まえ) 앞, 전 | **考**(かんが)**える** 생각하다 | **外見**(がいけん) 외견, 겉보기 | **判断**(はんだん) 판단

문법	뜻과 예문
~ほど(だ) ~ほど~ない ~ば~ほど	~할 정도(이다)/ ~만큼 ~한 것은 없다(~하지 않다)/ ~면 ~수록 その店には10回ほど行きました。 그 가게에는 10번 정도 갔습니다. この料理は口から火が出るほど辛いです。 이 요리는 입에서 불이 날 정도로 맵습니다. 私ほど妻を愛している人はいません。 저만큼 아내를 사랑하는 사람은 없습니다. 彼を知れば知るほど、私は彼が好きになる。 그를 알면 알수록, 나는 그가 좋아진다. * ~ほど는 대략적인 수량을 나타내거나, 어떤 상태가 어느 정도 그러한지를 강조해서 말하고 싶을 때 사용하는 표현입니다. 응용 표현인 ~ほど~ない는 상태의 강조표현과 함께, '가장~하다'라는 두 가지 의미로 사용되고, ~ば~ほど는 한쪽이 변하면 그와 함께 다른 쪽도 변한다고 말할 때 사용하는 표현으로 ~ば를 생략하고 사용할 수도 있습니다. 어휘 店(みせ) 가게 | 料理(りょうり) 요리 | 口(くち) 입 | 火(ひ)が出(で)る 불이 나다 | 辛(から)い 맵다 | 妻(つま) 아내 | 愛(あい)する 사랑하다 | 知(し)る 알다
~まで ~までに ~てまで ~までして	~까지/ ~까지는/ ~해서 까지/ ~까지 해서/ 彼は夜遅くまで寝ないで勉強する。 그는 밤늦게까지 자지 않고 공부한다. 必ず明日までに宿題を提出してください。 반드시 내일까지는 숙제를 제출해 주세요. 量が多くて全部食べられないときには、無理をしてまで食べる必要はありません。 양이 많아서 전부 먹을 수 없을 때에는, 무리를 해서까지 먹을 필요는 없습니다. 借金までして株式投資をする人がいる。 빚까지 내서 주식투자를 하는 사람이 있다. * ~まで는 계속적으로 행하여지는 동작이나 작용의 범위를 나타내고, ~までに는 순간적인 동작이나 작용이 행하여지는 일순간, 즉 최종적인 기한을 나타냅니다. 그리고 ~てまで와 ~までして는 극단적인 예나 어떤 목적을 위한 극단적인 행동을 나타낼 때 사용합니다. 어휘 夜(よる) 밤 | 遅(おそ)く 늦게 | 寝(ね)る 잠자다, 눕다 | 勉強(べんきょう) 공부 | 必(かなら)ず 반드시, 꼭, 틀림없이 | 明日(あした) 내일 | 宿題(しゅくだい) 숙제 | 提出(ていしゅつ) 제출 | 量(りょう) 양 | 多(おお)い 많다 | 全部(ぜんぶ) 전부 | 無理(むり) 무리 | 必要(ひつよう) 필요 | 借金(しゃっきん) 빚 | 株式(かぶしき) 주식 | 投資(とうし) 투자

문법	뜻과 예문
～まま(で)	～한 채로, ～한 상태로 食べ物を口に入れたまましゃべるのはよくありません。 음식물을 입에 넣은 채로 이야기하는 것은 좋지 않습니다. ＊ 동사의 **た**형과 **ない**형에 접속되어 '～한 상태가 유지된 상황에서 다른 동작이 이루어진다'는 의미를 나타냅니다. 어휘 **食**(た)**べ物**(もの) 먹을거리, 음식물 | **口**(くち) 입 | **入**(い)**れる** 넣다 | **喋**(しゃべ)**る** 말하다
～向(む)き ～向け	～향, ～방향 · ～에 알맞음, ～에 적합함/ ～을 대상으로 하는 · ～으로 보내는(행선지) このテキストは初心者向きにできている。 이 교재는 초보자에게 적합하게 만들어져 있다. これは特に若者向けにデザインされている。 이것은 특히 젊은이들을 대상으로 디자인 되어 있다. ＊ **～向き**는 방향을 나타내는 명사와 함께 사용되어 방향을 나타내는 의미와 함께 또 다른 용법으로 '～에게 어울리고 적합하다'는 의미로 사용됩니다. 이에 반해 **～向け**는 행선지를 나타내는 의미와 '～을 대상으로 하고 있음'을 나타내므로 용법의 차이를 구분해야 합니다. 어휘 **テキスト** 텍스트, 교과서 | **初心者**(しょしんしゃ) 초심자 | **向**(む)**き** 방향 | **特**(とく)**に** 특히, 특별히 | **若者**(わかもの) 젊은이 | **向**(む)**け** 대상 | **デザイン** 디자인
～もある	～이나 되다 太郎は体重が100キロもある。 다로는 체중이 100킬로그램이나 된다. ＊ 수량이 많거나 정도가 심한 상태를 강조할 때 쓰이는 표현입니다. **～もする**가 되면 '～이나 하다'라는 의미로 사용되므로 함께 익혀둡시다. 어휘 **体重**(たいじゅう) 체중
～ものだ ～ものではない	～하는 법이다, ～하는 게 당연하다 / ～하는 게 아니다, 그렇게 해서는 안 된다 勤勉な人は最後には成功するものである。 근면한 사람은 마지막에는 성공하는 법이다. 先生にそんな失礼なことを言うものではない。 선생님에게 그런 실례되는 말을 하는 게 아니다. ＊ 어떤 일에 대해 당연한 일, 일반적인 사항, 진리나 상식이라고 알려주거나 조언할 때에 쓰입니다. 또한 **～ものだ**는 동사와 형용사의 **～た**형에 접속되면 '～하곤 했었다'는 과거 회상의 의미로 사용되기도 하므로 주의해야 합니다. 어휘 **勤勉**(きんべん) 근면 | **最後**(さいご) 최후, 마지막 | **成功**(せいこう) 성공 | **失礼**(しつれい) 실례

문법	뜻과 예문
～ものだから ～もので	～ 때문에, ～해서(여서) 彼女は試験に合格したものだからうきうきしている。 그녀는 시험에 합격했기 때문에 기뻐서 들떠 있다. 目覚まし時計が壊れていたもので遅刻してしまった。 자명종이 고장 나 있어서 지각하고 말았다. * 개인적인 이유나 변명을 말할 때 쓰이는 표현으로, 이유를 나타내는 **から**로 바꾸어 쓸 수 있지만, **～ものだから**와 **～もので**의 뒤에는 의지나 명령표현이 오지 못합니다. 어휘 **試験**(しけん) 시험 | **合格**(ごうかく) 합격 | **うきうき** (신이 나서) 마음이 들뜬 모양 | **目覚**(めざ)**まし時計**(どけい) 자명종 | **壊**(こわ)**れる** 깨지다, 부서지다, 고장나다 | **遅刻**(ちこく) 지각
～も～ば、～も	～도 ～하고, ～도 人の一生にはいいときもあれば、悪いときもある。 사람의 일생에는 좋을 때도 있고 나쁠 때도 있다. 어휘 **一生**(いっしょう) 일생, 평생
～ようがない	～할 수가 없다 どういう状況なのか全くわからないので、答えようがないんです。 어떤 상황인지 전혀 모르기 때문에, 대답할 방법이 없습니다. * '그렇게 하고는 싶지만, ～할 수단이나 방법이 없어서 할 수가 없다' 고 이야기할 때 사용하는 표현입니다. 조사를 바꾸어 **～ようもない**가 되면 '～할 수도 없다' 즉, '～할 방법도 없다'라는 의미가 되고, **～ようもある**는 '～할 수도 있다', 즉 '～할 방법도 있다'는 강조의 의미가 됩니다. 어휘 **どういう** 어떤 | **状況**(じょうきょう) 상황 | **全**(まった)**く** 전혀, 완전히 | **答**(こた)**える** 대답하다
～ように ～ないように ～ように言う ～ようにする ～ようになる	～하게, ～하도록/ ～하지 않도록/ ～하도록 말하다/ ～하도록 하다/ ～하게 되다 背が高くなるように毎日牛乳をたくさん飲んでいる。 키가 커지도록 매일 우유를 많이 마시고 있다. 授業中はおしゃべりしないように。 수업 중에는 떠들지 않도록. 部長にコピーを30部とるように言われた。 부장님이 복사를 30부 해오라고 했다. 妻が病気なので、今日はできるだけ早く帰るようにします。 아내가 아파서 오늘은 가능한 한 빨리 귀가하려고 합니다.

문법	뜻과 예문
	インターネットによって世界中の情報が簡単に手に入るようになった。 인터넷을 통해 전 세계 정보가 간단히 손에 들어오게 되었다. * 기본적으로 **~ように**와 **~ないように**는 목적과 희망, 충고, 가벼운 명령을 나타내는 표현입니다. 응용표현인 **~ように言う**는 주로 명령이나 의뢰, 권유표현에 쓰이고, **~ようにする**는 어떠한 행위나 상황을 실현시키기 위해 노력함을 나타내는 표현, **~ようになる**는 가능성 · 상황 · 습관 등의 변화 과정을 나타내는 표현입니다. 어휘 **背**(せ)**が高**(たか)**い** 키가 크다 | **毎日**(まいにち) 매일 | **牛乳**(ぎゅうにゅう) 우유 | **授業中**(じゅぎょうちゅう) 수업 중 | **お喋**(しゃべ)**り** 잡담함 | **部長**(ぶちょう) 부장 | **妻**(つま) 아내 | **病気**(びょうき) 병 | **インターネット** 인터넷 | **世界中**(せかいじゅう) 전 세계 | **情報**(じょうほう) 정보 | **簡単**(かんたん)**に** 간단히 | **手**(て)**に入**(はい)**る** 손에 들어오다
~ようなら	~일(할) 것 같으면 体の具合が悪いようなら、明日出勤しなくてもいいです。 몸 상태가 좋지 않은 것 같으면, 내일 출근하지 않아도 됩니다. * 추측의 **~ようだ**의 조건표현으로, 문장체로는 **~ようであれば**, 회화체로는 **~ようだったら**가 사용됩니다. 어휘 **体**(からだ) 몸 | **具合**(ぐあ)**いが悪**(わる)**い** 상태가 좋지 않다 | **出勤**(しゅっきん) 출근
~わけがない	~할(일) 리가 없다 中国人の彼が漢字が書けないわけがありません。 중국인인 그가 한자를 못 쓸 리가 없습니다. * 어떤 사실을 근거로 '그럴 리가 없다'는 화자의 주관적인 판단을 나타냅니다. **~わけはない**(~할 리는 없다), **~わけもない**(~할 리도 없다)와 같은 형태로도 사용할 수 있으며, 비슷한 표현인 **~はずがない**(~할 리가 없다)는 객관적인 판단을 나타낸다는 의미의 차이가 있으나, 구별 없이 함께 기억해도 좋습니다. 어휘 **中国人**(ちゅうごくじん) 중국인 | **漢字**(かんじ) 한자
~わけだ ~わけではない	~ 것이다, ~ 게 당연하다, ~할 만하다/ ~한(인) 것은 아니다 彼女は中国で3年も働いていたので、中国の事情にかなり詳しいわけである。 그녀는 중국에서 3년이나 일했기 때문에 중국 사정에 상당히 정통할 것이다. 英語を何年も勉強したからといって、話せるわけではない。 영어를 몇 년이나 공부했다고 해서, 말할 수 있는 것은 아니다. * **わけ**는 이유나 사정의 의미의 명사이지만, 조동사로 쓰일 때에는 '이유를 알게 되어 납득할 수 있는 당연한 결과'를 나타냅니다. 어휘 **働**(はたら)**く** 일하다, 활동하다, 작용하다 | **事情**(じじょう) 사정 | **かなり** 꽤, 제법, 상당히 | **詳**(くわ)**しい** 자세하다, 상세하다, 정통하다, 밝다 | **英語**(えいご) 영어 | **勉強**(べんきょう) 공부 | **話**(はな)**す** 이야기하다

문법	뜻과 예문
～をきっかけに	～을 계기로(해서) 松本先生との出会いをきっかけに、私の人生は変わった。 마쓰모토 선생님과의 만남을 계기로 내 인생은 바뀌었다. ＊ 어떤 일을 시작하는 기회나 동기를 말하는 표현입니다. ～をきっかけにして, ～をきっかけとして의 형태로도 사용되며, 응용 표현인 ～がきっかけで(～가 계기로)도 함께 알아두도록 합시다. 어휘 出会(であ)い 만남 | きっかけ 계기 | 人生(じんせい) 인생 | 変(か)わる 변하다, 바뀌다
～をこめて	～을 담아 感謝の気持ちをこめてメッセージを贈ります。 감사의 마음을 담아 메시지를 보냅니다. ＊ 사람의 정성이나 심정을 어떤 것에 담아서라는 의미로 주로 心(마음), 気持ち(기분, 마음), 願い(희망, 소원, 바람), 祈り(기원, 기도), 愛(사랑), 悲しみ(슬픔), 恨み(원망) 등과 같은 명사와 함께 사용되는 경우가 많습니다. 어휘 感謝(かんしゃ) 감사 | 気持(きもち) 기분, 마음, 느낌 | 込(こ)める 채우다, 담다 | メッセージ 메시지 | 贈(おく)る (감사 · 축복의 뜻으로) 선물하다, 보내다 | 心(こころ) 마음 | 願(ねが)い 희망, 소원, 바람 | 祈(いの)り 기원, 기도 | 愛(あい) 사랑 | 悲(かな)しみ 슬픔 | 恨(うら)み 원망, 원한
～をたよりに	～을 의지하여 地図をたよりに彼の家を探した。 지도를 의지하여 그의 집을 찾았다. ＊ 회화체에서는 ～をたよりにして(～을 의지해서), ～をたよりとして(～을 의지해서)라고도 사용합니다. 어휘 地図(ちず) 지도 | 頼(たよ)る 의지하다, 믿다 | 探(さが)す 찾다
～を中心(ちゅうしん)に(して)	～을 중심으로(해서) 世界は君を中心に回っているわけではない。 세계는 너를 중심으로 돌고 있는 것은 아니다. ＊ ～を中心として의 형태로도 사용되며, 어떤 일의 중심이 되는 사물이나 사람을 나타냅니다. 어휘 世界(せかい) 세계 | 中心(ちゅうしん) 중심 | 回(まわ)る 돌다

문법	뜻과 예문
～を通(とお)して ～を通(つう)じて	～을 통해서 人はいろいろな経験を通して成長する。 사람은 여러 가지 경험을 통해서 성장한다. この国では年間を通じて気温の変動がほとんどない。 이 나라는 1년 내내 기온의 변동이 거의 없다. * '어떤 것을 수단으로 하거나 매개로 해서'라는 의미와 '어떠한 기간 동안 쭉'이라는 의미를 나타낼 때 사용합니다. 어휘 **色々**(いろいろ)**な** 여러 가지, 갖가지 | **経験**(けいけん) 경험 | **通**(とお)**す** 통하게 하다, 통과시키다 | **成長**(せいちょう) 성장 | **年間**(ねんかん) 연간 | **通**(つう)**じる** 통하다 | **気温**(きおん) 기온 | **変動**(へんどう) 변동 | **ほとんど** 대부분, 거의
～をはじめ	～을 비롯해서 エジソンは電気をはじめ多くのものを発明した。 에디슨은 전기를 비롯하여 많은 것을 발명했다. * 대표적인 것을 예로 들어 그것을 비롯하여 그 밖의 것 모두를 말할 때 사용합니다. 어휘 **電気**(でんき) 전기 | **はじめ** 처음, 시작 | **多**(おお)**く** 많음, 대부분, 대개, 대체로 | **発明**(はつめい) 발명
～をひかえ(て)	～을 앞두고, ～에 직면해서 新店舗の開店を控え、店内は準備で慌ただしい。 새로운 가게의 개점을 앞두고, 가게 안은 준비로 분주하다. * **～をまえにして**(～을 앞에 두고)와 거의 비슷한 의미로 사용되지만 **～をひかえて**가 좀 더 시간적으로 여유가 있는 느낌입니다. 그리고 **～をまえにして**는 시간적, 공간적 의미 둘 다 사용하지만 **～をひかえて**는 시간적인 의미로만 사용합니다. 어휘 **新店舗**(しんてんぽ) 새로운 가게(점포) | **開店**(かいてん) 개점 | **控**(ひか)**える** 대기하다, (앞에)놓이다 | **店内**(てんない) 가게 안 | **準備**(じゅんび) 준비 | **慌**(あわ)**ただしい** 분주하다
～をまえに(して)	～을 앞에 두고 会議での発表を前にして、手足が震えてきた。 회의에서의 발표를 앞두고 손발이 떨렸다. * 시간이 초근접해 있어서, 곧 뭔가가 발생할 긴박감, 시간적으로 여유가 없는, 곧 시작하는 것을 나타냅니다. **～をまえにして**는 물리적인 위치 관계 즉, '실제로 뭔가를 눈 앞에 두고'라는 의미로도 사용됩니다. 어휘 **会議**(かいぎ) 회의 | **発表**(はっぴょう) 발표 | **前**(まえ) 앞 | **手足**(てあし) 수족, 손발 | **震**(ふる)**える** 흔들리다, 떨리다

문법	뜻과 예문
~をもとに(して)	~을 토대로, ~을 근거로, ~을 기준으로 この映画は小説をもとにしている。 이 영화는 소설을 토대로 하고 있다. ＊ 어떤 것이 생겨나는 근원이나 구체적인 소재를 나타낼 때 사용합니다. 어휘 映画(えいが) 영화 | 小説(しょうせつ) 소설 | もと 처음, 원인, 근본, 기초
~(ん)じゃない? ~(ん)じゃないかと思う	~하는(한)거 아냐?, ~아냐? ~지 않니?/~지 않을까 하다, ~할(일)거라고 생각하다 先生に相談してみた方がいいんじゃない? 선생님에게 상담해 보는 편이 좋지 않아? 彼は明日にもやって来るんじゃないかと思います。 그는 내일도 찾아오지 않을까 합니다. ＊ 각각 ~(の)ではないか와 ~(の)ではないかと思う의 회화체 표현입니다. 어휘 相談(そうだん) 상담 | やってくる 다가오다, 찾아오다
~(ん)だって	~라던데, ~(한)다면서, ~한대 午前2時に寝たんだって。今日眠そうなのも当然だね。 오전 2시에 잤대. 오늘 졸려 보이는 것도 당연하네. ＊ 설명의 んだ(のだ)에 인용의 って가 연결된 형태로, 다른 사람에게 들은 정보임을 나타냅니다. 어휘 午前(ごぜん) 오전 | 寝(ね)る 잠들다, 눕다 | 眠(ねむ)い 졸리다 | 当然(とうぜん) 당연
~(んだ)もの	~인(하는) 걸, ~단 말이야 A: 何で外で遊ばないの。 B: だって外は寒いんだもの。 A : 왜 밖에서 안 놀아? B : 하지만 밖은 추운걸. ＊ 회화체 표현으로 문장 끝에 와서 이유를 나타냅니다. ~もの를 좀 더 허물없이 말할 때는 ~もん을 쓰고, 앞에 だって(하지만)라는 접속사가 오는 경우가 많습니다. 어휘 外(そと) 밖 | 遊(あそ)ぶ 놀다 | だって 그렇지만, 하지만, 그런데 | 寒(さむ)い 춥다

문법형식 판단 완벽대비 문제 ❶ 회

問題 1 つぎの文の（　　）に入れるのに最もよいものを、1·2·3·4から一つえらびなさい。

01 夜の（　　）ずっと風の音が聞こえて眠れなかった。

1 あいだに　2 あいだ　3 うちは　4 うちで

02 彼女は自分の成功を幸運の（　　）と考えていた。

1 ようだ　2 とおりだ　3 おかげだ　4 せいだ

03 本当は知っている（　　）知らないふりをしている。

1 くせに　2 ために　3 かわりに　4 うちに

04 国へ帰るので、仕事を（　　）。

1 やめることはありません　2 やめることがありました
3 やめることにしました　4 やめるくらいではありません

05 彼女が無事に帰宅した（　　）確かめてください。

1 ついでに　2 というか　3 ばかり　4 かどうか

06 この辞書は便利な（　　）便利だが、高くて買えない。

1 はずは　2 ことは　3 くらいは　4 ものは

07 お店の売り上げが伸びず、ストレスがたまる（　　）。

1 ことだ　2 っぽい　3 一方だ　4 ことになっている

08 彼は知識（　　）経験も豊かである。

1 だけでなく　2 一方で　3 からこそ　4 というより

09 私の靴を修理（　　）のにどれくらいかかりますか。

1 してさしあげる　2 していただく　3 させてくださる　4 させてあげる

10 この家は強い風が吹いたら、倒れ（　　）。

1 ようだ　2 みたいだ　3 そうだ　4 らしい

문법형식 판단 완벽대비 문제 ❷ 회

問題 1 つぎの文の（　　　）に入れるのに最もよいものを、1·2·3·4から一つえらびなさい。

01 彼は私に助言してくれた（　　　）お金もくれた。

1 うちに　2 かわりに　3 くせに　4 うえに

02 どんなにお金が（　　　）健康でないと人は幸せに暮らせない。

1 あれば　2 あっても　3 あるから　4 あるために

03 日本語の先生（　　　）漢字はときどき間違える。

1 ほど　2 だけ　3 さえ　4 ほか

04 公園で出会って以来、彼女のことが気に（　　　）。

1 なってしかたがない　2 してたまらない
3 なってほしい　4 してもいい

05 A「そんなに（　　　）と豚になるよ。」
B「ふん、よけいなお世話よ。」

1 食べないでいる　2 食べることにする　3 食べてはならない　4 食べてばかりいる

06 彼はアメリカへ（　　　）以来何の便りもない。

1 行った　2 行って　3 行かなかった　4 行かないで

07 年をとる（　　　）、体力がだんだん弱くなった。

1 とともに　2 ついでに　3 あまりに　4 たびに

08 彼は頭がいいからこんな易しい問題はわかる（　　　）です。

1 もの　2 ばかり　3 はず　4 ほど

09 先生は今日ずっと研究室に（　　　）。

1 おっしゃいます　2 まいります　3 うかがいます　4 いらっしゃいます

10 彼の行動にはいつもびっくり（　　　）。

1 なさる　2 させられる　3 させる　4 される

문법형식 판단 완벽대비 문제 ③ 회

問題 1 つぎの文の（　　　）に入れるのに最もよいものを、1·2·3·4から一つえらびなさい。

01 後ろの席の人にも聞こえる（　　　）大きな声で話した。

1 までに　**2** うえに　**3** だけに　**4** ように

02 走りすぎた（　　　）、倒れてしまった。

1 一方で　**2** あまり　**3** つもりで　**4** ところに

03 世の中で（　　　）成功するものはいない。

1 努力しても　**2** 努力しなくて　**3** 努力せずに　**4** 努力しながら

04 図書館へ本を返しに行く（　　　）、車にガソリンを入れてくるね。

1 ついでに　**2** とともに　**3** といっても　**4** ことなら

05 勉強中、（　　　）ときは、濃いお茶を飲むといい。

1 眠ることはない　**2** 眠くてしょうがない
3 眠くてもかまわない　**4** 眠るべきではない

06 聞くところによると、彼らは1週間たてば帰ってくる（　　　）。

1 というものだ　**2** わけだ　**3** 一方だ　**4** ということだ

07 その話は、単なる噂（　　　）。

1 にすぎない　**2** とはかぎらない　**3** ばかりではない　**4** はずがない

08 人（　　　）禁煙すると体重が増える場合がある。

1 にとって　**2** について　**3** によって　**4** に対して

09 母親たちは子どもが道路で遊ばないように（　　　）。

1 するということだ　**2** するべきだ
3 するわけがない　**4** するだけではない

10 今度の出張、ぜひ私に（　　　）。

1 行ってくださいませんか　**2** 行っていただけませんか
3 行かせてさしあげませんか　**4** 行かせてくださいませんか

문법형식 판단 완벽대비 문제 ❹ 회

問題 1 つぎの文の（　　）に入れるのに最もよいものを、1・2・3・4から一つえらびなさい。

01 電車の中で眠っている（　　）財布をすられた。

1 あいだに　　2 うえに　　3 だけに　　4 ように

02 日本では年末から正月（　　）、ＪＲも飛行機も帰省ラッシュになります。

1 にわたって　　2 において　　3 にかけて　　4 に反して

03 辞書で調べた（　　）、この言葉にはいろいろな意味があることがわかった。

1 ばかり　　2 ところ　　3 まま　　4 以来

04 彼は天才（　　）努力家だ。

1 というと　　2 からといって　　3 というより　　4 からこそ

05 貧しい人々が必ず不幸である（　　）。

1 ことはない　　2 べきではない　　3 わけがない　　4 とは限らない

06 A「あなたの家はどちら（　　）ですか。」
B「南（　　）です。」

1 ほう　　2 向き　　3 おき　　4 向け

07 以前はよく妹とその公園で遊んだ（　　）。

1 ものだ　　2 ことだ　　3 べきだ　　4 わけだ

08 旅行を（　　）、木村さんと親しくなりました。

1 きっかけにして　　2 はじめ　　3 中心に　　4 もとに

09 わざわざホテルまで（　　）本当にありがとうございます。

1 来ていらっしゃって　　2 まいっていただいて
3 まいってくださって　　4 来ていただいて

10 私にはその仕事はどうもでき（　　）。

1 ないほうがいい　　2 ようじゃない　　3 なければならない　　4 そうにない

問題 1 つぎの文の（　　）に入れるのに最もよいものを、1・2・3・4から一つえらびなさい。

01 持っている資格を（　　）仕事を探します。

1 きっかけに　2 こめて　3 もとに　4 もとづいて

02 朝寝坊のあなたが、朝5時に起きられる（　　）。

1 わけがない　2 かもしれない　3 わけではない　4 べきではない

03 動物が好きな人も（　　）、嫌いな人もいる。

1 いたら　2 いれば　3 いるなら　4 いると

04 彼は知識（　　）人格も備えている。

1 だけの　2 に反して　3 を通して　4 はもちろん

05 山田は英語（　　）クラスの誰にも負けない。

1 において　2 にかけては　3 に関して　4 によっては

06 子供はよく年長者の真似を（　　）。

1 することになっている　2 しそうもない
3 することにしている　4 しようとする

07 日本企業に就職したいのなら、まずは情報収集する（　　）。

1 だけだ　2 ことだ　3 ようだ　4 わけだ

08 若い母親は電車の中で赤ん坊に（　　）困っていました。

1 泣かれて　2 泣かせて　3 泣かせられて　4 泣かされて

09 「すみません。ちょっと（　　）ことがあるんですが。」

1 おうかがいになり　2 ごらんになり　3 おうかがいしたい　4 ごらんしたい

10 お暇な時に、簡単な日本食の作り方を（　　）。

1 お教えになりませんか　2 教えてなさいませんか
3 お教えしませんか　4 教えていただけませんか

問題 1 つぎの文の（　　　）に入れるのに最もよいものを、1・2・3・4 から一つえらびなさい。

01 地球は太陽（　　　）回っている。

1 を通じて　2 向きに　3 を中心にして　4 に基づいて

02 予定（　　　）終わるように計画を立ててやってください。

1 みたいに　2 どおり　3 うちに　4 おき

03 貧しい（　　　）不幸だということにはならない。

1 からといって　2 ことで　3 からこそ　4 ことなら

04 子ども（　　　）助かれば自分は死んでもいいと考えるのが親の気持ちです。

1 だけ　2 ばかり　3 くらい　4 さえ

05 成長する（　　　）子供っぽい習慣がなくなる。

1 に反して　2 に対して　3 につれて　4 に基づいて

06 漢字（　　　）、「難しい」と思うかもしれませんが、漢字の勉強はとても面白いです。

1 として　2 というと　3 とは　4 というか

07 彼らとは電話（　　　）、直接会って（　　　）お互いによく話し合う。

1 でも　2 さえ　3 には　4 とか

08 彼女は人生（　　　）否定的な態度をとっている。

1 に対して　2 にとって　3 にわたって　4 によって

09 皆さんはお子様のことでどんな悩みを（　　　）。

1 お持ちしますか　2 お持ちですか
3 お持たれになりますか　4 お持ちなさいますか

10 父は社長に会社を（　　　）、大変困った。

1 辞めさせて　2 辞められて　3 辞めさせられて　4 辞めさされて

문법형식 판단 완벽대비 문제 ⑦ 회

問題 1 つぎの文の（　　）に入れるのに最もよいものを、1·2·3·4から一つえらびなさい。

01 私がいない（　　）だれか来たのでしょうか。ドアが少し開いています。

1 間　　2 間に　　3 間は　　4 間も

02 夜がちょうど（　　）。

1 明けることにしている　　2 明けてほしい
3 明けてしょうがない　　4 明けようとしている

03 この牛乳はすっぱい味が（　　）。

1 ある　　2 なる　　3 する　　4 でる

04 雨の（　　）私たちはピクニックに行けなかった。

1 せいで　　2 うえに　　3 つもりで　　4 くせに

05 どんなにがんばった（　　）、調子の悪いときにはいい結果が出ない。

1 とおりに　　2 ところで　　3 たびに　　4 あまり

06 お名前は何とおっしゃいました（　　）。

1 なんて　　2 って　　3 なんか　　4 っけ

07 私（　　）はそれについて何も言うことはありません。

1 とは　　2 において　　3 として　　4 によって

08 人生は喜び（　　）苦しみの方が多いのかもしれない。

1 に反して　　2 にしたがって　　3 に対して　　4 に比べて

09 昨日、お父さんに自転車を（　　）。

1 修理してもらった　　2 修理してくれた
3 修理してさしあげた　　4 修理してくださった

10 彼が戻ってくるまでここでお待ちに（　　）。

1 なられてください　　2 してみましょうか
3 させていただけないでしょうか　　4 なったらどうですか

問題１ つぎの文の（　　　）に入れるのに最もよいものを、1・2・3・4から一つえらびなさい。

01　寒かったが、走っている（　　　）体が暖かくなった。
1 うちに　2 間は　3 うえに　4 あまり

02　今までの人生で今日（　　　）暑い日はありませんでした。
1 さえ　2 ほど　3 だって　4 だけ

03　その仕事は十分にお金になるが、その（　　　）1日に12時間働かなくてはならない。
1 最中　2 間　3 反面　4 向き

04　給料は、経験と学歴（　　　）決まります。
1 にかけて　2 に反して　3 に比べて　4 に基づいて

05　先生は学生が試験でカンニングをしている（　　　）を見つけた。
1 ところ　2 もの　3 わけ　4 つもり

06　新車を買った（　　　）銀行に貯金した。
1 ばかりで　2 つもりで　3 ところで　4 ためで

07　あの人に「はじめまして」と言われたが、前に一度会ったように（　　　）。
1 してほしい　2 思わない方がいい　3 思えてならない　4 してはならない

08　彼は上司の（　　　）会議に出席した。
1 ように　2 だけに　3 くせに　4 かわりに

09　第二外国語は自由に選択できる（　　　）。
1 ことになっている　2 ことはない　3 ことにしている　4 ことがある

10　漢字の読み書きを勉強（　　　）、大学の勉強についていけない。
1 しないために　2 してからでないと　3 しないように　4 しないからといって

문법형식 판단 완벽대비 문제 ⑨ 회

問題 1 つぎの文の（　　）に入れるのに最もよいものを、1・2・3・4から一つえらびなさい。

01 直接言うのは恥ずかしいので、友人（　　）彼女に気持ちを伝えた。

1 にしたがって　　2 をこめて　　3 にわたって　　4 を通して

02 人を見かけで判断する（　　）。

1 わけだ　　2 ものだ　　3 わけではない　　4 ものではない

03 出入り口は開けた（　　）になっていた。

1 っぽい　　2 まま　　3 ばかり　　4 ほど

04 自分が失敗した（　　）、息子には成功してほしい。

1 一方で　　2 ことなら　　3 からこそ　　4 最中に

05 たとえ先生がそう（　　）、僕はそれを信じない。

1 言っても　　2 言うから　　3 言わなくて　　4 言わず

06 人類の（　　）働くつもりだ。

1 ために　　2 ように　　3 うえに　　4 かわりに

07 こんなに暑い日に走るなんて、だれ（　　）つらい。

1 なんか　　2 だって　　3 とか　　4 さえ

08 男にできて女にできない（　　）。

1 べきではない　　2 ばかりではない　　3 ことはない　　4 ほどではない

09 インドは長年（　　）英国に支配されていた。

1 にかけて　　2 にとって　　3 にわたって　　4 によって

10 あちらに申込書が（　　）ので、ご記入ください。

1 存じます　　2 なさいます　　3 おります　　4 ございます

문법형식 판단 완벽대비 문제 ⑩ 회

問題 1 つぎの文の（　　）に入れるのに最もよいものを、1·2·3·4から一つえらびなさい。

01 私は日曜日（　　）自分の部屋をきれいに片付けます。

1 たびに　2 ごとに　3 最中に　4 うえに

02 その事故は下手な運転の（　　）だった。

1 おかげ　2 あまり　3 せい　4 一方

03 離れてみ（　　）お母さんの優しさが分かりました。

1 てはじめて　2 てからでないと　3 て以来　4 てほしい

04 今日は私の人生（　　）最高の日です。

1 について　2 にかけては　3 に対して　4 において

05 彼女は美しい（　　）才能もあった。

1 ついでに　2 からこそ　3 ところで　4 ばかりでなく

06 彼は語学に優れていて、フランス語（　　）7ヶ国語を話すことができる。

1 を通じて　2 をこめて　3 をはじめ　4 をきっかけとして

07 ガイドブックによれば、ここがこの辺で一番おいしい店なんだ（　　）。

1 っけ　2 って　3 だろう　4 のだ

08 彼は男（　　）勇気を持った人物だ。

1 どおり　2 らしい　3 ような　4 向けの

09 あなたのお越しを（　　）います。

1 お待ちになって　2 待たされて　3 お待ちして　4 お待ちにして

10 A:「すみません。辞書を（　　）。」
B:「ええ、どうぞ。」

1 借りていただけませんか　2 お借りになられてください
3 貸していただけませんか　4 お貸しになられてください

문장만들기 완벽대비 문제 1 회

問題 2 つぎの文の ___★___ に入る最もよいものを、1·2·3·4から一つえらびなさい。

01 試験までに ______ ______ ___★___ ______ いない。

1 残って　　2 しか　　3 たった　　4 一週間

02 あの人はよく ______ ______ ______ ___★___ したがる。

1 くせに　　2 知らない　　3 説明　　4 何でも

03 日本でも私の国の料理が食べられる ___★___ ______ ______ ______ どうもよくない。

1 味が　　2 ことは　　3 が　　4 食べられる

04 彼女の欠点は ______ ___★___ ______ ______ 。

1 ところだ　　2 すぎる　　3 おしゃべりを　　4 し

05 時間があれば、ちょっと ______ ___★___ ______ ______ んだけど。

1 その　　2 話したい　　3 について　　4 問題

06 彼は顔は ______ ______ ___★___ ______ 優しかった。

1 反面　　2 見える　　3 声は　　4 怖そうに

07 あなたが何を ______ ______ ___★___ ______ だろう。

1 彼女を　　2 言っても　　3 泣かせる　　4 ことになる

08 今日は良い１日だった ______ ___★___ ______ ______ 。

1 ぐっすり　　2 そうだ　　3 眠れ　　4 ので

09 帽子を ______ ______ ___★___ ______ べきではない。

1 教室に　　2 かぶった　　3 入る　　4 ままで

10 その作文は急いで書いた ______ ______ ______ ___★___ でしょう。

1 ので　　2 間違い　　3 きっと　　4 だらけ

問題 2 つぎの文の ＿★＿ に入る最もよいものを、1・2・3・4から一つえらびなさい。

01 子供を激しく叱る＿＿ ＿★＿ ＿＿ ＿＿も忘れてはいけない。

1 一方で　2 接する　3 こと　4 やさしく

02 彼女から電話を受けた＿＿ ＿＿ ＿★＿ ＿＿であった。

1 私は　2 とき　3 最中　4 読書の

03 彼に＿＿ ＿★＿ ＿＿ ＿＿。

1 なんか　2 よかった　3 しなければ　4 電話

04 努力したが、＿＿ ＿＿ ＿★＿ ＿＿となってしまった。

1 結果　2 に反する　3 みんなの　4 期待

05 彼女は＿＿ ＿＿ ＿★＿ ＿＿。

1 それ　2 はずがない　3 について　4 知っていた

06 仕事ができる人＿★＿ ＿＿ ＿＿ ＿＿。

1 時間の　2 上手い　3 使い方が　4 ほど

07 あの人は学者としては＿＿ ＿★＿ ＿＿ ＿＿尊敬できない。

1 人間　2 が　3 としては　4 立派だ

08 ＿＿ ＿＿ ＿★＿ ＿＿、ただ読まれるだけじゃ意味がない。

1 人に　2 いくら　3 読まれても　4 多くの

09 「どうして、彼にお金貸したのよ。」「＿★＿ ＿＿ ＿＿ ＿＿。」

1 もの　2 頼むんだ　3 泣いて　4 だって

10 先生が＿＿ ＿★＿ ＿＿ ＿＿いました。

1 とおり　2 私が　3 おっしゃる　4 間違って

문장만들기 완벽대비 문제 ③ 회

問題 2 つぎの文の＿★＿に入る最もよいものを、1·2·3·4から一つえらびなさい。

01 このお金を彼にあげる＿＿ ＿★＿ ＿＿ ＿＿いい。

1 なら　2 ほうが　3 くらい　4 捨てた

02 たとえ余裕があっても、休暇を過ごす＿★＿ ＿＿ ＿＿ ＿＿だろう。

1 行く　2 外国まで　3 ために　4 ことはない

03 私は教師に＿＿ ＿＿ ＿★＿ ＿＿始めた。

1 つもりで　2 学び　3 なる　4 英語を

04 アメリカは＿＿ ＿★＿ ＿＿ ＿＿。

1 発見　2 によって　3 コロンブス　4 された

05 先生は授業＿＿ ＿＿ ＿＿ ＿★＿います。

1 仕事を　2 以外にも　3 なさって　4 いろいろな

06 日本は物価が高いので、＿＿ ＿＿ ＿★＿ ＿＿している。

1 使わない　2 なるべく　3 ように　4 お金を

07 彼女は＿＿ ＿★＿ ＿＿ ＿＿、聴衆は深い感動をうけた。

1 歌った　2 こめて　3 ので　4 心を

08 もし車の数が増えると、＿＿ ＿★＿ ＿＿ ＿＿だろう。

1 道路は　2 ことになる　3 込む　4 ひどく

09 私は父を＿＿ ＿＿ ＿★＿ ＿＿した。

1 だけの　2 喜ばせようと　3 できる　4 ことを

10 部長、＿＿ ＿＿ ＿＿ ＿★＿ましたか。

1 ご覧になり　2 さっきの　3 もう　4 書類は

問題 2　つぎの文の ＿＿★＿＿ に入る最もよいものを、1・2・3・4から一つえらびなさい。

01　信念＿＿＿＿ ＿＿★＿＿ ＿＿＿＿ ＿＿＿＿難しい。

1 行動　2 のは　3 する　4 にしたがって

02　会社からもらう＿＿＿＿ ＿＿★＿＿ ＿＿＿＿ ＿＿＿＿生活は楽ではない。

1 物価が高い　2 といっても　3 から　4 お金が多い

03　その結果＿＿＿＿ ＿＿＿＿ ＿＿★＿＿ ＿＿＿＿はない。

1 必要　2 君は　3 に関して　4 心配する

04　本は＿＿★＿＿ ＿＿＿＿ ＿＿＿＿ ＿＿＿＿。

1 読みすぎる　2 読んでも　3 ことはない　4 いくら

05　手紙＿＿＿＿ ＿＿＿＿ ＿＿＿＿ ＿＿★＿＿意味だってこと、君、知ってた？

1 中国語で　2 トイレットペーパー
3 という　4 というのは

06　教室では＿＿＿＿ ＿＿＿＿ ＿＿★＿＿ ＿＿＿＿なっている。

1 ことに　2 いけない　3 吸っては　4 たばこを

07　＿＿＿＿ ＿＿★＿＿ ＿＿＿＿ ＿＿＿＿ので、買って行きましょう。

1 そうな　2 並んでいる　3 ケーキが　4 おいし

08　これからも＿＿＿＿ ＿＿＿＿ ＿＿★＿＿ ＿＿＿＿お願い申しあげます。

1 ご指導　2 よう　3 くださいます　4 よろしく

09　この映画は＿＿＿＿ ＿＿★＿＿ ＿＿＿＿ ＿＿＿＿。

1 見る　2 しかたがない　3 たびに　4 涙が出て

10　中間テストや期末テストの＿＿＿＿ ＿＿★＿＿ ＿＿＿＿ ＿＿＿＿でした。

1 勉強した　2 一晩中　3 前日は　4 もの

문장만들기 완벽대비 문제 ⑤ 회

問題 2 つぎの文の ＿＿★＿＿ に入る最もよいものを、1・2・3・4から一つえらびなさい。

01 彼らとはパーティーに＿＿＿＿ ＿＿★＿＿ ＿＿＿＿ ＿＿＿＿。

1 友達になった　2 のが　3 出た　4 きっかけで

02 私には＿＿＿＿ ＿＿＿＿ ＿＿★＿＿ ＿＿＿＿ありります。

1 いろいろな　2 はじめ　3 趣味が　4 水泳を

03 ノンフィクション＿＿＿＿ ＿＿＿＿ ＿＿★＿＿ ＿＿＿＿ものです。

1 というのは　2 書かれた　3 もとにして　4 事実を

04 この写真はわたし＿＿＿＿ ＿＿★＿＿ ＿＿＿＿ ＿＿＿＿です。

1 大切な　2 にとって　3 もの　4 何よりも

05 実際に話さなくては上手にならないので、もっと＿＿＿＿ ＿＿＿＿ ＿＿★＿＿ ＿＿＿＿。

1 話す　2 しよう　3 積極的に　4 ように

06 私は＿＿＿＿ ＿＿＿＿ ＿＿★＿＿ ＿＿＿＿を解決した。

1 その問題　2 して　3 こういう　4 ふうに

07 君は＿＿＿＿ ＿＿★＿＿ ＿＿＿＿ ＿＿＿＿。

1 冷静に　2 べきだ　3 もっと　4 行動する

08 私が何かして＿＿★＿＿ ＿＿＿＿ ＿＿＿＿ ＿＿＿＿のはこれが最後です。

1 あなたに　2 と　3 ほしい　4 お願いする

09 彼は大学の教授としてより、むしろ＿＿＿＿ ＿＿＿＿ ＿＿★＿＿ ＿＿＿＿いる。

1 作家　2 よく　3 として　4 知られて

10 小さな子供を一人残して＿＿＿＿ ＿＿★＿＿ ＿＿＿＿ ＿＿＿＿ではありません。

1 まま　2 外出する　3 おいた　4 べき

問題 3 次の文章を読んで、文章全体の内容を考えて、[01]から[05]の中に入る最もよいものを、1・2・3・4から一つえらびなさい。

最近はお金を持って歩かなくても、クレジットカード1枚で、買い物ができたりお金を借りたり、いろいろなサービスが[01]。

日本で初めてクレジットカードが発行されたのは1960年です。そのころのカードの機能は、いわゆる付け[注1)]で買い物ができるというものでしたが、現在では発行会社も銀行、クレジット会社などいろいろな分野にわたっていて、利用範囲も広がっています。

また日本人の海外旅行が[02]、海外でも使える国際化したカードも多くなりました。新しくカードを発行する企業は急増し、普及率はどんどん高まっています。

[03]、クレジットカードが普及するにしたがって、問題も出てきています。現金がなくても目の前にある商品を手にできるところから、支払い能力以上の買い物をし、気がついたときには多額の借金をしていたというものです。そういう人はたいてい10枚以上のカードを持ち歩いているそうです。カード1枚で[04]、カード会社と提携していないところでは使えないので、勧められる[05]に入会すれば、カードはいくらでも増えていきます。そこには思わない落とし穴[注2)]があるともいえます。

注1) 付(つ)け：勘定書。借買いすること。
注2) 落(お)とし穴(あな)：人をおとしいれる謀略。大きな失敗や不幸につながることでありながら、うっかり見逃している点。

01
1 受けることにしました
2 受けられるようになりました
3 受けることになりました
4 受けられるためにしました

02
1 盛んになって以来
2 盛んになってはじめて
3 盛んになるたびに
4 盛んになるにつれて

03
1 しかし
2 もちろん
3 しかも
4 すると

04
1 というより
2 というか
3 といっても
4 といえば

05
1 だけ
2 はず
3 まま
4 ほど

問題 3 次の文章を読んで、文章全体の内容を考えて、[01]から[05]の中に入る最もよいものを、1・2・3・4から一つえらびなさい。

私たちがいつも食べているインスタントラーメンは1958年にチキンラーメンの名で売り出されたのが最初である。これはたいへんな人気を呼び、この後、さまざまな製品が売り出されるようになる。最初はこれほどヒットするとはだれにも[01]。インスタントラーメンが、こんなにヒットした理由は何だろうか。その理由はいくつか考えられるが、次の3つが大きな要因であろう。

まず始めに、ちょうど日本の高度成長期の時代であったために忙しい人々に、安くて手軽に食べられる簡単な食品[02]愛用されたことがあげられる。

２つ目はスーパーマーケットの急増が影響した。つまりインスタントラーメンは生物ではないので商品管理の手間が省ける製品であり、売り場面積の広いスーパーマーケットの店内に大量に置くことが可能であったのである。[03]だれでもいつでも買うことができ、爆発的に売れたのである。

３つ目はテレビの存在があげられる。1953年にコマーシャル入りの民間放送が開始され、インスタントラーメンのコマーシャルが[04]ようになる。テレビの影響力が大きかった時代だったからみんなインスタントラーメンを買いに走った。

1989年の調査ではインスタントラーメンは世界80ヵ国で年間約130億個消費され、まさに「国際食」になった。今ではラーメン[05]、そばやうどん、ご飯のインスタントも現われている。

01 1 予想させなかった 2 予想しなかった
3 予想させられなかった 4 予想されなかった

02 1 とともに 2 として
3 といった 4 とか

03 1 それで 2 それなら
3 そのうえ 4 それなのに

04 1 当たられる 2 与えられる
3 開かれる 4 流される

05 1 くらいではなく 2 ばかりで
3 だけではなく 4 一方で

問題 3 次の文章を読んで、文章全体の内容を考えて、[01]から[05]の中に入る最もよいものを、1・2・3・4から一つえらびなさい。

昼の小さなレストラン。店内はサラリーマンたちでにぎわっている。[01]、従業員が急病とのことで、店主が厨房[注1]と店内を行ったり来たりしている。「いやあ、人手が[02]困りますわ」と店主は額に汗を浮かべながら、本当に困ったという表情だ。

テーブル席のグループ客からは「まだかなあ、遅いなあ」という声も聞かれる。見ると、水[03]出ていない。

その時、私と一緒に来ていた韓国人の女性が、急に立ち上がり、水やお茶を客に出して回った。感心している私に、彼女は「困った人を助けるのは、韓国では当然のことですよ」と言った。店主は「助かります」と笑顔を浮かべて大喜びだ。客も思わぬサービスに顔をほころばせた。でも、だれも[04]。

午後1時を回って客が急に減ると、店主が厨房から顔を出し、「おかげさまで助かりました」とお礼を言ってから、熱いコーヒーを私たちに特別サービスしてくれた。ほのぼのとした国際交流となったが、[05]、私はちょっとほろ苦い[注2]気分も味わっていた。

注1) 厨房(ちゅうぼう)：台所。調理場。
注2) ほろ苦(にが)い：多少にがみがある。

01 1 だったら　2 さて　3 だが　4 それに

02 1 いないで　2 足りなくて　3 動かないで　4 使えなくて

03 1 ばかり　2 さえ　3 だけ　4 くらい

04 1 手伝おうとはしなかった　2 手伝おうと思った
3 手伝う一方だった　4 手伝うだけではなかった

05 1 お世話になってから　2 お世話しながら
3 ごちそうしてから　4 ごちそうになりながら

問題 3 次の文章を読んで、文章全体の内容を考えて、01 から 05 の中に入る最もよいものを、1・2・3・4 から一つえらびなさい。

私は、自分に正直に生きることを生きがいとしてきた。だが、現実にはとても難しい。現代社会はうそ 01 だ。政治家は二枚舌を使い[注1]、役人は市民をだまし、商人は税金をごまかす。

人をだますことは、実は自分もだましている。そう気づいたとき、02 自分には正直にと願った。それがまた他者への誠実さにつながると考えた。そのため、親の勧める進学を拒否し、友人や先生と意見が対立した 03 。いつでも私は自分の胸に手を当てて結論を出した。だが、反省すれば、私に非[注2]があることも多い。そんな時、私はわがままだったのだ。

自分をごまかさず、しかも他人と余計な摩擦も起こさず、自己実現ができる。そんな 04 生きられたら最高だ。

それで、私は日本への留学を決意した。親の勧めに逆らって遠回りはしたが、今、本当に学びたいことが分かったからだ。もちろん今回は、親も充分 05 。私の生きがいは今、現実に向かっている。

注1) 二枚舌(にまいじた)を使う：うそを言う
注2) 非(ひ)：よくないこと。道理にあわないこと。不正。あやまり。

01　1 すぎる　2 とおり　3 だらけ　4 がち

02　1 少しも　2 せめて　3 だいぶ　4 どうせ

03　1 こともあった　2 わけもあった　3 ものもあった　4 はずもあった

04　1 ように　2 うちに　3 むけに　4 ふうに

05　1 説得してあげた　2 賛成してもらった　3 納得してくれた　4 理解していただいた

問題３ 次の文章を読んで、文章全体の内容を考えて、01 から 05 の中に入る最もよいものを、1・2・3・4 から一つえらびなさい。

約束の時間を守らないで、他人にめいわくをかけることは悪いことであることは、だれもがみとめる。 01 どうして私たちはこんなに時間にだらしがないのだろうか。その理由は、私たち日本人は、時間をムダにしたり、ムダにされたりすることにあまり細かく気にかけない性質であるからだと思われる。十人の会合に、十分おくれてやってきた人は、他の九人の人たちから十分ずつ、合計九十分の時間をうばい取ったわけだが、当人はそれほど重大なあやまちをおかしたと思わず、十分ぐらいの時間のムダは、ほとんど気にかけない。これがいけないのだと思う。

02 これがお金だったら、人々はこんなにのんきにしている 03 。つまり多くの日本人 04 、時間は、それをすぐお金のねうちにかえて考えるほど、大切ではないのだろう。しかし、自分 04 大切ではないからといって、他人もそうであると考えることはあやまりであろう。だいたいに、時間を正確に守らないのは、忙しすぎる人と、ひますぎる人に多いようである。前者は他人は自分ほど忙しくないだろうから、少しぐらい待ってもらってもゆるされるだろうと考え、後者は他人にもひまな時間がどっさりあると考えているのである。どちらも自分中心の考え方であることは 05 。

しかしこれからの若い人は、他人の時間を大切にすることを大いに学ぶひつようがある。そうでなければ、まんぞくした共同生活を送ることはできなくなるであろう。それは人々がますます忙しくなり、それだけに自分の時間をいよいよ大切にするようになるからである。

（河盛好蔵「人とつき合う法」より）

01 1 それなのに　2 それから　3 それに　4 それで

02 1 もし　2 また　3 むしろ　4 だから

03 1 ことにはいかないだろう　2 ことである
3 わけにはいかないだろう　4 わけである

04 1 において　2 について　3 によって　4 にとって

05 1 いうまでもない　2 いうそうもない
3 いうはずもない　4 いうようもない

시나공 JLPT 일본어능력시험 N3

넷째마당 독해편

1교시 완벽대비 언어지식(문법) · 독해

문제분석과 완벽대비법

01 | 問題4 단문이해 문제

문제 소개

問題4 〈단문이해〉문제는 150~200자 정도의 본문을 읽고 내용을 정확히 이해했는지 묻는 문제로, 제시되는 본문은 4개이며 하나의 본문 당 1문제가 출제됩니다.

문제 미리 풀어보기 및 풀이

問題 4

つぎの文章を読んで、質問に答えなさい。答えは、1・2・3・4から最もよいものを一つえらびなさい。

教育という字は、「教」と「育」に分けることができる。そして、興味深いことは、「育」という語は、「育てる」、「育つ」と他動詞にも自動詞にも用いられることである。

教育ということには、教育する側と、教育される側とがあり、教育する方から考えると、やはり自分が「教える」という行為に重点がおかれ、その後で、「育てる」ということが考えられるが、「育つ」となると、これはその本人の自発的な働きであるから、教育とは関係がない、あるいは考慮の外にある、ということになりがちである。

しかし、教育ということを深く考えるならば、そのベースに、教育される側にかくれている自ら「育つ力」ということを無視することはできないのではないだろうか。

問 この文章で筆者が最も言いたいことはどれか。

1 教育するときは「教えること」と「育てること」を分けて考えるべきだ。
2 教育とは「教えること」であり、「教えること」に重点を置くべきだ。
3 教育するうえでは「教えること」より「育てること」に重点を置くべきだ。
4 教育を考えるときは、教育される側の「育つ力」を無視することはできない。

정답 4

해석 교육이라는 글자는 '교'와 '육'으로 나눌 수 있다. 그리고 흥미로운 것은 '육'이라는 단어는 '기르다'와 '자라다'의 타동사로도 자동사로도 사용된다는 것이다.

교육이라는 것에는 교육을 하는 쪽과 교육을 받는 쪽이 있어 교육을 하는 쪽에서 생각하면 역시 자신이 '가르치다'라는 행위에 중점이 두어지고 그 다음에 '기르다'라는 것을 생각하게 되지만, '자라다'가 되면, 이것은 그 본인의 자발적인 능력이기 때문에 교육과는 관계가 없다, 또는 고려할 것이 아닌 것이 되기 쉽다.

그러나, 교육이라는 것을 깊이 생각한다면 그 바탕에 교육받는 쪽에 숨겨져 있는 스스로 '자라는 힘'을 무시할 수는 없는 것 아닐까?

문제 이 글에서 필자가 가장 말하고 싶은 것은 어느 것인가?

1 교육을 할 때는 '가르치는 것'과 '기르는 것'을 나눠서 생각해야 한다.
2 교육이란 '가르치는 것'으로, '가르치는 것'에 중점을 두어야 한다.
3 교육을 하는데 있어서는 '가르치는 것'보다 '기르는 것'에 중점을 두어야 한다.
4 교육을 생각할 때는 교육받는 쪽의 '자라는 힘'을 무시할 수는 없다.

어휘 教育(きょういく) 교육 | 字(じ) 글자 | 分(わ)ける 나누다 | そして 그리고 | 興味深(きょうみぶか)い 흥미 깊다 | 育(そだ)てる 기르다, 키우다 | 育(そだ)つ 자라다, 성장하다 | 他動詞(たどうし) 타동사 | 自動詞(じどうし) 자동사 | 用(もち)いる 쓰다, 사용하다 | ～側(がわ) ～곁, 옆, 측, 방면 | 考(かんが)える 생각하다 | やはり 역시 | 自分(じぶん) 자기 자신 | 教(おし)える 가르치다 | 行為(こうい) 행위 | 重点(じゅうてん) 중점 | 置(お)く 놓다, 두다 | 本人(ほんにん) 본인 | 自発的(じはつてき) 자발적 | 働(はたら)き 작업, 활동, 성과, 실적, 작용, 효과, 능력 | 関係(かんけい) 관계 | あるいは 또는, 혹은 | 考慮(こうりょ) 고려 | ～外(がい) ～외, 밖 | 동사 ます형+～がち ～하는 일이 잦다, ～하기 쉽다 | しかし 그러나 | 深(ふか)く 깊이 | ベース 베이스, 토대, 기본 | 隠(かく)れる (가려져) 보이지 않게 되다, 숨다 | 自(みずか)ら 스스로 | 力(ちから) 힘 | 無視(むし) 무시 | ～べきだ ～해야 한다 | 동사 기본형+～うえで ～하는데 있어서

문제분석과 완벽대비법

단문이해 문제는 개정 전 일본어능력시험에서도 출제된 유형으로, 주로 생활 · 업무 · 직업 · 학습 등 다양한 화제를 중심으로 한 설명문이나 지시문 등의 150~200자 정도의 본문을 읽고 내용을 정확히 이해했는지를 묻는 문제가 출제됩니다. 제시되는 본문은 4개이며, 하나의 본문 당 1문제가 출제됩니다.

문제의 내용은 주로 글 전체의 주제를 묻는 문제, 필자의 생각이나 심정 등 필자가 말하고자 하는 내용을 묻는 필자에 관련된 문제, 본문의 내용과 일치하는 내용을 고르는 문제가 많습니다.

필자의 주장이나 생각 · 심정 등을 묻는 문제는 대부분 본문의 앞부분에는 글의 화제나 핵심적으로 이야기하려는 내용의 예시 등이 오고, 중반부부터 필자가 말하려는 핵심내용이 오고, 후반부에 핵심내용의 정리가 오는 경우가 많습니다. 따라서 앞부분에서는 글의 화제를 파악하고, 중반부부터 자세히 읽어가되, 특히 후반부에 나오는 내용에 집중하여 읽어야 합니다.

또한 본문이 하나의 단락인 경우에는 주로 첫 문장과 마지막 문장에, 본문이 두 개의 단락 이상인 경우에는 마지막 단락 즉 결론 부분에 정답의 키워드가 있는 경우가 많다는 것에도 주의합시다.

본문의 내용과 일치하는 내용을 고르는 문제의 정답은 주로 본문의 요약이나 본문을 통해 필자가 강조하는 부분일 경우가 많습니다. 따라서 본문을 읽어가면서 필자의 의견이나 생각 · 강조하는 내용이라고 생각되는 부분을 체크해 놓도록 합시다.

또한 이 문제 유형은 질문의 선택지를 먼저 읽고 난 후 문제를 파악하면 정답을 쉽게 찾을 수 있는 경우도 있기 때문에, 선택지를 먼저 읽고 본문의 내용과 일치하는지 하나씩 지워가면서 정답을 찾는 것도 하나의 방법이 되겠습니다.

02 | 問題5 중문이해 문제

문제 소개

問題5 〈중문이해〉 문제는 350자 정도의 본문을 읽고 개요나 인과관계 · 이유 · 필자의 생각 등을 이해했는지를 묻는 문제로, 제시되는 본문은 2~3개이며, 하나의 본문당 2~3문제가 출제됩니다.

문제 미리 풀어보기 및 풀이

問題 5

つぎの文章を読んで、質問に答えなさい。答えは、1・2・3・4から最もよいものを一つえらびなさい。

みなさんの中には、日本語を聞くときには1秒も油断することができないと思っている人もいるかもしれません。話を聞くのに集中しすぎて疲れてしまうということもあるのではないでしょうか。

でも、私たちは，身の回りで話されている言葉を全て1字1句正確に聞き取っているわけではありません。私たちは、テレビのニュースを見たあとで、大体こういう出来事だったということは覚えていても、いつ、どこで、誰が、何をしたのかを正確に説明しろと言われたら、多分①正確には答えられないはずです。人は耳から入ってくる情報をすべては聞き取っていないのです。それでも何とかなるのは人には②推測能力というものがあるからなんです。これは、次に何が話されるのかを予測する力のことです。この推測能力を使うことで、文を全部聞かなくても、ある程度何を言おうとしているのか分かり、聞き取れなかった部分を補いながら情報を処理しているのです。

問1 ①正確には答えられないとあるが、それはなぜか。

1 話を聞くのに集中しすぎて疲れてしまうから
2 耳から入ってくるすべての情報を聞き取ってはいないから
3 人には文を全部聞かなくても分かる推測能力があるから
4 周辺で話されている言葉を全部覚えているから

問2 ②推測能力について、正しいのはどれか。

1 推測能力を持っていれば聞いた情報を正確に話すことができる。
2 推測能力がなければ相手の話が聞き取れない。
3 推測能力を使うことで人の話を聞く集中力ができる。
4 推測能力とは次の話を予測する力のことだ。

問3 本文の内容と合っているものはどれか。

1 人はいつも全ての言葉を聞き取っている。

2 人はいつも推測しながら、話を聞いている。

3 人はいつもほとんどニュースを聞いていない。

4 人はいつも正確に話を聞くべきだ。

정답 **문제 1** 2 **문제 2** 4 **문제 3** 2

해석 여러분들 중에는 일본어를 들을 때는 1초도 방심할 수 없다고 생각하고 있는 사람도 있을지 모릅니다. 이야기를 듣는데 너무 집중을 해서 지쳐버리는 경우도 있지 않을까요?

하지만, 우리들은 주변에서 이야기하는 말을 전부 한 글자 한마디까지 정확하게 알아듣고 있는 것은 아닙니다. 우리들은 텔레비전 뉴스를 본 후에 대강 이러한 사건이었다는 것은 기억하고 있어도, 언제, 어디에서, 누가, 무엇을 했는지를 정확하게 설명하라고 한다면, 아마 ①정확하게는 대답할 수 없을 것입니다. 사람은 귀로 들어오는 정보를 모두 정확하게 듣고 있는 것은 아닙니다. 그래도 어떻게든 되는 것은 사람에게는 ②추측능력이라는 것이 있기 때문입니다. 이것은 다음에 어떤 이야기가 나올지를 예측하는 힘입니다. 이 추측능력을 사용하는 것으로 말을 전부 듣지 않아도 어느 정도 무엇을 말하려고 하고 있는지를 알고, 알아듣지 못했던 부분을 채우며 정보를 처리하고 있는 것입니다.

문제 1 ①정확하게는 대답할 수 없다고 하는데 그것은 왜인가?

1 이야기를 듣는데 너무 집중해서 지쳐버리기 때문에

2 귀로 들어오는 모든 정보를 정확하게 듣고 있는 것은 아니기 때문에

3 사람에게는 말을 전부 듣지 않아도 아는 추측능력이 있기 때문에

4 주변에서 이야기 하고 있는 말을 전부 기억하고 있기 때문에

문제 2 ②추측능력에 관해서 바른 것은 어느 것인가?

1 추측능력을 갖고 있으면 들은 정보를 정확하게 이야기할 수 있다.

2 추측능력이 없으면 상대방의 이야기를 알아들을 수 없다.

3 추측능력을 사용하는 것으로 이야기를 듣는 집중력이 생긴다.

4 추측능력이란 다음 이야기를 예측하는 힘이다.

문제 3 본문의 내용과 맞는 것은 어느 것인가?

1 사람은 항상 모든 말을 알아듣고 있다.

2 사람은 항상 추측하면서 이야기를 듣고 있다.

3 사람은 항상 대부분 뉴스를 듣고 있지 않다.

4 사람은 항상 정확하게 이야기를 들어야 한다.

어휘 ~秒(びょう) ~초 | 油断(ゆだん) 방심, 부주의 | 集中(しゅうちゅう) 집중 | 疲(つか)れる 지치다, 피로해지다 | 身(み)の回(まわ)り 자신의 주위, 신변 | 言葉(ことば) 말, 언어 | 全(すべ)て 모두 | 字(じ) 글자 | 句(く) 구절, 단락 | 正確(せいかく) 정확 | 聞(き)き取(と)る 들어 알다, 알아듣다, 청취하다 | ~わけではない ~하는(인)것은 아니다 | ~たあとで ~한 후에 | 大体(だいたい) 대개, 대략, 대부분 | 出来事(できごと) 일어난 일, 사건 | 覚(おぼ)える 느끼다, 기억하다, 익히다 | 説明(せつめい) 설명 | 多分(たぶん) 아마 | 答(こた)える 대답하다 | ~はずだ ~할 터이다, ~일 것이다 | 耳(みみ) 귀 | 入(はい)ってくる 들어오다 | 情報(じょうほう) 정보 | 何(なん)とか 어떻게든 | 推測(すいそく) 추측 | 能力(のうりょく) 능력 | 周辺(しゅうへん) 주변 | 次(つぎ)に 다음에 | 予測(よそく) 예측 | 力(ちから) 힘 | 使(つか)う 쓰다, 사용하다 | ~ことで ~하는(인) 것으로 | 全部(ぜんぶ) 전부 | 聞(き)く 듣다, 묻다 | ある程度(ていど) 어느 정도 | 部分(ぶぶん) 부분 | 補(おぎな)う 보충하다, 채우다 | 処理(しょり) 처리 | 相手(あいて) 상대방 | ほとんど 대부분 | ~べきだ ~해야 한다

중문이해 문제는 개정 전 일본어능력시험에서도 출제된 유형으로, 주로 설명문 · 수필 · 논평 · 에세이 등 350자 정도의 본문을 읽고 개요나 인과관계 · 이유 · 필자의 생각 등을 이해했는지를 묻는 문제가 출제됩니다. 제시되는 본문은 2~3개이며, 하나의 본문 당 2~3문제가 출제됩니다.

문제는 필자의 생각이나 의견 및 주장을 묻거나 본문 전체의 요약이나 요점을 묻는 문제, 본문에 제시되는 세부적인 내용을 얼마나 정확하게 파악하고 있는지를 묻는 유형이 주로 출제 됩니다.

중문이해는 대부분 2~3개의 단락으로 이루어져 있는 경우가 많은데, 이때 단락별로 하고자 하는 이야기를 파악해 두면 생각보다 쉽게 글 전체를 이해할 수 있습니다. 기본적으로 첫 번째 단락에서는 말하고자 하는 상황의 설명이나 주제를 제시하고, 두 번째 단락은 그에 대한 설명을 구체적으로 한 후, 마지막 단락에서 필자의 의견이나 주제에 대한 방향 제시 또는 본론에서 다룬 문제점의 해결 방안 등을 제시하는 결론으로 구성됩니다.

필자의 생각이나 의견 및 주장을 묻거나 본문 전체의 요약이나 요점을 묻는 문제는 주로 마지막 단락에 힌트가 있는 경우가 많으므로 이를 토대로 선택지의 내용과 비교하여 본문을 읽어나가며 정답을 찾는 것이 효율적입니다. 이 문제 유형은 선택지의 내용이 일반 상식에서 벗어나거나 극단적인 응답은 대부분 정답이 아닌 경우가 많습니다. 따라서 시간이 모자라 선택지만을 보고 정답을 고를 수밖에 없는 경우는 가장 일반적이고 보편적이고 객관적인 내용을 고르면 정답일 확률이 높습니다.

본문에 제시되는 세부적인 내용을 얼마나 정확하게 파악하고 있는지를 묻는 문제, 즉 밑줄 친 부분의 내용을 묻는 문제는 밑줄 친 부분의 문장 바로 앞뒤 내용을 잘 살펴서 문제를 풀어야 합니다. 단, 밑줄 친 부분이 문장의 첫 부분에 해당한다면 정답은 글의 후반부인 결론 부분에 있을 가능성이 높습니다.

접속사는 단락과 단락을 연결하는, 두 단락의 관계 정립에 중요한 역할을 하고, 지시사 또한 그것이 가리키는 내용을 파악하게 하여 문맥 파악을 수월하게 하므로 인과관계나 이유를 묻는 문제의 경우에는 접속사나 지시사의 역할을 잘 파악한다면 내용을 이해하고 정답을 찾기가 쉬워집니다.

독해 문제 풀이의 가장 기본적인 원칙은 항상 정답은 지문 안에 있다는 것입니다. 평소에 글을 읽을 때 이것을 명심하며 필자의 의견 및 생각을 찾는 연습을 한다면 시험에서 좋은 결과를 기대할 수 있을 것입니다.

03 | 問題6 장문이해 문제

문제 소개

問題6 〈장문이해〉 문제는 해설 · 수필 · 편지 · 에세이 · 소설 등 550자 정도의 장문의 본문을 읽고 필자가 전체적으로 전달하려는 주장이나 의견 등을 파악했는지, 또는 본문의 개요나 논리의 전개 등을 이해했는지를 묻는 문제로, 제시되는 본문은 2~3개이며, 하나의 본문 당 2~3문제가 출제됩니다.

문제 미리 풀어보기 및 풀이

問題 6

つぎの文章を読んで、質問に答えなさい。答えは、1·2·3·4から最もよいものを一つえらびなさい。

私が東京都中野区の住人になって、もう8年になる。その間、暇を見つけては、自分の住む街を散歩して歩いた。細い道を入っていくと、意外なものに出会うことがあるが、「嫁菜の花美術館」もそのひとつだった。

「嫁菜の花」とは、日本中どこにでもある雑草なのだが、意外に知らない人が多い。それほど目立たない花である。そして、この不思議な名前のついた美術館も、「嫁菜の花」同様、あまり知られていない無名の芸術家の作品を展示している。

美術館といえば、たいていの場合、有名な画家や工芸家の作品を中心にいろいろな企画展が催される。人々は1枚何億円もする絵を、ありがたがって見るものだ。しかしここには、そのような絵は1枚もなかった。無名の芸術家の中から「本物」を見つけ出したい、それが、この美術館の願いなのだそうである。

美術館は、英語でミュージアムということはだれでも知っているだろう。この言葉の語源は、「ものを思う場所」という意味になるらしい。誰の作品か、社会的にどれほどの価値があるのかではなく、この美術館にあるような「本物」の絵を前にして、純粋にものを思う。本来、美術館とは、そういう場所なのかもしれない。住宅街の中にある「嫁菜の花美術館」を見つけた時、私はそんなことを考えた。

問1 筆者は「嫁菜の花美術館」をどのようにして見つけたか。

1 探してみたら簡単に見つかった。
2 あるとき、住む町を歩いていて偶然見つけた。
3 地図を見ながら、細い道を入っていって見つけた。
4 いつか行ってみたいと前から思っていたところ偶然見つけた。

問2 「嫁菜の花美術館」の名前の由来は次のどれか。

1 「嫁菜の花」のように、人にあまり知られていない芸術家の作品を展示しているから
2 「嫁菜の花」のように、日本中どこにでもあるから
3 「嫁菜の花」のように、不思議な名前の芸術家の作品を展示しているから
4 「嫁菜の花」のように、あまり目立たない所にあるから

問3 「本物」の絵とは、ここではどういう絵のことか。

1 多くの美術館が展示するような絵
2 無名の画家が描いた絵
3 値段が高くて、人々がありがたがる絵
4 いろいろなことを思わせてくれる絵

問4 筆者の考えと合っているものはどれか。

1 有名で値段が高い絵ばかりの美術館は「ものを思う場所」ではない。
2 有名な画家の描いた、1枚何億円もする絵に本当の価値はない。
3 高い絵や有名な作品だけを並べることが、本来の美術館の姿ではない。
4 「嫁菜の花美術館」のような無名の美術館にこそ「本物」の絵がある。

정답 **문제1** 2 **문제2** 1 **문제3** 4 **문제4** 3

해석 내가 도쿄도 나가노구의 주민이 된 지 벌써 8년이 된다. 그동안 시간이 나면 살고 있는 거리를 산책하며 걸었다. 좁은 골목길을 들어가면, 의외의 것을 만나는 경우가 있는데 '쑥부쟁이 미술관'도 그 중 하나였다.

'쑥부쟁이'라는 것은 전국 어디에나 있는 잡초이지만 의외로 모르는 사람들이 많다. 그 만큼 눈에 띄지 않는 꽃이다. 그리고 이 희한한 이름이 붙은 미술관도 '쑥부쟁이'와 마찬가지로 그다지 알려지지 않은 무명 예술가의 작품을 전시하고 있다.

미술관이라고 하면 대부분의 경우 유명한 화가나 공예가의 작품을 중심으로 여러 기획전이 개최된다. 사람들은 한 장에 몇 억 엔이나 하는 그림을 고마워하며 보는 것이다. 그러나 여기에는 그러한 그림은 한 장도 없었다. 무명 예술가 가운데 '진짜'를 찾아내고 싶다. 그것이 이 미술관의 바람이라고 한다.

미술관은 영어로 뮤지엄이라는 것은 누구나 알고 있을 것이다. 이 말의 어원은 '무엇을 생각하는 장소'라는 의미가 되는 것 같다. 누구의 작품인가, 사회적으로 어느 만큼의 가치가 있는가가 아니라, 이 미술관에 있는 것 같은 '진짜' 그림을 앞에 두고, 순수하게 무엇을 생각한다. 본래 미술관이란 그런 장소일지도 모른다. 주택가 안에 있는 '쑥부쟁이 미술관'을 찾았을 때 나는 그런 생각을 했다.

문제 1 필자는 '쑥부쟁이 미술관'을 어떻게 발견했는가?

1 찾아봤더니 간단히 찾게 되었다.
2 어떤 때, 살고 있는 거리를 걷고 있다 우연히 발견했다.
3 지도를 보면서, 좁은 길을 들어가서 발견했다.
4 언젠가 가보고 싶다고 전부터 생각하고 있던 참에 우연히 발견했다.

문제 2 '쑥부쟁이 미술관'의 이름의 유래는 다음 중 어느 것인가?

1 '쑥부쟁이'처럼, 사람들에게 그다지 알려지지 않은 예술가의 작품을 전시하고 있기 때문에
2 '쑥부쟁이'처럼, 전국 어디에도 있기 때문에
3 '쑥부쟁이'처럼, 희한한 이름의 예술가의 작품을 전시하고 있기 때문에
4 '쑥부쟁이'처럼, 그다지 눈에 띄지 않는 곳에 있기 때문에

문제 3 '진짜' 그림이란, 여기에서는 어떤 그림인가?

1 많은 미술관이 전시하고 있는 것 같은 그림
2 무명의 화가가 그린 그림
3 가격이 비싸고, 사람들이 고마워하는 그림
4 여러 가지 것을 생각하게 해 주는 그림

문제 4 필자의 생각과 일치하는 것은 어느 것인가?

1 유명하고 가격이 비싼 그림만 있는 미술관은 '무엇을 장소하는 장소'가 아니다.
2 유명한 화가가 그린, 한 장에 몇 억 엔이나 하는 그림에 진짜 가치는 없다.
3 비싼 그림과 유명한 작품만 전시하는 것이 본래의 미술관의 모습은 아니다.
4 '쑥부쟁이 미술관' 같은 무명의 미술관에야 말로 '진짜' 그림이 있다.

어휘 住人(じゅうにん) 주민, 거주인 | 暇(ひま) 시간, 짬, 틈 | 見(み)つける 발견하다, 찾다 | 住(す)む 살다 | 街(まち) 거리 | 散歩(さんぽ) 산책 | 歩(ある)く 걷다 | 細(ほそ)い 가늘다, 좁다 | 道(みち) 길 | 意外(いがい) 의외, 뜻밖 | 出会(であ)う 우연히 만나다, 마주치다 | 嫁菜(よめな)の花(はな) 쑥부쟁이 | 美術館(びじゅつかん) 미술관 | 雑草(ざっそう) 잡초 | 目立(めだ)つ 눈에 띄다, 두드러지다 | 不思議(ふしぎ) 불가사의, 이상함, 희한함 | 名前(なまえ)がつく 이름이 붙다 | 同様(どうよう) 같음, 다름없음, 마찬가지임 | 無名(むめい) 무명 | 芸術家(げいじゅつか) 예술가 | 作品(さくひん) 작품 | 展示(てんじ) 전시 | ～といえば ~라고 하면 | 大抵(たいてい) 대개, 대부분 | 場合(ばあい) 경우 | 画家(がか) 화가 | 工芸家(こうげいか) 공예가 | 催(もよお)す 불러일으키다, 개최하다, 재촉하다 | 絵(え) 그림 | 本物(ほんもの) 진짜 | 見(み)つけ出(だ)す 찾아내다 | 願(ねが)い 바람, 소원, 기원 | 語源(ごげん) 어원 | 場所(ばしょ) 장소 | 意味(いみ) 의미 | 社会的(しゃかいてき) 사회적 | 価値(かち) 가치 | 純粋(じゅんすい) 순수 | 本来(ほんらい) 본래 | 住宅街(じゅうたくがい) 주택가 | 探(さが)す 찾다 | 簡単(かんたん) 간단 | 見(み)つかる 들키다, 찾게 되다, 발견되다 | 偶然(ぐうぜん) 우연 | 地図(ちず) 지도 | 由来(ゆらい) 유래 | 描(えが)く 그리다 | 値段(ねだん) 가격 | 並(なら)べる 늘어놓다, 나란히 놓다 | 姿(すがた) 몸매, 모습, 모양, 상태

문제는 필자의 생각이나 의견 및 주장을 묻거나 본문 전체의 요약이나 요점을 묻는 문제, 본문에 제시되는 세부적인 내용을 얼마나 정확하게 파악하고 있는지를 묻는 유형이 주로 출제 됩니다.

장문이해 문제는 해설 · 수필 · 편지 · 에세이 · 소설 등 550자 정도의 장문의 본문을 읽고 필자가 전체적으로 전달하려는 주장이나 의견 등을 파악했는지, 또는 본문의 개요나 논리의 전개 등을 이해했는지를 묻습니다. 문제 수는 하나의 본문에 4개의 문제가 출제됩니다.

사회문제나 생활 · 업무 · 학습 · 과학 등과 관련된 주제의 본문에 주로 밑줄 친 부분의 의미나 문맥을 파악하는 문제, 글 전체의 주제나 의미를 파악하는 문제, 필자의 주장이나 생각 · 의도를 묻는 유형이 출제됩니다.

장문이해는 본문의 내용을 읽기 전에 먼저 4개의 질문을 읽으면서 어떠한 부분과 내용에 주의하면서 읽어야 하는지 무엇을 묻고 있는지를 파악한 후 본문을 읽어 내려가야 합니다. 대부분 위에서부터 각 단락마다 1문제씩 출제된다고 생각하고 각 단락에 맞춰서 각 단락의 핵심을 파악하여 답을 찾는 것이 정답의 가능성을 높일 수 있습니다.

본문에 제시되는 세부적인 내용을 얼마나 정확하게 이해하고 있는지를 묻는 문제, 즉 밑줄 친 부분의 의미나 문맥을 파악하는 문제는 밑줄 친 부분의 전후 문맥을 따져서 보기에서 가장 가까운 것을 고르면 됩니다.

글 전체의 주제나 의미를 파악하는 문제는 각 단락의 키워드나 접속사, 지시사의 상관관계를 생각하며 문장의 흐름과 핵심 키워드를 잡아야 합니다. 각 단락의 핵심, 즉 각 단락에서 논하고자 하는 것을 따로따로 메모해 두면서 문제를 풀어 나가면 정확하게 정답을 찾을 수 있습니다.

필자의 주장이나 생각 · 의도를 묻는 문제는 단문이나 중문 이해 문제와 마찬가지로 대부분 후반부에 필자의 주장이나 생각이 명확히 제시되는 경우가 많습니다. 그러나 필자의 의도를 본문의 중반부에 서술하고 다시 그 이유를 뒤에 설명하는 것과 같은 형태가 될 수도 있으므로 후반부뿐 아니라 그 외의 단락에 나와 있는 내용까지 제대로 파악하여 필자의 의도가 어디에 있는지를 찾아야만 틀리지 않게 문제를 풀 수 있습니다.

장문이해 문제는 본문의 내용이 길기 때문에 쉽게 포기하거나 집중력을 잃어 실수하게 되는 경우가 많습니다. 사실 본문이나 질문의 난이도 자체는 크게 높지 않을 것이므로, 마지막까지 포기하지 말고 문제를 풀도록 합니다. 또한 문제를 푸는 시간이 지체되면 시간이 모자라 다음에 이어지는 정보 검색 문제를 풀지 못하는 경우도 있으므로 10~15분 이내에 풀 수 있도록 시간체크를 하며 문제를 풀어야 합니다.

04 | 問題7 정보검색 문제

문제 소개

問題7〈정보검색〉 문제는 600자 정도의 광고 · 팸플릿 · 정보지 · 전단지 · 안내문 · 알림 · 비즈니스 문서 등의 제시되는 여러 가지 정보 소재 안에서 필요한 정보를 찾아낼 수 있는지를 묻는 문제로, 1개의 지문에 2문제가 출제됩니다.

문제 미리 풀어보기 및 풀이

問1 この案内によると、受講生が受講当日、必ず持って来なければならないものはどれか。

1 受講料だけ
2 受講料と入会金と飲み物
3 エプロンと飲み物
4 受講料とエプロンと飲み物

問2 この案内の内容と合っていないのはどれか。

1 夫婦が一緒に参加して料理実習と試食することができる。
2 受講人数が足りなくてキャンセルになる場合もある。
3 受講料に材料費も含まれている。
4 月に一回のクラスで毎月メニューが変わる。

☆ 初夏のアジアン料理教室案内 ☆

夏野菜をたっぷり使い、食欲をそそります。
野菜からビタミンをとって夏バテしないようにしましょう！

・メニュー
鶏肉とエビとフルーツのエスニックサラダ
シーフード団子入り夏野菜のグリーンカレー
中華風ドーナツ(お持ち帰り)

・日時：１ヶ月１回　約３時間（実習·試食）
月·水·金 11時30分～14時30分まで
火·木·土 11時～14時まで

・受講料：入会金なし
5,000円/月（材料込み）
(受講当日お支払いください。)

・定員：最小２名～最大10名まで
（レッスン日の3日前までに最小人数に満たない場合は中止とさせていただきます。）

・受講内容：３品実習
季節の食材を取り混ぜながら、月毎にメニューが変わります。

※ キャンセル料について
キャンセルは受講日の３日前まで無料。
２日前は受講料の20％、前日前は50％、当日全額申し受け致しますのでご了承願います。

※ 女性限定とさせていただいております。

※ エプロンと飲み物(お茶など)は各自でご用意ください。

皆様のご参加お待ちしています。

정답 **문제 1** 4 **문제 2** 1

해석 **문제 1** 이 안내에 의하면, 수강생이 수강 당일 반드시 갖고 오지 않으면 안 되는 것은 어느 것인가?

1 수강료만
2 수강료와 입회금과 음료수
3 앞치마와 음료수
4 수강료와 앞치마와 음료수

문제 2 이 안내의 내용과 일치하지 않는 것은 어느 것인가?

1 부부가 함께 참가하여 요리실습과 시식을 할 수 있다.
2 수강 인원수가 부족하여 취소되는 경우도 있다.
3 수강료에 재료비도 포함되어 있다.
4 한 달에 한 번 하는 수업으로 매월 메뉴가 바뀐다.

☆ 초여름 아시안 요리교실 안내 ☆

여름 채소를 충분히 사용하여 식욕을 돋웁니다.
채소로 비타민을 섭취하여 여름에 지지 않도록 합시다!

- 메뉴
  닭고기와 새우와 과일의 에스닉 샐러드
  씨푸드 완자가 들어간 여름채소 그린 카레
  중화풍 도너츠 (가지고 돌아감)

- 일시 : 1개월 1회 약 3시간 (실습 · 시식)
  월 · 수 · 금 11시 30분~14시 30분까지/ 화 · 목 · 토 11시~14시까지
- 수강료 : 입회금 없음
  5,000엔/월(재료 포함)
  (수강 당일 납부해주세요.)
- 정원 : 최소 2명~최대 10명까지
  (레슨일 3일 전까지 최소인원에 미달될 경우는 취소됩니다.)
- 수강내용 : 3품 실습
  계절의 요리 재료를 골고루 섞어서, 월마다 메뉴가 바뀝니다.

※ 취소비용에 관해서
: 취소는 수강일 3일 전까지 무료.
2일 전은 수강료의 20%, 하루 전은 50%, 당일은 전액 청구하여 받기 때문에 양해해 주시길 부탁드립니다.
※ 수강생은 여성으로 한정하고 있습니다.
※ 앞치마와 음료수(차 같은 것)은 각자 준비해 주십시오.

여러분의 참가를 기다리고 있겠습니다.

어휘 受講生(じゅこうせい) 수강생 | 当日(とうじつ) 당일 | 必(かなら)ず 반드시, 꼭 | 持(も)ってくる 가지고 오다 | 受講料(じゅこうりょう) 수강료 | 入会金(にゅうかいきん) 입회금 | 飲(の)み物(もの) 음료(수) | エプロン 앞치마 | 内容(ないよう) 내용 | 夫婦(ふうふ) 부부 | 一緒(いっしょ)に 같이, 함께 | 参加(さんか) 참가 | 実習(じっしゅう) 실습 | 試食(ししょく) 시식 | 人数(にんずう) 인원수 | 足(た)りない 모자라다, 부족하다 | キャンセル 캔슬, 취소 | 場合(ばあい) 경우 | 材料費(ざいりょうひ) 재료비 | 含(ふく)まれる 포함되다 | 毎月(まいつき) 매월 | 変(か)わる 변하다, 바뀌다 | 初夏(しょか) 초여름 | アジアン 아시안 | 料理(りょうり) 요리 | 教室(きょうしつ) 교실 | 案内(あんない) 안내 | 夏野菜(なつやさい) 여름채소 | たっぷり 듬뿍, 잔뜩, 충분히 | 食欲(しょくよく) 식욕 | そそる 돋우다, 자아내다 | 夏(なつ)バテ 여름을 탐 | メニュー 메뉴 | 鶏肉(とりにく) 새고기, 닭고기 | エビ 새우 | フルーツ 과일 | エスニックサラダ 에스닉 샐러드 | シーフード 씨푸드 | 団子(だんご) 경단, 완자 | グリーンカレー 그린 카레 | 中華風(ちゅうかふう) 중화풍 | ドーナツ 도너츠 | 持(も)ち帰(かえ)り 가지고 돌아감 | 日時(にちじ) 일시 | 当日(とうじつ) 당일 | 支払(しはら)う 지급하다, 지불하다 | 定員(ていいん) 정원 | 最小(さいしょう) 최소 | 最大(さ

いだい) 최대 | 満(み)たない 못 미치다, 미달이다 | 中止(ちゅうし) 중지 | ～(さ)せていただく (제가) ～하다 | 季節(きせつ) 계절 | 食材(しょくざい) 요리 재료, 식품 재료 | 取(と)り混(ま)ぜる 여러 가지를 한데 섞다, 뒤섞다, 혼합하다 | ～毎(ごと)に ～마다 | 無料(むりょう) 무료 | 全額(ぜんがく) 전액 | 申(もう)し受(う)ける 청구하여 받다, 주문받다 | 了承(りょうしょう) 납득, 양해 | 女性(じょせい) 여성 | 限定(げんてい) 한정 | お茶(ちゃ) 차 | 各自(かくじ) 각자 | 用意(ようい) 준비 | 皆様(みなさま) 여러분 | 参加(さんか) 참가

문제분석과 완벽대비법

정보검색 문제는 개정 전 시험에서는 없었던 새로운 형태로 600자 정도의 광고 · 팸플릿 · 정보지 · 전단지 · 안내문 · 알림 · 비즈니스 문서 등의 제시되는 여러 가지 정보 소재 안에서 필요한 정보를 찾아낼 수 있는지를 묻는 문제입니다. 실생활에서 얼마나 본인이 원하는 정보를 얻을 수 있는지를 알아보기 위한 문제이기 때문에 문제에서 제시되는 목적이나 과제에 필요한 정보를 본문에서 찾아내는 것에 중점을 준다는 것이 특징으로, 1개의 지문에 2문제가 출제됩니다.

정보검색 문제는 처음부터 끝까지 전체 내용을 이해하고 파악하는 것이 아니라 각 질문이 요구하는 개별 정보를 전체 내용 속에서 찾아내면 되기 때문에 질문이 먼저 오고 그 뒤에 본문의 내용이 옵니다. 따라서 먼저 질문과 선택지를 읽고 질문의 키워드가 무엇인지, 정답을 찾기 위해 필요한 정보가 무엇인지를 정확히 파악하여 그 키워드가 본문 전체 중 어느 부분에 제시되어 있는지 찾는 것이 중요합니다. 그리고 그 다음 키워드를 정보 내용과 하나씩 대조해 보며 체크해 가면 됩니다.

정보검색 문제를 풀 때에는 먼저 제시되는 상황에 대한 설명을 읽고 무엇에 대한 내용인지 본문의 전체윤곽을 이해한 후, 세부적인 질문과 선택지를 읽고, 어떠한 정보를 요구하는 문제인지 파악합니다. 다음으로 2개의 질문에서 제시하는 조건이나 요구하는 정보를 염두에 두고 본문의 내용과 대조해가며 조건에 맞지 않거나 필요 없는 정보를 제외시켜 가다보면 어렵지 않게 정답을 찾을 수 있습니다.

도표가 제시되어 있으면 도표가 무엇을 나타내는 표인지 먼저 파악하고, 각각의 표의 세부 사항을 재빨리 살펴보아 질문에서 요구하는 정보가 어디에 있는지 확인한 후, 도표 형태의 본문에서 확보해 놓은 해당 정보와 비교하면서 정답을 좁혀 나가면 됩니다.

단, 이때 각 세부 사항의 끝이나 가장 아래 부분에 ただし, 以外, のみ, ※, 注 등과 같은 예외사항을 나타내는 표현이 제시되어 있는 것을 놓치고 지나가서, 오답을 고르는 실수를 하는 경우도 있으므로 각별히 주의하면서 문제를 풀도록 합니다.

정보검색 문제는 얼마나 빠른 시간에 주어진 본문 안에서 필요한 정보를 정확하게 찾아낼 수 있는지에 관한 문제입니다. 새로운 유형의 문제이기 때문에 얼핏 보면 어려워 보이지만 그 질문에 맞는 정보를 정확하게 파악한다면 확실한 득점으로 이어지는 문제이므로 마지막까지 포기하지 말고 풀도록 합시다.

問題 4 つぎの文章を読んで、質問に答えなさい。答えは、1·2·3·4から最もよいものを一つえらびなさい。

01

クラス会の開催

このたび中山中学校2000年度卒業の3年B組のクラス会を8月の27日に久しぶりに開催したいと思います。今年は、木村先生が定年退職されるにあたり、副担任の高橋先生もご出席くださる予定になっています。懐かしい話を語り合える楽しいひとときを過ごすとともに、3年B組のクラス一同で木村先生に感謝の意を表したいと思います。

ご多忙[注1)]中とは存じますが、ぜひ多数のご参加をお願い申し上げます。なお、ご出欠を8月13日までに幹事まで必ずご連絡ください。

注1) 多忙(たぼう) : 事が多くて忙しいこと。

問 文の内容と合っているのはどれか。

1 クラス会は毎年8月の最後の土曜日に行われている。
2 参加するかどうかを2週間前には幹事の人に連絡しなければならない。
3 木村先生の定年退職記念パーティーの招待状である。
4 参加する人は8月13日までに会費を払わなければならない。

　苦しいときに助けてくれてこそ本当の友だちだという言葉がある。普段はとても親しい友だちでも、困難に直面すると避けたり距離をおく人が多いからである。

　しかし、友だちに良いことがあるとき、共に喜んでくれることのできる人こそより本当の友だちであると思う。とくに、自分はうまくいかず苦しんでいるのに、友だちだけは順調なときに自分のことのように喜び、心から祝ってあげることができる友だちがはたしてどれほどいるのだろうか。

　苦しんでいるとき助けてあげることは、時には同情心だけも可能であるが、自分よりはるかにうまくいっている友だちに対して、心から喜んであげることは本当の友だちにだけできることなのだ。

問　文の内容と合っていないのはどれか。

1 苦しんでいるとき助けてあげるのは同情心だけでも可能だ。
2 親しい友だちが困っているとき避けたりする人はたくさんいる。
3 自分よりうまくいっている友だちに心から喜んであげることはとても難しい。
4 困っているとき解決策を教えてくれる人が本当の友だちだ。

03

　マーケティングとは、商品が売り手から消費者の手に渡るまでの流れのことを言います。物を売るためには、その流れを調査すること、つまりマーケティングリサーチが必要です。これは消費者のニーズを調べて新商品を開発する時だけでなく、すでにある商品をどのようにして消費者の手に渡らせるか、その方法を考える時にも必要です。せっかくいい商品を開発しても、買っていただけなければ在庫の山です。

　また、消費者の注意をひくことをアテンションと言い、消費者が実際に買うことをアクションと言います。このアテンションとアクションの二つの頭文字のＡを取って、ダブルＡと呼びます。

問　説明の内容から、マーケティングリサーチを他の言葉で表現するとどれになるか。

1 市場調査
2 流通手段
3 購買意欲
4 販売計画

04

あて先：abc111@hotmail.co.jp
件名：お久しぶりです。小林です。

高橋さん、お久しぶりです。小林です。

ずいぶん秋らしくなりましたが、お元気にお過ごしですか。

さて、先日お会いした際に、ご親戚の方が腰痛がなかなか治らずに、悩んでいるとおっしゃっていましたが、その後、お体の具合はいかがでしょうか。もし、よろしかったら私の母が腰を痛めたときみてもらった医者がおりますので、ご紹介いたしましょうか。親切で、腕も確かだと、近所でもなかなか評判なようですし、幸いなことに、病院もご親戚の方のご自宅から車ですぐのところにあります。もし必要でしたら、喜んでご紹介いたしますので、ご連絡ください。

問 小林さんの知り合いの医者について、メールの内容と合っているのはどれか。

1 病院は小林さんの親戚のうちのすぐとなりにある。
2 先日、高橋さんといっしょに会ったことがある。
3 腕はいいようだが、評判はそれほどよくない。
4 以前、小林さんの母親がみてもらったことがある。

05

バブル景気の時は、不動産価格は上がり続けるものだと神話のように信じられていました。だから大手の不動産会社は次々と中古物件を買い入れてリニューアルし、売りはらって行くという高回転のビジネスを展開していました。新しく建てるのと違って短期間で利益を上げることができるという点で中古物件は投機の対象でした。

ところが、バブル崩れによって景気がよくなく、神話も崩れました。バブル景気の時に３億円だった物件が、今は１億円を切る所もあります。

問 バブル景気の時に不動産会社が短期間で利益を上げることができたのはなぜか。

1 中古物件を扱っていたから
2 次々と新築物件を建てていたから
3 不動産価格が安定していたから
4 不動産価格が下落していたから

06

一昔前までファーストフードは「安くて手軽な」食べ物の代表でしたが、今はそれだけでは消費者が離れてしまいます。今の消費者たちは「安全でおいしい」ことも求められるようになりました。たとえばハンバーガーなら、肉はどこの産の肉か、パンの材料である小麦は無農薬で栽培[注1)]されたものか、野菜はどれくらい使われているか、そしてその野菜は小麦と同様に無農薬で栽培されたものかなどを消費者が気にするようになりました。お店は喜んでこれらの質問に答え、公表し、宣伝することによって消費者の心をつかもうとします。その結果、食べ終わった消費者が「ああ、おいしかった」と言えば、成功です。

注1) 栽培(さいばい) : 食用·薬用·観賞用などに利用する目的で植物を植え育てること。

問 文の内容と合っているのはどれか。

1 今のファーストフードは高くても売れる。
2 ハンバーガーはファーストフードと呼べない。
3 店は安全性に気を使う消費者を歓迎している。
4 最近の消費者は店を選ぶ能力がない。

07

最近、動物を利用した遺伝子の複製[注1)]に成功したという話を時々聞く。遺伝子の複製は、治りにくい病気の治療に希望を与えるという肯定的な面が強調される場合もあれば、生命の尊厳が軽く見なされるという否定的な面が強調される場合もある。いずれにしても、みんなが心配していることは、遠くない将来に、人間の手で生命体を作り出す時代が来るかもしれないということである。そうなると人間が一つの製品や商品の扱いを受けるという心配が現実となるであろう。しかし、結局、複製というのはすでに存在しているものをコピーすることに過ぎない。人間の力で完全に新しい生命体をつくり出すのは決してたやすいことではないだろう。

注1) 複製(ふくせい) : もとの物に模した物を作ること。

問 この文章で筆者が最も言いたいことはどれか。

1 今は人間の手で生命体を創造ことができる時代になった。
2 人間が製品や商品と同じ扱いをされるのではないか心配である。
3 人間の力で完全に新しい生命体を作り出すことは簡単なことではない。
4 遺伝子の複製は難しい病気を治すためによく使われている。

問題 5 つぎの文章を読んで、質問に答えなさい。答えは、1・2・3・4から最もよいものを一つえらびなさい。

01

近頃、①子供の扱いが難しくなったという話をよく耳にする。今も昔も童心そのものは変わらないはずなのに、子供の扱いが難しくなったとはどういうことだろうか。

おそらく私たちが暮している時代が変わったということと通じるであろう。情報量が増し、多様化したばかりではなく、人と人とのコミコーニケーションがコンピューターの中で成り立っている、以前とはまったく異なる世界を私たちは経験している。

②新しい時代への文化の変換は子供たちの生活方式と価値観、意識構造、好みなどすべてを変えるに至った。

子供たちは幼い頃から自然にデジタル化された環境を通じて旧世代とはまったく違った方式で学習し、遊び、パソコン通信専用のおかしな言葉を好んで使いながらコミコーニケーションをはかることに慣れてしまった。

内容の貧しい雑誌やテレビの娯楽番組、ゲームから笑いを探し、深い思考力が求められない衝動的な現象などに慣らされてきている。そんな子供たちが旧世代の目には扱いづらい子供に映っているのだ。

問1 ①子供の扱いが難しくなったとあるが、それはなぜか。

1 旧世代とは違って子供たちはデジタル化された環境に慣れてしまったから
2 テレビやゲームの影響で子供たちが暴力的になったから
3 人と人とのコミコーニケーションの方法が多様化されたから
4 パソコンなしでは人とのコミュニケーションがとりにくくなったから

問2 ②新しい時代への文化の変換とあるが、それはどんなことか。

1 子供たちとはコンピューターの中でだけ話し合える時代になったこと
2 生活のすべてをパソコンを通してしなければならなくなったこと
3 人とのコミュニケーションがコンピューターの中で成り立つ時代になったこと
4 いろいろな外国の文化が入ってきて子供たちの意識を変えていること

問3 この文章の内容と合っているものはどれか。

1 子供を大切に扱おうとする大人の気持ちは昔と全然変わってない。
2 デジタル時代へ変わったおかげで子供とのコミコーニケーションが楽になった。
3 新しい時代への文化の変換は子供たちに大きな影響を与えている。
4 子供たちが見る雑誌やテレビ番組はもっと教養的になるべきだ。

02

最近の車は運転が簡単です。アクセルを踏めば、すぐスピードが出るし、運転が下手な人でも狭いところを曲がることができます。運転する人も多くなり、若い人だけでなく、60歳、70歳の人も運転をしています。また、車の数が増えたので、大都市の道路はいつも車でいっぱいで、なかなか動かないときは「歩くほうがはやい」と思うこともあります。

車があるので私達の生活は便利になりましたが、交通事故も多くなりました。ものすごいスピードを出して走っていてカーブを曲がれなかったり、交差点で曲がるときにオートバイにぶつかったり、いろいろな事故で、今年は日本全国で15000人以上の人が交通事故で死んだそうです。一ヶ月で1500人ぐらいの人が死んでいるのです。車のない生活はもう考えられませんが、いつか交通事故のない社会が来るのでしょうか。

問1 どうして交通事故が多くなったと言っているのか。

1 車の運転が前より簡単になったから
2 運転が下手な人もみんな車を運転しているから
3 車の数が増えて、生活の中でよく車を使うから
4 道路が前と同じで、変わってないから

問2 本文の内容と合っていないものはどれか。

1 車の数が増えて道はいつも渋滞するようになった。
2 交通事故で死亡する人の数は最近少しずつ減ってきている。
3 車のおかげで生活が便利になった反面、交通事故が増えてきた。
4 最近の車は運転が簡単で、高齢者でも運転する人が多い。

03

うちは共働き夫婦だ。ところが私は家でマンガを描き、妻は職場に勤めるため、夫である私が家事をする。だからといってすべて受け持つのではなく、食事を作ることが私の役割である。だから小学校1年生の娘の昼食を私が支度する場合が多い。娘は父が作る食事をおいしく食べる方だ。

ところがある日、娘はどういうわけか暗い表情で学校から帰ってきた。①その理由をたずねると、友だちに父さんが毎日おいしい食事を作ってくれると自慢したら友だちが「マリはお父さんがご飯を作ってくれるんだって。」と、ものすごくからかったと言った。

私は娘に「マリ、友だちは母さんだけ食事を作ってくれるけど、お前は母さんと父さんが一緒に作ってくれるのだからとてもいいんだよ。たぶん友だちはうらやましくてそう言ったのさ。」と言い聞かせた。私のこの言葉に娘の顔は②一気に明るくなった。

娘との対話を通して私は「幼いころから男女平等の考え方を植えつける教育が本当に切実である」という思いを改めてすることになった。

問1 ①その理由とはどんなことか。

1 友だちはお母さんだけが食事を作ってくれる理由
2 友達がものすごくからかった理由
3 お父さんが食事を作ってくれると自慢した理由
4 暗い表情で帰ってきた理由

問2 ②一気に明るくなったとあるが、それはなぜか。

1 お母さんとお父さんが一緒にご飯を作ってくれたから
2 食事をおいしく食べてお父さんにほめられたから
3 友達がうらやましいと言ったから
4 お父さんとの対話を通して言い聞かせられたから

問3 この文章で筆者が一番言いたいことはどれか。

1 男女平等の意識を持つためには子どもの頃からの教育が重要である。
2 共働きの夫婦は夫が家事を手伝わなければならない。
3 自分と生活方式が違う友だちをからかってはいけない。
4 子どもたちに男女平等を教育しても、現実の社会はまだまだである。

04

①親友や近親者が肥満になると自分も太りやすくなる。肥満に関する興味深い調査結果が25日、アメリカの学会誌に発表された。

アメリカのハーバード大やカリフォルニア大サンディエゴ校の医療社会学者がまとめた論文によれば、自分の兄弟姉妹が肥満になれば、その人も肥満になる可能性は40%、配偶者だと37%だったという。友人の方が肉親よりも数字が高く57%。親友だと数字はさらに跳ね上がる[注1)]という。近隣住民では相関関係はなかった。

親友同士だけでなく、肥満の「感染」は友人から友人、そのまた友人へ広がっていたと言い、数百キロ離れて住んでいても関係がなかった。

調査した学者らは「肥満が人から人へと流行していくことを初めて突き止めた[注2)]。周囲の人が太ると、肥満に対する許容度が上がるからではないか」と推測する。

注1) 跳(は)ね上(あ)がる : 踊り上がる。飛び上がる。値段が急激に上がる。
注2) 突(つ)き止(と)める : 最後まで究めて、確かな所を見とどける。探し当てる。

問1 ①親友や近親者が肥満になると自分も太りやすくなるとあるが、その理由は何か。

1 肥満は伝染病のようにあっという間に広がってしまうから
2 親が肥満していると、子どもが肥満する確率は高くなるから
3 仲のよい友人が太ると、肥満を許せるようになりやすいから
4 肥満は生活習慣だけでなく、遺伝的な要素も関与するから

問2 肥満についての説明として正しいのはどれか。

1 肥満は親友より家族のほうがもっと影響力がある。
2 友人や家族が肥満になると、本人も肥満になりやすい。
3 肥満は親しい人が住んでいる所との距離と大きな関係がある。
4 肥満の原因は、食べ過ぎと運動不足である。

問3 文章の内容と合っているのはどれか。

1 心理的な距離感が近い場合に肥満は感染する。
2 親友より肉親に、より一層体型が似てくる。
3 自分だけやせているのは申し訳ないと思う気持ちが人を太らせる。
4 肥満の原因は環境ではなく遺伝による。

問題 6 つぎの文章を読んで、質問に答えなさい。答えは、1・2・3・4から最もよいものを一つえらびなさい。

01

今、非正社員の正社員化や非正社員と正社員の間の格差をなくそうとしている企業が増えてきている。これから雇用の形態は変わっていくのだろうか。厚生労働省の労働政策にもかかわっている独立行政法人労働政策研究員の今田幸子さんに聞いた。

「とくにこの5年は、先が見えない不況とともにグローバル化で国際競争が激しくなり、企業のかけ声は『コスト削減、競争原理の浸透、成果主義』でした。その結果、どんどん社員の非正規化を進めてきました。ところが去年から今年にかけて、①状況は変わってきたのです。」

経済状況が好転したものの、今度は人手不足が叫ばれるようになってきた。「正社員は働きすぎて疲れ弱っている。団塊の世代[注1)]はリタイアする。非正社員は時間給の高い方へと流れて定着しない。今後はいい仕事があっても人がいなくてできない『人手不足倒産』が起こる可能性があります。」と今田さんは指摘する。

人材不足の危機感を持った企業は、これまでのコスト削減のためだけの非正社員化を改め、処遇[注2)]を改善して能力を発揮してもらう方法を考え始めている。

今後は人材が見直され非正社員でも管理職的な地位につくことが増える、と今田さん。すでにファーストフードやスーパーマーケットではパートの店長も珍しくない。

注1) 団塊(だんかい)の世代(せだい)：日本で1947~49年のベビーブーム時代に生れた世代
注2) 処遇(しょぐう)：待遇のしかた。あつかい。

問1 ①状況は変わってきたとは、どのような意味か。

1 社員の非正規化をより一層進めるようになった。
2 社員の非正規化を改めようとする企業が出てきた。
3 経済状況がよくなり、国際競争が激しくなった。
4 不況から抜け切れずに倒産する企業が増えてきた。

問2 パートの店長が珍しくなくなった理由として正しいのはどれか。

1 正社員が店長になるよりコストが抑えられるから
2 時間給を下げる代わりに地位を上げるようになったから。
3 非正社員でも能力を発揮できるようになったから
4 ファーストフードやスーパーマーケットは時間給が高いから

問3 この文章の内容と合っていないものはどれか。

1 非正社員と正社員の格差をなくそうとしている企業が増えている。
2 不景気で正社員の採用がもっと難しくなった。
3 今は非正社員でも管理職につくことができる。
4 今後は人手不足で倒産する会社が出てくるかもしれない。

問4 この文章で人手不足倒産が起こる可能性がある理由として取り上げてないのはどれか。

1 正社員は働きすぎて疲れ弱っている。
2 団塊世代は退職する。
3 好景気で非正社員と正社員の格差がなくなる。
4 非正社員は時給の高い所へすぐ移ってしまう。

02

「人間関係」というのは、本当に大きなテーマです。人の幸せは人間関係で決まるといっても言いすぎではありません。幸せを感じることもあれば、トラブルを起こすこともあり、人生において人間関係は幸せにつながる大きなテーマなのです。

そんな人間関係を向上させるためのとっておきのコツ[注1)]は、あなたが聞き上手になることです。日本のことわざには「話し上手は、聞き上手」という言葉があります。「話し上手な人は、決まって聞き上手でもある」ということです。人は人とうまくコミュニケーションをとりたいとき、つい話すほうに力をいれてしまいがちです。しかし、コミュニケーションで一番大切なことは「話すこと」よりも、実は「聞くこと」なのです。

人間関係は、お互いのコミュニケーションから成りたっています。単純な「聞く」をばかにしてはいけません。たかが[注2)]聞くとはいえ、これほど人間関係を向上させる重要ポイントはありません。聞くことで相手を知ることができ、理解することができ、認めることができ、助けることができ、人間関係を向上させることができるという、本当に大切なことなのです。

学生だけでなく、社会人としても、親としても子どもとしても、世界のどの人にとっても、聞き上手は大切なポイントなのです。

注1) コツ : 物事をなす、かんどころ。要領。急所。
注2) たかが : せいぜい。たかだか。見くびった気持ちで使う。

問1 筆者が言う「人間関係を向上させるためのコツ」とはどういうことか。

1 相手に失礼のないように礼儀正しさを持って人と接すること
2 相手が話しやすい雰囲気を作ること
3 話し上手より聞き上手になること
4 人に対しては、過剰な期待を持ちすぎないこと

問2 筆者はどうして「話すこと」より「聞くこと」が大切だと言っているのか。

1 人間関係で聞くことほど重要なことはないから
2 人は聞くことより話すほうに力をいれてしまいがちだから
3 話し上手な人は、決まって聞き上手でもあるから
4 聞くことによって相手のことを知り、お互いのコミュニケーションが成り立つから

問3 この文章で筆者が一番言いたいことはどんなことか。

1 聞き上手な人になるためには、たくさんの人の話を聞いてみる練習が必要だ。
2 人間関係を向上させるためには、自分が聞き上手にならなければならない。
3 相手とうまくコミュニケーションをとるためには、まず話し方に注意するべきだ。
4 人間関係がうまくいかないとき、たいていの原因は人と人との「関係」にある。

問4 本文の内容と合っているものはどれか。

1 聞き上手になれば相手を理解することができ、人間関係もよくなる。
2 人間関係は人の長い歴史の中で一番大切な問題として研究されてきた。
3 自分と他人が喜ぶことをしていると、自然に人間関係はうまくいく。
4 上手に話すことができなければ上手に聞くこともできない。

03

「いやあ、①あの時は、世界的な大発見かもしれないと思いましたよ」その医者は、聞いてほしいという様子で言った。

今から10年も前のことだが、彼は奇妙なせきをしはじめた動物園のゴリラを診察したことがあるそうなのだ。そのゴリラは、食欲がなく、じっと座ったままで、時々、コンコンとせきをする日々が、3ヶ月以上続いていたという。

彼は、ひょっとしてぜんそく[注1)]ではないかと、考えた。これまで、サルがぜんそくにかかった例は、ひとつも報告されていない。もしもそのゴリラのせきがぜんそくなら、貴重な発見になるというわけだ。

残念ながら、ゴリラのせきはぜんそくではなかった。長い間にわたっての運動不足、ぜいたくすぎるエサによる栄養のとりすぎ、人工的に調整された気温。どれをみても、厳しい自然環境とは②大きな差がある。そのため、ゴリラは極端に肥満し、せきは脂肪による肺の圧迫が原因だった。狭い檻[注2)]の中は、動物たちの健康を悪くする③過酷[注3)]な環境なのだろう。

「しかし…」と彼は深刻な顔つきで言った。「もっと考えなければいけないのは、それがどれも人間にも起こっているということですよ。食べすぎ、運動不足、人工的な環境、その中で人間にも奇妙な病気が増えているんです。」

檻に閉じ込められているのは、動物だけではなく、人もまたそうらしい。

注1) ぜんそく : 発作的に呼吸困難を起こす病気。
注2) 檻(おり) : 猛獣や罪人などを入れておく堅固なかこい、または室。
注3) 過酷(かこく) : きびしすぎること。

問1 ①あの時とはどんな時か。

1 ゴリラのせきの原因がわからなかったとき
2 ゴリラがぜんそくにかかったのではないかと考えたとき
3 変なせきをしはじめたゴリラを診察したとき
4 じっと座ったままのゴリラのせきが3ヶ月以上も続いていたのに気づいたとき

問2 ②大きな差とあるが、自然環境と何との差のことか。

1 檻の中
2 大自然
3 診察室の中
4 病院

問3 ③過酷な環境の説明として合っているものはどれか。

1 自然の環境に比べると狭く、気温の変化が激しい環境
2 自然の環境に比べると芸をさせられて運動量が多い環境
3 自然の環境に比べると狭く、とてもぜいたくな食生活
4 自然の環境に比べるとエサから栄養をとりにくい環境

問4 筆者の考えと合っているものはどれか。

1 人間にも奇妙な病気が増えているので、人間も大自然に帰らなければいけない。
2 檻に閉じ込められているのは動物だけではなく、人間もそうだ。
3 檻の中の動物を見て楽しむ人間だけが残酷とは言えない。
4 環境による深刻な問題は将来人間にも起こる可能性がある。

04

私は今、英語の雑誌を編集する仕事をしています。英語が大嫌いだった私がどうしてこんな仕事をするようになったのか、自分でも不思議です。学生時代の友だちに今の私の仕事について話すと、皆一様に「信じられない」という顔をして驚きます。

高校の頃は英語が大嫌いで、成績も悪かったです。ところが、ある時、英語が得意な親友からペンフレンドを紹介されました。①私はあまり気が進まなかったのですが、親友に頼まれたので一回だけ手紙を書くことにしました。もちろん英語で手紙など書けるわけがなく、仕方なく本屋で『英文手紙の書き方』という本を買ってきて、その中の例文を丸写し[注1)]して手紙を出しました。ほっとしていたら「あなたの英語はかんぺきだ」というほめる手紙が来てしまいました。「これは大変」と思って、またほかの例文を写して返事を書きました。

はじめは、一回だけでやめるつもりでしたが、文通はずっと続き、とうとう『英文手紙の書き方』の例文は全部使ってしまいました。そこで、一大決心をして英語を勉強し直すことにしました。中学一年の教科書から分からないところをやり直して、例文を全部暗記しました。これが効果をあげ、成績は一気に上がりました。成績がよくなればなるほど英語がおもしろくなり、勉強することが楽しくなりました。

あの時のペンフレンドとは今でも文通を続けています。もし、あの時親友の頼みを断っていたら、そして手紙を書かなかったら、どうなっていたでしょうか。たぶん今ごろは英語と関係ない仕事をしていたのではないかと思います。そんなことを考えると、人生の「出会い」というのは面白いものだと思います。

注1) 丸写(まるうつ)し：すっかり写すこと。自分の考えを加えず、そのまま写すこと。

問1 筆者が今の仕事のことを話したら、どうして学生時代の友達は驚くのか。

1 英語の専門学校まで進学するぐらい英語が好きだったから
2 英語が得意でいつも英語の勉強ばかりしていたから
3 英語に興味がなくて成績もあまりよくなかったから
4 高校の時からペンフレンドと英語で文通を続けているから

問2 ①私はあまり気が進まなかったとあるが、その理由は何か。

1 一回やり始めるとずっとやらなければならなくなると思ったから
2 受験勉強で忙しくて他のことを考える余裕がなかったから
3 ペンフレンドとは、誰かに頼まれてやるようなものじゃないと思(おも)ったから
4 英語が苦手で、英語で手紙を書く自信がなかったから

問3 筆者が英語の勉強をやり直すようになったきっかけは何か。

1 英語の成績が一気に上がったこと
2 丸写ししていた英文手紙の例文を全部使ってしまったこと
3 国際会議で通訳の仕事をしていたこと
4 アルバイトで旅行のツアーガイドをしたこと

問4 本文の内容と合っているものはどれか。

1 筆者は出会いによって人生が変わることができると思っている。
2 筆者は自分の英語力を生かせる仕事を探している。
3 筆者は高校時代、親友の頼みを断ったことを後悔している。
4 筆者はいろいろな国のペンフレンドと数年にわたって文通をしている。

問題 7 右のページは「アルバイト募集案内」である。つぎの文章を読んで、下の質問に答えなさい。答えは、1·2·3·4から最もよいものを一つえらびなさい。

01 問1 次のうち、このアルバイトができる人はだれか。

1 花屋でアルバイトをした経験がある高校生の佐藤さん
2 バイトでお金をためてゴールデンウィークに海外に行きたがっている20歳の松田さん
3 パソコンができることはできるが、専門的な知識は持っていない40歳の主婦の森さん
4 学費を稼ぐために3ヶ月以上できるアルバイトを探している休学生の高橋さん

問2 この募集案内の内容と合っているのはどれか。

1 以前花屋で働いた経験がある人はもっと高い給料がもらえる。
2 応募したい人は電話またはメールで申し込めばいい。
3 パソコンでの作業が多いのでパソコンに詳しくなければならない。
4 経験がなくても20歳から40歳の人ならば誰でも応募することができる。

アルバイト募集案内

母の日期間だけ少しお手伝いしていただけませんか。
お花屋さんで働いてみたい方！
以前花屋で働いた経験があるけれど、また働いてみたくなった方！
短期なら、やってみようと思う方！
ぜひ、ご連絡ください。

- **アルバイト期間：** 5月1日～8日(期間中、休み一日あります)
- **職種：** 事務系 (伝票整理·作成、電話応対、簡単なPC入力など)
- **資格：** 20～40歳　(専門的なPC知識は必要ありません)
- **勤務時間** : 10時～18時
- **給与** : 時給2000円
- **待遇** : 交通費支給
- **応募方法** : 直接、お電話での申し込みで受け付けます。

電話： 080-4500-3111

お電話にて面談時間は決定させていただきます。

問題 7 右のページは「キャンパスツアー」の案内である。つぎの文章を読んで、下の質問に答えなさい。答えは、1・2・3・4から最もよいものを一つえらびなさい。

02 **問1** この案内の内容として正しいのはどれか。

1 この大学を卒業した専門ガイドがキャンパスのみどころを案内してくれる。
2 一人でも事前に予約すれば参加することができる。
3 10人以上の団体で予約すると参加費が無料になる。
4 このツアーはこの大学への入学を目指している受験生だけ参加できる。

問2 高校生の田中君は両親と3人でこのツアーに参加したいと思っている。申し込みメールの正しい書き方はどれか。

1

「キャンパスツアー」の参加を申し込みます。

・2011.12.5
・田中哲也、田中一朗、田中紀子
・080-4332-5782
・東京都板橋区熊野町3-1-5

2

「キャンパスツアー」の参加を申し込みます。

・2011.12.5
・田中哲也、田中一朗、田中紀子
・3人
・080-4332-5782
・tanaka1234@yahoo.jp
・受験生、受験生保護者2人

3

「キャンパスツアー」の参加を申し込みます。

・2011.12.5
・田中哲也、田中一朗、田中紀子
・3人
・080-4332-5782
・受験生、受験生保護者2人

4

「キャンパスツアー」の参加を申し込みます。

・田中哲也、田中一朗、田中紀子
・3人
・080-4332-5782
・tanaka1234@yahoo.jp
・東京都板橋区熊野町3-1-5

キャンパスツアーのご案内

日本大学では、広く一般の方々に大学に対する理解を深めていただくため、キャンパスツアーを実施しています。学生ガイドが大学の歴史や学生生活のエピソードを紹介しながら、キャンパスのみどころをご案内します。

- 1名よりお申し込みいただけます。
- 各回の定員は20人です。参加費は無料ですが、事前に予約が必要です。10人以上の団体は電話で相談してください。
- 30分以上遅刻するとツアーに参加できない場合があります。
- 大学行事などにあわせて特別ツアーを実施することもあります。
- おもな見どころ
  政治経済·法·商·教育·社会科学·国際教養学部·総合学術情報センターなど
- 申し込み方法
  参加したい方は参加希望の日程·参加者全員の名前·参加人数·電話番号·メールアドレスを記入してcampus21@gmail.comまで送ってください。

* 2名様以上でご参加される場合は、必ずご参加者の内訳をご記入ください。(記入例：(例1) 受験生、受験生保護者/ (例2) 高校生２名/ (例3) 校友、校友家族、受験生)

問題 7 右のページには「親子森林教室」への参加募集について書いてある。つぎの文章を読んで、下の質問に答えなさい。答えは、1·2·3·4から最もよいものを一つえらびなさい。

03 **問1**「親子森林教室」についての説明として正しくないのはどれか。

1 参加費はないが、昼食は自分で用意しなければならない。
2 親子で森林内を歩きながら、森林と水について考える教室である。
3 申込者が50人以上にならないと、この行事は行われない。
4 応募者が多い場合は抽選で参加者を決める。

問2「親子森林教室」に参加したい人はどうすればいいか。

1 申し込みフォームに必要事項を書いてメールで送る。
2 住所·名前·年齢·性別·電話番号などの情報を電話で伝える。
3 申し込み先に直接行って応募申し込みフォームを作成して提出する。
4 住所·氏名·年齢·性別·電話番号を記入した参加希望のはがきを郵送する。

「親子森林教室」への参加募集

東京森林科学園では、「水の週間(8月1日～7日)」にあわせて、『親子森林教室(森林と水について考えよう)』を実施しますので、ぜひ、東京森林科学園へお越しください。

「親子森林教室」は、親子で森林内を歩きながら、森林のはたらきについて理解を深めていただくとともに、森林を育む水の恵み、水の大切さについて考える機会を提供するものです。

- **日時**: 平成23年8月8日(月曜日)
  午前11時～午後3時頃まで(集合は午前10時30分)
- **場所**: 東京森林科学園「森の科学館」前
- **募集人員**: 50名程度
- **参加費用**: 無料(昼食はご持参ください。)
- **申し込み方法**: インターネットまたははがきにて、7月15日(金曜日)までにお申し込みください。

(1) インターネットの場合、申し込みフォームに必要事項を書いて次のアドレスからお申し込み下さい。
https://www.contact.maff.go.jp/rinya/form/fe3d.html

(2) はがきの場合、住所・氏名・年齢または学年・性別・電話番号をご記入して以下の申し込み先までお送りください。
申し込み先: 〒100－8952　東京都 千代田区 霞が関1-2-1

なお、応募者多数の場合は抽選の上、7月29日(金曜日)までにその結果を連絡いたします。

- **電話**：03-3502-8111
- FAX：03-3503-6499

시나공 JLPT 일본어능력시험 N3

문제 mp3 듣기

다섯째마당 청해편

2교시 완벽대비 청해

문제분석과 완벽대비법

01 | 問題1 과제이해 문제

문제 소개

問題1 〈과제이해〉 문제는 주어지는 본문의 내용을 듣고, 들은 내용에서 얻은 구체적인 정보를 토대로 제시되는 과제를 수행할 수 있는지를 묻는 문제로, 6문제가 출제됩니다.

문제 미리 풀어보기 및 풀이

問題 1　　예제-01.mp3

問題1では、まず質問を聞いてください。それから話を聞いて、問題用紙の1から4の中から、最もよいものを一つえらんでください。

1 旅行代理店に電話で予約する
2 シティーエアーターミナルに電話で予約する
3 前の日に旅行代理店に行って買っておく
4 出発の前に、旅行代理店で買う

스크립트

男の人がシティーエアーターミナルの女の人と電話で話しています。男の人はこの後、どうしますか。

M : あのう、リムジンバスの予約をしたいのですが…。
F : 申しわけございませんが、旅行代理店で、チケットをお買い求めいただくことになっております。
M : 電話で予約はできませんか。
F : 電話予約はいたしておりません。
M : では、どうしたらいいですか。
F : 旅行代理店でおもとめください。
M : シティーエアーターミナルの中に旅行社がありますか。
F : はい、ございます。
M : 今から行っても買えるでしょうか。
F : 満席ということはございませんが、出発のお時間より少し早めにいらっしゃっていただいて、チケットをお求めください。

M：少し早めに行けば、買えるのですね。

F：はい、大丈夫でございます。

M：わかりました。ありがとうございます。

男の人はこの後、どうしますか。

정답　4

해석　남자가 시티에어터미널의 여자와 전화로 이야기하고 있습니다. 남자는 이후 어떻게 합니까?

M : 저기, 리무진버스 예약을 하고 싶은 데요…….
F : 죄송합니다만, 여행대리점에서 티켓을 사셔야 합니다.
M : 전화로 예약은 할 수 없습니까?
F : 전화예약은 받고 있지 않습니다.
M : 그러면, 어떻게 하면 됩니까?
F : 여행대리점에서 사시기 바랍니다.
M : 시티에어터미널에 여행사가 있습니까?
F : 네. 있습니다.
M : 지금 가도 살 수 있습니까?
F : 만석이 되는 일은 없습니다만, 출발 시간 보다 조금 일찍 오셔서 티켓을 사 주시기 바랍니다.
M : 조금 일찍 가면, 살 수 있는 거네요.
F : 네, 그렇습니다.
M : 알겠습니다. 감사합니다.

남자는 이후, 어떻게 합니까?
1　여행대리점에 전화로 예약한다.
2　시티에어터미널에 전화해서 예약한다.
3　전날에 여행대리점에 가서 사 둔다.
4　출발 전에 여행대리점에서 산다.

어휘　シティーエアーターミナル 시티에어터미널 | リムジンバス 리무진버스 | 予約(よやく) 예약 | 申(もう)し訳(わけ)ございません 죄송합니다 | 旅行代理店(りょこうだいりてん) 여행대리점 | チケット 티켓 | お+동사 ます형+いただく ~해 받다, ~해 주시다 | 買(か)い求(もと)める 사들이다, 사다 | ~ことになっている ~하게 되어 있다 | ~ておる ~하고 있다, ~해(져) 있다 | 致(いた)す 하다 | お+동사 ます형+ください ~해 주십시오 | 求(もと)める 구하다, 요구하다, 사다, 구입하다 | 旅行社(りょこうしゃ) 여행사 | ござる 있다 | 買(か)える 살 수 있다 | 満席(まんせき) 만석 | 出発(しゅっぱつ) 출발 | お時間(じかん) 시간 | ~より ~부터, ~보다 | 少(すこ)し 조금, 약간 | 早(はや)めに 일찌감치, 일찍 | いらっしゃる 오시다, 가시다, 계시다 | ~ていただく ~해 받다, ~해 주시다 | 大丈夫(だいじょうぶ) 괜찮음, 안전함 | 前(まえ)の日(ひ) 전날 | ~ておく ~해 놓다, ~해 두다

과제이해 문제는 주어지는 본문의 내용을 듣고, 들은 내용에서 얻은 구체적인 정보를 토대로 제시되는 과제를 수행할 수 있는지를 묻는 문제로 6문제가 출제됩니다.

과제이해 문제의 문제 출제 방식은 먼저 상황설명문 및 질문을 들려주고, 다음으로 본문을 들려줍니다. 다음으로 처음에 들려주었던 질문을 다시 한 번 더 들려준 후 몇 초 동안에 지면에 나온 선택지 가운데 가장 알맞은 대답을 고릅니다.

본문의 내용은 크게 두 사람의 대화 장면에서 A라는 사람의 지시 · 조언 · 부탁 등의 이야기를 듣고 B가 자신에게 필요한 정보를 얻어 그 정보를 토대로 적절한 행동이나 판단을 하여 A의 지시 · 조언 · 부탁 등의 과제를 수행할 수 있는지를 묻는 대화형 문제와, 한 사람이 이야기 또는 설명을 하며 과제 수행에 필요한 정보를 제공하여, 이를 듣고 질문에서 제시하는 과제를 문제를 푸는 수험생이 적절하게 수행할 수 있는지를 물어보는 독백형 문제로 구성되며, 대화형 문제 쪽이 출제 빈도가 높습니다.

일반적으로 질문은 これから, この後, まず, この後すぐ, この後まず 등의 시간을 나타내는 표현 뒤에 どうしますか, どうすればいいですか, 何をしますか, 何をしなければなりませんか, どの～を～ますか, 何ですか, 何が必要ですか, いくら支払いますか 등과 같은 질문이 자주 제시됩니다.

과제이해 문제는 먼저 질문의 내용을 정확히 이해하여 과제를 수행해야 하는 사람이 누구인지, 어떠한 상황인지를 파악하고 숙지해 두어야 합니다. 그 후에 본문의 내용을 들으면서 질문과 관련하여 중요하다고 생각되거나 수행할 과제가 될 만한 것을 메모해 가며 체크합니다. 그 다음 다시 한 번 질문의 내용을 듣고 메모해 놓은 여러 정보와 지문의 선택지를 비교하여 질문에 맞는 정답을 고릅니다.

이때 정답의 핵심이 되는 표현을 정답 선택에 혼동을 주기 위해 본문과 선택지에 의미가 거의 같은 다른 일본어 표현을 사용하는 경우가 많으므로, 평소에 동의어 및 유의어에 관한 공부와 함께 문제를 풀 때 이 점에 관한 주의가 요구됩니다. 또한 본문의 내용을 들으며 질문에서 벗어나는 선택지를 차례대로 삭제해 가더라도 마지막 부분에 상황이 반전되어 제외시켜 두었던 선택지가 정답이 되는 경우도 있으므로 마지막까지 집중력을 잃지 말고 과제 수행에 필요한 내용을 메모 · 체크 해두고 정답을 고른다면 비교적 어렵지 않게 풀 수 있습니다.

02 | 問題2 포인트이해 문제

문제 소개

問題2 〈포인트이해〉 문제는 제시되는 질문에 입각해서 본문의 내용을 듣고 질문에서 요구하는 핵심 포인트를 정확히 이해하고 파악할 수 있는지를 묻는 문제로, 6문제가 출제됩니다.

문제 미리 풀어보기 및 풀이

問題 2 예제-02.mp3

問題2では、まず質問を聞いてください。そのあと、問題用紙を見てください。読む時間があります。それから話を聞いて、問題用紙の1から4の中から、最もよいものを一つえらんでください。

1 切符がなくなったから
2 事故で20分間停車したから
3 列車の中で本を読んでいたから
4 信号が故障したから

스크립트

女の人と男の人が話しています。男の人はどうして遅れましたか。

F：どうしてこんなに遅れたの。かなり待ちましたよ。
M：すみません。もともと列車は3時30分に到着する予定だったけど、信号故障で20分間停車したせいで遅れました。
F：でも、すぐ直ってよかったですね。私は、それも知らずに何か事故でも起きたのかと思って心配しました。
M：ところが、到着して降りようとしたら、今度は切符が見つからないんですよ。
F：え？それでどうしたんですか。切符は見つかったんですか。
M：慌てて探してみたら、列車の中で読んでいた本の中に入っていたんです。
F：本当、いろいろありましたね。

男の人はどうして遅れましたか。

1 切符がなくなったから

2 事故で列車が20分間停車したから

3 列車の中で本を読んでいたから

4 信号が故障したから

정답 4

해석 여자와 남자가 이야기하고 있습니다. 남자는 어째서 늦었습니까?

F : 왜 이렇게 늦었어요? 많이 기다렸잖아요.

M : 미안해요. 원래는 열차가 3시 30분에 도착할 예정이었는데, 신호고장으로 20분 동안 정차하는 바람에 늦었어요.

F : 그래도, 바로 수리가 되어 다행이네요. 저는 그것도 모르고 뭔가 사고라도 났나하고 걱정했어요.

M : 그런데 도착해서 내리려고 했더니, 이번에는 표가 보이지 않는 거예요.

F : 네? 그래서 어떻게 했어요? 표는 찾았어요?

M : 당황해서 허둥대며 찾아 봤더니, 열차 안에서 읽고 있던 책 안에 들어 있었어요.

F : 정말 여러 가지 일들이 있었네요.

남자는 어째서 늦었습니까?

1 표가 없어졌기 때문에

2 사고로 열차가 20분 동안 정차했기 때문에

3 열차 안에서 책을 읽고 있었기 때문에

4 신호가 고장 났기 때문에

어휘 どうして 왜, 어째서 | 遅(おく)れる 늦다 | かなり 꽤, 상당히 | 待(ま)つ 기다리다 | もともと 원래 | 列車(れっしゃ) 열차 | 到着(とうちゃく) 도착 | 予定(よてい) 예정 | 信号(しんごう) 신호(등) | 故障(こしょう) 고장 | 停車(ていしゃ) 정차 | ~せいで ~탓에, ~때문에 | すぐ 바로, 곧, 금방 | 直(なお)る 고쳐지다 | ~てよかった ~해서 다행이다 | 知(し)る 알다 | ~ずに ~(하)지 않고, ~(하)지 말고 | 事故(じこ) 사고 | 起(お)きる 일어나다 | 心配(しんぱい) 걱정, 근심 | ところが 그런데, 그러나 | 降(お)りる 내리다 | ~(よ)うとしたら ~(하)려고 했더니 | 今度(こんど) 이번, 이다음 | 切符(きっぷ) 표 | 見(み)つかる 들키다, 찾게 되다, 발견되다 | 慌(あわ)てる 당황하다, 허둥거리다 | 探(さが)す 찾다 | 無(な)くなる 없어지다

포인트이해 문제는 본문의 내용을 듣고 질문에서 요구하는 핵심 포인트를 정확히 이해하고 파악할 수 있는지를 묻는 문제로 6문제가 출제됩니다.

포인트이해 문제의 문제 출제 방식은 먼저 상황설명문 및 질문을 먼저 들려주고, 다음으로 얼마 동안의 선택지를 읽는 시간이 주어집니다. 이때 지면에 있는 선택지를 읽으면서 구체적으로 무엇을 들어야 할지를 확인하는 것이 중요합니다. 그 다음 본문의 내용을 들려주고 처음에 들려주었던 질문을 다시 한 번 더 들려 준 후 몇 초 동안에 지면에 나온 선택지 가운데 가장 알맞은 대답을 고릅니다.

본문의 내용은 크게 대화문 형식과 서술문 형식으로 나누어지는데, 두 유형 모두 요구하는 정답 포인트가 본문의 전반부, 중반부, 후반부 어디에서나 나올 수 있기 때문에 전체 내용에서 포인트가 어디에 있는지 찾아야 합니다. 또한 정답의 핵심이 되는 표현을 본문과 선택지에서 의미가 거의 같은 유사표현을 써서 정답 선택에 혼동을 주는 경우가 많기 때문에, 평소 동의어 및 유의어에 대한 주의 깊은 학습이 요구됩니다.

일반적으로 どうしてい なぜ와 같은 이유를 물어보는 표현이 들어간 질문이 가장 많이 출제되며 ～と言っていますか, ～と述べていますか, ～を～ていますか, 言いたいことは何ですか 등과 같은 유형의 질문도 출제 됩니다.

포인트이해 문제를 풀 때는 우선 상황의 설명이나 질문을 듣고 문제에서 요구하는 정답 포인트를 정확히 파악하여 메모를 해 놓은 후, 그것을 염두하여 선택지의 내용을 읽고 이해합니다.

본문의 내용을 들을 때에는 항상 질문을 염두에 두고 질문 내용에서 요구하는 포인트를 좁혀 나가야 합니다. 선택지를 보고 상식에 입각하여 답을 예상할 수 있거나, 전반부나 중반부에 정답과 유사한 포인트를 부분적으로 제시해 주는 경우도 있으나, 후반부에 본문의 내용이 반전되거나 궁극적인 핵심포인트가 제시되는 되는 경우가 많으므로 포인트가 될 수 있는 내용 또는 화자의 의도라고 생각되는 본문의 내용을 마지막까지 하나하나 메모해 가며 듣고, 질문을 다시 들려 줄 때에 정답을 찾도록 합니다.

03 | 問題3 개요이해 문제

문제 소개

問題3 〈개요이해〉 문제는 본문의 내용을 듣고 전체 내용에서 화자의 주장이나 생각을 제대로 파악할 수 있는지, 또는 본문 내용 전체의 개요나 본문을 통해 말하고 싶거나 전하고 싶은 내용을 이해하고 찾아낼 수 있는지를 묻는 문제로, 3문제가 출제됩니다.

문제 미리 풀어보기 및 풀이

問題 3 예제-03.mp3

問題3では、問題用紙に何もいんさつされていません。この問題はぜんたいとしてどんなないようかを聞く問題です。話の前に質問はありません。まず話を聞いてください。それから質問とせんたくしを聞いて、問題用紙の1から4の中から、最もよいものを一つえらんでください。

ー メモ ー

스크립트

男の人が女の人にインタビューしています。

M：このごろ、周りの人とうまく付き合えずに悩んでいる人が多いようです。今日はどうすれば他の人とうまくやっていけるのかについて、一言アドバイスをいただきたいんですが。

F：そうですねえ。人と付き合う時には、初めのうちはうまくいかなくて当然だと思ったほうがいいですね。

M：え、それじゃ、失敗してもいいんですか。

F：そうです。初めからうまくできる人なんていませんよ。こうやってみてだめだったら、じゃ次はどうしようかと考え、工夫する。

M：はい。

F：その繰り返しの中で、相手と自分との距離のとり方、というかバランスがわかってくるもんなんですよ。

女の人は人と付き合う時に何が一番大切だと言っていますか。

1 だれとでも同じように親しくすること

2 自分の思っていることを繰り返し、正直に言うこと

3 いろいろやってみてうまくいかなかったらやり方を変えること

4 失敗してもすぐ新しい人と付き合うこと

정답 3

해석 남자가 여자에게 인터뷰하고 있습니다.

M : 요즘, 주변 사람들과 잘 사귀지 못해서 고민하고 있는 사람이 많은 것 같습니다. 오늘은 어떻게 하면 다른 사람과 잘 지낼 수 있는가에 관해서, 한 마디 도움말을 듣고 싶습니다만.

F : 글쎄요. 다른 사람과 사귈 때, 처음에는 잘 안 되는 게 당연하다고 생각하는 것이 좋습니다.

M : 네? 그럼, 실패를 해도 되는 건가요?

F : 그렇습니다. 처음부터 잘 할 수 있는 사람은 없습니다. 이렇게 해 보고 잘 안 되면 그럼 다음에는 어떻게 할까라고 생각하고 궁리합니다.

M : 네.

F : 그렇게 되풀이하는 가운데, 상대방과 자신과의 거리를 취하는 법이라고 할까 밸런스를 알게 되는 법이에요.

여자는 다른 사람과 사귈 때 무엇이 가장 중요하다고 말하고 있습니까?

1 누구와라도 똑같이 친하게 지내는 것

2 자신이 생각하고 있는 것을 되풀이하여 정직하게 말하는 것

3 여러 가지 해 보고 잘되지 않으면 방법을 바꾸는 것

4 실패해도 바로 새로운 사람과 사귀는 것

어휘 インタビュー 인터뷰 | このごろ 요즈음, 최근 | 周(まわ)り 주위, 주변, 근처 | うまく 훌륭하게, 잘 | 付(つ)き合(あ)う 사귀다, 교제하다 | ～ずに ～하지 않고, ～하지 않아서 | 悩(なや)む 고민하다, 고생하다 | 多(おお)い 많다 | 他(ほか) 이 외, 그 밖 | やっていく 일 · 교제 등을 계속해 가다 | ～について ～에 관해서 | 一言(ひとこと) 한마디 | アドバイス 어드바이스, 조언 | いただく 먹다, 마시다, 받다 | うまくいく 잘 되다 | 当然(とうぜん) 당연 | ～ほうがいい ～하는 편이 좋다 | 失敗(しっぱい) 실패 | ～てもいい ～해도 좋다 | すべて 모두 | ～なんて ～같은 것, ～등, ～따위 | だめ 소용없음, 못쓰게 됨, 불가능함, 해서는 안 됨 | 次(つぎ) 다음 | 工夫(くふう) 궁리, 고안 | 繰(く)り返(かえ)し 되풀이함, 반복함 | 相手(あいて) 상대(방) | 自分(じぶん) 자기 자신 | 距離(きょり) 거리 | 取(と)り方(かた) 취하는 방법 | ～というか ～이라고 할지 | バランス 밸런스, 균형 | ～ものだ ～것이다, ～하는 법이다 | 大切(たいせつ) 소중함, 중요함 | 親(した)しい 친하다 | 正直(しょうじき)に 정직하게, 솔직하게 | やり方(かた) (하는) 방법 | 変(か)える 바꾸다 | すぐ 곧, 바로 | 新(あたら)しい 새롭다, 새것이다

개요이해 문제는 본문의 내용을 듣고 전체 내용에서 화자의 주장이나 생각을 제대로 파악할 수 있는지, 또는 본문 내용 전체의 개요나 본문을 통해 말하고 싶거나 전하고 싶은 내용을 이해하고 찾아낼 수 있는지를 묻는 문제로 3문제가 출제됩니다.

'과제이해'나 '포인트이해' 문제와는 달리 질문과 지면의 선택지가 사전에 제시되지 않고, 본문의 내용을 누가 이야기 하는지 또는 전체적으로 무엇에 대해 이야기 할 것인지만 간단하게 언급한 후 바로 본문의 내용을 들려줍니다. 그 다음 질문과 선택지를 음성으로 들려준 후 정답을 골라야 합니다.

본문의 내용은 크게 대화문 형식과 독백 형식이 비슷한 비율로 출제되며, 본문의 내용은 주로 강의나 연설, 뉴스, 안내, 감상, 주제, 설명 등을 통해 말하는 사람의 주장이나 생각, 또는 이야기의 요점을 묻는 문제가 자주 출제됩니다.

문제 유형은 말하는 사람의 주장이나 생각, 의도, 전달하려는 메시지가 무엇인지를 묻는 문제와 이야기의 개요, 요점, 주제 등을 묻는 문제, 그리고 이야기의 중심 소재에 구체적인 내용을 묻는 문제로 나눌 수 있습니다. 대부분의 경우에는 본문의 초반부나 후반부에 정답으로 연결되는 핵심 내용이 나오는 일이 많으나, 간혹 이러한 예측을 역이용하여 중반부에 정답에 해당하는 이야기를 미리 배치해 놓고, 후반부에는 정답이라고 착각하기 쉬운 이야기를 전개해 가는 경우도 있기 때문에, 본문의 전체적인 흐름을 파악하는 것이 중요합니다.

일반적으로 ~について나 話の主な内容, テーマ(内容·結果), 何の話, 言いたいこと, 伝えたいこと, ~の意見(主張)は何ですか, どう思っていますか, ~と言っていますか, どのようなことですか와 같은 표현이 들어간 질문이 많이 출제됩니다. 그리고 이러한 질문 이후에 마지막으로 선택지가 음성으로만 제시되기 때문에 각각의 선택지를 들을 때마다 바로바로 올바른 내용인지 아닌지를 선택하지 않으면 정답을 체크할 시간이 부족해진다는 것에도 유의해야 합니다.

개요이해 문제를 풀 때는 우선 본문의 첫 문장에 이야기의 화제나 소재, 중심 테마가 제시되는 경우가 많으므로 이 부분에서 앞으로 전개가 될 내용이 무엇인지, 어떠한 유형으로 전개가 될지를 신속하게 파악합니다. 그리고 문제를 풀 수 있는 핵심 내용이 나오는 본문의 중 · 후반부 내용을 집중하여 메모해 가면서 들으면 어렵지 않게 정답을 골라낼 수 있을 것입니다.

개요이해 문제는 무엇보다 고도의 집중력과 신속한 메모가 중요합니다. 또한, 문제를 보다 쉽게 풀기 위해서는 본문 전체를 파악하는 힘이 필요합니다. 따라서 평소에 문장을 요약하는 연습과 신문 기사나 사설, 뉴스, 연설, 강연 내용 등을 많이 읽고 들어보는 연습을 해 두는 것이 좋습니다.

04 | 問題4 발화표현 문제

문제 소개

問題4 〈발화표현〉 문제는 그림을 보면서 상황 설명과 질문을 듣고 이를 토대로 이 장면과 상황에 가장 적합한 발화표현을 선택할 수 있는지를 묻는 문제로, 4문제가 출제됩니다.

문제 미리 풀어보기 및 풀이

問題 4 예제-04.mp3

問題4では、絵を見ながら質問を聞いてください。やじるし（→）の人は何と言いますか。1から3の中から、最もよいものを一つえらんでください。

스크립트

受付に、社員と約束のあるお客様が来ました。受付の女性は何と言いますか。

1 田中様ですね。お待たせいたしました。

2 田中様ですね。いかがなさいますか。

3 田中様ですね。お待ちしておりました。

정답 3

해석 접수처에 사원과 약속이 있는 손님이 왔습니다. 접수처의 여성은 뭐라고 말합니까?

1 다나카 씨죠. 오래 기다리셨습니다.
2 다나카 씨죠. 어떻게 하시겠습니까?
3 다나카 씨죠. 기다리고 있었습니다.

어휘 受付(うけつけ) 접수(처) | 社員(しゃいん) 사원 | 約束(やくそく) 약속 | お客様(きゃくさま) 손님 | 女性(じょせい) 여성 | お+동사 ます형+する(いたす) (제가) ~하다, ~해 드리다 | 待(ま)たせる 기다리게 하다 | いかが 어떻게 | なさる 하시다 | 待(ま)つ 기다리다 | ~ておる (~ている의 겸양) ~하고 있다, ~해 있다

다섯째마당 시나공법 01 | 문제분석과 완벽대비법

발화표현 문제는 新 일본어능력시험에서 새롭게 채용된 문제 유형으로, 일상생활의 실제 커뮤니케이션 상황에서 주어지는 상황에 알맞게 발화를 할 수 있는지를 묻는 문제입니다. 먼저 지면에 제시되어 있는 상황 설정 그림을 보면서 이에 대한 장면이나 상황 설명을 듣고, 이를 토대로 이 장면과 상황에 가장 어울리거나 적합한 발화표현을 바로 선택할 수 있는지를 테스트합니다. 이 발화표현 문제는, N1~N2에서는 출제되지 않고, N3~N5에서만 4문제가 출제됩니다.

그림을 보면서 상황 설명과 질문을 듣고 그 다음 3개의 선택지를 듣기 때문에, 먼저 어떤 상황의 그림인지 파악하고, 그 다음 그림에 나오는 화살표는 발화 표현을 하는 사람에게 표시되므로 화살표가 등장인물 중 누구에게 표시되어 있는지 정확히 체크해야 합니다.

질문은 일반적으로 何と言いますか의 형태로 가장 많이 출제되며, 내용은 주로 일상생활에서 사용되는 인사말, 회사생활, 학교생활, 의뢰, 허가, 요구 등과 관련된 실용적인 내용이 많습니다. 따라서 일상생활에서 자주 쓰이는 인사말이나 회화표현, 관용표현, 경어표현 등을 잘 숙지하고 익혀두면 발화표현 문제는 쉽게 정답을 찾을 수 있습니다.

05 | 問題5 즉시응답 문제

문제 소개

問題5〈즉시응답〉 문제는 상대방의 말을 듣고 그에 적절한 응답을 즉각적으로 고를 수 있는지를 묻는 문제로, 9문제가 출제됩니다.

문제 미리 풀어보기 및 풀이

問題 5 예제-05.mp3

問題5では、問題用紙に何もいんさつされていません。まず文を聞いてください。それから、そのへんじを聞いて、1から3の中から、最もよいものを一つえらんでください。

ー メモ ー

스크립트

おかげさまで、大学に受かりました。

1 それは、ありがとう
2 それは、おめでとう
3 それは、大変ですね

정답 2

해석 덕분에, 대학에 합격했습니다.

1 정말 고마워요.
2 정말 축하해요.
3 정말 힘들겠네요.

어휘 おかげさまで 덕분에, 덕택에 | 大学(だいがく) 대학 | 受(う)かる (시험에) 합격하다 | それは 정말, 참으로, 매우 | ありがとう 고맙다 | おめでとう 축하합니다 | 大変(たいへん) 대단함, 큰일임, 힘듦, 고생스러움

즉시응답 유형은 과제 수행을 위한 커뮤니케이션 능력 측정이라고 하는 개정된 新 일본어능력시험의 목적에 맞게 새롭게 채용된 문제 형태입니다. 실생활에서 자주 주고받을 수 있는 내용을 짧은 1대1 대화 형식으로 상대방의 말을 듣고 그에 적절한 응답을 즉각적으로 고를 수 있는지를 묻는 문제입니다

문제는 우선 A라는 사람이 말하는 질문이나 이야기를 들려주고, B의 입장에서 A의 의도나 상황을 정확히 이해하여 그 질문이나 이야기에 대한 응답으로 가장 적당하다고 생각되는 답변을 3개의 선택지 가운데 골라내는 과정으로 진행됩니다.

즉시응답 유형의 문제는 한 문제당 배당되는 시간이 짧아 문제의 진행 속도가 빠르기 때문에, 들으면서 바로 판단하고 정답을 선택해야 합니다. 한 문제에 시간을 오래 끌면 다음 문제도 놓치는 실수를 범할 수 있으므로, 앞의 문제를 놓쳤더라도 그 다음 문제에 집중하여 문제를 풀어야 합니다.

문제의 내용은 주로 일상생활에 쓰이는 인사나 표현과 관련된 문제나, 학교나 회사생활에서 일어날 수 있는 일이나 과제수행에 관련된 문제가 출제되며, 난이도는 그리 높지 않습니다.

일본어는 우리말과 문법형식이나 어순, 어휘, 한자 등 여러 가지 면에서 비슷한 점이 많기 때문에, 오히려 그 안에 존재하는 미묘한 차이점을 확인하지 않고 넘어가는 경우가 많습니다. 그러나 어법적인 면에서 우리말과 일본어는 미묘하게 다른 부분이 상당히 있어, 때에 따라서는 문제를 듣고 우리말로 해석을 해보면 상대방의 질문에 대한 응답으로 생각되지만 오답인 경우들이 있습니다. 이러한 경우에는 문제의 정답을 너무 쉽게 예측해서는 안 되며, 상대방의 이야기나 질문이 어떤 상황이나 장소에서 무엇에 대해 또는 어떠한 의도로 이루어지는지를 정확히 파악하여 정답을 선택해야 합니다.

따라서 즉시응답 문제에서 좋은 성적을 얻기 위해서는 기본적으로 인사말과 같은 실생활에서 자주 쓰이는 표현들이나 경어표현, 관용표현 등을 많이 외워두고, 평소 생활 속에서 바른 문법과 어법을 사용하려는 노력이 필요합니다.

問題 1 問題1では、まず質問を聞いてください。それから話を聞いて、問題用紙の1から4の中から、最もよいものを一つえらんでください。

01 1-01.mp3

1 新しい時計を買います
2 時計を修理します
3 プレゼントを買います
4 修理代を調べてもらいます

02 1-02.mp3

1 雨が降っているので、どこへも行きません
2 一緒に映画を見ます
3 男の人はもう映画を見たので、女の人だけ映画に行きます
4 男の人は用事があるので、女の人だけ映画に行きます

03 1-03.mp3

1 電車で届けに行かなければならない
2 課長に車で届けてもらわなければならない
3 松本さんにオートバイで届けてもらわなければならない
4 オートバイで届けるサービスをしている会社に頼まなければならない

04 1-04.mp3

1 さっき入った店に戻る
2 銀行に連絡する
3 カード会社に連絡する
4 交番に届ける

05 1-05.mp3

1 申し込み用紙に必要事項を書く
2 番号が呼ばれるのを待つ
3 3番窓口の前で座っている
4 番号札を取る

06 1-06.mp3

1 8千円
2 1万円
3 1万6千円
4 2万円

07 1-07.mp3

1 結論部分を直してグラフを入れなければなりません
2 テーマを変えて書き直さなければなりません
3 参考文献のリストをつけて論文を完成しなければなりません
4 グラフを新しくして参考文献のリストを付けなければなりません

08 1-08.mp3

日	月	火	水	木	金	土
		1	2	3	4	5
6	7	8	9	10	11	12
13	14	15	16	17	18	
19	20	21	22	23	24	
25	26	27	28	29	30	

1 6日
2 9日
3 12日
4 14日

09

1 社会人としてのマナーを勉強する
2 現場で経験を積む
3 仕事での多くの知識を習得する
4 立派なプロ選手になる

1-09.mp3

10

1 Aコース
2 Bコース
3 Cコース
4 Dコース

1-10.mp3

포인트이해 완벽대비 문제

問題 2　問題2では、まず質問を聞いてください。そのあと、問題用紙を見てください。読む時間があります。それから話を聞いて、問題用紙の1から4の中から、最もよいものを一つえらんでください。

01　2-01.mp3

1 男の学生がコーヒーを飲んでいるから
2 男の学生がコーヒーを捨てに行くから
3 男の学生がコーヒーを教室に持っていくから
4 男の学生がコーヒーを買っているから

02　2-02.mp3

1 デートだから
2 出張の準備があるから
3 体の調子が悪いから
4 出張に行くから

03　2-03.mp3

1 まだ結婚していないこと
2 旅行に行くお金がないこと
3 車のローンがあること
4 子供のためのお金と返すお金が多いこと

04　2-04.mp3

1 今、寒いから
2 後で寒くなるから
3 今、お腹が痛いから
4 ケーキを食べるから

05　2-05.mp3

1 円高で、海外での買い物がお得だから
2 最近はいろいろな種類のパックツアーがあるから
3 国内旅行の方が海外へ行くより高くつくから
4 お金に余裕がある人が多いから

06

1 テキストとノート
2 ノートと携帯電話
3 携帯電話と時計
4 テキストと時計

2-06.mp3

07

1 ホルムアルデヒドが部屋の中にたまらないようにするため
2 今、ホルムアルデヒドで頭が痛く、息苦しいから
3 ホルムアルデヒドを出すカーテンやペンキが使ってあるから
4 ホルムアルデヒドで家を消毒するため

2-07.mp3

08

1 新しい部屋が気に入らないから
2 新しい部屋に慣れていないから
3 車の音がうるさいから
4 悩んでいることがあるから

2-08.mp3

09

1 人
2 道
3 自然
4 建物

2-09.mp3

10

1 団地には駐車場がぜんぜんないから
2 団地の駐車場を借りているが少ないから
3 団地には駐車場が少なく、 団地の外の駐車場が高いから
4 道路は家に近いので、便利だから

2-10.mp3

問題 3 問題3では、問題用紙に何もいんさつされていません。この問題はぜんたいとしてどんなないようかを聞く問題です。話の前に質問はありません。まず話を聞いてください。それから質問とせんたくしを聞いて、問題用紙の1から4の中から、最もよいものを一つえらんでください。

ー メモ ー

01 3-01.mp3

02 3-02.mp3

03 3-03.mp3

04 3-04.mp3

05 3-05.mp3

問題4では、絵を見ながら質問を聞いてください。やじるし（→）の人は何と言いますか。1から3の中から、最もよいものを一つえらんでください。

4-01.mp3

4-02.mp3

4-03.mp3

4-04.mp3

4-05.mp3

4-06.mp3

4-07.mp3

4-08.mp3

4-09.mp3

4-10.mp3

問題 5 問題5では、問題用紙に何もいんさつされていません。まず文を聞いてください。それから、そのへんじを聞いて、1から3の中から、最もよいものを一つえらんでください。

— メモ —

01 5-01.mp3

02 5-02.mp3

03 5-03.mp3

04 5-04.mp3

05 5-05.mp3

06 5-06.mp3

07 5-07.mp3

08 5-08.mp3

09 5-09.mp3

10 5-10.mp3

11 5-11.mp3

12 5-12.mp3

13 5-13.mp3

14 5-14.mp3

15 5-15.mp3

16 5-16.mp3

17 5-17.mp3

18 5-18.mp3

19 5-19.mp3

20 5-20.mp3

시나공
JLPT
일본어능력시험
N3

청해 문제 전체 듣기

실전 모의고사 1회

問題1 ＿＿＿＿のことばの読み方として最もよいものを、1・2・3・4から一つえらびなさい。

1 簡単な仕事なので、経験の<u>浅い</u>人でもできる。

1 あさい　2 うすい　3 かたい　4 あらい

2 ニュースによると、来月から<u>公共</u>料金が値上げになるそうだ。

1 こうこう　2 こうきょう　3 きょうこう　4 きょうきょう

3 彼にその仕事をする能力があるかどうか<u>疑問</u>だ。

1 いむん　2 いもん　3 ぎむん　4 ぎもん

4 自分の子を他人の子と<u>比較</u>するな。

1 ひこう　2 びこう　3 ひかく　4 びかく

5 とても暑い夜だったので<u>夜中</u>まで眠れなかった。

1 よなか　2 よちゅう　3 やなか　4 やちゅう

6 あの人に<u>頼む</u>のはちょっと気が進まない。

1 なやむ　2 たたむ　3 かこむ　4 たのむ

7 彼の最新の作品がその<u>広場</u>に展示されている。

1 こうじょ　2 こうじょう　3 ひろば　4 ひろうば

8 日記をつけることで日々の生活に対する<u>反省</u>の機会を得ることにもなる。

1 はんしょう　2 はんせい　3 ばんしょう　4 ばんせい

問題2 ＿＿＿＿のことばを漢字で書くとき最もよいものを、1・2・3・4から一つえらびなさい。

9 さあ、皆さん一列にならんでください。

1 流んで　2 並んで　3 挑んで　4 走んで

10 これがその問題をかいけつする最善の方法だ。

1 快決　2 可決　3 解決　4 会決

11 食料はたいりょうに購入すれば安く買える。

1 大量　2 多量　3 大両　4 多両

12 森のすぐ向こうに美しいみずうみがあった。

1 池　2 湖　3 泉　4 波

13 すべての会員はこれらのきそくを守ることが必要である。

1 規則　2 紀則　3 規側　4 紀側

14 ご心配をおかけしましたが、無事にたいいんいたしました。

1 返院　2 追院　3 遅院　4 退院

問題3　(　　)に入れるのに最もよいものを、1・2・3・4から一つえらびなさい。

15　この小説、どう思いますか。（　　　）を聞かせてください。

1 感情　　2 感想　　3 感謝　　4 感動

16　試験の結果が（　　　）されたら知らせてあげよう。

1 案内　　2 判断　　3 発表　　4 紹介

17　空港から中心（　　　）までどの電車で行けばよいか教えてください。

1 街　　2 道　　3 町　　4 通

18　彼は（　　　）を失って自転車から落ちた。

1 ルール　　2 レベル　　3 ブレーキ　　4 バランス

19　彼女は客が来ないうちに、部屋をきちんと（　　　）した。

1 整理　　2 移動　　3 改造　　4 活用

20　いつも仕事帰りにスーパーに（　　　）買い物して帰るのが日課になっている。

1 回して　　2 寄って　　3 見て　　4 通って

21　私は（　　　）妹が宿題をするのを手伝う。

1 しばらく　　2 ざっと　　3 ますます　　4 しばしば

22　値段が（　　　）なら、その車を買いたい。

1 まれ　　2 むだ　　3 手ごろ　　4 のんき

23　（　　　）に間に合わなかったために、上司にひどくしかられた。

1 うけつけ　　2 きまり　　3 しめきり　　4 うりあげ

24　すみませんが、パスポートを（　　　）してもよろしいですか。

1 拝見　　2 見物　　3 ご覧　　4 お伺い

25　その薬は彼の病気になんの（　　　）もなかったようだ。

1 結果　　2 効果　　3 結論　　4 効率

問題4 ＿＿＿＿ のことばに意味が最も近いものを、1・2・3・4から一つえらびなさい。

26 自分の人生は自分で選択する。

1 きまる　2 さがす　3 えらぶ　4 はじめる

27 適度な運動は健康に必要である。

1 いる　2 ある　3 おる　4 とる

28 たいていの学生は学校の授業よりクラブ活動の方が好きだ。

1 ずいぶん　2 ほとんど　3 それぞれ　4 たしか

29 常識のある人ならだれがそんなことをするだろうか。

1 前から知っていること　2 よくあること

3 いつもと同じこと　4 誰でも知っていること

30 この切符では２人がただで入場できる。

1 予約　2 無料　3 限定　4 自由

問題5　つぎのことばの使い方として最もよいものを、1・2・3・4から一つえらびなさい。

31　楽

1 この薬を飲めば、あなたはもっと楽するでしょう。

2 洗濯機のおかげで家事が楽になった。

3 明日の計画は立てていません。楽になるつもりです。

4 生徒たちは夏休みを楽にしている。

32　見送る

1 私の夢は、田舎で静かな生活を見送ることだ。

2 両親が年をとったら面倒を見送るつもりです。

3 彼は私にぜんぜん親しさを見送ってくれなかった。

4 友達を見送りに空港まで行ってきたところです。

33　確か

1 討論では自分の立場を確かに述べなさい。

2 彼が今どこにいるのか確かしてください。

3 君のアイデアは確かに検討する価値がある。

4 何がおこったのか、自分で行って確かしてよ。

34　落ち着く

1 私は知らない人といっしょにいると落ち着かない。

2 ああ遊んでいては試験に落ち着くのも当たり前だ。

3 上着を落ち着きなさい。そうでないと風邪をひくよ。

4 私が駅に落ち着いた時、急行がちょうど到着するところだった。

35 気温

1 彼は自然に対する<u>気温</u>を詩で表現した。

2 鳥は<u>気温</u>を求めて南に飛んでいった。

3 山は高く登れば登るほど<u>気温</u>が下がる。

4 秋は読書するのに一番いい<u>気温</u>である。

問題1　つぎの文の（　　）に入れるのに最もよいものを、1·2·3·4から一つえらびなさい。

1　母は体が丈夫な（　　）海外旅行をしたいと言っている。

1 うちに　　2 ように　　3 うえに　　4 ために

2　私は喜びの（　　）皆の前で泣き出してしまった。

1 一方で　　2 ことで　　3 あまり　　4 だけに

3　かわいそうにその少女は一日中（　　）ばかりいる。

1 泣いた　　2 泣いて　　3 泣く　　4 泣かないで

4　すみませんが、しばらくここに車を（　　）。

1 止めないでほしいのですか。

2 止めないでもらえませんが。

3 止めさせていただけませんか。

4 止めさせられてみたらいかがでしょうか。

5　イギリスとは時差が８時間あるから、日本が11時ならイギリスは３時な（　　）だ。

1 もの　　2 だけ　　3 こと　　4 わけ

6　君のことをどんなに心配した（　　）。でも、無事でよかった。

1 ものか　　2 ばかりか　　3 せいか　　4 ことか

7　A：「顔色が悪いようだけど、具合が悪い（　　）早引きしたらどう。」

B：「ありがとう。じゃ、そうさせてもらうよ。」

1 らしいなら　　2 らしくて　　3 ようなら　　4 ようで

8　甘いものは太るので、できるだけ食べない（　　　）しています。

1 ように　2 ために　3 だけに　4 みたいに

9　いくら急いだところで、９時には（　　　）そうもない。

1 着く　2 着き　3 着かない　4 着かなさ

10　行くか行かないかはあしたの天気（　　　）決めよう。

1 を中心に　2 とともに　3 とおりに　4 によって

11　私たちは彼女が何を（　　　）のかわからなかった。

1 ほしい　2 ほしがっている　3 ほしそうな　4 ほしがってみる

12　彼はただ新聞を読む（　　　）なにもしなかった。

1 だけで　2 だけか　3 ほどで　4 ほどか

13　彼はきっと来るはずなんだから、私の見方ではもう少し（　　　）。

1 待たなくてもいいそうだ。

2 待つほうがよさそうだ。

3 待たなくてもよさそうだ。

4 待つほうがいいそうだ。

問題2　つぎの文の ＿★＿ に入る最もよいものを、1・2・3・4から一つえらびなさい。

14　彼は決して＿＿＿ ＿★＿ ＿＿＿ ＿＿＿にしている。

1 こと　2 他人の　3 言わない　4 悪口は

15　残業をすれば＿＿＿ ＿＿＿ ＿★＿ ＿＿＿が、その反面、自由な時間が減る。

1 ほど　2 する　3 増える　4 収入は

16　自分＿＿＿ ＿★＿ ＿＿＿ ＿＿＿ではありません。

1 いじめる　2 年下の子を　3 もの　4 より

17　彼女は＿＿＿ ＿＿＿ ＿★＿ ＿＿＿しなかった。

1 とは　2 どうしても　3 変えよう　4 決心を

18　あのボクサーは＿＿＿ ＿★＿ ＿＿＿ ＿＿＿負けてしまった。

1 見えた　2 すぐに　3 強そうに　4 が

問題3　次の文章を読んで、[19] から [23] の中に入る最もよいものを、1・2・3・4 から一つえらびなさい。

アメリカ人の夫と暮らし始めて15年を超えました。結婚前からも含め、夫の職場関係のパーティーで相当の数をこなしてきた体験から知ったことなのですが…。

言葉(英語)に問題のないアメリカ人の奥さん方も、実は職場関係の集まりは苦手な場合が多いようです。理由は同じです。「知っている人がいない」「皆と共通の話題が少ない」など。ですから、その点に関して引け目[注1)]を [19] と思います。

「知らない人ばかりだから、集まりに出たくない」のではなく、「知らない人ばかりだから、知り合うために出る」とでも言いましょうか。一度に全ての方々と知り合うつもりでなく、その中の一人とでも顔見知りになるだけで良いと思うのです。

パーティーに出る [20] 誰か一人ずつでも「知っている顔」「ハーイ、と次回は笑顔で挨拶程度を交わせる人」が増えていくのだと思うようにしてはいかがですか。

ご主人がどういう方々と一緒に仕事をしているのかを知るのは、とても良いことですし、[21] 職場のご主人に電話した時に、その電話に出た人の顔が [22] ホッとしませんか。

あと、これはとても重要だと思うのですが、集まりに参加することは、決して自分が誰かと知り合うため、だけではありません。他の方々があなたと知り合うためのものでもあると思うのです。あるパーティーで全く言葉を交わさなかったとしても、あなたは必ず他の方々に「見られています」。その時は何も言わずとも、次またはその次のパーティーで声をかけてくれる人も [23] です。

注1) 引(ひ)け目(め)：人前で目立たないように行動すること。他に比べて自分が劣っていると感じて持つ心の弱み。

19　1 感じることにする　2 感じることはない　3 感じるほどではない　4 感じるわけがない

20　1 たびに　2 あまりに　3 うえに　4 かわりに

21　1 つまり　2 まず　3 例えば　4 実は

22　1 目に浮かぶようになるだけでは　2 目に浮かぶようになるだけでも　3 目に浮かぶことになるだけには　4 目に浮かぶことになるだけにも

23　1 出てみるくらい　2 出ておくばかり　3 出ていくほど　4 出てくるはず

問題4　つぎの文章を読んで、質問に答えなさい。答えは、1・2・3・4から最もよいものを一つえらびなさい。

(1)

科学の発展は人類に豊かさと生活の余裕をもたらす[注1)]ことが目的といえる。しかし今日、私たちの生活環境を見ると決して時間的にも精神的にも余裕が増えたとは言いがたい。以前は昼間だけ働いて夜は休んでも生きていけて、家族の中でお父さんだけ働いても生活できた。しかし、今は夜遅くまで働かないといけないし、共働きまでしてもかろうじて生活ができるという話をよく聞く。

注1) もたらす：持ってくる。持っていく。

24　文の内容と合っていないのはどれか。

1 科学の発展の目的は人間に豊かさをもたらすことである。

2 科学の発展で、人間の生活にもっと余裕ができたとはいえない。

3 以前は昼間だけ働いて夜は休んでも生きていけた。

4 夫婦が共働きをすると生活が豊かになる。

(2)

京都の紅葉見ませんか！

★ 日帰りコース　　　　　　　　19,000円（大人お一人様）
往復新幹線（東京⇔京都）＋昼食＋おみやげ

★ 一泊二日コース　＜お得です!＞　　　　25,000円（大人お一人様）
往復新幹線（東京⇔京都）＋昼食＋夕食＋朝食＋ホテル＋おみやげ

※お二人で申し込みの場合は、お一人様22,000円です。
※夕食は、和食か洋食を選ぶことができます。

お申し込み：ADDツアー
電話：03-3211-1767
FAX：03-3211-1768

25　一泊二日のコースについて正しいのはどれか。

1 参加したい人はインターネットで申し込めばいい。
2 二人で行けば合計44,000円になる。
3 夕食か朝食かを選ぶことができる。
4 一人で行く場合は夕食がない。

(3)

市役所では増えつづける都心部への車の流量を押さえるために、新しく①「パークアンドライド」方式を導入することを計画しています。この「パークアンドライド」方式というのは、郊外から都心部へ向かう車を途中の駐車場に止めてもらい、そこから先は、バスや電車などの公共の交通機関を利用してもらうものです。海外で実施されている例をもとに市が試算[注1)]したところによると、この方式を採用することにより、都心部の渋滞が30％程度緩和[注2)]されるものと見られています。

注1) 試算(しさん) : 試験的に行う計算。計算の誤りの有無を検すること。
注2) 緩和(かんわ) : きびしい状態がやわらぐこと。また、ゆるめたり、やわらげたりすること。

26 ①「パークアンドライド」方式の利点は何か。

1 都心部へ入る車が増えること。

2 都心部の渋滞が30％程度緩和されること。

3 郊外と都心部の中間に駐車場ができること。

4 駐車場からバスや電車にアクセスできること。

(4)

日本のコンビニエンスストアは、この30年間で３万８千店ほどに増えた。これだけ増えると、私たちの生活スタイルに影響を与えないはずがない。

最近の「平均的なビジネスマン像」に関する調査結果にもそれが現れていると思う。朝ごはんを食べる場所についての質問では、「自宅で」と答えた人が、37％で一番多かった。しかし「会社に着いてから」と答えた人も、33％に上ったそうだ。この33％のサラリーマンで、私が注目したい点は、朝、出勤途中に、コンビニでパンやおにぎりを買って、自分の机で食べるというスタイルが多いということだ。コンビニができたからという理由だけではないと思うが、コンビニがこのような人を多くしたことは否定できない。

27 この文章で筆者が最も言いたいことはどれか。

1 コンビニは日本人の生活の中で欠かせない存在になった。

2 最近は自宅でご飯を食べる人の数がだんだん減っている。

3 朝は忙しいから朝食はコンビニで簡単に済ませるのがいい。

4 コンビニは人々のライフスタイルに大きな影響を与えている。

問題5　つぎの文章を読んで、質問に答えなさい。答えは、1・2・3・4から最もよいものを一つえらびなさい。

(1)

1972年アメリカが発射した木星探査機には、①小さな鉄板が乗せられている。

これは天文学教授が作った宇宙人の検問検索に備えた地球人の身分証なのである。宇宙ではどの国の文字も無用の物というわけで、身分証の右側には男女一組の絵が刻まれている。中世の聖画にありふれた[注1]アダムとイブによく似ている。

彼は、もし地球の電波を探知するだけの技術を持った宇宙人が遠距離から地球を探索するならば、もっぱら[注2]テレビ電波だけを感知するだろうという主張を述べている。「仮りに宇宙人が電波を探知しようとも、ただ彼らがこの電波を②解読できないことだけを願うばかりだ」とため息をつく。試しに数日間だけでもテレビを子細[注3]に見るならば、彼の言葉に充分共感するであろう。

注1) ありふれる：どこにでもある。珍しくない。
注2) もっぱら：その事ばかり。それを主として。まったく。
注3) 子細(しさい)：詳細。事の詳しい事情。

28　①小さな鉄板についての説明として正しいのはどれか。

1 宇宙人の検問検索に備えた地球人の身分証である。

2 人類の代表としてアダムとイブの容姿が刻まれている。

3 宇宙工学の専門家によって開発された身分証である。

4 宇宙でも通じる特別な文字が刻んである。

29　②解読できないことだけを願うばかりだとあるが、それにはどんな気持ちが入っているか。

1 テレビの内容が解読できるわけがないという自信感

2 テレビの内容に対する恥ずかしさ

3 宇宙人には絶対負けたくないという競争心

4 宇宙人の能力に対しての恐ろしさ

30　本文の内容と合っているものはどれか。

1 身分証には絵とともにいろいろな国の文字が刻まれている。

2 筆者は教授の全ての意見に対して否定的である。

3 宇宙人はもう地球の電波を探知したが、まだ解読はできていない。

4 地球は内容のはずかしいテレビ電波でいっぱいになっている。

(2)

日本人は挨拶を交わすとき、互いに触れ合うことはほとんどなく軽く頭を下げ合うのが普通である。

私もこうした日本式の挨拶には慣れているが、ときに「握手をしてください」と言われることがある。そういうとき、以前は戸惑って[注1)]いたが、今はすぐ手を差し出す。

相手の人が希望しているのだから迷うことはないし、そういう人の手を握ると、それだけで優しさというか、相手の好意が伝わってくる。

とにかく、頭を下げるだけでは、相手の本当の気持ちまではわからないが、手を握り合うと、相手の中に一歩入り込んだ親近感を覚える。そんなわけで、私は不自然でないかぎり、できるだけ挨拶を交わしながら握手をするようにしている。もっとも、この握手、年下の方から手を差し出すのは、なにか上の人に強要するようで、しづらいこともあるだろう。しかし、私のような年齢になると、その種の心配はほとんどない。最近、気軽に握手ができるようになったのは、そういうところにも原因があるかもしれない。

注1) 戸惑(とまど)う : 手段や方法を思いつかないでまごつく。

31 筆者が握手をする目的は何か。

1 相手にだまされないようにするため

2 相手に自分は礼儀正しい人間であることを示すため

3 相手に恋愛感情を持ってもらうため

4 相手に親しみを感じてもらうため

32 握手についての筆者の考えとして正しくないのはどれか。

1 握手は頭を下げるだけの挨拶とは違って相手の好意が伝わってくる。

2 握手をすると相手ともっと親しくなったように感じられる。

3 握手をするだけでは、相手の本当の気持ちがわからない。

4 年下の人が先に上の人に握手を求めるのは難しいこともある。

33 文章の内容と合っているのはどれか。

1 日本人には日本式の挨拶が似合う。

2 筆者は自分の方から握手を求めやすい年齢になった。

3 頭を下げるだけでも充分に気持ちは伝わるものである。

4 筆者は最近握手を求められて困惑することが多くなった。

問題6　つぎの文章を読んで、質問に答えなさい。答えは、1・2・3・4から最もよいものを一つえらびなさい。

私は最近、13歳の時にパントマイムの世界に入る決心をしたという女性に出会った。パントマイムとは、言葉を使わず表情やしぐさ[注1)]だけで表現する演劇、つまり無言劇である。

パントマイムの訓練としてはまず、体の言葉、文法を学ぶ。「重いものを持ち上げる時に体はどう動くか、悲しい時に人はどう動くかを分析し、それに沿った動作をするんです。これは①ひとつの科学だと思います」。彼女はこのパントマイムの基礎を身につけるのに、3年かかったという。

つぎに内面表現の訓練がある。動きだけでなく、感情を伝えなければ演劇とはいえない。「これを体得するには、ある状況を設定して実際にやってみるしかないんです。例えば、留学中の恋人から手紙が来る。わくわくしながら部屋に戻って手紙をあける。読み進むうちにそれが別れの手紙だとわかる。喜びが悲しみに、そして怒りに、さらに絶望へと変わっていく。②こういうのを即興で演じるわけ」。小道具は何も使わず、せりふもない。それで、状況や気持ちの動きを観る人に伝えるのは、③並大抵[注2)]のことではないだろう。

さらに、ダンサーとしての訓練もある。体だけが道具なので、自在に動けることも不可欠の条件だ。特殊なのは、体をバラバラに動かす訓練である。「あやつり人形[注3)]のパントマイムがあるでしょ。あれは、手首だけとかひじだけとか、バラバラに力を抜くことで表現できるんです」。実際にやってみせる彼女は、いとも簡単に、生身の人間からあやつり人形に変身する。

現在、これだけの修業を積んでパントマイムのプロになろうとする人は、ほとんどいない。そんななかで、まじめに、しかも情熱的に自分の道を歩み続ける彼女は、とても輝いて見えた。

注1) しぐさ：ある物事をするときの動作や表情。
注2) 並大抵(なみたいてい)：普通。大方。世間なみ。
注3) 操(あやつ)り人形(にんぎょう)：操り芝居に用いる人形。(比喩的に)他人の意志のままに行動する人。

34 ①ひとつの科学だと思いますとあるが、どうしてそう思ったのか。

1 単なるまねではなく、観察と分析に基づいているから

2 言葉や文法は科学的な方法により学ばなくてはならないから

3 基礎が重要であることが、科学のあり方と同じだから

4 人の動作を研究することは体の文法を学ぶための重要な方法であるから

35 ②こういうのとはどんなことか。

1 感情を正しく伝える演劇

2 留学中の恋人に対する気持ち

3 一人の人間の感情が変化していく状況

4 別れの手紙をもらって悲しんでいる人の様子

36 ③並大抵[注2)]のことではないだろうとあるが、筆者がそう思う理由はどれか。

1 自分の内面表現を即興で演じることができるまでかなりの時間を必要とするから

2 自分の表情やしぐさだけで状況や心情を観客に伝えなくてはならないから

3 何も使わず、口をきかないで自分の意見を主張するのはとても難しいことだから

4 自分の考え方を相手に伝えるのに何年も訓練をしなくてはならないから

37 本文の内容と合っているものはどれか。

1 現在、プロのパントマイムになる人は少ないので、彼女は将来のスターである。

2 彼女はふだん地味な性格だが、パントマイムをしているときは生き生きしている。

3 パントマイムの仕事は輝くほどすばらしいので、彼女はプロを目指している。

4 厳しい修行をしても、自分の夢をかなえようとする彼女はたいへんすばらしい。

問題7　右のページは「マラソン大会」の案内である。つぎの文章を読んで、下の質問に答えなさい。答えは、１・２・３・４から最もよいものを一つえらびなさい。

38　高橋さんは高校生の息子と娘と一緒にこのマラソン大会に参加したいと思っている。高橋さんと息子はマラソンコースに、娘は10kmコースに参加する場合、参加費は全部でいくらになるか。

1　13,000円

2　14,500円

3　16,000円

4　17,000円

39　このマラソン大会の内容と合っているのはどれか。

1　参加したい人はファックスまたはインターネットで申し込めばいい。

2　どんな理由であっても大会が中止される場合、参加費は返金することになっている。

3　参加費は12月31日までに必ず指定口座に入金しなければならない。

4　各コース別に参加年齢制限と完走の時間制限がある。

ともに、走ろう！ 東京マラソン2018

• 主催 : 東京マラソン財団

• 日時 : 2018年 4月22日（日）
　9：10　マラソン･10ｋｍスタート
　10：50　10ｋｍ競技終了
　14：10　マラソン競技終了

• コース
(1) マラソン：東京都庁～飯田橋～皇居前～日比谷～品川～銀座～日本橋～浅草雷門～築地～豊洲～東京ビッグサイト（日本陸上競技連盟 公認コース）
(2) 10km：東京都庁～飯田橋～皇居前～日比谷公園（記録は公認されない）

• 制限時間 : マラソン： 5時間 / 10ｋｍ： 1時間40分

• 定員： マラソン：25,500人 / 10ｋｍ： 1,500人

• 参加資格 : 大会当日満13歳以上

• 賞金 : マラソンの競技成績により賞金を別途定める。

• 参加費： マラソン：大人 7,500円 / 高校生以下：5,000円
　10ｋｍ： 大人 3,500円 / 高校生以下：2,000円

• 参加申込
(1) 方法：インターネットまたはFAXで。
(2) 期間：2017年 12月1日から12月31日まで(必着)。
(3) 参加者の決定：申込者が多数の場合は抽選を行う。
(4) 入金：当選者は大会の1ヶ月前までに指定口座に入金のこと。

※ その他
(1) 主催者の責任によらない事由で大会が中止の場合、参加費の返金等は一切行わない。
(2) 募集要項、参加申込書は、11月中旬より配布する。

問題1

問題1では、まず質問を聞いてください。それから話を聞いて、問題用紙の1から4の中から、最もよいものを一つ選んでください。

1番

1 食事をしながら会社の話をする

2 温泉に入る

3 会社に電話する

4 女の人と一緒に散歩に行く

2番

1 1週間後に本を返さなければならない

2 本を返す時に、お金も払わなければならない

3 すぐ図書館に行って本を借りなければならない

4 次に本を借りる人に本とお金を送らなければならない

3番

1 母の病院に行く

2 すぐに帰る

3 仕事を他の人に頼む

4 書類を作る

4番

1 自分の会社へ帰って電話を待つ

2 自分の会社へ帰ってからもう一度電話をかける

3 今いる所で電話を待つ

4 今いる所からもう一度電話をかける

5番

1 駅前の支店へ行く

2 今日、もう一度この店へ来る

3 1週間後にこの店へまた来る

4 他の店へ行く

6番

1 田中さんと直接話してみる

2 田中さんからの連絡を待つ

3 田中さんをやめさせる

4 田中さんの自由にさせる

問題2

問題2では、まず質問を聞いてください。そのあと、問題用紙を見てください。読む時間があります。それから話を聞いて、問題用紙の1から4の中から、最もよいものを一つえらんでください。

1番

1 長くもつので、得だから

2 消費者が必要以上に買うことになるから

3 生活に必要なものなら何でもあるから

4 商品の質がいいから

2番

1 健康

2 時間

3 家族

4 お金

3番

1 電車に乗り遅れたから

2 降りる駅を間違えたから

3 電車の事故があったから

4 財布を忘れたから

4番

1 後片付けをしたくないから

2 部屋が狭いから

3 料理が下手だから

4 妹が来ているから

5番

1 お酒を飲みすぎて気分が悪かったから

2 お酒を二日も飲み続けたから

3 風邪をひいたから

4 残業で疲れているから

6番

1 山登り

2 料理

3 温泉

4 天気

問題3

問題3では、問題用紙に何もいんさつされていません。この問題はぜんたいとしてどんなないようかを聞く問題です。話の前に質問はありません。まず話を聞いてください。それから質問とせんたくしを聞いて、問題用紙の1から4の中から、最もよいものを一つえらんでください。

ーメモー

問題4

問題4では、絵を見ながら質問を聞いてください。やじるし（→）の人は何と言いますか。1から3の中から、最もよいものを一つえらんでください。

1番

2番

3番

4番

問題5

問題5では、問題用紙に何もいんさつされていません。まず文を聞いてください。それから、そのへんじを聞いて、1から3の中から、最もよいものを一つえらんでください。

ー メモ ー

시나공
JLPT
일본어능력시험
N3

청해 문제 전체 듣기

실전 모의고사 2회

問題1　＿＿＿＿のことばの読み方として最もよいものを、1・2・3・4から一つえらびなさい。

1　予想以上の多くの観客が来ていました。

1 かんぎゃく　2 かんきゃく　3 かんがく　4 かんかく

2　今回の旅行は会社がお金を払ってくれます。

1 はらって　2 わらって　3 あらって　4 かって

3　次の電車は間もなく到着いたします。

1 どうちゃく　2 どちゃく　3 とうちゃく　4 とちゃく

4　塩を加えたら味が大いによくなった。

1 くわえたら　2 かえたら　3 こえたら　4 つたえたら

5　昨日、学校で地震に対する避難訓練を行いました。

1 ふんねん　2 くんねん　3 ふんれん　4 くんれん

6　妻は豆が好きで、ほとんど毎食食べている。

1 まめ　2 しお　3 むし　4 こめ

7　私たちは共通の目的のため一緒になった。

1 こうとう　2 こうつう　3 きょうとう　4 きょうつう

8　この価格には税金は含まれていません。

1 せいきん　2 せきん　3 ぜいきん　4 ぜきん

問題2 ＿＿＿＿＿のことばを漢字で書くとき最もよいものを、1・2・3・4から一つえらびなさい。

9 なみが高いから海にはいるな。

1 泡　2 熱　3 波　4 島

10 光は音よりはやく伝わる。

1 遅く　2 浅く　3 深く　4 速く

11 彼は新しい仕事にまんぞくしている。

1 満促　2 満足　3 慢促　4 慢足

12 彼女は足をくんで座っていた。

1 組んで　2 込んで　3 畳んで　4 結んで

13 日本は多くの自動車を外国へゆしゅつしている。

1 輸出　2 手出　3 輸入　4 手術

14 赤ちゃんは天使のようにねむっていた。

1 寝って　2 見って　3 笑って　4 眠って

問題3 （　　）に入れるのに最もよいものを、1・2・3・4から一つえらびなさい。

15 彼の（　　　）は背が高いことです。

1 特別　　2 特定　　3 特徴　　4 特権

16 あなたは日本にどんな（　　　）を持っていますか。

1 イメージ　　2 エチケット　　3 サービス　　4 バランス

17 その問題についてみんなでテーブルを（　　　）話し合った。

1 頼み　　2 囲み　　3 包み　　4 畳み

18 そのバスは（　　　）に空いていた。

1 ごろごろ　　2 まごまご　　3 わがまま　　4 がらがら

19 その映画は悪くはないが、（　　　）ほどではなかった。

1 うそ　　2 たより　　3 うわさ　　4 なかま

20 あなたにうそをついたことを（　　　）ください。

1 謝って　　2 許して　　3 答えて　　4 無くして

21 正しい（　　　）は健康に大切である。

1 姿勢　　2 言葉　　3 活動　　4 感覚

22 それについては私が彼に会って（　　　）みます。

1 うたがって　　2 きまって　　3 たしかめて　　4 みえて

23 近年日本の（　　　）人口は減少している。

1 授業　　2 職業　　3 営業　　4 農業

24 彼は父が死んで、悲しみに（　　　）いる。

1 あたって　　2 しずんで　　3 むかえて　　4 かよって

25 （　　　）にしておくと約束してくれるなら、話してあげましょう。

1 内面　　2 内部　　3 内容　　4 内緒

問題4 ＿＿＿に意味が最も近いものを、1·2·3·4から一つをえらびなさい。

26 空には星がきらきらかがやいている。

1 開いて　2 光って　3 広がって　4 向いて

27 息子が入学試験に落ちたと聞いて、私はがっかりした。

1 残念だと思った　2 満足だと思った
3 失礼だと思った　4 不幸だと思った

28 彼はあのように努力したから成功するのは当然だ。

1 公平　2 重大　3 自由　4 勿論

29 あまった電気を電力会社に売ることもできるそうだ。

1 多すぎて足りなかった　2 少なすぎて足りなかった
3 多すぎて残った　4 少なすぎて残った

30 この道は歩行者は横断禁止となっている。

1 走っては行けません　2 走ってもいいです
3 渡ってはいけません　4 渡ってもいいです

問題5　つぎのことばの使い方として最もよいものを、1・2・3・4から一つをえらびなさい。

31　急

1 彼がそんなに急にはそれなりの理由があると思う。

2 もし急だったら手伝ってもらえますか。

3 もし急なら、一緒にご飯でも食べに行きませんか。

4 傘も持ってきてないのに、急に雨が降り始めた。

32　沸騰

1 太陽は夏は冬より早く沸騰する。

2 先生は「水は１００度で沸騰する」と言った。

3 私は今でもあなたを思うと涙が沸騰する。

4 今日は沸騰するごみの日ではないと思います。

33　曲げる

1 彼女は年をとって腰が曲げていた。

2 彼は未だにその考えを曲げていない。

3 次の角を右に曲げてください。

4 失礼ですが, ネクタイが曲げています.

34　出張

1 私たちはその大会には出張できなかった。

2 パーティーの出張のご返事は20日までにお願いいたします。

3 このところ海外出張などで忙しかったです。

4 私は今年の夏に音楽コンクールに出張しました。

35 なぐさめる

1 息子を失った彼女をなぐさめるのにほとんど何もできなかった。

2 私は自分だけの時間をなぐさめることができる。

3 私たちは彼の結婚をなぐさめるために飲み会をした。

4 彼はいつも古いことより新しいことをなぐさめる。

問題1　つぎの文の（　　）に入れるのに最もよいものを、1・2・3・4から一つえらびなさい。

1　電車の中ではたばこを吸ってはいけない（　　）。

1 ことにしている　　2 ことになっている
3 ことはない　　4 ことではない

2　夜に（　　）と、朝起きるのが辛くて困る。

1 寝ようとする　　2 寝る一方だ　　3 眠れなくなる　　4 眠れることだ

3　彼女は卒業生代表（　　）スピーチをした。

1 として　　2 とは　　3 というと　　4 とか

4　この靴は小さくて（　　）はけない。

1 どうして　　2 ますます　　3 どうしても　　4 なるべく

5　もしあなたの助言がなかった（　　）私は失敗していたであろう。

1 ところで　　2 つもりで　　3 としたら　　4 とはいえ

6　彼の言ったことは無視しなさい。冗談を言っていた（　　）。

1 ばかりである　　2 ところだ　　3 はずがない　　4 だけだから

7　今日の会議は日本語で（　　）予定です。

1 行われる　　2 使われる　　3 表われる　　4 分かれる

8　お客様、サービスが開始されるまでしばらく（　　）。

1 お待ちにします　　2 お待ちください
3 待たれております　　4 待たせていただきます

9　最近、仕事が多すぎて、早く帰り（　　　）帰れない。

1 たくても　　2 ようとして　　3 ところに　　4 だけで

10　ご来店のお客様にご案内（　　　）。

1 なさいます　　2 申し上げます　　3 おっしゃいます　　4 差し上げます

11　A: テレビを消しましょうか。

B: 9時から見たい番組があるんです。そのままつけ（　　　）ください。

1 てきて　　2 てはじめて　　3 ておいて　　4 てみて

12　天気もいいし、近くに大きな公園もあるので、散歩でもしてみ（　　　）よ。

1 てはないそうだ　　2 てもいいそうだ

3 てはなさそうだ　　4 てもよさそうだ

13　誰も来ないんでもう（　　　）。

1 来てほしかったんですが　　2 行ってしまいましょうか

3 来たところですが　　4 行ったためでしょうか

問題2　つぎの文の＿★＿に入る最もよいものを、1･2･3･4から一つえらびなさい。

14　それはあなた＿＿＿ ＿＿＿ ＿★＿ ＿＿＿私は思います。

1 ことだ　2 にしか　3 と　4 できない

15　健康＿＿＿ ＿＿＿ ＿★＿ ＿＿＿言うまでもない。

1 ほど　2 ものはない　3 大事な　4 というのは

16　時間が＿＿＿ ＿＿＿ ＿★＿ ＿＿＿もっと勉強しておけばよかったと思う。

1 経つ　2 あの時　3 ほど　4 経てば

17　先週車の＿＿＿ ＿＿＿ ＿★＿ ＿＿＿なりました。

1 ように　2 免許をとって　3 運転できる　4 やっと

18　お祖父さんは＿＿＿ ＿★＿ ＿＿＿ ＿＿＿活動的だ。

1 とても　2 健康で　3 けれども　4 年はとっている

問題3　次の文章を読んで、［1］から［5］の中に入る最もよいものを、1･2･3･4からーつえらびなさい。

眠い時、目を覚ますにはどうしたらいいのでしょうか。眠い時に目を覚ますには昼寝をすることが一番効果的です。

日本ではあまり一般的ではないですが、イタリアやスペインなどでは「シエスタ」［19］昼食後に２時間ほどの休憩時間を国民全体で確保しています。

とはいえ、文化の違う日本で２時間に昼寝はなかなか［20］よね。一般的な企業では昼休みが１時間ぐらい。その中で効果的にリフレッシュするには20分ぐらいの昼寝がいいと［21］います。

短時間の昼寝を取る［22］でも、その後の眠気はだいぶ変わってきます。脳がリフレッシュして集中力があがることを実感できると思います。

［23］20分を超えるような昼寝は、深い睡眠に入り、目覚めが不快になったり、夜の睡眠に影響がでてしまう可能性があるため、20分前後で抑えるのがポイントです。

19

1 にして　　2 といって　　3 からして　　4 というのは

20

1 許してもらえません　　2 許してあげません

3 許さないでもらえます　　4 許さないであげます

21

1 誘われて　　2 行われて　　3 言われて　　4 合われて

22

1 ため　　2 よう　　3 ほう　　4 だけ

23

1 しかも　　2 それとも　　3 ただし　　4 つまり

問題4　つぎの文章を読んで、質問に答えなさい。答えは、1·2·3·4から最もよいものを一つえらびなさい。

(1)

あて先：佐々木様

送信者：マツモト物産

件名：Re:注文

日付：4月30日

佐々木様

ご注文についてのお問い合わせ、ありがとうございます。申し訳ございませんが、お客様への発送は数日遅れになることをお知らせいたします。

お客様への発送は、4月29日を予定しておりました。しかしながら、ご注文の商品は、現在、在庫を切らしており、取り寄せを注文中でございます。工場からの発送は5月1日を予定しております。ご不便をおかけしており申し訳ございません。

ご注文に関する新たなお問い合わせは、上記メールアドレス、もしくは電話123-4567までご連絡ください。

マツモト物産

カスタマーサービス担当

24　このメールを読んで分かることはどれか。

1 佐々木さんが注文した商品はもう届いたはずだ。

2 佐々木さんが注文した商品はまだ届いていない。

3 佐々木さんが注文した商品はもう発送した。

4 佐々木さんが注文した商品はまだよく売れている。

(2)

ABCタワーズ
エレベーターサービスの変更

1月15日掲載

タワー１の4番から6番エレベータの修理が1月20日から始まります。すべてのオフィスに影響が出ると考えています。

1番から3番エレベーターしか運転しておりませんので、待ち時間は通常の2倍になってしまうかもしれません。しかしながら、このようなご不便は、すべての修理が終了する2月5日に終わります。

修理が終わるまでお待ちくださいようお願いします。ご協力ありがとうございます。

建築工事責任者

25 文の内容と合っていないのはどれか。

1 エレベータの修理に関して案内している。

2 エレベータの修理は約2週間で終わる。

3 修理中でもエレベータの待ち時間はあまりかからない。

4 エレベータの修理はまだ始まっていない。

(3)

　仕事中、社員は会社に代わり、経費を個人で支払うことがあります。食事代、旅費、ホテル代やそのほかの代金が含まれます。これらの経費は払い戻しできます。払い戻しは、下記の規定に従ってください。

◉ 経費記録の保存。これらには、領収書、個人のクレジットカード明細書、あるいは同様の書類が含まれます。
◉ 払い戻し申込書への記入。すべての部署に置いてあります。空欄のすべてを記入してください。
◉ 申込書は経理部に出してください。コピーを取り保管し、上司にも出してください。

　払い戻しには通常15日かかります。提出する書類に関して質問がございましたら、経理部にご連絡ください。

26 これは主に何について言っているか。

1 個人の銀行口座の作り方
2 仕事関係のものの買い方
3 会社の予算の使い方
4 経費の払い戻し方

(4)

助けを必要としている人たちの気持ちを考えてみましょう。①ユニセフは、世界の恵まれない人たちの生活を向上させ、希望を与えるために、皆さまに寄付をお願いしております。この団体は、活動を開始してから、子供や医療を必要としている人のために活動している団体として、20000万ドル以上を寄付してきました。昨年は皆さまの善意のおかげで、20万人以上の人々を支援することができました。今年は、さらに多くの支援を行いたいと思います。ユニセフへの寄付は0120-123-1234まで本日、お電話を。

27 ①ユニセフについて正しいのはどれか。

1 貧しい人のために政府から作られた団体である。

2 去年はこの団体に寄付してくれる人があまりいなかった。

3 この団体に寄付したい人は電話をかければいい。

4 病気の人の治療をしてくれる医療団体である。

問題5　つぎの文章を読んで、質問に答えなさい。答えは、1･2･3･4から最もよいものを一つえらびなさい。

(1)

①パーソナルトレーナーは、あなたがトレーニングのプログラムを始め、やる気を持ち、健康上の目標を達成するためのお手伝いができます。トレーナーは電話帳や、保健専門家またはお友達からの紹介、ジムや私設のフィットネススタジオ、それにインターネットで見つけることができます。パーソナルトレーナーとプログラムを組む場合、次のことに注意してください。

スケジュール：あなたの希望の日時に合わせてもらえるかどうか確かめましょう。

予算：トレーナーの費用は、ほとんどが1時間4千円～7千円です。複数回のレッスンをひとまとめにしたセットか、何人かのお友達と集まってグループトレーニングを選べば、費用が節約できます。健康への投資をしているということを忘れないでください。

スタイルと人柄：トレーナーとは相性が合わなければいけません。契約を考えている人に対して、多くのトレーナーは無料で相談に応じます。

場所：トレーナーは個人スタジオやジムに勤めています。また、人によって自宅に出向きます。

28 ①パーソナルトレーナーの説明として正しいのはどれか。

1 とても意欲的な人々である。

2 電話帳に載っていることがある。

3 健康の専門知識がある。

4 たいてい自分のスタジオを持っている。

29 パーソナルトレーナを少ないお金で利用する方法として正しいのはどれか。

1 数回分のレッスンを予約して割引してもらう。

2 自宅でのトレーニングをする。

3 4千円から7千円の間で料金の設定を求める。

4 トレーニングを夜遅い時間にする。

30 この文の内容と合っているのはどれか。

1 最近はトレーニングジムに通いながら、ダイエットをしている人が増えている。

2 パーソナルトレーナの費用はどこでも同じである。

3 自宅でパーソナルトレーニングができる出張サービスもある。

4 お金を払えば契約する前にトレーナーと相談することができる。

(2)

日本の大手スポーツ衣類メーカー、JJスポーツ社では賞金100万円の①コンテストを行うと発表しました。コンテストは新製品JJスポーツバンドを宣伝する目的で行われるものです。

コンテストについての詳しいことは7月に公式に発表されますが、参加者は動きを感知できるバンドを使って、自身のスポーツ活動をモニターするようです。1ヶ月間で最大量の身体トレーニングを記録した人が勝者に設定されます。

賞金には、アメリカへの旅行と、JJスポーツ社の衣類やスポーツ用品一生分の提供が含まれています。

コンテストはいずれ、アメリカ、韓国、中国、フランスまで拡大されます。しかしながら、韓国の人々は、国の人口が比較的少ないことから、最初に競うチャンスが与えられます。

JJスポーツバンドのユーザーは、購入時に用紙に記入する、地元支店に電話する、またはインターネットで会員登録をしてコンテストのホームページで参加意思を届け出すことで申し込むことができます。

31 ①コンテストの目的は何か。

1 新製品を宣伝すること

2 健康的なライフスタイルをすすめること

3 社会的な問題に関心を引くこと

4 社員を募集すること

32 そのコンテストではだれが競うか。

1 プロのスポーツ選手

2 スポーツ衣類メーカー

3 海外旅行者

4 商品のユーザー

33 申し込み方法として合っていないのはどれか。

1 申込用紙を会社に送る

2 スポーツ用品店で申し込む

3 企業の支店に電話する

4 ホームページで申し込む

問題6　つぎの文章を読んで、質問に答えなさい。答えは、1·2·3·4から最もよいものを一つえらびなさい。

　みなさんはをTOEICやJLPTなどの語学能力試験を受けるとき、緊張するほうですか。自分の実力が出せずにスコアが伸びないのは①悔しいことですよね。そこで、緊張して思うように受験できないという方に、次の方法をおすすめしています。

1. 受験しまくること

②緊張しがちな方はまずその場の雰囲気に慣れることが大切です。何度も受験すれば、試験会場の独特な雰囲気にのまれる度合いも少なくなります。また、問題の解き方や時間配分にも慣れてスムーズに受験できます。

2. 集合時刻より前に余裕を持って到着すること

すでに全員が着席しているような時刻に到着すると、緊張感の張りつめた教室に入ることになり、それだけで雰囲気にのまれてしまいます。まだ教室ががらんとしているうちに到着し、緊張した状態から「さあ、頑張るぞ」という気持ちになれる時間を自分に与えてあげましょう。

3. スコアが必要になる時期よりも前に受験し始めること

「今回しかチャンスがない」のと「あと～回受験できる」のでは、かかるプレッシャーがまったく異なりますよね。スコアが必要になる時期よりもかなり前から受験し始めていれば、実際に受験できる回数が増えるだけでなく、プレッシャーによる緊張がかなり減るのです。

　まずは、スコアの良しあしにかかわらず、自分の実力が出し切れるように頑張ってください。

34 ①悔しいこととあるが、何が悔しいのか。

1 試験場を間違えて、受験できないこと
2 緊張して本来の実力を発揮できないこと
3 試験が始まる前に余裕を持って到着すること
4 あと一回しかチャンスがないこと

35 ②緊張しがちな方はどうすればいいと言っているか。

1 試験会場の雰囲気に慣れるように何度も受験してみたほうがいい。
2 受験する前に必ず時間配分のコツを身につけなければならない。
3 今度こそ絶対にスコアを伸ばしたいという気持ちが大切だ。
4 緊張しないように、イメージトレーニングする。

36 筆者が言っている方法として合っていないことはどれか。

1 何回もトライしながら、努力を続けること
2 集合時刻より早く教室に到着すること
3 思ったより点数がとれなくてもあきらめないこと
4 スコアが必要になる時期よりも前から受験し始めること

37 本文の内容と合っているものはどれか。

1 今回がラストチャンスだと思って受験すれば、もっといい点数がとれる。
2 試験が始まる前に到着するように注意しなければならない。
3 最近は語学試験を通して自分の実力を試してみる人が増えている。
4 教室に早く着けば、試験場の雰囲気にも慣れ、心に余裕がうまれる。

問題7　右のページは鈴木さんの旅行の日程表である。これを読んで、下の質問に答えなさい。答えは、1·2·3·4から最もよいものを一つえらびなさい。

38　旅行日程表に含まれていないのは何か。

1　ベトナムでの移動に関する情報
2　空港到着時間についてのアドバイス
3　ホテルの場所
4　成田の空港までの移動

39　鈴木さんの旅行について正しいのはどれか。

1　ハノイでクライアントに会う
2　ハノイに3泊する
3　ダナンでバスに乗る
4　必ずクレジットカードで払う

鈴木ナナ様の旅行日程			
日付	時刻	詳細	備考
6月19日	2:20　P.M.	VN604便で成田出発	この旅行日程表を印刷し、お持ちになることをおすすめします。空港には遅くとも出発の1時間前にはお越しください。
6月19日	7:50　P.M.	ハノイ国際線空港に到着	
6月22日	9:50　A.M.	VN308便でハノイ出発	
6月22日	11:10 A.M.	ダナン国内線空港に到着	
6月25日	3:30　P.M.	VN737便でダナン出発	
6月25日	9:05　P.M.	成田国際空港に到着	

※　ハノイの空港から最終目的地まで、移動のお手伝いが必要な場合には、旅行代理店にお知らせください。

ハノイでの移動には、VINA SUN社のタクシーのご利用をお勧めいたします。

ご宿泊は、ハーピートラベル社を通じて予約をしてあります。

お客様の滞在先:

＜ハノイ＞

インターコンチネンタル ハノイ ウエストレイク

1A Nghi Tam, Tay Ho, Hanoi

電話: ＋84－046－270－8888

＜ダナン＞

ハイアットリージェンシー ダナン リゾートアンドスパ

Truong Sa Street, Hoa Hai Ward, Ngu Hanh Son District

電話: ＋84－236－398－1234

ダナンでのディナークルーズのチケットは、ホテル到着時にフロントで受け取ることができます。

お支払いはクレジットカードか自動引き落としでお手続きください。

問題1

問題1では、まず質問を聞いてください。それから話を聞いて、問題用紙の1から4の中から、最もよいものを一つえらんでください。

1番

1 中華料理のクラス

2 日本料理のクラス

3 パン教室

4 ベジタリアン料理のクラス

2番

1 もう少しバスを待つ

2 スカイライナーに乗る

3 歩いて空港まで行く

4 飛行機の時間を変更する

3番

1 自分の車で行く

2 バスで行く

3 女の人の車で行く

4 地下鉄で行く

4番

1 クリーニングのサービス

2 チェックアウトのサービス

3 モーニングコールのサービス

4 支払いのサービス

5番

1 木村さんのオフィスに行く

2 キムさんに電話をする

3 ここで待つ

4 コーヒーを注文する

6番

1 図書館へ本を返しに行く

2 本屋へ本を買いに行く

3 銀行へ延滞料金を払いに行く

4 会員カードを作りに行く

問題2

問題2では、まず質問を聞いてください。そのあと、問題用紙を見てください。読む時間があります。それから話を聞いて、問題用紙の1から4の中から、最もよいものを一つえらんでください。

1番

1 車が壊れたから

2 予約をする必要があるから

3 料金を払う必要があるから

4 同意書に署名しなくてはならないから

2番

1 子供が病気である

2 調子が悪くて病院に行く

3 母のお見舞いに行く

4 上田社の野田さんと約束がある

3番

1 5時以降には出入り禁止になっているから

2 今、修理中だから

3 すべての階には止まらないから

4 反対側に来ているから

4番

1 商品を返品できないから

2 ほしいものが見つからないから

3 値段をチェックしなければならないから

4 商品を比較する必要があるから

5番

1 セミナーに商品を運ぶため

2 製品を実演するため

3 名札を配るため

4 イベントを手伝うため

6番

1 会議の計画を手伝ってもらう

2 彼が準備したデータをチェックしてもらう

3 会議室を予約してもらう

4 営業経費見積書を作ってもらう

問題3

問題3では、問題用紙に何もいんさつされていません。この問題はぜんたいとしてどんなないようかを聞く問題です。話の前に質問はありません。まず話を聞いてください。それから質問とせんたくしを聞いて、問題用紙の1から4の中から、最もよいものを一つえらんでください。

ーメモー

問題4

問題4では、絵を見ながら質問を聞いてください。やじるし（→）の人は何と言いますか。1から3の中から、最もよいものを一つえらんでください。

1番

2番

3番

4番

問題5

問題5では、問題用紙に何もいんさつされていません。まず文を聞いてください。それから、そのへんじを聞いて、1から3の中から、最もよいものを一つえらんでください。

ーメモー

mp3 파일 구성과 활용법

음성강의

저자 직강의 해설 강의입니다. 〈시나공법 이론 정리〉와 〈문제 유형별 완벽대비 문제 풀이〉로 내용이 구성되어 있습니다. 문제 풀이 부분은 반드시 스스로 먼저 풀어본 다음 강의를 들으면서 보충하세요!
(표지 QR코드를 찍으면 음성강의 팟캐스트로 연결됩니다.)

청해 문제 mp3

1. [시나공법 문제분석 예제] 폴더

▶ 실전용 : 시나공법 예제 문제를 묶어 한 파일로 제공됩니다.
(본 책에 수록된 QR코드로도 간편하게 들으실 수 있습니다.)
▶ 복습용 : 학습하기 편하도록 예제 문제별로 mp3 파일을 분리했습니다.

2. [완벽대비 문제] 폴더

▶ 실전용 : 문제 유형당 한 파일로 제공됩니다. 실전과 똑같이 멈추지 말고 문제를 풀어보세요.
(본 책에 수록된 QR코드로도 간편하게 들으실 수 있습니다.)
▶ 복습용 : 학습하기 편하도록 문제별로 mp3 파일을 분리했습니다.

3. [실전 모의고사] 폴더

▶ 실전용 : 1회분씩 한 파일로 제공됩니다. 실전과 똑같이 멈추지 말고 문제를 풀어보세요.
(본 책에 수록된 QR코드로도 간편하게 들으실 수 있습니다.)
▶ 복습용 : 학습하기 편하도록 문제별로 mp3 파일을 분리했습니다.

mp3 파일 무료 다운로드

길벗 홈페이지(www.gilbut.co.kr)로 오시면 mp3 파일 및 관련 자료를 다양하게 이용할 수 있습니다.

1단계	도서명 ▾ [　　　] 검색 에 찾고자 하는 책 이름을 입력하세요.
2단계	검색한 도서로 이동하여 〈자료실〉을 클릭합니다.
3단계	mp3 및 다양한 학습 자료를 다운로드 받으세요.

저자직강
팟캐스트
방송중!

시험에 꼭 나오는
언어지식 총정리!

기본에서 실전까지
한 권으로 끝낸다!

시험에 나오는 것만 공부한다!

시나공 일본어능력시험 JLPT

정답 & 해설

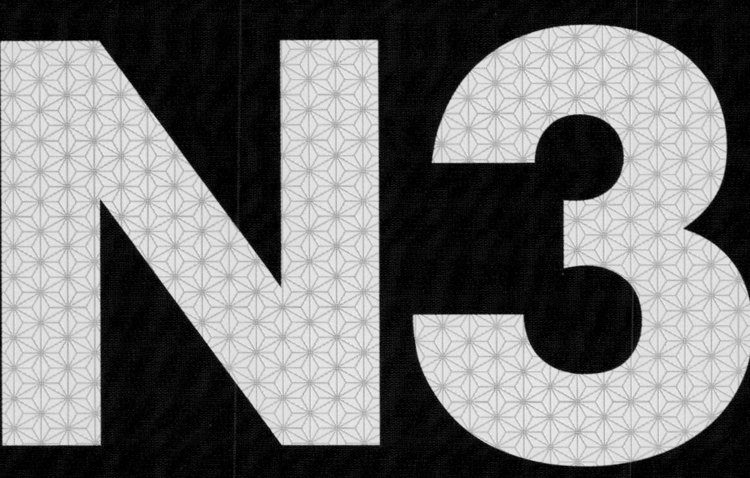

특별부록
- 실전 모의고사 2회분
- 핵심 문법 PDF 제공
- 저자 직강 음성 강의
- mp3 파일 무료 다운

신선화 지음

길벗 이지:톡

시험에 나오는 것만 공부한다!

시나공

일본어능력시험

JLPT

정답&해설

신선화 지음(전 시사일본어학원 시험대비반 강사)

시나공
JLPT
일본어능력시험
N3

정답과 해설

첫째마당 | 문자편

한자읽기 완벽대비 문제 ① 회

문제 1 ______단어의 읽는 방법으로 가장 좋은 것을 1 · 2 · 3 · 4 가운데 하나 고르시오.

01 정답 2

어휘 地震(じしん) 지진 | 影響(えいきょう) 영향 | 入学式(にゅうがくしき) 입학식 | 延期(えんき) 연기 | 営業(えいぎょう) 영업

해석 지진의 영향으로 대학 입학식이 연기되었습니다.

02 정답 4

어휘 女性(じょせい) 여성 | 割合(わりあい) 비율 | 男性(だんせい) 남성

해석 이 클래스는 여성의 비율이 남성보다 높다.

03 정답 3

어휘 厳(きび)しい 엄하다, 험하다, 심하다 | 顔(かお) 얼굴 | 怪(あや)しい 이상하다, 수상하다 | 嬉(うれ)しい 기쁘다 | 険(けわ)しい 험하다

해석 사토 선생님은 항상 엄한 얼굴을 하고 있다.

04 정답 1

어휘 若(わか)い 젊다 | 苦労(くろう) 고생, 수고 | 買(か)う 사다 | 航路(こうろ) 항로 | 功労(こうろう) 공로

해석 젊을 때의 고생은 사서라도 해라.

05 정답 4

어휘 結婚(けっこん) 결혼 | 祝(いわ)い 축하, 축하선물 | 匂(にお)い 냄새 | 勢(いきお)い 기세, 기운 | 愛(あい) 사랑

해석 친구 결혼 축하선물로 커피잔을 선물했다.

06 정답 2

어휘 仕事(しごと) 일 | 追(お)う 따르다, 쫓다 | 会(あ)う 만나다 | 洗(あら)う 씻다, 닦다 | 言(い)う 말하다

해석 모두 일에 쫓겨서 바쁜 것 같다.

07 정답 3

어휘 ～にとって ～에게 있어서 | 重大(じゅうだい)な 중대한 | 問題(もんだい) 문제 | 頂戴(ちょうだい) 받음, 얻음, 먹음, 마심의 겸사말

해석 그것은 저에게 있어서는 중대한 문제입니다.

08 정답 4

어휘 転職(てんしょく) 전직 | ～かどうか ～지 어떤(떨)지 | 悩(なや)む 고민하다 | 学(まな)ぶ 배우다 | 畳(たた)む 개다, 접다 | 運(はこ)ぶ 옮기다, 운반하다

해석 나는 지금 전직할지 어떻게 할지 고민하고 있습니다.

09 정답 3

어휘 辞書(じしょ) 사전 | 何(なに)より 무엇보다 | 例文(れいぶん) 예문 | 豊富(ほうふ) 풍부함 | 夫婦(ふうふ) 부부

해석 이 사전은 무엇보다 예문이 풍부해서 좋습니다.

10 정답 2

어휘 外(そと) 밖, 외부 | 作業(さぎょう) 작업 | 多(おお)い 많다

해석 이 일은 밖에서 하는 작업이 많다.

한자읽기 완벽대비 문제 ② 회

문제 1 ______단어의 읽는 방법으로 가장 좋은 것을 1 · 2 · 3 · 4 가운데 하나 고르시오.

01 정답 3

어휘 薄(うす)い 얇다, 연하다, 적다, 싱겁다 | 服(ふく) 옷 | 着(き)る 입다 | 風邪(かぜ)を引(ひ)く 감기에 걸리다 | ～てしまう ～하고 만다, ～해 버린다 | 暑(あつ)い 덥다 | 厚(あつ)い 두껍다 | 熱(あつ)い 뜨겁다 | 鈍(にぶ)い 무디다, 둔하다 | 浅(あさ)い 얕다

해석 그런 얇은 옷을 입고 가면 감기 걸려요.

02 정답 1

어휘 楽器(がっき) 악기 | 学期(がっき) 학기 | 習(なら)う 배우다

해석 아이에게 뭔가 악기를 배우게 하고 싶다고 생각하고 있습니다.

03 정답 2

어휘 雨(あめ)の日(ひ) 비 오는 날 | 腰(こし) 허리 | 胸(むね) 가슴 | 肩(かた) 어깨 | 腕(うで) 팔, 솜씨

해석 비 오는 날에는 허리가 아파진다.

04 정답 4

어휘 企業(きぎょう) 기업 | グローバル 글로벌 | 人材(じんざい) 인재 | 求(もと)める 구하다, 찾다, 요구하다 | 集(あつ)める 모으다 | 進(すす)める 전진시키다, 진행시키다 | 眺(なが)める 바라보다

해석 일본의 기업은 글로벌 인재를 찾고 있다.

05 **정답 1**

어휘 人生(じんせい) 인생 | 一番(いちばん) 가장, 제일 | 貴重(きちょう)な 귀중한 | 時間(じかん) 시간 | 気重(きおも) 침울함, 답답함

해석 인생에서 가장 귀중한 것은 시간이다.

06 **정답 3**

어휘 生(なま)ごみ 음식물쓰레기 | 少(すく)ない 적다 | 工夫(くふう) 궁리, 고안 | 交付(こうふ) 교부 | 高風(こうふう) 고풍

해석 음식물쓰레기를 줄일 방법을 궁리합시다.

07 **정답 2**

어휘 急(きゅう)に 갑자기 | 意識(いしき) 의식 | なくなる 없어지다 | 倒(たお)れる 쓰러지다, 넘어지다 | 慣(な)れる 익숙해지다 | 溢(あふ)れる 넘치다 | 折(お)れる 접히다, 꺾이다

해석 갑자기 의식을 잃고 쓰러져 버렸습니다.

08 **정답 3**

어휘 あまりにも 너무나도 | 突然(とつぜん) 돌연, 갑자기 | びっくりする 놀라다

해석 너무나도 갑작스러운 일이라 놀랐습니다.

09 **정답 1**

어휘 荷物(にもつ) 짐 | 持(も)つ 갖다, 들다 | お+동사 ます형+する(致(いた)す) 제가 ~하다(해 드리다) | 煮物(にもの) 음식물을 끓임, 끓인 음식 | 貨物(かもつ) 화물

해석 짐은 제가 들어 드리겠습니다.

10 **정답 4**

어휘 いよいよ 점점, 확실히, 드디어 | 桜(さくら) 벚꽃 | 季節(きせつ) 계절 | やってくる 다가오다, 찾아오다

해석 드디어 벚꽃의 계절이 찾아왔습니다.

한자읽기 완벽대비 문제 ③ 회

문제 1 ______단어의 읽는 방법으로 가장 좋은 것을 1 · 2 · 3 · 4 가운데 하나 고르시오.

01 **정답 3**

어휘 かなり 상당히, 꽤 | チャンス 찬스, 기회 | 終(お)わる 끝나다 | 悔(くや)しい 분하다, 억울하다, 후회스럽다 | 苦(くる)しい 괴롭다, 고통스럽다 | 詳(くわ)しい 자세하다, 정통하다 | 悲(かな)しい 슬프다

해석 상당히 기회가 있었는데도, 1점 차로 끝나 버려서 분하다.

02 **정답 1**

어휘 デジカメ 디지털카메라 | 撮(と)る 찍다 | 写真(しゃしん) 사진 | プリンター 프린터 | 印刷(いんさつ) 인쇄 | 印象(いんしょう) 인상

해석 디지털카메라로 찍은 사진을 프린터로 인쇄했다.

03 **정답 4**

어휘 何(なに)か 뭔가 | 身分(みぶん) 신분 | 証明(しょうめい) 증명 | お+동사 ます형+~だ ~하시다(존경) | 新聞(しんぶん) 신문

해석 뭔가 신분을 증명할 것을 갖고 계십니까?

04 **정답 3**

어휘 頑張(がんば)る 끝까지 노력하다 | 姿(すがた) 모습, 차림, 상태 | 感動(かんどう) 감동 | 様子(ようす) 상황, 형편, 모습 | 噂(うわさ) 남의 이야기, 소문 | 印(しるし) 표시, 상징

해석 그의 노력하고 있는 모습을 보고 굉장히 감동했습니다.

05 **정답 2**

어휘 用心(ようじん) 조심함, 주의함 | 越(こ)す 넘다, 앞지르다, 초과하다, 더 좋다 (~に越したことはない의 형태로 '~하는 것보다 더 좋은 것은 없다'라는 의미로 쓰인다) | 友人(ゆうじん) 친구

해석 조심하는 것보다 더 좋은 것은 없다.

06 **정답 3**

어휘 招(まね)く 부르다, 초대하다, 초래하다 | 向(む)く 향하다 | 磨(みが)く 닦다, 연마하다 | 抱(だ)く 안다, 품다

해석 친구를 초대해서 집에서 파티를 합니다.

07 **정답 3**

어휘 初(はじ)め 처음, 시작 | 難(むずか)しい 어렵다, 힘들다 | 案外(あんがい) 뜻밖(에), 의외(로) | 簡単(かんたん)だ 간단하다 | 以外(いがい) 이외 | 意外(いがい) 의외, 뜻밖

해석 처음에는 어렵지 않을까 생각했지만, 의외로 간단했다.

08 **정답 4**

어휘 気(き)を失(うしな)う 의식을 잃다 | 倒(たお)れる 쓰러지다, 넘어지다 | 疑(うたが)う 의심하다 | 行(おこな)う 하다, 실시하다 | 補(おぎな)う 보완하다, 메우다, 채우다

해석 전철 안에서 의식을 잃고 쓰러지고 말았다.

09 **정답 1**

어휘 綺麗(きれい)だ 예쁘다, 깨끗하다 | 上品(じょうひん)な 고상한, 품위가 있는 | 感(かん)じ 느낌 | 女性(じょせい) 여성

해석 그녀는 예쁘고 고상한 느낌의 여성입니다.

10 **정답 2**

어휘 インターネット 인터넷 | 航空券(こうくうけん) 항공권 | 予約(よやく) 예약 | 安(やす)い 싸다 | 空港(くうこう) 공항

해석 인터넷으로 항공권을 예약하면 싸게 살 수 있습니다.

한자읽기 완벽대비 문제 ④ 회

문제 1 ______단어의 읽는 방법으로 가장 좋은 것을 1·2·3·4 가운데 하나 고르시오.

01 **정답 4**

어휘 ダイエット 다이어트 | ～ほど ～정도, ～만큼, ～일수록 | 失敗(しっぱい) 실패 | 동사 ます형+～やすい ～하기 쉽다

해석 먹지 않는 다이어트만큼 실패하기 쉬운 다이어트 방법은 없다.

02 **정답 3**

어휘 相手(あいて) 상대 | 立場(たちば) 입장 | 考(かんが)える 생각하다 | 立派(りっぱ) 훌륭함, 충분함

해석 상대방의 입장이 되어 생각하자.

03 **정답 1**

어휘 合格(ごうかく) 합격 | 知(し)らせ 알림, 통지 | 受(う)ける 받다 | 涙(なみだ) 눈물 | 出(で)る 나오다 | ～ほど ～정도, ～만큼, ～일수록 | 嬉(うれ)しい 기쁘다 | 胸(むね) 가슴 | 種(たね) 씨앗, 종자 | 染(し)み 얼룩

해석 합격 통지를 받았을 때는, 눈물이 날 정도로 기뻤습니다.

04 **정답 3**

어휘 幼(おさな)い 어리다 | 子供(こども) 아이 | 聞(き)かせる 들려주다 | 一緒(いっしょ)に 같이, 함께 | 読(よ)む 읽다 | 最適(さいてき)な 최적인, 가장 알맞은 | 等(ひと)しい 같다 | 眩(まぶ)しい 눈부시다 | 嬉(うれ)しい 기쁘다

해석 이것은 어린아이에게 들려주거나, 같이 읽기에 최적인 책입니다.

05 **정답 1**

어휘 顔(かお) 얼굴 | 全(すべ)て 모두, 전부 | 表(あら)わす 나타내다 | 犯(おか)す 어기다, 범하다 | 示(しめ)す (나타내) 보이다 | 直(なお)す 고치다

해석 얼굴은 당신의 모든 것을 나타내고 있다.

06 **정답 2**

어휘 経済的(けいざいてき) 경제적 | 豊(ゆた)かな 풍족한, 풍부한, 넉넉한 | 朗(ほが)らかな 명랑한, 쾌청한 | なだらかな 완만한, 온화한, 원활한 | 確(たし)かな 확실한

해석 우리 집은 그다지 경제적으로 풍족한 집은 아니다.

07 **정답 3**

어휘 今後(こんご)とも 앞으로도 | 皆様(みなさま) 여러분 | 協力(きょうりょく) 협력 | お願(ねが)いする 부탁하다 | 努力(どりょく) 노력 | 動力(どうりょく) 동력

해석 앞으로도 여러분이 협력해 주시길 잘 부탁드립니다.

08 **정답 4**

어휘 選(えら)ぶ 고르다, 선택하다 | 迷(まよ)う 헤매다, 망설이다, 방향을 잃다 | 通(かよ)う 다니다 | 守(まも)る 지키다 | 誘(さそ)う 권유하다, 권하다

해석 어느 것을 고르면 좋을지 망설이고 있다.

09 **정답 1**

어휘 偶然(ぐうぜん) 우연 | 気(き)がする 느낌이 들다 | 悠然(ゆうぜん) 유연

해석 이것은 우연이 아닌 것 같은 느낌이 듭니다.

10 **정답 4**

어휘 可愛(かわい)い 귀엽다, 사랑스럽다 | 笑顔(えがお) 웃는 얼굴 = 笑(わら)い顔(がお) | 元気(げんき)が出(で)る 기운이 나다

해석 아이들의 사랑스러운 웃는 얼굴을 보고 있으면, 힘이 납니다.

한자읽기 완벽대비 문제 ⑤ 회

문제 1 ______단어의 읽는 방법으로 가장 좋은 것을 1·2·3·4 가운데 하나 고르시오.

01 **정답 4**

어휘 皆(みな)さん 여러분 | 率直(そっちょく)な 솔직한 | 意見(いけん) 의견 | 聞(き)かせる 들려주다 | お+동사 ます형+ください ～해 주십시오 | 正直(しょうじき) 정직함

해석 여러분의 솔직한 의견을 들려주십시오.

02 **정답 1**

어휘 真実(しんじつ) 진실 | 直接(ちょくせつ) 직접 | 本人(ほんにん) 본인 | 確認(かくにん) 확인 | 各員(かくいん) 각자 | 学院(がくいん) 학원

해석 진실은 직접 본인에게 확인하지 않으면 알 수 없다.

03 정답 3

어휘 大(おお)きな 큰, 커다란 | 事故(じこ) 사고 | 防(ふせ)ぐ 막다, 방지하다 | 気(き)をつける 주의하다, 조심하다 | 急(いそ)ぐ 서두르다, 급하다 | 泳(およ)ぐ 헤엄치다 | 騒(さわ)ぐ 떠들다

해석 큰 사고를 방지하기 위해서 항상 조심하고 있다.

04 정답 4

어휘 外国(がいこく) 외국 | 参加(さんか) 참가 | 通訳(つうやく) 통역 | ボランティア 자원봉사자 | 募集(ぼしゅう) 모집

해석 외국에서 참가하는 사람들을 위한 통역 자원봉사자를 모집하고 있다.

05 정답 2

어휘 デパート 백화점 | 迷子(まいご) 미아 =まよいご

해석 어렸을 때 백화점에서 미아가 된 적이 있다.

06 정답 1

어휘 頭(あたま)がいい 머리가 좋다 | 賢(かしこ)い 현명하다, 영리하다 | 違(ちが)う 다르다 | おかしい 우습다, 이상하다 | 貧(まず)しい 가난하다, 적다 | 鋭(するど)い 날카롭다, 예리하다

해석 머리가 좋은 사람과 현명한 사람은 다르다.

07 정답 3

어휘 岩(いわ) 바위 | 小(ちい)さな 작은 | 島(しま) 섬 | 見(み)える 보이다 | 石(いし) 돌 | 枝(えだ) 가지 | 餌(えさ) 모이, 먹이

해석 바위 같은 작은 섬이 보입니다.

08 정답 3

어휘 思(おも)い切(き)って 큰맘 먹고, 과감히, 마음껏, 실컷, 몹시 | プロポーズ 프러포즈 | 断(ことわ)る 거절하다 | 聞(き)こえる 들리다 | 通(とお)る 통하다 | 投(な)げる 던지다

해석 큰맘 먹고 프러포즈했지만, 거절당했다.

09 정답 1

어휘 どうしても 어떤 일이 있어도, 아무리 해도, 아무래도 | 期限(きげん) 기한 | 延期(えんき) 연기 | ～ことにする ~(하)기로 하다 | 演技(えんぎ) 연기

해석 아무래도 기한 내에는 할 수 없을 것 같아서, 기한을 연기하기로 했다.

10 정답 2

어휘 今回(こんかい) 이번, 금번 | 作戦(さくせん) 작전 | 見事(みごと)に 훌륭하게, 완벽하게 | 成功(せいこう) 성공

해석 이번 작전은 완벽하게 성공했습니다.

한자읽기 완벽대비 문제 ❻ 회

문제 1 _____단어의 읽는 방법으로 가장 좋은 것을 1·2·3·4 가운데 하나 고르시오.

01 정답 3

어휘 どのくらい 어느 정도 | 時間(じかん) 시간 | 必要(ひつよう) 필요 | 見当(けんとう)がつかない 짐작이 가지 않다 | 検討(けんとう) 검토

해석 어느 정도의 시간이 필요할지 짐작이 가지 않는다.

02 정답 1

어휘 財布(さいふ) 지갑 | する 소매치기하다 | ～てしまう ~해 버리다

해석 전철 안에서 지갑을 소매치기 당하고 말았다.

03 정답 4

어휘 世界中(せかいじゅう) 전 세계 | 貧(まず)しい 가난하다, 부족하다 | 活動(かつどう) 활동 | 恐(おそ)ろしい 무섭다, 두렵다 | 等(ひと)しい 같다 | やかましい 시끄럽다

해석 그는 전 세계 가난한 사람들을 위해서 활동하고 있다.

04 정답 2

어휘 自分(じぶん) 자신 | 将来(しょうらい) 장래 | 真剣(しんけん)に 진지하게 | 考(かんが)える 생각하다

해석 자신의 장래를 진지하게 생각하다.

05 정답 3

어휘 壊(こわ)れる 깨지다, 고장 나다 | 修理(しゅうり)に出(だ)す 수리 맡기다 | 直(なお)す 고치다 | 受理(じゅり) 수리

해석 컴퓨터가 고장 나서 수리를 맡겨 고쳤다.

06 정답 3

어휘 最近(さいきん) 최근, 요즘 | 不幸(ふこう) 불행, 불운 | 重(かさ)なる 겹치다, 쌓이다, 거듭되다 | 起(お)こる 일어나다 | 気(き)がする 느낌이 들다 | 占(うらな)う 점치다 | 行(おこな)う 하다, 실시하다 | 伴(ともな)う 동반하다

해석 요즘 불행이 겹쳐서 일어나는 듯한 느낌이 든다.

07 정답 4

어휘 簡単(かんたん)な 간단한 | 例(れい) 예 | 挙(あ)げる 들다 | 説明(せつめい) 설명 | 列(れつ) 열, 줄 | 札(さつ) 지폐 | 熱(ねつ) 열

해석 간단한 예를 들어 설명하겠습니다.

08 정답 4

어휘 出発(しゅっぱつ) 출발 | 遅(おそ)い 늦다 | 着(つ)く 도착하다 | もう 이미, 벌써, 이제 | 夜遅(よるおそ)くなる 밤 늦어지다 | 抜(ぬ)く 뽑다, 빼다 | 向(む)く 향하다 | 聞(き)く 듣다, 묻다

해석 출발이 늦었기 때문에, 도착했더니 이미 밤 늦어졌습니다.

09 정답 4

어휘 駅(えき) 역 | 近(ちか)い 가깝다 | 住(す)む 살다 | 家賃(やちん) 집세 | 高(たか)い 높다, 비싸다 | 諦(あきら)める 포기하다, 단념하다 | かちん 쨍그랑

해석 역에서 가까운 곳에 살고 싶었지만, 집세가 비싸서 포기했다.

10 정답 2

어휘 自(みずか)ら 스스로, 몸소 | 計画(けいかく) 계획 | 立(た)てる 세우다 | 実行(じっこう) 실행 | 彼(かれ)ら 그들 | 自分(じぶん) 자기 자신

해석 스스로 계획을 세워서 실행한다.

한자읽기 완벽대비 문제 7 회

문제 1 ＿＿＿단어의 읽는 방법으로 가장 좋은 것을 1·2·3·4 가운데 하나 고르시오.

01 정답 4

어휘 髪(かみ) 머리 | 短(みじか)い 짧다 | 切(き)る 자르다, 끊다 | 前(まえ)より 이전보다 | 若(わか)い 젊다 | 見(み)える 보이다 | ～ようになる ～하게 되다 | 乾(かわ)く 마르다, 건조하다 | 暑(あつ)い 덥다 | 厚(あつ)い 두껍다 | 熱(あつ)い 뜨겁다 | 痒(かゆ)い 가렵다

해석 머리를 짧게 잘랐더니 전보다 젊어 보이게 되었다.

02 정답 3

어휘 法律(ほうりつ) 법률 | 全国民(ぜんこくみん) 전 국민 | ～に対(たい)して ～에 대해서, ～을 향해서 | 平等(びょうどう) 평등

해석 법률은 전 국민에 대해 평등하지 않으면 안 된다.

03 정답 2

어휘 マニュアル 매뉴얼, 안내서 | 操作(そうさ) 조작 | 方法(ほうほう) 방법 | かなり 상당히, 꽤 | 困(こま)る 곤란하다, 난처하다 | 創作(そうさく) 창작

해석 매뉴얼을 읽어도 조작 방법이 이해가 가지 않아서 상당히 곤란했습니다.

04 정답 1

어휘 勢(いきお)い 기세, 기운 | 始(はじ)める 시작하다 | 結局(けっきょく) 결국 | 長(なが)い 길다, 오래 가다 | 続(つづ)く 계속되다, 이어지다 | 互(たが)い 서로, 상호 | 背(せい)=背(せ) 신장, 키 | 偉大(いだい) 위대

해석 기세 좋게 시작했지만, 결국 길게는 이어지지 못했다.

05 정답 4

어휘 色々(いろいろ)な 여러 가지 | 商品(しょうひん) 상품 | 扱(あつか)う 다루다, 취급하다 | 配(くば)る 나누어 주다 | 戦(たたか)う 싸우다, 겨루다 | 払(はら)う 지불하다, 없애다

해석 이 가게는 여러 가지 상품을 취급하고 있다.

06 정답 3

어휘 最近(さいきん) 최근, 요즘 | インターネット 인터넷 | 必要(ひつよう) 필요함 | 情報(じょうほう) 정보 | 得(え)る 얻다 | 除法(じょほう) 제법, 나눗셈

해석 요즘은 인터넷으로 필요한 정보를 얻을 수 있기 때문에 책을 읽지 않게 되었다.

07 정답 3

어휘 早(はや)く 일찍, 빨리 | 帰(かえ)る 돌아가(오)다 | 娘(むすめ) 딸 | 約束(やくそく) 약속 | 姉(あね) 누나, 언니 | 嫁(よめ) 며느리, 신부 | 妹(いもうと) 여동생

해석 오늘은 일찍 집에 가겠다고 딸과 약속했기 때문에, 빨리 가지 않으면 안 된다.

08 정답 4

어휘 残(のこ)り 나머지, 남은 것 | 持(も)ち帰(かえ)り 가지고 돌아감 | ～用(よう) ～용 | 包(つつ)む 싸다, 포장하다, 두르다 | 頼(たの)む 부탁하다 | 結(むす)ぶ 묶다, 매다 | 盗(ぬす)む 훔치다

해석 나머지는 가지고 갈 테니까 싸 주세요.

09 정답 2

어휘 忠告(ちゅうこく) 충고 | 素直(すなお)に 순진하게, 순순히 | 素敵(すてき)に 아주 멋지게, 매우 뛰어나게

해석 다른 사람의 충고는 순순히 듣는 편이 좋다.

10 정답 3

어휘 担当者(たんとうしゃ) 담당자 | 海外(かいがい) 해외 | 出張(しゅっちょう) 출장 | 留守(るす) 부재 중, 빈집을 지킴

해석 담당자는 해외출장으로 자리에 없었습니다.

한자읽기 완벽대비 문제 ⑧ 회

문제 1 ＿＿＿단어의 읽는 방법으로 가장 좋은 것을 1·2·3·4 가운데 하나 고르시오.

01 정답 2

어휘 夫婦(ふうふ) 부부 | いつ見(み)ても 언제 봐도 | 幸(しあわ)せ 행복함, 행운

해석 저 부부는 언제 봐도 행복해 보인다.

02 정답 3

어휘 町(まち) 마을, 시내 | 昔(むかし) 옛날 | 商業(しょうぎょう) 상업 | 盛(さか)ん 번성함, 왕성함, 열렬함 | 下品(げひん) 품위가 없음 | 熱心(ねっしん) 열심 | 不安(ふあん) 불안

해석 이 마을은 옛날부터 상업이 번성했다.

03 정답 4

어휘 国民(こくみん) 국민 | 首相(しゅしょう) 수상 | 非難(ひなん) 비난 | 始(はじ)まる 시작되다

해석 그 일로 국민들의 수상에 대한 비난이 시작되었다.

04 정답 1

어휘 退職(たいしょく) 퇴직 | 田舎(いなか) 시골 | 暮(く6)す 살다, 지내다 | 隠(かく)す 숨기다, 감추다 | 過(す)ごす 보내다, 지내다 | 回(まわ)す 돌리다

해석 아버지는 퇴직하고 시골에서 지내고 있습니다.

05 정답 2

어휘 会(あ)う 만나다 | 詳(くわ)しい 자세하다, 정통하다 | 話(はなし) 이야기 | 聞(き)く 듣다, 묻다 | 悲(かな)しい 슬프다 | 親(した)しい 친하다 | 悔(くや)しい 억울하다, 분하다

해석 그녀를 만나서 자세한 얘기를 들어보자.

06 정답 3

어휘 傘(かさ) 우산 | 持(も)ってくる 가지고 오다 | 雨(あめ) 비 | 降(ふ)る 내리다 | ~ないうちに ~하기 전에 | 帰(かえ)る 돌아가(오)다 | 鍵(かぎ) 열쇠 | 袖(そで) 소매 | 幅(はば) 폭, 너비

해석 오늘 우산을 안 갖고 와서 비가 내리기 전에 돌아가고 싶습니다.

07 정답 4

어휘 先月(せんげつ) 지난달 | 買(か)う 사다 | ~たばかり ~한 지 얼마 안 됨 | ケータイ 휴대 전화 | 壊(こわ)れる 고장 나다, 부서지다 | 優(すぐ)れる 뛰어나다, 우수하다 | 倒(たお)れる 쓰러지다, 넘어지다 | 疲(つか)れる 지치다

해석 지난달에 막 산 휴대 전화가 고장 나 버렸습니다.

08 정답 3

어휘 帰宅(きたく) 귀택, 귀가 | 家族(かぞく) 가족 | 小包(こづつみ) 소포 | 届(とど)く 닿다, 도착하다 | 商法(しょうほう) 상법 | 消防(しょうぼう) 소방

해석 집에 돌아왔더니 일본에 있는 가족에게서 소포가 와 있었다.

09 정답 1

어휘 何事(なにごと) 무슨 일 | ~によらず ~와는 관계없이 | 上手(じょうず)になる 능숙해지다 | 練習(れんしゅう) 연습 | 必要(ひつよう) 필요 | 演習(えんしゅう) 연습

해석 무슨 일이든 간에 능숙해지려면 연습이 필요합니다.

10 정답 4

어휘 まだ 아직 | 疑(うたが)う 의심하다 | 占(うらな)う 점치다 | 従(したが)う 따르다 | ぶつかる 부딪치다

해석 아직 저를 의심하고 있는 건가요?

한자읽기 완벽대비 문제 ⑨ 회

문제 1 ＿＿＿단어의 읽는 방법으로 가장 좋은 것을 1·2·3·4 가운데 하나 고르시오.

01 정답 2

어휘 悲(かな)しい 슬프다 | 涙(なみだ) 눈물 | 止(と)まる 서다, 멈추다 | 寂(さび)しい 외롭다, 쓸쓸하다 | おかしい 우습다, 이상하다 | 厳(きび)しい 엄하다, 험하다

해석 너무 슬퍼서 눈물이 멈추지 않았습니다.

02 정답 4

어휘 今年(ことし) 올해 | 例年(れいねん) 예년 | 比(くら)べる 비교하다 | 寒(さむ)い 춥다 | 並(なら)べる 늘어놓다, 줄 세우다 | 調(しら)べる 조사하다 | 浮(う)かべる 띄우다, 떠올리다

해석 올해는 예년에 비해서 춥지 않네요.

03 정답 4

어휘 皆(みな)さん 여러분 | 努力(どりょく) 노력 | 成功(せいこう) 성공 | 能力(のうりょく) 능력 | 動力(どうりょく) 동력

해석 여러분, 노력하지 않으면 성공할 수 없어요.

04 정답 1

어휘 自分(じぶん) 자기 자신 | 出(で)る 나오다 | 番組(ばんぐみ) TV 프로그램 | 芸能人(げいのうじん) 예능인, 연예인 | 多(おお)い 많다

해석 자신이 나오는 프로그램은 보지 않는다는 연예인은 많다.

05 **정답 3**

어휘 棚(たな) 선반 | 上(うえ) 위 | 置(お)く 놓다, 두다 | 台(だい) 대, 받침대 | 机(つくえ) 책상 | 椅子(いす) 의자

해석 선반 위에 책이 놓여 있습니다.

06 **정답 2**

어휘 ~頃(ごろ) ~경, 무렵 | 都合(つごう) 사정, 형편, 상황 | よろしい 좋다

해석 몇 시쯤이라면 상황이 괜찮으십니까?

07 **정답 2**

어휘 医者(いしゃ) 의사 | もっと 더욱, 더 | 熱心(ねっしん)に 열심히 | 勉強(べんきょう) 공부

해석 의사가 되고 싶으면 더 열심히 공부해라.

08 **정답 4**

어휘 空(から) (속이) 빔 | ビン 병 | ゴミ箱(ばこ) 쓰레기통 | 捨(す)てる 버리다 | 秋(あき) 가을 | 空(そら) 하늘 | 好(す)き 좋아함

해석 빈 병은 저쪽 쓰레기통에 버려 주세요.

09 **정답 1**

어휘 戻(もど)る 되돌아가(오)다 | 電話(でんわ) 전화 | ~よう(に) ~하도록 | 伝(つた)える 전하다 | 帰(かえ)る 돌아가(오)다 | 寄(よ)る 들르다, 다가서다 | 送(おく)る 보내다

해석 그가 돌아오면 제게 전화하도록 전해 주십시오.

10 **정답 2**

어휘 今年(ことし) 올해 | 流行(りゅうこう) 유행 | ファッション 패션 | 何(なん)といっても 뭐니 뭐니 해도 | ジーンズ 진, 청바지

해석 올해 유행 패션은 뭐니 뭐니 해도 청바지지요.

한자읽기 완벽대비 문제 ⑩ 회

문제 1 ______단어의 읽는 방법으로 가장 좋은 것을 1·2·3·4 가운데 하나 고르시오.

01 **정답 1**

어휘 多(おお)く 대부분 | 病気(びょうき) 병 | 原因(げんいん) 원인 | ストレス 스트레스 | 現任(げんにん) 현임, 현직 | 延引(えんいん) 지연

해석 대부분의 병의 원인은 스트레스라고 합니다.

02 **정답 2**

어휘 誕生日(たんじょうび) 생일 | 実家(じっか) 친정, 생가 | 手紙(てがみ) 편지 | 届(とど)く 닿다, 도착하다 | 着(つ)く 도착하다 | 聞(き)く 듣다, 묻다 | いただく 받다, 먹다, 마시다

해석 생일에 친정 엄마에게서 편지가 왔습니다.

03 **정답 3**

어휘 犬(いぬ) 개 | 人間(にんげん) 인간 | 最(もっと)も 가장, 제일 | 親(した)しい 친하다, 가깝다 | 友達(ともだち) 친구 | 楽(たの)しい 즐겁다 | 優(やさ)しい 상냥하다, 우아하다 | 易(やさ)しい 쉽다 | 正(ただ)しい 바르다, 옳다

해석 개는 인간의 가장 친한 친구이다.

04 **정답 4**

어휘 バスケットボール 농구 | 身長(しんちょう) 신장, 키 | 有利(ゆうり) 유리함 | スポーツ 스포츠

해석 농구는 키가 큰 쪽이 유리한 운동입니다.

05 **정답 2**

어휘 テニス 테니스 | 試合(しあい) 시합 | 毎日(まいにち) 매일 | 練習(れんしゅう) 연습 | 腕(うで) 팔, 솜씨 | 痛(いた)い 아프다 | 胸(むね) 가슴 | 肩(かた) 어깨 | 腰(こし) 허리

해석 테니스 시합이 있어서 매일 연습했더니 팔이 아파온다.

06 **정답 1**

어휘 旅行(りょこう) 여행 | 犬(いぬ) 개 | ペットショップ 애완견 숍 | 預(あず)ける 맡기다 | 避(さ)ける 피하다 | 開(あ)ける 열다 | 届(とど)ける 보내다, 신고하다

해석 여행을 가기 위해 개를 애완견 숍에 맡겼다.

07 **정답 2**

어휘 今年(ことし) 올해, 금년 | 梅雨(つゆ) 장마 | 時期(じき) 시기 | やってくる 찾아오다, 다가오다

해석 올해도 장마의 시기가 다가왔네요.

08 **정답 2**

어휘 朝早(あさはや)く 아침 일찍 | 起(お)きる 일어나다 | 苦手(にがて) 서투름, 잘하지 못함

해석 저는 아침 일찍 일어나는 것을 잘 못합니다. 어떻게 하면 일찍 일어날 수 있어요?

09 **정답 3**

어휘 再来月(さらいげつ) 다음다음 달 | 結婚(けっこん) 결혼 | ~ことになる ~하게 되다

해석 다음다음 달 결혼하게 되었습니다.

10 **정답 1**

어휘 世話(せわ)をする 돌보다, 보살피다 | 会社(かいしゃ) 회사 | やめる 그만두다

해석 아이를 돌보기 위해서 회사를 그만두었습니다.

한자쓰기 완벽대비 문제 1 회

문제2 ______의 단어를 한자로 쓸 때 가장 좋은 것을 1·2·3·4 가운데 하나 고르세요.

01 **정답 3**

어휘 水(みず) 물 | 半分(はんぶん) 절반 | 入(い)れる 넣다 | お湯(ゆ) 뜨거운 물 | 沸(わ)かす 끓이다 | 熱(ねつ) 열 | 浴(あ)びる 뒤집어쓰다, 받다, 쬐다 | 温(あたた)かい 따뜻하다

해석 물을 절반 정도 넣고 뜨거운 물을 끓여 주세요.

02 **정답 4**

어휘 貿易(ぼうえき) 무역 | ~によって ~에 의해서, ~에 따라서 | 生活(せいかつ) 생활 | 豊(ゆた)か 풍족함, 풍부함

해석 무역에 의해 생활이 풍요로워졌다.

03 **정답 1**

어휘 入(はい)る 들어가(오)다 | 靴(くつ) 구두, 신발 | 脱(ぬ)ぐ 벗다 | 服(ふく) 옷 | 説(と)く 설명하다

해석 일본인은 집에 들어갈 때 신발을 벗는다.

04 **정답 2**

어휘 危(あぶ)ない 위험하다 | 機械(きかい) 기계 | 触(さわ)る 만지다, 손을 대다 | 厚(あつ)い 두껍다 | 荒(あら)い 거칠다 | 険(けわ)しい 험하다

해석 위험하니까 이 기계에 손대지 말아 주세요.

05 **정답 2**

어휘 病気(びょうき) 병 | 手術(しゅじゅつ) 수술 | 治(なお)る 낫다

해석 그의 병은 수술하지 않으면 낫지 않는 것 같다.

06 **정답 4**

어휘 学力(がくりょく) 학력 | 向上(こうじょう) 향상 | 努(つと)める 노력하다, 애쓰다 | 務(つと)める 소임을 맡다, 역할을 하다 | 勤(つと)める 근무하다 | 詰(つ)める 채우다, 담다

해석 학교는 아이들의 학력 향상에 힘쓰고 있다.

07 **정답 1**

어휘 仕事(しごと) 일, 업무 | ~に対(たい)する ~에 대한 | 真面目(まじめ) 진지함, 성실함 | 態度(たいど) 태도 | 感心(かんしん) 깊이 마음으로 느낌, 감탄함 | 関心(かんしん) 관심 | 歓心(かんしん) 환심 | 甘心(かんしん) 달게 여김, 만족함, 납득함

해석 그의 일에 대한 성실한 태도에 감탄했습니다.

08 **정답 2**

어휘 交通(こうつう) 교통 | 事故(じこ) 사고 | ~に遭(あ)う ~를 당하다, 겪다 | 幸(さいわ)い 행복, 다행임 | 軽(かる)い 가볍다 | 怪我(けが) 부상, 상처 | 済(す)む 끝나다, 해결되다 | 辛(から)い 맵다, 짜다 | 辛(つら)い 괴롭다 | 福(ふく) 복, 행복 | 良(よ)い 좋다

해석 교통사고를 당했지만, 다행스럽게도 가벼운 부상으로 끝났다.

09 **정답 4**

어휘 やっと 겨우, 가까스로 | 試合(しあい) 시합 | 出(で)る 나가(오)다

해석 겨우 시합에 나갈 수 있었습니다.

10 **정답 3**

어휘 夕(ゆう)べ 어젯밤 | 歯(は) 이, 치아 | 痛(いた)い 아프다 | 全然(ぜんぜん) 전혀 | 寝(ね)る 자다 | 葉(は) 잎 | 胃(い) 위 | 腰(こし) 허리

해석 어젯밤은 이가 아파서 전혀 잘 수 없었다.

한자쓰기 완벽대비 문제 2 회

문제2 ______의 단어를 한자로 쓸 때 가장 좋은 것을 1·2·3·4 가운데 하나 고르세요.

01 **정답 1**

어휘 道(みち) 길 | 落(お)ちる 떨어지다 | お金(かね) 돈 | 拾(ひろ)う 줍다 | 夢(ゆめ)をみる 꿈을 꾸다 | 捨(す)てる 버리다 | 持(も)つ 갖다, 들다 | 払(はら)う 없애다, 지불하다

해석 길에 떨어져 있는 돈을 줍는 꿈을 꿨다.

02 **정답 4**

어휘 最近(さいきん) 최근 | 仕事(しごと) 일 | 忙(いそが)しい 바쁘다 | ストレス 스트레스 | 感(かん)じる 느끼다 | 激(はげ)しい 심하다, 격하다 | 急(いそ)ぐ 서두르다 | 多(おお)い 많다

해석 그는 요즘 일이 바빠서 스트레스를 느끼고 있는 것 같습니다.

03 **정답 2**

어휘 体(からだ) 몸 | 具合(ぐあい) 상태, 형편 | 悪(わる)い 나쁘다, 좋지 않다 | 食欲(しょくよく) 식욕 | 貝(かい) 조개

해석 오늘은 몸 상태가 좋지 않고 식욕도 없습니다.

04 **정답 3**

어휘 外交官(がいこうかん) 외교관 | 語学力(ごがくりょく) 어학실력 | 必要(ひつよう) 필요

해석 외교관이 되기 위해서는 어학실력이 필요합니다.

05 **정답 2**

어휘 性能(せいのう) 성능 | 使(つか)い方(かた) 사용법 | 複雑(ふくざつ) 복잡 | ～すぎる 너무(지나치게) ~하다

해석 이것은 성능은 좋지만, 사용법이 너무 복잡합니다.

06 **정답 4**

어휘 寒(さむ)い 춥다 | 苦手(にがて) 벅찬, 서투름, 잘 못함 | 雪(ゆき) 눈 | 祭(まつ)り 축제 | 際(さい) 때, 기회

해석 추운 것은 질색이지만 눈 축제는 가고 싶다.

07 **정답 1**

어휘 重要(じゅうよう)な 중요한 | 話(はなし) 이야기 | ～ほど ~정도, ~만큼, ~일수록 | 電話(でんわ) 전화 | 連絡(れんらく) 연락 | ～てはいけない ~해서는 안 된다 | 連結(れんけつ) 연결

해석 중요한 이야기일수록 전화로 연락해서는 안 된다.

08 **정답 1**

어휘 友達(ともだち) 친구 | 紹介(しょうかい) 소개

해석 그녀는 친구에게서 소개받았습니다.

09 **정답 4**

어휘 勉強(べんきょう) 공부 | 興味(きょうみ) 흥미 | 示(しめ)す (나타내)보이다 | 心配(しんぱい) 걱정 | 表(あら)わす (감정 등을) 나타내다 | 現(あら)わす (모습 · 모양을) 나타내다 | 見(み)える 보이다

해석 아이가 공부에 흥미를 보이지 않아 걱정입니다.

10 **정답 4**

어휘 契約(けいやく) 계약 | 件(けん) 건, 사항, 사건 | 相談(そうだん) 상담 | 時間(じかん) 시간 | よろしい 좋다, 괜찮다 | 券(けん) 표, 권 | 県(けん) 현 | 権(けん) 권력, 권리

해석 계약 건으로 상담드리고 싶은 게 있는데, 시간 괜찮으십니까?

한자쓰기 완벽대비 문제 ③ 회

문제2 ________의 단어를 한자로 쓸 때 가장 좋은 것을 1·2·3·4 가운데 하나 고르세요.

01 **정답 3**

어휘 次(つぎ) 다음 | 優勝(ゆうしょう) 우승 | ～ように ~하도록 | 頑張(がんば)る 끝까지 노력하다 | 優賞(ゆうしょう) 후히 칭찬함, 또는 그 상

해석 다음에는 우승할 수 있도록 노력해가고 싶습니다.

02 **정답 4**

어휘 健康(けんこう) 건강 | 人生(じんせい) 인생 | 最大(さいだい) 최대 | 財産(ざいさん) 재산

해석 건강은 인생 최대의 재산입니다.

03 **정답 1**

어휘 今年(ことし) 올해 | 夏(なつ) 여름 | 暑(あつ)い 덥다 | 厚(あつ)い 두껍다 | 熱(あつ)い 뜨겁다 | 温(あたた)かい 따뜻하다

해석 올 여름도 더워질 것 같네요.

04 **정답 1**

어휘 一回(いっかい) 한 번 | 会(あ)う 만나다 | ～だけ ~만, ~뿐 | 顔(かお) 얼굴 | 忘(わす)れる 잊다 | 望(のぞ)む 바라다, 원하다

해석 한 번 만났을 뿐이지만, 그 사람의 얼굴을 잊을 수 없습니다.

05 **정답 2**

어휘 近(ちか)く 근처 | 大(おお)きな 큰 | 事件(じけん) 사건 | 起(お)きる 일어나다 | 事故(じこ) 사고 | 事態(じたい) 사태 | 事実(じじつ) 사실

해석 집 근처에서 큰 사건이 일어났다고 한다.

06 **정답 2**

어휘 簡単(かんたん)な 간단한 | 問題(もんだい) 문제

해석 이것은 누가 봐도 간단한 문제는 아닙니다.

07 **정답 4**

어휘 孫(まご) 손자 | 生(うま)れる 태어나다 | ～たばかり ~한 지 얼마 안 됨 | 可愛(かわい)い 귀엽다, 사랑스럽다 | ～てしかたがない ~해서 어쩔 도리가 없다, 너무 ~하다 | 娘(むすめ) 딸 | 嫁(よめ) 며느리, 신부

해석 손자가 태어난 지 얼마 안 되어 너무 귀엽다.

08 **정답 4**

어휘 初(はじ)めて 처음 | 出会(であ)う (우연히) 만나다 | 今(いま)でも 지금도 | 覚(おぼ)える 느끼다, 기억하다, 익히다 | 賞(しょう) 상 | 営(いとな)む 영위하다, 경영하다 | 党(とう) 당, 정당

해석 그녀를 처음 만났던 날의 일은 지금도 기억하고 있다.

09 **정답 2**

어휘 もし 만약 | 宇宙(うちゅう) 우주 | 旅行(りょこう) 여행 | 星(ほし) 별

해석 만약 우주여행을 할 수 있다면 어느 별에 가고 싶습니까?

10 **정답 1**

어휘 授業(じゅぎょう) 수업 | 遅刻(ちこく) 지각 | 叱(しか)る 꾸짖다, 혼내다 | 怒(おこ)る 화내다, 꾸짖다 | 送(おく)る 보내다 | 恐(おそ)れる 무서워하다

해석 수업에 지각해서 선생님께 혼났습니다.

한자쓰기 완벽대비 문제 ❹ 회

문제2 ________의 단어를 한자로 쓸 때 가장 좋은 것을 1·2·3·4 가운데 하나 고르세요.

01 **정답 1**

어휘 昨日(きのう) 어제 | 飲(の)みすぎる 과음하다 | 朝(あさ) 아침 | 頭(あたま) 머리 | 痛(いた)い 아프다 | 病(びょう) 병 | 疲(つか)れる 지치다

해석 어제 과음을 해서 아침부터 머리가 아프다.

02 **정답 2**

어휘 来(く)る 오다 | 関係(かんけい) 관계

해석 그녀가 여기에 오든 안 오든 나와는 관계없다.

03 **정답 1**

어휘 機会(きかい) 기회 | ぜひ 꼭, 부디 | お+동사 ます형+する (제가) ~하다, ~해 드리다 | 会(あ)う 만나다 | 機械(きかい) 기계

해석 기회가 있으면 꼭 만나 뵙고 싶다고 생각합니다.

04 **정답 4**

어휘 帰(かえ)る 돌아가(오)다 | 伝(つた)える 전하다 | 任(まか)せる 맡기다 | 告(つ)げる 고하다, 알리다 | 話(はな)す 이야기하다

해석 그가 오면, 저는 집에 갔다고 전해 주세요.

05 **정답 3**

어휘 相手(あいて) 상대 | 気持(きも)ち 기분, 마음, 몸의 상태 | 考(かんが)える 생각하다 | 行動(こうどう) 행동

해석 상대의 기분을 생각하고 행동하자.

06 **정답 2**

어휘 第一印象(だいいちいんしょう) 첫인상 | たった 단, 겨우, 단지 | 秒(びょう) 초 | 決(き)まる 정해지다, 결정되다 | 炒(いた)める 볶다

해석 첫인상은 단 3초로 정해진다고 한다.

07 **정답 3**

어휘 新聞(しんぶん) 신문 | 雑誌(ざっし) 잡지 | 燃(も)える 타다 | ごみ 쓰레기 | 出(だ)す 내다 | 焼(や)く 태우다, 굽다 | 煙(けむり) 연기

해석 신문, 잡지 등은 타는 쓰레기로 버리지 말아 주세요.

08 **정답 4**

어휘 自分(じぶん) 자기 자신 | 得意(とくい) 자신 있음, 잘함 | 分野(ぶんや) 분야 | ~はずだ ~일 것, ~일 터 | 特技(とくぎ) 특기

해석 어떤 사람이라도 자신이 자신 있는 분야가 하나는 있을 것이다.

09 **정답 2**

어휘 風邪(かぜ)をひく 감기에 걸리다 | 体(からだ) 몸 | 熱(あつ)い 뜨겁다 | 暖(あたた)かい·温(あたた)かい 따뜻하다 | 厚(あつ)い 두껍다

해석 감기에 걸렸는지, 몸이 뜨겁다.

10 **정답 3**

어휘 頑張(がんば)る 끝까지 노력하다 | 勉強(べんきょう) 공부 | 成績(せいせき) 성적 | 上(あ)がる 오르다

해석 우리 아이는 열심히 공부하고 있는데도 성적이 오르지 않는다.

한자쓰기 완벽대비 문제 ❺ 회

문제2 ________의 단어를 한자로 쓸 때 가장 좋은 것을 1·2·3·4 가운데 하나 고르세요.

01 **정답 1**

어휘 新商品(しんしょうひん) 신상품 | 開発(かいはつ) 개발 | なかなか 상당히, 꽤, 좀처럼, 도무지 | 売(う)れる 팔리다 | 製品(せいひん) 제품 | 賞品(しょうひん) 상품

해석 신상품을 개발했지만, 좀처럼 팔리지 않습니다.

02 **정답 4**

어휘 せっかく 모처럼 | 海外旅行(かいがいりょこう) 해외여행 | あまり 그다지, 별로, 너무, 지나치게 | 観光(かんこう) 관광

해석 모처럼 해외여행을 갔는데, 비 때문에 별로 관광을 할 수 없었다.

03 **정답 2**

어휘 外(そと) 밖 | 出(で)る 나가(오)다 | 新鮮(しんせん)な 신선한 | 空気(くうき) 공기 | 吸(す)う 들이마시다, 빨다 | 呼(よ)ぶ 부르다 | 叱(しか)る 혼내다, 꾸짖다 | 叫(さけ)ぶ 외치다

해석 밖으로 나가서 신선한 공기를 들이마셨다.

04 **정답 4**

어휘 やっぱり 역시 | 自分(じぶん) 자기 자신 | 好(す)きだ 좋아하다 | 一番(いちばん) 가장, 제일 | 幸(しあわ)せだ 행복하다 | 辛(から)い 맵다, 짜다 | 辛(つら)い 괴롭다

해석 역시 자신이 좋아하는 일을 하고 있을 때가 가장 행복하다.

05 **정답 1**

어휘 バス停(てい) 버스정류장 | 道路(どうろ) 도로 | 向(む)こう 건너편, 맞은편 | ~側(がわ) ~쪽, ~측 | 通路(つうろ) 통로 | 歩道(ほどう) 보도 | 車道(しゃどう) 차도

해석 버스정류장은 도로 건너편 쪽에 있습니다.

06 **정답 2**

어휘 億(おく) 억 | 宝(たから)くじに当(あ)たる 복권에 당첨되다

해석 3억 엔의 복권에 당첨되었다.

07 **정답 1**

어휘 車(くるま) 자동차 | 運転中(うんてんちゅう) 운전 중 | ケータイ 휴대 전화 | 使用(しよう) 사용 | 危険(きけん) 위험

해석 자동차 운전 중에 휴대 전화를 사용하는 것은 매우 위험합니다.

08 **정답 4**

어휘 事故(じこ)に遭(あ)う 사고를 당하다 | 相手(あいて) 상대 | 逃(に)げる 도망치다, 달아나다 | 避(さ)ける 피하다 | 迷(まよ)う 헤매다, 망설이다 | 送(おく)る 보내다

해석 사고를 당하고 상대방 차가 달아나 버렸다.

09 **정답 3**

어휘 最近(さいきん) 최근, 요즘 | 仕事(しごと) 일 | 忙(いそが)しい 바쁘다 | 休(やす)みの日(ひ) 쉬는 날 | 等(ひと)しい 같다, 마찬가지다 | 正(ただ)しい 바르다, 옳다 | 同(おな)じだ 같다, 동일하다

해석 요즘 일이 많아서 쉬는 날 같은 것은 없는 것과 마찬가지다.

10 **정답 2**

어휘 プロジェクト 프로젝트 | ついに 마침내, 결국 | 成功(せいこう) 성공 | 正攻(せいこう) 정면에서 공격함

해석 1년이나 걸렸던 프로젝트가 마침내 성공했다.

한자쓰기 완벽대비 문제 6 회

문제2 ________의 단어를 한자로 쓸 때 가장 좋은 것을 1·2·3·4 가운데 하나 고르세요.

01 **정답 2**

어휘 運動(うんどう) 운동 | 食事(しょくじ) 식사 | 気(き)をつける 조심하다, 주의하다 | ダイエット 다이어트 | 連動(れんどう) 연동

해석 많은 운동을 해도 식사에 주의하지 않으면 다이어트는 되지 않습니다.

02 **정답 3**

어휘 雲(くも)が切(き)れる 구름이 끊기다, 걷히다 | 明(あか)るい 밝다, 환하다 | 雪(ゆき) 눈 | 曇(くも)り 흐림 | 雷(かみなり) 천둥, 벼락

해석 구름이 걷히고 밝아졌습니다.

03 **정답 1**

어휘 親(おや) 부모(님) | 喜(よろこ)ぶ 기뻐하다 | 頑張(がんば)る 끝까지 노력하다 | 嬉(うれ)しい 기쁘다

해석 부모님이 기뻐하시는 얼굴을 보고 싶어서 열심히 하려고 생각합니다.

04 **정답 4**

어휘 大学(だいがく) 대학 | 出(で)る 나가(오)다 | 企業(きぎょう) 기업 | 就職(しゅうしょく) 취직 | 本当(ほんとう)に 정말로 | 幸(しあわ)せな 행복한 | 人生(じんせい) 인생

해석 좋은 대학을 나와서, 좋은 기업에 취직하는 것이 정말 행복한 인생일까?

05 **정답 4**

어휘 お宅(たく) 댁 | 招待(しょうたい) 초대 | 受(う)ける 받다 | 店(みせ) 가게

해석 선생님 댁으로 다 같이 초대 받았습니다.

06 **정답 2**

어휘 早(はや)めに 일찌감치 | なんとか 어떻게, 어떻게든 | 間(ま)に合(あ)う 아쉬운 대로 도움이 되다, 시간에 늦지 않게 대다 |

危(あや)うい 위태롭다, 위험하다 | 険(けわ)しい 험하다 | 怖(こわ)い 무섭다

해석 일찌감치 나와서 어떻게 제시간에 맞추긴 했지만, 아슬아슬한 상황이었습니다.

07 **정답 1**

어휘 専門的(せんもんてき)な 전문적인 | 技術(ぎじゅつ) 기술 | 必要(ひつよう) 필요

해석 이 일을 하기 위해서는 전문적인 기술이 필요합니다.

08 **정답 1**

어휘 緊張(きんちょう) 긴장 | 手(て) 손 | 握(にぎ)る 잡다, 쥐다 | リラックス 릴랙스, 긴장을 풂 | 扱(あつか)う 다루다, 취급하다 | 抜(ぬ)く 뽑다, 빼다 | 招(まね)く 부르다, 초대하다, 초래하다

해석 긴장하고 있었지만, 그가 손을 잡아 주어서 긴장을 풀 수 있었다.

09 **정답 3**

어휘 健康(けんこう) 건강 | 適切(てきせつ)な 적절한 | 運動(うんどう) 운동 | 大切(たいせつ) 중요함, 소중함 | 適当(てきとう) 적당함

해석 건강을 위해서도 적절한 운동은 중요합니다.

10 **정답 3**

어휘 ホテル 호텔 | 空港(くうこう) 공항 | 近(ちか)い 가깝다 | 便利(べんり)だ 편리하다 | 航空(こうくう) 항공

해석 이 호텔은 공항에서 가까워서 매우 편리합니다.

한자쓰기 완벽대비 문제 7 회

문제2 ________의 단어를 한자로 쓸 때 가장 좋은 것을 1・2・3・4 가운데 하나 고르세요.

01 **정답 2**

어휘 曲(きょく) 곡 | 歴史(れきし) 역사 | 残(のこ)る 남다 | 名曲(めいきょく) 명곡

해석 이 곡은 역사에 남을 명곡이라고 생각한다.

02 **정답 3**

어휘 容易(ようい) 용이, 손쉬움 | 問題(もんだい) 문제 | 用意(ようい) 준비, 대비

해석 이것은 어린애라도 쉽게 풀 수 있는 문제입니다.

03 **정답 1**

어휘 バスケットボール 농구 | やる 하다, 주다 | 背(せ) 키 | 伸(の)びる 자라다, 늘다 | 延(の)びる (시간이) 연장되다, 연기되다, 늘어나다 | 申(もう)す 말씀드리다 | 述(の)べる 말하다, 기술하다

해석 농구를 하면 키가 자란다는데 정말인가요?

04 **정답 2**

어휘 決心(けっしん) 결심 | 心(こころ) 마음 | 決(き)める 정하다 | 必(かなら)ず 반드시, 꼭 | 実現(じつげん) 실현

해석 저는 결심한 것, 마음으로 정한 것은 반드시 실현합니다.

05 **정답 3**

어휘 遠(とお)く 멀리, 먼 곳 | 叫(さけ)ぶ 외치다, 소리 지르다 | 声(こえ) 목소리, 소리 | 聞(き)こえる 들리다 | 呼(よ)ぶ 부르다 | 叱(しか)る 혼내다, 꾸짖다 | 吸(す)う 들이마시다, 빨다

해석 멀리서 사람이 외치는 것 같은 소리가 들린다.

06 **정답 4**

어휘 駄目(だめ) 허사임, 소용없음, 못쓰게 됨, 불가능함 | ～かもしれない ～지도 모르다 | 価値(かち) 가치 | 価格(かかく) 가격

해석 소용없을지도 모르지만, 해 볼 가치는 있다고 생각한다.

07 **정답 2**

어휘 コーヒー 커피 | 飲(の)む 마시다 | 胸(むね) 가슴 | どきどき 두근두근 | 腕(うで) 팔, 솜씨 | 腰(こし) 허리 | 腹(はら) 배

해석 저는 커피를 마시면 가슴이 두근두근합니다.

08 **정답 1**

어휘 仲間(なかま) 동료, 무리 | 飲(の)み会(かい) 술자리, 회식 | 中間(ちゅうかん) 중간

해석 어제는 회사 동료들과의 술자리였습니다.

09 **정답 3**

어휘 曖昧(あいまい)な 애매한 | 答(こた)え 대답 | 明確(めいかく)な 명확한 | ほしい 갖고 싶다, 필요하다

해석 애매한 대답이 아니라, 명확한 대답을 원한다.

10 **정답 2**

어휘 レポート 리포트 | 文化(ぶんか) 문화 | ～に関(かん)する ～에 관한 | 資料(しりょう) 자료 | 集(あつ)める 모으다

해석 학교 리포트 때문에 일본 문화에 관한 자료를 모으고 있습니다.

한자쓰기 완벽대비 문제 ❽ 회

문제2 ________의 단어를 한자로 쓸 때 가장 좋은 것을 1･2･3･4 가운데 하나 고르세요.

01 **정답 3**

어휘 最近(さいきん) 최근, 요즘 | 物価(ぶっか) 물가 | 高(たか)い 높다, 비싸다 | 生活(せいかつ) 생활 | 大変(たいへん) 힘듦, 대단함

해석 요즘 물가가 비싸져서 생활이 힘듭니다.

02 **정답 1**

어휘 インターネット 인터넷 | 利用(りよう) 이용 | 無料(むりょう) 무료 | 国際(こくさい) 국제 | 電話(でんわ) 전화 | かける 걸다 | 交際(こうさい) 교제 | 祭(まつり) 축제

해석 인터넷을 이용하면 무료로 국제전화를 걸 수 있다고 한다.

03 **정답 4**

어휘 駄目(だめ) 허사임, 소용없음, 못쓰게 됨, 불가능함 | 合格(ごうかく) 합격 | 嬉(うれ)しい 기쁘다 | 幸(さいわ)い 다행임, 행복 | 喜(よろこ)ぶ 기뻐하다 | 快(こころよ)い 상쾌하다

해석 안 된다고 생각했지만, 합격할 수 있어서 매우 기쁩니다.

04 **정답 2**

어휘 少々(しょうしょう) 조금, 약간, 잠시 | 給料(きゅうりょう) 월급, 급여 | 少(すく)ない 적다 | 楽(らく) 편함

해석 다소 월급이 적더라도 괜찮으니까 편한 일을 하고 싶다.

05 **정답 1**

어휘 たまに 간혹, 이따금 | 派手(はで)な 화려한 | 生活(せいかつ) 생활

해석 가끔은 화려한 생활을 해 보고 싶습니다.

06 **정답 4**

어휘 商品(しょうひん) 상품 | 店(みせ) 가게 | ~によって ~에 따라서, ~에 의해서 | 価格(かかく) 가격 | 幅(はば) 폭 | 非常(ひじょう)に 대단히, 매우 | 広(ひろ)い 넓다, 폭이 크다

해석 이 상품은 가게에 따라서, 가격 폭이 상당히 큽니다.

07 **정답 4**

어휘 自分(じぶん) 자기 자신 | 間違(まちが)う 틀리다, 잘못되다 | 認(みと)める 인정하다 | 許(ゆる)す 허가하다, 허락하다 | 確(たし)かめる 확인하다 | 試(ため)す 시험해 보다

해석 그는 자신이 틀렸다는 것을 인정했다.

08 **정답 1**

어휘 日曜日(にちようび) 일요일 | 普通(ふつう) 보통 | 不通(ふつう) 불통

해석 일요일에는 보통 무엇을 합니까?

09 **정답 3**

어휘 欲(ほ)しい 갖고 싶다, 필요하다 | 商品(しょうひん) 상품 | 探(さが)す 찾다 | ちょうど 꼭, 정확히, 마침 | 見(み)つかる 들키다, 발견되다 | 指(さ)す 가리키다 | 接(せっ)する 접하다 | 採(と)る 채집하다, 채용하다

해석 갖고 싶은 상품을 찾아봤지만, 딱 좋은 물건이 발견되지 않는다.

10 **정답 1**

어휘 駅(えき) 역 | 周辺(しゅうへん) 주변 | 車(くるま) 자동차 | 止(と)める 세우다

해석 역 주변에 차를 세울 곳은 없다.

한자쓰기 완벽대비 문제 ❾ 회

문제2 ________의 단어를 한자로 쓸 때 가장 좋은 것을 1･2･3･4 가운데 하나 고르세요.

01 **정답 4**

어휘 招待(しょうたい) 초대 | くださる 주시다

해석 초대해 주셔서 정말 감사합니다.

02 **정답 2**

어휘 同(おな)じ 같음 | アパート 아파트 | 怪(あや)しい 이상하다, 수상하다 | 男性(だんせい) 남성 | 住(す)む 살다 | 危(あぶ)ない 위험하다 | 恐(おそ)ろしい 무섭다, 두렵다 | 険(けわ)しい 험하다

해석 같은 아파트에 수상한 남성이 살고 있습니다.

03 **정답 3**

어휘 礼儀(れいぎ) 예의 | 知(し)らない 모르다 | 多(おお)い 많다 | 例(れい) 예

해석 요즘은 예의를 모르는 사람이 많다.

04 **정답 1**

어휘 香(かお)り 향기 | 花(はな) 꽃 | 気持(きも)ち 기분, 마음, 몸의 상태 | リラックス 릴랙스, 긴장을 풂 | 臭(くさ)い 역한 냄새가 나다 | 匂(にお)い 냄새

해석 향기가 좋은 꽃은 마음을 안정시켜 줍니다.

05 **정답 4**

어휘 病気(びょうき) 병 | 回復(かいふく) 회복

해석 이제 곧 그의 병은 회복할 것이다.

06 **정답 2**

어휘 それぞれ 각기, 각각 | 別々(べつべつ) 따로따로임 | 袋(ふくろ) 주머니, 봉지 | 入(い)れる 넣다 | 紙(かみ) 종이 | 箱(はこ) 상자 | 裏(うら) 뒤, 안, 반대

해석 각각 다른 봉지에 넣어 주세요.

07 **정답 1**

어휘 日本酒(にほんしゅ) 일본술 | 温(あたた)める 따뜻하게 하다, 데우다 | 飲(の)む 마시다 | 世界(せかい) 세계 | 珍(めずら)しい 드물다, 희귀하다 | お酒(さけ) 술 | 熱(あつ)い 뜨겁다 | 穏(おだ)やか 평온함, 온후함 | 緩(ゆる)い 느슨하다, 헐겁다

해석 일본술은 따뜻하게 해서 마실 수 있는 세계에서도 드문 술입니다.

08 **정답 4**

어휘 輪(わ) 원, 바퀴, 테두리 | 座(すわ)る 앉다 | 話(はなし) 이야기

해석 다 같이 원을 그리고 앉아서 이야기했습니다.

09 **정답 2**

어휘 子供(こども) 아이 | 勉強(べんきょう) 공부 | 困(こま)る 곤란하다, 난처하다 | 固(かた)まる 굳다

해석 아이가 공부를 하지 않아서 걱정입니다.

10 **정답 3**

어휘 何回(なんかい) 몇 번 | 読(よ)む 읽다 | 理解(りかい) 이해

해석 이 책은 몇 번 읽어도 이해를 할 수 없다.

한자쓰기 완벽대비 문제 ⑩ 회

문제2 ________의 단어를 한자로 쓸 때 가장 좋은 것을 1･2･3･4 가운데 하나 고르세요.

01 **정답 3**

어휘 普段(ふだん) 평소, 일상 | 優(やさ)しい 상냥하다, 온화하다 | 怒(おこ)る 화내다 | 珍(めずら)しい 드물다, 희귀하다, 희한하다 | 診(み)る 진찰하다 | 頼(たの)もしい 믿음직하다

해석 평소에는 매우 다정한 그가 그렇게 화를 내다니 드문 일이네요.

02 **정답 2**

어휘 約束(やくそく) 약속 | 必(かなら)ず 반드시, 꼭 | 守(まも)る 지키다 | 定(さだ)める 정하다

해석 약속한 것은 반드시 지키도록 합시다.

03 **정답 4**

어휘 迷惑(めいわく)をかける 폐를 끼치다 | 文化(ぶんか) 문화 | 明確(めいかく) 명확(함)

해석 일본에는 다른 사람에게 폐를 끼쳐서는 안 된다는 문화가 있습니다.

04 **정답 1**

어휘 最近(さいきん) 최근, 요즘 | よく 자주, 잘 | 昔(むかし) 옛날 | 思(おも)い出(だ)す 생각해 내다, 생각나다, 떠올리다

해석 요즘 자주 옛날 일을 떠올립니다.

05 **정답 3**

어휘 部屋(へや) 방 | 海(うみ) 바다 | すぐ 바로, 곧 | 側(そば) 곁, 옆 | 見(み)える 보이다 | 景色(けしき) 경치 | 風景(ふうけい) 풍경 | 風気(ふうき) 풍토와 기후 | 景気(けいき) 경기

해석 이 방은 바다가 바로 옆에 보여서 경치가 좋습니다.

06 **정답 2**

어휘 目的(もくてき) 목적 | 手段(しゅだん) 수단 | 選(えら)ぶ 고르다, 가리다

해석 목적을 위해서라면 수단을 가리지 않는다.

07 **정답 1**

어휘 時間(じかん) 시간 | 心配(しんぱい) 걱정

해석 아직 시간이 있으니까, 걱정하지 않아도 된다.

08 **정답 4**

어휘 自分(じぶん) 자기 자신 | 欠点(けってん) 결점 | 直(なお)す 고치다 | 努力(どりょく) 노력

해석 저는 항상 자신의 결점을 고치려고 노력하고 있습니다.

09 **정답 3**

어휘 ライバル 라이벌 | 大切(たいせつ)な 소중한, 중요한 | 存在(そんざい) 존재

해석 라이벌이란 소중한 존재입니다.

10 **정답 2**

어휘 海外(かいがい) 해외 | 生活(せいかつ) 생활 | もう 이미, 벌써, 이제, 더 | 慣(な)れる 익숙해지다 | 成(な)る 이루어지다, 되다 | 鳴(な)る 소리가 나다, 울리다 | 生(な)る (열매가) 열리다, 맺히다

해석 해외에서의 생활에는 이제 익숙해졌다.

둘째마당 | 어휘편

문맥규정 완벽대비 문제 ① 회

문제 3 (　　)에 넣을 가장 좋은 것을 1 · 2 · 3 · 4 가운데 하나 고르세요.

01 정답 4

어휘 映画(えいが) 영화 | 何回(なんかい)も 몇 번이나 | 開(あ)ける 열다 | 開(あ)く 열리다 | 諦(あきら)める 단념하다, 체념하다 | 飽(あ)きる 물리다, 싫증나다

해석 저 영화는 몇 번이나 봤기 때문에, 이제 질렸다.

02 정답 2

어휘 入学(にゅうがく) 입학 | 済(す)ませる 끝내다, 마치다 | 手入(てい)れ 손질 | 手続(てつづ)き 수속 | 手間(てま) 품, 시간, 노력, 수고 | 手伝(てつだ)い 도와줌

해석 입학 수속은 입학일 3일 전까지는 끝내 주세요.

03 정답 3

어휘 嘘(うそ)をつく 거짓말하다 | ～ばかり ～만, ～뿐 | 進歩(しんぽ) 진보 | 親友(しんゆう) 친구 | 信用(しんよう) 신용 | 心配(しんぱい) 걱정, 근심

해석 그는 항상 거짓말만 하기 때문에 신용할 수 없다.

04 정답 1

어휘 割引(わりびき) 할인 | 割合(わりあい) 비율 | 割(わ)り勘(かん) 각자 부담 | 割(わ)り込(こ)み 끼어듦

해석 이 카드로 물건을 사면, 5%나 할인해 받을 수 있습니다.

05 정답 3

어휘 知(し)らない 모르다 | 確(たし)かに 확실히, 분명히 | 勇気(ゆうき) 용기 | 必要(ひつよう) 필요 | 話(はな)し合(あ)う 서로 이야기를 나누다 | 話(はな)し込(こ)む 이야기에 열중하다 | 話(はな)しかける 말을 걸다 | 話(はな)しすぎる 지나치게 이야기하다

해석 모르는 사람에게 말을 거는 것은 확실히 용기가 필요합니다.

06 정답 1

어휘 お世話(せわ)になる 신세를 지다 | ごめんください 실례합니다 | お大事(だいじ)に 몸조리 잘하세요 | お邪魔(じゃま)する 방문하다, 찾아뵙다

해석 다음 주에 귀국하게 되었습니다. 지금까지 정말 신세 많이 졌습니다.

07 정답 4

어휘 赤(あか)ちゃん 아기 | 眠(ねむ)る 자다, 잠들다 | ぎっしり 가득, 꽉 | こっそり 몰래, 살짝 | しっかり 단단히, 확실히, 똑똑히 | ぐっすり 푹

해석 아기는 깊이 잠들어 있는 것 같다.

08 정답 2

어휘 忘(わす)れる 잊다 | ～ように ～하도록 | 必(かなら)ず 반드시, 꼭 | ～ておく ～해 놓다, ～해 두다 | チャンス 찬스, 기회 | メモ 메모 | コンクール 콩쿠르, 경연회 | ゼミ 세미나

해석 잊지 않도록 반드시 메모해 놓으세요.

09 정답 1

어휘 天気(てんき) 날씨 | 悪(わる)い 나쁘다, 좋지 않다 | なぜなら 왜냐하면 | さらに 더욱더, 다시금 | それとも 아니면 | だから 그러니까, 때문에

해석 오늘은 집에 있을 거야. 왜냐하면 날씨가 좋지 않으니까.

10 정답 4

어휘 使用(しよう) 사용 | 守(まも)る 지키다 | 期日(きじつ) 기일 | 期待(きたい) 기대 | 期年(きねん) 만 1년, 한 해 | 期間(きかん) 기간

해석 사용기간을 반드시 지켜서 사용해 주세요.

문맥규정 완벽대비 문제 ② 회

문제 3 (　　)에 넣을 가장 좋은 것을 1 · 2 · 3 · 4 가운데 하나 고르세요.

01 정답 1

어휘 話(はなし) 이야기 | コーヒー 커피 | 飲(の)む 마시다 | ～ながら ～하면서 | 今度(こんど) 이번, 이다음, 다음에 | 今年(ことし) 올해 | 今日(きょう) 오늘 | 今回(こんかい) 이번 차례, 이번

해석 그 이야기는 다음에 다시 커피라도 마시면서 합시다.

02 정답 4

어휘 まだ 아직 | 雨(あめ) 비 | 降(ふ)る 내리다 | 降(ふ)り出(だ)す 내리기 시작하다 | 空(そら) 하늘 | 今(いま)も 지금도 | 今頃(いまごろ) 지금쯤, 이맘때 | 今時(いまどき) 요즘 | 今(いま)にも 당장에라도, 이내

해석 아직 비는 내리고 있지 않지만, 당장에라도 내리기 시작할 것 같은 날씨입니다.

03 정답 3

어휘 疲(つか)れる 지치다, 피곤하다 | 仕事(しごと) 일, 직업 | それから 그리고, 그 다음에 | それに 게다가 | でも 그래도, 하지만 | ただし 단, 다만

해석 그는 지쳐 있다. 하지만 아직 일을 하지 않으면 안 된다.

04 **정답 2**

어휘 ダイエット 다이어트 | 自転車(じてんしゃ) 자전거 | 通行(つうこう) 통행 | 通勤(つうきん) 통근 | 通過(つうか) 통과 | 通信(つうしん) 통신

해석 다이어트를 위해 다음 주부터 자전거로 통근하기로 했습니다.

05 **정답 1**

어휘 約束(やくそく) 약속 | 時間(じかん) 시간 | 連絡(れんらく) 연락 | 過(す)ぎる 지나다 | 進(すす)む 나아가다, (시계가) 빨라지다 | 延(の)びる 연장되다, 길어지다 | 始(はじ)める 시작하다

해석 그녀는 약속시간이 지나서도 오지 않고, 연락도 없다.

06 **정답 3**

어휘 終電(しゅうでん) 마지막 전철 | 乗(の)る 타다 | ただいま 지금, 현재 | それぞれ 각기, 각각 | そろそろ 슬슬, 이제 곧 | たまたま 가끔, 우연히

해석 이제 슬슬 돌아가지 않으면 막차를 탈 수 없게 된다.

07 **정답 4**

어휘 最近(さいきん) 요즘, 최근 | もらう 받다 | 多(おお)い 많다 | レジ 금전 출납계 | レシピ 레시피, 요리법 | レジャー 레저 | レシート 영수증

해석 요즘은 물건을 살 때, 영수증을 받지 않는 사람이 많은 것 같다.

08 **정답 2**

어휘 歩(ある)く 걷다 | やかましい 시끄럽다 | 羨(うらやま)しい 부럽다 | 勇(いさ)ましい 용감하다 | 恐(おそ)ろしい 무섭다, 두렵다

해석 회사까지 걸어서 갈 수 있다니 부럽다.

09 **정답 1**

어휘 営業(えいぎょう) 영업 | 延長(えんちょう) 연장 | 延期(えんき) 연기 | 移動(いどう) 이동 | 待機(たいき) 대기

해석 다음 주부터는 영업시간을 1시간 연장해서 밤 10시까지 영업합니다.

10 **정답 3**

어휘 口(くち)が堅(かた)い 입이 무겁다 | 相談(そうだん) 상담 | 大丈夫(だいじょうぶ)だ 괜찮다, 걱정 없다, 틀림없다 | 重(おも)い 무겁다 | 軽(かる)い 가볍다 | うまい 맛있다, 솜씨가 좋다, 유리하다

해석 저 사람은 입이 무겁기 때문에, 무엇을 상담하더라도 괜찮다.

문맥규정 완벽대비 문제 ③ 회

문제 3 (　　)에 넣을 가장 좋은 것을 1·2·3·4 가운데 하나 고르세요.

01 **정답 4**

어휘 人間(にんげん) 인간 | 関係(かんけい) 관계 | お互(たが)い 서로, 상호 | 成(な)り立(た)つ 이루어지다, 성립되다 | ルール 룰, 규칙 | エネルギー 에너지 | インタビュー 인터뷰 | コミュニケーション 커뮤니케이션

해석 인간관계는 상호 간의 의사소통으로 이루어지고 있습니다.

02 **정답 2**

어휘 インターネット 인터넷 | 注文(ちゅうもん) 주문 | 直接(ちょくせつ) 직접 | 買(か)いに行(い)く 사러 가다 | 自宅(じたく) 자택, 자기 집 | 販売(はんばい) 판매 | 配達(はいたつ) 배달 | 伝達(でんたつ) 전달 | 配布(はいふ) 배포

해석 인터넷으로 주문하면 직접 사러가지 않아도 집에까지 배달해 준다.

03 **정답 3**

어휘 道(みち)に迷(まよ)う 길을 헤매다 | 約束(やくそく) 약속 | 時間(じかん) 시간 | 遅(おく)れる 늦다 | 当(あ)たる 맞다, 들어맞다, 해당하다 | 通(かよ)う 다니다 | 迷(まよ)う 헤매다, 망설이다 | 誘(さそ)う 권유하다, 꾀다

해석 길을 헤매는 바람에 약속시간에 1시간이나 늦어 버렸습니다.

04 **정답 1**

어휘 名前(なまえ) 이름 | 電話番号(でんわばんごう) 전화번호 | 記入(きにゅう) 기입 | 記念(きねん) 기념 | 記録(きろく) 기록 | 記憶(きおく) 기억

해석 여기에 성함과 전화번호를 기입해 주세요.

05 **정답 2**

어휘 主人(しゅじん) 주인, 남편 | 休(やす)みの日(ひ) 쉬는 날 | 寝(ね)る 자다 | ぐらぐら 흔들흔들 | ごろごろ 데굴데굴, 빈둥빈둥 | ぶつぶつ 중얼중얼, 투덜투덜 | まごまご 우물쭈물

해석 남편은 쉬는 날에는 항상 집에서 빈둥빈둥하며 잠만 자고 있다.

06 **정답 4**

어휘 面白(おもしろ)い 재미있다 | 笑(わら)う 웃다 | 偉(えら)い 훌륭하다 | 大人(おとな)しい 얌전하다 | つまらない 시시하다, 재미없다 | 可笑(おか)しい 우습다, 이상하다

해석 그는 항상 재미있는 이야기와 우스운 이야기로 우리들을 웃게 해 준다.

07 **정답 3**

어휘 携帯電話(けいたいでんわ) 휴대 전화 | 置(お)く 놓다, 두다 |

～はず ～일 것, ～할 터 | 主(おも)に 주로 | 無事(ぶじ)に 무사히 | 確(たし)かに 확실히, 분명히 | 余計(よけい)に 쓸데없이

해석 분명히 휴대 전화는 테이블 위에 두었을 것입니다.

08 정답 1

어휘 進(すす)む 나아가다, 진행되다, 진학하다 | 働(はたら)く 일하다 | 自分(じぶん)で 스스로 | 決(き)める 정하다 | それとも 아니면 | それに 게다가 | そして 그리고 | それなのに 그런데도

해석 대학에 진학을 할지, 아니면 회사에서 일할지 스스로 결정해라.

09 정답 2

어휘 自分(じぶん) 자기 자신 | 常識(じょうしき) 상식 | 他人(たにん) 타인, 남 | 非常識(ひじょうしき) 비상식 | ～かもしれない ～할(일)지도 모른다

해석 자신에게는 상식인 것이 다른 사람의 입장에서 보면 비상식일지도 모른다.

10 정답 4

어휘 どうやら 아무래도 | 結論(けつろん) 결론 | 意識(いしき) 의식 | 行動(こうどう) 행동 | 誤解(ごかい) 오해

해석 아무래도 그는 내가 당신이라고 오해하고 있는 것 같다.

문맥규정 완벽대비 문제 ④ 회

문제 3 (　　)에 넣을 가장 좋은 것을 1 · 2 · 3 · 4 가운데 하나 고르세요.

01 정답 3

어휘 多(おお)く 대부분, 많음 | 将来(しょうらい) 장래 | 向(む)かう 향하다 | 頑張(がんば)る (끝까지) 노력하다 | 要求(ようきゅう) 요구 | 都合(つごう) 사정, 형편 | 目標(もくひょう) 목표 | 用事(ようじ) 볼일, 용무

해석 많은 학생들이 장래의 목표를 향해서 노력하고 있습니다.

02 정답 3

어휘 初心者(しょしんしゃ) 초심자, 초보자 | 大変(たいへん) 상당히, 대단히 | 分(わ)かりやすい 알기 쉽다 | ～向(む)け ～용, ～대상

해석 이 책은 초심자를 대상으로 상당히 알기 쉽게 쓰여 있습니다.

03 정답 2

어휘 なぜ 왜, 어째서 | 医学(いがく) 의학 | 病気(びょうき) 병 | 増(ふ)える 늘다, 증가하다 | 発見(はっけん) 발견 | 発達(はったつ) 발달 | 発行(はっこう) 발행 | 発明(はつめい) 발명

해석 어째서 의학이 발달하고 있는데도, 병은 늘고 있는 걸까?

04 정답 4

어휘 失敗(しっぱい) 실패 | 背景(はいけい) 배경 | 必(かなら)ず 반드시, 꼭 | 結果(けっか) 결과 | 行動(こうどう) 행동 | 心理(しんり) 심리 | 原因(げんいん) 원인

해석 실패의 배경에는 반드시 그 원인이 있을 것이다.

05 정답 1

어휘 服(ふく) 옷 | 洗濯(せんたく) 세탁, 빨래 | 必要(ひつよう) 필요 | 汚(よご)れる 더러워지다 | 洗(あら)う 씻다, 닦다, 빨다 | 破(やぶ)れる 찢어지다, 깨지다 | 疲(つか)れる 지치다

해석 이 옷들은 더러워졌기 때문에 세탁할 필요가 있다.

06 정답 2

어휘 喋(しゃべ)る 수다 떨다, 말하다 | 苦手(にがて) 서투름, 잘하지 못함 | 性格(せいかく) 성격 | 温(あたた)かい·暖(あたた)かい 따뜻하다 | 大人(おとな)しい 얌전하다 | やかましい 시끄럽다 | 怖(こわ)い 무섭다

해석 그녀는 얌전해서 다른 사람 앞에서 이야기하는 것을 잘 못하는 성격입니다.

07 정답 3

어휘 作業(さぎょう) 작업 | 当初(とうしょ) 당초 | 計画(けいかく) 계획 | ～どおり ～대로 | 進(すす)む 나아가다, 진행되다 | 単純(たんじゅん)に 단순히 | 重要(じゅうよう)に 중요하게 | 順調(じゅんちょう)に 순조롭게 | 慎重(しんちょう)に 신중하게

해석 작업은 당초 계획대로 순조롭게 진행되고 있다.

08 정답 4

어휘 意見(いけん) 의견 | 離(はな)れる 떨어지다, 떠나다 | 集(あつ)まる 모이다 | 行(おこな)う 하다, 실시하다 | 分(わ)かれる 갈리다, 나누이다

해석 그 점에 관해서는 두 사람의 의견이 나뉘어져 있다.

09 정답 1

어휘 疲(つか)れる 지치다 | 休(やす)む 쉬다 | 温泉(おんせん) 온천 | 最適(さいてき) 최적, 가장 알맞음 | のんびり 한가롭게 | ぼんやり 희미한, 우두커니 | うっかり 깜빡, 무심코 | ぴったり 꼭, 딱

해석 지쳐서 한가롭게 쉬고 싶을 때에는, 온천이 가장 좋습니다.

10 정답 4

어휘 以上(いじょう) 이상 | 思(おも)いつく 생각이 떠오르다 | オフィス 오피스 | サービス 서비스 | スケジュール 스케줄 | アイデア 아이디어

해석 이것 이상 좋은 아이디어는 떠오르지 않을 것이라 생각한다.

문맥규정 완벽대비 문제 ⑤ 회

문제 3 (　　)에 넣을 가장 좋은 것을 1·2·3·4 가운데 하나 고르세요.

01 정답 1

어휘 若(わか)い 젊다｜ぜひ 꼭, 부디｜作品(さくひん) 작품｜商品(しょうひん) 상품｜品物(しなもの) 물건｜製品(せいひん) 제품

해석 이 책은 젊은 사람들이 꼭 읽어 주었으면 하는 정말 좋은 작품입니다.

02 정답 3

어휘 料理(りょうり) 요리｜作(つく)る 만들다｜手段(しゅだん) 수단｜手前(てまえ) 바로 앞, 자기 앞｜手間(てま) 수고, 품, 시간｜手入(てい)れ 손질

해석 그 요리는 만드는 데에 품(시간)이 들기 때문에, 자주 만들지 않는다.

03 정답 4

어휘 突然(とつぜん) 갑자기, 돌연｜雨(あめ)に降(ふ)られる 비를 맞다｜盗(ぬす)む 훔치다｜塗(ぬ)る 바르다, 칠하다｜脱(ぬ)ぐ 벗다｜濡(ぬ)れる 젖다

해석 갑자기 비를 맞아서 젖어 버렸다.

04 정답 2

어휘 カメラ 카메라｜夫(おっと) 남편｜一番(いちばん) 가장, 제일｜気(き)に入(い)る 마음에 들다｜購入(こうにゅう) 구입｜レシート 영수증｜カタログ 카탈로그｜セール 세일｜オーダー 오더, 주문

해석 카메라는 남편이 카탈로그를 보고, 가장 마음에 든 것을 구입했습니다.

05 정답 4

어휘 伯父(おじ) 부모의 형제, 백부·숙부·외숙부·이모부·고모부의 총칭｜または 또는, 혹은｜それなら 그렇다면｜そこで 그래서｜つまり 즉, 결국

해석 이 사람은 엄마의 오빠 즉, 저의 숙부입니다.

06 정답 1

어휘 音楽(おんがく) 음악｜好(す)きだ 좋아하다｜クラシック 클래식｜あらゆる 모든｜大(たい)した 대단한, 큰｜単(たん)なる 단순한｜いわゆる 소위, 이른바

해석 저는 모든 음악을 좋아하지만, 클래식을 가장 좋아합니다.

07 정답 3

어휘 ほしい 갖고 싶다｜手(て)にいれる 손에 넣다｜かなり 상당히, 꽤｜もう 이제, 이미, 더｜やっと 겨우, 간신히｜つい 무심코, 그만

해석 갖고 싶다고 생각하고 있었던 책을 겨우 손에 넣었습니다.

08 정답 2

어휘 チケット 티켓｜予約(よやく) 예약｜出発(しゅっぱつ) 출발｜取(と)り入(い)れる 거두어들이다, 받아들이다｜取(と)り消(け)す 취소하다｜取(と)り上(あ)げる 집어들다, 받아들이다, 채택하다｜取(と)り出(だ)す 꺼내다, 골라내다

해석 티켓 예약은 출발 72시간 전까지 취소할 수 있습니다.

09 정답 1

어휘 心配性(しんぱいしょう) 자질구레한 일까지 걱정하는 성질｜気(き)になる 걱정이 되다｜じっと 가만히, 꼼짝 않고｜きっと 꼭, 틀림없이｜ざっと 대강, 대충｜ずっと 줄곧, 훨씬

해석 나는 걱정이 많은 성질이라서, 뭔가 걱정되는 일이 있으면 가만히 있을 수 없다.

10 정답 4

어휘 荷物(にもつ) 짐｜タクシー乗(の)り場(ば) 택시 타는 곳｜結(むす)ぶ 매다, 묶다｜渡(わた)す 건네다, 걸치다｜乗(の)る 타다｜運(はこ)ぶ 나르다, 옮기다

해석 이 짐을 택시 타는 곳까지 옮겨 주세요.

문맥규정 완벽대비 문제 ⑥ 회

문제 3 (　　)에 넣을 가장 좋은 것을 1·2·3·4 가운데 하나 고르세요.

01 정답 4

어휘 洋食(ようしょく) 서양 요리｜～に比(くら)べて ～에 비해서｜味(あじ) 맛｜すっきり 말쑥이, 산뜻이｜そっくり 꼭 닮은 모양｜たっぷり 듬뿍, 잔뜩｜あっさり 깨끗이, 간단히, 산뜻하게, 담박하게

해석 일본요리는 서양요리에 비해서 맛이 담백하다는 말을 듣는다.

02 정답 2

어휘 人間(にんげん) 인간｜生(い)きていく 살아가다｜～ためには ～위해서는｜不可能(ふかのう) 불가능

해석 인간이 살아가기 위해서는 혼자서는 불가능합니다.

03 정답 1

어휘 困(こま)る 곤란하다, 어려움을 겪다｜相談(そうだん)に乗(の)る 상담에 응하다｜会話(かいわ) 회화｜世話(せわ) 돌봄, 보살핌｜話題(わだい) 화제

해석 선생님은 제가 곤란할 때는 언제라도 상담에 응해 줍니다.

04 **정답 3**

어휘 新聞(しんぶん) 신문 | 地震(じしん) 지진 | ～に関(かん)する ～에 관한 | 気分(きぶん) 기분, 분위기 | 計画(けいかく) 계획 | 記事(きじ) 기사 | 意志(いし) 의지

해석 신문에 어제 지진에 관한 기사가 실려 있었다.

05 **정답 3**

어휘 間違(まちが)い 틀림, 잘못됨, 실수 | ちゃんと 꼼꼼이, 틀림없이, 분명하게 | ショック 쇼크, 충격 | ノック 노크 | チェック 체크 | コック 요리사

해석 틀린 곳이 없도록 확실히 체크하고 있습니다.

06 **정답 4**

어휘 若(わか)い 젊다 | 社員(しゃいん) 사원 | 多(おお)い 많다 | 活気(かっき) 활기 | 溺(おぼ)れる 빠지다 | 離(はな)れる 떨어지다, 떠나다 | 触(ふ)れる 닿다, 접하다 | 溢(あふ)れる 넘치다

해석 저희 회사는 젊은 사원이 많아 활기가 넘칩니다.

07 **정답 2**

어휘 ずっと 훨씬, 줄곧 | 過(す)ごす 보내다, 지내다 | 天気(てんき) 날씨 | 続(つづ)く 계속되다, 이어지다 | 大人(おとな)しい 얌전하다 | 穏(おだ)やかな 평온한, 온화한 | 柔(やわら)かい 부드럽다 | 静(しず)かな 조용한

해석 지난주부터 줄곧 지내기 좋은 온화한 날씨가 이어지고 있습니다.

08 **정답 1**

어휘 文明(ぶんめい) 문명 | 速(はや)い 빠르다 | 進歩(しんぽ) 진보 | 変更(へんこう) 변경 | 増加(ぞうか) 증가 | 信仰(しんこう) 신앙

해석 문명의 진보는 매우 빠르다.

09 **정답 4**

어휘 歯(は)を磨(みが)く 이를 닦다 | ～べきだ ～해야 한다 | 決(けっ)して 결코, 절대로 | 実(じつ)に 실로, 참으로 | きっと 꼭, 틀림없이 | せめて 최소한

해석 하루에 최소한 두 번은 이를 닦아야 한다.

10 **정답 3**

어휘 説得(せっとく) 설득 | 意見(いけん) 의견 | 聞(き)き入(い)れる 들어주다, 받아들이다 | すると 그러자 | それで 그래서 | しかし 그러나 | だから 그러니까, 그래서

해석 나는 1시간이나 들여 그를 설득했다. 그러나 나의 의견은 받아들여지지 않았다.

문맥규정 완벽대비 문제 7 회

문제 3 (　　)에 넣을 가장 좋은 것을 1·2·3·4 가운데 하나 고르세요.

01 **정답 2**

어휘 料理(りょうり) 요리 | 味(あじ) 맛 | 質(しつ) 질 | 決(き)まる 정해지다, 결정되다 | 資源(しげん) 자원 | 材料(ざいりょう) 재료 | 才能(さいのう) 재능 | 資料(しりょう) 자료

해석 요리의 맛은 재료의 질로 결정됩니다.

02 **정답 3**

어휘 一人旅(ひとりたび) 혼자 여행함 | 自分自身(じぶんじしん) 자기 자신 | 立(た)てる 세우다 | イメージ 이미지 | タイプ 타입, 유형 | プラン 플랜, 계획 | ケース 케이스, 경우

해석 혼자 하는 여행은 자기 스스로 계획을 세울 수 있습니다.

03 **정답 4**

어휘 町(まち) 시내, 마을 | 人口(じんこう) 인구 | かなり 상당히, 꽤 | 現(げん)に 실제로, 현재 | 一応(いちおう) 일단, 대충, 한번 | およそ 대략, 대강

해석 그 마을의 인구는 대략 3만 명입니다.

04 **정답 1**

어휘 クレジットカード 신용카드 | 本人(ほんにん) 본인 | 以外(いがい) 이외 | 使用(しよう) 사용 | 活用(かつよう) 활용 | 応用(おうよう) 응용 | 適用(てきよう) 적용

해석 신용카드는 본인 이외에는 사용할 수 없습니다.

05 **정답 2**

어휘 進学(しんがく) 진학 | ～について ～에 관해서 | 親(おや) 부모 | 意見(いけん) 의견 | 相談(そうだん) 상담 | 対立(たいりつ) 대립 | 存在(そんざい) 존재 | 競争(きょうそう) 경쟁

해석 대학진학에 관해서 부모님과 의견이 대립하고 있습니다.

06 **정답 3**

어휘 朝(あさ) 아침 | 朝食(ちょうしょく) 조식, 아침밥 | コンビニ 편의점 | 簡単(かんたん)に 간단히 | 進(すす)む 나아가다, 진행되다 | 仕舞(しま)う 끝내다, 마치다, 닫다, 치우다 | 済(すま)せる 끝내다, 마치다, 해결하다 | 無(な)くす 없애다

해석 아침은 시간이 없기 때문에, 아침밥은 편의점에서 간단히 끝내는 경우가 많습니다.

07 **정답 1**

어휘 知(し)らせ 소식, 알림 | 広(ひろ)まる 퍼지다, 넓어지다 | たちまち 금세 | 生(い)き生(い)き 생생한, 싱싱한, 활기찬 | たまたま 우연히, 마침 | ぎりぎり 빠듯함

해석 그 소식은 금세 퍼졌다.

08 **정답 3**

어휘 妻(つま) 아내 | 同級生(どうきゅうせい) 동급생 | 長年(ながねん) 오랜 세월, 여러 해 | 結婚(けっこん) 결혼 | 話(はな)し合(あ)う 서로 이야기를 나누다 | 間(ま)に合(あ)う 시간에 늦지 않게 대다 | 付(つ)き合(あ)う 사귀다, 교제하다 | 向(む)き合(あ)う 마주보다

해석 아내와는 동급생으로, 여러 해 사귀고 결혼했습니다.

09 **정답 2**

어휘 店(みせ) 가게 | 席(せき) 자리 | 予約(よやく) 예약 | 大丈夫(だいじょうぶ) 괜찮음 | 組(く)む 끼다, 꼬다, 짜다 | 込(こ)む 몰리다, 붐비다 | 住(す)む 살다 | 積(つ)む 쌓다

해석 그 가게는 항상 붐비지만, 오늘은 자리를 예약해 두었으니까 괜찮아.

10 **정답 4**

어휘 窓(まど) 창문 | 風(かぜ) 바람 | 入(はい)る 들어가(오)다 | 気持(きも)ち 기분, 마음 | 美(うつく)しい 아름답다 | 明(あき)らかな 분명한, 명백한 | 激(はげ)しい 심하다, 격하다 | 爽(さわ)やかな 산뜻한, 상쾌한

해석 창문으로 상쾌한 바람이 들어와 기분이 좋다.

문맥규정 완벽대비 문제 8 회

문제 3 (　　)에 넣을 가장 좋은 것을 1・2・3・4 가운데 하나 고르세요.

01 **정답 1**

어휘 冷(さ)める 식다 | ～ないうちに ～하기 전에 | 召(め)し上(あ)がる 드시다 | おっしゃる 말씀하시다 | いただく 먹다, 마시다, 받다 | 伺(うかが)う 듣다, 여쭙다, 찾아뵙다

해석 자, 식기 전에 드세요.

02 **정답 2**

어휘 朝夕(あさゆう) 아침저녁 | 通勤(つうきん) 통근 | 時間帯(じかんたい) 시간대 | 発車(はっしゃ) 발차 | ～おき ～간격, ～걸러

해석 아침저녁 통근시간대는 전철은 2분 간격으로, 버스는 5분 간격으로 발차합니다.

03 **정답 4**

어휘 妻(つま) 아내 | 誕生日(たんじょうび) 생일 | 忘(わす)れる 잊다 | すっきり 말쑥이, 산뜻이 | はっきり 뚜렷이, 분명히, 확실히 | しっかり 단단히, 확실히, 똑똑히 | すっかり 완전히, 아주

해석 어제 아내의 생일이었는데, 깜빡 잊고 있었습니다.

04 **정답 3**

어휘 レストラン 레스토랑 | 夜景(やけい) 야경 | きれいだ 예쁘다, 깨끗하다 | デート 데이트 | 楽(たの)しむ 즐기다 | ロマン 로망 | ロマンチスト 로맨티스트 | ロマンチック 로맨틱 | ロマンス 로맨스

해석 이 레스토랑은 야경이 예뻐서, 매우 로맨틱한 데이트를 즐길 수 있다.

05 **정답 1**

어휘 夢(ゆめ) 꿈 | 実現(じつげん) 실현 | 実験(じっけん) 실험 | 実行(じっこう) 실행 | 実際(じっさい) 실제

해석 어린 시절 꿈은 실현할 수 있었습니까?

06 **정답 2**

어휘 怒(おこ)られる 꾸지람을 듣다 | 結論(けつろん) 결론 | 結果(けっか) 결과 | 予想(よそう) 예상 | 予報(よほう) 예보

해석 테스트 결과가 좋지 않아서 선생님에게 혼났습니다.

07 **정답 3**

어휘 毎年(まいねん) 매년, 해마다 | 春(はる) 봄 | 花粉(かふん)アレルギー 꽃가루 알레르기 | 目(め) 눈 | 辛(から)い 맵다, 짜다 | 固(かた)い 단단하다, 굳다 | 痒(かゆ)い 가렵다 | 軽(かる)い 가볍다

해석 매년 봄이 되면 꽃가루 알레르기 때문에 눈이 가려워집니다.

08 **정답 4**

어휘 噂(うわさ) 남의 이야기, 소문 | 当人(とうにん) 당사자, 본인 | 不便(ふべん) 불편함 | 不安(ふあん) 불안 | 不幸(ふこう) 불행 | 不思議(ふしぎ) 불가사의, 이상함, 희한함

해석 어떤 사람의 이야기를 하고 있으면 희한하게도 그 당사자가 그곳으로 온다.

09 **정답 1**

어휘 近(ちか)く 근처 | アパート 아파트 | 一人(ひとり)で 혼자서 | 暮(く)らす 살다, 지내다 | 借(か)りる 빌리다 | 貸(か)す 빌려주다 | 返(かえ)す 돌려주다 | 払(はら)う 지불하다, 없애다

해석 회사 근처에 아파트를 빌려서 혼자서 살고 있다.

10 **정답 3**

어휘 少(すく)ない 적다 | 経験(けいけん) 경험 | 経済(けいざい) 경제 | 景気(けいき) 경기 | 景色(けしき) 경치

해석 요즘 경기가 안 좋아서 손님이 줄었다.

문맥규정 완벽대비 문제 ⑨ 회

문제 3 (　　)에 넣을 가장 좋은 것을 1・2・3・4 가운데 하나 고르세요.

01 **정답 3**

어휘 やめる 그만두다 | 中間(ちゅうかん) 중간 | 中心(ちゅうしん) 중심 | 途中(とちゅう) 도중 | 夢中(むちゅう) 열중함, 몰두함

해석 저는 재미없다고 생각한 책은 도중에 읽는 것을 그만둡니다.

02 **정답 4**

어휘 駅(えき) 역 | 通勤客(つうきんきゃく) 통근객 | 混雑(こんざつ) 혼잡 | ゴール 골, 결승점 | チーム 팀 | プール 풀, 수영장 | ホーム 플랫폼

해석 역 플랫폼은 학생과 통근객으로 혼잡했습니다.

03 **정답 2**

어휘 毎日(まいにち) 매일 | 出来事(できごと) 일어난 일, 사건 | 忘(わす)れる 잊다 | 日記(にっき)をつける 일기를 쓰다

해석 저는 매일 그 날에 일어난 일을 잊지 않도록 일기를 쓰고 있습니다.

04 **정답 4**

어휘 昼(ひる) 낮 | 降(ふ)る 내리다 | 雨(あめ) 비 | 夕方(ゆうがた) 저녁때 | 止(や)む 멎다, 그치다 | いつか 언젠가 | いつでも 언제라도 | いつまでも 언제까지나 | いつのまにか 어느새

해석 낮에는 내리던 비는 저녁이 되었더니 어느새 그쳐 있었다.

05 **정답 1**

어휘 説明会(せつめいかい) 설명회 | 参加(さんか)する 참가하다 | 電話(でんわ) 전화 | 申(もう)し込(こ)む 신청하다 | 話(はな)し合(あ)う 서로 이야기를 나누다 | 取(と)り替(か)える 바꾸다 | 受(う)け取(と)る 받다, 수취하다

해석 설명회에 참가할 사람은 전화로 신청해 주세요.

06 **정답 3**

어휘 言葉(ことば) 말 | 簡単(かんたん)だ 간단하다 | 実際(じっさい) 실제로 | 移(うつ)す 옮기다 | 難(むずか)しい 어렵다 | 移動(いどう) 이동 | 作動(さどう) 작동 | 行動(こうどう) 행동 | 運動(うんどう) 운동

해석 말로 하는 것은 간단하지만, 실제 행동으로 옮기는 것은 어렵다.

07 **정답 2**

어휘 論文(ろんぶん) 논문 | さらに 더욱더 | または 또는, 혹은 | しかも 게다가 | でも 하지만, 그래도

해석 논문은 일본어 또는 영어로 써 주세요.

08 **정답 1**

어휘 若(わか)い 젊다 | しっかり 단단히, 확실히, 착실히, 빈틈없이 | ぴったり 꼭, 딱 | さっぱり 산뜻이, 깔끔히, 완전히 | そっくり 꼭 닮은 모양

해석 그 사람은 젊지만, 생각이 견실하다.

09 **정답 4**

어휘 去年(きょねん) 작년 | 進学率(しんがくりつ) 진학률 | 全国(ぜんこく) 전국

해석 이 학교의 작년 대학 진학률은 99.5%로 전국 1위였다.

10 **정답 3**

어휘 金持(かねも)ち 부자 | 一生懸命(いっしょうけんめい) 열심히 | 動(うご)く 움직이다 | 書(か)く 쓰다 | 働(はたら)く 일하다 | 聞(き)く 듣다, 묻다

해석 그는 부자지만, 열심히 일하고 있다.

문맥규정 완벽대비 문제 ⑩ 회

문제 3 (　　)에 넣을 가장 좋은 것을 1・2・3・4 가운데 하나 고르세요.

01 **정답 2**

어휘 社会人(しゃかいじん) 사회인 | 失敗(しっぱい) 실패 | 全(すべ)て 모두, 전부 | 自分(じぶん) 자기 자신 | 成果(せいか) 성과 | 責任(せきにん) 책임 | 義務(ぎむ) 의무 | 意志(いし) 의지

해석 사회인이 되면, 실패는 모두 자신의 책임입니다.

02 **정답 3**

어휘 誰(だれ) 누구 | 仲(なか)よく 사이 좋게 | 長所(ちょうしょ) 장점

해석 제 장점은 누구와도 사이 좋게 지낸다는 것입니다.

03 **정답 4**

어휘 天気(てんき) 날씨 | 遠(とお)く 멀리 | 山(やま) 산 | かなり 상당히, 꽤 | きちんと 말끔히, 정확히 | だいぶ 상당히, 꽤 | はっきり 분명히, 뚜렷이, 확실히

해석 날씨가 좋아서 멀리에 있는 산이 뚜렷하게 보인다.

04 **정답 1**

어휘 困(こま)る 어려움을 겪다, 곤란하다 | 味方(みかた) 내 편 | 仲間(なかま) 동료, 한패 | 助手(じょしゅ) 조수 | 身内(みうち) 온몸, 집안

해석 그는 내가 곤란해 하고 있을 때에는 항상 나의 편이 되어 준다.

05 정답 2

어휘 考(かんが)える 생각하다 | 浮(う)かぶ 뜨다, 떠오르다 | 困(こま)る 어려움을 겪다, 곤란하다 | 件(けん) 건, 사항 | 案(あん) 생각, 계획 | 噂(うわさ) 남의 이야기, 소문 | 方(ほう) 방향, 방법

해석 생각하고 또 생각해도 좋은 생각이 떠오르지 않아서 곤란해 하고 있습니다.

06 정답 4

어휘 勇気(ゆうき)を出(だ)す 용기를 내다 | デート 데이트 | 断(ことわ)る 거절하다 | 出会(であ)う 만나다, 마주치다 | 付(つ)き合(あ)う 사귀다 | 触(さわ)る 손을 대다, 만지다 | 誘(さそ)う 권유하다, 청하다, 꾀다

해석 용기를 내어 데이트를 청했는데, 거절당하고 말았다.

07 정답 3

어휘 運転中(うんてんちゅう) 운전 중 | 携帯電話(けいたいでんわ) 휴대 전화 | 使用(しよう) 사용 | 防止(ぼうし) 방지 | 中止(ちゅうし) 중지 | 禁止(きんし) 금지 | 停止(ていし) 정지

해석 운전 중 휴대 전화 사용은 금지되어 있다.

08 정답 1

어휘 コンサート 콘서트 | チケット 티켓 | 発売(はつばい) 발매 | 開始(かいし) 개시 | 売(う)り切(き)れ 매진, 다 팔림 | 売(う)り上(あ)げ 매상, 매출 | 売(う)り買(か)い 매매, 거래 | 売(う)り込(こ)み 물건을 팖

해석 이 콘서트의 티켓은 발매 개시 1분 만에 매진이 되었다.

09 정답 2

어휘 この前(まえ) 지난번, 요전 | 映画(えいが) 영화 | 面白(おもしろ)い 재미있다 | なるべく 가능한 한 | なかなか 상당히, 꽤, 좀처럼, 도무지 | なぜか 왜 그런지 | なんとか 어떻게든, 이럭저럭

해석 지난번에 본 영화, 상당히 재미있었어요.

10 정답 4

어휘 雪(ゆき)が降(ふ)る 눈이 내리다 | 落(お)とす 떨어뜨리다, 잃다 | 運転(うんてん) 운전 | スペース 스페이스, 공간 | スタート 스타트, 출발 | スマート 스마트, 말쑥함, 세련됨, 재치 있음 | スピード 스피드, 속력

해석 눈이 내리고 있으니까 속력을 낮추어 운전하세요.

유의표현 완벽대비 문제 ❶ 회

문제 4 ________과 의미가 가장 가까운 것을 1・2・3・4 가운데 하나 고르세요.

01 정답 2

어휘 もっと 더욱, 좀 더 | シンプルな 심플한, 단순한 | デザイン 디자인 | ほしい 갖고 싶다, 탐나다 | 変(か)わった 색다르다, 별나다 | 単純(たんじゅん)な 단순한 | きれいな 예쁜, 깨끗한 | 複雑(ふくざつ)な 복잡한

해석 그것보다 좀 더 심플한 디자인인 것을 원합니다.

02 정답 3

어휘 辛(つら)い 괴롭다 | 救(すく)う 구하다, 돕다 | 見(み)つける 발견하다, 찾다 | 誘(さそ)う 권유하다, 꾀다 | 助(たす)ける 구하다, 돕다 | 任(まか)せる 맡기다

해석 힘들 때 나를 도와주었던 것은 이 책이었습니다.

03 정답 1

어휘 後(あと) 뒤, 후, 나중, 다음 | お湯(ゆ) 끓인 물, 뜨거운 물 | 入(い)れる 넣다 | 出来上(できあ)がり 완성 | 完成(かんせい) 완성 | 完売(かんばい) 완매, 모두 다 팔림 | 完全(かんぜん) 완전 | 完璧(かんぺき) 완벽

해석 다음은 뜨거운 물을 넣으면 완성입니다.

04 정답 4

어휘 お待(ま)ち遠様(どおさま) 오래 기다리셨습니다 | 遅(おそ)い 늦다 | お邪魔(じゃま)する (남의 집을) 방문하다, 찾아뵙다 | お世話(せわ)になる 신세를 지다 | 失礼(しつれい)する 실례하다 | お待(ま)たせする 기다리게 하다

해석 오래 기다리셨습니다. 늦어져서 죄송합니다.

05 정답 3

어휘 世(よ)の中(なか) 세상, 시대 | いくら~ても 아무리 ~해(라)도 | 考(かんが)える 생각하다 | 納得(なっとく) 납득 | 多(おお)い 많다 | ~すぎる 너무(지나치게) ~하다 | 説明(せつめい) 설명 | 発表(はっぴょう) 발표 | 理解(りかい) 이해 | 安心(あんしん) 안심

해석 요즘 세상, 아무리 생각해도 납득할 수 없는 일이 너무 많다.

06 정답 1

어휘 一生懸命(いっしょうけんめい) 열심히 | 勉強(べんきょう) 공부 | 立派(りっぱ)な 훌륭한, 뛰어난 | 成績(せいせき) 성적 | 卒業(そつぎょう) 졸업 | 見事(みごと)な 훌륭한, 완벽한 | 強(つよ)い 강하다, 세다 | 大変(たいへん)な 대단한, 힘든 | 眩(まぶ)しい 눈부시다

해석 그는 열심히 공부해서 훌륭한 성적으로 졸업했습니다.

07 **정답 4**

어휘 駅(えき) 역 | 大変(たいへん) 대단히, 굉장히, 힘듦 | 混雑(こんざつ) 혼잡 | 空(す)く 비다 | 集(あつ)まる 모이다 | 遅(おく)れる 늦다 | 混(こ)む 붐비다

해석 역은 상당히 혼잡했습니다.

08 **정답 2**

어휘 利用後(りようご) 이용 후 | 必(かなら)ず 반드시, 꼭 | 元(もと) 이전, 원래 | 位置(いち) 위치 | 戻(もど)す 되돌리다, 돌려주다 | 並(なら)べる 나란히 늘어놓다 | 返(かえ)す 돌려주다, 되돌려 놓다 | 置(お)く 놓다, 두다 | 直(なお)す 고치다

해석 이용 후에는 반드시 원래의 위치로 되돌려 놓아주세요.

09 **정답 3**

어휘 そのうち 멀지 않아, 가까운 시일 안에 | やり方(かた) 하는 방법 | 分(わ)かる 알다, 이해하다 | 少(すく)なくとも 최소한 | 直(ただ)ちに 즉시, 곧, 바로, 직접 | 近(ちか)いうちに 일간에, 가까운 시일 안에 | すぐに 곧, 즉시, 금방

해석 멀지 않아 하는 방법을 이해하겠죠.

10 **정답 1**

어휘 時々(ときどき) 가끔, 때때로 | 便(たよ)り 알림, 편지, 소식 | 手紙(てがみ) 편지 | 注文(ちゅうもん) 주문 | 約束(やくそく) 약속 | 意見(いけん) 의견

해석 앞으로도 가끔 소식을 주세요.

유의표현 완벽대비 문제 ② 회

문제 4 ＿＿＿＿과 의미가 가장 가까운 것을 1 · 2 · 3 · 4 가운데 하나 고르세요.

01 **정답 2**

어휘 我(わ)が国(くに) 우리나라 | 主(おも)な 주된 | 農産物(のうさんぶつ) 농산물 | 米(こめ) 쌀 | 全(すべ)て 모든, 전부 | 代表的(だいひょうてき)な 대표적인 | 大事(だいじ)な 소중한, 중요한 | 具体的(ぐたいてき)な 구체적인

해석 우리나라의 주된 농산물은 쌀이다.

02 **정답 2**

어휘 結婚(けっこん) 결혼 | 祝(いわ)い 축하, 축하선물 | ワイングラス 와인글라스, 포도주 잔 | 贈(おく)る (감사 · 축하의 뜻으로) 보내다, 주다 | 貸(か)す 빌려주다 | あげる 주다 | 借(か)りる 빌리다 | もらう 받다

해석 친구의 결혼 축하선물로 와인글라스를 선물했다.

03 **정답 4**

어휘 おかけになる 앉으시다 | ご覧(らん)ください 보세요 | 置(お)く 놓다, 두다 | 立(た)つ 서다 | 入(はい)る 들어가(오)다 | 座(すわ)る 앉다

해석 어서 앉으셔서 봐 주십시오.

04 **정답 1**

어휘 お風呂(ふろ) 목욕, 욕실 | 一日(いちにち) 하루 | 疲(つか)れを取(と)る 피로를 풀다 | ゆっくり 천천히, 느긋하게 | リラックス 릴랙스, 편안히 쉼 | 休(やす)む 쉬다 | 洗(あら)う 씻다, 빨다, 닦다 | 話(はな)す 이야기하다 | 起(お)こる 일어나다 | 怒(おこ)る 화내다

해석 목욕을 하며 하루의 피로를 풀기도 하고 편히 쉬기도 합니다.

05 **정답 4**

어휘 にこにこ 생글생글, 싱글벙글 | 親切(しんせつ)だ 친절하다 | 快適(かいてき)だ 쾌적하다 | 静(しず)かだ 조용하다 | 笑顔(えがお)だ 웃는 얼굴이다

해석 그는 언제 만나도 싱글벙글하고 있다.

06 **정답 3**

어휘 お手洗(てあら)い 화장실 | ベランダ 베란다 | 洗濯室(せんたくしつ) 세탁실 | トイレ 화장실 | お風呂(ふろ) 목욕, 욕실

해석 실례합니다. 화장실은 어디인가요?

07 **정답 1**

어휘 問(と)い合(あ)わせ 문의, 조회 | メール 메일 | 送(おく)る 보내다 | 返事(へんじ) 대답, 답장 | 質問(しつもん) 질문 | 連絡(れんらく) 연락 | 要求(ようきゅう) 요구 | 案内(あんない) 안내

해석 문의 메일을 보냈는데 답장이 오지 않는다.

08 **정답 4**

어휘 たまたま 우연히, 마침 | 通(とお)る 지나다, 통과하다 | たまに 간혹, 이따금 | 常(つね)に 늘, 항상, 언제나 | ただ今(いま) 방금, 지금 막 | 偶然(ぐうぜん) 우연히, 뜻밖에

해석 그날, 우연히 나는 그의 집 앞을 지나갔다.

09 **정답 2**

어휘 眠(ねむ)い 졸리다 | 退屈(たいくつ)な 지루한, 따분한 | あくびが出(で)る 하품이 나다 | 難(むずか)しい 어렵다 | つまらない 시시하다, 재미없다 | 面白(おもしろ)い 재미있다 | 楽(たの)しい 즐겁다

해석 졸릴 때와 지루할 때는 하품이 난다.

10 정답 3

어휘 チャンス 찬스, 기회 | 二度(にど)と 두 번 다시 | 事件(じけん) 사건 | 関心(かんしん) 관심 | 機会(きかい) 기회 | 気分(きぶん) 기분

해석 이런 좋은 기회는 두 번 다시 오지 않아.

유의표현 완벽대비 문제 ③ 회

문제 4 ________과 의미가 가장 가까운 것을 1·2·3·4 가운데 하나 고르세요.

01 정답 2

어휘 試験(しけん) 시험 | 合格(ごうかく) 합격 | 努力(どりょく) 노력 | あきらめる 단념(체념)하다 | 努(つと)める 노력하다 | 勤(つと)める 근무하다 | 務(つと)める 역할을 하다(맡다) | 習(なら)う 배우다 | 試(ため)す 시험해 보다

해석 나는 시험에 합격하도록 노력했다.

02 정답 1

어휘 休(やす)む 쉬다 | ～ことなく ~하는 일 없이, ~하지 않고 | 毎日(まいにち) 매일 | トレーニング 트레이닝, 연습, 훈련 | 練習(れんしゅう) 연습 | 競争(きょうそう) 경쟁 | 試合(しあい) 시합 | 活動(かつどう) 활동

해석 하루도 쉬지 않고 매일 연습하고 있다.

03 정답 4

어휘 応募者(おうぼしゃ) 응모자 | 選(えら)ぶ 고르다, 뽑다 | 希望(きぼう) 희망 | 参加(さんか) 참가 | 質問(しつもん) 질문 | 申(もう)し込(こ)み 신청

해석 그녀는 만 명의 응모자 중에서 뽑혔다.

04 정답 1

어휘 予約(よやく) 예약 | 平日(へいじつ) 평일 | 昼間(ひるま) 주간, 낮 | 店(みせ) 가게 | 空(す)く 비다 | 少(すく)ない 적다 | 多(おお)い 많다 | 開(あ)く 열리다 | 閉(し)まる 닫히다

해석 예약하지 않고 갔지만, 평일 낮이었기 때문에 가게는 비어 있었다.

05 정답 3

어휘 できるだけのこと 할 수 있는 만큼의 것 | 全(すべ)て 모두 | やる 하다, 주다 | 全力(ぜんりょく) 전력, 온 힘 | 全体(ぜんたい) 전체 | 全部(ぜんぶ) 전부, 모두 | 全然(ぜんぜん) 전혀

해석 내가 할 수 있는 만큼은 전부 했다.

06 정답 2

어휘 早(はや)く 빨리 | 実物(じつぶつ) 실물 | お目(め)にかける 보여드리다 | 会(あ)う 만나다 | 見(み)せる 보이다, 보여주다 | 言(い)う 말하다 | 食(た)べる 먹다

해석 빨리 여러분에게 실물을 보여드리고 싶습니다.

07 정답 4

어휘 景色(けしき) 경치, 풍경 | 美(うつく)しい 아름답다 | 快適(かいてき)だ 쾌적하다 | 懐(なつ)かしい 그립다 | 珍(めずら)しい 드물다, 희귀하다 | 綺麗(きれい)だ 예쁘다, 깨끗하다

해석 이 산의 경치는 매우 아름답다.

08 정답 2

어휘 かなり 꽤, 상당히 | 違(ちが)う 다르다, 틀리다 | 全(まった)く 전혀, 완전히 | とても 매우 | 少(すこ)し 조금, 약간 | たぶん 아마

해석 제 생각은 당신 생각과 상당히 다릅니다.

09 정답 3

어휘 なるべく 가능한 한 | 早(はや)く 빨리 | 返事(へんじ) 대답, 답장 | いただく 받다, 먹다, 마시다 | 幸(さいわ)い 행복, 다행임 | 間(ま)もなく 머지않아 | 絶対(ぜったい)に 절대로 | できるだけ 가능한 한 | とにかく 여하튼, 어쨌든

해석 가능한 한 빨리 대답을 해 주시면 좋습니다.

10 정답 4

어휘 動作(どうさ) 동작 | 鈍(にぶ)い 무디다, 둔하다, 느리다 | 怪(あや)しい 신비스럽다, 이상하다 | 易(やさ)しい 쉽다 | 優(やさ)しい 우아하다, 온화하다, 다정하다 | 偉(えら)い 훌륭하다 | 遅(おそ)い 느리다, 늦다

해석 그는 동작이 느리다.

유의표현 완벽대비 문제 ④ 회

문제 4 ________과 의미가 가장 가까운 것을 1·2·3·4 가운데 하나 고르세요.

01 정답 1

어휘 慌(あわ)ただしい 분주하다 | 続(つづ)く 이어지다, 계속되다 | 忙(いそが)しい 바쁘다 | 楽(たの)しい 즐겁다 | 暖(あたた)かい 따뜻하다 | 寒(さむ)い 춥다

해석 요즘 바쁜 날들이 계속되고 있다.

02 정답 4

어휘 スタイル 스타일, 모습, 몸매 | 着(き)る 입다 | 似合(にあ)う

어울리다 | 体力(たいりょく) 체력 | 頭(あたま) 머리 | 顔(かお) 얼굴 | 格好(かっこう) 모양, 모습

해석 그녀는 몸매가 좋기 때문에, 무엇을 입어도 잘 어울린다.

03 **정답 3**

어휘 天文学(てんもんがく) 천문학 | すなわち 즉, 바로 | 星(ほし) 별 | 研究(けんきゅう) 연구 | やはり 역시 | それとも 아니면 | つまり 즉 | あるいは 또는, 아니면

해석 그는 천문학, 즉 별에 대한 연구를 하고 있다.

04 **정답 2**

어휘 交通(こうつう) 교통 | ルール 룰, 규칙 | 守(まも)る 지키다 | 大切(たいせつ)だ 중요하다, 소중하다 | 意識(いしき) 의식 | 規則(きそく) 규칙 | 順番(じゅんばん) 순번, 차례 | 常識(じょうしき) 상식

해석 교통 규칙을 지키는 것은 중요하다.

05 **정답 4**

어휘 天気(てんき) 날씨 | 非常(ひじょう)に 대단히, 몹시 | よく 자주, 잘 | 変(か)わる 변하다, 바뀌다 | 珍(めずら)しい 드물다, 희귀하다 | めったに 좀처럼, 거의 | ようやく 차츰, 겨우, 간신히 | とても 매우

해석 날씨가 상당히 자주 바뀐다.

06 **정답 1**

어휘 電話(でんわ) 전화 | 一般(いっぱん) 일반, 보통 | 普及(ふきゅう) 보급 | 手紙(てがみ) 편지 | 書(か)く 쓰다 | 人々(ひとびと) 사람들 | 少(すく)ない 적다 | 広(ひろ)がる 넓어지다, 퍼지다, 확대되다 | 変(か)わる 변하다, 바뀌다 | 与(あた)える 주다, 공급하다 | 代(か)わる 대신하다

해석 전화가 일반에게 보급되었기 때문에 오늘날 편지를 쓰는 사람들은 적어졌다.

07 **정답 3**

어휘 一日中(いちにちじゅう) 하루 종일 | あちこち 여기저기 | 歩(ある)き回(まわ)る 걸어 돌아다니다 | くたびれる 지치다, 피로하다 | 苦(くる)しむ 괴로워하다, 고생하다 | 悲(かな)しむ 슬퍼하다 | 疲(つか)れる 지치다, 피로해지다 | 倒(たお)れる 쓰러지다

해석 하루 종일 여기저기 걸어 돌아다녔기 때문에 지쳐버렸다.

08 **정답 2**

어휘 笑(わら)う 웃다 | ほっとする 안심하다 | 感動(かんどう) 감동 | 安心(あんしん) 안심 | 心配(しんぱい) 걱정 | 油断(ゆだん) 방심, 부주의

해석 그는 그녀가 웃고 있었기 때문에 안심했다.

09 **정답 3**

어휘 常(つね)に 늘, 항상, 언제나 | 約束(やくそく) 약속 | 時間(じかん) 시간 | 遅(おく)れる 늦다 | たまに 간혹, 이따금 | 時々(ときどき) 가끔, 때때로 | いつも 항상, 언제나 | しばしば 자주, 여러 차례

해석 그녀는 항상 약속시간에 늦게 온다.

10 **정답 4**

어휘 新製品(しんせいひん) 신제품 | 見本(みほん) 견본 | 無料(むりょう) 무료 | 配(くば)る 나누어주다 | テキスト 텍스트, 교본 | プラン 플랜, 계획 | チケット 티켓 | サンプル 샘플, 견본

해석 신제품의 견본을 무료로 나눠주고 있습니다.

유의표현 완벽대비 문제 ⑤ 회

문제 4 ________과 의미가 가장 가까운 것을 1·2·3·4 가운데 하나 고르세요.

01 **정답 2**

어휘 航空(こうくう) 항공 | 鉄道(てつどう) 철도 | 料金(りょうきん) 요금 | 高(たか)い 비싸다, 높다 | 家賃(やちん) 집세 | 値段(ねだん) 가격 | 予算(よさん) 예산 | 価値(かち) 가치

해석 항공 쪽이 철도보다 요금이 비싸다.

02 **정답 3**

어휘 緊急(きんきゅう) 긴급 | 用事(ようじ) 볼일, 용무 | できる 할 수 있다, 생기다, 완성되다 | 約束(やくそく) 약속 | 取(と)り消(け)す 취소하다 | チェック 체크 | コントロール 컨트롤 | キャンセル 캔슬, 취소 | セット 세트

해석 긴급한 볼일이 생겼기 때문에 약속을 취소했다.

03 **정답 4**

어휘 出会(であ)い 만남 | きっかけ 계기 | 人生(じんせい) 인생 | 変(か)わる 변하다, 바뀌다 | 機会(きかい) 기회 | 記念(きねん) 기념 | 基礎(きそ) 기초 | 契機(けいき) 계기

해석 마쓰다 선생님과의 만남을 계기로 나의 인생은 바뀌었다.

04 **정답 1**

어휘 細(こま)かい 작다, 잘다, 자세하다, 상세하다 | 説明(せつめい) 설명 | 分(わ)かりやすい 알기(이해하기) 쉽다 | 詳(くわ)しい 상세하다, 자세하다, 정통하다 | 正(ただ)しい 바르다, 옳다 | 易(やさ)しい 쉽다 | 優(やさ)しい 우아하다, 온화하다, 상

냥하다 | 鋭(するど)い 날카롭다, 예리하다

해석 이 책은 자세히 설명이 쓰여 있어서 매우 이해하기 쉽다.

05 **정답 2**

어휘 連休(れんきゅう) 연휴 | 明(あ)ける 밝다, 새해가 되다, (어느 기간이) 끝나다 | 期末(きまつ)テスト 기말 테스트 | 始(はじ)まる 시작되다 | 終(お)わる 끝나다 | 取(と)れる 취할 수 있다 | 決(き)まる 정해지다, 결정되다

해석 연휴가 끝나면 기말 테스트입니다.

06 **정답 3**

어휘 恐(おそ)らく 아마 | 本当(ほんとう) 사실, 진실 | もちろん 물론 | 実(じつ)は 실은, 사실은 | たぶん 아마 | 決(けっ)して 결코, 절대로

해석 그가 말한 것은 아마 진실일 것이다.

07 **정답 2**

어휘 いきなり 돌연, 갑자기, 느닷없이 | 性格(せいかく) 성격 | 変(か)わる 변하다, 바뀌다 | いつか 언젠가 | 突然(とつぜん) 돌연, 갑자기 | いつの間(ま)にか 어느새 | 早速(さっそく) 곧, 즉시, 당장

해석 그는 갑자기 성격이 변했다.

08 **정답 3**

어휘 面倒(めんどう) 번거로움, 귀찮음 | 過(す)ごす 보내다 | 地味(じみ) 수수함, 검소함 | 下手(へた) 서투름 | やっかい 귀찮음, 번거로움 | 無駄(むだ) 쓸데없음, 헛됨

해석 요즘은 친구를 만나는 것도 귀찮아서, 집에서 혼자 보내는 일이 많습니다.

09 **정답 4**

어휘 病気(びょうき) 병 | 治(なお)す 고치다, 치료하다 | 田舎(いなか) 시골 | 引(ひ)っ越(こ)す 이사하다 | 動(うご)く 움직이다 | 戻(もど)る 되돌아가(오)다 | 帰(かえ)る 돌아가(오)다 | 移(うつ)る 옮기다, 이동하다

해석 어머니 병을 치료하기 위해 시골로 이사 왔다.

10 **정답 1**

어휘 頭(あたま)が痛(いた)い 머리가 아프다 | 当(あ)たり前(まえ) 당연함, 마땅함 | 昨夜(さくや) 어젯밤 | 飲(の)む 마시다 | 当然(とうぜん) 당연 | 意外(いがい) 의외 | 残念(ざんねん) 유감스러움, 아쉬움 | 平気(へいき) 태연함, 예사로움, 끄떡없음

해석 머리가 아픈 것도 당연해. 어젯밤에 그렇게 마셨으니까.

용법 완벽대비 문제 ❶ 회

문제 5 다음 단어의 사용법으로 가장 좋은 것을 1·2·3·4 가운데 하나 고르세요.

01 **정답 2**

어휘 済(す)む 끝나다, 해결되다 | 朝食(ちょうしょく) 조식, 아침밥 | なるべく 가능한 한 | 簡単(かんたん)に 간단히 | 試験(しけん) 시험 | 忙(いそが)しい 바쁘다 | 暇(ひま) 짬, 틈, 시간 | 帰宅(きたく) 귀택, 귀가 | 難(むずか)しい 어렵다

해석 시험이 끝날 때까지 바빠서 시간이 없을 것이라고 생각합니다.

해설 나머지 보기는 済(す)ませる 또는 終(お)える 끝내다, 마치다로 바꾸어 주면 자연스러운 문장이 된다. 또한 3번은 済(す)む 앞의 조사를 が로 바꾸면 가능하다.

02 **정답 1**

어휘 交換(こうかん) 교환 | 社員(しゃいん) 사원 | 会議(かいぎ) 회의 | 意見(いけん) 의견 | 運転(うんてん) 운전 | 皿洗(さらあら)い 접시 닦기 | 両国(りょうこく) 양국 | 文化(ぶんか) 문화 | 様々(さまざま)な 여러 가지 | 分野(ぶんや) 분야 | 活発(かっぱつ)に 활발하게 | 行(おこな)う 하다, 실시하다

해석 사원들은 회의에서 의견을 교환했다.

해설 2번과 3번은 交替(こうたい) 교대, 4번은 交流(こうりゅう) 교류로 바꾸어 주면 자연스러운 문장이 된다.

03 **정답 4**

어휘 頼(たの)もしい 믿음직하다 | リラックス 릴랙스, 긴장을 풂 | 週末(しゅうまつ) 주말 | パーティー 파티 | 出席(しゅっせき) 출석 | 授業(じゅぎょう) 수업 | 分(わ)かりやすい 알기(이해하기) 쉽다 | 責任感(せきにんかん) 책임감 | 強(つよ)い 강하다, 세다

해석 그는 책임감이 강해서 매우 믿음직한 사람입니다.

해설 1번은 楽(たの)しむ 즐기다, 2번은 残念(ざんねん) 유감스러움, 아쉬움, 3번은 楽(たの)しくて 즐겁고로 바꾸어 주면 자연스러워진다.

04 **정답 3**

어휘 正直(しょうじき) 정직(함) | 気付(きづ)く 깨닫다, 알아차리다 | 事実(じじつ) 사실 | 非常(ひじょう)に 대단히, 몹시 | 信用(しんよう) 신용 | 疑(うたが)い 의심, 의문

해석 그는 대단히 정직하기 때문에 누구라도 그를 신용한다.

해설 1번은 重要(じゅうよう)な 중요한, 2번은 不公平(ふこうへい)だ 불공평하다, 4번은 正直(しょうじき)なのは와 같이 な가 있어야 바른 문장이 된다.

05 정답 1

어휘 なんとなく 어딘지 모르게, 어쩐지 | 知(し)る 알다 | 見(み)える 보이다 | 嘘(うそ)をつく 거짓말을 하다 | 時間(じかん) 시간 | ～どおり ～대로 | 駅(えき) 역 | 着(つ)く 도착하다 | 利益(りえき) 이익

해석 그는 어쩐지 알고 있는 것처럼 보였다.

해설 2번은 なんとも 대수롭지 않게, 3번은 なんとか 이럭저럭, 어떻게, 4번은 なんでも 뭐든지로 바꾸어 준다면 자연스러운 문장이 된다.

06 정답 2

어휘 ミス 실패, 실수 | タクシー 택시 | 運転手(うんてんしゅ) 운전수 | 道(みち) 길, 도로 | 注意(ちゅうい) 주의 | ～ば～ほど ~(하)면 ~(할)수록 | 英語(えいご) 영어 | 話(はな)す 이야기하다 | 聞(き)く 듣다 | イギリス人(じん) 영국인 | バス 버스 | 急(いそ)ぐ 서두르다, 급하다

해석 주의하면 할수록 실수를 하지 않게 된다.

해설 1번은 道(みち)に迷(まよ)う 길을 헤매다, 3번은 間違(まちが)える 잘못 알다, 착각하다로, 4번은 間(ま)に合(あ)うように 제 시간에 맞출 수 있도록으로 바꾸어 주면 된다.

07 정답 4

어휘 わざわざ 일부러, 특별히 | 物価(ぶっか) 물가 | 上(あ)がる 오르다 | ～続(つづ)ける 계속 ~하다 | 質問(しつもん) 질문 | 答(こた)える 대답하다 | 無視(むし) 무시 | 遠(とお)い所(ところ) 먼 곳

해석 그렇게 먼 곳에서 일부러 오지 않아도 괜찮았는데.

해설 1번은 ずっと 쭉, 계속, 훨씬, 2번과 3번은 わざと 일부러, 고의로로 바꾸어야 한다.

08 정답 3

어휘 意志(いし) 의지 | 率直(そっちょく)な 솔직한 | 回復(かいふく) 회복 | 自分(じぶん) 자기 자신 | 結婚(けっこん) 결혼 | 完全(かんぜん)に 완전히 | 同意(どうい)する 동의하다

해석 그녀는 자신의 의지로 그와 결혼한 것이 아니다.

해설 1번과 4번은 意見(いけん) 의견, 2번은 意識(いしき) 의식으로 바꾸면 자연스러워진다.

09 정답 2

어휘 ちゃんと 착실하게, 틀림없이, 분명하게, 확실하게, 단정하게 | 遊(あそ)ぶ 놀다 | ルール 룰, 규칙 | 決(き)める 정하다 | ～ておく ~해 놓다(두다) | 朝(あさ)ご飯(はん) 아침밥 | 愛(あい)する 사랑하다 | ポケット 포켓, 호주머니 | 入(い)れる 넣다

해석 착실히 아침밥을 먹고 가세요.

해설 1번은 ちゃんと 앞의 なら와 ちゃんと 뒤에 오는 문장의 호응관계가 어색하다. 3번은 本気(ほんき) 진심, 4번은 そっと 살짝, 가만히, 몰래로 바꾸어 준다.

10 정답 1

어휘 単(たん)なる 단순한 | 友人(ゆうじん) 친구 | 知(し)り合(あ)い 아는 사이, 지인 | 読(よ)む 읽다 | ふりをする ~척(체)을 하다 | 空(そら) 하늘 | 明(あか)るい 밝다 | 学校(がっこう) 학교 | 出(で)る 나오(가)다

해석 그는 친구가 아니라 단순한 아는 사이이다.

해설 単(たん)なる 단순한은 연체사로 뒤의 명사를 수식해 주는 역할을 한다. 따라서 뒤에 동사와 형용사가 이어지는 2번과 3번은 자연스레 정답에서 제외시켜 둔다. 4번은 大事(だいじ)な 중요한, 소중한으로 바꾸면 자연스러워진다.

용법 완벽대비 문제 ❷ 회

문제 5 다음 단어의 사용법으로 가장 좋은 것을 1·2·3·4 가운데 하나 고르세요.

01 정답 3

어휘 たまに 간혹, 모처럼 | 誕生日(たんじょうび) 생일 | 同(おな)じ 같음, 동일함 | 信用(しんよう) 신용 | 勉強(べんきょう) 공부 | ～ばかり ~만, 뿐 | 外出(がいしゅつ) 외출 | 楽(たの)しむ 즐기다 | 風邪(かぜ)をひく 감기에 걸리다 | ～やすい ~하기 쉽다

해석 공부만 하고 있지 말고 가끔은 밖에 나가서 즐기렴.

해설 1번은 たまたま 우연히, 마침, 2번은 たった 겨우, 단, 오직으로 바꾸어 주고, 4번은 たまに를 생략하는 것이 자연스럽다.

02 정답 1

어휘 無事(ぶじ) 무사함 | 安心(あんしん) 안심 | セーター 스웨터 | 洗(あら)う 씻다, 빨다, 닦다 | ドア 문 | 開(あ)ける 열다 | なぜ 왜, 어째서

해석 그가 무사하다고 듣고 나는 안심했다.

해설 2번은 大丈夫(だいじょうぶ) 괜찮음, 걱정 없음, 3번은 丁寧(ていねい)な 정중한, 공손한, 예의바르고 친절한으로, 4번은 不思議(ふしぎ)に 이상하게, 불가사의하게로 바꾸면 자연스러워진다.

03 정답 2

어휘 懐(なつ)かしい 그립다, 정답다 | 問題(もんだい) 문제 | 答(こた)える 대답하다 | 歌(うた) 노래 | 学生時代(がくせいじだい) 학창시절 | 思(おも)い出(だ)す 생각해 내다, 생각나다

해석 이 노래는 그리운 학창시절의 추억을 생각나게 한다.

해설 1번은 恥(は)ずかしい 부끄럽다, 3번은 寂(さび)しい 외롭다, 쓸쓸하다, 4번은 偉(えら)い 훌륭하다로 바꾸어 준다.

04 **정답 4**

어휘 見舞(みま)い 문병, 문안 | 手伝(てつだ)い 도와줌 | 一杯(いっぱい) 한 잔 | おごる 한턱내다 | ～度(たび)に ～때마다 | 結婚(けっこん) 결혼 | 心(こころ) 마음 | 伝(つた)える 전하다 | 入院中(にゅういんちゅう) 입원 중 | 毎日(まいにち) 매일

해석 그는 입원 중인 그녀를 매일 문병하러 갔다.

해설 1번은 お礼(れい) 사례, 감사 선물(인사), 2번은 お土産(みやげ) 선물, 3번은 お祝(いわ)い 축하(선물)로 바꾸어야 적절하다.

05 **정답 1**

어휘 知(し)らせる 알리다 | 必要(ひつよう) 필요 | 世間(せけん) 세간, 세상 | 新聞(しんぶん) 신문 | 学(まな)ぶ 배우다 | ～ば～ほど ～(하)면 ～(할)수록 | 自分(じぶん) 자기 자신 | 無知(むち) 무지, 지식이 없음 | 辞書(じしょ) 사전 | 言葉(ことば) 말, 단어 | 意味(いみ) 의미 | 使(つか)う 사용하다, 쓰다

해석 그녀에게 그것을 알릴 필요는 없다.

해설 2번은 知(し)る 알다, 3번은 分(わ)かる 알다, 4번은 調(しら)べる 찾다, 조사하다로 바꾸면 자연스러운 문장이 된다.

06 **정답 3**

어휘 必(かなら)ずしも～ない 반드시 ～는 아니다 | 計画(けいかく) 계획 | 成功(せいこう) 성공 | 約束(やくそく) 약속 | 時間(じかん) 시간 | 金持(かねも)ち 부자 | 幸(しあわ)せ 행복 | もっと 더욱, 좀더 | 勉強(べんきょう) 공부 | 失敗(しっぱい) 실패

해석 부자가 반드시 행복하지는 않다.

해설 必(かなら)ずしも는 뒤에 항상 부정의 형태를 수반하므로 그 형태만 찾아도 정답은 3번이라는 것을 알 수 있다. 나머지 보기는 必(かなら)ず 반드시, 꼭으로 바꾸어 주면 자연스러워진다.

07 **정답 2**

어휘 そのうえ 게다가, 또한 | 帰(かえ)ってくる 돌아오다 | 約束(やくそく) 약속 | 偉大(いだい)な 위대한 | 政治家(せいじか) 정치가 | 立派(りっぱ)な 훌륭한, 충분한 | 学者(がくしゃ) 학자 | ドア 문 | ノック 노크 | 入(はい)ってくる 들어오다 | 欠点(けってん) 결점 | 好(す)きだ 좋아하다

해석 그는 위대한 정치가이고, 또한 훌륭한 학자이기도 하다.

해설 1번은 それなのに 그런데도, 3번은 それから 그러고 나서, 4번은 それでも 그럼에도 불구하고, 그런데도로 바꾸면 자연스러워진다.

08 **정답 4**

어휘 マナー 매너 | ルーム 룸, 방 | 注文(ちゅうもん) 주문 | 事実(じじつ) 사실 | 買(か)える 살 수 있다 | 近頃(ちかごろ) 요즈음, 최근 | 親(おや) 부모 | 子供(こども) 자식, 아이 | 甘(あま)い 달다, 엄하지 않다 | 知(し)らない 모르다 | 多(おお)い 많다

해석 요즈음 부모는 자식에게 엄하지 않아서, 매너를 모르는 아이가 많다.

해설 1번은 サービス 서비스, 3번은 マネー 머니, 돈으로 바꾸고, 2번은 マナー를 빼면 자연스럽다.

09 **정답 3**

어휘 見物(けんぶつ) 구경 | 方法(ほうほう) 방법 | 選(えら)ぶ 고르다 | アイデア 아이디어 | 確(たし)かに 확실히, 분명히 | 価値(かち) 가치 | あちこち 여기저기 | 歩(ある)き回(まわ)る 걸어 다니다 | 町(まち) 시내, 거리 | 毎日(まいにち) 매일 | 問題(もんだい) 문제 | ～について ～에 관해서, ～에 대해서

해석 그는 여기저기 걸어 돌아다니며 거리를 구경했다.

해설 1번과 2번은 検討(けんとう) 검토, 4번은 議論(ぎろん) 토론, 논의로 바꾼다.

10 **정답 1**

어휘 似合(にあ)う 어울리다 | 新(あたら)しい 새롭다 | 服(ふく) 옷 | 帽子(ぼうし) 모자 | 選(えら)ぶ 고르다 | 手伝(てつだ)う 돕다, 거들다 | 母親(ははおや) 어머니 | 好(この)み 기호, 취향 | ぴったり 꼭, 딱, 착 | 靴(くつ) 신발, 구두 | 見(み)つかる 발견되다 | きっと 꼭, 틀림없이 | 同(おな)じ 같음, 동일함 | 県(けん) 현 | 出身(しゅっしん) 출신

해석 이 새 옷에 어울리는 모자를 고르는 것을 도와 주세요.

해설 2번과 3번은 似(に)ている 닮다, 4번은 気(き)が合(あ)う 마음이 맞다로 바꾸어 주어야 자연스러운 문장이 된다.

용법 완벽대비 문제 ③ 회

문제 5 다음 단어의 사용법으로 가장 좋은 것을 1 · 2 · 3 · 4 가운데 하나 고르세요.

01 **정답 3**

어휘 夢中(むちゅう) 열중함, 몰두함 | 宇宙(うちゅう) 우주 | 飛行士(ひこうし) 비행사 | 描(えが)く 그리다 | 記事(きじ) 기사 | 見(み)える 보이다 | 計画(けいかく) 계획 | 実行(じっこう) 실행 | 小説(しょうせつ) 소설 | 長(なが)い間(あいだ) 오랫동안 | たいへん 대단히, 매우

해석 그는 그 계획을 실행하는 것에 몰두하고 있다.

해설 夢中(むちゅう)는 な형용사이므로 2번과 같이 する 동사에 바로 연결될 수 없다. 1번은 夢(ゆめ) 꿈, 이상, 2번은 熱中(ねっちゅう) 열중, 4번은 人気(にんき) 인기로 바꾸어 준다.

02 **정답 4**

어휘 手前(てまえ) 자기 앞, 바로 앞 | 電話(でんわ) 전화 | 出(で)

かける 나가다 | 映画(えいが) 영화 | 始(はじ)まる 시작되다 | 携帯電話(けいたいでんわ) 휴대 전화 | 電源(でんげん) 전원 | 切(き)る 베다, 끊다, 끄다 | 問題(もんだい) 문제 | 解決(かいけつ) 해결 | もう 이미, 벌써, 이제 | 信号(しんごう) 신호(등) | 降(お)ろす 내리다, 내려놓다

해석 저 신호등 앞에서 내려 주세요.

해설 1번은 ところ ~하려는 참, 2번은 前(まえ)に ~하기 전에, 3번은 もうすぐ 이제 곧, 머지않아로 바꾸면 된다.

03 **정답 2**

어휘 少(すく)なくとも 최소한, 적어도 | 変(へん)だ 이상하다 | 週(しゅう)に一度(いちど) 일주일에 한 번 | 車(くるま) 자동차 | 洗(あら)う 씻다, 빨다 | 魚(さかな) 물고기, 생선 | 嫌(きら)い 싫음, 싫어함 | もっと 더욱, 좀더 | 時間(じかん) 시간 | うまくやる 잘 하다

해석 그는 적어도 일주일에 한 번 세차를 한다.

해설 1번은 何(なに)も 아무것도, 3번은 決(けっ)して 결코, 4번은 もっと 더, 더욱으로 바꾸면 자연스러운 문장이 된다.

04 **정답 1**

어휘 節約(せつやく) 절약 | 時間(じかん) 시간 | コンピューター 컴퓨터 | 使(つか)う 쓰다, 사용하다 | 外出(がいしゅつ) 외출 | すべて 모두 | ライト 라이트, 조명 | 確(たし)かめる 확인하다 | 騒音(そうおん) 소음 | もうこれ以上(いじょう) 이제 더 이상 | 席(せき) 자리 | 先(さき)に 먼저, 앞서

해석 시간을 절약하기 위해서 컴퓨터를 사용했다.

해설 2번은 消(け)す 끄다, 지우다, 3번은 我慢(がまん)する 참다, 4번은 予約(よやく) 예약으로 바꾸어 주면 된다.

05 **정답 1**

어휘 助(たす)ける 구하다, 돕다 | 成功(せいこう) 성공 | おかげ 덕택, 덕분 | 約束(やくそく) 약속 | 誰(だれ)でも 누구나 | 忙(いそが)しい 바쁘다 | 給料(きゅうりょう) 급료, 월급 | 安(やす)すぎる 너무 싸다 | 一家(いっか) 일가, 한 집(가족)

해석 나의 성공은 당신이 도와준 덕분입니다.

해설 2번은 守(まも)る 지키다, 3번은 手伝(てつだ)う 도와주다, 4번은 支(ささ)える 떠받치다, 지탱하다, 유지하다로 바꾸어 준다.

06 **정답 3**

어휘 故障(こしょう) 고장 | シャツ 셔츠 | 別(べつ) 다름, 같지 않음 | 着(き)る 입다 | 窓(まど) 창문 | 一ヶ月(いっかげつ) 1개월 | ~たまま ~한 채로 | 道(みち) 길, 도로 | 真(ま)ん中(なか) 한가운데, 한복판 | 止(と)まる 서다, 멈추다 | インク 잉크 | ペン 펜 | 借(か)りる 빌리다

해석 길 한가운데에 고장 난 자동차가 서 있었다.

해설 1번은 破(やぶ)れる 찢어지다, 2번은 割(わ)れる 깨지다, 4번은 切(き)れる 끊어지다, 다 떨어지다로 바꾸어 주어야 자연스러운 문장이 된다.

07 **정답 2**

어휘 きつい 기질이 강하다, 심하다, 엄하다, 꼭 끼다 | 頭(あたま) 머리 | 上着(うわぎ) 겉옷 | 背中(せなか) 등 | 少(すこ)し 조금, 약간 | 部屋(へや) 방 | 快適(かいてき) 쾌적 | 信頼(しんらい) 신뢰 | 責任感(せきにんかん) 책임감

해석 이 겉옷은 등 쪽이 조금 꼭 낀다.

해설 1번은 いい 좋다, 3번은 狭(せま)い 좁다, 4번은 強(つよ)い 강하다로 바꾸어 주면 된다.

08 **정답 4**

어휘 平気(へいき) 태연함, 예사로움 | 顔色(かおいろ)が悪(わる)い 안색이 좋지 않다 | 尋(たず)ねる 묻다, 찾다 | 将来(しょうらい) 장래 | 感(かん)じる 느끼다 | 夫(おっと) 남편 | 戻(もど)ってくる 돌아오다 | 喜(よろこ)ぶ 기뻐하다 | 目的(もくてき) 목적

해석 그는 목적을 위해서는 예사롭게 뭐든지 한다.

해설 1번은 大丈夫(だいじょうぶ) 괜찮음, 2번은 不安(ふあん) 불안, 3번은 無事(ぶじ)に 무사히로 바꾸어 주면 된다.

09 **정답 2**

어휘 イメージ 이미지 | 疲(つか)れる 지치다, 피곤하다 | 思(おも)いつく (문득)생각나다 | 髪(かみ)を切(き)る 머리를 자르다 | チェンジ 체인지, 바꿈 | 恐(おそ)ろしい 무섭다, 두렵다 | 起(お)こる 일어나다, 발생하다 | すぐに 바로 | 手(て)を振(ふ)る 손을 흔들다

해석 저 아이, 머리를 자르고 이미지 변신한 걸까?

해설 1번은 アイデア 아이디어, 3번은 感(かん)じ 느낌, 4번은 合図(あいず) 또는 サイン 신호 으로 바꾸어 준다.

10 **정답 3**

어휘 消(き)える 사라지다, 지워지다 | 寝(ね)る 자다 | 忘(わす)れる 잊다 | 夜中(よなか) 한밤중 | 台所(だいどころ) 부엌 | 音(おと)がする 소리가 나다 | 思(おも)い出(で) 추억 | 決(けっ)して 결코 | 時代(じだい) 시대, 시절 | 人間(にんげん) 인간 | 本性(ほんしょう) 본성 | 変(か)わる 변하다, 바뀌다

해석 그녀에 대한 추억은 결코 사라지는 일은 없을 것이다.

해설 1번은 消(け)す 끄다, 지우다, 2번은 壊(こわ)れる 깨지다, 고장나다, 4번은 変(か)わる 변하다, 바뀌다로 바꾸면 문장이 자연스러워진다.

용법 완벽대비 문제 ④ 회

문제 5 다음 단어의 사용법으로 가장 좋은 것을 1 · 2 · 3 · 4 가운데 하나 고르세요.

01 정답 1

어휘 持参(じさん) 지참 | 弁当(べんとう) 도시락 | 飲(の)み物(もの) 음료, 마실 것 | 各自(かくじ) 각자 | 必(かなら)ず 반드시 | お土産(みやげ) 선물 | 全(すべ)て 모두 | あげる 주다

해석 도시락과 음료는 각자 지참해 주세요.

해설 2번은 持(も)ってきた 가지고 왔다, 3번은 持(も)っている 갖고 있다, 4번은 持(も)っていた 가지고 있었다로 바꾸어 주어야 한다.

02 정답 1

어휘 めったに 좀처럼, 거의 | 生(うま)れる 태어나다 | 出(で)かける 나가다 | 近(ちか)く 근처 | 住(す)む 살다 | 会(あ)う 만나다 | 注意深(ちゅういぶか)い 주의 깊다 | 間違(まちが)い 틀림, 실수 | 夜中(よなか) 한밤중 | 帰(かえ)ってくる 돌아오다 | 少(すく)ない 적다

해석 아이가 태어나고 나서 좀처럼 그들은 외출하지 않는다.

해설 めったに는 뒤에 부정의 형태를 수반하므로 2번과 3번은 우선 정답에서 제외한다. 4번은 뒷문장이 帰(かえ)ってこない가 되어야 자연스럽다.

03 정답 4

어휘 作法(さほう) 예의범절, 예절 | キムチ 김치 | 教(おし)える 가르치다 | 作家(さっか) 작가 | 合(あ)う 맞다 | 知(し)る 알다 | 伝統的(でんとうてき)な 전통적인 | お茶(ちゃ) 차 | 学(まな)ぶ 배우다

해석 일주일에 두 번, 일본의 전통적인 다도의 예절을 배우고 있습니다.

해설 1번은 作(つく)り方(かた) 만드는 방법, 2번은 書(か)き方(かた) 쓰는 법, 3번은 使(つか)い方(かた) 사용법으로 바꾸어 주면 자연스러운 문장이 된다.

04 정답 3

어휘 冷(つめ)たい 차다, 냉담하다 | 判断(はんだん) 판단 | 必要(ひつよう) 필요 | 状況(じょうきょう) 상황 | 朝(あさ) 아침 | 早(はや)く 일찍 | 起(お)きる 일어나다 | 辛(つら)い 괴롭다 | 驚(おどろ)く 놀라다 | 態度(たいど) 태도 | 最近(さいきん) 최근 | 気持(きも)ち 기분, 마음, 몸의 상태

해석 나를 놀라게 한 것은 그의 차가운 태도였다.

해설 1번은 冷静(れいせい)な 냉정한, 2번은 寒(さむ)い 춥다, 4번은 冷(さ)めてしまう 식어버리다로 바꾸면 자연스러워진다.

05 정답 2

어휘 テキスト 텍스트, 교과서, 교본 | 小説(しょうせつ) 소설 | 愛(あい) 사랑, 애정 | 初心者(しょしんしゃ) 초심자 | ~向(む)き ~용 | 休(やす)む 쉬다 | 練習(れんしゅう) 연습 | 留守番電話(るすばんでんわ) 자동응답전화 | 入(い)れる 넣다

해석 이 교재는 초심자용으로 만들어져 있다.

해설 1번은 テーマ 테마, 3번은 ピアノ 피아노, 英語(えいご) 영어와 같이 연습할 명사로, 4번은 メッセージ 메시지로 바꾸어야 자연스러운 문장이 된다.

06 정답 3

어휘 新鮮(しんせん)な 신선한 | 知識(ちしき) 지식 | 学(まな)ぶ 배우다 | 興味(きょうみ) 흥미 | まだ 아직 | 大目(おおめ)に見(み)る 관대하게 보아주다 | 野菜(やさい)サラダ 채소샐러드 | ネクタイ 넥타이 | 気(き)に入(い)る 마음에 들다 | 見(み)せる 보여주다

해석 나는 매일 신선한 채소샐러드를 먹고 있다.

해설 1번은 新(あたら)しい 새롭다, 2번은 新人(しんじん) 신인, 4번은 派手(はで) 화려함과 같은 단어로 바꾸면 자연스러워진다.

07 정답 4

어휘 確(たし)かめる 확인하다 | 失(うしな)う 잃다 | 貯金(ちょきん) 저금 | 上司(じょうし) 상사 | 貸(か)す 빌려주다 | 勇気(ゆうき) 용기 | 本当(ほんとう) 사실, 정말임

해석 나는 그가 말한 것이 정말인지 어떤지 확인할 생각이다.

해설 1번은 頼(たよ)る 의지하다, 2번은 手伝(てつだ)う 돕다, 3번은 頼(たの)む 부탁하다로 바꾸면 자연스러운 문장이 된다.

08 정답 2

어휘 きちんと 말끔히, 규칙적인, 정확히, 딱 | 人生(じんせい) 인생 | 目標(もくひょう) 목표 | 持(も)つ 갖다, 들다 | 部屋(へや) 방 | 片付(かたづ)ける 정돈하다, 치우다 | 入学試験(にゅうがくしけん) 입학시험 | 合格(ごうかく) 합격 | 出発(しゅっぱつ) 출발 | 約束(やくそく) 약속 | 遅(おく)れる 늦다

해석 자신의 방은 말끔히 치워놓으세요.

해설 1번은 はっきりした 확실한, 3번은 きっと 꼭, 틀림없이, 4번은 直(ただ)ちに 곧, 즉시로 바꾸면 된다.

09 정답 1

어휘 駄目(だめ) 허사임, 소용없음, 못쓰게 됨, 불가능함 | 何度(なんど) 몇 번, 여러 번 | タバコをやめる 담배를 끊다 | 空港(くうこう) 공항 | 長(なが)く 길게, 오래 | 若(わか)い 젊다 | けれども ~하지만, ~이지만 | 決(けっ)して 결코 | 話(はな)す 이야기하다 | ますます 더욱더, 점점 더

해석 그는 몇 번인가 담배를 끊으려고 했지만 실패했다.

해설 2번과 4번은 退屈(たいくつ) 지루함, 따분함, 3번은 無駄(むだ) 쓸데없음, 헛됨으로 바꾸면 문장이 자연스러워진다.

10 **정답 2**

어휘 実(じつ)に 실로, 참으로, 아주 | 理論上(りろんじょう) 이론상 | 可能(かのう) 가능 | 難(むずか)しい 어렵다 | 論理(ろんり) 논리 | 説得力(せっとくりょく) 설득력 | 名前(なまえ) 이름 | 知(し)る 알다

해석 그의 논리는 참으로 설득력이 있었다.

해설 1번과 4번은 実際(じっさい)に 실제로, 3번은 実(じつ)は 사실은으로 바꾸면 자연스러운 문장이 된다.

용법 완벽대비 문제 ⑤ 회

문제 5 다음 단어의 사용법으로 가장 좋은 것을 1・2・3・4 가운데 하나 고르세요.

01 **정답 2**

어휘 差別(さべつ) 차별 | 人間(にんげん) 인간 | 動物(どうぶつ) 동물 | 言語(げんご) 언어 | 国籍(こくせき) 국적 | 性別(せいべつ) 성별 | または 또는, 혹은 | 職業(しょくぎょう) 직업 | 貧(まず)しい 가난하다 | 人々(ひとびと) 사람들 | 食(た)べ物(もの) 음식 | 妹(いもうと) 여동생 | 似(に)ている 닮다

해석 국적과 성별 또는 직업 등으로 사람을 차별해서는 안 된다.

해설 1번과 4번은 区別(くべつ) 구별, 3번은 分(わ)けてやる 나누어 주다로 바꾸면 문장이 자연스러워진다.

02 **정답 3**

어휘 ユーモア 유머 | 失(うしな)う 잃다 | 倒(たお)れる 쓰러지다 | 雑誌(ざっし) 잡지 | 素晴(すば)らしい 매우 훌륭하다, 멋있다 | 感覚(かんかく) 감각 | 結婚式(けっこんしき) 결혼식

해석 그에게는 훌륭한 유머감각이 있었다.

해설 1번은 気(き)を失(うしな)う 의식(의욕)을 잃다, 2번은 面白(おもしろ)い 재미있다, 4번은 スピーチ 스피치, 연설로 바꾸면 자연스러운 문장이 된다.

03 **정답 1**

어휘 述(の)べる 말하다, 서술하다 | 問題(もんだい) 문제 | 特(とく)に 특히, 특별히 | 声(こえ) 목소리, 소리 | 耳(みみ) 귀 | 内面(ないめん) 내면 | 欠点(けってん) 결점 | きっと 꼭, 틀림없이 | 外面(がいめん) 외면 | クリスマス 크리스마스 | 売(う)り上(あ)げ 매상, 매출

해석 이 문제에 관해서는 내가 특별히 말할 것이 없다.

해설 2번은 残(のこ)っている 남아있다, 3번은 現(あらわ)れる 나타나다, 4번은 伸(の)びる 늘다, 자라다로 바꾸면 문장이 자연스러워진다.

04 **정답 4**

어휘 まごまご 우물쭈물 | 授業(じゅぎょう) 수업 | 重(おも)い 무겁다 | 荷物(にもつ) 짐 | 持(も)つ 갖다, 들다 | 歩(ある)く 걷다 | 眠(ねむ)る 자다, 잠들다 | 頭(あたま) 머리 | 機械(きかい) 기계 | 使(つか)い方(かた) 사용법 | 分(わ)からない 모르다

해석 기계의 사용법을 몰라서 어쩔 줄 몰라하고 있다.

해설 1번은 うとうと 꾸벅꾸벅, 2번은 くたくた 기진맥진함, 녹초가 됨, 3번은 ぼっとする 멍하다로 바꾸면 문장이 자연스러워진다.

05 **정답 1**

어휘 ほぼ 거의, 대강, 대략 | 一般的(いっぱんてき) 일반적 | 女性(じょせい) 여성 | 男性(だんせい) 남성 | 長生(ながい)き 장수 | 犬(いぬ) 개 | 連(つ)れる 데리다, 동반하다 | 公園(こうえん) 공원 | 散歩(さんぽ) 산책 | 早寝早起(はやねはやお)き 일찍 자고 일찍 일어남 | 健康(けんこう) 건강 | 機会(きかい) 기회 | 紹介(しょうかい) 소개

해석 일반적으로 말하면, 여성은 남성보다 거의 10년 장수한다.

해설 2번은 ほぼ 뒤에 毎日(まいにち) 매일을 넣고, 3번은 たいてい 대부분, 4번은 適当(てきとう)な 적당한으로 바꾸어주면 문장이 자연스러워진다.

06 **정답 2**

어휘 恐(おそ)ろしい 무섭다, 두렵다 | 多(おお)くの 많은 | 人生(じんせい) 인생 | 成功(せいこう) 성공 | ニュース 뉴스 | 気(き)を失(うしな)う 의식(의욕)을 잃다 | 窓(まど) 창문 | 顔(かお)を出(だ)す 얼굴을 내밀다 | 運動(うんどう) 운동 | 後(あと) 뒤, 후, 나중 | シャワーを浴(あ)びる 샤워를 하다

해석 그녀는 그 무서운 뉴스를 듣고 의식을 잃었다.

해설 1번은 苦(くる)しい 괴롭다, 힘겹다, 3번은 危(あぶ)ない 위험하다, 4번은 激(はげ)しい 심하다, 세차다로 바꾸면 문장이 자연스러워진다.

07 **정답 3**

어휘 行方(ゆくえ) 행방 | 駅(えき) 역 | 教(おし)える 가르치다 | 最終列車(さいしゅうれっしゃ) 최종 열차, 막차 | 事件(じけん) 사건 | 犯人(はんにん) 범인 | まだ 아직 | 次(つぎ) 다음 | 空港(くうこう) 공항 | ホーム 플랫폼 | 出発(しゅっぱつ) 출발

해석 그 사건의 범인의 행방은 아직 모른다고 한다.

해설 1번은 行(ゆ)き方(かた) 가는 길, 2번과 4번은 ~行(ゆ)き ~행으로 바꾸어야 문장이 자연스러워진다.

08 **정답 4**

어휘 スピード 스피드, 속력 | 覚(おぼ)える 느끼다, 기억하다 | 忘

(わす)れる 잊다 | 過(す)ぎる 지나다 | 飛行機(ひこうき) 비행기 | 旅行(りょこう) 여행 | 一番(いちばん) 가장, 제일 | 方法(ほうほう) 방법 | 適度(てきど)な 적당한 | 運転(うんてん) 운동

해석 저는 항상 적당한 속력으로 운전하고 있습니다.

해설 1번과 3번은 早(はや)い 빠르다, 2번은 早(はや)く 빨리로 바꾸면 문장이 자연스러워진다.

09 **정답 3**

어휘 おかげ 덕택, 덕분 | 風邪(かぜ)をひく 감기에 걸리다 | 声(こえ) 목소리 | 出(で)る 나오(가)다 | 太陽(たいよう) 태양 | 当(あ)たり前(まえ) 당연함 | 奨学金(しょうがくきん) 장학금 | 進学(しんがく) 진학 | 年(とし)をとる 나이를 먹다 | 記憶力(きおくりょく) 기억력 | 悪(わる)い 나쁘다

해석 그녀는 장학금 덕분에 대학에 진학할 수 있었다.

해설 1번은 ~せいで ~탓에, 2번은 恩恵(おんけい) 은혜, 4번은 ~せいか ~탓인지로 바꾸면 문장이 자연스러워진다.

10 **정답 4**

어휘 勝手(かって) 제멋대로 굶, 자기 좋을 대로 함 | 田舎(いなか) 시골 | 生活(せいかつ) 생활 | 送(おく)る 보내다 | たとえ~ても 비록(가령) ~라도 | 起(お)こる 일어나다 | 気持(きも)ち 기분, 몸의 상태 | 伝(つた)える 전하다

해석 그는 뭐든지 자기 마음대로 하려고 한다.

해설 1번은 安楽(あんらく)な 안락한, 2번은 冷静(れいせい) 냉정, 3번은 素直(すなお)な 순진한, 솔직한으로 바꾸면 문장이 자연스러워진다.

셋째마당 | 문법편

문법형식 판단 완벽대비 문제 1 회

문제 1 다음 문장의 (　　)에 넣기에 가장 좋은 것을 1 · 2 · 3 · 4 가운데 하나 고르세요.

01 **정답 2**

어휘 ずっと 줄곧, 계속, 훨씬 | 風(かぜ) 바람 | 音(おと) 소리 | 聞(き)こえる 들리다 | 眠(ねむ)る 자다, 잠들다

해석 밤새도록 계속 바람소리가 들려서 잠을 잘 수 없었다.

해설 間(あいだ)に ~사이에, ~하는 동안에 | 間(あいだ) ~동안 계속, ~내내 | ~うちは ~동안은 | うちで 집에서

02 **정답 3**

어휘 自分(じぶん) 자신 | 成功(せいこう) 성공 | 幸運(こううん) 행운

해석 그녀는 자신의 성공을 행운 덕분이라고 생각하고 있었다.

해설 ~ようだ ~(것) 같다 | ~とおりだ ~대로다 | ~おかげだ ~덕분이다 | ~せいだ ~탓이다

03 **정답 1**

어휘 本当(ほんとう) 사실, 정말 | 知(し)る 알다 | ~ふりをする ~체(척)을 하다

해석 사실은 알고 있으면서 모르는 척을 하고 있다.

해설 ~くせに ~한(인) 주제에, ~면서도 | ~ために ~때문에, ~위해서 | ~かわりに ~대신에 | ~うちに ~동안에, ~사이에

04 **정답 3**

어휘 国(くに) 나라, 국가, 지방 | 帰(かえ)る 돌아오(가)다 | 仕事(しごと) 일 | やめる 그만두다

해석 고국에 돌아가기 때문에 일을 그만두기로 했습니다.

해설 ~ことはない ~하는 일(경우)은 없다 | ~ことがある ~하는 일(경우)이 있다 | ~ことにする ~하기로 하다 | ~くらいではない ~정도는 아니다

05 **정답 4**

어휘 無事(ぶじ)に 무사히 | 帰宅(きたく) 귀가, 귀택 | 確(たし)かめる 확인하다

해석 그녀가 무사히 집에 돌아갔는지 어떤지 확인해 주세요.

해설 ~ついでに ~하는(한) 김에 | ~というか ~라고 할까 | ~ばかり ~만, ~뿐 | ~かどうか ~인(한)지 어떤지

06 **정답 2**

어휘 辞書(じしょ) 사전 | 便利(べんり) 편리함 | 高(たか)い 비싸다, 높다 | 買(か)う 사다

해석　이 사전은 편리하기는 편리하지만, 비싸서 살 수 없다.

해설　～ことは、～が ～(하)기는 ～지만 | ～はず (틀림없이) ～할(일)것

07　**정답 3**

어휘　店(みせ) 가게 | 売(う)り上(あ)げ 매상, 매출 | 伸(の)びる 자라다, 늘다 | ～ず ～하지 않고 | ストレス 스트레스 | たまる 쌓이다, 늘다

해석　가게의 매상이 오르지 않아 스트레스가 쌓이기만 한다.

해설　～ことだ ~해야 한다, ~할 필요가 있다 | ～っぽい ～같다, ～의 경향이 강하다 | ～一方(いっぽう)だ ～하기만 하다, ～할 뿐이다 | ～ことになっている ～하게(하기로) 되어 있다

08　**정답 1**

어휘　知識(ちしき) 지식 | 経験(けいけん) 경험 | 豊(ゆた)か 풍족함, 풍부함

해석　그는 지식뿐만 아니라 경험도 풍부하다.

해설　～だけでなく ～뿐만 아니라 | ～一方(いっぽう)で ～하는 한편(으로) | ～からこそ (바로) ~기 때문에 | ～というより ～라기 보다

09　**정답 2**

어휘　靴(くつ) 신발, 구두 | 修理(しゅうり) 수리 | どれくらい 어느 정도 | かかる 걸리다

해석　제 구두를 수리해 받는데 어느 정도 걸립니까?

해설　～てさしあげる ～해 드리다 | ～ていただく ～해 받다, ～해 주시다 | ～させてくださる ～하게 해 주시다 | ～させてあげる ～하게 해 주다

10　**정답 3**

어휘　強(つよ)い 강하다, 세다 | 風(かぜ)が吹(ふ)く 바람이 불다 | 倒(たお)れる 쓰러지다, 넘어지다

해석　이집은 강한 바람이 불면, 쓰러질 것 같다.

해설　～ようだ·～みたいだ ～(것) 같다 | ～そうだ ～것 같다, ～해 보인다, ～라고 한다 | ～らしい ～것 같다, ～답다

문법형식 판단 완벽대비 문제 ❷ 회

문제 1 다음 문장의 (　　)에 넣기에 가장 좋은 것을 1·2·3·4 가운데 하나 고르세요.

01　**정답 4**

어휘　助言(じょげん) 조언 | ～てくれる ～해 주다

해석　그는 나에게 조언을 해 준 데다 돈도 주었다.

해설　～うちに ～동안에, ～사이에 | ～かわりに ～대신에 | ～くせに ～한(인) 주제에, ～면서도 | ～うえに ～한(인) 데다가

02　**정답 2**

어휘　健康(けんこう) 건강 | 幸(しあわ)せ 행복, 행운 | 暮(く)らす 살다, 지내다

해석　아무리 돈이 있어도 건강하지 않으면 사람은 행복하게 지낼 수 없다.

해설　どんなに～ても 아무리 ～해도(라도) | ～ば ～하(이)면 | ～から ～기 때문에, ～니까 | ～ために ～때문에, ～위해서

03　**정답 3**

어휘　漢字(かんじ) 한자 | 時々(ときどき) 가끔, 때때로 | 間違(まちが)える 잘못하다, 잘못 알다, 착각하다

해석　일본어 선생님조차 한자는 가끔 틀린다.

해설　～ほど ～정도, ～만큼, ～할(일)수록 | ～だけ ～만, ～뿐 | ～さえ ～조차 | ～ほか ～그 밖, 이외

04　**정답 1**

어휘　公園(こうえん) 공원 | 出会(であ)う 우연히 만나다, 마주치다 | ～て以来(いらい) ～한 후로 | 気(き)になる 걱정이 되다, 마음에 걸리다

해석　공원에서 마주친 후로 그녀가 너무 걱정된다.

해설　～てしかたがない ～해서 어쩔 수가 없다, 매우 ～하다 | ～てたまらない ～해서 참을 수 없다 | ～てほしい ～해 주었으면 좋겠다, ～하길 바란다 | ～てもいい ～해도 좋다

05　**정답 4**

어휘　豚(ぶた) 돼지 | よけいな 쓸데없는, 불필요한 | お世話(せわ) 도와줌, 보살핌, 성가심, 번거로움, 폐

해석　A :「그렇게 먹고만 있으면 돼지가 돼요.」
B :「흥, 쓸데없는 참견이에요.」

해설　～ないでいる ～하지 않고 있다 | ～ことにする ～하기로 하다 | ～てはならない ～해서는 안 된다 | ～てばかりいる ～만 하고 있다

06　**정답 2**

어휘　便(たよ)り 소식, 편지

해석　그는 미국에 간 후로 아무 소식도 없다.

해설　～て以来(いらい) ～한 이래, ～한 후로

07　**정답 1**

어휘　年(とし)を取(と)る 나이를 먹다 | 体力(たいりょく) 체력 | 段々(だんだん) 점점, 차차 | 弱(よわ)い 약하다

해석　나이를 먹으면서 몸이 점점 약해졌다.

해설 ～とともに ～와 함께, ～하면서 | ～ついでに ～하는(한) 김에 | ～あまりに ～한 나머지 | ～たびに ～(할) 때마다

08 **정답 3**

어휘 頭(あたま)がいい 머리가 좋다 | 易(やさ)しい 쉽다 | 問題(もんだい) 문제 | 分(わ)かる 알다

해석 그는 머리가 좋으니까 이런 쉬운 문제는 분명 알 것이다.

해설 ～ものだ 하는 법이다 | ～ばかりだ ～뿐이다 | ～はずだ (틀림없이) ～할(일) 것이다 | ～ほどだ ～할 정도다

09 **정답 4**

어휘 ずっと 줄곧, 계속, 훨씬 | 研究室(けんきゅうしつ) 연구실

해석 선생님은 오늘 계속 연구실에 계십니다.

해설 おっしゃる 말씀하시다 | まいる 가다, 오다 | うかがう 듣다, 묻다, 찾아뵙다 | いらっしゃいます 가시다, 오시다, 계시다

10 **정답 2**

어휘 行動(こうどう) 행동 | びっくりする 놀라다

해석 그의 행동에는 항상 놀란다.

해설 なさる 하시다 | させられる (어쩔 수 없이) 하다 | させる ～하게 하다, 시키다 | される ～함을 당하다, ～하시다

문법형식 판단 완벽대비 문제 ③ 회

문제 1 다음 문장의 (　　)에 넣기에 가장 좋은 것을 1·2·3·4 가운데 하나 고르세요.

01 **정답 4**

어휘 後(うし)ろ 뒤(쪽) | 席(せき) 자리 | 聞(き)こえる (소리가) 들리다 | 大(おお)きな 큰, 커다란 | 声(こえ) 목소리, 소리 | 話(はな)す 말하다, 이야기하다

해석 뒷자리 사람에게도 들리도록 큰 목소리로 이야기했다.

해설 ～までに ～까지는 | ～うえに ～한(인) 데다가 | ～だけに ～인(한) 만큼 | ～ように ～하도록

02 **정답 2**

어휘 走(はし)る 뛰다, 달리다 | ～すぎる 너무(지나치게) ～하다 | 倒(たお)れる 쓰러지다, 넘어지다 | ～てしまう ～해 버리다

해석 너무 달린 나머지, 쓰러져 버렸다.

해설 ～一方(いっぽう)で ～하는 한편(으로) | ～あまり ～한 나머지, 몹시 ～한 결과 | ～たつもりで ～했다고 생각하고, ～셈 치고 | ～ところに ～때에, ～참에

03 **정답 3**

어휘 世(よ)の中(なか) 세상, 시대 | 努力(どりょく) 노력 | 成功(せいこう) 성공

해석 세상에 노력하지 않고 성공하는 사람은 없다.

해설 ～ても ～해도 | ～なくて ～않아서 | ～ずに ～하지 않고, ～하지 말고 | ～ながら ～하면서, ～하지만

04 **정답 1**

어휘 図書館(としょかん) 도서관 | 返(かえ)す 되돌려주다, 반납하다 | 車(くるま) 자동차 | ガソリン 가솔린, 휘발유 | 入(い)れる 넣다

해석 도서관에 책을 반납하러 가는 김에 차에 기름을 넣고 와.

해설 ～ついでに ～하는(한) 김에 | ～とともに ～와 함께, ～함에 따라 | ～といっても ～라고 해도 | ～ことなら ～것이라면

05 **정답 2**

어휘 勉強中(べんきょうちゅう) 공부 중 | 眠(ねむ)る 졸리다 | 濃(こ)い 진하다 | お茶(ちゃ) 차 | 飲(の)む 마시다

해석 공부 중에 너무 졸릴 때에는 진한 차를 마시면 좋다.

해설 ～ことはない ～할 필요는 없다 | ～てしょうがない ～해서 어쩔 수가 없다, 매우 ～하다 | ～てもかまわない ～해도 상관없다 | ～べきではない ～해서는 안 된다

06 **정답 4**

어휘 聞(き)く 듣다, 묻다 | ～によると ～에 의하면, ～에 따르면 | 経(た)つ (시간·세월이) 지나다, 흐르다 | 帰(かえ)ってくる 돌아오다

해석 들은 바에 의하면, 그들은 1주일이 지나면 돌아온다고 한다.

해설 ～というものだ ～라는 것이다 | ～わけだ ～것이다, ～게 당연하다, ～할 만하다 | ～一方(いっぽう)だ ～하기만 하다, ～할 뿐이다 | ～ということだ ～라고 한다

07 **정답 1**

어휘 話(はなし) 이야기 | 単(たん)なる 단순한 | 噂(うわさ) 소문

해석 그 이야기는 단순한 소문에 불과하다.

해설 ～にすぎない ～에 지나지 않는다, ～에 불과하다 | ～とはかぎらない ～하다고는 할 수 없다, ～한 것은 아니다 | ～ばかりではない ～뿐만이 아니다 | ～はずがない ～할(일) 리가 없다

08 **정답 3**

어휘 禁煙(きんえん)する 금연하다 | 体重(たいじゅう) 체중 | 増(ふ)える 늘다, 증가하다 | 場合(ばあい) 경우

해석 사람에 따라서 금연하면 체중이 느는 경우가 있다.

해설 ～にとって ～에게 있어서 | ～について ～에 관해서 | ～に

よって ~에 의해서, ~에 따라서 | ~に対(たい)して ~에 대해서

09 **정답 2**

어휘 母親(ははおや) 어머니 | 道路(どうろ) 도로 | 遊(あそ)ぶ 놀다 | ~ように ~하도록

해석 엄마들은 아이가 도로에서 놀지 않도록 해야 한다.

해설 ~ということだ ~라고 한다 | ~べきだ ~해야 한다 | ~わけがない ~할(일) 리가 없다 | ~だけではない ~뿐(만)이 아니다

10 **정답 4**

어휘 今度(こんど) 이번, 금번, 이 다음 | 出張(しゅっちょう) 출장 | ぜひ 꼭, 반드시

해석 이번 출장, 꼭 제가 가게 해 주시지 않겠습니까?

해설 ~てくださいませんか ~해 주시지 않겠습니까? | ~ていただけませんか ~해 받을 수 없겠습니까? ~해 주시지 않겠습니까? | ~(さ)せてさしあげませんか ~하게 해 드리지 않겠습니까? | ~(さ)せてくださいませんか ~하게 해 주시지 않겠습니까?

문법형식 판단 완벽대비 문제 4 회

문제 1 다음 문장의 (　　)에 넣기에 가장 좋은 것을 1·2·3·4 가운데 하나 고르세요.

01 **정답 1**

어휘 電車(でんしゃ) 전철 | 眠(ねむ)る 자다 | 財布(さいふ) 지갑 | すられる 소매치기당하다

해석 전철 안에서 자고 있는 사이에 지갑을 소매치기당했다.

해설 ~間(あいだ)に ~사이에, ~동안에 | ~うえに ~한(인) 데다가 | ~だけに ~한(인) 만큼 | ~ように ~하도록

02 **정답 3**

어휘 年末(ねんまつ) 연말 | 正月(しょうがつ) 정월, 설 | 飛行機(ひこうき) 비행기 | 帰省(きせい) 귀성 | ラッシュ 러시, 혼잡

해석 일본에서는 연말부터 정초에 걸쳐, JR도 비행기도 귀성으로 혼잡해집니다.

해설 ~にわたって ~에 걸쳐서, ~동안, ~전체에 | ~において ~에서, ~에 있어서 | ~から~にかけて ~부터 ~에 걸쳐서 | ~に反(はん)して ~와 반대로, ~와는 다르게

03 **정답 2**

어휘 辞書(じしょ) 사전 | 調(しら)べる 조사하다, 찾다 | 言葉(ことば) 말, 단어 | いろいろな 여러 가지 | 意味(いみ) 의미 | 分(わ)かる 알다

해석 사전에서 찾아봤더니, 이 단어에는 여러 가지 의미가 있다는 것을 알았다.

해설 ~たばかり ~한 지 얼마 안 됨 | ~たところ ~했더니, ~한 결과 | ~たまま ~한 채로 | ~て以来(いらい) ~한 이래, ~한 후로

04 **정답 3**

어휘 天才(てんさい) 천재 | 努力家(どりょくか) 노력가

해석 그는 천재라기보다 노력가이다.

해설 ~というと ~(라고) 하면 | ~からといって ~라고 해서 | ~というより ~라기 보다 | ~からこそ (바로) ~이기 때문에

05 **정답 4**

어휘 貧(まず)しい 가난하다 | 必(かなら)ず 반드시, 꼭 | 不幸(ふこう) 불행

해석 가난한 사람들이 꼭 불행하다고는 할 수 없다.

해설 ~ことはない ~할 필요는 없다 | ~べきではない ~해서는 안 된다 | ~わけがない ~할(일) 리가 없다 | ~とは限(かぎ)らない ~하다고는 할 수 없다, ~한 것은 아니다

06 **정답 2**

어휘 南(みなみ) 남쪽

해석 A :「당신 집은 어느 쪽 방향이에요?」 B :「남향입니다.」

해설 方(ほう) ~쪽, ~편, ~방향 | ~向(む)き ~향, ~방향, ~에 알맞음, ~에 적합함 | ~おき ~걸러, ~간격 | ~向(む)け ~을 대상으로 하는, ~으로 보내는(행선지)

07 **정답 1**

어휘 以前(いぜん) 이전, 옛날 | よく 자주, 잘 | 妹(いもうと) 여동생 | 公園(こうえん) 공원 | 遊(あそ)ぶ 놀다

해석 예전에는 자주 여동생과 그 공원에서 놀곤 했다.

해설 ~たものだ ~(하)곤 했다 | ~ことだ ~해야 한다, ~할 필요가 있다 | ~べきだ ~해야 한다 | ~わけだ ~것이다, ~게 당연하다, ~할 만하다

08 **정답 1**

어휘 旅行(りょこう) 여행 | 親(した)しい 친하다

해석 여행을 계기로 해서, 기무라 씨와 친해졌습니다.

해설 ~をきっかけに(して) ~을 계기로 해서 | ~をはじめ ~을 비롯하여 | ~を中心(ちゅうしん)に ~을 중심으로 | ~をもとに ~을 토대로, ~을 근거로

09 **정답 4**

어휘 わざわざ 일부러, 특별히 | ホテル 호텔 | まいる (내가)가다, 오다 | 本当(ほんとう)に 정말로

해석 일부러 호텔까지 와 주셔서 정말 감사합니다.

해설 ～ていらっしゃる ～하고 계시다 | ～ていただく ～해 받다, ～해 주시다 | ～てくださる ～해 주시다

10 **정답 4**

어휘 仕事(しごと) 일 | どうも 아무래도, 어쩐지

해석 나에게는 그 일은 도저히 가능할 것 같지 않다.

해설 ～ないほうがいい ～하지 않는 편이 좋다 | ～ようじゃない 비문법적 | ～なければならない ～하지 않으면 안 된다 | ～そうにない ～것 같지 않다

문법형식 판단 완벽대비 문제 ⑤ 회

문제 1 다음 문장의(　　)에 넣기에 가장 좋은 것을 1·2·3·4 가운데 하나 고르세요.

01 **정답 3**

어휘 持(も)っている 갖고 있다, 들고 있다 | 資格(しかく) 자격 | 探(さが)す 찾다

해석 갖고 있는 자격을 토대로 일을 찾습니다.

해설 ～をきっかけに ～을 계기로 | ～をこめて ～을 담아서 | ～をもとに ～을 토대로, ～을 근거로 | ～にもとづいて ～에 의거(근거)하여

02 **정답 1**

어휘 朝寝坊(あさねぼう) 늦잠꾸러기 | 朝(あさ) 아침 | 起(お)きる 일어나다

해석 늦잠꾸러기인 네가 아침 5시에 일어날 수 있을 리가 없다.

해설 ～わけがない ～할(일) 리가 없다 | ～かもしれない ～할(일)지도 모른다 | ～わけではない ～한(인) 것은 아니다 | ～べきではない ～해서는 안 된다

03 **정답 2**

어휘 動物(どうぶつ) 동물 | 好(す)きだ 좋아하다 | 嫌(きら)いだ 싫어하다

해석 동물을 좋아하는 사람도 있고, 싫어하는 사람도 있다.

해설 ～も ～ば、～も ～도～하(이)고, ～도

04 **정답 4**

어휘 知識(ちしき) 지식 | 人格(じんかく) 인격 | 備(そな)える 갖추다, 대비하다

해석 그는 지식은 물론 인격도 갖추고 있다.

해설 ～だけの ～만큼의 | ～に反(はん)して ～와 반대로, ～와는 다르게 | ～を通(とお)して ～을 통해서 | ～はもちろん ～는 물론

05 **정답 2**

어휘 英語(えいご) 영어 | クラス 클래스 | 誰(だれ)にも 누구에게도 | 負(ま)ける 지다

해석 야마다는 영어에 있어서는 학급 누구에게도 지지 않는다.

해설 ～において ～에서, ～에 있어서 | ～にかけては ～에 있어서는 | ～に関(かん)して ～에 관해서는 | ～によっては ～에 따라서는

06 **정답 4**

어휘 子供(こども) 아이 | よく 자주, 잘 | 年長者(ねんちょうしゃ) 연장자 | 真似(まね)をする 흉내를 내다

해석 아이는 자주 연장자의 흉내를 내려고 한다.

해설 ～ことになっている ～하게 되어 있다 | ～そうもない ～것 같지 않다 | ～ことにしている ～하기로 하고 있다 | ～ようとする ～하려고 하다

07 **정답 2**

어휘 企業(きぎょう) 기업 | 就職(しゅうしょく) 취직 | まず 우선, 먼저 | 情報(じょうほう) 정보 | 収集(しゅうしゅう) 수집

해석 일본기업에 취직하고 싶다면, 우선은 정보를 수집해야 한다.

해설 ～だけだ ～만(뿐)이다 | ～ことだ ～해야 한다, ～할 필요가 있다 | ～ようだ ～(것) 같다 | ～わけだ ～것이다, ～게 당연하다, ～할 만하다

08 **정답 1**

어휘 若(わか)い 젊다 | 母親(ははおや) 엄마 | 電車(でんしゃ) 전철 | 赤(あか)ん坊(ぼう) 아기 | 泣(な)く 울다 | 困(こま)る 곤란하다

해석 젊은 엄마는 전철 안에서 아기가 울어서 곤란해 하고 있었습니다.

해설 泣(な)かれる ～에게 ～함을 당하다, ～하여지다 | 泣(な)かせる 울게 하다 | 泣(な)かせられる·泣(な)かされる (어쩔 수 없이) 울다

09 **정답 3**

어휘 うかがう 듣다, 묻다, 찾아뵙다 | ご覧(らん)になる 보시다

해석 「실례합니다. 좀 여쭤보고 싶은 게 있는데요.」

해설 お+동사 ます형+になる ～하(이)시다 | お+동사 ます형+する (내가) ～하다

10 정답 4

어휘 暇(ひま) 한가한 모양 | 簡単(かんたん)な 간단한 | 日本食(にほんしょく) 일본음식 | 作(つく)り方(かた) 만드는 방법 | 教(おし)える 가르치다

해석 한가할 때에, 간단한 일본음식 만드는 방법을 가르쳐 주실 수 없겠습니까?

해설 お+동사 ます형+になる ~해 주시다 | ~てなさる 비문법적 | お+동사 ます형+する (내가) ~하다 | ~ていただく ~해 받다, ~해 주시다

문법형식 판단 완벽대비 문제 ❻ 회

문제 1 다음 문장의(　　)에 넣기에 가장 좋은 것을 1・2・3・4 가운데 하나 고르세요.

01 정답 3

어휘 地球(ちきゅう) 지구 | 太陽(たいよう) 태양 | 回(まわ)る 돌다

해석 지구는 태양을 중심으로 돌고 있다.

해설 ~を通(つう)じて ~을 통해서 | ~向(む)きに ~향, ~방향, ~에 알맞음, ~에 적합함 | ~を中心(ちゅうしん)にして ~을 중심으로 | ~に基(もと)づいて ~에 의거(근거)하여

02 정답 2

어휘 予定(よてい) 예정 | 終(お)わる 끝나다 | 計画(けいかく) 계획 | 立(た)てる 세우다 | やる 하다, 주다

해석 예정대로 끝나도록 계획을 세워서 해 주세요.

해설 ~みたいに ~같이, ~처럼 | ~どおり ~대로 | ~うちに ~동안에, ~사이에 | ~おき ~걸러, ~간격으로

03 정답 1

어휘 貧(まず)しい 가난하다 | 不幸(ふこう) 불행 | ~ということにはならない ~한(라는) 것은 아니다

해석 가난하다고 해서 불행한 것은 아니다.

해설 ~からといって ~라고 해서 | ~ことで ~의 건으로, ~일로 | ~からこそ (바로) ~이기 때문에 | ~ことなら ~것(일)이라면

04 정답 4

어휘 助(たす)かる 살아나다, 도움이 되다 | 自分(じぶん) 자기 자신 | 死(し)ぬ 죽다 | 考(かんが)える 생각하다 | 親(おや) 부모 | 気持(きも)ち 기분, 마음, 느낌

해석 아이만 살면 자신은 죽어도 좋다고 생각하는 것이 부모의 마음입니다.

해설 ~だけ ~만(뿐) | ~ばかり ~만(뿐) | ~くらい ~정도 | ~さえ、~ば ~만~해(이)면

05 정답 3

어휘 成長(せいちょう) 성장 | 子供(こども)っぽい 아이 같다 | 習慣(しゅうかん) 습관 | なくなる 없어지다

해석 성장함에 따라서 아이 같은 습관이 없어진다.

해설 ~に反(はん)して ~와 반대로, ~와는 다르게 | ~に対(たい)して ~에 대해서 | ~につれて ~에 따라 | ~に基(もと)づいて ~에 의거(근거)하여

06 정답 2

어휘 漢字(かんじ) 한자 | 難(むずか)しい 어렵다 | 思(おも)う 생각하다 | ~かもしれない ~할(일)지도 모른다 | 勉強(べんきょう) 공부 | 面白(おもしろ)い 재미있다

해석 한자라고 하면 어렵다고 생각할지도 모르지만 한자 공부는 매우 재미있습니다.

해설 ~として ~로서 | ~というと ~(라고) 하면 | ~とは ~란, ~라고 하는 것은 | ~というか ~라고 할지, ~라고 해야 할지

07 정답 4

어휘 電話(でんわ) 전화 | 直接(ちょくせつ) 직접 | 会(あ)う 만나다 | お互(たが)いに 서로 | よく 자주, 잘 | 話(はな)し合(あ)う 서로 이야기하다, 이야기를 나누다

해석 그들과는 전화라든지, 직접 만나서라든지 서로 자주 이야기한다.

해설 ~でも ~라도 | ~さえ ~조차 | ~には ~에(게)는, ~하려면 | ~とか ~라든지

08 정답 1

어휘 人生(じんせい) 인생 | 否定的(ひていてき) 부정적 | 態度(たいど)をとる 태도를 취하다

해석 그녀는 인생에 대해서 부정적인 태도를 취하고 있다.

해설 ~に対(たい)して ~에 대해서 | ~にとって ~에게 있어서 | ~にわたって ~에 걸쳐서 | ~によって ~에 의해서, ~에 따라서

09 정답 2

어휘 皆(みな)さん 여러분 | お子様(こさま) 자제분 | ~ことで ~일로, ~의 건으로 | 悩(なや)み 고민 | 持(も)つ 갖다, 들다

해석 여러분은 자제분의 일로 어떤 고민을 갖고 계십니까?

해설 お+동사 ます형+する (내가) ~하다 | お+동사 ます형+~だ ~하고 계시다 | お+동사 ます형+になる ~하시다 | お+동사 ます형+なさる ~하시다

10 정답 3

어휘 社長(しゃちょう) 사장님 | 会社(かいしゃ) 회사 | 辞(や)め

る 그만두다 | 大変(たいへん) 대단함, 굉장함, 힘듦, 고생스러움 | 困(こま)る 곤란하다, 어려움을 겪다, 난처해지다, 곤혹스럽다

해석 아버지는 사장님이 회사를 그만두라고 해서 상당히 곤혹스러웠다.

해설 辞(や)めさせる 그만두게 하다 | 辞(や)められる ~가 그만두다(수동) | 辞(や)めさせられる (어쩔 수 없이) 그만두다 | 辞(や)めさされる 비문법적

문법형식 판단 완벽대비 문제 ⑦ 회

문제 1 다음 문장의 (　　)에 넣기에 가장 좋은 것을 1・2・3・4 가운데 하나 고르세요.

01 **정답 2**

어휘 だれか 누군가 | ドア 문 | 少(すこ)し 조금, 약간 | 開(あ)く 열리다

해석 제가 없는 동안에 누군가 왔던 걸까요? 문이 조금 열려 있습니다.

해설 ~間(あいだ) ~동안 계속, ~내내 | ~間(あいだ)に ~사이에, ~하는 동안에 | ~間(あいだ)は ~동안은 | 間(あいだ)も 비문법적

02 **정답 4**

어휘 夜(よる) 밤 | ちょうど 꼭, 마침, 막 | 明(あ)ける (날이) 밝다, 새해가 되다, (어느 기간이) 끝나다

해석 날이 막 밝으려고 하고 있다.

해설 ~ことにしている ~하기로 하고 있다 | ~てほしい ~해 주었으면 좋겠다, ~하길 바란다 | ~てしょうがない ~해서 어쩔 수가 없다, 매우 ~하다 | ~ようとしている ~하려고 하고 있다

03 **정답 3**

어휘 牛乳(ぎゅうにゅう) 우유 | すっぱい 시큼하다, 시다 | 味(あじ)がする 맛이 나다

해석 이 우유는 신맛이 난다.

해설 ~がする ~이(가) 나다

04 **정답 1**

어휘 雨(あめ) 비 | ピクニック 소풍 | 行(い)ける 갈 수 있다

해석 비 때문에 우리들은 소풍을 가지 못했다.

해설 ~せいで ~탓(때문)에 | ~うえに ~한(인) 데다가 | ~つもりで ~할 생각・작정으로 | ~くせに ~한(인) 주제에, ~면서도

05 **정답 2**

어휘 どんなに 아무리 | がんばる 노력하다 | 調子(ちょうし) 상태, 컨디션 | 悪(わる)い 나쁘다 | 結果(けっか) 결과 | 出(で)る 나오다

해석 아무리 열심히 해 봤자, 컨디션이 안 좋을 때에는 좋은 결과가 나오지 않는다.

해설 ~とおりに ~대로 | ~たところで ~해 봤자, ~한들 | ~たびに ~(할) 때마다 | ~あまり ~한 나머지

06 **정답 4**

어휘 お名前(なまえ) 성함 | おっしゃる 말씀하시다

해석 성함이 뭐라고 하셨던가?

해설 ~なんて ~(하)다니 | ~って ~라고, ~이란 | ~なんか ~같은 것 | ~っけ ~었지? ~었나?

07 **정답 3**

어휘 ~について ~에 관해서, ~에 대해서 | 何(なに)も 무엇도 | 言(い)う 말하다

해석 저로서는 그것에 대해서 아무것도 말할 것은 없습니다.

해설 ~とは ~란, ~라고 하는 것은 | ~において ~에서, ~에 있어서 | ~として ~로서 | ~によって ~에 의해서, ~에 따라서

08 **정답 4**

어휘 人生(じんせい) 인생 | 喜(よろこ)び 기쁨 | 苦(くる)しみ 괴로움, 고통 | 多(おお)い 많다 | ~かもしれない ~할(일)지도 모른다

해석 인생은 기쁨보다 괴로움 쪽이 많을지도 모른다.

해설 ~に反(はん)して ~와 반대로, ~와는 다르게 | ~にしたがって ~에 따라서 | ~に対(たい)して ~에 대해서 | ~に比(くら)べて ~에 비해서

09 **정답 1**

어휘 昨日(きのう) 어제 | 自転車(じてんしゃ) 자전거 | 修理(しゅうり) 수리

해석 어제, 아버지가 자전거를 수리해 주었다.

해설 ~てもらう ~해 받다, ~해 주다 | ~てくれる ~해 주다 | ~てさしあげる ~해 드리다 | ~てくださる ~해 주시다

10 **정답 4**

어휘 戻(もど)ってくる 돌아오다 | 待(ま)つ 기다리다

해석 그가 돌아올 때까지 여기에서 기다리시는 게 어떠세요?

해설 お+동사 ます형+なる ~하시다 | ~(ら)れる ~하시다 | お+동사 ます형+する (내가) ~하다 | ~てください ~해 주세요 | ~てみましょうか ~해 볼까요? | ~させていただけないでしょうか ~하게 해 받을 수 없겠습니까? ~해도 될까요? | ~たらどうですか ~하는 게 어떻습니까?

문법형식 판단 완벽대비 문제 ⑧ 회

문제 1 다음 문장의 (　　)에 넣기에 가장 좋은 것을 1·2·3·4 가운데 하나 고르세요.

01 **정답 1**

어휘 寒(さむ)い 춥다 | 走(はし)る 달리다, 뛰다 | 体(からだ) 몸 | 暖(あたた)かい 따뜻하다

해석 추웠지만, 뛰고 있는 동안에 몸이 따뜻해졌다.

해설 ～うちに ~동안에, ~사이에 | ～間(あいだ)は ~동안은 | ～うえに ~한(인) 데다가 | ～あまり ~한 나머지

02 **정답 2**

어휘 今(いま)まで 지금까지 | 人生(じんせい) 인생 | 今日(きょう) 오늘 | 暑(あつ)い 덥다

해석 지금까지의 인생에서 오늘만큼 더운 날은 없었습니다.

해설 ～さえ ~조차 | ～ほど ~정도, ~만큼, ~할(일)수록 | ～だって ~라도, ~역시 | ～だけ ~만,~뿐

03 **정답 3**

어휘 仕事(しごと) 일 | 十分(じゅうぶん)に 충분히 | お金(かね) 돈 | 働(はたら)く 일하다 | ～なくてはならない ~않으면 안 된다

해석 그 일은 충분히 돈이 되지만, 그 반면 하루에 12시간 일하지 않으면 안 된다.

해설 最中(さいちゅう) 한창 ~ 중 | 間(あいだ) ~동안 계속, ~내내 | ～反面(はんめん) ~한(인) 반면 | ～向(む)き ~향, ~방향, ~에 알맞음, ~에 적합함

04 **정답 4**

어휘 給料(きゅうりょう) 월급 | 経験(けいけん) 경험 | 学歴(がくれき) 학력 | 決(き)まる 정해지다, 결정되다

해석 월급은 경험과 학력에 근거하여 정해집니다.

해설 ～にかけて ~에 걸쳐서 | ～に反(はん)して ~와 반대로, ~와는 다르게 | ～に比(くら)べて ~에 비해서 | ～に基(もと)づいて ~에 의거(근거)하여

05 **정답 1**

어휘 試験(しけん) 시험 | カンニング 커닝 | 見(み)つける 발견하다, 찾다

해석 선생님은 학생이 시험에서 커닝을 하고 있는 모습을 찾아냈다.

해설 ～ところを ~상황을, ~장면을

06 **정답 2**

어휘 新車(しんしゃ) 새 차 | 買(か)う 사다 | 銀行(ぎんこう) 은행 | 貯金(ちょきん) 저금

해석 새로 차를 산 셈 치고 은행에 저금했다.

해설 ～たばかりで ~한 지 얼마 안 되어서 | ～たつもりで ~했다고 생각하고, ~한 셈치고 | ～たところで ~해 봤자, ~한들 | ～ためで 비문법적

07 **정답 3**

어휘 言(い)う 말하다 | 前(まえ)に 이전 | 一度(いちど) 한 번 | 会(あ)う 만나다 | ～ように ~같이, ~처럼 | 思(おも)う 생각하다 | 思(おも)える 생각되다, 느껴지다

해석 그 사람이 '처음 뵙겠습니다'라고 했는데, 예전에 한 번 만난 것 같은 생각이 든다.

해설 ～てほしい ~해 주었으면 좋겠다, ~하길 바란다 | ～ないほうがいい ~하지 않는 편이 좋다 | ～てならない ~해서 어쩔 수가 없다, 매우 ~하다 | ～てはならない ~해서는 안 된다

08 **정답 4**

어휘 上司(じょうし) 상사 | 会議(かいぎ) 회의 | 出席(しゅっせき) 출석

해석 그는 상사 대신에 회의에 출석했다.

해설 ～ように ~같이, ~처럼 | ～だけに ~한(인) 만큼 | ～くせに ~한(인) 주제에, ~면서도 | ～かわりに ~대신에

09 **정답 1**

어휘 第二外国語(だいにがいこくご) 제2외국어 | 自由(じゆう)に 자유롭게 | 選択(せんたく) 선택

해석 제2외국어는 자유롭게 선택할 수 있게 되어 있다.

해설 ～ことになっている ~하게 되어 있다 | ～ことはない ~할 필요는 없다 | ～ことにしている ~하기로 하고 있다 | ～ことがある ~하는 경우(일)가 있다

10 **정답 2**

어휘 漢字(かんじ) 한자 | 読(よ)み書(か)き 읽고 쓰기 | 勉強(べんきょう) 공부 | 大学(だいがく) 대학 | ついていく 따라 가다

해석 한자 읽고 쓰는 공부를 하지 않고서는 대학 공부를 따라갈 수 없다.

해설 ～ために ~ 때문에, ~위해서 | ～てからでないと ~하고 나서가 아니면, ~하지 않고서는 | ～ように ~하도록 | ～からといって ~라고 해서

문법형식 판단 완벽대비 문제 ⑨ 회

문제 1 다음 문장의(　　)에 넣기에 가장 좋은 것을 1･2･3･4 가운데 하나 고르세요.

01 정답 4

어휘 直接(ちょくせつ) 직접 | 恥(は)ずかしい 부끄럽다 | 友人(ゆうじん) 친구 | 気持(きも)ち 기분, 마음, 느낌 | 伝(つた)える 전하다

해석 직접 말하는 것은 부끄러워서, 친구를 통해서 그녀에게 마음을 전했다.

해설 ～にしたがって ～에 따라(서) | ～をこめて ～을 담아 | ～にわたって ～에 걸쳐서, ～동안, ～전체에 | ～を通(とお)して ～을 통해서

02 정답 4

어휘 見(み)かけ 겉보기, 외관 | 判断(はんだん)する 판단하다

해석 사람을 겉모습만으로 판단해서는 안 된다.

해설 ～わけだ ～것이다, ～게 당연하다 | ～ものだ ～하는 법이다, ～하는 게 당연하다 | ～わけではない ～한(인) 것은 아니다 | ～ものではない ～하는 게 아니다, 그렇게 해서는 안 된다

03 정답 2

어휘 出入(でい)り口(ぐち) 출입구 | 開(あ)ける 열다

해석 출입구는 열린 채로 있었다.

해설 ～っぽい ～같다, ～의 경향이 강하다 | ～たまま ～한 채로 | ～たばかり ～한지 얼마 안 됨 | ～ほど ～정도, ～만큼, ～할(일)수록

04 정답 3

어휘 自分(じぶん) 자기 자신 | 失敗(しっぱい) 실패 | 息子(むすこ) 아들 | 成功(せいこう) 성공 | ～てほしい ～해 주었으면 좋겠다, ～하길 바란다

해석 자신이 실패했기 때문에, 아들은 성공하길 바란다.

해설 ～一方(いっぽう)で ～하는 한편(으로) | ～ことなら ～것이라면 | ～からこそ (바로) ～이기 때문에 | ～最中(さいちゅう)に 한창 ～중(에)

05 정답 1

어휘 信(しん)じる 믿다

해석 설령 선생님이 그렇게 말해도 나는 그것을 믿지 않는다.

해설 たとえ～ても 비록(설령, 가령) ～라도 | ～から ～(기) 때문에 | ～なくて ～않아서 | ～ず ～하지 않고, ～하지 말고

06 정답 1

어휘 人類(じんるい) 인류 | 働(はたら)く 일하다 | つもり 생각, 작정

해석 인류를 위해서 일할 생각이다.

해설 ～ために ～ 때문에, ～위해서 | ～ように ～같이, ～처럼 | ～うえに ～한(인) 데다가 | ～かわりに ～대신에

07 정답 2

어휘 こんなに 이렇게 | 暑(あつ)い 덥다 | 走(はし)る 뛰다, 달리다 | ～なんて ～(하)다니 | 誰(だれ) 누구 | 辛(つら)い 괴롭다, 고통스럽다

해석 이렇게 더운 날에 뛰다니, 누구라도 힘들다.

해설 ～なんか ～등, ～같은 것 | ～だって ～라도, ～역시 | ～とか ～라든지, ～따위 | ～さえ ～조차

08 정답 3

어휘 男(おとこ) 남자 | 出来(でき)る 할 수 있다, 생기다, 완성되다 | 女(おんな) 여자

해석 남자는 할 수 있고 여자는 할 수 없는 것은 없다.

해설 ～べきではない ～해서는 안 된다 | ～ばかりではない ～만(뿐)이 아니다 | ～ないことはない ～하지 않는 것은 아니다, ～하지 않는 것(～가 아닌 것)은 없다 | ～ほどではない ～만큼은 아니다

09 정답 3

어휘 インド 인도 | 長年(ながねん) 오랜 세월, 여러 해 | 英国(えいこく) 영국 | 支配(しはい) 지배

해석 인도는 오랜 세월 동안 영국에 지배당했다.

해설 ～から～にかけて ～부터 ～에 걸쳐서 | ～にとって ～에게 있어서 | ～にわたって ～에 걸쳐서, ～동안, ～전체에 | ～によって ～에 의해서, ～에 따라서

10 정답 4

어휘 申込書(もうしこみしょ) 신청서 | 記入(きにゅう) 기입 | ご+한자어+ください ～해 주십시오

해석 저쪽에 신청서가 있으니까, 기입해 주세요.

해설 存(ぞん)じる 알고 있다 | なさる 하시다 | おる (사람이) 존재하다, 있다 | ござる 있다

문법형식 판단 완벽대비 문제 ⑩ 회

문제 1 다음 문장의 (　　)에 넣기에 가장 좋은 것을 1·2·3·4 가운데 하나 고르세요.

01 정답 2

어휘 日曜日(にちようび) 일요일 | 自分(じぶん) 자기 자신 | 部屋(へや) 방 | きれいに 깨끗하게 | 片付(かたづ)ける 정돈하다, 치우다

해석 저는 일요일마다 제 방을 깨끗하게 치웁니다.

해설 ～たびに ～(할) 때마다 | ～ごとに ～마다 | ～最中(さいちゅう)に 한창 ～중(에) | ～うえに ～한(인) 데다가

02 정답 3

어휘 事故(じこ) 사고 | 下手(へた)な 서툰 | 運転(うんてん) 운전

해석 그 사고는 서툰 운전 탓이었다.

해설 ～おかげ ～덕택, ～덕분 | ～あまり ～한 나머지 | ～せい ～탓, ～때문 | 一方(いっぽう)だ ～하기만 하다, ～할 뿐이다

03 정답 1

어휘 離(はな)れる 떨어지다, 떠나다 | ～てみる ～해 보다 | お母(かあ)さん 어머니 | 優(やさ)しさ 부드러움, 다정함, 상냥함 | 分(わ)かる 알다

해석 떨어져 보고 나서야 비로소 어머니의 따뜻함을 알게 되었습니다.

해설 ～てはじめて ～하고 나서야 비로소 | ～てからでないと ～하고 나서가 아니면, ～하지 않고서는 | ～て以来(いらい) ～한 이래, ～한 후로 | ～てほしい ～해 주었으면 좋겠다, ～하길 바란다

04 정답 4

어휘 人生(じんせい) 인생 | 最高(さいこう) 최고 | 日(ひ) 하루, 날

해석 오늘은 제 인생에 있어서 최고의 날입니다.

해설 ～について ～에 관해서 | ～にかけては ～있어서는, ～에 관해서만큼은 | ～に対(たい)して ～에 대해서 | ～において ～에서, ～에 있어서

05 정답 4

어휘 美(うつく)しい 아름답다 | 才能(さいのう) 재능

해석 그녀는 아름다울 뿐 아니라 재능도 있었다.

해설 ～ついでに ～하는(한) 김에 | ～からこそ (바로) ～이기 때문에 | ～たところで ～해 봤자, ～한들 | ～ばかりでなく ～뿐 아니라

06 정답 3

어휘 語学(ごがく) 어학 | 優(すぐ)れる 뛰어나다, 출중하다 | フランス語(ご) 프랑스어 | 7ヶ国語(こくご) 7개 국어 | 話(はな)す 말하다, 이야기하다

해석 그는 어학에 뛰어나서 프랑스어를 비롯해서 7개 국어를 할 수 있다.

해설 ～を通(つう)じて ～을 통해서 | ～をこめて ～을 담아 | ～をはじめ ～을 비롯해서 | ～をきっかけとして ～을 계기로 해서

07 정답 2

어휘 ガイドブック 가이드북 | ～によれば ～에 의하면, ～에 따르면 | この辺(へん) 이 근처 | 一番(いちばん) 가장, 제일 | おいしい 맛있다 | 店(みせ) 가게

해석 가이드북에 의하면, 여기가 이 근처에서 가장 맛있는 가게라고 한다.

해설 ～っけ ～었지? ～었나? | ～って ～라고, ～라고 하다 | ～だろう ～겠지, ～일 것이다 | ～のだ ～것이다

08 정답 2

어휘 男(おとこ) 남자 | 勇気(ゆうき) 용기 | 持(も)つ 갖다, 들다 | 人物(じんぶつ) 인물

해석 그는 남자다운 용기를 가진 인물이다.

해설 ～どおり ～대로 | ～らしい ～(것) 같다, ～답다 | ～ような ～같은 | ～向(む)けの ～용의, ～을 대상으로 하는

09 정답 3

어휘 お越(こ)し 가심, 오심 | 待(ま)つ 기다리다

해석 당신이 오시기를 기다리고 있습니다.

해설 お+동사 ます형+になる ～하시다 | ～(ら)れる ～하시다 | お+동사 ます형+する (내가) ～하다

10 정답 3

어휘 辞書(じしょ) 사전 | 借(か)りる 빌리다 | 貸(か)す 빌려주다

해석 A : 「실례합니다. 사전을 빌려 주실 수 있겠습니까?」
B : 「네, 여기요.」

해설 ～ていただけませんか ～해 주실 수 없겠습니까? | お+동사 ます형+になる ～하시다 | ～(ら)れる ～하시다 | ～てください ～해 주세요

문장만들기 완벽대비 문제 ❶ 회

문제 2 다음 문장의 ___★___ 에 들어갈 가장 좋은 것을 1·2·3·4 가운데 하나 고르세요.

01 **정답 2**

어휘 試験(しけん) 시험 | ～までに ～까지는 | たった 겨우, 단지 | 一週間(いっしゅうかん) 일주일 | ～しか ～밖에 | 残(のこ)る 남다

완성문 試験までにたった一週間しか残っていない。

해석 시험까지는 겨우 일주일밖에 남지 않았다.

02 **정답 3**

어휘 よく 자주, 잘 | 知(し)る 알다 | ～くせに ～한(인) 주제에, ～면서도 | 何(なん)でも 뭐든지 | 説明(せつめい) 설명 | ～たがる ～하고 싶어 하다

완성문 あの人はよく知らないくせに何でも説明したがる。

해석 저 사람은 잘 알지도 못하면서 뭐든지 설명하고 싶어 한다.

03 **정답 2**

어휘 料理(りょうり) 요리 | 食(た)べられる 먹을 수 있다 | ～ことは、～が ～(하)기는 ～지만 | 味(あじ) 맛 | どうも 아무래도 | よくない 좋지 않다

완성문 日本でも私の国の料理が食べられることは食べられるが味がどうもよくない。

해석 일본에서도 우리나라 요리를 먹을 수 있기는 하지만 맛이 아무래도 좋지 않다.

04 **정답 4**

어휘 欠点(けってん) 결점 | お喋(しゃべ)り 지껄임, 수다, 수다쟁이 | ～すぎる 너무(지나치게) ～하다 | ～ところ ～곳, ～점, ～부분, ～장면, ～상황, ～모습

완성문 彼女の欠点はおしゃべりをしすぎるところだ。

해석 그녀의 결점은 말을 너무 많이 한다는 것이다.

05 **정답 4**

어휘 時間(じかん) 시간 | ～ば ～하(이)면 | 問題(もんだい) 문제 | ～について ～에 관해서 | 話(はな)す 이야기하다 | ～たい ～하고 싶다 | ～けど ～인데, ～지만

완성문 時間があれば、ちょっとその問題について話したいんだけど。

해석 시간이 있으면 잠깐 그 문제에 관해서 얘기하고 싶은데…….

06 **정답 1**

어휘 顔(かお) 얼굴 | 怖(こわ)い 무섭다 | ～そうに ～것 같이 | 見(み)える 보이다 | ～反面(はんめん) ～한(인) 반면 | 声(こえ) 목소리 | 優(やさ)しい 부드럽다, 다정하다, 상냥하다

완성문 彼は顔は怖そうに見える反面声は優しかった。

해석 그는 얼굴은 무서워 보이는 반면, 목소리는 부드러웠다.

07 **정답 3**

어휘 言(い)う 말하다 | ～ても ～해도 | 泣(な)かせる 울게 하다 | ～ことになる ～하게 되다 | ～だろう ～할(일) 것이다, ～하(이)겠지

완성문 あなたが何を言っても彼女を泣かせることになるだろう。

해석 네가 무슨 말을 해도 그녀를 울리게 될 것이다.

08 **정답 1**

어휘 良(よ)い 좋다 | ぐっすり 푹 | 眠(ねむ)る 자다 | ～そうだ ～라고 한다, ～것 같다

완성문 今日は良い１日だったのでぐっすり眠れそうだ。

해석 오늘은 좋은 하루였기 때문에 푹 잘 수 있을 것 같다.

09 **정답 1**

어휘 帽子(ぼうし)をかぶる 모자를 쓰다 | ～まま ～채로 | 教室(きょうしつ) 교실 | 入(はい)る 들어가(오)다 | ～べきではない ～해서는 안 된다

완성문 帽子をかぶったままで教室に入るべきではない。

해석 모자를 쓴 채로 교실에 들어가서는 안 된다.

10 **정답 4**

어휘 作文(さくぶん) 작문 | 急(いそ)いで 서둘러서, 급하게 | 書(か)く 쓰다 | きっと 꼭, 틀림없이 | 間違(まちが)い 틀림, 잘못됨, 실수 | ～だらけ ～투성이 | ～でしょう ～할(일) 것입니다, ～하(이)겠지요.

완성문 その作文は急いで書いたのできっと間違いだらけでしょう。

해석 그 작문은 급하게 썼기 때문에 틀림없이 틀린 것투성이일 것입니다.

문장만들기 완벽대비 문제 ❷ 회

문제 2 다음 문장의 ___★___ 에 들어갈 가장 좋은 것을 1·2·3·4 가운데 하나 고르세요.

01 **정답 4**

어휘 子供(こども) 아이 | 激(はげ)しく 심하게, 격하게 | 叱(しか)る 혼내다, 꾸짖다 | ～一方(いっぽう)で ～하는 한편(으로) | ～優(やさ)しく 다정하게, 부드럽게 | 接(せっ)する 접하다, 대하다 | 忘(わす)れる 잊다 | ～てはいけない ～해서는 안 된다

완성문 子供を激しく叱る一方でやさしく接することも忘れては

いけない。

해석 아이를 심하게 혼내는 한편으로 다정하게 대하는 것도 잊어서는 안 된다.

02 정답 4

어휘 電話(でんわ)を受(う)ける 전화를 받다 | 読書(どくしょ) 독서 | ~最中(さいちゅう) 한창 ~ 중

완성문 彼女から電話を受けたとき私は読書の最中であった。

해석 그녀에게서 전화를 받았을 때 나는 한창 독서 중이었다.

03 정답 1

어휘 電話(でんわ) 전화 | ~なんか ~등, ~같은 것, ~따위 | ~ばよかった ~했더라면 좋았다

완성문 彼に電話なんかしなければよかった。

해석 그에게 전화 같은 것 하지 않았더라면 좋았다.

04 정답 2

어휘 努力(どりょく) 노력 | 期待(きたい) 기대 | ~に反(はん)する ~와는 다른, ~에 반한 | 結果(けっか) 결과

완성문 努力したが、みんなの期待に反する結果となってしまった。

해석 노력했지만, 모두의 기대와는 다른 결과가 되어 버렸다.

05 정답 4

어휘 ~について ~에 관해서 | 知(し)っている 알고 있다 | ~はずがない ~할(일) 리가 없다

완성문 彼女はそれについて知っていたはずがない。

해석 그녀는 그것에 관해서 알고 있었을 리가 없다.

06 정답 4

어휘 仕事(しごと)ができる 일을 잘하다 | ~ほど ~정도, ~만큼, ~할(일)수록 | 時間(じかん) 시간 | 使(つか)い方(かた) 사용 방법, 사용법 | 上手(うま)い 훌륭하다, 솜씨가 좋다

완성문 仕事ができる人ほど時間の使い方が上手い。

해석 일을 잘하는 사람일수록 시간을 잘 활용한다.

07 정답 2

어휘 学者(がくしゃ) 학자 | ~としては ~로서는 | 立派(りっぱ)だ 훌륭하다 | ~が ~(하)지만 | 人間(にんげん) 인간 | 尊敬(そんけい) 존경

완성문 あの人は学者としては立派だが人間としては尊敬できない。

해석 그 사람은 학자로서는 훌륭하지만 인간으로서는 존경할 수 없다.

08 정답 1

어휘 いくら~ても 아무리 ~해(라)도 | 多(おお)くの 많은 | 読(よ)まれる 읽혀지다 | ただ 오직, 그저, 단지 | ~だけでは ~만으로는 | 意味(いみ) 의미

완성문 いくら多くの人に読まれても、ただ読まれるだけじゃ意味がない。

해석 아무리 많은 사람들에게 읽혀도, 그저 읽히는 것만으로는 의미가 없다.

09 정답 4

어휘 どうして 왜, 어째서 | お金(かね) 돈 | 貸(か)す 빌려 주다 | だって 하지만, 그렇지만, ~라도, ~역시 | 泣(な)く 울다 | 頼(たの)む 부탁하다 | ~(んだ)もの ~인(하는)걸, ~단 말이야

완성문「どうして、彼にお金貸したのよ。」「だって泣いて頼むんだもの。」

해석 「왜 그에게 돈을 빌려줬어.」「하지만 울면서 부탁했단 말이야.」

10 정답 1

어휘 おっしゃる 말씀하시다 | ~とおり ~대로 | 間違(まちが)う 틀리다, 잘못되다, 실수하다

완성문 先生がおっしゃるとおり私が間違っていました。

해석 선생님이 말씀하신 대로 제가 틀렸습니다.

문장만들기 완벽대비 문제 ③ 회

문제 2 다음 문장의 ___★___ 에 들어갈 가장 좋은 것을 1 · 2 · 3 · 4 가운데 하나 고르세요.

01 정답 1

어휘 あげる 주다 | ~くらいなら ~할 정도라면, ~할 거라면 | 捨(す)てる 버리다 | ~たほうがいい ~하는 편이 좋다

완성문 このお金を彼にあげるくらいなら捨てたほうがいい。

해석 이 돈을 그에게 줄 거라면 버리는 편이 낫다.

02 정답 3

어휘 たとえ~ても 비록(가령, 설령) ~해(라)도 | 余裕(よゆう) 여유 | 休暇(きゅうか) 휴가 | 過(す)ごす 보내다, 지내다 | ~ために ~때문에, ~위해서 | 外国(がいこく) 외국 | ~まで ~까지 | 行(い)く 가다 | ~ことはない ~할 필요는 없다 | ~だろう ~할(일) 것이다, ~하(이)겠지.

완성문 たとえ余裕があっても、休暇を過ごすために外国まで行くことはないだろう。

해석 설령 여유가 있다고 해도 휴가를 보내기 위해서 외국까지 갈 필요는 없을 것이다.

03 정답 4

어휘 教師(きょうし) 교사 | ~つもりで ~할 생각(작정)으로 | 英語(えいご) 영어 | 学(まな)び始(はじ)める 배우기 시작하다

완성문 私は教師になるつもりで英語を学び始めた。

해석 나는 교사가 될 생각으로 영어를 배우기 시작했다.

04 정답 2

어휘 アメリカ 미국 | コロンブス 콜럼버스 | ~によって ~에 의해서, ~에 따라서 | 発見(はっけん) 발견

완성문 アメリカはコロンブスによって発見された。

해석 미국은 콜럼버스에 의해 발견되었다.

05 정답 3

어휘 授業(じゅぎょう) 수업 | 以外(いがい) 이외 | いろいろな 여러 가지 | 仕事(しごと) 일 | なさる 하시다

완성문 先生は授業以外にもいろいろな仕事をなさっています。

해석 선생님은 수업 이외에도 여러 가지 일을 하시고 계십니다.

06 정답 1

어휘 物価(ぶっか)が高(たか)い 물가가 비싸다 | なるべく 가능한 한 | 使(つか)う 쓰다, 사용하다 | ~ように ~하도록

완성문 日本は物価が高いので、なるべくお金を使わないようにしている。

해석 일본은 물가가 비싸기 때문에, 가능한 한 돈을 쓰지 않도록 하고 있다.

07 정답 2

어휘 心(こころ) 마음 | ~をこめて ~을 담아 | 歌(うた)う 노래하다 | 聴衆(ちょうしゅう) 청중 | 深(ふか)い 깊다 | 感動(かんどう)を受(う)ける 감동을 받다

완성문 彼女は心をこめて歌ったので、聴衆は深い感動をうけた。

해석 그녀는 마음을 담아 노래했기 때문에, 청중은 깊은 감동을 받았다.

08 정답 4

어휘 もし 만약, 만일 | 車(くるま) 자동차 | 数(かず) 수 | 増(ふ)える 늘다, 증가하다 | 道路(どうろ) 도로 | ひどく 심하게 | 込(こ)む 붐비다, 몰리다 | ~ことになる ~하게 되다 | ~だろう ~할(일) 것이다, ~해(이)겠지

완성문 もし車の数が増えると、道路はひどく込むことになるだろう。

해석 만약 자동차 수가 늘면, 도로는 심하게 막히게 될 것이다.

09 정답 1

어휘 喜(よろこ)ばせる 기쁘게 하다 | ~ようと ~(하)려고 | できる 할 수 있다, 생기다, 완성되다 | ~だけの ~만큼(의)

완성문 私は父を喜ばせようとできるだけのことをした。

해석 나는 아버지를 기쁘게 해드리려고 할 수 있는 만큼의 것을 했다.

10 정답 1

어휘 部長(ぶちょう) 부장님 | 先(さっき) 아까, 조금 전 | 書類(しょるい) 서류 | もう 이미, 벌써, 이제, 더 | ご覧(らん)になる 보시다

완성문 部長、さっきの書類はもうご覧になりましたか。

해석 부장님, 조금 전 서류는 이미 보셨습니까?

문장만들기 완벽대비 문제 4 회

문제 2 다음 문장의 ___★___ 에 들어갈 가장 좋은 것을 1･2･3･4 가운데 하나 고르세요.

01 정답 1

어휘 信念(しんねん) 신념 | ~にしたがって ~에 따라(서) | 行動(こうどう)する 행동하다 | 難(むずか)しい 어렵다

완성문 信念にしたがって行動するのは難しい。

해석 신념에 따라 행동하는 것은 어렵다.

02 정답 2

어휘 もらう 받다 | お金(かね) 돈 | 多(おお)い 많다 | ~といっても ~라고 해도 | 物価(ぶっか)が高(たか)い 물가가 비싸다 | 生活(せいかつ) 생활 | 楽(らく) 편안함, 용이함

완성문 会社からもらうお金が多いといっても物価が高いから生活は楽ではない。

해석 회사에서 받는 돈이 많다고 해도 물가가 비싸서 생활은 쉽지 않다.

03 정답 4

어휘 結果(けっか) 결과 | ~に関(かん)して ~에 관해서 | 心配(しんぱい)する 걱정하다 | 必要(ひつよう) 필요

완성문 その結果に関して君は心配する必要はない。

해석 그 결과에 관해서 자네는 걱정할 필요는 없다.

04 정답 4

어휘 いくら~ても 아무리 ~해(라)도 | 読(よ)む 읽다 | ~すぎる 너무(지나치게) ~하다 | ことはない ~할 것은 없다, ~할 필요는 없다

완성문 本はいくら読んでも読みすぎることはない。

해석 책은 아무리 읽어도 지나칠 것은 없다.

05 정답 3

어휘 手紙(てがみ) 편지 | ~というのは ~라고 하는 것은, ~란 | 中国語(ちゅうごくご) 중국어 | トイレットペーパー 화장지 | ~という ~라고 하는, ~라는 | 意味(いみ) 의미 | ~って ~라고, ~라고 하는, ~이란 | 知(し)る 알다

완성문 手紙というのは中国語でトイレットペーパーという意味だってこと、君、知ってた?

해석 「手紙」라는 것은 중국어로 화장지라는 의미라는 것, 너 알고 있었어?

06 정답 2

어휘 教室(きょうしつ) 교실 | たばこを吸(す)う 담배를 피우다 | ~てはいけない ~해서는 안 된다 | ~ことになっている ~하게 되어 있다

완성문 教室ではたばこを吸ってはいけないことになっている。

해석 교실에서는 담배를 피우면 안 되게 되어 있다.

07 정답 1

어휘 おいしい 맛있다 | ~そうな ~것 같은, ~해 보이는 | ケーキ 케이크 | 並(なら)ぶ 늘어서다, 줄서다 | 買(か)って行(い)く 사 가다

완성문 おいしそうなケーキが並んでいるので、買って行きましょう。

해석 맛있어 보이는 케이크가 늘어서 있으니까, 사 갑시다.

08 정답 2

어휘 これからも 앞으로도 | 指導(しどう) 지도 | ご+한자어+くださる ~해 주시다 | ~よう ~하도록 | よろしく 잘 | お願(ねが)い申(もう)し上(あ)げる 부탁 말씀 드리다

완성문 これからもご指導くださいますようよろしくお願い申しあげます。

해석 앞으로도 잘 지도해 주시도록 부탁 말씀 드리겠습니다.

09 정답 3

어휘 映画(えいが) 영화 | 見(み)る 보다 | ~たびに ~(할) 때마다 | 涙(なみだ)が出(で)る 눈물이 나다 | ~てしかたがない ~해서 어쩔 수가 없다, 매우 ~하다

완성문 この映画は見るたびに涙が出てしかたがない。

해석 이 영화는 볼 때마다 너무 눈물이 난다.

10 정답 2

어휘 中間(ちゅうかん) 중간 | テスト 테스트 | 期末(きまつ) 기말 | 前日(ぜんじつ) 전날 | 一晩中(ひとばんじゅう) 밤새도록 | 勉強(べんきょう) 공부 | ~たものだ ~하곤 했다

완성문 中間テストや期末テストの前日は一晩中勉強したものでした。

해석 중간고사와 기말고사 전날은 밤새도록 공부하곤 했었습니다.

문장만들기 완벽대비 문제 ❺ 회

문제 2 다음 문장의 ＿★＿ 에 들어갈 가장 좋은 것을 1·2·3·4 가운데 하나 고르세요.

01 정답 2

어휘 パーティー 파티 | 出(で)る 나가(오)다 | ~がきっかけで ~가 계기로 | 友達(ともだち) 친구 | ~になる ~가 되다

완성문 彼らとはパーティーに出たのがきっかけで友達になった。

해석 그들과는 파티에 나간 것이 계기가 되어 친구가 되었다.

02 정답 1

어휘 水泳(すいえい) 수영 | ~をはじめ ~을 비롯해서 | いろいろな 여러 가지 | 趣味(しゅみ) 취미

완성문 私には水泳をはじめいろいろな趣味があります。

해석 저에게는 수영을 비롯해서 여러 가지 취미가 있습니다.

03 정답 3

어휘 ノンフィクション 논픽션 | ~というのは ~라고 하는 것은, ~란 | 事実(じじつ) 사실 | ~をもとにして ~을 토대로, ~을 근거로 | 書(か)かれる 쓰여지다

완성문 ノンフィクションというのは事実をもとにして書かれたものです。

해석 논픽션이란 사실을 근거로 쓰여진 것입니다.

04 정답 4

어휘 写真(しゃしん) 사진 | ~にとって ~에게 있어서 | 何(なに)よりも 무엇보다도 | 大切(たいせつ)な 중요한, 소중한

완성문 この写真はわたしにとって何よりも大切なものです。

해석 이 사진은 저에게 있어서 무엇보다도 소중한 것입니다.

05 정답 4

어휘 実際(じっさい)に 실제로 | 話(はな)す 이야기하다, 말하다 | ~なくては ~않고서는, ~않으면 | 上手(じょうず)になる 능숙해지다, 잘하게 되다 | もっと 더욱, 좀 더 | 積極的(せっきょくてき)に 적극적으로 | ~ように ~하도록

완성문 実際に話さなくては上手にならないので、もっと積極的に話すようにしよう。

해석 실제로 이야기를 하지 않으면 능숙해지지 않으니까, 좀 더 적극적으로 이야기하도록 하자.

06 정답 2

어휘 こういう 이러한 | ~ふうに ~식으로 | 問題(もんだい) 문제 | 解決(かいけつ) 해결

완성문 私はこういうふうにしてその問題を解決した。

해석 나는 이런 식으로 해서 그 문제를 해결했다.

07 정답 1

어휘 もっと 더욱, 좀 더 | 冷静(れいせい)に 냉정하게 | 行動(こうどう)する 행동하다 | ~べきだ ~해야 한다

완성문 君はもっと冷静に行動するべきだ。

해석 자네는 좀 더 냉정하게 행동해야 한다.

08 정답 3

어휘 ~てほしい ~해 주었으면 좋겠다, ~하길 바란다 | お願(ねが)いする 부탁하다 | 最後(さいご) 최후, 마지막

완성문 私が何かしてほしいとあなたにお願いするのはこれが最後です。

해석 제가 뭔가 해 주었으면 좋겠다고 당신에게 부탁하는 것은 이것이 마지막입니다.

09 정답 2

어휘 大学(だいがく) 대학 | 教授(きょうじゅ) 교수 | ~として ~로서 | ~より ~보다 | むしろ 오히려 | 作家(さっか) 작가 | よく 자주, 잘 | 知(し)られる 알려지다

완성문 彼は大学の教授としてより、むしろ作家としてよく知られている。

해석 그는 대학 교수로서보다, 오히려 작가로서 잘 알려져 있다.

10 정답 1

어휘 小(ちい)さな 작은 | 子供(こども) 아이 | 一人(ひとり) 혼자, 한 사람 | 残(のこ)す 남기다, 남겨두다 | ~ておく ~해 놓다, ~해 두다 | ~まま ~채로 | 外出(がいしゅつ) 외출 | ~べきではない ~해서는 안 된다

완성문 小さな子供を一人残しておいたまま外出するべきではありません。

해석 어린아이를 혼자 남겨둔 채로 외출해서는 안 됩니다.

글의 문법 완벽대비 문제 ❶ 회

문제 3 다음 문장을 읽고 문장 전체의 내용을 생각하여 [01] 부터 [05] 안에 들어갈 가장 좋은 것을 1·2·3·4 가운데 하나 고르세요.

01 정답 2 **02** 정답 4 **03** 정답 1 **04** 정답 3

05 정답 3

해석

최근에는 돈을 가지고 다니지 않아도, 신용카드 한 장으로 물건을 사기도 하고, 돈을 빌리기도 하고 여러 가지 서비스를 [받을 수 있게 되었습니다].

일본에서 처음 신용카드가 발행된 것은 1960년입니다. 그 시절 카드의 기능은 소위 외상으로 물건을 살 수 있다는 것이었지만, 현재는 발행회사도 은행, 신용회사 등 여러 분야로 다양하며, 이용범위도 넓어지고 있습니다.

또한 일본인의 해외여행이 [왕성해짐에 따라], 해외에서도 사용할 수 있는 국제화한 카드도 많아졌습니다. 새롭게 카드를 발행하는 기업은 급증하고, 보급률은 점점 높아지고 있습니다.

[그러나], 신용카드가 보급됨에 따라서, 문제도 생기고 있습니다. 현금이 없어도 눈앞에 있는 상품을 손에 넣을 수 있어서 지불 능력 이상의 물건을 사고, 정신이 들었을 때에는 거액의 빚을 지게 된다는 것입니다. 그러한 사람은 대부분 10장 이상의 카드를 갖고 다니고 있다고 합니다. 카드 한 장으로 [라고 해도], 카드회사와 제휴되어 있지 않은 곳에서는 사용할 수 없기 때문에, 권유받는 [대로] 입회를 하면, 카드는 얼마든지 늘어갑니다. 거기에는 생각지 못한 함정이 있다고도 말할 수 있습니다.

어휘

最近(さいきん) 최근, 요즘 | 持(も)って歩(ある)く 가지고 다니다 | ~なくても ~지 않아도 | クレジットカード 신용카드 | ~枚(まい) ~매, ~장 | 買(か)い物(もの) 장보기, 쇼핑 | 借(か)りる 빌리다 | ~たり~たり ~(하)기도 ~(하)기도 하다 | いろいろな 여러 가지 | サービス 서비스 | 受(う)ける 받다 | ~ことにする ~하기로 하다 | ~ようになる ~하게 되다 | ~ことになる ~하게 되다 | ~ために ~때문에, ~위해서 | 初(はじ)めて 처음으로 | 発行(はっこう) 발행 | 機能(きのう) 기능 | いわゆる 소위, 이른바 | 付(つ)け 청구서, 계산서, 외상, 붙임 | ~という ~이라고 하는, ~라는 | 現在(げんざい) 현재 | 銀行(ぎんこう) 은행 | 分野(ぶんや) 분야 | ~にわたって ~에 걸쳐서, ~동안, ~전체에 | 利用(りよう) 이용 | 範囲(はんい) 범위 | 広(ひろ)がる 넓어지다, 퍼지다 | また 또, 또한 | 海外旅行(かいがいりょこう) 해외여행 | 盛(さか)ん 번창함, 왕성함, 열렬함, 유행함 | ~て以来(いらい) ~한 이래, ~한 후로 | ~てはじめて ~하고 나서야 비로소 | ~たびに ~(할) 때마다 | ~につれて ~에 따라 | 国際化(こくさいか) 국제화 | 多(おお)い 많다 | 新(あたら)しく 새롭게 | 急増(きゅうぞう) 급증 | 普及率(ふきゅうりつ) 보급률 | どんどん 척척, 자꾸자꾸, 계속 | 高(たか)まる 높아지다, 오르다 | しかし 그러나 | もちろん 물론 | しかも 게다가 | すると 그러자 | ~にしたがって ~에 따라(서) | 問題(もんだい) 문제 | 出(で)てくる 나오다 | 現金(げんきん) 현금 | 目(め)の前(まえ) 눈앞 | 商品(しょうひん) 상품 | 手(て)にできる 손에 넣을 수 있다 | 支払(しはら)い 지불, 지급 | 能力(のうりょく) 능력 | 以上(いじょう) 이상 | 気(き)が付(つ)く 생각이 미치다, 정신이 들다 | 多額(たがく) 고액, 액수가 많음 | 借金(しゃっきん) 빚, 돈을 꿈 | ~というものだ ~라는 것이다 | たいてい 대부분, 대개 | ~というより ~라기 보다 | ~というか ~라고 할지 | ~といっても ~라고 해도 | ~といえば ~(라고) 하면 | 提携(ていけい) 제휴 | 勧(すす)められる 권유받다 | ~だけ ~만, ~뿐 |

～はず ～일 것, ～할 터 | ～まま ～한 채 | ～ほど ～정도, ～만큼, ～할(일)수록 | 入会(にゅうかい) 입회 | いくらでも 얼마든지 | 増(ふ)えていく 늘어 가다 | 落(お)とし穴(あな) 함정, 계략, 모략

글의 문법 완벽대비 문제 ❷ 회

문제 3 다음 문장을 읽고 문장 전체의 내용을 생각하여 01 부터 05 안에 들어갈 가장 좋은 것을 1 · 2 · 3 · 4 가운데 하나 고르세요.

01 정답 4　**02 정답 2**　**03 정답 1**　**04 정답 4**
05 정답 3

해석

우리들이 항상 먹고 있는 인스턴트라면은 1958년에 치킨라면이라는 이름으로 팔리기 시작된 것이 처음이다. 이것은 상당한 인기를 얻어서, 이후 여러 가지 제품이 팔리게 되기 시작한다. 처음에는 이만큼 히트하리라고는 누구에게도 예상되지 못했다. 인스턴트라면이 이렇게 히트를 한 이유는 무엇일까? 그 이유는 몇 가지를 생각할 수 있겠지만, 다음의 3가지가 큰 요인일 것이다.

우선 첫 번째로, 마침 일본이 고도성장기 시대였기 때문에 바쁜 사람들이 싸고 간편하게 먹을 수 있는 간단한 식품으로서 애용되었던 것을 들 수 있다.

두 번째는 슈퍼마켓의 급증이 영향을 주었다. 즉 인스턴트라면은 날것이 아니기 때문에 상품관리의 수고를 줄일 수 있는 제품이고 매장 면적이 넓은 슈퍼마켓의 가게 안에 대량으로 놓는 것이 가능했던 것이다. 그래서 누구라도 언제나 살 수 있어서 폭발적으로 팔렸던 것이다.

세 번째는 텔레비전의 존재를 들 수 있다. 1953년에 방송광고가 들어간 민간방송이 시작되어, 인스턴트라면의 방송광고가 방송되게 된다. 텔레비전의 영향력이 컸던 시대였기 때문에 모두 인스턴트라면을 사러 달려갔다.

1989년의 조사로는 인스턴트라면은 세계 80개국에서 연간 약 130억 개가 소비되어, 그야말로 '국제음식'이 되었다. 지금은 라면 뿐만 아니라, 메밀국수, 우동, 밥을 인스턴트한 것도 생기고 있다.

어휘

インスタントラーメン 인스턴트라면 | 名(な) 이름 | 売(う)り出(だ)す 팔기 시작하다 | 最初(さいしょ) 최초, 처음 | 大変(たいへん)な 대단한, 엄청난 | 人気(にんき) 인기 | 呼(よ)ぶ 부르다 | 様々(さまざま)な 여러 가지 | 製品(せいひん) 제품 | ～ようになる ～하게 되다 | ヒットする 히트하다 | 予想(よそう)する 예상하다 | ～(さ)せる ～하게 하다 | ～(さ)せられる (어쩔 수 없이) ～하다 | される 하여지다 | 理由(りゆう) 이유 | いくつか 몇 개인가 | 考(かんが)える 생각하다 | 次(つぎ) 다음 | 大(おお)きな 큰, 커다란 | 要因(よういん) 요인 | まず 우선, 먼저 | 始(はじ)めに 처음 | ちょうど 꼭, 마침, 막 | 高度成長期(こうどせいちょうき) 고도성장기 | 時代(じだい) 시대 | ～ために ～때문에, ～위해서 | 忙(いそが)しい 바쁘다 | 安(やす)い 싸다 | 手軽(てがる)に 간편하게, 간단히 | 食(た)べる 먹다 | 簡単(かんたん)な 간단한 | 食品(しょくひん) 식품 | ～とともに ～와 함께 | ～として ～로서 | ～といった ～같은, ～라는 | ～とか ～라든지, ～따위 | 愛用(あいよう) 애용 | あげる 들다 | ～目(め) ～째 | スーパーマーケット 슈퍼마켓 | 急増(きゅうぞう) 급증 | 影響(えいきょう) 영향 | つまり 즉, 결국 | 生物(なまもの) 생것, 날것 | 商品(しょうひん) 상품 | 管理(かんり) 관리 | 手間(てま) 품, 시간, 노력, 수고 | 省(はぶ)ける 줄일 수 있다, 덜 수 있다 | 製品(せいひん) 제품 | 売(う)り場(ば) 매장 | 面積(めんせき) 면적 | 広(ひろ)い 넓다 | 店内(てんない) 가게 안 | 大量(たいりょう) 대량 | 置(お)く 놓다, 두다 | 可能(かのう) 가능 | それで 그래서 | それなら 그렇다면, 그럼 | そのうえ 게다가, 또한 | それなのに 그런데도 | 誰(だれ)でも 누구라도 | いつでも 언제라도 | 爆発的(ばくはつてき) 폭발적 | 売(う)れる 팔리다 | テレビ 텔레비전 | 存在(そんざい) 존재 | コマーシャル 방송 광고 | 入(い)り 들어감 | 民間放送(みんかんほうそう) 민간방송 | 開始(かいし) 개시 | 当(あ)たる 맞다, 적중하다, 해당하다 | 与(あた)える 주다, 가하다 | 開(ひら)く 열리다, 펴지다 | 流(なが)す 흘리다, 흐르게 하다 | 買(か)いに走(はし)る 사러 뛰어가다 | 調査(ちょうさ) 조사 | 世界(せかい) 세계 | 年間(ねんかん) 연간 | 約(やく) 약 | 億(おく) 억 | 消費(しょうひ) 소비 | まさに 확실히, 바로, 완전히 | 国際食(こくさいしょく) 국제음식 | ～くらいではなく ～정도가 아니라 | ～ばかりで ～만(뿐)으로 | ～だけではなく ～뿐만 아니라 | ～一方で ～하는 한편(으로) | そば 메밀국수 | うどん 우동 | ご飯(はん) 밥 | 現(あら)われる 나타나다

글의 문법 완벽대비 문제 ❸ 회

문제 3 다음 문장을 읽고 문장 전체의 내용을 생각하여 01 부터 05 안에 들어갈 가장 좋은 것을 1 · 2 · 3 · 4 가운데 하나 고르세요.

01 정답 3　**02 정답 2**　**03 정답 2**　**04 정답 1**
05 정답 4

해석

점심의 작은 레스토랑. 가게 안은 샐러리맨들로 북적이고 있다. 하지만, 종업원이 갑자기 병이 나서 가게 주인이 주방과 가게 안을 왔다 갔다 하고 있다. "이야, 일손이 부족해서 힘들어요."라고 가게 주인은 이마에 땀을 흘리면서, 정말로 힘들다는 표정이다.

테이블석의 그룹 손님들로 부터는 "아직인가, 늦는걸."이라는 목소리도 들린다. 보니, 물 조차 나오지 않았다.

그때, 나와 함께 와 있었던 한국인 여성이 갑자기 일어나서, 물과 차를 손님에게 내어주고 다녔다. 감탄하고 있는 나에게 그녀는 "힘든 사람을 돕는 것은 한국에서는 당연한 일이에요"라고 말했다. 가게 주인은 "도움이 되었습니다."라고 얼굴에 웃음을 띠며 크게 기뻐한다. 손님들도 생각지 못한 서비스에 얼굴에 웃음을 띠었다. 하지만, 누구도 도우려고는 하지 않았다.

오후 1시를 지나서 손님이 갑자기 줄자, 가게 주인이 주방에서 얼굴을 내밀고 "덕분에 살았습니다."라고 감사의 말을 하고 나서 따뜻한 커피를 우리들에게 특별 서비스해 주었다. 훈훈한 국제교류가 되었지만 대접을 받으면서 나는 약간 씁쓰레한 기분도 맛보았다.

어휘
店内(てんない) 가게 안 | サラリーマン 샐러리맨 | 賑(にぎ)わう 번화해지다, 번창하다, 풍성해지다 | だったら 그렇다면 | さて 자, 이제, 그런데 | だが 그러나, 하지만 | それに 게다가 | 従業員(じゅうぎょういん) 종업원 | 急病(きゅうびょう) 급병, 급환 | ~とのことで ~라고 하여 | 店主(てんしゅ) 점주, 가게 주인 | 厨房(ちゅうぼう) 주방, 부엌 | 人手(ひとで) 일손 | ~ないで ~(하)지 않고, ~(하)지 말고 | ~なくて ~(하)지 않아서 | 足(た)りない 모자라다, 부족하다 | 動(うご)く 움직이다 | 使(つか)う 쓰다, 사용하다 | 困(こま)る 곤란하다, 난처하다 | 額(がく/ひたい) 이마 | 汗(あせ) 땀 | 浮(う)かべる 띄우다, 떠올리다, 나타내다 | 表情(ひょうじょう) 표정 | テーブル席(せき) 테이블석 | グループ客(きゃく) 그룹 손님 | まだ 아직 | 遅(おそ)い 늦다 | 声(こえ) (목)소리 | 聞(き)かれる 들려지다 | 水(みず) 물 | ~ばかり ~만,~뿐 | ~さえ ~조차 | ~だけ ~만,~뿐 | ~くらい ~정도 | 出(で)る 나오(가)다 | 一緒(いっしょ)に 같이, 함께 | 韓国人(かんこくじん) 한국인 | 女性(じょせい) 여성 | 急(きゅう)に 갑자기 | 立(た)ち上(あ)がる 일어서다 | お茶(ちゃ) 차 | 出(だ)す 내다 | 回(まわ)る 돌다, 옮기다 | 感心(かんしん) 감심, 감탄 | 助(たす)ける 구하다, 돕다 | 当然(とうぜん) 당연 | 助(たす)かる 살아나다, 도움이 되다 | 笑顔(えがお) 웃는 얼굴 | 大喜(おおよろこ)び 크게 기뻐함 | 思(おも)わぬ 생각지 못한 | サービス 서비스 | 顔(かお) 얼굴 | ほころばせる 웃음을 띠우다, 터뜨렸다 | でも 하지만 | 誰(だれ)も 누구도 | 手伝(てつだ)う 도와주다, 거들다 | ~(よ)うとする ~(하)려고 하다 | ~(よ)うと思(おも)う ~(하)려고 생각하다 | ~一方(いっぽう)だ ~하기만 하다, ~할 뿐이다 | ~だけではない ~만(뿐)이 아니다 | 午後(ごご) 오후 | 減(へ)る 줄다 | お礼(れい)を言(い)う 감사의 말을 하다 | ~てから ~하고 나서 | 熱(あつ)い 뜨겁다 | コーヒー 커피 | 特別(とくべつ) 특별 | ほのぼの 훈훈한, 희미하게 | 国際交流(こくさいこうりゅう) 국제교류 | お世話(せわ)になる 신세를 지다 | ~ながら ~하면서, ~하지만 | ご馳走(ちそう)する 대접하다 | ご馳走(ちそう)になる 대접받다 | ほろ苦(にが)い 약간 씁쓰레하다 | 気分(きぶん) 기분, 성질, 분위기 | 味(あじ)わう 맛보다

글의 문법 완벽대비 문제 ④ 회

문제 3 다음 문장을 읽고 문장 전체의 내용을 생각하여 01 부터 05 안에 들어갈 가장 좋은 것을 1 · 2 · 3 · 4 가운데 하나 고르세요.

01 **정답 3** 02 **정답 2** 03 **정답 1** 04 **정답 4**
05 **정답 3**

해석
나는 자신에게 정직하게 살아가는 것을 삶의 목표로 삼아 왔다. 그러나 현실에서는 매우 어렵다. 현대사회는 거짓말 투성이 다. 정치가는 거짓말을 하고 공무원들은 시민을 속이고, 상인들은 세금을 속인다.
사람을 속이는 것은, 사실은 자신도 속이고 있다. 그렇게 깨달았을 때 최소한 자신에게는 정직하게라고 바랐다. 그것이 또한 다른 사람에 대한 성실함으로 이어진다고 생각했다. 그 때문에, 부모님이 권하는 진학을 거부하고, 친구와 선생님과 의견이 대립한 적도 있었다. 언제나 나는 자신의 가슴에 손을 얹고 결론을 내렸다. 하지만, 반성하자면, 나에게 잘못이 있던 경우도 많다. 그런 때, 나는 제멋대로였던 것이다.
자신을 속이지 않고, 게다가 다른 사람과 쓸데없는 마찰을 일으키지 않고, 자기실현을 할 수 있다. 그런 식으로 살아갈 수 있다면 최고다.
그래서 나는 일본으로의 유학을 결심했다. 부모님의 권유를 거스르고 먼 길을 돌기는 했지만, 지금 정말로 배우고 싶은 것을 깨달았기 때문이다. 물론 이번에는 부모님도 충분히 납득해 주셨다. 나의 삶의 목표는 지금, 현실로 향하고 있다.

어휘
自分(じぶん) 자기 자신 | 正直(しょうじき)に 정직하게 | 生(い)きる 살다 | 生(い)きがい 사는 보람, 삶의 목표 | だが 그러나, 그렇지만 | 現実(げんじつ) 현실 | 難(むずか)しい 어렵다 | 現代社会(げんだいしゃかい) 현대사회 | うそ 거짓말 | ~すぎる 너무(지나치게) ~하다 | ~とおり ~대로 | ~だらけ ~투성이 | ~がち ~하는 일이 잦다, 그런 경향이 많음 | 政治家(せいじか) 정치가 | 二枚舌(にまいじた)を使(つか)う 거짓말을 하다 | 役人(やくにん) 관리, 공무원 | 市民(しみん) 시민 | だます 속이다 | 商人(しょうにん) 상인 | 税金(ぜいきん) 세금 | ごまかす 속이다, 얼버무리다 | 実(じつ)は 사실은 | 気付(きづ)く 깨닫다, 알아차리다 | 少(すこ)しも 조금도 | せめて 최소한 | だいぶ 상당히, 꽤 | どうせ 어차피 | 願(ねが)う 원하다, 바라다, 빌다 | また 또한 | 他者(たしゃ) 다른 사람 | 誠実(せいじつ)さ 성실함 | つながる 이어지다, 연결되다 | そのため 그 때문에 | 親(おや) 부모 | 勧(すす)める 권하다 | 進学(しんがく) 진학 | 拒否(きょひ) 거부 | 友人(ゆうじん) 친구 | 意見(いけん) 의견 | 対立(たいりつ) 대립 | ~たこともある ~한 적도 있다 | わけ 도리, 까닭, 이유, 뜻, 의미 | ~はず ~일 것, ~할 터 | いつでも 언제라도 | 胸(むね) 가슴 | 手(て)を当(あ)てる 손을 대다 | 結論(けつろん)を出(だ)す 결론을 내다 | 反省(はんせい) 반성 | 非(ひ) 잘못, 과오, 불리, 비난 | 多(おお)い 많다 | わがまま 제멋대로 굶 | しかも 게다가 | 他人(たにん) 타인, 남 | 余計(よけい)な 쓸데없는 | 摩擦(まさつ) 마찰 | 起(お)こす 일으키다 | 自己(じこ) 자기 | 実現(じつげん) 실현 | ~ように ~같이, ~처럼 | ~うちに ~사이에, ~동안에 | ~むけに ~용으로, ~을 대상으로 | ~ふうに ~식으로, ~방법으로 | 最高(さいこう) 최고 | それで 그래서 | 留学(りゅうがく) 유학 | 決意(けつい) 결의, 결심 | 逆(さか)らう 거스르다, 반항하다 | 遠回(とおまわ)り 먼 길을 돌아 감, 우회적임 | 学(まな)ぶ 배우다 | もちろん 물론 | 今回(こんかい) 이번 | 充分(じゅうぶん) 충분함 | 説得(せっとく) 설득 | 賛成(さんせい) 찬성 | 納得(なっとく) 납득 | 理解(りかい) 이해 | ~てあげる ~해 주다 | ~てもらう ~해 받다, ~해 주다 | ~てくれる (나에게) ~해 주다 | ~ていただく ~해 받다, ~해 주시다 | 向(む)かう 향하다

글의 문법 완벽대비 문제 5 회

문제 3 다음 문장을 읽고 문장 전체의 내용을 생각하여 01 부터 05 안에 들어갈 가장 좋은 것을 1 · 2 · 3 · 4 가운데 하나 고르세요.

01 정답 1 **02 정답 1** **03 정답 3** **04 정답 4**
05 정답 1

해석

약속 시간을 지키지 않고, 다른 사람에게 피해를 입히는 것은 나쁘다는 것은 누구나가 인정한다. 그런데도 어째서 우리들은 이렇게 시간에 야무지지 못한 것일까. 그 이유는, 우리들 일본인은, 시간을 낭비하거나, 시간을 빼앗는 것에 그다지 신경 쓰지 않는 성질이기 때문이라고 생각된다. 10명의 모임에 10분 늦게 온 사람은 다른 사람들에게 10분씩 합계 90분의 시간을 빼앗은 셈이지만, 본인은 그 만큼 중대한 잘못을 저질렀다고 생각하지 않고, 10분 정도의 시간 낭비는 거의 신경 쓰지 않는다. 이것이 안 된다고 생각한다.

만약 이것이 돈이었다면, 사람들은 이렇게 느긋하게 있을 수는 없을 것이다. 즉 많은 일본인에게, 시간은, 그것을 바로 돈의 가치로 바꾸어 생각할 만큼, 중요하지 않은 것일 것이다. 그러나 자신에게 중요하지 않다고 해서, 다른 사람에게도 그럴 것이라고 생각하는 것은 잘못이다. 대부분, 시간을 지키지 않는 사람은, 너무 바쁜 사람과 너무 한가한 사람이 많은 것 같다. 전자는 다른 사람은 자신만큼 바쁘지 않을 것이기 때문에, 약간 정도 기다리게 해도 이해해 줄 것이라고 생각하고, 후자는 다른 사람도 한가한 시간이 많이 있을 것이라 생각하고 있기 때문이다. 어느 쪽도 자기중심적인 사고방식인 것은 말할 필요도 없다.

그러나 앞으로의 젊은이들은, 다른 사람의 시간을 소중히 여기는 것을 중요하게 배울 필요가 있다. 그것은 사람들이 점점 바빠지고, 그만큼 자신의 시간을 더욱더 소중히 여기게 되기 때문이다.

어휘

約束(やくそく) 약속 | 時間(じかん) 시간 | 守(まも)る 지키다 | 他人(たにん) 타인 | 迷惑(めいわく)をかける 폐를 끼치다 | 認(みと)める 인정하다, 인지하다 | それなのに 그런데도 | それから 그리고 나서 | それに 게다가 | それで 그래서 | どうして 왜, 어째서 | だらしがない 야무지지 못하다, 칠칠치 못하다 | 理由(りゆう) 이유 | 細(こま)かい 잘다, 상세하다, 자사하다 | 気(き)にかける 걱정하다, 염려하다 | 性質(せいしつ) 성질 | 会合(かいごう) 회합, 모임 | 遅(おく)れる 늦다 | 他(ほか) 그 밖, 이외 | 奪(うば)い取(と)る 억지로 빼앗다 | 当人(とうにん) 본인 | 重大(じゅうだい) 중대 | あやまちを犯(おか)す 잘못을 저지르다 | もし 만약, 만일, 혹시 | また 또, 또한 | むしろ 오히려 | だから 그래서, 때문에 | のんき 성격이 낙관적이고 느긋함 | ことだ ~하는 것이(좋)다 | わけにはいかない ~할 수는 없다 | わけだ ~할 만(법)하다, ~인 셈이다 | つまり 즉, 결국 | 多(おお)く 많음, 대부분 | ~において ~에서, ~에, ~에 관해서 | ~について ~에 관해서, ~에 대해서 | ~によって ~에 의해서, ~에 따라서, ~ 때문에, ~(으)로 | ~にとって ~에 있어서, ~에게는 | 値打(ねう)ち 값, 가격, 가치 | 変(か)える 바꾸다 | 誤(あやま)り 잘못, 실수, 틀림, 오류 | 大体(だいたい)に 대체로, 대부분 | 正確(せいかく) 정확 | 暇(ひま) 시간, 짬, 기회, 한가한 모양 | 多(おお)い 많다 | 前者(ぜんしゃ) 전자 | 少(すこ)しぐらい 조금 정도, 약간 정도 | 許(ゆる)す 허가하다, 허락하다 | 後者(こうしゃ) 후자 | どっさり 듬뿍, 잔뜩 | 自分中心(じぶんちゅうしん) 자기중심 | 考(かんが)え方(かた) 사고방식 | ~までもない ~할 필요도 없다, ~할 것까지도 없다 | ~そうもない ~것 같지 않다 | ~はずもない ~(할)리도 없다 | ~ようもない ~할 방법도 없다 | 若(わか)い 젊다 | 大(おお)いに 대단히, 매우, 크게, 많이 | 学(まな)ぶ 배우다 | 必要(ひつよう) 필요 | 満足(まんぞく) 만족 | 共同(きょうどう) 공동 | 生活(せいかつ) 생활 | 送(おく)る 보내다 | ますます 점점, 더욱 | 忙(いそが)しい 바쁘다 | それだけに 그만큼, 그런 만큼 | いよいよ 더욱더, 점점, 확실히, 마침내, 드디어

넷째마당 | 독해편
단문이해 완벽대비 문제 1 회

문제 4 다음 문장을 읽고 질문에 답하세요. 답은 1·2·3·4 중에서 가장 알맞은 것을 하나 고르세요.

01 정답 2

해석

학급모임 개최

이번에 나카야마중학교 2000년도 졸업의 3학년 B반의 학급모임을 8월 27일에 오랜만에 개최하려고 합니다. 올해는 기무라 선생님 정년퇴직을 맞이하여 부담임인 다카하시 선생님도 출석하실 예정입니다. 옛날 이야기를 서로 나누며 즐거운 한때를 보내고, 3학년 B반 학생 일동이 기무라 선생님께 감사의 뜻을 표하고 싶습니다.

무척 바쁘실 거라 생각하지만, 부디 많은 분의 참가를 부탁드립니다. 또한 출결여부를 8월 13일까지는 간사에게 반드시 연락주십시오.

문제 글의 내용과 맞는 것은 어느 것인가?

1 학급모임은 매년 8월 마지막 토요일에 개최되고 있다.
2 참가할지 어떨지를 2주일 전에는 간사에게 연락해야 한다.
3 기무라 선생님의 정년퇴직 기념 파티의 초대장이다.
4 참가하는 사람은 8월 13일까지 회비를 내지 않으면 안 된다.

어휘

クラス会(かい) 학급모임, 반창회 | 開催(かいさい) 개최 | このたび 이번, 금번 | 卒業(そつぎょう) 졸업 | ～年(ねん)～組(くみ) ～학년 ～반 | 久(ひさ)しぶりに 오랜만에 | 今年(ことし) 올해 | 定年退職(ていねんたいしょく) 정년퇴직 | ～にあたり ～때를 맞이하여, ～즈음하여 | 副担任(ふくたんにん) 부담임 | 出席(しゅっせき) 출석 | 予定(よてい) 예정 | 懐(なつ)かしい 그립다 | 語(かた)り合(あ)う 서로 이야기를 나누다 | 楽(たの)しい 즐겁다 | 一時(ひととき) 잠깐, 한때 | 過(す)ごす 보내다, 지내다 | ～とともに ～와 함께 | 一同(いちどう) 일동, 모두 | 感謝(かんしゃ) 감사 | 意(い) 뜻, 생각 | 表(あら)わす 나타내다 | 多忙(たぼう) 대단히 바쁨 | 存(ぞん)じる 알고 있다, 생각하다 | ぜひ 꼭, 부디 | 多数(たすう) 다수, 수가 많음 | 参加(さんか) 참가 | お願(ねが)い申(もう)し上(あ)げる 부탁드리다 | なお 또한 | 出欠(しゅっけつ) 출결 | 幹事(かんじ) 간사 | 必(かなら)ず 반드시, 꼭 | 連絡(れんらく) 연락 | ～先(さき) ～곳, ～처, 행선지, 목적지 | 毎年(まいとし) 매년 | 最後(さいご) 마지막 | 行(おこな)う 하다, 실시하다, 거행하다 | 記念(きねん) 기념 | 招待状(しょうたいじょう) 초대장 | 払(はら)う 돈을 치르다, 지불하다

02 정답 4

해석

힘들 때 도와주는 것이야말로 진짜 친구라는 말이 있다. 평소에는 매우 친한 친구라도 곤란에 직면하면 피하거나 거리를 두는 사람이 많기 때문이다.

그러나 친구에게 좋은 일이 있을 때 함께 기뻐해줄 수 있는 친구야말로 진짜 친구라고 생각한다. 특히, 자신은 잘 풀리지 않아 힘들어 하고 있는데 친구만 순조로울 때 자신의 일처럼 기뻐하고 마음으로 축하해줄 수 있는 친구가 과연 얼마나 있을까?

힘들어하고 있을 때 도와주는 것은 때로는 동정심만으로도 가능하지만, 자신보다 훨씬 잘 되어 가는 친구에 대해서, 마음으로 축하해주는 것은 진정한 친구만이 할 수 있는 것이다.

문제 글의 내용과 맞지 않는 것은 어느 것인가?

1 힘들어 하고 있을 때 도와주는 것은 동정심만으로도 가능하다.
2 친한 친구가 어려움을 겪고 있을 때 피하거나 하는 사람은 많이 있다.
3 자신보다 잘되어 가는 친구에 대해서 마음으로 기뻐해주는 것은 매우 어렵다.
4 어려움을 겪고 있을 때 해결책을 가르쳐주는 사람이 진짜 친구이다.

어휘

苦(くる)しい 괴롭다, 힘겹다 | 助(たす)ける 구하다, 돕다 | ～こそ ～야말로 | 言葉(ことば) 말 | 普段(ふだん) 평소, 일상 | 親(した)しい 친하다 | 困難(こんなん) 곤란 | 直面(ちょくめん) 직면 | 避(さ)ける 피하다 | 距離(きょり) 거리 | 置(お)く 놓다, 두다 | 多(おお)い 많다 | しかし 그러나 | 共(とも)に 함께, 같이 | 喜(よろこ)ぶ 기뻐하다 | 特(とく)に 특히 | 自分(じぶん) 자기 자신 | うまくいく 잘 되어 가다, 잘나가다 | 苦(くる)しむ 괴로워하다, 고생하다 | ～だけ ～만, ～뿐 | 順調(じゅんちょう)な 순조로운 | 心(こころ) 마음 | 祝(いわ)う 축하하다, 축복하다 | 果(は)たして 과연 | どれほど 얼마나, 얼마만큼 | 時(とき)には 때로는 | 同情心(どうじょうしん) 동정심 | 可能(かのう) 가능 | 遥(はる)かに 훨씬 | ～に対(たい)して ～에 대해서 | 困(こま)る 곤란하다, 어려움을 겪다 | 解決策(かいけつさく) 해결책 | 教(おし)える 가르치다

03 정답 1

해석

마케팅이란, 상품이 파는 사람에게서 소비자의 손으로 건너갈 때까지의 흐름을 말합니다. 물건을 팔기 위해서는, 그 흐름을 조사하는 것, 즉 마케팅 리서치가 필요합니다. 이것은 소비자의 요구를 조사해서 신상품을 개발할 때뿐 아니라, 이미 있는 상품을 어떻게 해서 소비자의 손에 넘어가게 할까, 그 방법을 생각할 때에도 필요합니다. 모처럼 좋은 상품을 개발해도 소비자들이 사주지 않으면 재고가 산처럼 쌓입니다.

또한, 소비자의 주의를 끄는 것을 어텐션이라고 하고, 소비자가 실제로 사는 것을 액션이라고 합니다. 이 어텐션과 액션의 두 머리글자의 A를 따서 더블A라고 부릅니다.

문제 설명 내용으로 보아, 마케팅 리서치를 다른 말로 표현하면 어느 것이 되는가?

1 시장조사
2 유통수단
3 구매의욕
4 판매계획

어휘

マーケティング 마케팅 | 商品(しょうひん) 상품 | 売(う)り手(て) 파는 쪽(사람) | 消費者(しょうひしゃ) 소비자 | 手(て) 손 | 渡(わた)

る 건너다, 넘어가다 | 流(なが)れ 흐름, 물결 | 売(う)る 팔다 | 調査(ちょうさ) 조사 | つまり 즉 | マーケティングリサーチ 마케팅 리서치 | 必要(ひつよう) 필요 | ニーズ 니즈, 필요, 요구 | 調(しら)べる 조사하다, 찾다 | 新商品(しんしょうひん) 신상품 | 開発(かいはつ) 개발 | ~だけでなく ~뿐만 아니라 | 既(すで)に 이미, 벌써 | どのように 어떻게, 어떤 방법으로 | 方法(ほうほう) 방법 | 考(かんが)える 생각하다 | せっかく 모처럼 | ~ていただく ~해 받다, (~가) ~해 주시다 | 在庫(ざいこ) 재고 | 山(やま) 산 | また 또, 또한 | 注意(ちゅうい)をひく 주의를 끌다 | 実際(じっさい)に 실제로 | アテンション 어텐션, 주의, 주목 | アクション 액션, (어떤 목적이나 문제 해결을 위한) 행동, 조치 | 頭文字(あたまもじ) 머리글자 | 呼(よ)ぶ 부르다 | 説明(せつめい) 설명 | 内容(ないよう) 내용 | 他(ほか) 그 밖, 이외 | 言葉(ことば) 말 | 表現(ひょうげん) 표현 | 市場調査(しじょうちょうさ) 시장조사 | 流通手段(りゅうつうしゅだん) 유통수단 | 購買意欲(こうばいいよく) 구매의욕 | 販売計画(はんばいけいかく) 판매계획

04 정답 4

해석

수신인 : abc111@hotmail.co.jp

제목 : 오랜만입니다. 고바야시입니다.

다카하시 씨. 오랜만입니다. 고바야시입니다.

상당히 가을다워졌습니다만, 건강히 지내고 계십니까?

다름이 아니라 일전에 만나 뵈었을 때에 친척분이 요통이 좀처럼 낫지 않아 고생하고 있다고 말씀하셨는데, 그 이후, 건강상태는 어떠십니까? 만약 괜찮으시면 제 어머니가 허리를 다쳤을 때 진찰해 주신 선생님이 계신데 소개해 드릴까요? 친절하고, 솜씨도 확실하다고, 근처에서도 상당히 평판이 좋은 것 같고, 운 좋게도 병원도 친척분 댁에서 자동차로 가까운 곳에 있습니다. 만약 필요하시다면, 기꺼이 소개해 드릴 테니 연락 주십시오.

문제 고바야시 씨가 아는 의사에 대해서, 메일 내용과 맞는 것은 어느 것인가?

1 병원은 고바야시 씨 친척집 바로 옆에 있다.
2 일전에 다카하시 씨와 함께 만난 적이 있다.
3 솜씨는 좋은 것 같지만, 평판은 그 만큼 좋지 않다.
4 이전에 고바야시 씨의 어머니가 진찰을 받은 적이 있다.

어휘

宛(あ)て先(さき) (우편물 등의) 수신처, 수신인 | 件名(けんめい) 건명 | お久(ひさ)しぶり 오랜만임 | ずいぶん 몹시, 아주 | 秋(あき) 가을 | 過(す)ごす 보내다, 지내다 | さて 자, 그런데, 그건 그렇고 | 先日(せんじつ) 요전 날, 일전 | ~際(さい) ~때, 즈음, 기회 | 親戚(しんせき) 친척 | 腰痛(ようつう) 요통 | なかなか 상당히, 꽤, 좀처럼, 도무지 | 治(なお)る 낫다 | ~ずに ~하지 않아(고) | 悩(なや)む 고민하다, 고생하다 | おっしゃる 말씀하시다 | 体(からだ)の具合(ぐあい) 몸의 상태, 건강 상태 | 医者(いしゃ) 의사 | おる 있다 | 紹介(しょうかい) 소개 | 腰(こし) 허리 | 痛(いた)める 다치다, 상하다, 고통을 주다 | 診(み)る 진찰하다 | 親切(しんせつ) 친절 | 腕(うで) 팔, 솜씨 | 確(たし)かだ 확실하다, 틀림없다 | 近所(きんじょ) 근처, 이웃 | 評判(ひょうばん) 평판, 소문남 | 幸(さいわ)い 운이 좋음, 다행임 | ~ことに ~하게도 | 病院(びょういん) 병원 | 自宅(じたく) 자택 | すぐ 곧, 바로 | 必要(ひつよう) 필요 | 喜(よろこ)んで 기쁘게, 기꺼이 | 連絡(れんらく) 연락 | 内容(ないよう) 내용 | 隣(となり) 이웃, 옆, 곁 | 以前(いぜん) 이전 | 母親(ははおや) 모친, 어머니

05 정답 1

해석

버블 경기일 때는 부동산 가격은 계속 오르는 법이라고 신화처럼 믿어져 왔습니다. 그래서 규모가 큰 부동산 회사는 계속해서 중고물건을 구입해서 리뉴얼하여, 매각해 가는 고회전 비즈니스를 전개하고 있었습니다. 신축과 다르게 단기간에 이익을 올릴 수 있다는 점에서 중고물건은 투기의 대상이었습니다.

그러나 버블붕괴에 따라서 경기가 침체에서 벗어나지 못하고, 신화도 붕괴되었습니다. 버블경기 때에 3억 엔이었던 물건이, 지금은 1억 엔을 밑도는 곳도 있습니다.

문제 버블경기 때 부동산 회사가 단기간에 이익을 올릴 수 있었던 것은 어째서인가?

1 중고물건을 취급했기 때문에
2 계속해서 신축물건을 지었기 때문에
3 부동산 가격이 안정되어 있었기 때문에
4 부동산 가격이 하락해 있었기 때문에

어휘

バブル 버블, 거품 | 景気(けいき) 경기 | 不動産(ふどうさん) 부동산 | 価格(かかく) 가격 | 上(あ)がり続(つづ)ける 계속 오르다 | ~ものだ ~하는 것이다, ~법이다 | 神話(しんわ) 신화 | 信(しん)じる 믿다 | だから 그러니까, 그래서 | 大手(おおて) 규모가 큰 회사 | 次々(つぎつぎ)と 잇달아, 계속하여 | 中古(ちゅうこ) 중고 | 物件(ぶっけん) 물건 | 買(か)い入(れ)る 구입하다 | リニューアル 리뉴얼 | 売(う)りはらう 매각하다 | 高(こう)~ 고~, 높은~ | 回転(かいてん) 회전 | ビジネス 비즈니스 | 展開(てんかい) 전개 | 建(た)てる 짓다, 세우다 | 違(ちが)う 다르다, 틀리다 | 短期間(たんきかん) 단기간 | 利益(りえき) 이익 | 上(あ)げる 올리다 | 投機(とうき) 투기 | 対象(たいしょう) 대상 | ところが 그런데, 그러나 | 崩(くず)れる 붕괴하다 | ~によって ~에 의해서, ~에 따라서 | 切(き)る 베다, 끊다, 중단하다, 밑돌다 | 扱(あつか)う 다루다, 취급하다 | 建(た)てる 짓다, 세우다 | 安定(あんてい) 안정 | 下落(げらく) 하락

06 정답 3

해석

10년쯤 전까지 패스트푸드는 '싸고 간편한' 음식의 대표였지만, 지금은 그것만으로는 소비자들이 떠나버립니다. 요즘 소비자들은 '안전하고 맛있는' 것도 바라게 되었습니다. 예를 들어 햄버거라면, 고기는 어느 나라에서 생산한 고기인가, 빵의 재료인 밀은 무농약으로 재배된 것인가, 채소는 어느 정도 들어 있는가, 그리고 그 채소는 밀과 마찬가지로 무농약으로 재배된 것인가 등을 소비자가 신경쓰게 되었습니다. 가게는 기꺼이 그러한 질문에 답하여, 공표하고, 선전함으로써 소비자의 마음을 잡으려

하고 있습니다. 그 결과, 먹고 난 소비자가 '아, 맛있었다'고 하면, 성공입니다.

문제 글의 내용과 맞는 것은 어느 것인가?

1 요즘 패스트푸드는 비싸도 팔린다.
2 햄버거는 패스트푸드라고 부를 수 없다.
3 가게는 안정성에 신경을 쓰는 소비자를 환영하고 있다.
4 요즘 소비자는 가게를 고를 능력이 없다.

어휘

一昔(ひとむかし) 옛날, 과거(보통 10년쯤 전) | ファーストフード 패스트푸드 | 安(やす)い 싸다 | 手軽(てがる)な 간편한 | 食(た)べ物(もの) 음식 | 代表(だいひょう) 대표 | 消費者(しょうひしゃ) 소비자 | 離(はな)れる 떨어지다, 떠나다 | 安全(あんぜん) 안전 | おいしい 맛있다 | 求(もと)める 구하다, 찾다, 요구하다, 사다 | 例(たと)えば 예를 들면 | ハンバーガー 햄버거 | 肉(にく) 고기 | ～産(さん) ~산, 그 토지의 산물 | 材料(ざいりょう) 재료 | 小麦(こむぎ) 소맥, 밀 | 無農薬(むのうやく) 무농약 | 栽培(さいばい) 재배 | 野菜(やさい) 채소 | 使(つか)う 쓰다, 사용하다 | そして 그리고 | 同様(どうよう) 같음, 다름없음, 마찬가지임 | 気(き)にする 걱정하다, 마음에 두다 | 店(みせ) 가게 | 喜(よろこ)んで 기꺼이, 기쁘게 | 質問(しつもん) 질문 | 答(こた)える 대답하다 | 公表(こうひょう) 공표 | 宣伝(せんでん) 선전 | 心(こころ) 마음 | つかむ 움켜쥐다, 잡다 | 結果(けっか) 결과 | 食(た)べ終(お)わる 다 먹다 | 成功(せいこう) 성공 | 売(う)れる 팔리다 | 呼(よ)ぶ 부르다 | 気(き)を使(つか)う 주의하다, 신경을 쓰다 | 歓迎(かんげい) 환영 | 最近(さいきん) 최근, 요즈음 | 選(えら)ぶ 고르다, 선택하다 | 能力(のうりょく) 능력

07 **정답 3**

해석

최근 동물을 이용한 유전자 복제에 성공했다는 이야기를 가끔 듣는다. 유전자의 복제는 난치병의 치료에 희망을 준다는 긍정적인 면이 강조되는 경우도 있고, 생명의 존엄이 경시된다는 부정적인 면이 강조되는 경우도 있다. 결국 모두가 걱정하고 있는 것은 멀지 않은 장래에 인간의 손으로 생명체를 만들어내는 시대가 올지도 모른다는 것이다. 그렇게 되면 인간이 하나의 제품이나 상품 취급을 받는다는 우려가 현실이 될 것이다. 그러나 결국, 복제라는 것은 이미 존재하고 있는 것을 카피하는 것에 지나지 않는다. 인간의 힘으로 완전히 새로운 생명체를 창조하는 것은 결코 쉬운 일은 아닐 것이다.

문제 이 글에서 필자가 가장 말하고 싶은 것은 어느 것인가?

1 지금은 인간의 손으로 생명체를 창조할 수 있는 시대가 되었다.
2 인간이 제품이나 상품과 같은 취급을 받는 것은 아닐지 걱정이다.
3 인간의 힘으로 완전히 새로운 생명체를 만들어 내는 것은 간단한 일이 아니다.
4 유전자 복제는 어려운 병을 고치기 위해 자주 사용되고 있다.

어휘 最近(さいきん) 최근, 요즈음 | 動物(どうぶつ) 동물 | 利用(りよう) 이용 | 遺伝子(いでんし) 유전자 | 複製(ふくせい) 복제 | 成功(せいこう) 성공 | 時々(ときどき) 가끔, 때때로 | 聞(き)く 듣다, 묻다 | 治(なお)る 고치다 | 治療(ちりょう) 치료 | 希望(きぼう) 희망 | 与(あた)える 주다 | 肯定的(こうていてき) 긍정적 | 強調(きょうちょう) 강조 | 場合(ばあい) 경우 | ～も～ば、～も ~도 ~(하)고, ~도 | 生命(せいめい) 생명 | 尊厳(そんげん) 존엄 | 軽視(けいし) 경시 | 否定的(ひていてき) 부정적 | いずれにしても 어차피, 결국 | 心配(しんぱい) 걱정 | 遠(とお)い 멀다 | 将来(しょうらい) 장래 | 人間(にんげん) 인간 | 手(て) 손 | 生命体(せいめいたい) 생명체 | 作(つく)り出(だ)す 만들어 내다 | 時代(じだい) 시대 | ～かもしれない ~(할)일지도 모른다 | 製品(せいひん) 제품 | 商品(しょうひん) 상품 | 扱(あつか)い 취급, 다룸, 대접 | 受(う)ける 받다 | 心配(しんぱい) 걱정, 우려 | 現実(げんじつ) 현실 | しかし 그러나 | 結局(けっきょく) 결국 | すでに 이미, 벌써 | 存在(そんざい) 존재 | コピー 카피, 복사 | ～に過(す)ぎない ~에 지나지 않다, ~에 불과하다 | 力(ちから) 힘 | 完全(かんぜん)に 완전히 | 新(あたら)しい 새롭다, 새것이다 | 創造(そうぞう) 창조 | 決(けっ)して 결코 | たやすい 쉽다, 만만하다 | 最(もっと)も 가장, 제일 | 時代(じだい) 시대, 시절 | 簡単(かんたん) 간단 | 難(むずか)しい 어렵다 | 病気(びょうき) 병 | 治(なお)す 고치다, 치료하다 | 使(つか)う 쓰다, 사용하다

중문이해 완벽대비 문제

문제 5 다음 문장을 읽고 질문에 답하세요. 답은 1·2·3·4 중에서 가장 알맞은 것을 하나 고르세요.

01 **문제 1** **정답 1** **문제 2** **정답 3** **문제 3** **정답 3**

해석

요즈음 ①아이들을 다루기 어려워졌다는 말을 자주 듣는다. 지금이나 옛날이나 동심 그 자체는 변하지 않았을 텐데, 아이들을 다루기가 어려워졌다는 것은 무슨 뜻일까?

아마도 우리들이 살고 있는 시대가 변했다는 말과 통할 듯하다. 정보의 양이 늘고, 다양해졌을 뿐만 아니라, 사람과 사람 간의 의사소통이 컴퓨터에서 이루어지고 있는, 예전과는 전혀 다른 세계를 우리들은 경험하고 있다.

②새로운 시대로의 문화 변환은 아이들의 생활방식과 가치관, 의식 구조, 취향 등 모든 것을 바꿔 놓기에 이르렀다.

아이들은 어려서부터 자연스럽게 디지털화된 환경을 통해서 기성세대와는 전혀 다른 방식으로 학습하고, 놀며, 컴퓨터 통신 전용의 이상한 말을 즐겨 쓰며 의사소통을 하는 데 익숙해져 버렸다.

내용이 빈약한 잡지나 텔레비전 오락 프로그램, 게임에서 웃음을 찾고, 깊은 사고력이 요구되지 않는 충동적인 현상 등에 길들여지고 있다. 그런 아이들이 기성세대의 눈에는 다루기 어려운 아이로 비치고 있는 것이다.

문제 1 ①아이들을 다루기 어려워졌다라고 했는데, 그것은 어째서인가?

1 기성세대와는 다르게 아이들은 디지털화된 환경에 익숙해져 버렸기 때문에
2 텔레비전과 게임의 영향으로 아이들이 폭력적이 되었기 때문에
3 사람과 사람 간의 의사소통 방법이 다양화되었기 때문에
4 컴퓨터 없이는 다른 사람과의 커뮤니케이션을 하기 어려워졌기 때문에

문제 2 ②새로운 시대로의 문화 변환이라고 했는데, 그것은 어떠한 것인가?
1 아이들과는 컴퓨터 속에서만 이야기를 나눌 수 있는 시대가 된 것
2 생활의 전부를 컴퓨터를 통해서 하지 않으면 안 되게 된 것
3 다른 사람과의 커뮤니케이션이 컴퓨터 속에서 이루어지는 시대가 된 것
4 여러 외국 문화가 들어와서 아이들의 의식을 바꾸고 있는 것

문제 3 이 글의 내용과 일치하는 것은 어느 것인가?
1 아이를 소중하게 대하고자 하는 어른들의 마음은 옛날과 전혀 바뀌지 않았다.
2 디지털시대로 변한 덕분에 아이들과의 의사소통이 편해졌다.
3 새로운 시대로의 문화 변환은 아이들에게 큰 영향을 주고 있다.
4 아이들이 보는 잡지와 텔레비전 프로그램은 더욱 교양적이 되어야 한다.

어휘
近頃(ちかごろ) 요즈음, 최근 | 扱(あつか)い 취급, 다룸, 대접 | 耳(みみ)にする 듣다 | 昔(むかし) 옛날, 예전 | 童心(どうしん) 동심 | 変(か)わる 변하다, 바뀌다 | ~はず ~할 터, ~일 것 | おそらく 아마, 어쩌면 | 暮(くら)す 살다, 지내다 | 時代(じだい) 시대 | 通(つう)じる 통하다 | 情報量(じょうほうりょう) 정보량 | 増(ま)す 늘다, 많아지다 | 多様化(たようか) 다양화 | 成(な)り立(た)つ 이루어지다, 성립되다 | 以前(いぜん) 이전 | 全(まった)く 전혀, 완전히 | 異(こと)なる 다르다 | 世界(せかい) 세계 | 経験(けいけん) 경험 | 新(あたら)しい 새롭다, 새것이다 | 文化(ぶんか) 문화 | 変換(へんかん) 변환, 다른 것과 바꿈 | 旧世代(きゅうせだい) 구세대 | 生活(せいかつ) 생활 | 方式(ほうしき) 방식 | 価値観(かちかん) 가치관 | 意識(いしき) 의식 | 構造(こうぞう) 구조 | 好(この)み 기호, 취향 | 全(すべ)て 모두 | 変(か)える 바꾸다 | 至(いた)る 이르다, 되다, 미치다 | 幼(おさな)い 어리다 | 頃(ころ) 시절, 무렵 | 自然(しぜん)に 자연히 | デジタル化(か) 디지털화 | 環境(かんきょう) 환경 | ~を通(つう)じて ~을 통해서 | 違(ちが)う 다르다, 틀리다 | 学習(がくしゅう) 학습 | 遊(あそ)ぶ 놀다 | 通信(つうしん) 통신 | 専用(せんよう) 전용 | おかしな 우스운, 이상한 | 言葉(ことば) 말 | 好(この)む 좋아하다, 즐기다 | 使(つか)う 쓰다, 사용하다 | 図(はか)る 도모하다 | 慣(な)れる 길들다, 익숙해지다 | 内容(ないよう) 내용 | 貧(まず)しい 가난하다, 빈약하다 | 雑誌(ざっし) 잡지 | 娯楽(ごらく) 오락 | 番組(ばんぐみ) 프로그램 | 笑(わら)い 웃음 | 探(さが)す 찾다 | 深(ふか)い 깊다 | 思考力(しこうりょく) 사고력 | 求(もと)める 구하다, 찾다, 바라다, 요구하다, 구입하다 | 衝動的(しょうどうてき) 충동적 | 現象(げんしょう) 현상 | 慣(な)らす 길들이다, 익숙하도록 하다 | 映(うつ)る 비치다 | 影響(えいきょう) 영향 | 暴力的(ぼうりょくてき) 폭력적 | 方法(ほうほう) 방법 | 話(はな)し合(あ)う 서로 이야기하다, 이야기를 나누다 | 通(とお)す 통하게 하다 | いろいろな 여러 가지 | 外国(がいこく) 외국 | 大切(たいせつ)に 중요하게, 소중하게 | 扱(あつか)う 다루다, 취급하다 | 大人(おとな) 어른 | 全然(ぜんぜん) 전혀, 완전히 | おかげで 덕택에, 덕분에 | 楽(らく)になる 편해지다 | 与(あた)える 주다 | もっと 더, 더욱 | 教養的(きょうようてき) 교양적 | ~べきだ ~해야 한다

02 **문제 1** 정답 3 **문제 2** 정답 2

해석
요즘 자동차는 운전이 간단합니다. 액셀을 밟으면 바로 속력이 나고, 운전이 서툰 사람이라도 좁은 곳을 돌 수 있습니다. 운전하는 사람도 많아져서 젊은 사람뿐 아니라 60세, 70세 사람들도 운전을 하고 있습니다. 또, 자동차 수가 늘었기 때문에 대도시의 도로는 항상 자동차로 가득하고 좀처럼 움직이지 않을 때는 '걷는 편이 빠르겠다'고 생각하는 경우도 있습니다.
자동차가 있기 때문에 우리들의 생활은 편리해졌지만, 교통사고도 많아졌습니다. 굉장한 속도를 내며 달려서 커브를 돌지 못하거나, 교차로에서 돌 때 오토바이에 부딪치거나 하는 여러 사고로 올해는 일본 전국에서 15,000명 이상의 사람이 교통사고로 죽었다고 합니다. 한 달에 1,500명 정도의 사람이 죽고 있는 것입니다. 자동차가 없는 생활은 이제 생각할 수 없지만, 언젠가 교통사고가 없는 사회가 올까요?

문제 1 어째서 교통사고가 많아졌다고 말하고 있는가?
1 자동차 운전이 전보다 간단해졌기 때문에
2 운전이 서툰 사람도 모두 자동차를 운전하고 있기 때문에
3 자동차의 수가 늘고, 생활 속에서 자주 자동차를 사용하기 때문에
4 도로가 예전과 같고, 바뀌지 않기 때문에

문제 2 본문의 내용과 일치하지 않는 것은 어느 것인가?
1 자동차의 수가 늘어서 길은 항상 정체되게 되었다.
2 교통사고로 사망하는 사람의 수는 최근 조금씩 줄고 있다.
3 자동차 덕분에 생활이 편리해진 반면, 교통사고가 늘었다.
4 요즘 자동차는 운전이 간단해서, 고령자라도 운전하는 사람이 많다.

어휘
最近(さいきん) 최근, 요즈음 | 車(くるま) 자동차 | 運転(うんてん) 운전 | 簡単(かんたん) 간단 | アクセル 액셀 | 踏(ふ)む 밟다 | すぐ 바로, 곧 | スピードが出(で)る 속력이 나다 | 下手(へた) 서툶 | 狭(せま)い 좁다 | 曲(ま)がる 구부러지다, 돌다 | 多(おお)い 많다 | 若(わか)い 젊다 | ~だけでなく ~뿐 아니라 | また 또, 또한 | 数(かず) 수 | 増(ふ)える 늘다 | 大都市(だいとし) 대도시 | 道路(どうろ) 도로 | いっぱい 가득 | なかなか 상당히, 꽤, 좀처럼, 도무지 | 動(うご)く 움직이다 | 歩(ある)く 걷다 | 速(はや)い 빠르다 | 生活(せいかつ) 생활 | 便利(べんり) 편리 | 交通事故(こうつうじこ) 교통사고 | ものすごい 매우 무섭다, 대단하다 | スピードを出(だ)す 속력을 내다 | 走(はし)る 뛰다, 달리다 | カーブ 커브 | 交差点(こうさてん) 교차점, 교차로 | オートバイ 오토바이 | ぶつかる 부딪치다 | 今年(ことし) 올해 | 全国(ぜんこく) 전국 | 以上(いじょう) 이상 | 死(し)ぬ 죽다 | 考(かんが)える 생각하다 | いつか 언젠가 | 社会(しゃかい) 사회 | 前(まえ)より 전보다 | 同(おな)じ 같음, 동일함 | 変(か)わる 변하다, 바뀌다 | 渋滞(じゅうたい) 정체 | ~ようになる ~하게 되다 | 死亡(しぼう) 사망 | 少(すこ)しずつ 조금씩 | 減(へ)

る 줄다 | おかげで 덕분에, 덕택에 | ～反面(はんめん) ～하는(인) 반면 | 高齢者(こうれいしゃ) 고령자

03 **문제 1** **정답 4** **문제 2** **정답 4** **문제 3** **정답 1**

해석

우리 집은 맞벌이 부부다. 그런데 나는 집에서 만화를 그리고, 아내는 직장에서 근무하기 때문에, 남편인 내가 집안일을 한다. 그렇다고 해서 전부 담당하는 것은 아니고, 식사를 만드는 것이 내 역할이다. 그래서 초등학교 1학년인 딸의 점심식사를 내가 차려주는 경우가 많다. 딸은 아빠가 만들어 주는 식사를 맛있게 먹는 편이다.

그런데 어느 날, 딸은 어떤 이유인지 어두운 표정으로 학교에서 돌아왔다. ①그 이유를 물었더니, 친구들에게 아빠가 매일 맛있는 식사를 만들어 준다고 자랑했더니 친구들이 "마리는 아빠가 밥을 만들어 준대."라고, 굉장히 놀렸다고 한다.

나는 딸에게 "마리야, 친구들은 엄마만 식사를 만들어 주지만, 너는 엄마와 아빠가 함께 만들어 주니까 얼마나 좋니? 아마 친구들은 부러워서 그렇게 말했을 거야."라며 달래 주었다. 나의 이 말에 딸의 얼굴은 ②단번에 환해졌다.

딸과의 대화를 통해서 나는 '어릴 때부터 남녀평등의식을 심어주는 교육이 정말 절실하다'라는 생각을 다시 하게 되었다.

문제 1 ①그 이유라는 것은 어떤 것인가?

1 친구들은 엄마만 식사를 만들어 주는 이유
2 친구들이 굉장히 놀린 이유
3 아빠가 식사를 만들어 준다고 자랑한 이유
4 어두운 표정으로 돌아온 이유

문제 2 ②단번에 환해졌다라고 했는데, 그것은 어째서인가?

1 엄마와 아빠가 함께 밥을 만들어 주었기 때문에
2 식사를 맛있게 먹어서 아빠에게 칭찬받았기 때문에
3 친구들이 부럽다고 했기 때문에
4 아빠와의 대화를 통해서 이해가 되었기 때문에

문제 3 이 글에서 필자가 가장 말하고 싶은 것은 어느 것인가?

1 남녀평등의 의식을 갖기 위해서는 어린 시절부터의 교육이 중요하다.
2 맞벌이 부부는 남편이 집안일을 돕지 않으면 안 된다.
3 자신과 생활방식이 다른 친구를 놀리면 안 된다.
4 아이들에게 남녀평등을 교육해도, 현실 사회는 아직 멀었다.

어휘

共働(ともばたら)き 맞벌이 | 夫婦(ふうふ) 부부 | ところが 그런데, 그러나 | 描(えが)く 그리다 | 妻(つま) 아내 | 職場(しょくば) 직장 | 勤(つと)める 근무하다 | 夫(おっと) 남편 | 家事(かじ) 가사, 집안일 | だからと言(い)って 그렇다고 해서 | 全(すべ)て 모두 | 受(う)け持(も)つ 담당하다 | 食事(しょくじ) 식사 | 作(つく)る 만들다 | 役割(やくわり) 역할 | だから 그러니까, 그래서 | 小学校(しょうがっこう) 초등학생 | 娘(むすめ) 딸 | 昼食(ちゅうしょく) 점심식사 | 支度(したく) 준비 | 場合(ばあい) 경우 | 暗(くら)い 어둡다 | 表情(ひょうじょう) 표정 | 理由(りゆう) 이유 | 尋(たず)ねる 묻다, 찾다 | 自慢(じまん) 자랑 | ～って ～라고, ～라는, ～하대, ～이래 | ものすごく 굉장히, 대단히 | からかう 놀리다, 조롱하다 | 一緒(いっしょ)に 같이, 함께 | たぶん 아마 | うらやましい 부럽다 | 言(い)い聞(き)かせる 타이르다, 설득하다, 알아듣도록 말하다 | 言葉(ことば) 말 | 顔(かお) 얼굴 | 一気(いっき)に 단숨에, 단번에 | 明(あか)るい 밝다 | 対話(たいわ) 대화 | ～を通(とお)して ～을 통해서 | 幼(おさな)い 어리다 | 男女(だんじょ) 남녀 | 平等(びょうどう) 평등 | 考(かんが)え方(かた) 사고방식 | 植(う)えつける 심다, 심어주다 | 教育(きょういく) 교육 | 切実(せつじつ) 절실 | 改(あらた)めて 다시, 새삼스럽게 | 誉(ほ)められる 칭찬받다 | 意識(いしき) 의식 | 持(も)つ 갖다, 들다 | 重要(じゅうよう) 중요 | 手伝(てつだ)う 도와주다, 거들다 | 生活(せいかつ) 생활 | 方式(ほうしき) 방식 | 違(ちが)う 다르다, 틀리다 | 現実(げんじつ) 현실 | 社会(しゃかい) 사회 | まだまだ 아직, 아직도, 더욱

04 **문제 1** **정답 3** **문제 2** **정답 2** **문제 3** **정답 1**

해석

①친한 친구나 가까운 친척이 비만이 되면 자신도 비만이 되기 쉬워진다. 비만에 관한 흥미 깊은 조사결과가 25일, 미국 학회지에 발표되었다.

미국 하버드대학과 캘리포니아대학 샌디에이고교의 의료사회학자가 완성한 논문에 의하면, 자신의 형제자매가 비만이 되면, 그 사람도 비만이 될 가능성은 40%, 배우자라면 37%였다고 한다. 친구 쪽이 육친보다도 숫자가 높아 57%, 친한 친구라면 숫자는 더욱 뛰어오른다고 한다. 이웃주민과는 상관관계는 없었다.

친한 친구사이뿐 아니라, 비만의 '감염'은 친구에게서 친구로, 그 또 다른 친구로 퍼진다고 하여, 수백 킬로 떨어져 살고 있어도 관계없었다.

조사한 학자들은 '비만이 사람에게서 사람에게로 유행해 가는 것을 처음 밝혀냈다. 주위 사람이 살찌면, 비만에 대한 허용도가 올라가기 때문이 아닐까?'라고 추측한다.

문제 1 ①친한 친구나 가까운 친척이 비만이 되면 자신도 살찌기 쉬워진다고 있는데, 그 이유는 무엇인가?

1 비만은 전염병처럼 순식간에 퍼져 버리기 때문에
2 부모가 비만이면 아이가 비만일 확률은 높아지기 때문에
3 사이가 좋은 친구가 살찌면 비만을 받아들이기 쉬워지기 때문에
4 비만은 생활습관뿐 아니라 유전적인 요소도 관여되기 때문에

문제 2 비만에 관해서의 설명으로서 바른 것은 어느 것인가?

1 비만은 친한 친구보다 가족 쪽이 더 영향력이 있다.
2 친구와 가족이 비만이 되면 본인도 비만이 되기 쉽다.
3 비만은 친한 사람이 살고 있는 곳과의 거리와 큰 관계가 있다.
4 비만의 원인은, 과식과 운동부족이다.

문제 3 글의 내용과 일치하는 것은 어느 것인가?

1 심리적인 거리감이 가까운 경우에 비만은 감염된다.
2 친한 친구보다 육친과 보다 더 체형이 비슷해진다.
3 자신만 살이 빠지는 것은 미안하다고 생각하는 마음이 사람을 살찌게 한다.
4 비만의 원인은 환경이 아니라 유전에 기인한다.

어휘

親友(しんゆう) 친구, 벗 | 近親者(きんしんしゃ) 근친자, 가까운 친

척 | 肥満(ひまん) 비만 | 自分(じぶん) 자기 자신 | 太(ふと)りやすい 살찌기 쉽다 | ～に関(かん)する ～에 관한 | 興味深(きょうみぶか)い 흥미 깊은 | 調査(ちょうさ) 조사 | 結果(けっか) 결과 | 学会誌(がっかいし) 학회지 | 発表(はっぴょう) 발표 | 医療(いりょう) 의료 | 社会(しゃかい) 사회 | 学者(がくしゃ) 학자 | まとめる 한데 모으다, 정리하다, 완성하다 | 論文(ろんぶん) 논문 | ～によれば ～에 의하면, ～에 따르면 | 兄弟(きょうだい) 형제 | 姉妹(しまい) 자매 | 可能性(かのうせい) 가능성 | 配偶者(はいぐうしゃ) 배우자 | 友人(ゆうじん) 친구, 벗 | 肉親(にくしん) 육친 | 数字(すうじ) 숫자 | さらに 더욱 더 | 跳(は)ね上(あ)がる 뛰어오르다, 갑자기 오르다, 폭등하다 | 近隣(きんりん) 근린, 이웃 | 住民(じゅうみん) 주민 | 相関関係(そうかんかんけい) 상관관계 | 同士(どうし) 끼리, 사이 | ～だけでなく ～뿐(만) 아니라 | 感染(かんせん) 감염 | 広(ひろ)がる 넓어지다, 퍼지다, 확대되다 | 離(はな)れる 떨어지다, 떠나다 | 住(す)む 살다 | 流行(りゅうこう) 유행 | 突(つ)き止(と)める 밝혀내다, 알아내다 | 周囲(しゅうい) 주위 | ～に対(たい)する ～에 대한 | 許容度(きょようど) 허용도 | 上(あ)がる 오르다 | 推測(すいそく) 추측 | 理由(りゆう) 이유 | 伝染病(でんせんびょう) 전염병 | あっという間(ま) 순식간, 눈 깜짝 할 사이 | 親(おや) 부모 | 確率(かくりつ) 확률 | 仲(なか) 사이, 관계 | 太(ふと)る 살찌다 | 許(ゆる)す 허가하다, 허락하다, 용서하다, 인정하다 | 生活(せいかつ) 생활 | 習慣(しゅうかん) 습관 | 遺伝的(いでんてき) 유전적 | 要素(ようそ) 요소 | 関与(かんよ) 관여 | 説明(せつめい) 설명 | 正(ただ)しい 바르다, 옳다 | 家族(かぞく) 가족 | 影響力(えいきょうりょく) 영향력 | 本人(ほんにん) 본인 | 親(した)しい 친하다, 가깝다 | 距離(きょり) 거리 | 大(おお)きな 큰, 커다란 | 原因(げんいん) 원인 | 食(た)べ過(す)ぎ 과식 | 運動不足(うんどうぶそく) 운동부족 | 心理的(しんりてき) 심리적 | 近(ちか)い 가깝다 | 場合(ばあい) 경우 | より一層(いっそう) 보다 한층 더 | 体型(たいけい) 체형 | 似(に)る 닮다, 비슷하다 | やせる 마르다, 살이 빠지다 | 申(もう)し訳(わけ)ない 면목없다, 미안하다 | 環境(かんきょう) 환경

장문이해 완벽대비 문제

문제 6 다음 글을 읽고, 질문에 답하세요. 답은 1·2·3·4 가운데 가장 좋은 것을 하나 고르세요.

01 **문제 1 정답 2** **문제 2 정답 3** **문제 3 정답 2** **문제 4 정답 3**

해석

지금 비정규직의 정사원화와 비정규직과 정사원 사이의 격차를 없애려고 하는 기업이 늘고 있다. 앞으로 고용의 형태는 변해갈 것인가? 후생노동성의 노동정책과도 관계된 독립행정법인 노동정책연구원인 이마다 사치코 씨에게 물었다.

"특히 최근 5년 동안은 앞이 보이지 않는 불황과 함께 글로벌화로 인해 국제경쟁이 심해지고, 기업은 '원가삭감, 경쟁원리의 침투, 성과주의'를 외쳤습니다. 그 결과 사원들의 비정규화를 계속 진행시켜왔습니다. 그러나 작년부터 올해에 걸쳐서 ①상황은 변한 것입니다."

경제상황이 호전되기는 했지만 이번에는 일손부족을 외치게 되었다. "정사원은 과로로 인해 피폐해져 있다. 베이비붐 세대는 은퇴한다. 비정규직은 시급이 높은 쪽으로 이동하고 정착하지 않는다. 앞으로는 좋은 일이 있어도 사람이 없어서 못하는 '일손부족도산'이 일어날 가능성이 있습니다."라고 이마다 씨는 지적한다.

인재부족의 위기를 느낀 기업은 이제까지의 원가 삭감만을 위한 비정사원화를 개선하고, 처우를 개선해서 능력을 발휘할 수 있는 방법을 생각하기 시작하고 있다.

앞으로는 인재를 재인식하여 비정(규직)사원이라도 관리직 같은 지위에 앉는 일이 늘 것이라고 이마다 씨는 말한다. 이미 패스트푸드나 슈퍼마켓에서는 파트타이머 점장도 드물지 않다.

문제 1 ①상황은 변했다라는 것은, 어떠한 의미인가?
1 사원의 비정규화를 한층 더 진행시키게 되었다.
2 사원의 비정규화를 개선하려고 하는 기업이 나왔다.
3 경제상황이 좋아져서, 국제경쟁이 심해졌다.
4 불황에서 완전히 벗어나지 못하여 도산하는 기업이 늘었다.

문제 2 파트타이머 점장이 드물지 않게 된 이유로 바른 것은 어느 것인가?
1 정사원이 점장이 되는 것보다 원가가 적게 들기 때문에
2 시급을 내리는 대신에 지위를 올리게 되었기 때문에
3 비정규직이라도 능력을 발휘할 수 있게 되었기 때문에
4 패스트푸드와 슈퍼마켓은 시급이 높기 때문에

문제 3 이 글의 내용과 일치하지 않는 것은 어느 것인가?
1 비정규직과 정사원의 격차를 줄이려고 하는 기업이 늘고 있다.
2 불경기 때문에 정사원 채용이 더 어려워졌다.
3 지금은 비정규직이라도 관리직에 앉을 수 있다.
4 앞으로는 일손부족으로 도산하는 회사가 나올지도 모른다.

문제 4 이 문장에서 일손부족도산이 일어날 가능성이 있는 이유로 언급하지 않은 것은 어느 것인가?
1 정사원은 과로로 인해 피폐해져 있다.
2 베이비붐 세대는 은퇴한다.
3 경기가 좋아 비정규직과 정사원의 격차가 없어진다.
4 비정규직은 시급이 높은 곳으로 바로 이동해버린다.

어휘

非正社員(ひせいしゃいん) 비정규직 | 正社員(せいしゃいん) 정사원 | 間(あいだ) 사이, 동안 | 格差(かくさ) 격차 | 無(な)くす 없애다, 분실하다 | 企業(きぎょう) 기업 | 増(ふ)える 늘다, 증가하다 | 雇用(こよう) 고용 | 形態(けいたい) 형태 | 変(か)わる 변하다, 바뀌다 | 厚生労働省(こうせいろうどうしょう) 후생노동성 | 政策(せいさく) 정책 | かかわる 관계되다, 관계하다 | 独立(どくりつ) 독립 | 行政(ぎょうせい) 행정 | 法人(ほうじん) 법인 | 研究(けんきゅう) 연구 | 特(とく)に 특히 | 先(さき) 끝, 앞, 먼저 | 見(み)える 보이다 | 不況(ふきょう) 불황 | ～とともに ～와 함께 | グローバル化(か) 글로벌화 | 国際(こくさい) 국제 | 競争(きょうそう) 경쟁 | 激(はげ)しい 심하다, 격하다 | かけ声(ごえ) 지르는 소리, 구호 | コスト 코스트, 생산비, 원가 | 削減(さくげん) 삭감 | 原理(げんり) 원리 | 浸透(しんとう) 침투 | 成果(せいか) 성과 | 主義(しゅぎ) 주의 | 結果(けっか) 결과 | どんどん 척척, 계속해서, 자꾸자꾸 | 社員(しゃい

ん) 사원 | 非正規化(ひせいきか) 비정규화 | 進(すす)める 진행(진척)시키다 | ところが 그런데, 그러나 | 去年(きょねん) 작년 | 今年(ことし) 올해 | ～から～にかけて ~부터~에 걸쳐서 | 状況(じょうきょう) 상황 | 経済(けいざい) 경제 | 好転(こうてん) 호전 | ～ものの ~하(했)지만 | 今度(こんど) 이번, 이다음 | 人手不足(ひとでぶそく) 일손 부족 | 叫(さけ)ぶ 외치다, 부르짖다 | 働(はたら)く 일하다 | 疲(つか)れ弱(よわる) 피폐하다 | 団塊(だんかい)の世代(せだい) 베이비붐 세대 | リタイア 퇴직, 은퇴 | 時間給(じかんきゅう) 시급 | 流(なが)れる 흐르다, 흘러가다 | 定着(ていちゃく) 정착 | 今後(こんご) 앞으로, 이후 | 仕事(しごと) 일, 업무, 직업 | 倒産(とうさん) 도산 | 起(お)こる 일어나다 | 可能性(かのうせい) 가능성 | 指摘(してき) 지적 | 危機感(ききかん) 위기감 | 改(あらた)める 고치다, 개선하다 | 処遇(しょぐう) 처우 | 改善(かいぜん) 개선 | 能力(のうりょく) 능력 | 発揮(はっき) 발휘 | 方法(ほうほう) 방법 | 考(かんが)え始(はじ)める 생각하기 시작하다 | 人材(じんざい) 인재 | 見直(みなお)す 다시 보다, 달리 보다 | 管理職(かんりしょく) 관리직 | 地位(ちい)につく 지위에 앉다 | すでに 이미, 벌써 | ファーストフード 패스트푸드 | スーパーマーケット 슈퍼마켓 | パート 파트타이머 | 店長(てんちょう) 점장 | 珍(めずら)しい 드물다, 희귀하다 | 一層(いっそう) 한층 더, 더욱 | 抜(ぬ)け切(き)る 완전히 빠져버리다, 완전히 벗어나다 | 理由(りゆう) 이유 | 抑(おさ)える 억제하다, 참다, 막다 | 下(さ)げる 낮추다 | 代(か)わりに 대신에 | 不景気(ふけいき) 불경기 | 採用(さいよう) 채용 | もっと 더, 더욱 | 難(むず)かしい 어렵다

02 **문제 1 정답 3** **문제 2 정답 4** **문제 3 정답 2** **문제 4 정답 1**

해석

'인간관계'라는 것은 정말 큰 테마입니다. 사람의 행복은 인간관계로 결정된다고 해도 과언이 아닙니다. 행복을 느끼는 경우도 있고 트러블을 일으키는 경우도 있어 인생에 있어서 인간관계는 행복으로 이어지는 커다란 테마인 것입니다.

그런 인간관계를 개선하고 그리고 향상시키기 위한 아주 좋은 요령은 당신이 잘 들어주는 것입니다. 일본의 속담에는 '이야기를 잘하면 잘 듣는다'라는 말이 있습니다. '말을 잘하는 사람은 언제나 듣는 것도 잘한다'는 것입니다. 사람은 사람과 커뮤니케이션을 잘 하고 싶을 때 자칫 이야기하는 쪽에 힘을 쏟기 쉽습니다. 그러나 커뮤니케이션에서 가장 중요한 것은 '이야기하는 것' 보다도 사실은 '듣는 것'인 것입니다.

인간관계는 서로의 커뮤니케이션으로 맺어지고 있습니다. 단순한 '듣기'를 무시해서는 안 됩니다. 고작 듣는 것이라고는 해도, 이것보다 더 인간관계를 향상시키는 중요 포인트는 없습니다. 듣는 것으로 상대방을 알 수 있고, 이해할 수 있고 인정할 수 있고 도울 수 있고 인간관계를 향상시킬 수 있는, 정말 중요한 것인 것입니다.

학생뿐 아니라 사회인으로서도 부모로서도 아이로서도 세계 어느 사람에게 있어서도 듣기를 잘하는 것은 중요한 포인트인 것입니다.

문제 1 필자가 말하는 '인간관계를 향상시키기 위한 요령'이란 어떠한 것인가?

1 상대에게 실례되지 않도록 예의를 갖추고 사람들과 접하는 것
2 상대가 이야기하기 편한 분위기를 만드는 것
3 말을 잘하는 것보다 듣는 것을 잘하게 되는 것
4 사람에 대해서는, 과잉한 기대를 지나치게 갖지 않는 것

문제 2 필자는 어째서 '이야기하는 것'보다 '듣는 것'이 중요하다고 말하고 있는가?

1 인간관계에서 듣는 것만큼 중요한 것은 없기 때문에
2 사람은 듣는 것보다 이야기하는 쪽에 힘을 쏟기 쉽기 때문에
3 이야기를 잘하는 사람은 항상 듣기도 잘하기 때문에
4 듣는 것을 통해, 상대에 관한 것을 알고, 서로의 커뮤니케이션이 이루어지기 때문에

문제 3 이 글에서 필자가 가장 말하고 싶은 것은 어떠한 것인가?

1 잘 듣는 사람이 되기 위해서는 많은 사람의 이야기를 들어보는 연습이 필요하다.
2 인간관계를 향상시키기 위해서는 자신이 잘 듣게 되어야 한다.
3 상대와 능숙하게 커뮤니케이션을 취하기 위해서는 우선 말투에 주의해야 한다.
4 인간관계가 잘 되지 않을 때, 대부분의 원인은 사람과 사람사이의 '관계'에 있다.

문제 4 본문의 내용과 일치하고 있는 것은 어느 것인가?

1 듣기를 잘하게 되면 상대를 이해할 수 있고 인간관계도 좋아진다.
2 인간관계는 인간의 오랜 역사 속에서 가장 중요한 문제로서 연구되어 왔다.
3 자신과 다른 사람이 기뻐할 일을 하고 있으면, 저절로 인간관계는 좋아진다.
4 말을 잘하게 되지 않으면 듣기를 잘할 수도 없다.

어휘

人間(にんげん) 인간 | 関係(かんけい) 관계 | ～というのは ~라는 것은, ~란 | テーマ 테마, 주제 | 長(なが)い 길다, 오래다 | 歴史(れきし) 역사 | 常(つね)に 항상, 늘 | 取(と)り上(あ)げる 집어들다, 받아들이다 | 大切(たいせつ)な 중요한, 소중한 | ～として ~로서, ~라고 해서 | 重要視(じゅうようし) 중요시 | 幸(しあわ)せ 행복, 행운 | 決(き)まる 정해지다, 결정되다 | ～といっても ~라고 해도 | 過言(かごん) 과언 | 感(かん)じる 느끼다 | ～も～ば～も ~도 ~고, ~도 | トラブル 트러블, 문제 | 起(お)こす 일으키다 | 人生(じんせい) 인생 | ～において ~에서, ~에 있어서 | つながる 이어지다, 연결되다 | 改善(かいぜん) 개선 | 向上(こうじょう) 향상 | コツ 요령 | ことわざ 속담 | 言葉(ことば) 말, 언어 | 決(き)まって 반드시, 어김없이, 언제나 | コミュニケーションをとる 커뮤니케이션을 하다 | つい 그만, 무심코 | 力(ちから)を入(い)れる 주력하다, 특히 열의를 가지고 노력하다 | ～てしまう ~해 버리다 | ～がち ~하는 일이 잦다, ~하는 경향이 있다 | しかし 그러나 | 実(じつ)は 사실은 | お互(たが)い 서로 | 成(な)り立(た)つ 이루어지다, 성립되다 | 理解(りかい) 이해 | 尊重(そんちょう)し合(あ)う 서로 존중하다 | 相手(あいて) 상대(방) | 知(し)る 알다 | 助(たす)ける 구하다, 돕다 | まず 우선, 먼저 | 必要(ひつよう) 필요 | 単純(たんじゅん)な 단순한 | ばかにする 업신여기다, 깔보다 | たかが 기껏, 겨우, 고작 | ～とはいえ ~라고는 해도, ~라 하더라도 | ～ことで ~것(일)으로 | 認(みと)める 인정하다 | 自身(じしん) 자기 자신 | 量(りょう) 양 | 比例(ひれい) 비례 | ～だ

けでなく ~뿐만 아니라 | 社会人(しゃかいじん) 사회인 | 親(おや) 부모 | ~としても ~로서도, ~라고해도 | 世界(せかい) 세계 | ~にとって ~에게 있어서 | 失礼(しつれい) 실례 | 礼儀正(れいぎただ)しさ 예의 바름 | 接(せっ)する 접하다 | 雰囲気(ふんいき) 분위기 | 作(つく)る 만들다 | ~に対(たい)して ~에 대해서 | 過剰(かじょう)な 과잉한 | 期待(きたい) 기대 | ~すぎる 너무(지나치게) ~하다 | ~によって ~에 의해서, ~에 따라서 | 練習(れんしゅう) 연습 | 注意(ちゅうい) 주의 | ~べきだ ~해야 한다 | うまくいく 잘 되어가다 | 大抵(たいてい) 대개, 대부분 | 原因(げんいん) 원인 | 研究(けんきゅう) 연구 | 他人(たにん) 타인, 남 | 喜(よろこ)ぶ 기뻐하다 | 自然(しぜん)に 자연히, 저절로

03 문제 1 **정답 2** 문제 2 **정답 1** 문제 3 **정답 3** 문제 4 **정답 2**

해석

"정말, ①그때는 세계적인 대발견일지도 모른다고 생각했어요." 그 의사는 들어주길 바라는 모습으로 말했다.

지금부터 10년이나 전의 일인데 그는 기묘한 기침을 하기 시작한 동물원의 고릴라를 진찰한 적이 있는 것이다. 그 고릴라는 식욕이 없고, 가만히 앉은 채로 가끔 콜록콜록 기침을 하는 날들이 3개월 이상 계속되었다고 한다.

그는, 혹시 천식이 아닐까하고 생각했다. 이제껏 원숭이가 천식에 걸린 예는 한 건도 보고되지 않았다. 만약 그 고릴라의 기침이 천식이라면 귀중한 발견이 되는 것이다.

혹시나 했던 생각과 달리 고릴라의 기침은 천식이 아니었다. 만성적인 운동부족, 분에 넘치는 먹이에 의한 영양과다, 인공적으로 조정되어진 기온. 어느 것을 봐도 험한 자연환경과는 ②커다란 차이가 있다. 그 때문에 고릴라는 극단적으로 비만이 되었고, 기침은 지방에 의한 폐의 압박이 원인이었다. 좁은 우리 안은, 동물들의 건강을 해치는 ③지나치게 가혹한 환경일 것이다.

"그러나……"라고 그는 심각한 얼굴로 말했다. "더 생각하지 않으면 안 되는 것은, 그 모든 것이 인간에게도 일어나고 있다는 것이에요. 과식, 운동 부족, 인공적인 환경, 그 속에서 인간에게도 기묘한 병이 늘고 있습니다."

우리에 가두어져 있는 것은 동물만이 아니라 인간도 또한 그런 것 같다.

문제 1 ①그때라는 것은 어떠한 때인가?

1 고릴라의 기침의 원인을 몰랐을 때
2 고릴라가 천식에 걸린 것이 아닌가 하고 생각했을 때
3 이상한 기침을 하기 시작한 고릴라를 진찰했을 때
4 가만히 앉은 채 있는 고릴라의 기침이 3개월 이상 계속되고 있다는 것을 깨달았을 때

문제 2 ②커다란 차이라고 있는데 자연환경과 무엇과의 차이를 말하는가?

1 우리 속
2 대자연
3 진찰실 안
4 병원

문제 3 ③지나치게 가혹한 환경의 설명으로서 일치하는 것은 어느 것인가?

1 자연환경에 비하면 좁고, 기온의 변화가 심한 환경
2 자연환경에 비하면 재주를 부려서 운동량이 많은 환경
3 자연환경에 비하면 좁지만, 매우 분에 넘치는 식생활
4 자연환경에 비하면 먹이에서 영양을 취하기 힘든 환경

문제 4 필자의 생각과 일치하는 것은 어느 것인가?

1 인간에게도 기묘한 병이 늘고 있기 때문에 인간도 대자연으로 돌아가지 않으면 안 된다.
2 우리에 가두어져 있는 것은 동물만이 아니라 인간도 그렇다.
3 우리 속의 동물을 보고 즐기는 인간만이 잔혹하다고는 말할 수 없다.
4 환경에 의한 심각한 문제는 장래 인간에게도 일어날 가능성이 있다.

어휘

世界的(せかいてき) 세계적 | 大発見(だいはっけん) 대발견 | ~かもしれない ~할(일)지도 모른다 | 医者(いしゃ) 의사 | ~てほしい ~해 주었으면 좋겠다, ~하길 바란다 | 様子(ようす) 모습, 상황 | 奇妙(きみょう)な 기묘한, 이상한 | 咳(せき) 기침 | 動物園(どうぶつえん) 동물원 | 診察(しんさつ) 진찰 | 食欲(しょくよく) 식욕 | じっと 꼼짝 않고, 가만히 | 座(すわ)る 앉다 | ~たまま ~한 채(대로) | コンコン 콜록콜록 | 日々(ひび) 날들 | 続(つづ)く 계속되다, 이어지다 | ひょっとして 혹시, 어쩌면, 만약에 | 喘息(ぜんそく) 천식 | 猿(さる) 원숭이 | かかる 걸리다 | 例(れい) 예 | 報告(ほうこく) 보고 | もしも 만약, 만일, 혹시 | 貴重(きちょう) 귀중 | わけ 도리, 까닭, 이유, 의미 | 運動不足(うんどうぶそく) 운동부족 | ぜいたく 사치, 분에 넘침 | 餌(えさ) 모이, 먹이 | 栄養(えいよう) 영양 | 人工的(じんこうてき) 인공적 | 調整(ちょうせい) 조정 | 気温(きおん) 기온 | 厳(きび)しい 엄하다, 험하다, 힘겹다 | 環境(かんきょう) 환경 | 大(おお)きな 큰, 커다란 | 差(さ) 차이 | 極端(きょくたん) 극단 | 肥満(ひまん) 비만 | 脂肪(しぼう) 지방 | ~による ~에 의한, ~에 따른 | 肺(はい) 폐 | 圧迫(あっぱく) 압박 | 原因(げんいん) 원인 | 他(ほか) 그 외, 이외 | 狭(せま)い 좁다 | 健康(けんこう) 건강 | 損(そこ)なう 파손하다, 해치다 | 過酷(かこく) 과혹, 지나치게 가혹함 | 深刻(しんこく) 심각 | 顔(かお)つき 얼굴, 표정 | もっと 더, 더욱, 좀더 | 起(お)こる 일어나다 | 増(ふ)える 늘다, 증가하다 | 閉(と)じ込(こ)める 가두다 | ~だけではない ~만(뿐)은 아니다 | また 또, 또한 | 変(へん)な 이상한, 엉뚱한 | 気(き)づく 깨닫다, 알아차리다 | 病院(びょういん) 병원 | 説明(せつめい) 설명 | 比(くら)べる 비교하다 | 変化(へんか) 변화 | 激(はげ)しい 심하다, 격하다 | 将来(しょうらい) 장래 | 可能性(かのうせい) 가능성

04 문제 1 **정답 3** 문제 2 **정답 4** 문제 3 **정답 2** 문제 4 **정답 1**

해석

저는 지금, 영어잡지를 편집하는 일을 하고 있습니다. 영어를 너무 싫어했던 제가 어떻게 해서 이런 일을 하게 되었는지, 스스로도 신기합니다. 학창시절 친구들에게 지금의 제 일에 관해서 이야기하면 모두 한결같이 "믿을 수 없다"라는 얼굴을 하며 놀랍니다.

고등학교 시절은 영어를 너무 싫어해서 성적도 나빴습니다. 그러나 어느 때, 영어를 잘하는 친구에게서 펜팔을 소개받았습니다. ①저는 별로 마음이 내키지 않았습니다만 친구에게 부탁받았기 때문에 한 번만 편지를 쓰기로 했습니다. 물론 영어로 편지 같은 것을 쓸 수 있을 리가 없어서 어쩔 수 없이 서점에서 『영문편지 쓰는 법』이라는 책을 사 와서 그 안의 예문을 통째로 베껴서 편지를 보냈습니다. 한숨 놓고 있었더니 "너의 영어는 완벽하다"라는 칭찬의 편지가 와 버렸습니다. "이거 큰일인데"라고 생각하여 또 다른 예문을 베껴서 답장을 썼습니다.

처음에는, 한 번만 하고 그만둘 생각이었지만 편지 왕래는 계속 이어져서 결국 『영문편지 쓰는 법』의 예문은 전부 다 써 버렸습니다. 그래서 큰 결심을 하고 영어를 다시 공부하기로 했습니다. 중학교 1학년 교과서부터 모르는 부분을 다시 하고, 예문을 전부 암기했습니다. 이것이 효과를 발휘해서 성적은 단번에 올랐습니다. 성적이 좋아지면 좋아질수록 영어가 재미있어지고 공부하는 것이 즐거워졌습니다.

그때의 펜팔 친구와는 지금도 편지왕래를 계속하고 있습니다. 만약 그때 친구의 부탁을 거절했다면 그리고 편지를 쓰지 않았다면 어떻게 되어 있었을까요. 아마 지금쯤은 영어와 관계없는 일을 하고 있지 않을까 합니다. 그런 것을 생각하면 인생의 '만남'이란 것은 재미있는 것이라고 생각합니다.

문제 1 필자가 지금의 일을 이야기하면 어째서 학창시절 친구들은 놀라는 것인가?

1 영어 전문학교까지 진학할 정도로 영어를 좋아했기 때문에
2 영어를 잘하고 항상 영어 공부만 하고 있었기 때문에
3 영어에 흥미가 없고 성적도 별로 좋지 않았기 때문에
4 고등학교 때부터 펜팔과 영어로 편지왕래를 계속하고 있기 때문에

문제 2 ①저는 별로 마음이 내키지 않았다라고 했는데 그 이유는 무엇인가?

1 한 번 하기 시작하면 계속해야 된다고 생각했기 때문에
2 수험공부로 바빠서 다른 것을 생각할 여유가 없었기 때문에
3 펜팔이란 것은 누군가에게 부탁받아서 하는 것이 아니라고 생각했기 때문에
4 영어를 잘 못해서 영어로 편지를 쓸 자신이 없었기 때문에

문제 3 필자가 영어 공부를 다시 하게 된 계기는 무엇인가?

1 영어 성적이 단번에 오른 것
2 통째로 베끼고 있었던 영문편지의 예문을 전부 사용해 버렸던 것
3 국제회의에서 통역 일을 했던 것
4 아르바이트로 여행 투어가이드를 한 것

문제 4 본문의 내용과 일치하는 것은 어느 것인가?

1 필자는 만남에 의해서 인생이 바뀔 수 있다고 생각하고 있다.
2 필자는 자신의 영어 실력을 살릴 수 있는 일을 찾고 있다.
3 필자는 고등학교 시절 친구의 부탁을 거절한 것을 후회하고 있다.
4 필자는 여러 나라의 펜팔 친구와 몇 년에 걸쳐서 편지 왕래를 하고 있다.

어휘

雑誌(ざっし) 잡지 | 編集(へんしゅう) 편집 | 大嫌(だいきら)い 아주 싫음 | 不思議(ふしぎ) 불가사의, 이상함, 희한함 | 学生時代(がくせいじだい) 학창시절 | ～について ～에 관해서 | 皆(みんな) 모두 | 一様(いちよう)に 한결같이 | 信(しん)じる 믿다 | 顔(かお) 얼굴 | 驚(おどろ)く 놀라다 | ～頃(ころ) ～때, 무렵, 시절 | 成績(せいせき) 성적 | ところが 그런데, 그러나 | 得意(とくい)な 자신 있는, 숙달되어 있는 | 親友(しんゆう) 친구 | ペンフレンド 펜팔 친구 | 紹介(しょうかい) 소개 | 気(き)が進(すす)む 마음이 내키다, 할 생각이 들다 | 頼(たの)む 부탁하다 | 一回(いっかい) 한 번 | 手紙(てがみ) 편지 | ～ことにする ～하기로 하다 | もちろん 물론 | ～わけがない ～할(일)리가 없다 | 仕方(しかた)ない 도리가 없다, 어쩔 수 없다 | 本屋(ほんや) 서점 | 英文(えいぶん) 영문 | 書(か)き方(かた) 쓰는 법 | 例文(れいぶん) 예문 | 丸写(まるうつ)し 고스란히(통째로) 베낌 | ほっとする 안심하다, 한숨 놓다 | 完璧(かんぺき) 완벽 | 誉(ほ)める 칭찬하다 | 大変(たいへん) 큰일, 대단함, 엄청남, 힘듦 | 写(うつ)す 베끼다, 그리다 | 返事(へんじ) 답장, 대답 | やめる 그만두다 | 文通(ぶんつう) 편지 왕래 | ずっと 쭉, 계속, 훨씬 | 続(つづ)く 계속되다, 이어지다 | とうとう 드디어, 마침내, 결국 | 使(つか)う 사용하다 | そこで 그래서 | 一大(いちだい) 일대 | 決心(けっしん) 결심 | 勉強(べんきょう) 공부 | 동사 ます형+～直(なお)す 다시 ～하다 | 教科書(きょうかしょ) 교과서 | 徹底的(てっていてき) 철저함 | 全部(ぜんぶ) 전부 | 暗記(あんき) 암기 | 効果(こうか) 효과 | あげる 올리다 | 成績(せいせき) 성적 | 一気(いっき)に 단숨에, 단번에 | 上(あ)がる 오르다 | ～ば～ほど ～(하)면 ～(할)수록 | 面白(おもしろ)い 재미있다 | 楽(たの)しい 즐겁다 | 続(つづ)ける 계속하다 | もし 만약, 만일 | 断(ことわ)る 거절하다 | たぶん 아마 | 今頃(いまごろ) 지금쯤 | 関係(かんけい) 관계 | 考(かんが)える 생각하다 | 人生(じんせい) 인생 | 出会(であ)い 마주침, 만남 | 進学(しんがく) 진학 | 興味(きょうみ) 흥미 | 理由(りゆう) 이유 | 受験(じゅけん) 수험 | 忙(いそが)しい 바쁘다 | 余裕(よゆう) 여유 | 自信(じしん) 자신 | きっかけ 계기 | 変(か)わる 변하다, 바뀌다 | 英語力(えいごりょく) 영어실력 | 探(さが)す 찾다 | 後悔(こうかい) 후회 | 数年(すうねん) 수년, 몇 년 | ～にわたって ～에 걸쳐서

정보검색 완벽대비 문제

01 **문제 1** 정답 3 **문제 2** 정답 4

해석

오른쪽 페이지는 '아르바이트 모집안내'이다. 다음을 문장을 읽고 아래의 질문에 답하세요. 답은 1·2·3·4 가운데 가장 좋은 것을 하나 고르세요.

문제 1 다음 중 이 아르바이트를 할 수 있는 사람은 누구인가?

1 꽃집에서 아르바이트를 한 경험이 있는 고등학생인 사토 씨
2 아르바이트로 돈을 모아서 골든위크에 해외에 가고 싶어 하는 20세 마쓰다 씨
3 컴퓨터를 할 수 있긴 하지만 전문적인 지식은 갖고 있지 않은 40세 주부 모리 씨
4 학비를 벌기 위해 3개월 이상 할 수 있는 아르바이트를 찾고 있는 휴학생 다카하시 씨

문제 2 이 모집안내의 내용과 일치하는 것은 어느 것인가?

1 이전에 꽃집에서 일한 경험이 있는 사람은 더 높은 월급을 받을 수 있다.
2 응모하고 싶은 사람은 전화 또는 메일로 신청하면 된다.
3 컴퓨터로 하는 작업이 많기 때문에 컴퓨터에 정통하지 않으면 안 된다.
4 경험이 없어도 20세부터 40세 연령의 사람이라면 누구나 응모할 수 있다.

아르바이트 모집안내

어머니날 기간 동안만 잠시 도와주실 수 있겠습니까?
꽃집에서 일해 보고 싶은 분 !
이전에 일해 본 경험이 있지만, 또 일해 보고 싶어진 분 !
단기간이라면, 해 보려고 생각하는 분 !
꼭 연락 주십시오.

- 아르바이트 기간 : 5월 1일~8일
- 직종 : 사무계통 (전표정리 · 작성, 전화응대, 간단한 PC 입력 등)
- 자격 : 20~40세 (전문적인 PC지식은 필요 없습니다)
- 근무시간 : 10시~18시 (기간 중, 휴일이 하루 있습니다)
- 급여 : 시급 2000엔
- 대우 : 교통비 지급
- 응모방법 : 직접, 전화 신청으로 접수합니다.

Tel : 080-4500-3111

전화로 면담시간을 결정합니다.

어휘

募集(ぼしゅう) 모집 | 案内(あんない) 안내 | 花屋(はなや) 꽃집 | 経験(けいけん) 경험 | 高校生(こうこうせい) 고등학생 | お金(かね)をためる 돈을 모으다 | ゴールデンウィーク 골든위크, 황금주간, 4월 말에서 5월 초에 걸친 휴일이 가장 많은 주간 | 海外(かいがい) 해외 | 行(い)きたがる 가고 싶어 하다 | ~ことは、~が ~(하)기는, ~(하)지만 | 専門的(せんもんてき) 전문적 | 持(も)つ 갖다, 들다 | 主婦(しゅふ) 주부 | 学費(がくひ) 학비 | 稼(かせ)ぐ 벌다 | 以上(いじょう) 이상 | 探(さが)す 찾다 | 休学生(きゅうがくせい) 휴학생 | 以前(いぜん) 이전 | 働(はたら)く 일하다 | もっと 좀 더, 더욱 | 高(たか)い 높다, 비싸다 | 給料(きゅうりょう) 급여, 월급 | もらう 받다 | 応募(おうぼ) 응모 | 電話(でんわ) 전화 | メール 메일 | 申(もう)し込(こ)む 신청하다 | 作業(さぎょう) 작업 | 多(おお)い 많다 | 詳(くわ)しい 자세하다, 정통하다 | 期間(きかん) 기간 | 少(すこ)し 조금, 약간 | 手伝(てつだ)う 도와주다, 거들다 | お+동사 ます형+する (제가) ~하다 | ~ていただけませんか ~해 주실 수 없겠습니까? ~해 주시지 않겠습니까? | やってみる 해 보다 | ぜひ 꼭, 반드시 | 連絡(れんらく) 연락 | 職種(しょくしゅ) 직종 | 事務系(じむけい) 사무계통 | 伝票(でんぴょう) 전표 | 整理(せいり) 정리 | 作成(さくせい) 작성 | 応対(おうたい) 응대 | 簡単(かんたん)な 간단한 | 入力(にゅうりょく) 입력 | 資格(しかく) 자격 | 知識(ちしき) 지식 | 必要(ひつよう) 필요 | 勤務(きんむ) 근무 | 休(やす)み 휴일, 휴식 | 給与(きゅうよ) 급여 | 時給(じきゅう) 시급 | 待遇(たいぐう) 대우 | 交通費(こうつうひ) 교통비 | 支給(しきゅう) 지급 | 方法(ほうほう) 방법 | 直接(ちょくせつ) 직접 | 受(う)け付(つ)ける 접수하다 | ~にて ~로, ~에서 | 面談(めんだん) 면담 | 決定(けってい) 결정 | ~(さ)せていただく (제가) ~하다

02 **문제 1 정답 2** **문제 2 정답 2**

해석

오른쪽 페이지는 '캠퍼스투어' 안내이다. 다음 문장을 읽고 아래의 질문에 답하세요. 답은 1 · 2 · 3 · 4 가운데 가장 좋은 것을 하나 고르세요.

문제 1 이 안내의 내용으로서 바른 것은 어느 것인가?

1 이 대학을 졸업한 전문가이드가 캠퍼스의 볼만한 곳을 안내해 준다.
2 한 사람이라도 사전에 예약하면 참가할 수 있다.
3 10인 이상의 단체로 예약하면 참가비가 무료다.
4 이 투어는 이 대학 입학을 목표로 하고 있는 수험생만 참가할 수 있다.

문제 2 고등학생 다나카 군은 부모님과 셋이서 이 투어에 참가하려고 생각하고 있다. 신청 메일의 바른 작성법은 어느 것인가?

1
'캠퍼스투어' 참가를 신청합니다.
- 2011.12.5
- 다나카 데쓰야, 다나카 이치로, 다나카 노리코
- 080-4332-5782
- 도쿄도 이타바시쿠 구마노초 3-1-5

2
'캠퍼스투어' 참가를 신청합니다.
- 2011.12.5
- 다나카 데쓰야, 다나카 이치로, 다나카 노리코
- 3人
- 080-4332-5782
- tanaka1234@yahoo.jp
- 수험생, 수험생 보호자 2명

3
'캠퍼스투어' 참가를 신청합니다.
- 2011.12.5
- 다나카 데쓰야, 다나카 이치로, 다나카 노리코
- 3人
- 080-4332-5782
- 수험생, 수험생 보호자 2명

4
'캠퍼스투어' 참가를 신청합니다.
- 다나카 데쓰야, 다나카 이치로, 다나카 노리코
- 3人
- 080-4332-5782
- tanaka1234@yahoo.jp
- 도쿄도 이타바시쿠 구마노초 3-1-5

캠퍼스투어 안내

일본대학에서는 널리 일반 여러분들이 대학에 대한 이해를 넓힐 수 있도록 캠퍼스투어를 실시하고 있습니다. 학생가이드가 대학의 역사와 학생생활 에피소드를 소개하면서 캠퍼스의 볼만한 곳을 안내해 드립니다.

- 한 분부터 신청하실 수 있습니다.

- 각 회의 정원은 20명입니다. 참가비는 무료이지만 사전에 예약이 필요합니다. 10명 이상의 단체로 참가를 희망하는 경우는 전화로 상담해 주세요.
- 30분 이상 지각하면 투어에 참가할 수 없는 경우가 있습니다.
- 대학 행사 등에 맞춰서 특별투어를 실시하는 경우도 있습니다.
- 주된 볼만한 곳
  정치경제 · 법 · 상 · 교육 · 사회과학 · 국제교양학부 · 종합학술정보센터 등.
- 신청방법
  참가하고 싶은 분은 참가 희망 일정 · 참가자 전원의 이름 · 참가 인원수 · 전화번호 · 이메일 주소를 기입하여 campus21@gmail.com으로 보내 주세요.

  * 2명 이상의 인원으로 참가하시는 경우는 반드시 참가자 내역을 기입해 주세요. (기입 예 : (예1) 수험생, 수험생 보호자/ (예2) 고등학생 2명/ (예3) 교우, 교우가족, 수험생)

어휘

キャンパス 캠퍼스 | ツアー 투어, 관광, 여행 | 案内(あんない) 안내 | 内容(ないよう) 내용 | 正(ただ)しい 바르다, 옳다 | 卒業(そつぎょう) 졸업 | 専門(せんもん) 전문 | ガイド 가이드 | 見所(みどころ) 볼 만한 장소 | 事前(じぜん)に 사전에 | 予約(よやく) 예약 | 参加(さんか) 참가 | 以上(いじょう) 이상 | 団体(だんたい) 단체 | 参加費(さんかひ) 참가비 | 無料(むりょう) 무료 | 入学(にゅうがく) 입학 | 目指(めざ)す 목표로 하다, 지향하다 | 受験生(じゅけんせい) 수험생 | ～だけ ～만, ～뿐 | 高校生(こうこうせい) 고등학생 | 両親(りょうしん) 부모님 | 申(もう)し込(こ)み 신청 | 書(か)き方(かた) 쓰는 법 | 保護者(ほごしゃ) 보호자 | 広(ひろ)く 널리, 넓게 | 一般(いっぱん) 일반 | 方々(かたがた) 여러분 | ～に対(たい)する ～에 대한 | 理解(りかい) 이해 | 深(ふか)める 깊게 하다 | 実施(じっし) 실시 | 歴史(れきし) 역사 | 生活(せいかつ) 생활 | エピソード 에피소드 | 紹介(しょうかい) 소개 | 各回(かっかい) 각 회 | 定員(ていいん) 정원 | 必要(ひつよう) 필요 | 希望(きぼう) 희망 | 場合(ばあい) 경우 | 電話(でんわ) 전화 | 相談(そうだん) 상담 | 遅刻(ちこく) 지각 | 行事(ぎょうじ) 행사 | 合(あ)わせる 맞추다, 합치다 | 特別(とくべつ) 특별 | 主(おも)な 주된 | 政治(せいじ) 정치 | 経済(けいざい) 경제 | 法(ほう) 법 | 商(しょう) 상, 장사, 상업 | 教育(きょういく) 교육 | 社会科学(しゃかいかがく) 사회과학 | 国際(こくさい) 국제 | 教養(きょうよう) 교양 | 学部(がくぶ) 학부 | 総合(そうごう) 종합 | 学術(がくじゅつ) 학술 | 情報(じょうほう) 정보 | センター 센터 | 当日(とうじつ) 당일 | コース 코스 | 方法(ほうほう) 방법 | 日程(にってい) 일정 | 全員(ぜんいん) 전원 | 名前(なまえ) 이름 | 人数(にんずう) 인원수 | 電話番号(でんわばんごう) 전화번호 | メールアドレス 이메일 주소 | 記入(きにゅう) 기입 | 送(おく)る 보내다 | 内訳(うちわけ) 내역, 명세 | 例(れい) 예 | 校友(こうゆう) 교우, 학우 | 家族(かぞく) 가족

03 **문제 1 정답 3** **문제 2 정답 4**

해석

오른쪽 페이지에는 '부모와 자녀가 함께하는 삼림교실' 참가 모집에 관해 쓰여 있다. 다음 문장을 읽고 아래의 질문에 답하세요. 답은 1 · 2 · 3 · 4 가운데 가장 좋은 것을 하나 고르세요.

문제 1 '부모와 자녀가 함께하는 삼림교실'에 관한 설명으로서 맞지 않는 것은 어느 것인가?

1 참가비는 없지만 점심식사는 스스로 준비하지 않으면 안 된다.
2 부모와 자녀가 함께 삼림 속을 걸으며 삼림과 물에 관해 생각하는 교실이다.
3 참가자가 50명 이상이 되지 않으면 이 행사는 하지 않는다.
4 응모자가 많은 경우는 추첨으로 참가자를 정한다.

문제 2 '부모와 자녀가 함께하는 삼림교실'에 참가하고 싶은 사람은 어떻게 하면 되는가?

1 신청양식에 필요사항을 써서 메일로 보낸다.
2 주소 · 이름 · 연령 · 성별 · 전화번호 등의 정보를 전화로 전한다.
3 신청처에 직접 가서 응모신청양식을 작성하여 제출한다.
4 주소 · 성명 · 연령 · 성별 · 전화번호를 기입한 참가희망 엽서를 우송한다.

『부모와 자녀가 함께하는 삼림교실』 참가 모집

도쿄 삼림과학원에서는, '물의 주간※(8月1日~7日)'에 맞추어 『부모와 자녀가 함께하는 삼림교실(삼림과 물에 관해서 생각하자)』를 실시하므로 도쿄 삼림과학원으로 와 주십시오.

『부모와 자녀가 함께하는 삼림교실』은 부모와 자녀가 함께 삼림 속을 걸으면서 삼림의 기능에 관해서 이해를 넓히고 삼림을 키우는 물의 은혜, 물의 소중함에 관해서 생각하는 기회를 제공하는 것입니다.

- 일시: 헤이세이 23년 8월 8일(월요일)
  오전 11시~오후 3시경까지(집합은 오전 10시 30분)
- 장소: 도쿄 삼림과학원 '숲의 과학관' 앞
- 모집 인원: 50명 정도
- 참가 비용: 무료(점심식사는 지참해 주세요)
- 신청 방법: 인터넷 또는 엽서로 7월 15일(금요일)까지는 신청해 주십시오.
  (1) 인터넷의 경우, 신청양식에 필요사항을 써서 다음 주소로 신청해 주십시오. https://www.contact.maff.go.jp/rinya/form/fe3d.html
  (2) 엽서의 경우, 주소 · 성함 · 연령 또는 학년 · 성별 · 전화번호를 기입하여 아래의 신청처로 보내 주십시오.
  신청처: 〒100-8952 도쿄도 치요다쿠 가스미가세키 1-2-1

또한 응모자가 다수인 경우는 추첨 후에, 1월 29일(금요일)까지 그 결과를 연락드리겠습니다.

· 전화 : 03-3502-8111
· FAX : 03-3503-6499

어휘

親子(おやこ) 부모 자식 | 森林(しんりん) 삼림 | 教室(きょうしつ) 교실 | 参加(さんか) 참가 | 募集(ぼしゅう) 모집 | 説明(せつめい) 설명 | 正(ただ)しい 바르다, 옳다 | 参加費(さんかひ) 참가비 | 昼食

(ちゅうしょく) 점심식사 | 自分(じぶん) 자기, 자신 | 用意(ようい) 준비 | 歩(ある)く 걷다 | 水(みず) 물 | 考(かんが)える 생각하다 | 申込者(もうしこみしゃ) 신청자 | 以上(いじょう) 이상 | 行事(ぎょうじ) 행사 | 行(おこな)う (행위를) 하다, 실시하다, 거행하다 | 応募者(おうぼしゃ) 응모자 | 多(おお)い 많다 | 場合(ばあい) 경우 | 抽選(ちゅうせん) 추첨 | 参加者(さんかしゃ) 참가자 | 決(き)める 정하다, 결정하다 | 申(もう)し込(こ)み 신청 | フォーム 폼, 양식, 서식 | 必要(ひつよう) 필요 | 事項(じこう) 사항 | 送(おく)る 보내다 | 住所(じゅうしょ) 주소 | 名前(なまえ) 이름 | 年齢(ねんれい) 연령 | 性別(せいべつ) 성별 | 電話番号(でんわばんごう) 전화번호 | 情報(じょうほう) 정보 | 伝(つた)える 전하다 | 申(もう)し込(こ)み先(さき) 신청처, 신청할 곳 | 直接(ちょくせつ) 직접 | 作成(さくせい) 작성 | 提出(ていしゅつ) 제출 | 記入(きにゅう) 기입 | 希望(きぼう) 희망 | 葉書(はがき) 엽서 | 郵送(ゆうそう) 우송 | 科学園(かがくえん) 과학원 | 週間(しゅうかん) 주간 | 併(あわ)せる 맞추다, 합치다 | 実施(じっし) 실시 | ぜひ 꼭, 반드시 | ～について ～에 관해서 | 理解(りかい) 이해 | 深(ふか)める 깊게 하다 | ～ていただく ～해 받다, ～해 주시다 | ～とともに ～와 함께 | 育(はぐく)む 소중히 기르다, 보호 육성하다, 키우다 | 恵(めぐ)み 은혜, 은총, 자비 | 大切(たいせつ)さ 중요함, 소중함 | 機会(きかい) 기회 | 提供(ていきょう) 제공 | 日時(にちじ) 일시 | 午前(ごぜん) 오전 | 午後(ごご) 오후 | ～頃(ごろ) ～경, 무렵, 즈음 | 集合(しゅうごう) 집합 | 場所(ばしょ) 장소 | 森(もり) 숲 | 科学館(かがくかん) 과학관 | 人員(じんいん) 인원 | 程度(ていど) 정도 | 費用(ひよう) 비용 | 持参(じさん) 지참 | 方法(ほうほう) 방법 | インターネット 인터넷 | または 또는, 혹은 | 氏名(しめい) 성명 | 学年(がくねん) 학년 | 多数(たすう) 다수 | 抽選(ちゅうせん) 추첨 | ～上(うえ) ～한 후에 | 結果(けっか) 결과 | 連絡(れんらく) 연락 | 致(いた)す 하다

다섯째마당 | 청해편

과제이해 완벽대비 문제 ❶ 회

문제 1 문제1에서는 먼저 질문을 들으세요. 그러고 나서 이야기를 듣고, 문제용지의 1~4 중에서 올바른 답을 하나 고르세요.

01 **정답 4** 1-01.mp3

女の人が時計屋で男の店員と話しています。女の人はこの後、どうしますか。

F：すみません。この時計、電池を換えたばかりなのに、1ヶ月ぐらいで止まっちゃったんですけど。修理できるでしょうか。

M：あー、ちょっと、中を開けて見てみないと…。

F：いくらぐらい、かかるでしょうか。

M：うーん、それも中を見ないと何とも言えないんですが…。場合によっては1万円ぐらいかかっちゃうかもしれません。

F：えーっ！1万円ですかー。1万円出せば、新しい時計が買えますよねえ。

M：ええ、だから最近は、修理するお客様が少ないんですよ。

F：どうしよう、新しいのを買おうかしら。でも、これプレゼントでもらった時計で、大切にしていたものだから。

M：そうですか。それでは、とりあえず、見積もりを出してみましょう。もしかしたら、中が汚れているだけかもしれません。

F：はあ。

M：その場合は、きれいにするだけだから、もっと安くすみますよ。値段を見てから決めては、いかがですか。

F：ええ、それじゃあ、そうします。

女の人はこの後、どうしますか。

해석

여자가 시계가게에서 남자 점원과 이야기하고 있습니다. 여자는 이후 어떻게 합니까?

F：실례합니다. 이 시계 전지를 교환한 지 얼마 안 되었는데 1개월 정도 만에 멈춰 버렸습니다만 수리할 수 있을까요?

M：아-, 잠깐 안을 열어 보지 않으면…….

F：비용은 얼마 정도 들까요?

M：음. 그것도 안을 보지 않고서는 뭐라고 말씀드릴 수 없는데요…. 경우에 따라서는 만 엔 정도 들지도 모릅니다.

F：네?! 만 엔이요? 만 엔을 내면 새로 시계를 살 수도 있잖아요.

M：네, 그래서 요즘은 수리하는 손님이 적어요.

F：어떻게 하지? 새것을 살까? 하지만 이거 선물로 받은 시계라 소중히 여기는 거라서.

M：그래요? 그러면 우선 견적을 내 봅시다. 어쩌면 안이 더러워져 있는 것일 뿐일지도 모릅니다.

F：네.

M：그 경우는 깨끗하게 하기만 하면 되니까 더 싸게 해결할 수 있어요. 가격을 보고나서 정하는 게 어떠세요?

F：네, 그러면 그렇게 하겠습니다.

여자는 이후 어떻게 합니까?

1 새로운 시계를 삽니다
2 시계를 수리합니다
3 선물을 삽니다
4 수리비를 검토해 받습니다

어휘

時計屋(とけいや) 시계점 | 店員(てんいん) 점원 | 電池(でんち) 전지 | 換(か)える 가꾸다, 갈다 | ~たばかり ~한 지 얼마 안 됨 | ~のに ~하는(인)데도 | 止(と)まる 서다, 멈추다 | ~ちゃった (~てしまった의 축약형) ~해 버렸다 | 修理(しゅうり) 수리 | 中(なか) 속, 안, 가운데 | 開(あ)ける 열다 | 見(み)てみる 봐 보다 | いくら 얼마 | かかる 걸리다, 들다 | 何(なん)とも 뭐라고도 | 場合(ばあい) 경우 | ~によっては ~에 따라서는 | ~かもしれない ~할(일)지도 모른다 | 出(だ)す 내다, 제출하다 | 新(あたら)しい 새롭다, 새것이다 | 買(か)う 사다 | だから 그래서, 그러니까 | 最近(さいきん) 최근, 요즘 | お客様(きゃくさま) 손님 | 少(すく)ない 적다 | ~かしら ~할(일)까 | でも 하지만, 그래도 | プレゼント 선물 | もらう 받다 | 大切(たいせつ) 중요함, 소중함 | とりあえず 우선, 먼저 | 見積(みつ)もり 견적 | もしかしたら 어쩌면 | 汚(よご)れる 더러워지다, 때 묻다 | ~だけ ~만, 뿐 | 綺麗(きれい) 예쁨, 깨끗함 | もっと 더, 더욱, 좀더 | 安(やす)く 싸게 | 済(す)む 끝나다, 해결되다 | 値段(ねだん) 가격 | ~てから ~하고 나서 | 決(き)める 정하다 | 修理代(しゅうりだい) 수리비 | 調(しら)べる 조사하다, 검토하다, 찾다 | ~てもらう ~해 받다

02 정답 2 1-02.mp3

男の人と女の人が電話をしています。この後、二人は何をしますか。

M : はい、藤原です。どちらさまですか。
F : 智子です。今朝、何度も電話したのにどうしたの。
M : あぁ、ごめん、ごめん。昨日仕事で遅かったんで、電話に気がつかなかったんだ。それで、何。
F : うん。今夜の映画のチケットがあるんだけど、一緒に行かない。
M : あぁ、いいけど。でも、雨が降ってるよ。
F : 雨でもいいじゃない。それに天気予報で、夕方までには止むって。
M : そう。じゃぁ、夕方にちょっと用事があるから、8時ぐらいでもいい。先月行った映画館でしょ。
F : うん、そうそう。それじゃ先に行ってるね。
M : わかった、じゃぁまたね。

この後、二人は何をしますか。

해석

남자와 여자가 전화를 하고 있습니다. 이후 두 사람은 무엇을 합니까?

M : 네, 후지와라입니다. 누구세요?
F : 도모코예요. 오늘 아침에 몇 번이나 전화했는데 어떻게 된 거야?
M : 아, 미안, 미안. 어제 일 때문에 늦어서 전화 온 줄 몰랐어. 그래서 왜?
F : 응. 오늘 밤 영화 티켓이 있는데 같이 가지 않을래?
M : 아, 좋아. 근데 비가 오고 있는데?
F : 비가 와도 상관없잖아. 게다가 일기예보에서 저녁까지는 그친다고 했어.
M : 그래? 그럼, 저녁에 잠깐 볼일이 있으니까 8시 정도라도 괜찮아? 지난달에 갔던 영화관이지?
F : 응, 그래. 그럼 먼저 가 있을게.
M : 알았어, 그럼 이따 봐.

이후, 두 사람은 무엇을 합니까?

1 비가 오기 때문에 어디에도 가지 않습니다
2 함께 영화를 봅니다
3 남자는 이미 영화를 봤기 때문에, 여자만 영화를 보러 갑니다
4 남자는 볼일이 있기 때문에, 여자만 영화를 보러 갑니다

어휘

電話(でんわ) 전화 | 今朝(けさ) 오늘 아침 | 何度(なんど)も 몇 번이나 | 仕事(しごと) 일, 업무 | 遅(おそ)い 늦다 | 気(き)が付(つ)く 생각이 미치다, 깨닫다 | それで 그래서 | 今夜(こんや) 오늘 밤 | 映画(えいが) 영화 | チケット 티켓 | 一緒(いっしょ)に 같이, 함께 | 雨(あめ)が降(ふ)る 비가 내리다 | それに 게다가 | 天気予報(てんきよほう) 일기 예보 | 夕方(ゆうがた) 저녁 | ~までには ~까지는 | 止(や)む 그치다, 멎다 | ~って ~라고, ~라는, ~해(이)대 | 用事(ようじ) 볼일, 용무 | 先月(せんげつ) 지난달 | 映画館(えいがかん) 영화관 | 先(さき)に 먼저 | どこへも 어디에도 | もう 이미, 벌써, 이제, 더 | ~だけ ~만, ~뿐

03 정답 4 1-03.mp3

会社で女の人が課長に相談しています。女の人はこの後、まず何をしなければなりませんか。

F : 課長、すみません。今日、急に来客があったりしたもので、この書類出すのをすっかり忘れてました。
M : えーっ！君、それ、朝、あれほど言っといたのに。あしたの朝までに本社に届かないと大変なことになるんだよ。
F : あの･･･、わたし、今から本社に届けてきます。
M : そんな、君、これから電車で行くっていうの。もう遅いし、無理だろう。
F : でも･･･。
M : どうするかなあ。ぼくが車で持って行くこともできるんだけど･･･。今晩、会合あるしなあ。
F : あのう、前に営業の松本さんが、24時間、オートバイで届けるサービスをしている会社があるって言ってたと思うんですけど。
M : そうか、それが確実だな。深夜でも届けてくれるだろうし･･･。
F : ええ。じゃ、すぐその会社に電話します。

女の人はこの後、まず何をしなければなりませんか。

해석

회사에서 여자가 과장님에게 상담하고 있습니다. 여자는 이후, 먼저 무엇을 하지 않으면 안 됩니까?

F : 과장님, 죄송합니다. 오늘 갑자기 손님이 오시기도 해서 이 서류를 보내는 것을 깜빡하고 잊고 있었습니다.

M : 뭐?! 자네, 그거 아침에 그렇게 말해 두었더니. 내일 아침까지는 본사에 도착하지 않으면 큰일난단 말이야.

F : 저기…… 제가 지금 본사에 전하고 오겠습니다.

M : 뭐라고 자네, 지금부터 전철로 간다는 거야? 이미 늦었고 무리야.

F : 하지만…….

M : 어떻게 할까. 내가 차로 가지고 갈 수도 있지만……. 오늘 밤에 모임이 있고.

F : 저기, 전에 영업팀 마쓰모토 씨가 24시간 오토바이로 보내주는 서비스를 하고 있는 회사가 있다고 말했었던 것 같은데요.

M : 그래? 그게 확실하겠네. 심야라도 전해줄 것이고…….

F : 네. 그럼, 바로 그 회사에 전화하겠습니다.

여자는 이후 먼저 무엇을 하지 않으면 안 됩니까?

1 전철을 타고 전하러 가지 않으면 안 된다
2 과장님이 자동차로 가서 전하지 않으면 안 된다
3 마쓰모토 씨가 오토바이를 타고 가서 전하지 않으면 안 된다
4 오토바이로 보내주는 서비스를 하고 있는 회사에 부탁하지 않으면 안 된다

어휘

課長(かちょう) 과장님 | 相談(そうだん) 상담 | 急(きゅう)に 갑자기 | 来客(らいきゃく) 내객, 찾아온 손님 | ～もので ~기 때문에 | 書類(しょるい) 서류 | 出(だ)す 내다, 흘리다, 보내다 | すっかり 완전히, 몽땅 | 忘(わす)れる 잊다 | 朝(あさ) 아침 | あれほど 그토록, 저만큼 | ～といた (～ておいた의 축약형) ~해 놓았다, ~해 두었다 | ～までに ~까지(는) | 本社(ほんしゃ) 본사 | 届(とど)く 닿다, 미치다 | 大変(たいへん)なことになる 큰일이 나다 | 届(とど)ける 보내다, 전하다, 닿게 하다, 신고하다 | 電車(でんしゃ) 전철 | 遅(おそ)い 늦다 | 無理(むり) 무리 | 持(も)っていく 가지고 가다 | 今晩(こんばん) 오늘 밤 | 会合(かいごう) 모임 | 前(まえ)に 전에 | 営業(えいぎょう) 영업 | オートバイ 오토바이 | サービス 서비스 | 確実(かくじつ) 확실 | 深夜(しんや) 심야, 깊은 밤 | ～てくれる ~해 주다 | すぐ 바로, 곧 | 電話(でんわ) 전화 | ～てもらう ~해 받다, (~가) ~해 주다 | 頼(たの)む 부탁하다

04 **정답 3** 1-04.mp3

道で男の人と女の人が話しています。男の人はこの後すぐ、どうしますか。

M : あれ、おかしいなあ、財布がない。どこかで落としたのかなあ。

F : えーっ、大変。さっき入った店に戻ってみる。

M : いや、店出るときは持ってたから、途中で落としちゃったんだよ、たぶん。

F : そうか。で、いくら入ってたの？

M : 現金は5千円ぐらいだから大したことないんだけど、それよりカードが…。

F : ああ、銀行のカードね…。じゃ、銀行に連絡しなきゃ。

M : いや、それもあるけど、心配なのはクレジットカードのほうだよ。

F : ああ、そうか。拾った人に使われちゃったら大変だもんね。じゃ、カード会社に連絡するのが先ね。それから交番に届けたら。

M : そうだね。そうするよ。

男の人はこの後すぐ、どうしますか。

해석

길에서 남자와 여자가 이야기하고 있습니다. 남자는 이후 바로, 어떻게 합니까?

M : 어라, 이상하네? 지갑이 없어. 어딘가에서 잃어버렸나?

F : 뭐? 큰일이네. 아까 들어간 가게로 되돌아가 볼까?

M : 아니야, 가게에서 나올 때는 가지고 있었으니까 도중에 잃어버렸을 거야, 아마.

F : 그래? 그래서, 얼마 들어 있었어?

M : 현금은 5천 엔 정도라서 별거 아닌데, 그것 보다 카드가…….

F : 아, 은행 카드 말이지. 그럼, 은행에 연락해야지.

M : 아니, 그것도 있지만 걱정인 것은 신용카드야.

F : 아, 그런가? 주운 사람이 사용해버리면 큰일이니까. 그럼 카드회사에 연락하는 게 먼저네, 그러고 나서 파출소에 신고하는 게 어때?

M : 그래. 그렇게 해야겠다.

남자는 이후 바로, 어떻게 합니까?

1 아까 들어갔던 가게로 되돌아간다
2 은행에 연락한다
3 카드회사에 연락한다
4 파출소에 신고한다

어휘

道(みち) 길 | すぐ 바로, 곧 | おかしい 우습다, 이상하다 | 財布(さいふ) 지갑 | 落(お)とす 떨어뜨리다, 잃어버리다 | 大変(たいへん) 큰일, 대단함, 힘듦, 고생스러움 | さっき 아까, 조금 전 | 入(はい)る 들어가(오)다 | 店(みせ) 가게 | 戻(もど)る 되돌아가(오)다 | 出(で)る 나가(오)다 | 持(も)つ 들다, 갖다 | 途中(とちゅう) 도중 | ～ちゃった (～てしまった의 축약형) ~해 버렸다 | たぶん 아마 | いくら 얼마 | 現金(げんきん) 현금 | ～ぐらい ~정도 | 大(たい)した～ない 별, 이렇다 할, 대단한 ~아니다(않다) | それより 그것보다 | カード 카드 | 銀行(ぎんこう) 은행 | 連絡(れんらく) 연락 | 心配(しんぱい) 걱정, 근심 | クレジットカード 신용카드 | 拾(ひろ)う 줍다 | 使(つか)う 쓰다, 사 용하다 | 先(さき) 먼저 | 交番(こうばん) 파출소 | 届(とど)ける 보내다, 전하다, 닿게 하다, 신고하다

05 **정답 4** 1-05.mp3

旅券センターの窓口で男の人が係りの女の人と話しています。男の人はこの後まず何をしなければなりませんか。

M : パスポートの申し込みをしたいんですが。
F : はい、パスポートですね。3番の窓口です。
M : あそこですか。
F : はい、まず、あそこの真ん中にある機械で番号札をお取りください。それから、あそこの柱のそばに申し込み用紙がありますから、それに必要事項を記入して3番窓口に出してください。
M : 必要事項って何ですか。
F : はい、ご住所とかお名前とか…お書きになって出しましたら、番号が呼ばれるまで、お掛けになってお待ちください。
M : ここでいいですか。
F : はい。番号が呼ばれましたら、3番のほうへどうぞ。
M : どうも。

男の人はこの後まず何をしなければなりませんか。

해석
여권 센터 창구에서 남자가 담당 여자와 이야기하고 있습니다. 남자는 이후 먼저 무엇을 하지 않으면 안 됩니까?

M : 여권 신청을 하고 싶은데요.
F : 네, 여권이요. 3번 창구입니다.
M : 저기요?
F : 네, 우선 저기 한가운데에 있는 기계에서 번호표를 뽑아 주세요. 그러고 나서 저기 기둥 옆에 신청용지가 있으니까, 거기에 필요사항을 기입해서 3번 창구에 내 주세요.
M : 필요사항이라는 게 뭐죠?
F : 네, 주소라든지 성함이라든지……. 다 쓰고 내시면, 번호를 부를 때까지 앉아서 기다려 주십시오.
M : 여기에서 기다려도 되나요?
F : 네. 번호를 부르면 3번 창구 쪽으로 가세요.
M : 감사합니다.

남자는 이후 먼저 무엇을 하지 않으면 안 됩니까?

1 신청용지에 필요사항을 쓴다
2 번호가 불리는 것을 기다린다
3 3번 창구 앞에서 앉아 있는다
4 번호표를 뽑는다

어휘 旅券(りょけん) 여권 | センター 센터 | 窓口(まどぐち) 창구 | 係(かか)り 계, 담당, 담당직원 | まず 우선, 먼저 | パスポート 패스포트, 여권 | 申(もう)し込(こ)み 신청 | 真(ま)ん中(なか) 한가운데, 중앙 | 機械(きかい) 기계 | 番号札(ばんごうふだ) 번호표 | 取(と)る 가지다, 집다, 잡다, 취하다, 벗다, 훔치다 | お+동사 ます형+ください ~해 주십시오 | 柱(はしら) 기둥 | そば 곁, 옆, 근처 | 用紙(ようし) 용지 | 必要(ひつよう) 필요 | 事項(じこう) 사항 | 記入(きにゅう) 기입 | 出(だ)す 내다, 나타내다, 보내다, 제출하다 | ~って ~라고, ~라니, ~란 | 住所(じゅうしょ) 주소 | 名前(なまえ) 이름 | ~とか ~라든가, ~든지 | お+동사 ます형+になる ~하시다 | 呼(よ)ばれる 불리다 | お掛(か)けになる 앉으시다 | 待(ま)つ 기다리다 | 座(すわ)る 앉다

06 정답 3 1-06.mp3

ホテルで男の人が職員と話しています。この後、男の人はいくら支払いますか。

M : おととい電話で予約した佐藤です。
F : はい、今日から2泊の予約をなさいましたね。
M : はい、眺めのいい部屋でお願いします。
F : それでは、高い階の部屋をご案内させていただきます。計算は現金でなさいますか。
M : クレジットカードでしたいのですが、部屋代はいくらですか。
F : 1泊、1万円です。
M : 割引はできませんか。
F : 今週は特別に20%割引させていただきます。

この後、男の人はいくら支払いますか。

해석
호텔에서 남자가 호텔 직원과 이야기하고 있습니다. 이후 남자는 얼마를 지불합니까?

M : 그저께 전화로 예약한 사토입니다.
F : 네, 오늘부터 2박을 예약하셨네요.
M : 네, 전망이 좋은 방으로 부탁드립니다.
F : 그러면, 높은 층의 방을 안내해 드리겠습니다. 계산은 현금으로 하십니까?
M : 신용카드로 하고 싶은데요, 방값은 얼마인가요?
F : 1박에 만 엔입니다.
M : 할인은 안 되나요?
F : 이번 주는 특별히 20% 할인해 드리고 있습니다.

이후 남자는 얼마를 지불합니까?

1 8천 엔
2 만 엔
3 만 6천 엔
4 2만 엔

어휘
ホテル 호텔 | 職員(しょくいん) 직원 | 一昨日(おととい) 그저께 | 電話(でんわ) 전화 | 予約(よやく) 예약 | なさる 하시다 | 眺(なが)め 전망, 경치 | 部屋(へや) 방 | お願(ねが)いする 부탁하다 | それでは 그러면, 그렇다면 | 高(たか)い 높다, 비싸다 | ~階(かい) ~층 | 案内(あんない) 안내 | ~(さ)せていただく (제가) ~하다 | 計算(けいさん) 계산 | 現金(げんきん) 현금 | クレジットカード 신용카드 | 部屋代(へやだい) 방값 | 割引(わりびき) 할인 | 今週(こんしゅう) 이번 주 | 特別(とくべつ)に 특별히

07 정답 4 1-07.mp3

学生と先生が話しています。学生はこれから何をしなければなりませんか。

F : 先生，この間の論文ご覧になりましたか。

M：ああ，これですね。全体として，なかなかよく書けてるんじゃないかな。

F：そうですか，ありがとうございます。でも，結論部分がちょっと弱くないでしょうか。

M：いや，そんなことはないと思うよ。論理もしっかりしているし，何といっても選んだテーマがいいね。ただ･･･。

F：ただ･･･？

M：うん、ただ、ここで引用しているグラフは新しいものに差し替えたほうがよさそうだね。このグラフでは調査結果がはっきりわからないから。

F：はい，分かりました。

M：あとは参考文献のリストを付ければ完成だね。

学生はこれから何をしなければなりませんか。

해석

학생과 선생님이 이야기하고 있습니다. 학생은 이제부터 무엇을 하지 않으면 안 됩니까?

F：선생님, 지난번 논문 보셨습니까?

M：아, 이거 말이지? 전체적으로 상당히 잘 쓴 것 같은데?

F：그렇습니까? 감사합니다. 하지만, 결론 부분이 좀 약하지 않을까요?

M：아니, 그렇지는 않다고 생각해. 논리도 확실하고, 무엇보다도 선택한 테마가 좋아. 다만…….

F：다만……?

M：응, 다만, 여기에서 인용하고 있는 그래프는 새로운 것으로 바꿔 넣는 편이 좋을 것 같아. 이 그래프로는 조사결과를 확실히 알 수 없으니까.

F：네, 알겠습니다.

M：나머지는 참고 문헌 리스트를 곁들이면 완성이네.

학생은 이제부터 무엇을 하지 않으면 안 됩니까?

1 결론 부분을 고쳐서 그래프를 넣지 않으면 안 됩니다
2 테마를 바꿔서 다시 쓰지 않으면 안 됩니다
3 참고 문헌 리스트를 곁들여 논문을 완성하지 않으면 안 됩니다
4 그래프를 새롭게 하고, 참고 문헌 리스트를 곁들이지 않으면 안 됩니다

어휘

この間(あいだ) 지난번, 요전 | 論文(ろんぶん) 논문 | ご覧(らん)になる 보시다 | 全体(ぜんたい) 전체 | ～として ～로서 | なかなか 상당히, 꽤, 좀처럼, 도무지 | 結論(けつろん) 결론 | 部分(ぶぶん) 부분 | 弱(よわ)い 약하다 | 論理(ろんり) 논리 | しっかり 단단히, 확실히, 똑똑히, 착실히 | 何(なん)と言(い)っても 뭐니 뭐니 해도, 무엇보다 | 選(えら)ぶ 선택하다, 고르다 | テーマ 테마, 주제 | ただ 단, 다만 | 引用(いんよう) 인용 | グラフ 그래프 | 新(あたら)しい 새롭다, 새것이다 | 差(さ)し替(か)える 바꾸다, 갈아 넣다 | ～たほうがいい ～하는 편이 좋다 | よさそうだ 좋을 것 같다 | 調査(ちょうさ) 조사 | 結果(けっか) 결과 | はっきり 뚜렷이, 분명히, 확실히 | 参考文献(さんこうぶんけん) 참고 문헌 | リスト 리스트 | 付(つ)ける 붙이다, 달다, 곁들이다 | 完成(かんせい) 완성 | 直(なお)す 고치다 | 入(い)れる 넣다 | 変(か)える 바꾸다 | 書(か)き直(なお)す 다시 쓰다

08 정답 3 1-08.mp3

男の人と女の人が電話で話しています。二人はいつ会いますか。

M：もしもし、エミさん。僕、タケシ。あの･･･あした、日曜日だから、休みでしょう。映画でも見に行かない。

F：あしたっていうと、6日だよね。あら、残念。あしたは、恵子さんとコンサートに行くの。だから、行けないわ。

M：そう。じゃ、今度の火曜日とか木曜日はどう。

F：火曜日は歯医者へ行って、木曜日はアルバイトがあるからだめなの。

M：忙しいんだね。じゃ、いつならいいの。

F：月･水･金曜日なら、いいけど。

M：その曜日は、僕、全部バイトに行かなくちゃ。ほかに、あいている日はない。

F：そうね。土曜日は午前中は授業だけど、午後なら大丈夫よ。

M：僕も土曜日ならあいてるよ。じゃ、その日にしよう。時間は2時でいい。

F：いいわ。どこで。

M：新宿の西口の交番の前はどう。

F：いいわ。

二人はいつ会いますか。

해석

남자와 여자가 전화로 이야기하고 있습니다. 두 사람은 언제 만납니까?

M：여보세요, 에미 씨. 나 다케시. 저기…… 내일, 일요일이니까 쉬는 날이지? 영화라도 보러 가지 않을래?

F：내일이라면 6일이죠? 어머, 아쉽다. 내일은 게이코 씨랑 콘서트에 가요. 그래서 갈 수가 없어요.

M：그래? 그럼 이번 화요일이나 목요일은 어때?

F：화요일은 치과에 가고, 목요일은 아르바이트가 있어서 안 돼요.

M：바쁘네. 언제라면 괜찮은데?

F：월 · 수 · 금요일이라면, 괜찮은데.

M：그 요일은, 나 전부 아르바이트 가야 해. 그 밖에 비어 있는 날은 없어?

F：글쎄. 토요일은 오전 중에는 수업이 있지만, 오후라면 괜찮아요.

M：나도 토요일이라면 시간 비어 있어. 그럼 그날로 하자. 시간은 2시 괜찮아?

F：좋아요. 어디에서?

M：신주쿠 서쪽 출구 파출소 앞은 어때?

F：좋아요.

두 사람은 언제 만납니까?

1 6일
2 9일
3 12일
4 14일

어휘

休(やす)み 휴일, 쉬는 시간 | 映画(えいが) 영화 | 見(み)に行(い)く 보러 가다 | ～っていうと ～라고 하면 | 残念(ざんねん) 유감스러움,

아쉬움 | コンサート 콘서트 | だから 그래서, 그러니까 | 今度(こんど) 이번, 이다음 | 歯医者(はいしゃ) 치과(의사) | アルバイト 아르바이트 | 駄目(だめ)だ 안 된다, 소용없다, 못쓰게 되다, 불가능하다 | 忙(いそが)しい 바쁘다 | 曜日(ようび) 요일 | 全部(ぜんぶ) 전부 | ~なくちゃ ~하지 않으면 안 된다 | 他(ほか)に 그 밖에 | 空(あ)く (시간이) 나다, (공간이) 비다, 나다 | 午前中(ごぜんちゅう) 오전 중 | 授業(じゅぎょう) 수업 | 午後(ごご) 오후 | 交番(こうばん) 파출소

09 **정답 2** 1-09.mp3

社長が新入社員に話しています。新入社員は社長の話を聞いた後、まず何をしなければなりませんか。

M：仕事での専門的な知識を得ることももちろん重要ですが、わが社に入ったばかりの皆さんには、まず、現場に出ていき、実際の選手として活躍してもらいたいのです。そして、将来は知識だけ持っている人ではなく、一つでもいいから、その分野でのプロになってもらいたいのです。社会人としてのマナーや業務知識の習得とかいろいろ心配はあると思いますが、最初から完璧な人なんていませんから、皆で一緒に勉強して良い会社にしていきましょう。

新入社員は社長の話を聞いた後、まず何をしなければなりませんか。

해석

사장님이 신입사원에게 이야기하고 있습니다. 신입사원은 사장님의 이야기를 들은 후 먼저 무엇을 하지 않으면 안 됩니까?

M：업무에서의 전문적인 지식을 얻는 것도 물론 중요하지만, 우리 회사에 들어온 지 얼마 안 된 여러분들은 우선 현장에 나가서 실제 선수로서 활약해 주길 바랍니다. 그리고 장래에는 지식만을 가지고 있는 사람이 아닌, 하나라도 좋으니까 그 분야에서의 프로가 되어 주었으면 합니다. 사회인으로서의 매너와 업무지식의 습득이라든지 여러 가지 걱정은 있으리라 생각하지만, 처음부터 완벽한 사람 같은 건 없으니까, 다같이 함께 공부하여 좋은 회사를 만들어 갑시다.

신입사원은 사장님의 이야기를 들은 후 먼저 무엇을 하지 않으면 안 됩니까?

1 사회인으로서의 매너를 공부한다
2 현장에서 경험을 쌓는다
3 업무에서의 많은 지식을 습득한다
4 훌륭한 프로선수가 된다

어휘

社長(しゃちょう) 사장님 | 新入社員(しんにゅうしゃいん) 신입사원 | 仕事(しごと) 일, 업무 | 専門的(せんもんてき)な 전문적인 | 知識(ちしき) 지식 | 得(え)る 얻다 | もちろん 물론 | 重要(じゅうよう) 중요 | わが社(しゃ) 우리 회사 | 入(はい)る 들어가(오)다 | ~たばかり ~한 지 얼마 안 됨 | まず 우선, 먼저 | 現場(げんば) 현장 | 出(で)ていく 나가다 | 実際(じっさい) 실제 | 選手(せんしゅ) 선수 | ~として ~로서 | 活躍(かつやく) 활약 | ~てもらう ~해 받다, ~해 주다 | そして 그리고 | 将来(しょうらい) 장래 | ~だけ ~만, ~뿐 | 持(も)つ 갖다, 들다 | 分野(ぶんや) 분야 | プロ 프로 | 社会人(しゃかいじん) 사회인 | マナー 매너 | ~や ~며, ~이랑, ~이나 | 実務(じつむ) 실무 | 習得(しゅうとく) 습득 | ~とか ~라든가, ~든지 | いろいろ 여러 가지 | 心配(しんぱい) 걱정 | 最初(さいしょ) 최초, 맨 처음 | 完璧(かんぺき) 완벽 | ~なんて ~같은 것, 따위, ~라니 | 一緒(いっしょ)に 같이, 함께 | 勉強(べんきょう) 공부 | 経験(けいけん) 경험 | 積(つ)む 쌓다 | 多(おお)くの 많은 | 立派(りっぱ)な 훌륭한

10 **정답 3** 1-10.mp3

男の人と女の人が話しています。男の人はどのコースを選びますか。

M：夜の英会話のクラスを申し込みたいんですが。

F：はい、えー、4つのコースがありまして、通常レッスンはAコースで月曜日から金曜日まで週5回、1回1時間の授業で1ヶ月3万円です。

M：ちょっと高いな。毎日来るのも無理そうだし・・・。他のコースは。

F：Bコースは、月水の週2回、一回2時間の授業で月2万5千円。Cコースは火木の週2回で授業の時間と料金はBコースと同じです。

M：じゃ、Dコースは。

F：こちらは、金曜日集中コースで、一回3時間となり料金は月2万円です。

M：一日で済むのはいいですね。

F：そうですね。仕事で忙しい方に人気のコースです。

M：うん、このコースにしようか。いや、待てよ。月水金は都合が悪いんだっけ。忘れてた。じゃ、これにするしかないか・・・。

男の人はどのコースを選びますか。

해석

남자와 여자가 이야기하고 있습니다. 남자는 어느 코스를 선택합니까?

M：저녁 영어회화 수업을 신청하고 싶은데요.

F：네. 음. 4개의 코스가 있고, 보통 수업은 A코스로 월요일부터 금요일까지 주 5회, 1회 1시간 수업으로 한 달에 3만 엔입니다.

M：좀 비싸네요. 매일 오는 것도 무리일 것 같고……. 다른 코스는요?

F：B코스는 월 · 수의 주 2회, 1회 2시간 수업으로 월 2만 5천 엔. C코스는 화 · 목의 주 2회로 수업시간과 요금은 B코스와 같습니다.

M：그럼, D코스는요?

F：이쪽은 금요일 집중 코스로, 1회 3시간의 수업으로 요금은 월 2만 엔입니다.

M：하루에 끝나는 것은 좋네요.

F：그렇지요. 일 때문에 바쁘신 분들에게 인기 코스입니다.

M：음. 이 코스로 할까? 아니, 잠깐만요. 월 · 수 · 금은 사정이 안 되지. 잊고 있었네. 그럼 이것으로 할 수밖에 없겠네…….

남자는 어느 코스를 선택합니까?

1 A코스

2 B코스
3 C코스
4 D코스

어휘

コース 코스 | 選(えら)ぶ 선택하다, 고르다 | 夜(よる) 밤 | 英会話(えいかいわ) 영어 회화 | クラス 클래스 | 申(もう)し込(こ)む 신청하다 | 通常(つうじょう) 통상, 보통(의 경우) | レッスン 레슨, 수업 | 授業(じゅぎょう) 수업 | 高(たか)い 높다, 비싸다 | 毎日(まいにち) 매일 | 無理(むり) 무리 | ～そうだ ～것 같다, ～라고 한다. | 他(ほか) 그 밖, 이외 | 時間(じかん) 시간 | 料金(りょうきん) 요금 | 同(おな)じ 같음, 동일함 | 集中(しゅうちゅう) 집중 | 一日(いちにち)で 하루에 | 済(す)む 끝나다, 해결되다 | 仕事(しごと) 일, 업무 | 忙(いそが)しい 바쁘다 | ～方(かた) ～분 | 人気(にんき) 인기 | 都合(つごう)が悪(わる)い 사정이 좋지 않다 | ～っけ ～였지, ～던가 | 忘(わす)れる 잊다 | ～しかない ～할 수밖에 없다

포인트이해 완벽대비 문제

문제 2 문제2에서는 먼저 질문을 들으세요. 그리고 문제용지를 보세요. 읽는 시간이 있습니다. 그러고 나서 이야기를 듣고, 문제용지의 1~4 중에서 가장 올바른 답을 하나 고르세요.

01 정답 1 2-01.mp3

男の学生が女の学生と学校の食堂で話しています。女の学生が先に行くのはどうしてですか。

F：あ、もう12時57分なんだ。急がないと、授業が始まるよ。
M：おう、先に行って。このコーヒー、飲んでから行くから。
F：もう飲んでる時間なんかないわよ。持っていけば。
M：ええ。教室で食べたり飲んだりしちゃだめなんだよ。ちゃんと書いてあったじゃない。
F：本当。じゃ、捨てなさいよ。
M：そんなもったいないことできないよ。150円もしたんだよ。
F：あ、ベルが鳴ってる。お先に。

女の学生が先に行くのはどうしてですか。

해석

남학생과 여학생이 학교 식당에서 이야기하고 있습니다. 여학생이 먼저 가는 것은 어째서 입니까?

F：아, 벌써 12시 57분이다. 서두르지 않으면, 수업 시작 돼.
M：어, 먼저 가. 이 커피 마시고 나서 갈 테니까.
F：그렇게 마시고 있을 시간 같은 거 없어. 갖고 가는 게 어때?
M：에이. 교실에서 먹거나 마시거나 하면 안 돼. 분명히 쓰여 있었잖아.
F：진짜? 그럼 버려.
M：그런 아까운 짓을 할 수는 없지. 150엔이나 했다고.
F：아, 벨 울린다. 먼저 갈게.

여학생이 먼저 가는 것은 어째서 입니까?

1 남학생이 커피를 마시고 있기 때문에
2 남학생이 커피를 버리러 가기 때문에
3 남학생이 커피를 교실에 가지고 가기 때문에
4 남학생이 커피를 사고 있기 때문에

어휘

学校(がっこう) 학교 | 食堂(しょくどう) 식당 | 先(さき)に 우선, 먼저 | どうして 왜, 어째서 | もう 이미, 벌써, 이제, 더 | 急(いそ)ぐ 서두르다, 급하다 | 授業(じゅぎょう) 수업 | 始(はじ)まる 시작되다 | コーヒー 커피 | 飲(の)む 마시다 | ～てから ～하고 나서 | 時間(じかん) 시간 | ～なんか ～같은 것, ～따위 | 持(も)っていく 갖고 가다 | 教室(きょうしつ) 교실 | 食(た)べる 먹다 | ～たり～たり ～하거나 ～하거나 | ～ちゃだめ (～てはだめの 축약형) ～해서는 안 된다 | ちゃんと 틀림없이, 분명하게, 확실하게, 바르게 | 書(か)く 쓰다 | ～てある ～해(져) 있다 | 本当(ほんとう) 사실임, 정말임 | 捨(す)てる 버리다 | もったいない 아깝다, 과분하다 | ～もする ～나 하다 | ベル 벨 | 鳴(な)る 울리다 | 買(か)う 사다

02 정답 3 2-02.mp3

男の人と女の人が会社で話しています。男の人はなぜお酒を飲みに行かないのですか。

F：あの、もしよかったらみんなで飲みに行きませんか。金曜日だし。
M：うーん、今日はちょっとやめておくよ。
F：あっ、デートですか。
M：違う違う。ちょっと風邪をひいたみたいなんだ。来週から出張だし、早めに治さないといけないから、今日は帰るよ。
F：あ、そうですか。じゃ、そうしたほうがいいですね。お大事に。

男の人はなぜお酒を飲みに行かないのですか。

해석

남자와 여자가 회사에서 이야기하고 있습니다. 남자는 왜 술을 마시러 가지 않는 것입니까?

F：저기, 혹시 괜찮으면 다 같이 마시러 가지 않을래요? 금요일이고.
M：음. 오늘은 안 마시려고.
F：앗, 데이트예요?
M：아니, 그건 아니야. 감기에 좀 걸린 것 같아서. 다음 주부터 출장이기도 하고, 일찌감치 치료하지 않으면 안 되니까, 오늘은 집에 갈게.
F：아, 그래요? 그럼 그러는 게 좋겠네요. 몸조리 잘하세요.

남자는 왜 술을 마시러 가지 않는 것입니까?

1 데이트하기 때문에
2 출장 준비가 있기 때문에
3 몸 상태가 좋지 않기 때문에
4 출장 가기 때문에

어휘

なぜ 왜, 어째서 | お酒(さけ) 술 | 飲(の)みに行(い)く 마시러 가다

| もし 만약, 혹시 | よかったら 괜찮으면, 좋으면 | みんなで 다같이 | ちょっと 잠깐, 잠시, 조금, 약간 | やめる 그만두다, 중지하다 | ~ておく ~해 놓다, ~해 두다 | デート 데이트 | 違(ちが)う 다르다, 틀리다 | 風邪(かぜ)をひく 감기에 걸리다 | ~みたい ~(것) 같다 | 来週(らいしゅう) 다음 주 | 出張(しゅっちょう) 출장 | 早(はや)めに 일찌감치, 조금 일찍 | 治(なお)す 병을 고치다, 치료하다 | 帰(かえ)る 돌아가(오)다 | お大事(だいじ)に 몸조리 잘하세요 | 準備(じゅんび) 준비 | 体(からだ)の調子(ちょうし)が悪(わる)い 몸 상태가 좋지 않다

03 정답 4 2-03.mp3

会社で男の人と女の人が話しています。男の人は何が大変だと言っていますか。

M : 田中さんは今度のボーナス、何に使う。
F : 友だちと海外旅行に行くんです。それから、残りは車のローンを払います。
M : 旅行。若い人はいいね。田中さんが会社に入ったのはいつでしたっけ。
F : 4年前です。
M : そうか。結婚は･･･。
F : いえ、まだしていません。
M : 僕は今年、息子が大学に入って、娘は来年、高校に入るし、家のローンもあるし･･･。
F : そうなんですか。大変なんですね。
M : そうよ。田中さんはいいね。若いうちにいろいろ楽しんだほうがいいよ。

男の人は何が大変だと言っていますか。

해석

회사에서 남자와 여자가 이야기하고 있습니다. 남자는 무엇이 힘들다고 말하고 있습니까?

M : 다나카 씨는 이번 보너스 무엇에 쓸 거야?
F : 친구와 해외여행에 갑니다. 그리고 나머지는 자동차 대출금 내고요.
M : 여행? 젊은 사람은 좋네. 다나카 씨가 회사에 들어온 게 언제였지?
F : 4년 전입니다.
M : 그래? 결혼은……?
F : 아니요. 아직 안 했습니다.
M : 나는 올해 아들이 대학에 들어가고, 딸은 내년에 고등학교에 들어가고, 집 대출금도 있고…….
F : 그러시군요. 힘드시겠네요.
M : 그래. 다나카 씨는 좋겠네. 젊었을 때 여러 가지 즐기는 게 좋아.

남자는 무엇이 힘들다고 말하고 있습니까?

1 아직 결혼하지 않은 것
2 여행 갈 돈이 없는 것
3 자동차 대출금이 있는 것
4 아이를 위한 돈과 갚을 돈이 많은 것

어휘

どうして 왜, 어째서 | 大変(たいへん)だ 큰일이다, 힘들다 | 今度(こんど) 이번, 이다음 | ボーナス 보너스 | 海外旅行(かいがいりょこう) 해외여행 | 残(のこ)り 나머지 | 車(くるま) 자동차 | ローン 론, 대부, 대출금 | 払(はら)う 돈을 치르다, 지불하다 | 若(わか)い 젊다 | 入(はい)る 들어가(오)다 | ~っけ ~였지? ~던가? | 結婚(けっこん) 결혼 | まだ 아직 | 今年(ことし) 올해 | 息子(むすこ) 아들 | 大学(だいがく) 대학 | 娘(むすめ) 딸 | 高校(こうこう) 고등학교 | ~うちに ~사이에, ~동안에 | 楽(たの)しむ 즐기다 | ~たほうがいい ~하는 편이 좋다 | ~ための ~위한 | 返(かえ)す 돌려주다, 갚다, 되돌려 놓다 | 多(おお)い 많다

04 정답 2 2-04.mp3

男の人と女の人が、喫茶店で話をしています。女の人が冷たい飲み物を飲まない理由は何ですか。

M : あー、暑い、暑い。すみません、アイスコーヒーお願いします。
F : 私は、ホットコーヒーとケーキをお願いします。
M : ホット。こんなに暑いのに、熱いコーヒー飲むんだ。
F : 暑いのは今のうちだけよ。喫茶店って、クーラーガンガン効いているじゃない。10分もすれば、逆に寒くなっちゃうわよ。
M : そっかー、僕はとにかく冷たいものを一気に飲みたいよ。
F : 暑いからって、冷たいものばかり飲んでいると、胃に悪いわよ。お腹を壊さないように気をつけてね。

女の人が冷たい飲み物を飲まない理由は何ですか。

해석

남자와 여자가 찻집에서 이야기를 하고 있습니다. 여자가 차가운 음료를 마시지 않는 이유는 무엇입니까?

M : 아~, 덥다, 더워. 실례합니다. 아이스커피 부탁합니다.
F : 저는 뜨거운 커피랑 케이크를 부탁드릴게요.
M : 뜨거운 것? 이렇게 더운데, 뜨거운 커피 마셔?
F : 더운 것은 지금 잠깐이야. 찻집이란 게 에어컨이 세게 나오잖아. 10분만 있으면, 오히려 추워진다니깐.
M : 그런가? 나는 어쨌든 차가운 음료수를 단번에 마시고 싶어.
F : 덥다고 해서 차가운 것만 마시고 있으면, 위에 안 좋아. 배탈이 나지 않도록 조심해.

여자가 차가운 음료를 마시지 않는 이유는 무엇입니까?

1 지금 추우니까
2 나중에 추워지니까
3 지금 배가 아프니까
4 케이크를 먹으니까

어휘

喫茶店(きっさてん) 찻집 | 冷(つめ)たい 차갑다 | 飲(の)み物(もの) 음료, 마실 것 | 飲(の)む 마시다 | 理由(りゆう) 이유 | 暑(あつ)い 덥다 | アイスコーヒー 아이스커피 | お願(ねが)いする 부탁하다

| ホットコーヒー 뜨거운 커피 | ケーキ 케이크 | 熱(あつ)い 뜨겁다 | うち 안, 동안 | ～だけ ~만, ~뿐 | ～って ~라고, ~라는, ~라는 것은, ~하(이)대 | クーラー 에어컨 | ガンガン 팩팩, 활활, 땡땡, 어기차게, 욱신욱신 | 効(き)く 효력이 있다, 듣다 | 逆(ぎゃく)に 반대로, 거꾸로 | 寒(さむ)くなる 추워지다 | ～ちゃう (～てしまう의 축약형) ~해 버리다 | とにかく 어쨌든, 여하튼 | 一気(いっき)に 단숨에, 단번에 | ～ばかり ~만, ~뿐 | 胃(い)に悪(わる)い 위에 좋지 않다 | お腹(なか)を壊(こわ)す 배탈이 나다 | ～ないように ~(하)지 않도록 | 気(き)をつける 조심하다, 주의하다 | 後(あと)で 나중에 | お腹(なか)が痛(いた)い 배가 아프다

05 **정답 3** 2-05.mp3

女の人と男の人が話しています。海外旅行が人気があるのはなぜですか。

F：今度のゴールデンウィーク、海外旅行に行く人が100万人もいるんだって。それに、最近は円高だから、ラッキーよね。

M：うらやましいなあ。どんなに不況だといってもお金を持っている人は持ってるってことだね。

F：というより、日本は交通費や宿泊代が高くて国内旅行よりかえって海外旅行のほうが安くつくからじゃない。

M：そう言えば、パックツアーで行けば3泊4日の韓国旅行が5万円で済むって聞いたことがある。

F：うん、それが海外旅行が人気がある一番の理由だと思うよ。

海外旅行が人気があるのはなぜですか。

해석

여자와 남자가 이야기하고 있습니다. 해외여행이 인기가 있는 이유는 무엇입니까?

F：이번 골든위크에 해외여행 가는 사람이 100만 명이나 된대. 게다가 요즘은 엔강세니까 가기 좋지.

M：부럽다. 아무리 불황이라고 해도 돈을 가진 사람들은 갖고 있다는 거네.

F：그것보다 일본은 교통비나 숙박비가 비싸서 국내여행보다 오히려 해외여행 쪽이 싸게 들기 때문이 아닐까?

M：그러고 보니 패키지 투어로 가면 3박4일 한국여행이 5만 엔이면 된다고 들은 적이 있어.

F：응, 그게 해외여행이 인기가 있는 가장 큰 이유일 거라 생각해.

해외여행이 인기가 있는 이유는 무엇입니까?

1 엔강세로 해외에서의 쇼핑이 이득이니까
2 요즘은 여러 종류의 패키지 투어가 있으니까
3 해외여행 쪽이 국내여행보다도 싸니까
4 돈에 여유가 있는 사람이 많으니까

어휘

海外(かいがい) 해외 | 旅行(りょこう) 여행 | 人気(にんき) 인기 | なぜ 왜, 어째서 | 今度(こんど) 이번, 이다음 | ゴールデンウィーク 골든위크 | ～って ~라고, ~라는, ~라니, ~래 | それに 게다가 | 最近(さいきん) 최근, 요즘 | 円高(えんだか) 엔고, 엔강세 | ラッキー 럭키, 행운임 | 羨(うらやま)しい 부럽다 | どんなに～ても 아무리 ~해도 | 不況(ふきょう) 불황 | ～といっても ~라고 해도 | 持(も)つ 갖다, 들다 | ～ってこと ~라고 하는 것 | ～というより ~라기 보다 | 交通費(こうつうひ) 교통비 | 宿泊代(しゅくはくだい) 숙박비 | 高(たか)い 높다, 비싸다 | 国内(こくない) 국내 | ～より ~보다, ~에서, ~부터 | かえって 오히려 | ～の方(ほう)が ~쪽이, ~하는 편이 | 安(やす)くつく 싸게 들다 | そう言(い)えば 그러고 보니 | パックツアー 패키지 투어, 배낭여행 | 済(す)む 끝나다, 해결되다 | 聞(き)く 듣다, 묻다 | ～たことがある ~한 적이 있다 | 一番(いちばん) 가장, 제일 | 理由(りゆう) 이유 | 思(おも)う 생각하다 | 買(か)い物(もの) 장보기, 쇼핑 | お得(とく)だ 이득이다, 유리하다 | 種類(しゅるい) 종류 | 安(やす)い 싸다 | 余裕(よゆう) 여유 | 多(おお)い 많다

06 **정답 2** 2-06.mp3

教授が学生にテストの注意事項を言っています。学生はテストの時、何を使ってはいけませんか。

M：それでは、今日の授業は以上です。それから、来週の試験についての注意事項を言っておきます。日本文化史の試験は、テキストの持ち込みはできますが、ノートの持ち込みはできません。また、携帯電話については、時計の代わりであっても机の上に置いておくことはできません。電源を切って、かばんの中に入れてください。試験中に携帯電話が鳴ったら、他の人に大変迷惑になりますからね。

学生はテストの時、何を使ってはいけませんか。

해석

교수가 학생에게 테스트의 주의사항을 말하고 있습니다. 학생은 테스트 때에 무엇을 사용해서는 안 됩니까?

M：그럼, 오늘 수업은 이상입니다. 그리고 다음 주 시험에 관한 주의사항을 말해 두겠습니다. 일본문화사 시험은 교재를 지참할 수는 있지만, 노트를 지참할 수는 없습니다. 또한, 휴대전화에 관해서는 시계 대신이라고 해도 책상 위에 놓아둘 수는 없습니다. 전원을 끄고 가방 안에 넣어 주세요. 시험 중에 휴대 전화가 울리면 다른 사람들에게 상당히 피해가 되니까요.

학생은 테스트 때 무엇을 사용해서는 안 됩니까?

1 교재와 노트
2 노트와 휴대 전화
3 휴대 전화와 시계
4 교재와 시계

어휘

教授(きょうじゅ) 교수 | テスト 테스트 | 注意(ちゅうい) 주의 | 事項(じこう) 사항 | 使(つか)う 쓰다, 사용하다 | ～てはいけません ~해서는 안 됩니다 | 授業(じゅぎょう) 수업 | 以上(いじょう) 이상 | それから 그리고, 그러고 나서 | 試験(しけん) 시험 | ～について ~에 관해서 | ～ておく ~해 놓다, ~해 두다 | 文化史(ぶんかし) 문화사 | テキスト 텍스트, 교재 | ノート 노트 | 持(も)ち込(こ)み 가

져옴, 반입함, 지참함 | 携帯電話(けいたいでんわ) 휴대 전화 | 時計(とけい) 시계 | 代(か)わり 대신, 대체 | 机(つくえ) 책상 | 置(お)く 놓다, 두다 | 電源(でんげん)を切(き)る 전원을 끊다 | かばん 가방 | 鳴(な)る 소리가 나다, 울리다 | 他(ほか) 그 밖, 이외 | 大変(たいへん) 상당히, 엄청난, 힘듦, 고생스러움 | 迷惑(めいわく)になる 피해가 되다

07 **정답 1** 2-07.mp3

男の人が女の人が買った新しい家を見に行きました。女の人が窓を閉めてはいけないと言っているのはなぜですか。

M : いい部屋だね。ねえ、寒いから窓を閉めてもいい。
F : だめよ。シックハウス症候群が心配なの。
M : 「シック……」何。
F : 「シックハウス」。家を建てたときの材料から化学物質が出るんだって。ホルムアルデヒドっていうの知ってる。
M : 消毒とかする時、使うやつだろ。
F : そう。それが部屋の中にたまると、のどや頭が痛くなって、息苦しくなるんだって。
M : せっかく買った新しい家なのに、それじゃ住めないじゃないか。
F : 一応そのホルムアルデヒドを分解する効果があるカーテンとかペンキとかが使ってはあるらしいんだけどね。
M : ふうん。大変だね。
F : 何よりも換気に気をつけなきゃいけないんだって。

女の人が窓を閉めてはいけないと言っているのはなぜですか。

해석

남자가 여자가 새로 산 집을 보러 갔습니다. 여자가 창문을 닫으면 안 된다고 말하고 있는 것은 어째서입니까?

M : 방 좋네. 저기, 추우니까 창문을 닫아도 될까?
F : 안 돼. 시크하우스증후군(새집증후군)이 걱정된단 말이야.
M : '시크……' 뭐?
F : '시크 하우스'. 집을 지었을 때의 재료에서 화학물질이 나온대. 포름알데히드라는 거 알아?
M : 소독 같은 거 할 때 사용하는 거지?
F : 그래. 그게 방 안에 쌓이면, 목과 머리가 아프게 되고 숨 쉬기 힘들어진대.
M : 모처럼 산 새집인데, 그러면 살 수가 없잖아.
F : 우선은 그 포름알데히드를 분해하는 효과가 있는 커튼이라든지 페인트라든지가 사용되었다고는 하는데.
M : 흠. 골치구나.
F : 무엇보다도 환기에 주의하지 않으면 안 된대.

여자가 창문을 닫으면 안 된다고 말하고 있는 것은 어째서입니까?

1 포름알데히드가 방안에 쌓이지 않게 하기 위해
2 지금 포름알데히드 때문에 머리가 아프고 숨 쉬기 힘들어서
3 포름알데히드를 나오게 하는 커튼과 페인트가 사용되었기 때문에
4 포름알데히드로 집을 소독하기 위해서

어휘

買(か)う 사다 | 新(あたら)しい 새롭다, 새것이다 | 見(み)に行(い)く 보러 가다 | 窓(まど) 창문 | 閉(し)める 닫다 | ～てはいけない ~해서는 안 된다 | なぜ 왜, 어째서 | 部屋(へや) 방 | 寒(さむ)い 춥다 | ～てもいい ~해도 좋다 | 駄目(だめ) 허사임, 못쓰게 됨, 불가능함, 해서는 안 됨 | シックハウス症候群(しょうこうぐん) 시크하우스증후군, 새집증후군 | 心配(しんぱい) 걱정, 근심 | 建(た)てる 짓다, 세우다 | 材料(ざいりょう) 재료 | 化学(かがく) 화학 | 物質(ぶっしつ) 물질 | 出(で)る 나가(오)다 | ～って ~라고, ~라는 하는 | ホルムアルデヒド 포름알데히드 | ～っていう ~라고 하는 | 知(し)る 알다 | 消毒(しょうどく) 소독 | ～とか ~라든가, ~든지 | 使(つか)う 쓰다, 사용하다 | やつ 녀석, 놈, 것 | たまる 쌓이다 | 喉(のど) 목 | 頭(あたま) 머리 | 痛(いた)い 아프다 | 息苦(いきぐる)しい 숨 쉬기가 힘들다, 숨 막히다 | せっかく 모처럼 | ～のに ~(하는)인데 | 住(す)む 살다 | 一応(いちおう) 일단, 우선은, 어쨌거나 | 分解(ぶんかい) 분해 | 効果(こうか) 효과 | カーテン 커튼 | ペンキ 페인트 | ～てある ~해(져) 있다 | 大変(たいへん)だ 큰일이다, 힘들다 | 何(なに)よりも 무엇보다도 | 換気(かんき) 환기 | 気(き)をつける 조심하다, 주의하다 | ～なきゃいけない (~なければいけない의 축약형) ~하지 않으면 안 된다 | ～ように ~하도록 | ～ため ~하기 위해, ~때문 | 出(だ)す 내다, 나오게 하다, 보내다

08 **정답 2** 2-08.mp3

男の人と女の人が話しています。男の人はどうして眠れないと言っていますか。

M : 新しいアパートに移ってから、眠れない日が多いんだけど…。
F : 家の周りがうるさいの。
M : 住宅街だから、そんなにうるさくはないけど、アパートの前の道は、夜中でも結構車がたくさん通るんだよね。
F : それが原因じゃない。
M : 車の音は問題ないはずなんだ。都会に住むのは慣れてるから。
F : じゃ、何かほかに問題でもあるの。
M : うーん、特に何も…。いい部屋なんだけど…。やっぱり引っ越したばかりだから、まだ落ち着かないのが原因だと思う。
F : ああ。私もその気持ち分かる。

男の人はどうして眠れないと言っていますか。

해석

남자와 여자가 이야기하고 있습니다. 남자는 어째서 잠을 잘 수 없다고 말하고 있습니까?

M : 새로운 아파트로 옮기고 나서 잠을 못 자는 날이 많은데…….
F : 집 주변이 시끄러워?
M : 주택가라서 그렇게 시끄럽지는 않지만, 아파트 앞의 길은 한밤중에도 상당히 차가 많이 다니지.
F : 그게 원인 아냐?
M : 차 소리는 문제가 아닐 거야. 도시에 사는 것은 익숙해졌으니까.
F : 그럼 뭔가 다른 문제라도 있는 거야?

M : 음, 특별히 아무것도……. 좋은 방인데……. 역시 이사한 지 얼마 안 되어서, 아직 안정이 안 된 것이 원인이라고 생각해.

F : 아아, 나도 그런 느낌 알아.

남자는 어째서 잠을 잘 수 없다고 말하고 있습니까?

1 새로운 방이 마음에 들지 않기 때문에
2 새로운 방에 익숙해지지 않았기 때문에
3 차 소리가 시끄럽기 때문에
4 고민이 있기 때문에

어휘

眠(ねむ)る 자다, 잠들다 | 新(あたら)しい 새롭다, 새것이다 | アパート 아파트 | 移(うつ)る 옮기다, 바뀌다 | 多(おお)い 많다 | 周(まわ)り 주위, 근처, 주변 | うるさい 시끄럽다 | 住宅街(じゅうたくがい) 주택가 | 道(みち) 길, 도로 | 夜中(よなか) 한밤중 | 結構(けっこう) 꽤, 제법, 상당히 | 通(とお)る 지나다, 다니다, 통하다 | 原因(げんいん) 원인 | 音(おと) 소리 | 問題(もんだい) 문제 | ～はず ～일 것, ～할 터 | 都会(とかい) 도시, 도회 | 住(す)む 살다 | 慣(な)れる 익숙해지다, 길들다 | 他(ほか)に 그 밖에, 이 외에 | 特(とく)に 특히, 특별히 | 部屋(へや) 방 | やっぱり 역시 | 引(ひ)っ越(こ)す 이사하다 | ～たばかり ～한 지 얼마 안 됨 | まだ 아직 | 落(お)ち着(つ)く 안정되다, 진정되다, 자리 잡다, 차분하다 | 気持(きも)ち 기분, 마음, 느낌 | 分(わ)かる 알다, 이해하다 | 気(き)に入(い)らない 마음에 들지 않다 | 悩(なや)む 고민하다, 괴로워하다

09 정답 1 2-09.mp3

男の人と女の人が話しています。女の人は何が一番変わったと言っていますか。

F :先週の週末、10年ぶりに生まれ故郷に行ってきたんです。

M :ずいぶん変わったでしょう。

F :ええ、確かに、高速道路は通ったし、住んでいた家は駐車場になっていたし、高いビルもたくさん建っていましたよ。

M :じゃ、自然ももうあまり残っていないんですね。

F :そうなんです。でも、何と言っても驚いたのは、町の人々みんながとても忙しそうにしていたことですね。昔はもっとのんびりしていたような気がするんですけど。

女の人は何が一番変わったと言っていますか。

해석

남자와 여자가 이야기하고 있습니다. 여자는 무엇이 가장 변했다고 말하고 있습니까?

F : 지난 주말에 10년 만에 태어난 고향에 갔다 왔어요.

M : 상당히 변했지요?

F : 네, 확실히 고속도로가 개통되었고, 살고 있던 집은 주차장이 되어 있었고, 높은 빌딩도 많이 세워져 있었어요.

M : 그럼, 자연도 거의 별로 남아 있지 않겠네요.

F : 그래요. 하지만, 무엇보다 놀랐던 것은, 마을 사람들 모두가 매우 바쁜 듯이 지내고 있었다는 것이에요. 옛날에는 좀 더 느긋하게 지냈었던 것 같은 느낌이 드는데.

여자는 무엇이 가장 변했다고 말하고 있습니까?

1 사람
2 길
3 자연
4 건물

어휘

一番(いちばん) 가장, 제일 | 変(か)わる 변하다, 바뀌다 | 先週(せんしゅう) 지난 주 | 週末(しゅうまつ) 주말 | ～ぶり ～만 | 生(うま)れ故郷(こきょう) 태어난 고향 | ずいぶん 몹시, 아주 | 確(たし)かに 확실히, 정확히 | 高速道路(こうそくどうろ) 고속도로 | 通(とお)る 지나다, 다니다, 통하다 | 住(す)む 살다 | 駐車場(ちゅうしゃじょう) 주차장 | 高(たか)い 비싸다, 높다 | ビル 빌딩 | 建(た)つ 서다 | 自然(しぜん) 자연 | もう 이미, 벌써, 이제, 더 | あまり 그다지, 별로 | 残(のこ)る 남다 | 何(なん)と言(い)っても 뭐니 뭐니 해도, 무엇보다 | 驚(おどろ)く 놀라다 | 町(まち) 마을, 시내 | 人々(ひとびと) 사람들 | 忙(いそが)しい 바쁘다 | ～そうに ～같이, ～처럼, ～듯이 | 昔(むかし) 옛날 | もっと 좀 더, 더욱 | のんびり 한가로이, 느긋하게 | ～ような ～것 같은 | 気(き)がする 느낌(생각)이 들다 | 道(みち) 길 | 建物(たてもの) 건물

10 정답 3 2-10.mp3

女の人と男の人が話しています。男の人はどうして団地の道路に車を止める人が多いと言っていますか。

F :きれいな車ですね。

M :いいえ、掃除してなくて･･･。

F :私も車がほしいのですが、駐車場が少なくて借りられないから、買えないんですよ。

M :最近はどこの団地でも駐車場が少なくて、団地の外の駐車場を借りている人も多いらしいです。

F :そうですか。それって高くないですか。

M :ええ、毎月2万円も払っている人もいるそうですね。それで、うちの団地では駐車禁止なのに、道路に車を止める人が多くて、困っているんですよ。

F :それは危ないですよね。

M :ええ。この道も駐車違反の車が多いですね。

男の人はどうして団地の道路に車を止める人が多いと言っていますか。

해석

여자와 남자가 이야기하고 있습니다. 남자는 어째서 단지의 도로에 차를 세우는 사람이 많다고 말하고 있습니까?

F : 차가 깨끗하네요.

M : 아니에요, 청소를 안 해서…….

F : 저도 차를 갖고 싶은데, 주차장이 적어 빌릴 수가 없어서 살 수 없어요.

M : 요즘은 어느 단지나 주차장이 적어서, 단지 밖의 주차장을 빌리고 있는 사람도 많은 것 같아요.

F : 그래요? 그거 비싸지 않나요?

M : 네, 매월 2만 엔이나 지불하고 있는 사람도 있다고 합니다. 그래서 우리 단지에서는 주차 금지인데도, 도로에 차를 세우는 사람이 많아서 골치에요.

F : 그거 위험하겠네요.

M : 네. 이 길도 주차위반 차들이 많네요.

남자는 어째서 단지의 도로에 차를 세우는 사람이 많다고 말하고 있습니까?

1 단지에는 주차장이 전혀 없기 때문에
2 단지의 주차장을 빌리고 있는 사람이 적기 때문에
3 단지에는 주차장이 적고, 단지 밖의 주차장은 비싸기 때문에
4 도로는 집에 가까워서 편리하기 때문에

어휘

団地(だんち) 단지 | 道路(どうろ) 도로 | 車(くるま)を止(と)める 차를 세우다 | 多(おお)い 많다 | きれいな 깨끗한, 예쁜 | 掃除(そうじ) 청소 | ～がほしい ～를 갖고 싶다, ～가 필요하다 | 駐車場(ちゅうしゃじょう) 주차장 | 少(すく)ない 적다 | 借(か)りる 빌리다 | 買(か)う 사다 | 最近(さいきん) 최근, 요즘 | 外(そと) 밖 | 高(たかい) 비싸다, 높다 | 毎月(まいつき) 매월 | 払(はら)う 돈을 치르다, 지불하다 | うち 가운데, 안, 마음속, 자기가 소속해 있는 곳 | 駐車禁止(ちゅうしゃきんし) 주차금지 | ～のに ～하는(인)데 | 困(こま)る 곤란하다, 난처하다 | 危(あぶ)ない 위험하다 | 道(みち) 길, 도로 | 駐車違反(ちゅうしゃいはん) 주차위반 | 全然(ぜんぜん) 전혀 | 近(ちか)い 가깝다 | 便利(べんり)だ 편리하다

개요이해 완벽대비 문제

문제 3 문제3에서는 문제용지에 아무것도 인쇄되어 있지 않습니다. 이 문제는 전체적으로 어떤 내용인지를 듣는 문제입니다. 이야기 전에 질문은 없습니다. 먼저 이야기를 들으세요. 그리고 나서 질문과 선택지를 듣고, 문제용지의 1~4 중에서 가장 알맞은 답을 하나 고르세요.

01 정답 2 3-01.mp3

電気屋さんのアナウンスです。

F : 雨の中のご来店、誠にありがとうございます。本日10月1日より10月15日までを「ありがとうセール」といたしまして、電気製品を通常より、お安くご提供いたしております。また、今日一日限りの特別セールといたしまして、桜電子のデジタルカメラ通常価格59,800円を、４階にて、特別価格39,800円、39,800円にてご提供させていただきます。５階におきましては･･･

何についてのアナウンスですか。

1 電気製品の価格案内
2 お客様感謝セールのお知らせ
3 新しく発売されるデジタルカメラの紹介
4 特別セール商品のリスト

해석

전기제품 가게의 방송입니다.

F : 비가 내리는데 가게를 찾아 주셔서 정말 감사합니다. 오늘 10월 1일부터 15일까지를 '감사세일'이라고 해서, 가전제품을 평소보다 싸게 제공해 드리고 있습니다. 또한 오늘 하루에 한하여 특별세일로 해서 사쿠라 전자의 디지털 카메라 통상 가격 59,800엔을, 4층에서 특별 가격 39,800엔, 39,800엔으로 제공해 드리고 있습니다. 5층에서는…….

무엇에 관한 방송입니까?

1 전기제품 가격 안내
2 고객 감사세일의 알림
3 새로 발매되는 디지털 카메라의 소개
4 특별 세일 상품 리스트

어휘

電気屋(でんきや)さん 전기제품 가게 | アナウンス 방송 | 来店(らいてん) 내점 | 誠(まこと)に 정말로, 배우 | 本日(ほんじつ) 오늘, 금일 | セール 세일 | 致(いた)す 하다, 해 드리다 | 電気製品(でんきせいひん) 전기제품 | 通常(つうじょう) 통상, 보통 | 安(やす)く 싸게 | 提供(ていきょう) 제공 | ご+한자어+いたす (제가) ~하다, ~해 드리다 | ～ておる (～ている의 겸양) ~하고 있다, ~해 있다 | また 또, 또한 | ～限(かぎ)り ~한, 한계, 한정 | 特別(とくべつ) 특별 | 電子(でんし) 전자 | デジタルカメラ 디지털 카메라 | 価格(かかく) 가격 | ～にて ~로, ~에서 | ～させていただく (제가) ~하다 | ～におきまして ~에서, ~에 있어서 | 案内(あんない) 안내 | お客様(きゃくさま) 손님, 고객 | 感謝(かんしゃ) 감사 | お知(し)らせ 알림, 통지 | 新(あたら)しく 새롭게, 새로 | 発売(はつばい) 발매 | 紹介(しょうかい) 소개 | 商品(しょうひん) 상품 | リスト 리스트

02 정답 1 3-02.mp3

男の人がパソコンについて説明しています。

M : 小学生や中学生に「あなたのほしいものは何ですか」とたずねると、パソコンが人気だそうです。パソコンは洗濯機や冷蔵庫と同じように電気製品ですが、実は大事なところが大きく違います。それが何だか分かりますか。洗濯機は洗濯をする機械、冷蔵庫は食品を冷やす機械など、たいていの電気製品は利用目的がはっきりしているのです。では、パソコンはどうでしょう。ある人はゲームをするかもしれないし、ある人にはワープロかもしれません。インターネットの検索をするために使うかもしれないし、映画を見るかもしれません。つまり、使う人が目的をちゃんと持ってパソコンを使わないと、パソコンは役に立たないのです。

パソコンがほかの電気製品と大きく違うのは、どんな点だと言っていますか。

1 使う目的がないと役に立たない点
2 ゲームができる点
3 小学生や中学生に人気がある点
4 利用目的がはっきりしている点

해석

남자가 컴퓨터에 관해서 설명하고 있습니다.

M : 초등학생과 중학생에게 '당신이 갖고 싶은 것은 무엇입니까?'라고 물으면, 컴퓨터가 인기라고 합니다. 컴퓨터는 세탁기와 냉장고와 마찬가지로 전기제품이지만, 사실은 중요한 점이 크게 다릅니다. 그것이 무엇인지 아십니까? 세탁기는 세탁을 하는 기계, 냉장고는 식품을 차갑게 하는 기계 등, 대부분의 전기제품은 이용 목적이 분명히 있습니다. 그러면 컴퓨터는 어떻습니까? 어떤 사람은 게임을 할지도 모르고, 어떤 사람에게는 워드프로세서일지도 모릅니다. 인터넷 검색을 하기 위해서 사용할지도 모르고, 영화를 볼지도 모릅니다. 즉, 사용하는 사람이 목적을 제대로 갖고 컴퓨터를 사용하지 않으면 컴퓨터는 쓸모가 없는 것입니다.

컴퓨터가 다른 가전제품과 크게 다른 것은 어떤 점이라고 말하고 있습니까?

1 사용하는 목적이 없으면 쓸모없는 점
2 게임을 할 수 있는 점
3 초등학생과 중학생에게 인기가 있는 점
4 이용 목적이 확실한 점

어휘

パソコン 퍼스널 컴퓨터 | 説明(せつめい) 설명 | 小学生(しょうがくせい) 초등학생 | 中学生(ちゅうがくせい) 중학생 | 欲(ほ)しい 갖고 싶다 | たずねる 묻다, 찾다, 방문하다 | 人気(にんき) 인기 | 洗濯機(せんたくき) 세탁기 | 冷蔵庫(れいぞうこ) 냉장고 | 同(おな)じ 같음, 동일함 | 電気製品(でんきせいひん) 전기제품 | 実(じつ)は 사실은 | 大事(だいじ)な 중요한, 소중한 | ところ 점, 부분, 상황, 모습 | 大(おお)きく 크게 | 違(ちが)う 다르다, 틀리다 | 何(なん)だか 뭔지, 어쩐지 | 機械(きかい) 기계 | 食品(しょくひん) 식품 | 冷(ひ)やす 식히다, 차게 하다 | たいてい 대개, 대부분 | 利用(りよう) 이용 | 目的(もくてき) 목적 | はっきり 뚜렷이, 분명히, 확실히 | ある 어느, 어떤 | ゲーム 게임 | ~かもしれない ~할(일)지도 모른다. | ワープロ 워드프로세서 | インターネット 인터넷 | 検索(けんさく) 검색 | ~ために ~위해서, ~ 때문에 | 使(つか)う 쓰다, 사용하다 | 映画(えいが) 영화 | 見(み)る 보다 | つまり 즉, 결국 | ちゃんと 틀림없이, 분명하게, 확실하게, 바르게 | 持(も)つ 갖다, 들다 | 使(つか)う 사용하다 | 役(やく)に立(た)つ 쓸모가 있다, 도움이 되다

03 정답 4 3-03.mp3

学生課の先生が話しています。

F : 皆さんは来年３年生になりますね。ここで少し、海外へ目を向けてみるのはどうかと思います。今海外から日本に来る留学生の数は約13万人いるのに対して、海外へ留学する日本人は2005年度の約８万5千人をピークにどんどん減り続け、2010年度には約３万４千人にまで減ってしまいました。この傾向は我が校でも著しいです。若いうちに異文化に触れ、他国の文化や価値観などの違いを肌で感じて、グローバルな視点を持つことは将来、就職にも大いに役に立つと思います。留学のための長期休学は大歓迎ですから、ぜひ相談に来てください。

話の主な内容はどのようなことですか。

1 海外から日本に来る留学生の数
2 留学のための休学の手続き方法
3 国内留学と海外留学との比較
4 若いうちの海外留学のお勧め

해석

학생과 선생님이 이야기하고 있습니다.

F : 여러분들은 내년에 3학년이 되네요. 여기에서 잠시, 해외로 눈을 돌려 보는 것은 어떨까 하고 생각합니다. 지금 해외에서 일본에 오는 유학생의 수는 약 13만 명 있는 것에 비해서, 해외로 유학을 가는 일본인은 2005년도 약 8만 5천 명을 절정으로 점점 계속 줄어서, 2010년도에는 약 3만 4천 명까지 줄어 버렸습니다. 이 경향은 우리 학교에서도 두드러집니다. 젊었을 때 이문화를 접하고, 다른 나라의 문화와 가치관 등의 차이를 피부로 느껴서, 글로벌한 시점을 갖는 것은 장래, 취직을 하기에도 크게 도움이 될 것이라고 생각합니다. 유학을 위한 장기휴학은 대환영이니까, 꼭 상담하러 오세요.

이야기의 주된 내용은 어떠한 것입니까?

1 해외에서 일본에 오는 유학생의 수
2 유학을 위한 휴학의 수속 방법
3 국내유학과 해외유학과의 비교
4 젊었을 때 해외 유학의 권유

어휘

学生課(がくせいか) 학생과 | 皆(みな)さん 여러분 | 来年(らいねん) 내년 | 少(すこ)し 조금, 약간 | 海外(かいがい) 해외 | 目(め)を向(む)ける 눈을 돌리다 | 留学生(りゅうがくせい) 유학생 | 数(かず) 수 | 約(やく) 약 | ~に対(たい)して ~에 대해서, ~에 비해서 | ピーク 피크, 절정 | どんどん 척척, 자꾸자꾸, 계속해서 | 減(へ)り続(つづ)ける 계속해서 줄다 | ~てしまう ~해 버리다 | 傾向(けいこう) 경향 | 我(わ)が校(こう) 우리 학교 | 著(いちじる)しい 현저하다, 두드러지다 | 若(わか)い 젊다 | ~うちに ~사이에, ~동안에 | 異文化(いぶんか) 이문화 | 触(ふ)れる 닿다, 접하다 | 他国(たこく) 타국, 다른 나라 | 価値観(かちかん) 가치관 | ~など ~등, 따위 | 違(ちが)い 차이 | 肌(はだ) 피부 | 感(かん)じる 느끼다 | グローバル 글로벌 | 視点(してん) 시점 | 将来(しょうらい) 장래, 미래 | 就職(しゅうしょく) 취직 | 大(おお)いに 대단히, 매우 | 役(やく)に立(た)つ 쓸모가 있다, 도움이 되다 | 長期(ちょうき) 장기 | 休学(きゅうがく) 휴학 | 大歓迎(だいかんげい) 대환영 | ぜひ 꼭, 반드시 | 相談(そうだん) 상담 | 主(おも)な 주된 | 内容(ないよう) 내용 | 手続(てつづ)き 수속 | 方法(ほうほう) 방법 | 比較(ひかく) 비교 | お勧(すす)め 권유, 권고

04 정답 1 3-04.mp3

男の人と女の人が話しています。

M : 最近、学校を卒業してもきちんと就職しないで、フリーターをしている若い人が増えているんだって。

F：不況で、仕事が見つからないからじゃない。

M：いや、そうでもないみたい。時間に縛られないで、自分のやりたいことをやりたいからっていう人が多いみたい。

F：かといって、いつまでもフリーターってわけにはいかないでしょう。アルバイト暮らしじゃ、結婚もできないだろうし、将来の保障もないんだから。

M：人それぞれでいいんじゃない。

男の人はフリーターについてどう思っていますか。

1 フリーターでも正社員でも、本人が好きなようにすればいい。
2 やりたいことがやれるから就職するよりいい。
3 将来のことを考えて、きちんと就職した方がいい。
4 不況だから、フリーターが増えるのは仕方がない。

해석

남자와 여자가 이야기하고 있습니다.

M：요즈음, 학교를 졸업해도 제대로 취직하지 않고, 프리터를 하고 있는 젊은 사람들이 늘고 있대.

F：불황 때문에 직업을 찾지 못해서 아니야?

M：아니야, 그렇지도 않은 것 같아. 시간에 얽매이지 않고, 자기가 하고 싶은 것을 하고 싶기 때문이라는 사람이 많은 것 같아.

F：그렇다고 해서, 언제까지나 프리터를 할 수는 없을 것 아냐. 아르바이트 생활로는 결혼도 할 수 없을 것이고, 장래 보장도 없으니까.

M：사람마다 각각 다른 거 아니겠어?

남자는 프리터에 관해서 어떻게 생각하고 있습니까?

1 프리터든 정사원이든, 본인이 좋은 대로 하면 된다
2 하고 싶은 것을 할 수 있기 때문에 취직하는 것보다 좋다
3 장래의 일을 생각해서 제대로 취직하는 편이 좋다
4 불황이기 때문에, 프리터가 느는 것은 어쩔 수 없다

어휘

最近(さいきん) 최근, 요즈음 | 学校(がっこう) 학교 | 卒業(そつぎょう) 졸업 | きちんと 말쑥이, 규칙적인, 정확히, 딱 | 就職(しゅうしょく) 취직 | フリーター 프리터, 구속을 싫어해 정직으로 일하지 않고 아르바이트로만 생활해 가는 젊은 사람 | 若(わか)い 젊다 | 増(ふ)える 늘다 | ～って ~라고, ~라는, ~해(이)대 | 不況(ふきょう) 불황 | 仕事(しごと) 일, 직업 | 見(み)つかる 들키다, 찾게 되다, 발견되다 | 縛(しば)る 매다, 묶다 | 自分(じぶん) 자기 자신 | やる 하다, 주다 | 多(おお)い 많다 | かといって 그렇다고 해서 | いつまでも 언제까지나 | ～わけにはいかない ~할 수는 없다 | アルバイト 아르바이트 | 暮(く)らし 생활 | 結婚(けっこん) 결혼 | 将来(しょうらい) 장래 | 保障(ほしょう) 보장 | それぞれ 저마다, 각각 | 正社員(せいしゃいん) 정사원 | 本人(ほんにん) 본인 | 仕方(しかた)がない 어쩔 수 없다

05 **정답 2** 3-05.mp3

テレビで男の人が話しています。

M：旅行の目的は人によって様々で、一般に考えられるのは、きれいな景色や珍しいものを見るために旅行をすることなんですが、最近これにショッピングというのが加わってきました。何かを買うために旅行するというわけなんですが、まあ私自身の考えを言いますと、せっかく普段行かないようなところに行ったのに、そこの人や文化に目を向けないで、ひたすら洋服やかばんを買うというのは、どうかと思うわけです。

男の人は最近の旅行の傾向についてどう言っていますか。

1 買い物が目的という人が増えてきたのは決して最近のことではない
2 買い物だけを目的とする旅行はよくない
3 旅行は普段行かないようなところに行くのがいい
4 旅行はきれいな景色を見るためにするのが一番いい

해석

텔레비전에서 남자가 이야기하고 있습니다.

M：여행의 목적은 사람에 따라서 여러 가지로, 일반적으로 생각되어지는 것은, 예쁜 경치와 희귀한 것을 보기 위해서 여행을 하는 것입니다만, 최근 이것에 쇼핑이라는 것이 더해졌습니다. 무언가를 사기 위해서 여행을 한다는 것인데, 뭐 제 자신의 생각을 말하자면, 모처럼 평소에 가지 않는 곳에 갔는데, 그곳의 사람과 문화에 눈을 돌리지 않고, 오로지 옷과 가방을 산다는 것은 과연 바람직한가 하고 생각합니다.

남자는 최근의 여행 경향에 관해서 어떻게 말하고 있습니까?

1 쇼핑이 목적이라는 사람이 늘어난 것은 결코 최근의 일은 아니다
2 쇼핑만을 목적으로 하는 여행은 좋지 않다
3 여행은 평소 가지 않는 곳으로 가는 것이 좋다
4 여행은 예쁜 경치를 보기 위해서 하는 것이 가장 좋다

어휘

旅行(りょこう) 여행 | 目的(もくてき) 목적 | ～によって ~에 의해서, ~에 따라서 | 様々(さまざま) 여러 가지, 가지가지 | 一般(いっぱん) 일반, 보통 | きれいな 예쁜, 깨끗한 | 景色(けしき) 경치 | 珍(めずら)しい 드물다, 희귀하다 | 見(み)る 보다 | ～ために ~위해서, ~때문에 | 最近(さいきん) 최근, 요즈음 | ショッピング 쇼핑 | 加(くわ)わる 늘다, 추가되다, 첨가되다 | 買(か)う 사다 | わけ 도리, 까닭, 사정, 뜻, 의미 | 自身(じしん) 자기 자신 | せっかく 모처럼 | 普段(ふだん) 일상, 평소 | ～のに ~하는(인)데도 | 文化(ぶんか) 문화 | 目(め)を向(む)ける 눈을 돌리다, 관심을 갖다 | ひたすら 오로지 | 洋服(ようふく) 옷 | かばん 가방 | 増(ふ)える 늘다, 증가하다 | 決(けっ)して 결코 | 一番(いちばん) 가장, 제일

발화표현 완벽대비 문제

문제 4 문제4에서는 그림을 보면서 질문을 들으세요. 화살표(→)가 가리키는 사람은 뭐라고 말합니까? 1~3 중에서 가장 알맞은 답을 하나 고르세요.

01 **정답 1** 4-01.mp3

男性が電話で話しています。相手の声がよく聞こえない時、何と言いますか。

1 恐れ入りますが、少々お電話が遠いようですが。
2 恐れ入りますが、少々お電話が小さいようですが。
3 恐れ入りますが、少々耳が遠いようですが。

해석
남성이 전화로 이야기하고 있습니다. 상대방의 목소리가 잘 들리지 않을 때, 뭐라고 말합니까?
1 죄송하지만, 조금 전화가 먼 것 같습니다만.
2 죄송하지만, 조금 전화가 작은 것 같습니다만.
3 죄송하지만, 조금 귀가 먼 것 같습니다만.

어휘
男性(だんせい) 남성 | 電話(でんわ) 전화 | 相手(あいて) 상대(방) | 声(こえ) 목소리 | 聞(き)こえる 들리다 | 恐(おそ)れ入(い)る 죄송하다 | 少々(しょうしょう) 조금, 약간 | 小(ちい)さい 작다 | 遠(とお)い 멀다 | 耳(みみ) 귀

02 **정답 2** 4-02.mp3

留学生が自分の国へ帰ります。先生に何と言いますか。
1 お疲れ様でした。
2 お世話になりました。
3 よろしくお願いします。

해석
유학생이 자신의 나라로 돌아갑니다. 선생님에게 뭐라고 말합니까?
1 수고하셨습니다.
2 신세를 많이 졌습니다.
3 잘 부탁드립니다.

어휘
留学生(りゅうがくせい) 유학생 | 自分(じぶん) 자기 자신 | 国(くに) 나라, 고국 | 帰(かえ)る 돌아가(오)다 | お疲(つか)れさまでした 수고하셨습니다 | お世話(せわ)になる 신세를 지다 | お願(ねが)いする 부탁하다

03 **정답 1** 4-03.mp3

ボールペンを忘れたので、隣の人に借りたいです。何と言いますか。
1 すみませんが、ボールペンを貸してくれませんか。
2 すみませんが、ボールペンを返してもらえますか。
3 すみませんが、ボールペンを借りてくれるんですか。

해석
볼펜을 잊고 안 가져와서 옆 사람에게 빌리고 싶습니다. 뭐라고 말합니까?
1 죄송하지만, 볼펜을 빌려주지 않겠습니까?
2 죄송하지만, 볼펜을 되돌려 받을 수 있겠습니까?
3 죄송하지만, 볼펜을 빌려주는 겁니까? (비문법적)

어휘
ボールペン 볼펜 | 忘(わす)れる 잊다 | 隣(となり) 이웃, 옆 | 借(か)りる 빌리다 | 貸(か)す 빌려 주다 | ~てくれる (나에게) ~해 주다 | 返(かえ)す 돌려주다, 되돌려 놓다 | ~てもらう ~해 받다, (~가) ~해 주다

04 **정답 2** 4-04.mp3

上司が忙しそうで、手伝いたいです。何と言いますか。
1 私がお手伝いになりますか。
2 私がお手伝いしましょうか。
3 私が手伝っていただけますか。

해석
상사가 바쁜 듯 보여, 도와주고 싶습니다. 뭐라고 말합니까?
1 제가 도와드리십니까? (비문법적)
2 제가 도와드릴까요?
3 제가 도와주십니까? (비문법적)

어휘
上司(じょうし) 상사 | 忙(いそが)しそうだ 바빠 보이다, 바쁜 것 같다 | 手伝(てつだ)う 도와주다, 거들다 | お+동사 ます형+になる ~하시다 | お+동사 ます형+する (제가) ~하다 | ~ていただく ~해 받다, (~가) ~해 주시다

05 **정답 1** 4-05.mp3

郵便局に行きたいですが、どこにあるかわからないので、聞きます。何と言いますか。
1 すみません、郵便局はどう行けばいいですか。
2 すみません、郵便局に行くのはどうですか。
3 すみません、郵便局はどんなところですか。

해석
우체국에 가고 싶은데, 어디에 있는지 몰라서 묻습니다. 뭐라고 말합니까?
1 실례합니다, 우체국은 어떻게 가면 됩니까?
2 실례합니다, 우체국에 가는 것은 어떻습니까?
3 실례합니다, 우체국은 어떤 곳입니까?

어휘
郵便局(ゆうびんきょく) 우체국 | 行(い)く 가다 | 聞(き)く 묻다, 듣다

06 **정답 3** 4-06.mp3

息子が大学に合格しました。今まで教えてくれた先生に感謝の気持ちを伝えたいです。何と言いますか。
1 合格、おめでとうございます。
2 本当によく頑張りましたね。感動しました。
3 おかげさまで合格できました。

해석
아들이 대학에 합격했습니다. 지금까지 가르쳐 주셨던 선생님에게 감사의 마음을 전하고 싶습니다. 뭐라고 말합니까?
1 합격, 축하드립니다.

2 정말 열심히 하셨네요. 감동했습니다.
3 덕분에 합격할 수 있었습니다.

어휘
息子(むすこ) 아들 | 大学(だいがく) 대학 | 合格(ごうかく) 합격 | 教(おし)える 가르치다 | 感謝(かんしゃ) 감사 | 気持(きも)ち 기분, 마음, 느낌 | 伝(つた)える 전하다 | 頑張(がんば)る 끝까지 노력하다 | 感動(かんどう) 감동 | おかげさまで 덕분에

07 **정답 3** 4-07.mp3

学生が先生の研究室に入ります。何と言いますか。
1 ごめんなさい。
2 どうぞお上がりください。
3 失礼します。

해석
학생이 선생님 연구실에 들어갑니다. 뭐라고 말합니까?
1 죄송합니다.
2 어서 들어오세요.
3 실례합니다.

어휘
先生(せんせい) 선생님 | 研究室(けんきゅうしつ) 연구실 | 入(はい)る 들어가(오)다 | 上(あ)がる 오르다, 들어가다, 들어오다 | お+동사 ます형+ください ~해 주십시오 | 失礼(しつれい) 실례

08 **정답 1** 4-08.mp3

体の具合が悪いので、会社を休みたいです。何と言いますか。
1 今日は体調が悪いので、会社を休ませていただけませんか。
2 今日は体調が悪いので、会社を休んでいただけますか。
3 今日は体調が悪いので、会社を休んでください。

해석
몸 상태가 좋지 않아서, 회사를 쉬고 싶습니다. 뭐라고 말합니까?
1 오늘은 몸 상태가 좋지 않아서, 회사를 쉬어도 되겠습니까?
2 오늘은 몸 상태가 좋지 않아서, 회사를 쉬어 주시겠습니까?
3 오늘은 몸 상태가 좋지 않아서, 회사를 쉬어 주세요.

어휘
体(からだ)の具合(ぐあい)が悪(わる)い 몸 상태가 좋지 않다 | 休(やす)む 쉬다 | 今日(きょう) 오늘 | ~(さ)せていただけませんか ~하게 해 주시지 않겠습니까?, ~해도 됩니까? | ~ていただけますか ~해 주시겠습니까? | ~てください ~해 주세요 | 体調(たいちょう)が悪(わる)い 몸의 상태가 좋지 않다

09 **정답 2** 4-09.mp3

約束の時間に1時間も遅れてしまいました。何と言ってあやまりますか。
1 お待ちしておりました。
2 お待たせして申しわけありません。
3 もう少しお待ちください。

해석
약속 시간에 1시간이나 늦어버렸습니다. 뭐라고 하며 사과합니까?
1 기다리고 있었습니다.
2 기다리게 해서 죄송합니다.
3 조금 더 기다려 주십시오.

어휘
約束(やくそく) 약속 | 時間(じかん) 시간 | 遅(おく)れる 늦다 | ~てしまう ~해 버리다 | 謝(あやま)る 사과하다 | 待(ま)つ 기다리다 | お+ます형+する (제가) ~하다 | ~ておる (~ている의 겸양) ~하고 있다, ~해 있다 | 待(ま)たせる 기다리게 하다 | 申(もう)し訳(わけ)ない 미안하다, 면목 없다 | もう少(すこ)し 조금 더 | お+동사 ます형+ください ~해 주십시오

10 **정답 1** 4-10.mp3

女性が電話で伝言を頼まれました。相手の名前を確認したい時、何と言いますか。
1 恐れ入りますが、お名前をお伺いできますでしょうか。
2 あいにくですが、お名前をお伺いできますでしょうか。
3 せっかくですが、お名前をお伺いできますでしょうか。

해석
여성이 전화로 전언을 부탁받았습니다. 상대방의 이름을 확인하고 싶을 때, 뭐라고 말합니까?
1 죄송하지만, 성함을 여쭤볼 수 있을까요?
2 공교롭지만, 성함을 여쭤볼 수 있을까요?
3 모처럼이지만, 성함을 여쭤볼 수 있을까요?

어휘
伝言(でんごん) 전언 | 頼(たの)む 부탁하다 | 相手(あいて) 상대(방) | 名前(なまえ) 이름 | 確認(かくにん) 확인 | 恐(おそ)れ入(い)る 죄송하다 | 伺(うかが)う 여쭙다, 듣다, 찾아뵙다 | お+동사 ます형+できる (제가) ~할 수 있다 | あいにく 공교롭게도 | せっかく 모처럼임

즉시응답 완벽대비 문제

문제 5 문제5에서는 문제용지에 아무것도 인쇄되어 있지 않습니다. 먼저 문장을 들으세요. 그러고 나서 그 답을 듣고, 1~3 중에서 가장 알맞은 답을 하나 고르세요.

01 **정답 3** 5-01.mp3

失礼ですが、奥さまでいらっしゃいますか。
1 はい、奥さまですが…。
2 はい、いらっしゃいますが…。
3 はい、そうですが…。

해석
실례지만, 사모님이십니까?
1 네, 사모님입니다만…….
2 네, 계십니다만…….
3 네, 그렇습니다만…….

어휘
失礼(しつれい) 실례 | 奥様(おくさま) 남의 아내의 높임말. 부인, 사모님 | ～でいらっしゃる ~이시다 | いらっしゃる (行く·来る·いる의 높임말)가시다, 오시다, 계시다

02 정답 2 5-02.mp3

いつも主人がお世話になっております。
1 はい、とんでもないです。
2 いいえ、こちらこそ。
3 はい、お世話しています。

해석
항상 남편이 신세를 지고 있습니다.
1 네, 당치도 않습니다.
2 아니요, 저야말로.
3 네, 돌보고 있습니다.

어휘
いつも 항상, 언제나 | 主人(しゅじん) 주인, 남편 | お世話(せわ)になる 신세를 지다 | ～ておる (~ている의 겸양) ~하고 있다, ~해 있다 | とんでもない 뜻밖이다, 당치도 않다 | こちらこそ 이쪽이야말로, 저야말로 | 世話(せわ)をする 돌보다, 보살피다

03 정답 3 5-03.mp3

やっと風邪が治りました。
1 それはいけませんね。お大事に。
2 病院に行って診てもらったらどうですか。
3 でも、まだ、無理はしないでくださいね。

해석
겨우 감기가 나았습니다.
1 정말 안됐네요. 몸조리 잘하세요.
2 병원에 가서 진찰 받는 게 어떠세요?
3 그래도, 아직 무리는 하지 마세요.

어휘
やっと 겨우, 간신히 | 風邪(かぜ) 감기 | 治(なお)る 낫다, 치유되다 | お大事(だいじ)に 몸조리 잘하세요 | 病院(びょういん) 병원 | 診(み)る 진찰하다 | ～てもらう ~해 받다, (~가) ~해 주다 | でも 그래도, 하지만 | まだ 아직 | 無理(むり) 무리

04 정답 1 5-04.mp3

ただいま。今、出張から帰りました。
1 お帰りなさい。お疲れ様でした。
2 ご無沙汰しております。
3 遅かったですね。寝坊でもしたんですか。

해석
다녀왔습니다 지금 출장에서 돌아왔습니다.
1 다녀오셨어요? 수고하셨습니다.
2 소식을 못 전하고 있습니다.
3 늦었네요. 늦잠이라도 잤습니까?

어휘
ただいま 다녀왔습니다. | 出張(しゅっちょう) 출장 | 帰(かえ)る 돌아가(오)다 | お疲(つか)れ様(さま) 수고하셨습니다 | ご無沙汰(ぶさた) 소식을 전하지 않음, 격조 | 遅(おそ)い 늦다 | 寝坊(ねぼう)する 늦잠 자다

05 정답 2 5-05.mp3

なぜ会社を辞めることにしたんですか。
1 給料が高いからです。
2 留学するからです。
3 やりがいがあるからです。

해석
왜 회사를 그만두기로 했습니까?
1 월급이 높기 때문입니다.
2 유학 가기 때문입니다.
3 보람이 있기 때문입니다.

어휘
なぜ 왜, 어째서 | 会社(かいしゃ)を辞(や)める 회사를 그만두다 | ～ことにする ~하기로 하다 | 給料(きゅうりょう)が高(たか)い 월급이 높다 | 留学(りゅうがく) 유학 | やりがい 하는 보람

06 정답 1 5-06.mp3

つまらない物ですが、よろしかったらどうぞ。
1 いつもすみません。
2 つまらないですねえ。
3 いいえ、こちらこそ。

해석
보잘 것 없는 것이지만, 괜찮으시다면, 받으세요.
1 항상 감사합니다.
2 시시하네요.
3 아니요, 저야말로.

어휘
つまらない 시시하다, 하찮다, 보잘 것 없다, 재미없다 | よろしい 좋

다. 괜찮다 | どうぞ 상대에게 무엇을 허락하거나 권할 때 쓰는 말 | いつも 항상, 언제나 | すみません 미안할 때, 사과할 때, 감사의 뜻을 나타낼 때, 부탁할 때 쓰는 말 | こちらこそ 이쪽이야말로, 저야말로

07 정답 1 5-07.mp3

冷めないうちにどうぞ。
1 では、いただきます。
2 冷たくておいしいです。
3 結構難しそうですね。

해석

식기 전에 드세요.
1 그럼, 잘 먹겠습니다.
2 차가워서 맛있습니다.
3 꽤 어려워 보이네요.

어휘

冷(さ)める 식다 | ～ないうちに ～하기 전에 | では 그럼, 그렇다면 | いただく (もらう·食べる·飲む의 겸양) 받다, 먹다, 마시다 | 冷(つめ)たい 차갑다 | おいしい 맛있다 | 結構(けっこう) 꽤, 제법, 상당히 | 難(むずか)しい 어렵다

08 정답 1 5-08.mp3

ずっと雨が降っていますね。
1 ええ、早く止んでほしいです。
2 ええ、もうすぐ降りそうです。
3 ええ、もう降っています。

해석

계속 비가 내리고 있네요.
1 네, 빨리 그쳤으면 좋겠네요.
2 네, 이제 곧 내릴 것 같습니다.
3 네, 벌써 내리고 있습니다.

어휘

ずっと 훨씬, 줄곧, 계속 | 雨(あめ) 비 | 降(ふ)る 내리다 | 早(はや)く 일찍, 빨리 | 止(や)む 멎다, 그치다 | ～てほしい ～해 주었으면 좋겠다, ～하기 바라다 | もうすぐ 이제 곧, 머지않아 | もう 이미, 벌써, 이제, 더

09 정답 1 5-09.mp3

これって、一見簡単そうに見えたのにね。
1 ほんと、こんなに難しいとは思わなかったわ。
2 ほんと、やってみると意外に簡単だったわ。
3 ほんと、やっぱり簡単だったわ。

해석

이것 말이야, 언뜻 보기에는 간단해 보였는데.
1 정말, 이렇게 어려울 것이라고는 생각 못했어.
2 정말, 해 보니 의외로 간단했어.
3 정말, 역시 간단했어.

어휘

～って ～라고, ～라는, ～라니, ～하(이)대 | 一見(いっけん) 한 번 봄, 언뜻 봄 | 簡単(かんたん) 간단 | 見(み)える 보이다 | ほんと 사실, 정말임 | 難(むずか)しい 어렵다 | ～とは ～이란, ～이(하)라니, ～이라(하다)고는 | 思(おも)う 생각하다 | やってみる 해 보다 | 意外(いがい)に 의외로 | やっぱり 역시

10 정답 3 5-10.mp3

この字、そこから見えますか。
1 はい、見たいです。
2 いいえ、見ていません。
3 はい、大丈夫です。

해석

이 글자, 거기에서도 보입니까?
1 네, 보고 싶습니다.
2 아니요, 보고 있지 않습니다.
3 네, 괜찮습니다.

어휘

字(じ) 글자 | 見(み)える 보이다 | 見(み)る 보다 | 大丈夫(だいじょうぶ) 괜찮음, 걱정 없음, 틀림없음

11 정답 1 5-11.mp3

ここに座ってもよろしいでしょうか。
1 空いていますから、どうぞ。
2 ここではできません。
3 いいえ、誰もいませんですから。

해석

여기에 앉아도 되겠습니까?
1 비어 있으니까, 앉으세요.
2 여기에서는 불가능합니다.
3 아니요, 아무도 없으니까.

어휘

座(すわ)る 앉다 | よろしい 좋다, 괜찮다 | 空(あ)く (시간이) 나다, (공간이) 비다, 나다 | 誰(だれ)も 아무도

12 정답 2 5-12.mp3

この本、見てもいいですか。
1 どうぞ、拝見してください。
2 どうぞ、ご覧ください。
3 どうぞ、お召し上がりください。

해석

이 책, 봐도 될까요?
1 네, 보세요. (비문법적)

2 네, 보세요.
3 네, 드세요.

어휘
本(ほん) 책 | 見(み)る 보다 | 拝見(はいけん) (見る의 겸양) (제가) 보다 | ご覧(らん) (見る의 높임말) 보심 | 召(め)し上(あ)がる (食べる와 飲む의 높임말) 드시다, 잡수시다

13 **정답 2** 5-13.mp3

先生、論文に目を通していただけますか。
1 危ないからやめたほうがいいですよ。
2 いいですよ。持ってきてください。
3 ええ、続けてください。

해석
선생님, 논문을 훑어봐 주실 수 있으십니까?
1 위험하니까 그만두는 편이 좋아요.
2 좋아요. 가지고 오세요.
3 네, 계속하세요.

어휘
論文(ろんぶん) 논문 | 目(め)を通(とお)す 훑어보다 | ~ていただく ~해 받다, (~가) ~해 주시다 | 危(あぶ)ない 위험하다, 위태롭다 | やめる 그만두다, 끊다, 중지하다 | ~たほうがいい ~하는 편이 좋다 | 持(も)ってくる 가지고 오다 | 続(つづ)ける 계속하다

14 **정답 2** 5-14.mp3

山田さん、新幹線に乗り遅れたそうです。
1 何とか間に合ったのね。
2 それじゃあ、すぐに訪問先にそのことを伝えなきゃ。
3 やっぱり新幹線は速いね。

해석
야마다 씨, 늦어서 신칸센을 놓쳤대요.
1 어떻게든 시간에 맞췄네요.
2 그러면 바로 방문할 곳에 그 얘기를 전해야겠네.
3 역시 신칸센은 빠르네요.

어휘
新幹線(しんかんせん) 신칸센 | 乗(の)り遅(おく)れる 늦어서 못 타다, 놓치다 | 何(なん)とか 어떻게든, 어떻게 좀 | 間(ま)に合(あ)う 아쉬운 대로 도움이 되다, 시간에 늦지 않게 대다 | すぐに 바로, 곧 | 訪問先(ほうもんさき) 방문처, 방문할 곳 | 伝(つた)える 전하다 | ~なきゃ(~なければ의 축약형) ~하지 않으면 | やっぱり 역시 | 速(はや)い 빠르다

15 **정답 3** 5-15.mp3

部長、厚かましいお願いなんですが･･･。
1 ああ、それはありがたいね。
2 うん。そうだったのか。
3 何だね。遠慮しないで言ってみなさい。

해석
부장님, 염치없는 부탁입니다만…….
1 아, 정말 고맙네.
2 응. 그랬던 거야?
3 뭔데? 거리낌 없이 말해 봐.

어휘
部長(ぶちょう) 부장님 | 厚(あつ)かましい 뻔뻔하다, 염치없다 | お願(ねが)い 부탁 | それは 정말, 참으로, 매우 | ありがたい 고맙다 | 遠慮(えんりょ) 조심함, 사양함, 거리낌, 기탄 | 言(い)ってみる 말해 보다

16 **정답 1** 5-16.mp3

お茶でも一杯いかがですか。
1 いただきます。
2 大丈夫だと思います。
3 遠慮なくどうぞ。

해석
차라도 한 잔 어떠십니까?
1 마시겠습니다.
2 괜찮다고 생각합니다.
3 사양하지 말고 드세요.

어휘
お茶(ちゃ) 차 | 一杯(いっぱい) 한 잔 | いかがですか 어떻습니까? | いただく (もらう·食べる·飲む의 겸양) 받다, 먹다, 마시다 | 大丈夫(だいじょうぶ)だ 괜찮다, 걱정 없다 | 遠慮(えんりょ) 조심함, 사양함, 거리낌, 기탄

17 **정답 1** 5-17.mp3

先生、明日お宅にお邪魔してもよろしいでしょうか。
1 明日はどこへも出かけないから、いつでもどうぞ。
2 そうなんですか。それはいけませんね。
3 はい、よくいらっしゃいました。

해석
선생님, 내일 댁에 찾아뵈어도 될까요?
1 내일은 아무데도 안 나가니까, 언제라도 와.
2 그렇습니까? 정말 안 됐네요.
3 네, 잘 오셨습니다.

어휘
明日(あした) 내일 | お宅(たく) 댁 | お邪魔(じゃま)する (남의 집을)방문하다, 찾아뵙다 | どこへも 어디에도 | 出(で)かける 나가다 | いらっしゃる(行く·来る·いる의 높임말) 가시다, 오시다, 계시다

18 **정답 2** 5-18.mp3

出かけるときは必ず電気を消してね。
1 はい、よろしくお願いします。
2 はい、わかりました。気をつけます。
3 はい、必ずつけておきます。

해석
외출할 때는 반드시 전기를 끄고 나가.
1 네, 잘 부탁드립니다.
2 네, 알겠습니다. 주의하겠습니다.
3 네, 반드시 켜 두겠습니다.

어휘
出(で)かける 나가다 | 必(かなら)ず 반드시, 꼭, 틀림없이 | 電気(でんき) 전기 | 消(け)す 끄다, 지우다, 없애다 | 気(き)をつける 조심하다, 주의하다, 정신 차리다 | つける 붙이다, 달다, 바르다, 켜다 | ～ておく ~해 놓다, ~해 두다

19 **정답 1** 5-19.mp3

こちらでお召し上がりですか。それともお持ち帰りですか。
1 こちらでいただきます。
2 お持ち帰ります。
3 はい、こちらでお召し上がりです。

해석
여기에서 드십니까? 아니면 가지고 가십니까?
1 여기에서 먹습니다.
2 가지고 가십니다.
3 네, 여기에서 드십니다.

어휘
召(め)し上(あ)がる (飲む와 食べる의 높임말) 드시다, 잡수시다 | それとも 아니면, 그렇지 않으면 | 持(も)ち帰(かえ)る 가지고(들고) 돌아가다 | いただく (もらう · 食べる · 飲む의 겸양) 받다 먹다, 마시다

20 **정답 2** 5-20.mp3

お母さんはいらっしゃいますか。
1 いいえ、お母さんはいらっしゃいません。
2 いいえ、母はおりません。
3 いいえ、お母さんはいます。

해석
어머님은 계십니까?
1 아니요, 어머님은 안 계십니다.
2 아니요, 어머니는 없습니다.
3 아니요, 어머님은 있습니다.

어휘
お母(かあ)さん 어머니 | いらっしゃる (行く · 来る · いる의 높임말) 가시다, 오시다, 계시다 | 母(はは) 어머니(남에게 자기 어머니를 말할 때) | おる (いる의 겸양) (사람이) 존재하다, 있다 | いる (사람이나 동물이) 있다

시나공 JLPT 일본어능력시험 N3

언어지식(문자 · 어휘)											
문제 1	1 (1)	2 (2)	3 (4)	4 (3)	5 (1)	6 (4)	7 (3)	8 (2)			
문제 2	9 (2)	10 (3)	11 (1)	12 (2)	13 (1)	14 (4)					
문제 3	15 (2)	16 (3)	17 (1)	18 (4)	19 (1)	20 (2)	21 (4)	22 (3)	23 (3)	24 (1)	25 (2)
문제 4	26 (3)	27 (1)	28 (2)	29 (4)	30 (2)						
문제 5	31 (2)	32 (4)	33 (3)	34 (1)	35 (3)						

언어지식(문법) · 독해											
문제 1	1 (1)	2 (3)	3 (2)	4 (3)	5 (4)	6 (4)	7 (3)	8 (1)	9 (2)	10 (4)	11 (2)
	12 (1)	13 (2)									
문제 2	14 (4)	15 (4)	16 (2)	17 (3)	18 (1)						
문제 3	19 (2)	20 (1)	21 (3)	22 (2)	23 (4)						
문제 4	24 (4)	25 (2)	26 (2)	27 (4)							
문제 5	28 (1)	29 (2)	30 (4)	31 (4)	32 (3)	33 (2)					
문제 6	34 (1)	35 (3)	36 (2)	37 (4)							
문제 7	38 (2)	39 (1)									

실전 모의고사 1회 정답과 해설

청해									
문제 1	1 (3)	2 (2)	3 (4)	4 (1)	5 (2)	6 (1)			
문제 2	1 (2)	2 (2)	3 (3)	4 (4)	5 (1)	6 (3)			
문제 3	1 (2)	2 (3)	3 (3)						
문제 4	1 (2)	2 (3)	3 (2)	4 (1)					
문제 5	1 (2)	2 (2)	3 (1)	4 (2)	5 (1)	6 (2)	7 (1)	8 (3)	9 (2)

언어지식(문자・어휘)

문제 1 ＿＿＿＿단어의 읽는 방법으로 가장 좋은 것을 1・2・3・4 가운데 하나 고르시오.

01 **정답 1**

어휘 簡単(かんたん)な 간단한 | 経験(けいけん) 경험 | 浅(あさ)い 얕다, 적다 | 薄(うす)い 얇다, 연하다, 싱겁다, 적다 | 固(かた)い 단단하다, 굳다 | 荒(あら)い 거칠다

해석 간단한 일이기 때문에 경험이 적은 사람이라도 할 수 있다.

해설 浅은 음으로는 浅薄(せんぱく) 천박과 같이 せん, 훈으로는 浅(あさ)い 얕다, 적다와 같이 사용된다.

02 **정답 2**

어휘 ニュース 뉴스 | ～によると ～에 의하면, ～에 따르면 | 来月(らいげつ) 다음 달 | 公共(こうきょう) 공공 | 料金(りょうきん) 요금 | 値上(ねあ)げ 인상, 값을 올림 | 高校(こうこう) 고등학교 | 強行(きょうこう) 강행 | きょうきょう 전전긍긍, 조마조마해 하는 모양

해석 뉴스에 의하면, 다음 달부터 공공요금이 인상된다고 한다.

해설 公는 公共(こうきょう) 공공, 公園(こうえん) 공원, 公衆(こうしゅう) 공중 등과 같이 주로 음으로 こう로, 共는 共同(きょうどう) 공동, 共感(きょうかん) 공감처럼 주로 음으로는 きょう로 읽는다.

03 **정답 4**

어휘 仕事(しごと) 일, 업무 | 能力(のうりょく) 능력 | ～かどうか ～인지 어떤지 | 疑問(ぎもん) 의문 | 慰問(いもん) 위문

해석 그에게 그 일을 할 능력이 있을지 어떨지 의문이다.

해설 疑는 疑問(ぎもん) 의문과 같이 음으로는 ぎ, 훈으로는 疑(うたが)う 의심하다로 읽는다. 그리고 問는 問題(もんだい) 문제, 訪問(ほうもん) 방문과 같이 음으로는 もん, 훈으로는 問(と)う 묻다, 問(と)い 물음, 問屋(とんや) 도매상 등과 같이 사용된다.

04 **정답 3**

어휘 自分(じぶん) 자기 자신 | 子(こ) 자식, 아이 | 他人(たにん) 타인, 남 | 比較(ひかく) 비교 | ～な ～하지 마라 | 飛行(ひこう) 비행 | 備考(びこう) 비고

해석 자신의 아이를 다른 사람의 아이와 비교하지 마라.

해설 比는 음으로는 対比(たいひ) 대비, 比例(ひれい) 비례 등과 같이 ひ로, 훈으로는 比(くら)べる로 읽는다. 그리고 較는 比較(ひかく) 비교처럼 음으로 かく로 읽는다.

05 **정답 1**

어휘 暑(あつ)い 덥다 | 夜(よる) 밤 | 夜中(よなか) 한밤중 | 眠(ねむ)る 자다, 잠들다

해석 너무 더운 밤이었기 때문에 한밤중까지 잠들지 못했다.

해설 夜는 一夜(いちや) 하룻밤, 夜景(やけい) 야경, 深夜(しんや) 심야와 같이 음으로는 や, 훈으로는 夜(よる) 밤, 夜中(よなか) 한밤중, 月夜(つきよ) 달밤처럼 よる 또는 よ로 읽는 것을 기억한다. 그리고 中는 음으로는 中間(ちゅうかん) 중간, 中止(ちゅうし) 중지, 途中(とちゅう) 도중과 같이 ちゅう로 읽는 경우와 世界中(せかいじゅう) 一年中(いちねんじゅう)와 같이 じゅう로 읽는 경우가 있다. 훈으로는 中(なか) 가운데, 중, 안으로 사용된다.

06 **정답 4**

어휘 頼(たの)む 부탁하다 | 気(き)が進(すす)む 마음이 내키다, 할 생각이 들다 | 悩(なや)む 고민하다, 고생하다 | 畳(たた)む 개다, 접다 | 囲(かこ)む 둘러싸다

해석 저 사람에게 부탁하는 것은 어쩐지 마음이 내키지 않는다.

해설 頼는 음으로는 依頼(いらい)와 같이 らい로, 훈으로는 頼(たの)む 부탁하다, 頼(たの)もしい 믿음직스럽다, 頼(たよ)る 의지하다와 같이 사용된다.

07 **정답 3**

어휘 最新(さいしん) 최신 | 作品(さくひん) 작품 | 広場(ひろば) 광장 | 展示(てんじ) 전시 | 控除(こうじょ) 공제 | 工場(こうじょう) 공장

해석 그의 최신 작품이 그 광장에 전시되고 있다.

해설 広는 음으로는 広告(こうこく) 광고와 같이 こう로, 훈으로는 広場(ひろば) 광장, 広(ひろ)い 넓다, 広(ひろ)まる 넓어지다, 広(ひろ)める 넓히다, 広(ひろ)がる 퍼지다, 広(ひろ)げる 펼치다와 같이 사용된다. 그리고 場는 음으로는 会場(かいじょう) 회장, 駐車場(ちゅうしゃじょう) 주차장과 같이 じょう로, 훈으로는 場所(ばしょ) 장소, 場合(ばあい) 경우, 場所(ばしょ) 장소와 같이 ば로 읽는다.

08 **정답 2**

어휘 日記(にっき)をつける 일기를 쓰다 | ～ことで ～(하는) 것으로 | 日々(ひび) 하루하루, 매일 | 生活(せいかつ) 생활 | ～に対(たい)する ～에 대한 | 反省(はんせい) 반성 | 機会(きかい) 기회 | 得(え)る 얻다 | 反証(はんしょう) 반증 | 万象(ばんしょう) 만상 | 晩成(ばんせい) 만성, 나이 들어 성공함

해석 일기를 쓰는 것으로 매일매일의 생활에 대한 반성의 기회를 얻을 수도 있다.

해설 反은 음으로는 反感(はんかん) 반감, 反対(はんたい) 반대 등과 같이 주로 はん으로 읽는다. 그리고 省는 음으로 反省(はんせい) 반성, 自省(じせい) 자성처럼 せい로 읽는 경우와, 省略(しょうりゃく) 생략과 같이 しょう로 읽는 경우가 있는 것을

기억한다. 훈으로는 省(かえり)みる 돌이켜보다, 省(はぶ)く 줄이다, 생략하다와 같이 사용된다.

문제2 ________의 단어를 한자로 쓸 때 가장 좋은 것을 1·2·3·4 가운데 하나 고르세요.

09 정답 2

어휘 皆(みな)さん 여러분 | 一列(いちれつ)に 한 줄로 | 並(なら)ぶ 늘어서다, 줄서다 | 流(なが)れる 흐르다 | 挑(いど)む 도전하다 | 走(はし)る 뛰다, 달리다

해석 자, 여러분 한 줄로 서 주세요.

해설 ならんで에 해당하는 한자로 알맞은 것은 並んで이다. 並은 훈으로 一列(いちれつ)に並(なら)ぶ 한 줄로 서다, くつを並(なら)べる 신발을 가지런히 놓다와 같이 사용된다. 훈으로 읽는 명사, 並木(なみき) 가로수도 기억해 두도록 한다. 음으로는 並列(へいれつ) 병렬, 並行(へいこう) 병행 등과 같이 へい로 읽는다.

10 정답 3

어휘 問題(もんだい) 문제 | 解決(かいけつ) 해결 | 最善(さいぜん) 최선 | 方法(ほうほう) 방법 | 可決(かけつ) 가결

해석 이것이 그 문제를 해결할 최선의 방법이다.

해설 解는 解決(かいけつ) 해결, 解答(かいとう) 해답과 같이 음으로는 かい로 읽고 決는 決断(けつだん) 결단과 같이 음으로는 けつ로 읽는다. 또한 훈으로는 解는 解(と)く 풀다, 解(と)ける 풀리다로, 決는 決(き)める 정하다, 決(き)まる 정해지다로 사용된다.

11 정답 1

어휘 食料(しょくりょう) 식료 | 大量(たいりょう) 대량 | 購入(こうにゅう) 구입 | 安(やす)く 싸게 | 買(か)う 사다 | 多量(たりょう) 다량

해석 식료는 대량으로 구입하면 싸게 살 수 있다.

해설 たいりょう에 해당하는 한자로 알맞은 것은 大量이다. 大는 大学(だいがく) 대학, 大事(だいじ)だ 중요하다, 소중하다처럼 だい로 읽는 경우와 大量(たいりょう) 대량, 大使館(たいしかん) 대사관, 大衆(たいしゅう) 대중, 大変(たいへん)だ 힘들다처럼 たい로 읽는 경우가 있으므로 주의해야 한다.

12 정답 2

어휘 森(もり) 숲 | すぐ 곧, 바로 | 向(む)こう 맞은편, 건너편 | 美(うつく)しい 아름답다 | 湖(みずうみ) 호수 | 池(いけ) 연못 | 泉(いずみ) 샘, 샘물 | 波(なみ) 파도

해석 숲 바로 맞은편에 아름다운 호수가 있었다.

해설 みずうみ 호수에 해당하는 한자는 湖이다. 음으로는 人造湖(じんぞうこ) 인공호와 같이 こ로 읽는다.

13 정답 1

어휘 全(すべ)て 모두, 전부 | 会員(かいいん) 회원 | 規則(きそく) 규칙 | 守(まも)る 지키다 | 必要(ひつよう) 필요

해석 모든 회원은 이러한 규칙을 지키는 것이 필요하다.

해설 規는 規則(きそく) 규칙, 規模(きぼ) 규모와 같이 음으로 き로 읽고, 則는 原則(げんそく)와 같이 음으로 そく로 읽는다.

14 정답 4

어휘 心配(しんぱい)をかける 걱정을 끼치다 | 無事(ぶじ)に 무사히 | 退院(たいいん) 퇴원 | 致(いた)す 하다

해석 걱정을 끼쳐드렸는데 무사히 퇴원했습니다.

해설 退는 退屈(たいくつ) 지루함, 따분함, 退職(たいしょく) 퇴직과 같이 음으로는 たい로 읽고, 훈으로는 退(しりぞ)く 물러나다로 사용된다.

문제3 (   )에 넣을 가장 좋은 것을 1·2·3·4 가운데 하나 고르세요.

15 정답 2

어휘 小説(しょうせつ) 소설 | 思(おも)う 생각하다 | 感情(かんじょう) 감정 | 感想(かんそう) 감상 | 感謝(かんしゃ) 감사 | 感動(かんどう) 감동 | 聞(き)かせる 들려주다

해석 이 소설 어떻게 생각하세요? 감상을 들려주세요.

해설 소설에 대한 감상을 들려달라고 하는 내용이므로 感想(かんそう) 감상이 적절하다. 동음이의어로 乾燥(かんそう) 건조, 歓送(かんそう) 환송, 観相(かんそう) 관상, 完走(かんそう) 완주 등이 있다.

16 정답 3

어휘 試験(しけん) 시험 | 結果(けっか) 결과 | 知(し)らせる 알리다 | 案内(あんない) 안내 | 判断(はんだん) 판단 | 発表(はっぴょう) 발표 | 紹介(しょうかい) 소개

해석 시험 결과가 발표되면 알려줄게.

해설 結果(けっか) 결과와 어울리는 동사는 発表(はっぴょう)する 발표하다이다. 주로 意見(いけん) 의견, 論文(ろんぶん) 논문, 新曲(しんきょく) 신곡, 新作(しんさく) 신작 등을 발표하다는 형태로 사용된다.

17 정답 1

어휘 空港(くうこう) 공항 | 中心街(ちゅうしんがい) 중심가 | 電車(でんしゃ) 전철 | 教(おし)える 가르치다

해석 공항에서 중심가까지 어느 전철로 가면 좋은지 가르쳐 주세요.

해설 ~가에 해당하는 접미어는 ~街(がい)이다. 商店街(しょうてんがい) 상점가, 住宅街(じゅうたくがい) 주택가 등으로 사용된다.

18 정답 4

어휘 失(うしな)う 잃다 | 自転車(じてんしゃ) 자전거 | 落(お)ちる 떨어지다 | ルール 규칙 | レベル 레벨, 수준, 단계 | ブレーキ 브레이크 | バランス 밸런스, 균형

해석 그는 균형을 잃고 자전거에서 떨어졌다.

해설 자전거에서 떨어지는 결과를 낳은 원인은 균형, 밸런스를 잃었기 때문이므로 균형, 밸런스에 해당하는 어휘 バランス가 정답이다. バランスをとる 균형을 잡다, バランスを保(たも)つ 균형을 유지하다 등도 함께 기억해 둔다.

19 정답 1

어휘 客(きゃく) 손님 | ~ないうちに ~하기 전에 | 部屋(へや) 방 | きちんと 깔끔히, 말끔히, 정확히, 규칙적, 딱 | 整理(せいり) 정리 | 移動(いどう) 이동 | 改造(かいぞう) 개조 | 活用(かつよう) 활용

해석 그녀는 손님이 오기 전에 방을 깔끔히 정리했다.

해설 손님이 오기 전에 흐트러진 방을 치워서 질서 있는 상태가 되게 하는 것이므로 整理(せいり) 정리가 정답이다. 같은 뜻으로 片付(かたづ)ける 치우다, 정돈하다가 있다.

20 정답 2

어휘 帰(かえ)り 돌아감(옴), 귀로 | スーパー 슈퍼 | 買(か)い物(もの) 쇼핑, 장보기 | 日課(にっか) 일과 | 回(まわ)す 돌리다 | 寄(よ)る 들르다, 다가서다 | 見(み)る 보다 | 通(とお)る 지나다, 통하다

해석 항상 일 끝나고 귀갓길에 슈퍼에 들러 장을 봐서 집에 가는 것이 일과가 되었다.

해설 寄(よ)る는 들르다, 접근하다, 다가가다, (생각이) 미치다, 많아지다, 의지하다, 기대다 등 뜻이 여러 가지인 동사이다. 여기서는 立(た)ち寄(よ)る 들르다의 의미로 쓰였다.

21 정답 4

어휘 妹(いもうと) 여동생 | 宿題(しゅくだい) 숙제 | 手伝(てつだ)う 도와주다, 거들다 | しばらく 잠깐, 잠시, 당분간 | ざっと 대충, 대강 | ますます 더욱더, 점점 | しばしば 자주, 여러 차례

해석 나는 자주 여동생이 숙제하는 것을 도와준다.

해설 しばしば와 같은 뜻으로 度々(たびたび) 자주, 여러 차례, 종종이 있다.

22 정답 3

어휘 値段(ねだん) 값, 가격 | 希(まれ) 드묾, 좀처럼 없음 | 無駄(むだ) 쓸데없음, 보람이 없음 | 手頃(てごろ) 알맞음, 적당함 | のんき 낙관적이고 느긋함

해석 가격이 적당하면 그 차를 사고 싶다.

해설 가격과 어울리는 말은 手頃(てごろ) 알맞음, 적당함이다. 가격은 価格(かかく)이라고 한다.

23 정답 3

어휘 間(ま)に合(あ)う 시간에 늦지 않게 대다, 급한 대로 쓸 수 있다 | 上司(じょうし) 상사 | ひどく 몹시, 대단히, 매우 | 叱(しか)る 꾸짖다, 나무라다 | 受付(うけつけ) 접수 | 決(き)まり 규정, 결말 | 締(し)め切(き)り 마감 | 売(う)り上(あ)げ 매상

해석 마감에 맞추지 못했기 때문에, 상사에게 몹시 혼났다.

해설 間(ま)に合(あ)う는 주로 締(し)め切(き)り 마감, 時間(じかん) 시간, 汽車(きしゃ) 기차 시간 등과 함께 쓰여 시간에 늦지 않게 대다는 뜻으로 쓰인다.

24 정답 1

어휘 パスポート 패스포트, 여권 | よろしい 좋다, 괜찮다 | 拝見(はいけん) 배견, 삼가 봄 | 見物(けんぶつ) 구경 | ご覧(らん) 보심 | 伺(うかが)う 묻다, 듣다, 방문하다

해석 죄송하지만, 여권을 봐도 되겠습니까?

해설 상대방의 여권을 내가 좀 봐도 되는지를 묻고 있는 말이므로 나를 낮추는 겸양어를 찾아야 한다. 보다의 겸양어는 拝見(はいけん)する이다.

25 정답 2

어휘 薬(くすり) 약 | 病気(びょうき) 병 | 結果(けっか) 결과 | 効果(こうか) 효과 | 結論(けつろん) 결론 | 効率(こうりつ) 효율

해석 그 약은 그의 병에 어떤 효과도 없었던 것 같다.

해설 効는 効果(こうか) 효과, 効能(こうのう) 효능처럼 음으로는 こう로, 훈으로는 効(き)く 효과가 있다로 쓰인다. 효능, 효과의 의미로는 効(き)き目(め)를 사용하기도 한다.

문제4 ________과 의미가 가장 가까운 것을 1·2·3·4 가운데 하나 고르세요.

26 정답 3

어휘 自分(じぶん) 자기 자신 | 人生(じんせい) 인생 | 自分(じぶん)で 스스로 | 選択(せんたく) 선택 | 決(きま)る 정해지다, 결정되다 | 探(さが)す 찾다 | 選(えら)ぶ 고르다, 선택하다 | 始(はじ)める 시작하다

해석 자신의 인생은 스스로 선택한다.

해설 選択(せんたく)의 동음이의어로 洗濯(せんたく) 빨래가 있다.

27 정답 1

어휘 適度(てきど) 알맞은(적당한) 정도 | 運動(うんどう) 운동 | 健康(けんこう) 건강 | 必要(ひつよう) 필요 | 要(い)る 필요하다 | ある 있다 | 折(お)る 접다, 굽히다, 꺾다 | 取(と)る 집다, 잡다, 취하다, 받다, 빼앗다

해석 적당한 운동은 건강에 필요하다.

해설 동음이의어인 居(い)る (사람이나 동물이) 있다, 존재하다와 要(い)る 필요하다를 구분할 줄 알아야한다. 必要(ひつよう)의 반의어는 不要(ふよう)이다.

28 정답 2

어휘 大抵(たいてい) 대개, 대부분 | 授業(じゅぎょう) 수업 | クラブ活動(かつどう) 클럽활동 | 好(す)きだ 좋아하다 | ずいぶん 몹시, 매우 | ほとんど 대부분, 거의 | それぞれ 저마다, 각자, 각각 | 確(たし)か 분명히, 확실히, 틀림없이

해석 대부분의 학생은 학교 수업보다 클럽활동 쪽을 좋아한다.

해설 だいたい 대개, 대다수, 대략도 유의어로 함께 기억해 둔다.

29 정답 4

어휘 常識(じょうしき) 상식 | 誰(だれ)が 누가 | 前(まえ)から 전부터 | 知(し)る 알다 | よく 자주, 잘 | 同(おな)じ 같음, 동일함 | 誰(だれ)でも 누구라도, 누구나

해석 상식이 있는 사람이라면 누가 그런 짓을 할 것인가.

해설 常識(じょうしき)의 반의어는 非常識(ひじょうしき) 비상식이다.

30 정답 2

어휘 切符(きっぷ) 표 | ただ 공짜, 무료 | 入場(にゅうじょう) 입장 | 予約(よやく) 예약 | 無料(むりょう) 무료 | 限定(げんてい) 한정 | 自由(じゆう) 자유

해석 이 표로는 두 사람이 공짜로 입장할 수 있다.

해설 동음이의어인 접속사 ただ는 단, 다만, 그러나의 의미로 구별해서 기억해 둔다. 無料(むりょう)의 반의어는 有料(ゆうりょう) 유료이다.

문제5 다음 단어의 사용법으로 가장 좋은 것을 1·2·3·4 가운데 하나 고르세요.

31 정답 2

어휘 楽(らく) 편안함, 안락함, 수월함, 쉬움 | 薬(くすり)を飲(の)む 약을 먹다 | 洗濯機(せんたくき) 세탁기 | ～おかげで ～덕분에 | 家事(かじ) 가사, 집안일 | 計画(けいかく) 계획 | 立(た)てる 세우다 | つもり 생각, 작정, 의도 | 生徒(せいと) 생도, 학생 | 夏休(なつやす)み 여름 방학(휴가)

해석 세탁기 덕분에 집안일이 편해졌다.

해설 1번 な형용사인 楽는 동사에 접속될 때 に를 취하게 되므로 楽(らく)する는 비문법적이다. 3번은 気楽(きらく)にする 마음 편히 하다로, 4번은 楽(たの)しみにしている 기대하고(낙으로 삼고) 있다로 바꾸어주면 자연스러운 문장이 된다.

32 정답 4

어휘 見送(みおく)る 전송하다, 배웅하다 | 夢(ゆめ) 꿈 | 田舎(いなか) 시골 | 静(しず)かな 조용한 | 生活(せいかつ) 생활 | 両親(りょうしん) 부모님 | 年(とし)をとる 나이가 많아지다, 늙다 | 面倒(めんどう)を見(み)る 돌봐주다, 보살피다 | 全然(ぜんぜん) 전혀 | 親(した)しさ 친근함, 익숙함 | 空港(くうこう) 공항

해석 친구를 배웅하러 공항까지 갔다 온 참입니다.

해설 1번은 送(おく)る 보내다, 지내다, 2번은 見(み)る 보다, 3번은 見(み)せる 보이다로 바꾸어주면 의미적으로 자연스러운 문장이 된다.

33 정답 3

어휘 確(たし)か 확실함, 틀림없음, 정확함 | 討論(とうろん) 토론 | 自分(じぶん) 자기 자신 | 立場(たちば) 입장 | 述(の)べる 말하다 | アイデア 아이디어 | 検討(けんとう) 검토 | 価値(かち) 가치 | 起(お)こる 일어나다

해석 너의 아이디어는 확실히 검토할 가치가 있다.

해설 確(たし)かは な형용사이므로 2번과 4번과 같은 確(たし)かする의 형태는 비문법적이다. 따라서 2번과 4번은 確(たし)かめる 확인하다로 바꾸어주어야 의미적으로나 문법적으로나 적합하다. 그리고 1번은 의미상 はっきり 뚜렷이, 분명히, 확실히로 바꾸어야 바른 문장이 된다.

34 정답 1

어휘 落(お)ち着(つ)く 안정되다, 차분하다, 침착하다 | 知(し)らない 모르다 | 一緒(いっしょ)に 같이, 함께 | 遊(あそ)ぶ 놀다 | 試験(しけん) 시험 | 当(あ)たり前(まえ) 당연함, 마땅함 | 上着(うわぎ) 겉옷, 상의 | 風邪(かぜ)をひく 감기에 걸리다 | 駅(えき) 역 | 急行(きゅうこう) 급행 | ちょうど 꼭, 정확히, 마침, 알맞게 | 到着(とうちゃく) 도착

해석 나는 모르는 사람과 함께 있으면 안정되지 않는다.

해설 의미적으로 2번은 落(お)ちる 떨어지다, 3번은 着(き)る 입다, 4번은 着(つ)く 도착하다로 바꾸면 문장이 자연스러워진다.

35 정답 3

어휘 気温(きおん) 기온 | 自然(しぜん) 자연 | ～に対(たい)する ～에 대한 | 詩(し) 시 | 表現(ひょうげん) 표현 | 鳥(と

り) 새 | 求(もと)める 구하다, 찾다, 요구하다, 구입하다 | 南(みなみ) 남, 남쪽 | 飛(と)ぶ 날다 | 登(のぼ)る 오르다, 올라가다 | ~ば~ほど ~(하)면 ~(할)수록 | 下(さ)がる 내리다, 내려가다 | 秋(あき) 가을 | 読書(どくしょ) 독서 | 一番(いちばん) 가장, 제일

해석 산은 높이 올라가면 올라갈수록 기온이 내려간다.

해설 1번은 気持(きも)ち 기분, 마음, 느낌으로, 2번은 暖(あたた)かさ 따뜻함, 4번은 季節(きせつ) 계절로 바꾸어 주는 것이 의미적으로 자연스럽다.

언어지식(문법), 독해

문제 1 다음 문장의(　　)에 넣기에 가장 좋은 것을 1 · 2 · 3 · 4 가운데 하나 고르세요.

01 정답 1

어휘 体(からだ) 몸, 신체 | 丈夫(じょうぶ) 건강함, 튼튼함 | 海外旅行(かいがいりょこう) 해외여행

해석 엄마는 몸이 아직 건강할 때 해외여행을 하고 싶다고 말하고 있다.

해설 정답인 1번의 ~うちには '~사이에, 그 시간 이내에, ~동안에'의 의미로 '그 시간 이내'에 하지 않으면 나중에는 하기 어려워지거나 불가능해지므로 그 안에 하고 싶다는 표현이다. 2번의 ~ようには '~하도록'의 의미, 3번의 ~うえには 앞 사항에 새로이 비슷한 성질의 사항을 뒤에 덧붙일 때 사용하는 표현으로 '~한(인) 데다가, ~뿐만 아니라'의 의미, 4번의 ~ためには 이유, 목적을 나타내는 표현으로 '~때문에, ~위해서'의 의미이다.

02 정답 3

어휘 喜(よろこ)び 기쁨 | 皆(みんな) 모두 | 泣(な)き出(だ)す 울기 시작하다

해석 나는 너무 기쁜 나머지 모두 앞에서 울기 시작했다.

해설 1번의 ~一方(いっぽう)では 어떤 사항에 대해 두 가지 면을 대비시켜 나타낼 때 사용하는 표현으로 '~하는 한편(으로)'의 의미, 2번의 ~ことでは '~의 건으로, ~일로'라는 의미이다. 정답인 3번의 ~あまりは '~한 나머지, 몹시 ~한 결과'의 의미로 너무 ~해서, 보통이 아닌 상태나, 좋지 않을 결과가 되었다고 말할 때 사용하는 표현, 4번의 ~だけには '에게만, ~인(한) 만큼'의 의미로 어떤 상태에 상응하는 것을 나타낸다.

03 정답 2

어휘 かわいそうだ 가엾다, 불쌍하다 | 少女(しょうじょ) 소녀 | 一日中(いちにちじゅう) 하루 종일 | 泣(な)く 울다

해석 불쌍하게 그 소녀는 하루 종일 울고만 있다.

해설 명사+ばかり+동사는 '~만 ~하다', 동사의~て형+ばかりいるは '~만 하고 있다'는 의미이다. ~ばかり는 범위를 한정하는 '~만, ~뿐', 수량과 시간을 나타내는 말에 붙어 '~가량, 정도, 쯤'의 의미로 사용되고, 동사의 ~た형에 접속되면 동작이 완료되고서 얼마 지나지 않았음을 나타내는 등 다양한 용법을 갖는다.

04 정답 3

어휘 しばらく 잠시, 잠깐, 당분간 | 車(くるま)を止(と)める 차를 세우다

해석 죄송하지만, 잠시 여기에 차를 세워도 되겠습니까?

해설 1번의 ~ないでほしい는 '~하지 않았으면 좋겠다, ~하지 않길 바란다.', 2번의 ~てもらえませんか는 '~해 받을 수 없겠습니까? ~해 주시지 않겠습니까?'라는 의미이다. 정답인 3번의 ~(さ)せていただけませんか는 자신이 하려는 행위를 정중하게 나타내는 표현으로 '~하게 해 받을 수 없겠습니까? (제가) ~해도 되겠습니까?'이고, 4번의 ~てみたらいかがですか는 '~해 보는 게 어떻습니까?'라는 의미이다.

05 정답 4

어휘 時差(じさ) 시차

해석 영국과는 시차가 8시간 있으니까 일본이 11시라면 영국은 3시인 것이다.

해설 1번의 ~ものだ는 '~하는 법이다, ~하는 게 당연하다'는 의미로 어떤 일에 대해 당연한 일, 일반적인 사항, 진리나 상식이라고 알려주거나 조언할 때에 쓰인다. 2번의 ~だけだ는 '~만(뿐)이다'라는 한정 · 한도의 의미, 3번의 ~ことだ는 '~해야 한다, ~할 필요가 있다'는 의미로 상대방에게 자신의 주장, 충고, 견해를 간접적으로 권할 때 쓰이는 표현이다. 정답인 4번의 ~わけだ는 '~것이다, ~인 셈이다, ~할 만하다'라는 의미로 이유를 들어 납득할 수 있는 당연한 결과를 나타내기도 하고, 어떤 것을 설명하거나 주장할 때도 사용된다.

06 정답 4

어휘 どんなに 얼마나 | 心配(しんぱい) 걱정 | でも 그래도, 하지만 | 無事(ぶじ) 무사

해석 너를 얼마나 걱정했던지. 그래도 무사해서 다행이다.

해설 1번의 ~ものか는 '~할까보냐, ~할 것 같은가'라는 의미로 연체형에 접속하여 반문이나 부정을 강하게 나타낸다. 2번의 ~ばかりか는 우선 정도가 가벼운 것을 그 앞에 내세우고 그 뒤에는 정도가 보다 무거운 것을 추가로 내세우는 '~뿐만 아니라'라는 의미이다. 3번의 ~せいか는 '~탓인지'라는 의미로 원인이나 책임의 소재를 나타내는 표현, 4번의 ~ことか는 '~인지, ~던지, ~한(인)가'라는 의미로 마음속으로 강하게 느낀 것이나 감격한 것을 감탄 · 탄식의 감정을 강하게 담아 표현할 때 사용된다.

07 정답 3

어휘 顔色(かおいろ)が悪(わる)い 안색이 좋지 않다 | 具合(ぐあい)が悪(わる)い 상태가 좋지 않다 | 早引(はやび)き 조퇴

해석 A:「안색이 안 좋아 보이는데, 몸이 안 좋은 것 같으면 조퇴하는 게 어때?」
B:「고마워요. 그럼 그렇게 할게.」

해설 ～らしい는 근거나 이유가 있는 추량이나 불확실한 이야기를 남에게 전할 때 쓰는 '~것 같다, ~인 모양이다'라는 추량의 의미와, 접미어로 '~답다, 전형적인 ~다운 느낌이 들다'는 의미로 사용한다. ～ようだ는 '~것 같다'라는 의미로 당시의 상황이나 데이터 등 외부자료를 근거로 한 주관적인 판단에 의한 추측이나, 말하는 사람의 감각이나 경험을 토대로 한 주관적인 판단에 의한 추측의 표현, 그리고 '~같다'는 의미로 어떤 것을 다른 것에 비유해서 말하거나, 구체적인 예를 들어 말할 때 사용한다.

08 **정답 1**

어휘 甘(あま)い 달다 | 太(ふと)る 살찌다 | できるだけ 가능한 한 | 食(た)べる 먹다

해석 단것은 살찌기 때문에 가능한 한 먹지 않도록 하고 있습니다.

해설 ～ないようにする는 '~하지 않도록 하다'는 의미로, 어떠한 행위나 상황을 실현시키기 위해 노력함을 나타낸다. 따라서 정답은 1번이 된다. 2번의 ～ためには '~때문에, ~위해서', 3번의 ～だけには '~에게만, ~인(한) 만큼' 4번의 ～みたいには '~것 같이, ~처럼'의 의미이다.

09 **정답 2**

어휘 急(いそ)ぐ 서두르다 | 着(つ)く 도착하다, 닿다

해석 아무리 서둘러봤자 9시에는 도착할 것 같지 않다.

해설 ～そうだ는 두 가지 용법이 있는데 첫 번째, 전문의 ～そうだ는 동사, い형용사, な형용사, 명사의 보통형에 접속하여 '~라고 한다.'라는 의미로 다른 정보원으로부터 얻은 사실을 전할 때 사용하는 표현이다. 그리고 두 번째, 양태 · 추량의 ～そうだ는 동사 ます형, い형용사와 な형용사의 어간에 접속하는데, 동사에 접속하면 눈앞에 있는 상태나 사건을 보고 곧 일어날 일을 판단해서 '~할 것 같다'고 추측할 때 사용하고, 형용사에 접속하면 아직 확인해 보지 않아서 실제로는 어떨지 모르지만 겉으로 보기에는 그렇게 보일 때 '~것 같다, ~해 보인다.'는 의미로 사용한다. 과거형에는 접속되지 않으며, いい(よい)는 よさそうだ, ない는 なさそうだ의 특별한 형태를 취한다. ～そうだ의 부정 표현은 '～そうに(も)ない(~것 같지 않다)'의 형태가 되므로 주의하여야 한다.

10 **정답 4**

어휘 行(い)く 가다 | 天気(てんき) 날씨 | 決(き)める 정하다, 결정하다

해석 갈지 안 갈지는 내일 날씨에 따라서 정하자.

해설 1번의 ～を中心(ちゅうしん)には '~을 중심으로'라는 의미로 어떤 일의 중심이 되는 사물이나 사람을 나타내고, 2번의 ～とともには '~와 함께, '~함(임)과 동시에', '~에 따라(서)'라는 여러 가지 의미를 갖고 있고, 3번의～とおりに '~대로'의 의미로 명사에 접속될 때에는 ～どおり의 형이 된다. 정답인 4번의 ～によっては '~에 의해서, ~에 따라서'라는 의미로 관련과 대응, 원인과 이유, 동작의 주체, 수단과 방법 등을 나타낸다.

11 **정답 2**

어휘 ほしい 갖고 싶다, 탐나다 | ほしがる 갖고 싶어 하다, 탐내다 | わからない 모르다

해석 우리들은 그녀가 무엇을 갖고 싶어 하는 것인지 몰랐다.

해설 い형용사와 な형용사의 어간 및 조동사 ～たい의 '～た'에 ～がる를 붙이면 동사가 되어 ' ~하게 여기다, ~싶어 하다, ~체하다'는 의미가 된다. ～そうな는 '~것 같은, ~해 보이는'라는 의미, ～てみる는 '~해 보다'라는 의미이다.

12 **정답 1**

어휘 ただ 오직, 그저, 겨우, 단지 | 新聞(しんぶん) 신문 | 読(よ)む 읽다

해석 그는 그저 신문을 읽을 뿐으로 아무것도 하지 않았다.

해설 ～だけ는 '~만, ~뿐'이라는 한정 · 한도의 의미, '~만큼'이라는 정도나 분량의 의미로 사용되어, 1번의 ～だけでは '~만(뿐)으로', 2번의 ～だけか는 '~뿐인가'라는 의미가 된다. ～ほど는 대략적인 수량을 나타내거나, 어떤 상태가 어느 정도 그러한지를 강조해서 말하고 싶을 때 사용하는 표현으로 3번의 ～ほどでは '~정도로', 4번의 ～ほどか는 '~정도인가'라는 의미가 된다.

13 **정답 2**

어휘 きっと 꼭, 틀림없이 | 来(く)る 오다 | 見方(みかた) 견해, 관점 | もう少(すこ)し 조금 더 | 待(ま)つ 기다리다

해석 그는 틀림없이 올 것이니까, 내 생각에는 좀 더 기다리는 편이 좋을 것 같다.

해설 ～なくてもいい는 '~하지 않아도 좋다', ～ほうがいい는 '~하는 편이 좋다'는 의미의 표현이다. ～そうだ는 접속형에 따라 의미가 달라지는데, 보통형에 접속한 いいそうだ는 전문의 용법으로 '좋다고 한다'라는 의미이고, よさそうだ는 いい(よい)가 양태 · 추량의 용법으로 사용될 때 특별한 형태를 취하는 것으로 '좋을 것 같다, 좋아 보인다'는 의미이다.

문제 2 다음 문장의 __★__에 들어갈 가장 좋은 것을 1 · 2 · 3 · 4 가운데 하나 고르세요.

14 **정답 4**

어휘 決(けっ)して 결코, 절대로 | 他人(たにん) 타인, 남 | 悪口(わるぐち) 욕, 험담 | ～ことにしている ~하기로 하고 있다

완성문 彼は決して他人の悪口は言わないことにしている。

해석 그는 절대로 다른 사람의 험담은 하지 않기로 하고 있다.

해설 ～ことにする는 '~하기로 하다'라는 의미로 자신의 결정, 결의

를 나타내고, ～ことにしている는 '～하기로 하고 있다'는 의미로 과거 어느 시점에 결심을 해서 현재에도 실행하고 있음을 나타낸다.

15 **정답 4**

어휘 残業(ざんぎょう) 잔업 | ～ば～ほど ～하(이)면 ～할(일)수록 | 収入(しゅうにゅう) 수입 | 増(ふ)える 늘다, 증가하다 | 反面(はんめん) 반면 | 自由(じゆう)な 자유로운 | 時間(じかん) 시간 | 減(へ)る 줄다, 감소하다

완성문 残業をすればするほど収入は増えるが、その反面、自由な時間が減る。

해석 잔업을 하면 할수록 수입은 늘지만, 그 반면 자유로운 시간이 줄어든다.

해설 ～ば～ほど는 '～면 ～수록'이라는 의미로 한쪽이 변하면 그와 함께 다른 쪽도 변한다고 말할 때 사용하는 표현이다.

16 **정답 2**

어휘 自分(じぶん) 자기 자신 | 年下(としした) 손아래, 연하 | いじめる 괴롭히다, 학대하다 | ～ものではない ～하는 게 아니다, 그렇게 해서는 안 된다

완성문 自分より年下の子をいじめるものではありません。

해석 자신보다 어린아이를 괴롭히는 게 아니다.

해설 ～ものではない는 '～하는 게 아니다, 그렇게 해서는 안 된다'는 의미로, 어떤 일에 대해 당연한 일, 일반적인 사항, 진리나 상식이라고 알려주거나 조언할 때에 사용한다.

17 **정답 3**

어휘 どうしても 아무리 해도, 아무래도 | 決心(けっしん) 결심 | 変(か)える 바꾸다 | ～(よ)うとする ～(하)려고 하다

완성문 彼女はどうしても決心を変えようとはしなかった。

해석 그녀는 아무리 해도 결심을 바꾸려고 하지 않았다.

해설 ～(よ)うとする는 '～하려고 하다'라는 의미, ～(よ)うとしない는 '～하려고 하지 않다'는 의미로 의지의 실현 또는 어떠한 일이 이루어지기 직전을 나타낸다.

18 **정답 1**

어휘 ボクサー 복서, 권투 선수 | 強(つよ)い 강하다, 세다 | ～そうに ～것 같이, ～한 듯이 | 見(み)える 보이다 | すぐに 바로, 금방 | 負(ま)ける 지다 | ～てしまう ～해 버리다

완성문 あのボクサーは強そうに見えたがすぐに負けてしまった。

해석 저 권투 선수는 강한 듯 보였지만, 바로 져 버렸다.

해설 양태 · 추량의 ～そうだ는 な형용사와 같이 활용하여, 뒤에 명사를 수식할 때에는 '～そうな+명사', 뒤에 동사를 수식할 때에는 '～そうに+동사'가 되고, 부정 표현은 '～そうに(も)ない(～것 같지 않다)'의 형태가 된다.

문제 3 다음 문장을 읽고 문장 전체의 내용을 생각하여 [19]부터 [23] 안에 들어갈 가장 좋은 것을 1 · 2 · 3 · 4 가운데 하나 고르세요.

19 **정답 2** **20** **정답 1** **21** **정답 3** **22** **정답 2**
23 **정답 4**

해석

미국인 남편과 살기 시작하고 15년을 넘었습니다. 결혼 전부터도 포함해서 남편의 직장관계의 파티로 상당수를 소화해 왔던 체험에서 알게 된 것입니다만…….

언어(영어)에 문제없는 미국인 부인들도, 사실은 직장관계의 모임은 서툰 경우가 많은 것 같습니다. 이유는 같습니다. '아는 사람이 없다' '모두와 공통의 화제가 부족하다' 등. 그러니 그 점에 관해서 열등감을 [느낄 필요는 없다]고 생각합니다.

'모르는 사람들뿐이니까, 모임에 나가고 싶지 않다'가 아니라, '모르는 사람들뿐이니까, 서로 알기 위해서 나간다'라고 할까요? 한 번에 모든 분들과 서로 알아야 하는 것이 아니라, 그 중 한 사람과라도 안면이 있게 되는 것만으로도 좋다고 생각하는 것입니다.

파티에 나갈 [때마다] 누군가 한 사람씩이라도 '아는 얼굴' '안녕, 하고 다음번은 웃는 얼굴로 인사 정도를 나눌 수 있는 사람'이 늘어가는 것이라고 생각하도록 하는 것은 어떠십니까?

남편이 어떠한 분들과 함께 일을 하고 있는지를 아는 것은, 매우 좋은 일이고, [예를 들면] 직장의 남편에게 전화했을 때에 그 전화를 받은 사람의 얼굴이 [떠오르게 되는 것만으로도] 안심되지 않습니까?

그리고 이것은 매우 중요하다고 생각하는데, 모임에 참가하는 것은, 결코 자신이 누군가와 서로 알기 위해서만은 아닙니다. 다른 분들이 당신과 서로 알기 위한 것이기도 한다고 생각합니다. 어떤 파티에서 전혀 말을 주고받지 않았다고 해도, 당신은 반드시 다른 분들에게 '보여지고 있습니다.' 그때는 아무것도 말하지 않더라도, 다음 또는 그 다음번 파티에서 말을 걸어줄 사람도 [나올 것]입니다.

19 1 느끼기로 하다　　2 느낄 필요는 없다
3 느낄 정도는 아니다　　4 느낄 리가 없다

20 1 ～(할) 때마다　　2 ～한 나머지, 몹시 ～한 결과
3 ～한(인)데다가, ～뿐만 아니라　　4 ～대신에

21 1 즉, 결국　　2 우선, 먼저
3 예를 들면　　4 사실은, 실은

22 1 떠오르게 되는 것만으로는　　2 떠오르게 되는 것만으로도
3 떠오르게 되는 것만큼은　　4 떠오르게 되는 것만큼에도

23 1 나와 볼 정도　　2 나와 놓을 뿐
3 나갈 정도　　4 나올 것, 나올 터

어휘

夫(おっと) 남편 | 暮(く)らし始(はじ)める 살기 시작하다 | 超(こ)える 넘다, 초과하다 | 結婚(けっこん) 결혼 | 含(ふく)める 포함하다 | 職場(しょくば) 직장 | 関係(かんけい) 관계 | 相当(そうとう) 꽤, 상당히, 제법 | 数(かず) 수 | こなす 소화시키다, 처리하다 | 体験(たいけん) 체험 | 知(し)る 알다 | 言葉(ことば) 말, 언어 | 英

語(えいご) 영어 | 問題(もんだい) 문제 | 奥(おく)さん 남의 아내의 높임말, 부인, 아주머니 | 実(じつ)は 사실은 | 集(あつ)まり 모임 | 苦手(にがて) 서투름, 잘하지 못함 | 場合(ばあい) 경우 | 多(おお)い 많다 | 理由(りゆう) 이유 | 同(おな)じ 같음, 동일함 | 共通(きょうつう) 공통 | 話題(わだい) 화제 | 少(すく)ない 적다, 모자라다 | 点(てん) 점 | ~に関(かん)して ~에 관해서 | 引(ひ)け目(め) 열등감, 주눅, 약점 | 感(かん)じる 느끼다 | ~ことにする ~하기로 하다 | ~ことはない ~할 필요는 없다 | ~ほどではない ~정도는 아니다, ~만큼은 아니다 | ~わけがない ~할 리가 없다 | ~ばかり ~만, ~뿐 | 出(で)る 나오(가)다 | 知(し)り合(あ)う 서로 알다, 아는 사이가 되다 | 一度(いちど)に 한 번에, 한꺼번에, 동시에 | 全(すべ)て 모두 | 方々(かたがた) 여러분, ~분들 | つもり 생각, 작정 | 顔見知(かおみし)り 안면이 있음, 또는 그 사람 | ~だけで ~만으로 | ~たびに ~(할) 때마다 | ~あまりに ~한 나머지, 몹시 ~한 결과 | ~うえに ~한(인)데다가 | ~かわりに ~대신에 | 誰(だれ)か 누군가 | ~ずつ ~씩 | 次回(じかい) 다음 번 | 笑顔(えがお) 웃는 얼굴 | 挨拶(あいさつ) 인사 | 程度(ていど) 정도 | 交(か)わせる 주고받을 수 있다, 교환할 수 있다 | 増(ふ)える 늘다, 증가하다 | ご主人(しゅじん) 주인, 남편 | 一緒(いっしょ)に 같이, 함께 | つまり 즉, 결국 | まず 우선, 먼저 | 例(たと)えば 예를 들면 | 電話(でんわ) 전화 | 目(め)に浮(う)かぶ 실제 눈으로 본 듯이 떠오르다 | ~ようになる ~하게 되다(가능성 · 상황 · 습관 등의 변화과정) | ~ことになる ~하게 되다(외부적인 요인) | ~だけでは ~만으로는 | ~だけでも ~만으로도 | ホッとする 한숨 놓다, 안심하다 | あと 뒤, 나중, 다음, 나머지 | 重要(じゅうよう) 중요 | 参加(さんか) 참가 | 決(けっ)して 결코, 절대로 | 自分(じぶん) 자기 자신 | ~だけではない ~만(뿐)이 아니다 | 他(ほか) 그 밖, 이외 | ある 어떤 | 全(まった)く 전혀 | 言葉(ことば)を交(か)わす 말을 주고받다 | ~としても ~라고 해도, ~로서도 | 必(かなら)ず 반드시, 꼭, 틀림없이 | 次(つぎ) 다음 | または 또는, 혹은 | 声(こえ)をかける 말을 걸다, 말을 붙이다 | ~てみる ~해 보다 | ~ておく ~해 두다, ~해 놓다 | ~ていく ~해 가다 | ~てくる ~해 오다 | ~くらい ~정도 | ~ほど ~정도, ~만큼 | ~はず ~할 것, ~일 터

문제 4 다음 문장을 읽고 질문에 답하세요. 답은 1 · 2 · 3 · 4 가운데 가장 알맞은 것을 하나 고르세요.

24 정답 4

해석

과학의 발전은 인류에게 풍요로움과 생활의 여유를 가져오는 것이 목적이라고 말할 수 있다. 그러나 오늘날, 우리들의 생활환경을 보면 결코 시간적으로도 정신적으로도 여유가 늘었다고는 말하기 어렵다. 예전에는 낮에만 일하고 밤에는 쉬어도 살아갈 수 있고, 가족 중에서 아버지만 일해도 생활이 가능했다. 그러나 지금은 밤늦게까지 일하지 않으면 안 되고, 맞벌이까지 해야 겨우 생활할 수 있다는 이야기를 자주 듣는다.

글의 내용과 맞지 않는 것은 어느 것인가?

1 과학발전의 목적은 인간에게 풍요로움을 가져오는 것이다.
2 과학의 발전으로, 인간의 생활에 더 여유가 생겼다고는 말할 수 없다.
3 이전에는 낮에만 일하고 저녁에는 쉬어도 살아갈 수 있었다.
4 부부가 맞벌이를 하면 생활이 풍요로워진다.

어휘

科学(かがく) 과학 | 発展(はってん) 발전 | 人類(じんるい) 인류 | 豊(ゆた)かさ 풍족함, 풍요로움, 풍부함, 여유가 있음 | 生活(せいかつ) 생활 | 余裕(よゆう) 여유 | もたらす 가져오다, 초래하다, 야기하다 | 目的(もくてき) 목적 | しかし 그러나 | 環境(かんきょう) 환경 | 決(けっ)して 결코 | 精神的(せいしんてき) 정신적 | 増(ふ)える 늘다, 증가하다 | 言(い)いがたい 말하기 어렵다 | 以前(いぜん) 이전 | 昼間(ひるま) 주간, 낮 | ~だけ ~만,~뿐 | 働(はたら)く 일하다, 활동하다 | 夜(よる) 밤 | 休(やす)む 쉬다 | 生(い)きていける 살아갈 수 있다 | 家族(かぞく) 가족 | 共働(ともばたら)き 맞벌이 | 辛(かろ)うじて 겨우, 간신히, 가까스로 | 人間(にんげん) 인간 | もっと 더, 더욱 | 遠(とお)い 멀다 | すぐ 바로, 곧 | 夫婦(ふうふ) 부부

25 정답 2

해석

교토의 단풍 보지 않겠습니까 !

★ 당일치기 코스 19,000엔(성인 1인)
왕복 신칸센(도쿄⇔교토) + 점심식사 + 기념선물

★ 1박2일 코스 <이득입니다!> 25,000엔(성인 1인)
왕복 신칸센 (도쿄⇔교토) + 점심식사 + 저녁식사 + 아침식사 + 호텔 + 기념선물

※두 분이서 신청하시는 경우는, 한 분당 22,000엔입니다.
※저녁식사는 일식이나 양식을 고를 수 있습니다.

신청 : ADD투어
전화 : 03-3211-1767
FAX : 03-3211-1768

1박2일 코스에 관해서 바른 것은 어느 것인가?

1 참가하고 싶은 사람은 인터넷으로 신청하면 된다.
2 둘이서 가면 합계 44,000엔이 된다.
3 저녁식사나 아침식사를 고를 수 있다.
4 혼자서 가는 경우는 저녁식사가 없다.

어휘

紅葉(こうよう) 홍엽, 단풍 | 日帰(ひがえ)り 당일치기 | コース 코스 | 大人(おとな) 어른, 성인 | 往復(おうふく) 왕복 | 新幹線(しんかんせん) 신칸센 | 昼食(ちゅうしょく) 점심 | お土産(みやげ) 여행지의 선물 | 一泊二日(いっぱくふつか) 1박2일 | お得(とく) 이익, 유리 | 夕食(ゆうしょく) 저녁 식사 | 朝食(ちょうしょく) 아침밥 | ホテル 호텔 | 申(もう)し込(こ)み 신청 | 場合(ばあい) 경우 | 和食(わしょく) 일식 | 洋食(ようしょく) 양식 | 選(えら)ぶ 고르다, 선택하다 | ツアー 투어, 관광 여행 | 電話(でんわ) 전화 | 正(ただ)しい 바르다, 옳다 | 参加(さんか) 참가 | インターネット 인터넷 | 申(もう)し込(こ)む 신청하다 | 合計(ごうけい) 합계

26 정답 2

해석

시청에서는 계속 늘어가는 도심부로의 자동차의 유입량을 억제하기 위해서, 새롭게 '파크 앤 라이드' 방식을 도입하는 것을 계획하고 있습니다. 이 '파크 앤 라이드' 방식이라는 것은 교외에서 도심부로 향하는 자동차를 도중의 주차장에 세우고, 거기서부터 나머지는 버스나 전철 등의 공공 교통기관을 이용하는 것입니다. 해외에서 실시되고 있는 예를 토대로 시가 시험 삼아 계산해 본 것에 의하면, 이 방식을 채용함으로써, 도심부의 정체가 약 30%정도 완화될 것이라 합니다.

① '파크 앤 라이드'방식의 이점은 무엇인가?
1 도심부로 들어가는 자동차가 늘어나는 것.
2 도심부의 정체가 30%정도 완화되는 것.
3 교외와 도심부의 중간에 주차장이 생기는 것.
4 주차장에서 버스와 전철로 교통수단이 생기는 것.

어휘

市役所(しやくしょ) 시청 | 増(ふ)え続(つづ)ける 계속 늘다 | 都心部(としんぶ) 도심부 | 流量(りゅうりょう) 유량, 일정 시간에 흐르는 양 | 押(お)さえる 누르다, 억제하다, 막다 | 新(あたら)しく 새롭게 | パークアンドライド 파크 앤 라이드 | 方式(ほうしき) 방식 | 導入(どうにゅう) 도입 | 計画(けいかく) 계획 | 郊外(こうがい) 교외 | 向(む)かう 향하다 | 途中(とちゅう) 도중 | 駐車場(ちゅうしゃじょう) 주차장 | 止(と)める 세우다 | 先(さき) 앞, 먼저, 나머지 | バス 버스 | 電車(でんしゃ) 전철 | 公共(こうきょう) 공공 | 交通機関(こうつうきかん) 교통기관 | 利用(りよう) 이용 | 海外(かいがい) 해외 | 実施(じっし) 실시 | 例(れい) 예 | ~をもとに ~을 토대로, ~을 근거로 | 試算(しさん) 시험 삼아 계산함 | ~によると ~에 의하면, ~에 따르면 | 採用(さいよう) 채용 | 渋滞(じゅうたい) 정체 | 程度(ていど) 정도 | 緩和(かんわ) 완화 | 中間(ちゅうかん) 중간 | アクセス 액세스, 교통수단

27 정답 4

해석

일본의 편의점은 최근 30년 동안에 3만 8천 점 정도로 늘었다. 이만큼 늘면 우리들의 생활 스타일에 영향을 주지 않을 리가 없다. 최근의 '평균적인 비즈니스맨의 모습'에 관한 조사 결과에서도 그것이 나타난다고 생각한다. 아침밥을 먹는 장소에 관한 질문에는 '집에서'라고 대답한 사람이 37%로 가장 많았다. 그러나 '회사에 도착하고 나서'라고 대답한 사람도, 33%에 이르렀다고 한다. 이 33%의 샐러리맨에서 내가 주목하고 싶은 점은 아침에 출근 도중에, 편의점에서 빵과 주먹밥을 사서 자신의 책상에서 먹는 스타일이 많다는 것이다. 편의점이 생겼기 때문이라는 이유만은 아니라고 생각하지만 편의점이 이러한 사람을 많게 했다는 것은 부정할 수 없다.

이 글에서 필자가 가장 말하고 싶은 것은 어느 것인가?
1 편의점은 일본인의 생활에서 뺄 수 없는 존재가 되었다.
2 요즘은 집에서 밥을 먹는 사람의 수가 점점 줄고 있다.
3 아침은 바쁘니까 아침밥은 편의점에서 간단히 해결하는 것이 좋다.
4 편의점은 사람들의 라이프스타일에 큰 영향을 주고 있다.

어휘

コンビニエンスストア 편의점 | 増(ふ)える 늘다, 증가하다 | 生活(せいかつ) 생활 | スタイル 스타일 | 影響(えいきょう) 영향 | 与(あた)える 주다 | ~はずがない ~할(일) 리가 없다 | 最近(さいきん) 최근, 요즈음 | 平均的(へいきんてき)な 평균적인 | ビジネスマン 비즈니스맨 | 像(ぞう) 상, 모습, 모양 | ~に関(かん)する ~에 관한 | 調査結果(ちょうさけっか) 조사 결과 | 現(あらわ)れる 나타나다 | 場所(ばしょ) 장소 | ~について ~에 관해서 | 質問(しつもん) 질문 | 自宅(じたく) 자택 | 答(こた)える 대답하다 | 上(のぼ)る 오르다, 이르다 | サラリーマン 샐러리맨 | 注目(ちゅうもく) 주목 | 点(てん) 점 | 朝(あさ) 아침 | 出勤(しゅっきん) 출근 | 途中(とちゅう) 도중 | パン 빵 | お握(にぎ)り 주먹밥 | 自分(じぶん) 자기 자신 | 机(つくえ) 책상 | 多(おお)い 많다 | 理由(りゆう) 이유 | 否定(ひてい) 부정 | 最(もっと)も 가장, 제일 | 欠(か)かす 빠뜨리다, 빼다 | 存在(そんざい) 존재 | 数(かず) 수 | 段々(だんだん) 점점, 차차 | 減(へ)る 줄다 | 忙(いそが)しい 바쁘다 | 朝食(ちょうしょく) 아침밥 | 簡単(かんたん)に 간단히 | 済(す)ませる 끝내다, 마치다 | ライフスタイル 라이프스타일 | 大(おお)きな 큰, 커다란

문제 5 다음 글을 읽고, 질문에 답하세요. 답은 1 · 2 · 3 · 4 가운데 가장 좋은 것을 하나 고르세요.

28 정답 1 29 정답 2 30 정답 4

해석

1972년 미국이 발사한 목성탐사기에는 ①작은 철판이 실려 있다.

우주인의 검문검색에 대비한 지구인의 신분증인 것이다. 우주에서는 어느 나라 문자도 무용지물이기 때문에 신분증 오른쪽에 남녀 한 쌍의 그림이 새겨져 있다. 중세 성화에 흔하게 있는 아담과 이브와 비슷하다.

그는, 만약 지구의 전파를 탐지할 만큼의 기술을 가진 우주인이 원거리에서 지구를 탐색한다면, 오로지 텔레비전 전파를 감지할 것이라는 주장을 하고 있다. 지구는 텔레비전 전파로 포화상태이기 때문이다. "설령 우주인이 전파를 탐지할지라도, 그저 그들이 이 전파를 ②해독하지 못하기만을 바랄 뿐이다"라고 한탄한다. 시험 삼아 며칠만이라도 텔레비전을 자세히 본다면, 그의 말에 충분히 공감할 것이다.

그러나 에덴동산의 아담과 이브 같은 모습이 우주에서 과연 인류 전체를 대표할 수 있을지에 대해서는 트집을 잡고 싶다.

28 ①작은 철판에 관한 설명으로 바른 것은 어느 것인가?
1 우주인의 검문검색에 대비한 지구인의 신분증이다.
2 인류의 대표로서 아담과 이브의 모습이 새겨져 있다.
3 우주공학 전문가에 의해 개발된 신분증이다.
4 우주에서도 통하는 특별한 문자가 새겨져 있다.

29 ②해독하지 못하기만을 바랄 뿐이다라고 있는데, 그것에는 어떤 감정이 들어 있는가?
1 텔레비전 내용을 해독할 수 있을 리 없다는 자신감
2 텔레비전 내용에 대한 부끄러움
3 우주인에게는 절대 지고 싶지 않다는 경쟁심

4 우주인의 능력에 대한 두려움

30 본문의 내용과 일치하는 것은 어느 것인가?

1 신분증에는 그림과 함께 여러 나라의 문자가 새겨져 있다.
2 필자는 교수의 모든 의견에 대해 부정적이다.
3 우주인은 이미 지구의 전파를 탐지했지만, 아직 해독은 하지 못했다.
4 지구는 내용이 부끄러운 텔레비전 전파로 가득 차 있다.

어휘

発射(はっしゃ) 발사 | 木星(もくせい) 목성 | 探査機(たんさき) 탐사기 | 小(ちい)さな 작은 | 鉄板(てっぱん) 철판 | 乗(の)せる 태우다, 싣다, 얹다 | 天文学(てんもんがく) 천문학 | 教授(きょうじゅ) 교수 | 宇宙(うちゅう) 우주 | 検問(けんもん) 검문 | 検索(けんさく) 검색 | 備(そな)える 갖추다, 대비하다 | 地球(ちきゅう) 지구 | 身分証(みぶんしょう) 신분증 | 文字(もじ) 문자 | 無用(むよう)の物(もの) 쓸모없는 물건 | 右側(みぎがわ) 오른쪽 | 男女(だんじょ) 남녀 | 一組(ひとくみ) 한 쌍, 한 세트 | 絵(え) 그림 | 刻(きざ)む 잘게 썰다, 새기다 | 作(つく)る 만들다 | 中世(ちゅうせい) 중세 | 聖画(せいが) 성화, 종교화 | 有(あ)り触(ふ)れる 흔하게 있다, (어디에서나 볼 수 있는)평범하다 | アダム 아담 | イブ 이브 | 似(に)ている 닮다, 비슷하다 | また 또, 또한 | もし 만약 | 電波(でんぱ) 전파 | 探知(たんち) 탐지 | 技術(ぎじゅつ) 기술 | 持(も)つ 갖다, 들다 | 遠距離(えんきょり) 원거리 | 探索(たんさく) 탐색 | 専(もっぱ)ら 오로지, 한결같이, 전적으로 | 感知(かんち) 감지 | 述(の)べる 말하다 | 仮(かり)に 가령, 만일 | ただ 단, 다만 | 解読(かいどく) 해독 | 願(ねが)う 바라다, 빌다 | 試(ため)しに 시험 삼아 | 数日間(すうじつかん) 며칠 동안 | 子細(しさい)に 자세히, 소상히 | 言葉(ことば) 말 | 充分(じゅうぶん) 충분 | 共感(きょうかん) 공감 | 説明(せつめい) 설명 | 正(ただ)しい 바르다, 옳다 | 工学(こうがく) 공학 | 専門家(せんもんか) 전문가 | ～によって ～에 의해서, ～에 따라서 | 開発(かいはつ) 개발 | 通(つう)じる 통하다 | 特別(とくべつ)な 특별한 | 気持(きも)ち 기분, 마음, 느낌 | 内容(ないよう) 내용 | ～わけがない ～할(일)리가 없다 | 自信感(じしんかん) 자신감 | 恥(は)ずかしさ 부끄러움 | 絶対(ぜったい) 절대 | 負(ま)ける 지다 | 競争心(きょうそうしん) 경쟁심 | 能力(のうりょく) 능력 | 恐(おそ)ろしさ 두려움, 무서움 | ～とともに ～와 함께 | 筆者(ひっしゃ) 필자 | 全(すべ)て 모두 | 意見(いけん) 의견 | 否定的(ひていてき) 부정적

31 정답 4　32 정답 3　33 정답 2

해석

일본인은 인사를 나눌 때, 서로 닿는 경우가 거의 없고 가볍게 머리를 숙이는 것이 보통이다.

나도 이러한 일본식 인사에는 익숙해져 있지만, 가끔 "악수를 해 주세요"라고 말을 듣는 경우가 있다. 그러한 때 예전에는 당황했지만 지금은 바로 손을 내민다.

상대방이 바라고 있는 것이기 때문에 망설일 필요는 없고 그러한 사람의 손을 잡으면 그 만큼 다정함이랄까, 상대방의 호의가 전해져 온다.

어쨌든 머리를 숙이는 것만으로는 상대방의 본심까지는 모르지만 손을 서로 잡으면, 상대방 속으로 한 걸음 깊숙이 들어간 친근감을 느낀다. 그런 이유로 나는 부자연스럽지 않은 한, 가능한 한 인사를 나누면서 악수를 하도록 하고 있다. 다만 이 악수라는 것이 손아래 사람 쪽에서 손을 내미는 것은 뭔가 윗사람에게 강요하는 것 같아서, 하기 어려운 경우도 있을 것이다. 그러나 나 같은 연령이 되면 그런 종류의 걱정은 거의 없다. 요즘 가볍게 악수할 수 있게 된 것은 그러한 것에도 원인이 있을지도 모른다.

31 필자가 악수를 하는 목적은 무엇인가?

1 상대에게 속지 않도록 하기 위해
2 상대에게 자신은 예의바른 인간이라는 것을 나타내 보이기 위해
3 상대가 연애감정을 갖게 하기 위해
4 상대가 친근감을 느끼게 하기 위해

32 악수에 관해서의 필자의 생각으로서 바르지 않은 것은 어느 것인가?

1 악수는 머리만 숙이는 인사와는 다르게 상대방의 호의가 전해져 온다.
2 악수를 하면 상대와 더 친해진 것처럼 느껴진다.
3 악수를 하는 것만으로는, 상대방의 본심을 알 수 없다.
4 손아래 사람이 먼저 윗사람에게 악수를 청하는 것은 어려운 경우도 있다.

33 글의 내용과 일치하는 것은 어느 것인가?

1 일본인에게는 일본식 인사가 어울린다.
2 필자는 자신 쪽에서 악수를 청하기 쉬운 연령이 되었다.
3 머리를 숙이는 것만으로도 충분히 마음은 전해지는 것이다.
4 필자는 최근 악수를 요구받아서 곤혹스러운 경우가 많아졌다.

어휘

挨拶(あいさつ) 인사 | 交(か)わす 주고받다, 나누다 | 互(たが)いに 서로 | 触(ふ)れ合(あ)う 맞닿다, 스치다, 서로 통하다 | ほとんど 대부분, 거의 | 軽(かる)く 가볍게 | 頭(あたま)を下(さ)げる 머리를 숙이다 | 普通(ふつう) 보통 | 日本式(にほんしき) 일본식 | 慣(な)れる 익숙해지다, 길들다 | 時(とき)に 때때로, 가끔 | 握手(あくしゅ) 악수 | 以前(いぜん) 이전 | 戸惑(とまど)う 당황하다, 망설이다 | すぐ 바로, 곧 | 手(て) 손 | 差(さ)し出(だ)す 내밀다, 제출하다 | 希望(きぼう) 희망 | 迷(まよ)う 헤매다, 망설이다 | ～ことはない ～할 필요는 없다 | 握(にぎ)る 쥐다, 잡다 | 優(やさ)しさ 우아함, 온화함, 상냥함, 다정함 | ～というか ～이라고 할까 | 好意(こうい) 호의 | 伝(つた)わる 전해지다 | とにかく 어쨌든, 여하튼 | 一歩(いっぽ) 한 걸음 | 入(はい)り込(こ)む 안으로 들어가(오)다, 깊숙이 들어가다 | 親近感(しんきんかん) 친근감 | 覚(おぼ)える 느끼다, 기억하다 | 不自然(ふしぜん) 부자연 | ～ないかぎり ～하지 않는 한 | できるだけ 최대한, 가능한 한 | もっとも 그렇다고는 하지만, 다만 | 年下(としした) 손아래, 연하 | 強要(きょうよう) 강요 | しづらい 하기 어렵다 | しかし 그러나 | 年齢(ねんれい) 연령 | 種(しゅ) 종류 | 心配(しんぱい) 걱정 | 気軽(きがる)に 가볍게, 선뜻 | 原因(げんいん) 원인 | 目的(もくてき) 목적 | だまされる 속다 | 礼儀正(れいぎただ)しい 예의바르다 | 人間(にんげん) 인간 | 恋愛(れんあい) 연애 | 感情(かんじょう) 감정 | 親(した)しみ 친밀감, 친근감 | 感(かん)じる 느끼다 | 違(ちが)う 다르다, 틀리다 | 先(さき)

に 먼저 | 求(もと)める 구하다, 찾다, 요구하다, 구입하다 | 難(むずか)しい 어렵다 | 似合(にあ)う 어울리다, 잘 맞다 | 困惑(こんわく) 곤혹, 난처함 | 充分(じゅうぶん)に 충분히

문제 6 다음 글을 읽고, 질문에 답하세요. 답은 1・2・3・4 가운데 가장 좋은 것을 하나 고르세요.

34 정답 1　35 정답 3　36 정답 2　37 정답 4

해석

나는 최근, 13살에 팬터마임의 세계에 들어갈 결심을 했다고 하는 여성을 만났다. 팬터마임이란, 말을 사용하지 않고 표정과 몸짓만으로 표현하는 연극, 즉 무언극이다.

팬터마임의 훈련으로는 우선 몸의 언어, 문법을 배운다. "무거운 것을 들어 올릴 때에 몸은 어떻게 움직이는가, 슬플 때 사람은 어떻게 움직이는가를 분석하여 그것에 따라서 동작을 합니다. 이것은 ①하나의 과학이라고 생각합니다." 그녀는 이 팬터마임의 기초를 익히는 데 3년 걸렸다고 한다.

다음에 내면표현 훈련이 있다. 움직임만이 아니라, 감정을 전하지 않으면 연극이라고는 할 수 없다. "이것을 터득하기 위해서는 어떤 상황을 설정하여 실제로 해 볼 수밖에 없습니다. 예를 들면 유학중인 애인에게서 편지가 온다. 두근거리면서 방에 돌아와서 편지를 연다. 읽어나가는 동안에 그것이 이별 편지인 것을 안다. 기쁨이 슬픔으로, 그리고 분노로, 더욱 더 절망으로 바뀌어 간다. ②이러한 것을 즉흥으로 연기하는 것입니다." 소도구는 전혀 사용하지 않고, 대사도 없다. 그래서 상황과 마음의 움직임을 보는 사람에게 전하는 것은 ③이만저만 어려운 일이 아닐 것이다.

또한, 무도가로서의 훈련도 있다. 몸만이 도구이기 때문에 자유자재로 움직일 수 있는 것도 불가결한 조건이다. 특수한 것은 몸을 따로따로 움직이는 훈련이다. "꼭두각시 인형 팬터마임이 있죠. 그것은 손목만이라든가 팔꿈치만이라든가, 따로따로 힘을 빼는 것으로 표현할 수 있습니다." 실제로 해 보이는 그녀는, 매우 간단히, 살아있는 인간에서 꼭두각시 인형으로 변신한다.

현재, 이만큼의 수업을 쌓아 팬터마임의 프로가 되려고 하는 사람은 거의 없다. 그러한 가운데, 성실하게 게다가 정열적으로 자신의 길을 계속 나아가는 그녀는 매우 빛나 보였다.

34 ①하나의 과학이라고 생각합니다라고 있는데, 어째서 그렇게 생각한 것인가?

1 단순한 흉내가 아니라, 관찰과 분석에 근거하고 있기 때문에
2 언어와 문법은 과학적인 문법에 의해 배우지 않으면 안 되기 때문에
3 기초가 중요한 것이, 과학의 본연의 모습과 같기 때문에
4 사람의 동작을 연구하는 것은 몸의 문법을 배우기 위한 중요한 방법이기 때문에

35 ②이러한 것이란 어떤 것인가?

1 감정을 바르게 전하는 연극
2 유학중인 애인에 대한 마음
3 한 명의 인간의 감정이 변화해 가는 상황
4 이별의 편지를 받고 슬퍼하고 있는 사람의 모습

36 ③이만저만 어려운 일이 아닐 것이다라고 있는데, 필자가 그렇게 생각하는 이유는 어느 것인가?

1 자신의 내면표현을 즉흥으로 연기할 수 있기까지 상당한 시간을 필요로 하기 때문에
2 자신의 표정과 몸짓만으로 상황과 심정을 관객에게 전하지 않으면 안 되기 때문에
3 무엇도 사용하지 않고 말하지 않고 자신의 의견을 주장하는 것은 매우 어려운 일이기 때문에
4 자신의 사고방식을 상대에게 전하는 데에 몇 년이나 훈련을 하지 않으면 안 되기 때문에

37 본문의 내용과 일치하는 것은 어느 것인가?

1 현재 프로 팬터마임이 될 사람은 적기 때문에, 그녀는 장래의 스타이다.
2 그녀는 평소 수더분한 성격이지만, 팬터마임을 하고 있을 때는 활기차다.
3 팬터마임 일은 빛날 정도로 훌륭하기 때문에 그녀는 프로를 목표로 하고 있다.
4 힘든 수행을 해도 자신의 꿈을 이루려고 하는 그녀는 상당히 훌륭하다.

어휘

最近(さいきん) 최근, 요즈음 | パントマイム 팬터마임 | 世界(せかい) 세계 | 入(はい)る 들어가(오)다 | 決心(けっしん) 결심 | 出会(であ)う 우연히 만나다, 마주치다 | 言葉(ことば) 말, 언어 | 使(つか)う 쓰다, 사용하다 | 表情(ひょうじょう) 표정 | しぐさ 동작, 표정, 태도, 몸짓 | 表現(ひょうげん) 표현 | 演劇(えんげき) 연극 | つまり 즉, 결국 | 無言劇(むごんげき) 무언극 | 難(むずか)しい 어렵다 | 訓練(くんれん) 훈련 | 素人(しろうと) 비전문가, 아마추어 | 想像(そうぞう) 상상 | ずっと 쭉, 계속, 훨씬 | 厳(きび)しい 엄하다, 험하다, 힘겹다 | まず 우선, 먼저 | 体(からだ) 몸 | 文法(ぶんぽう) 문법 | 学(まな)ぶ 배우다 | 重(おも)い 무겁다 | 持(も)ち上(あ)げる 들어 올리다 | 動(うご)く 움직이다 | 悲(かな)しい 슬프다 | 分析(ぶんせき) 분석 | 沿(そ)う 따르다, 좇다 | 動作(どうさ) 동작 | 科学(かがく) 과학 | 基礎(きそ) 기초 | 身(み)につける 익히다, 지니다 | かかる 걸리다 | 次(つぎ)に 다음에, 뒤이어, 그러고 나서 | 内面(ないめん) 내면 | ~だけでない ~만(뿐)이 아니다 | 感情(かんじょう) 감정 | 伝(つた)える 전하다 | 体得(たいとく) 체득, 터득 | 状況(じょうきょう) 상황 | 設定(せってい) 설정 | 実際(じっさい)に 실제로 | やってみる 해 보다 | ~しかない ~할 수밖에 없다 | 例(たと)えば 예를 들면 | 留学(りゅうがく) 유학 | 恋人(こいびと) 애인 | 手紙(てがみ) 편지 | わくわくする 두근거리다 | 部屋(へや) 방 | 戻(もど)る 되돌아가(오)다 | 開(あ)ける 열다 | 読(よ)み進(すす)む 읽어 나가다 | ~うちに ~하는 사이에, ~동안에 | 別(わか)れ 이별, 헤어짐 | 喜(よろこ)び 기쁨 | 悲(かな)しみ 슬픔 | 怒(おこ)り 화남 | さらに 더욱 더, 한층 더 | 絶望(ぜつぼう) 절망 | 変(か)わる 바뀌다, 변하다 | 即興(そっきょう) 즉흥 | 演(えん)じる 연기를 하다 | 小道具(しょうどうぐ) 소도구 | せりふ 대사 | 気持(きも)ち 기분, 마음, 상태 | 観(み)る 보다 | 並大抵(なみたいてい) 보통임, 예사임, 이만저만 함 | ダンサー 댄서, 무도가 | 自在(じざい) 자재, 속박이나 장해가 없고 마음먹은 대로임 | 不可欠(ふか

けつ) 불가결 | 条件(じょうけん) 조건 | 特殊(とくしゅ) 특수 | バラバラ 따로따로 흩어지는 모양, 분해되는 모양 | 動(うご)かす 움직이다 | 操(あやつ)り人形(にんぎょう) 꼭두각시, 인형극 | 手首(てくび) 손목, 팔목 | ひじ 팔꿈치 | 力(ちから)を抜(ぬ)く 힘을 빼다 | いとも 매우, 대단히 | 簡単(かんたん) 간단 | 生身(なまみ) 살아있는 몸 | 人間(にんげん) 인간 | 変身(へんしん) 변신 | 現在(げんざい) 현재 | 修業(しゅうぎょう) 수업, 학술 · 기예 등을 배우고 익힘 | 積(つ)む 쌓다 | ほとんど 거의, 대부분 | 真面目(まじめ) 성실함, 진지함 | しかも 게다가 | 情熱的(じょうねつてき) 정열적 | 道(みち) 길 | 歩(あゆ)み続(つづ)ける 계속 걷다, 계속 나아가다 | 輝(かがや)く 빛나다, 반짝이다 | 見(み)える 보이다 | 単(たん)なる 단순한 | 真似(まね) 흉내, 모방, 시늉 | 観察(かんさつ) 관찰 | 基(もと)づく 의거하다, 근거하다 | 方法(ほうほう) 방법 | 基礎(きそ) 기초 | 重要(じゅうよう) 중요 | あり方(かた) 마땅히 그러하여야 할 상태, 자세, 태도 | 研究(けんきゅう) 연구 | 正(ただ)しい 바르다, 옳다 | 様子(ようす) 모습, 상황, 형편 | 必要(ひつよう) 필요 | 観客(かんきゃく) 관객 | 口(くち)をきく 말하다 | 意見(いけん) 의견 | 主張(しゅちょう) 주장 | 考(かんが)え方(かた) 사고방식 | 相手(あいて) 상대방 | 少(すく)ない 적다 | 将来(しょうらい) 장래 | ふだん 평소 | 地味(じみ) 수수함, 검소함 | 性格(せいかく) 성격 | 生(い)き生(い)き 생생한 모양, 싱싱한 모양, 생기가 넘치는(활기찬)모양 | 素晴(すば)らしい 매우 훌륭하다, 대단하다 | 目指(めざ)す 목표로 하다, 지향하다 | 修行(しゅぎょう) 수행 | 夢(ゆめ) 꿈 | かなえる 채우다, 충족시키다, 성취시키다, 이루어 주다

문제 7 오른쪽 페이지는 '마라톤대회' 안내이다. 이것을 읽고, 아래의 질문에 답하세요. 답은 1 · 2 · 3 · 4 가운데 가장 좋은 것을 하나 고르세요.

38 정답 2　　**39 정답 1**

38 다카하시 씨는 고등학생인 아들과 딸과 함께 이 마라톤 대회에 참가하고 싶다고 생각하고 있다. 다카하시 씨와 아들은 마라톤 코스에, 딸은 10km코스에 참가하는 경우, 참가비는 전부 합쳐서 얼마가 되는가?

1 13,000엔
2 14,500엔
3 16,000엔
4 17,000엔

39 이 마라톤 대회의 내용과 일치하는 것은 어느 것인가?

1 참가하고 싶은 사람은 팩스 또는 인터넷으로 신청하면 된다.
2 어떤 이유가 있더라도 대회가 중지될 경우, 참가비는 되돌려주게 되어 있다.
3 참가비는 12월 31일까지는 반드시 지정계좌로 입금하지 않으면 안 된다.
4 각 코스별로 참가 연령제한과 완주 시간제한이 있다.

함께, 달리자! 도쿄 마라톤 2018

• 주최 : 도쿄 마라톤 재단
• 일시 : 2018년 4월 22일(일)
9 : 10　마라톤 · 10km 스타트
10 : 50　10km 경기 종료
14 : 10　마라톤 경기 종료
• 코스
　* 마라톤 : 도쿄도초~이이다바시~고쿄마에~히비야~시나가와~긴자~니혼바시~아사쿠사카미나리몬~쓰키지~도요스~도쿄빅사이트(일본 육상경기연맹 공인 코스)
　* 10km : 도쿄도초~이이다바시~고쿄마에~히비야코엔(기록은 공인되지 않음)
• 제한시간 : 마라톤 : 5시간 / 10km : 1시간40분
• 정원 : 마라톤 : 25,500명 / 10km : 1,500명
• 참가자격 : 대회당일 만 13세 이상
• 상금 : 마라톤 경기 성적에 따라 상금을 별도로 정한다.
• 참가비 : 마라톤 : 어른 7,500엔 / 고등학생 이하 : 5,000엔
　　　　10km : 어른 3,500엔 / 고등학생 이하 : 2,000엔
• 참가신청
　(1) 방법 : 인터넷 또는 팩스로.
　(2) 기간 : 2017년 12월1일부터 12월 31일 까지 (필착).
　(3) 참가자 결정 : 신청자가 다수인 경우는 추첨을 한다.
　(4) 입금 : 당선자는 대회 1개월 전까지는 지정 계좌로 입금할 것.

※ 기타
　(1) 주최자의 책임에 따르지 않는 사유로 대회가 중지되는 경우, 참가비의 반환 등은 일체 하지 않는다.
　(2) 모집요항, 참가자 신청서는, 11월 중순부터 배포한다.

어휘

マラソン 마라톤 | 大会(たいかい) 대회 | 案内(あんない) 안내 | 高校生(こうこうせい) 고등학생 | 息子(むすこ) 아들 | 娘(むすめ) 딸 | 一緒(いっしょ)に 같이, 함께 | 参加(さんか) 참가 | 場合(ばあい) 경우 | 参加費(さんかひ) 참가비 | 全部(ぜんぶ)で 전부 다 해서 | いくら 얼마 | 内容(ないよう) 내용 | ファックス 팩스 | または 또는, 혹은 | インターネット 인터넷 | 申(もう)し込(こ)む 신청하다 | どんな 어떤 | 理由(りゆう) 이유 | 中止(ちゅうし) 중지 | 返金(へんきん) 반금, 돈을 갚음, 또는 그 돈 | ～ことになっている ~하기로 되어 있다 | 必(かなら)ず 반드시, 꼭, 틀림없이 | 指定(してい) 지정 | 口座(こうざ) 계좌 | 入金(にゅうきん) 입금 | 年齢(ねんれい) 연령 | 制限(せいげん) 제한 | 完走(かんそう) 완주 | 共(とも)に 같이, 함께 | 走(はし)る 뛰다, 달리다 | 主催(しゅさい) 주최 | 財団(ざいだん) 재단 | 日時(にちじ) 일시 | 競技(きょうぎ) 경기 | 終了(しゅうりょう) 종료 | コース 코스 | 陸上(りくじょう) 육상 | 連盟(れんめい) 연맹 | 公認(こうにん) 공인 | 記録(きろく) 기록 | 定員(ていいん) 정원 | 資格(しかく) 자격 | 当日(とうじつ) 당일 | 以上(いじょう) 이상 | 賞金(しょうきん) 상금 | 成績(せいせき) 성적 | ～により ~에 의해, ~에 따라 | 別途(べっと) 별도 | 定(さだ)める 정하다, 확정하다, 가라앉히다 | 方法(ほうほう) 방법 | 期間(きかん) 기간 | 必着(ひっちゃく) 필착, 반드시 도착함 | 決定(けってい) 결정 | 多数(たすう) 다수 | 抽選(ちゅうせん) 추첨 | 行(おこな)う (행위를) 하다, 실시하다, 거행하다 | 当選者(とうせんしゃ) 당선자 | 期日(きじつ) 기일 | 責任(せきにん) 책임 | ～によらない ~에 의하지 않는 | 事由(じゆう) 사유

| 等(など) 등, 따위 | 一切(いっさい) 일체, 모두, 전부 | 募集(ぼしゅう) 모집 | 要項(ようこう) 요항, 필요한 사항 | 中旬(ちゅうじゅん) 중순 | 配布(はいふ) 배포

청해

문제 1 문제1에서는 먼저 질문을 들으세요. 그러고 나서 이야기를 듣고, 문제용지의 1~4 중에서 가장 알맞은 답을 하나 고르세요.

01 정답 3 모의1-1-01.mp3

旅館で女の人と男の人が話しています。男の人はこの後どうしますか。

F：夕食の支度ができてるって、さっき電話があったよ。どうする？すぐ食事にする？

M：せっかく温泉に来たんだから、食事はお風呂浴びてからにしたいけど。

F：でも、あなたビール飲んだんでしょ。酒を飲んでからお風呂にはいるのは危ないから、先に食事しましょうよ。

M：いや、やっぱり熱い温泉に浸かりながらもう一杯やって、それから食事をすることにするよ。

F：もう、あなたっていう人は本当にしかたがないわね。じゃ、私は、その間、散歩でもしてくるわ。

M：うん、そうしたら。あっ、忘れてた。その前に、会社に電話しとかなきゃ。

F：こんなところまで来てまた会社の話？本当にあきれちゃうわね。

男の人はこの後どうしますか。

1 食事をしながら会社の話をする
2 温泉に入る
3 会社に電話する
4 女の人と一緒に散歩に行く

해석

여관에서 여자와 남자가 이야기하고 있습니다. 남자는 이후 어떻게 합니까?

F：저녁 식사 준비가 다 되었다고 아까 전화 왔었어요. 어떻게 할래? 바로 식사할래요?

M：모처럼 온천에 왔으니까, 식사는 목욕부터 하고 나서 하고 싶은데.

F：하지만, 당신 맥주 마셨잖아요. 술 마시고 나서 목욕하는 건 위험하니까, 먼저 식사부터 해요.

M：아니야, 역시 뜨거운 온천에 몸을 담그면서 한 잔 더 하고, 그러고 나서 식사할래.

F：정말이지, 당신이라는 사람은 정말 어쩔 수가 없네. 그럼 나는 그동안 산책이라도 하고 올게요.

M：응, 그렇게 해. 아, 잊고 있었다. 그 전에 회사에 전화해 두어야 하는데.

F：이런 곳까지 와서 또 회사 얘기야? 정말 질려버린다니까.

남자는 이후 어떻게 합니까?

1 식사를 하면서 회사 이야기를 한다
2 온천에 들어간다
3 회사에 전화한다
4 여자와 함께 산책하러 간다

어휘

旅館(りょかん) 여관 | 夕食(ゆうしょく) 저녁 식사 | 支度(したく) 준비, 채비 | できる 생기다, 할 수 있다, 완성되다 | ～って ～라고, ～라는 | さっき 아까, 조금 전 | すぐ 바로 | 食事(しょくじ) 식사 | せっかく 모처럼 | 温泉(おんせん) 온천 | お風呂(ふろ)を浴(あ)びる 목욕을 하다 | ～てから ～하고 나서 | ビール 맥주 | 飲(の)む 마시다 | お風呂(ふろ)に入(はい)る 목욕을 하다 | 危(あぶ)ない 위험하다 | 先(さき)に 먼저 | やっぱり 역시 | 熱(あつ)い 뜨겁다 | 浸(つ)かる 잠기다 | ～ながら ～하면서, ～하지만 | もう一杯(いっぱい) 한잔 더 | ～ことにする ～하기로 하다 | ～っていう ～라고 하는 | 本当(ほんとう)に 정말로 | その間(あいだ) 그 동안 | 散歩(さんぽ) 산책 | 忘(わす)れる 잊다 | ～とかなきゃ (～ておかなければ의 축약형) ~해 두지 않으면 | また 또, 다시 | あきれる 어이가 없어 놀라다, 기가 막히다 | ～ちゃう (～てしまう의 축약형) ~해 버리다

02 정답 2 모의1-1-02.mp3

男の人の留守番電話に図書館から次のようなメッセージが入っていました。男の人は何をしなければなりませんか。

もしもし、森様のお宅でしょうか。こちらは東山大学図書館です。森様がこちらの図書館でお借りになった2冊の本ですが、もう一週間前に返却期限がすぎています。今次の人が予約で待っていらっしゃいますので、すぐにお返し願えませんでしょうか。なお、当図書館では1日につき、100円の延滞料金をいただくことになっておりますので、お返しになる時に料金のほうも一緒にお支払いください。それではよろしくお願いします。

男の人は何をしなければなりませんか。

1 1週間後に本を返さなければならない
2 本を返す時に、お金も払わなければならない
3 すぐ図書館に行って本を借りなければならない
4 次に本を借りる人に本とお金を送らなければならない

해석

여보세요. 모리 씨 댁입니까? 여기는 히가시야마대학 도서관입니다. 모리 씨가 여기 도서관에서 빌리신 2권의 책 말입니다만, 이미 1주일 전에 반납기한이 지나 있습니다. 지금 다음 분이 예약하시고 기다리고 계시기 때문에, 바로 반납을 부탁드릴 수 없을까요? 또한, 저희 도서관에서는 하루 당 100엔의 연체요금을 받게 돼 있기 때문에, 반납하실 때 요금도 함께 지불해 주시기 바랍니다. 그럼 잘 부탁드리겠습니다.

남자는 무엇을 하지 않으면 안 됩니까?

1 1주일 후에 책을 반납하지 않으면 안 된다
2 책을 반납할 때에, 돈도 지불하지 않으면 안 된다

3 바로 도서관에 가서 책을 빌리지 않으면 안 된다
4 다음에 책을 빌리는 사람에게 책과 돈을 보내지 않으면 안 된다

어휘

留守番電話(るすばんでんわ) 자동 응답 전화 | 図書館(としょかん) 도서관 | 次(つぎ) 다음 | ~ような ~같은 | メッセージ 메시지 | 入(はい)る 들어가(오)다 | お宅(たく) 댁 | 借(か)りる 빌리다 | お+동사 ます형+になる ~하시다 | ~冊(さつ) ~권 | もう 이미, 벌써, 이제, 더 | 返却(へんきゃく) 반납, 반환 | 期間(きかん) 기간 | 過(す)ぎる 지나다 | 予約(よやく) 예약 | ~ていらっしゃる ~하고 계시다 | すぐに 바로 | 返(かえ)す 돌려주다, 되돌려 놓다 | お+동사 ます형+願(ねが)う ~을 부탁드리다 | なお 또한, 덧붙여 말하면 | 当(とう)~ 당~, 거기에 직접 해당되는 사람 또는 일 | ~につき ~에 관해서, ~기 때문에, ~당 | 延滞(えんたい) 연체 | 料金(りょうきん) 요금 | いただく (食(た)べる·飲(の)む·もらう의 겸양) 먹다, 받다 | ~ことになる ~하게 되다 | ~ておる (~ている의 겸양) ~하고 있다 | 一緒(いっしょ)に 함께, 같이 | 支払(しはら)う 지불하다 | お+동사 ます형+ください ~해 주십시오 | 送(おく)る 보내다

03 정답 4 모의1-1-03.mp3

会社で部長が部下に頼んでいます。女の人は、この後まず何をしますか。

M：もうすぐ5時で悪いんだけど、ちょっとこの書類作ってくれるかな。
F：すみません。実は母が入院してまして、今日は早く帰らなければならないんですが･･･。
M：そう。それは大変だね。明日の会議の資料なんだから、今日中に作ってほしかったんだけど･･･。じゃ、他の人に頼むしかないかな。
F：いや、それぐらいなら、私がなんとかします。で、部長、もしできましたら、あしたは午後出勤とさせていただけませんか。午前中に母の手術の予定で。
M：そう。わかった。じゃ、午後出勤じゃなくて、明日は一日休んでもいいよ。ちゃんと看病しておいで。

女の人は、この後まず何をしますか。

1 母の病院に行く
2 すぐに帰る
3 仕事を他の人に頼む
4 書類を作る

해석

회사에서 부장이 부하에게 부탁하고 있습니다. 여자는 이후에 먼저 무엇을 합니까?

M：이제 곧 5시라서 미안한데, 잠깐 이 서류를 만들어 줄 수 있을까?
F：죄송합니다. 실은 어머니가 입원하셔서, 오늘은 일찍 집에 돌아가야 하는 데요…….
M：그래? 그거 큰일이군. 내일 회의 자료라서, 오늘 중으로 만들었으면 좋겠다고 생각했는데……. 그럼, 다른 사람에게 부탁할 수밖에 없겠네.
F：아니오, 그 정도라면, 제가 어떻게든 하겠습니다. 그리고 부장님, 만약 가능하다면, 내일은 오후 출근해도 되겠습니까? 오전 중에 어머니가 수술할 예정이라서요.
M：그래? 알았어. 그럼 오후 출근이 아니라 내일은 하루 쉬어도 괜찮아. 간병 잘 해드리고 와.

여자는 이후에 먼저, 무엇을 합니까?

1 엄마 병원에 간다
2 바로 돌아간다
3 일을 다른 사람에게 부탁한다
4 서류를 만든다

어휘

部長(ぶちょう) 부장님 | 部下(ぶか) 부하 | 頼(たの)む 부탁하다 | まず 우선, 먼저 | もうすぐ 이제 곧 | 悪(わる)い 나쁘다, 좋지 않다, 실례가 되다 | 書類(しょるい) 서류 | 作(つく)る 만들다 | ~てくれる ~해 주다 | 実(じつ)は 사실은 | 入院(にゅういん) 입원 | 早(はや)く 일찍, 빨리 | 帰(かえ)る 돌아가(오)다 | ~なければならない ~하지 않으면 안 된다 | 大変(たいへん)だ 대단하다, 큰일이다, 힘들다, 고생스럽다 | 会議(かいぎ) 회의 | 資料(しりょう) 자료 | 今日中(きょうじゅう) 오늘 중 | ~てほしい ~해 주었으면 좋겠다, ~하길 바란다 | 他(ほか) 그 밖, 이외 | ~しかない ~(할 수)밖에 없다 | ~ぐらいなら ~정도라면 | なんとか 어떻게든 | もし 만약, 만일 | 午後(ごご) 오후 | 出勤(しゅっきん) 출근 | ~(さ)せていただけませんか ~하게 해 받을 수 없겠습니까? ~해도 되겠습니까? | 午前(ごぜん) 오전 | 手術(しゅじゅつ) 수술 | 予定(よてい) 예정 | 一日(いちにち) 하루 | 休(やす)む 쉬다 | ~てもいい ~해도 좋다 | ちゃんと 착실하게, 틀림없이, 확실하게 | 看病(かんびょう) 간병 | ~ておいで ~하고 와(가, 있어) | 病院(びょういん) 병원 | すぐに 바로, 곧

04 정답 1 모의1-1-04.mp3

男の人が電話をかけています。男の人はこれからどうしますか。

F：はい、東商事でございます。
M：あ、私は山田産業の中田と申します。お忙しいところを恐れ入りますが、営業課の武田さんいらっしゃいますか。
F：申し訳ございません。武田は今、あいにく席を外しております。何かお急ぎのご用でしょうか。
M：ええ、ちょっとご相談したいことがございまして。
F：武田でしたら、まもなく戻ってくると思うんですが、戻りましたらお電話するように伝えましょうか。
M：あー、こちらも出先からなもんですから･･･。
F：あ、外からでしょうか。では何かお伝えすることでもございますでしょうか。
M：そうですね。えーと、じゃ、こうしてください。私もこれから会社の方へ戻りますから、1時間ほどしてから、お電話くださるようにお伝えください。
F：はい、わかりました。確かにお伝えします。

男の人はこれからどうしますか。
1 自分の会社へ帰って電話を待つ
2 自分の会社へ帰ってからもう一度電話をかける
3 今いる所で電話を待つ
4 今いる所からもう一度電話をかける

해석
남자가 전화를 걸고 있습니다. 남자는 이제 어떻게 합니까?

F : 네, 히가시 상사입니다.
M : 아, 저는 야마다 산업의 나카다라고 합니다. 바쁘신데 죄송합니다만, 영업과의 다케다 씨 계십니까?
F : 죄송합니다. 다케다는 지금 공교롭게도 자리를 비우고 있습니다. 뭔가 급한 볼일이십니까?
M : 네, 좀 상담 드리고 싶은 게 있어서.
F : 다케다라면 머지않아 돌아올 것이라 생각하는데, 돌아오면 전화 드리도록 전할까요?
M : 아-, 저도 밖에서 전화하고 있는 거라서…….
F : 아, 밖이세요? 그럼 뭔가 전해드릴 말이라도 있으신가요?
M : 저……. 음. 그럼 이렇게 해 주세요. 저도 이제 회사 쪽으로 돌아갈 테니까, 1시간 정도 지나서 전화 부탁드린다고 전해 주십시오.
F : 네, 알겠습니다. 확실히 전해드리겠습니다.

남자는 이제 어떻게 합니까?
1 자신의 회사로 돌아가서 전화를 기다린다
2 자신의 회사에 돌아가고 나서 다시 한 번 전화를 건다
3 지금 있는 곳에서 전화를 기다린다
4 지금 있는 곳에서 다시 한 번 전화를 건다

어휘
電話(でんわ)をかける 전화를 걸다 | 東(ひがし) 동, 동쪽 | 商事(しょうじ) 상사 | ～でございます ~입니다 | 産業(さんぎょう) 산업 | ～と申(もう)す ~라고 하다 | お忙(いそが)しいところを 바쁘신 상황에, 바쁘신데 | 恐(おそ)れ入(い)る 죄송하다 | 営業課(えいぎょうか) 영업과 | いらっしゃる 가시다, 오시다, 계시다 | 申(もう)し訳(わけ)ございません 죄송합니다 | あいにく 공교롭게도, 마침 | 席(せき)を外(はず)す 자리를 비우다 | ～ておる (～ている의 겸양) ~고 있다 | 急(いそ)ぎ 급함, 서두름 | 用(よう) 볼일, 용무 | 相談(そうだん) 상담 | お(ご)+동사 ます형(한자어)+する (제가) ~하다 | ござる (ある의 겸양) 있다 | まもなく 머지않아 | 戻(もど)る 되돌아가(오)다 | ～ように ~하도록 | 伝(つた)える 전하다 | 出先(でさき) 행선지, 출장지 | ～ものですから ~기 때문에 | 外(そと) 밖 | ～ほど ~정도, ~만큼, ~할(일)수록 | お(ご)+동사 ます형(한자어)+くださる ~해 주시다 | 確(たし)かに 확실히, 분명히 | 自分(じぶん) 자기 자신 | 会社(かいしゃ) 회사 | 帰(かえ)る 돌아가(오)다 | 待(ま)つ 기다리다 | もう一度(いちど) 다시 한 번

05 정답 2 모의1-1-05.mp3

女の学生が本屋で本を探しています。女の学生は店員の話を聞いた後、何をしますか。

M : いらっしゃいませ。
F : あのう、この広告の本を探しているんですけど。
M : あー、これはもう売り切れてしまいましたが。
F : あっ、ないんですか。他の店でも売り切れだって言われたんですけど。
M : お取り寄せはできますよ。
F : 注文すればどのぐらいかかりますか。
M : そうですね。1週間ぐらい待っていただければ･･･。
F : えー、そんなにかかりますか。急いでいるんですけど。
M2 : 店長。駅前の支店の方なら、まだ何冊か残ってますよ。
F : えー、でも駅前店ってここから遠くないんですか。
M2 : ええ。
M : じゃ、こうしましょう。夕方までに駅前店からこちらに1冊、回してもらいますから。
F : えっ、本当ですか。よかった。じゃ、あとで取りに来ます。ありがとうございます。

女の学生は店員の話を聞いた後、何をしますか。
1 駅前の支店へ行く
2 今日、もう一度この店へ来る
3 1週間後にこの店へまた来る
4 他の店へ行く

해석
여학생이 서점에서 책을 찾고 있습니다. 여학생은 점원의 이야기를 들은 후 무엇을 합니까?

M : 어서 오세요.
F : 저, 이 광고에 있는 책을 찾고 있는데요.
M : 아-, 이것은 이미 다 팔려버렸습니다만.
F : 아, 없어요? 다른 가게에서도 다 팔렸다고 하던데.
M : 주문해 들여올 수는 있어요.
F : 주문하면 어느 정도 걸립니까?
M : 글쎄요. 1주일 정도 기다려주시면…….
F : 에? 그렇게 걸려요? 급하게 찾고 있는데.
M2 : 점장님. 역 앞의 지점 쪽에는 아직 몇 권인가 남아 있어요.
F : 에? 하지만 역 앞 가게라면 여기에서 멀지 않아요?
M2 : 네.
M : 그럼 이렇게 합시다. 저녁때까지는 역 앞 가게에서 이쪽으로 한 권 갖다 놓을 테니까요.
F : 에? 정말이요? 다행이다. 그럼 나중에 찾으러 오겠습니다. 고맙습니다.

여학생은 점원의 이야기를 들은 후 무엇을 합니까?
1 역 앞 지점에 간다
2 오늘 다시 한 번 이 가게로 온다
3 1주일 후에 이 가게에 다시 온다
4 다른 가게로 간다

어휘
本屋(ほんや) 서점 | 探(さが)す 찾다 | いらっしゃいませ 어서 오

세요 | 広告(こうこく) 광고 | 売(う)り切(き)れる 다 팔리다, 매진되다 | 他(ほか) 다른, 그 밖, 이외 | 店(みせ) 가게 | ～って ～라고, ～라고 하는, ～란 | 取(と)り寄(よ)せる 주문해서 가져오게 하다 | 注文(ちゅうもん) 주문 | どのぐらい 어느 정도 | かかる 걸리다 | ～ていただく ～해 받다, ～해 주시다 | 急(いそ)ぐ 서두르다, 조급히 굴다 | 店長(てんちょう) 점장 | 駅前(えきまえ) 역 앞 | 支店(してん) 지점 | ～方(ほう) ～쪽, ～방향 | まだ 아직 | ～冊(さつ) ～권 | 残(のこ)る 남다 | 遠(とお)い 멀다 | 夕方(ゆうがた) 저녁때 | ～までに ～까지(는) | 回(まわ)す 돌리다, 둘러치다, 보내다(옮기다) | ～てもらう ～해 받다, ～해 주다 | あとで 나중에, 다음에 | 取(と)りに来(く)る 찾으러 오다 | もう一度(いちど) 다시 한 번

06 정답 1 모의1-1-06.mp3

大学で男の学生と女の学生が話しています。男の学生はこれから、何をしますか。

M：田中さんのことなんだけど、最近、クラブに出てこないよね。
F：そうね。そういえばもう一ヶ月以上も来てないわ。
M：何か理由とか聞いてないの。きみ、同じ専攻じゃない。
F：そうよね。でも私、彼女のこと、あんまり知らないのよ。彼女とは今まで一回も話したこともないんだよ。
M：それじゃ、僕が電話でもして直接、話してみようか。一応僕がクラブの代表だからね。
F：どうかな。話すと、クラブやめるって言うんじゃないかな。
M：それはしかたがないよ。やめるかどうかは本人の自由なんだから。
F：でも、私はやっぱり待ってみたほうがいいと思うけどね。
M：いや、ぼくはやっぱりはっきりしておきたい。別にやめるって言うわけじゃないんだから。
F：うーん。

男の学生はこれから、何をしますか。

1 田中さんと直接話してみる
2 田中さんからの連絡を待つ
3 田中さんをやめさせる
4 田中さんの自由にさせる

해석

대학에서 남학생과 여학생이 이야기하고 있습니다. 남학생은 이제부터 무엇을 합니까?

M：다나카 씨말인데, 요즘 클럽에 나오지를 않네?
F：그러게. 그러고 보니 벌써 한 달 이상이나 안 오고 있어.
M：뭔가 이유라든지 들은 거 없어? 너 같은 전공이잖아.
F：그렇지. 하지만 나, 그녀에 관해서 별로 잘 몰라. 그녀하고는 지금까지 한 번도 얘기한 적도 없는걸.
M：그러면, 내가 전화라도 해서 직접 물어볼까? 어쨌거나 내가 클럽의 대표니까.
F：글쎄 어떨까? 얘기하면, 클럽 그만둔다고 말하지 않을까?
M：그건 어쩔 수 없지. 그만두던지 어떨지는 본인의 자유니까.
F：하지만 나는 역시 기다려 보는 편이 좋을 거라고 생각하는데.
M：아니야, 나는 역시 확실히 해 두고 싶어. 특별히 그만두라고 얘기할 것은 아니니까.
F：음.

남학생은 이제부터 무엇을 합니까?

1 다나카 씨와 직접 이야기해 본다
2 다나카 씨로부터의 연락을 기다린다
3 다나카 씨를 그만두게 한다
4 다나카 씨가 자유롭게 하게 한다

어휘

これから 이제부터, 앞으로 | 最近(さいきん) 최근, 요즘 | クラブ 클럽 | 出(で)てくる 나오다 | そういえば 그러고 보니 | もう 이미, 벌써, 이제, 더 | 以上(いじょう) 이상 | 理由(りゆう) 이유 | 聞(き)く 듣다, 묻다 | 同(おな)じ 같음 | 専攻(せんこう) 전공 | あんまり 너무, 지나치게, 그다지, 별로 | 知(し)らない 모른다 | 今(いま)まで 지금까지 | 一回(いっかい)も 한 번도 | ～たこともない ～한 적도 없다 | 電話(でんわ) 전화 | ～でも ～라도 | 直接(ちょくせつ) 직접 | ～てみようか ～해 볼까? | 一応(いちおう) 일단, 어쨌거나, 우선은 | 代表(だいひょう) 대표 | やめる 그만두다 | ～って ～라고, ～라는 | ～じゃないかな ～지 않을까? | しかたがない 어쩔 수 없다 | ～かどうか ～일(할)지 어떨지 | 本人(ほんにん) 본인 | 自由(じゆう) 자유 | やっぱり 역시 | 待(ま)ってみる 기다려 보다 | ～たほうがいい ～하는 편이 좋다 | ～けど ～지만, ～는데 | はっきり 뚜렷이, 분명히, 확실히 | ～ておく ～해 놓다, ～해 두다 | 別(べつ)に 별로, 특별히 | ～わけじゃない ～하는(인) 것은 아니다 | 連絡(れんらく) 연락 | ～(さ)せる ～(하)게 하다

문제2 문제2에서는 먼저 질문을 들으세요. 그리고 문제용지를 보세요. 읽는 시간이 있습니다. 그러고 나서 이야기를 듣고, 문제용지의 1~4중에서 가장 알맞은 답을 하나 고르세요.

01 정답 2 모의1-2-01.mp3

男の学生と女の学生が安売りショップについて話しています。女の学生は安売りショップが儲かる一番の理由は何だと言っていますか。

M：駅前に、安売りショップが新しくできたの知ってる。
F：うん。私も見た。全部100円の店。
M：そんなに安く売って、儲かるのかな。
F：そうなんじゃない。だって、いつもお客さんですごく込んでるもの。
M：いくら込んでたって、100円でしょ。1つ100円じゃ、かなりの数を売らなければ儲からないだろ。商品の質も期待できないし。
F：あら、100円だから、もともと質のよさなんて求めてないんじゃない。長持ちしたら得したって思うぐらいだから。それで、ついあれもこれも買っちゃうんだって。

M：そうか。消費者の心理をうまく利用してるってわけか。

女の学生はこのショップが儲かる一番の理由は何だと言っていますか。

1 長くもつので、得だから
2 消費者が必要以上に買うことになるから
3 生活に必要なものなら何でもあるから
4 商品の質がいいから

해석

남학생과 여학생이 할인 숍에 대해서 이야기하고 있습니다. 여학생은 할인 숍이 돈을 버는 가장 큰 이유는 무엇이라고 말하고 있습니까?

M: 역 앞에 할인 숍이 새로 생긴 거 알아?
F: 응. 나도 봤어. 전부 100엔인 가게.
M: 그렇게 싸게 팔아서 돈이 벌릴까?
F: 그렇지 않아. 왜냐하면 항상 손님으로 굉장히 붐비거든.
M: 아무리 붐빈다고 해고 100엔이잖아. 하나에 100엔이면 상당한 수를 팔지 않으면 벌 수가 없잖아. 상품의 질도 기대할 수 없고.
F: 야, 100엔이니까, 원래 품질 같은 건 기대하지 않잖아. 오래 쓰면 이득을 봤다고 생각할 정도니까. 그래서 무심코 이것저것 사게 되어버린대.
M: 그래? 소비자의 심리를 잘 이용하고 있구나.

여학생은 할인 숍이 돈을 버는 가장 큰 이유는 무엇이라고 말하고 있습니까?

1 오래 가므로 이득이기 때문에
2 소비자가 필요 이상으로 사게 되기 때문에
3 생활에 필요한 것이라면 뭐든지 있기 때문에
4 상품의 질이 좋기 때문에

어휘

安売(やすう)り 싸게 팖, 염가 판매 | ショップ 숍, 가게 | 儲(もう)かる 벌리다, 벌이가 되다 | 一番(いちばん) 가장, 제일 | 理由(りゆう) 이유 | 駅前(えきまえ) 역 앞 | 新(あたら)しく 새롭게 | できる 생기다, 할 수 있다, 완성되다 | 知(し)る 알다 | 全部(ぜんぶ) 전부 | 店(みせ) 가게 | 安(やす)く 싸게 | 売(う)る 팔다 | だって 그렇지만, 하지만 | お客(きゃく)さん 손님 | すごく 굉장히 | 込(こ)む 붐비다 | ～もの ~한걸(요) | いくら～って 아무리 ~해(라)도 | かなり 상당히, 꽤 | 数(かず) 수 | 商品(しょうひん) 상품 | 質(しつ) 질 | 期待(きたい) 기대 | もともと 원래 | よさ 좋음 | ～なんて ~같은 것, ~라니 | 求(もと)める 구하다, 바라다, 요구하다, 사다 | 長持(ながも)ち 오래감, 오래 씀 | 得(とく) 얻음, 이익, 이득 | 思(おも)う 생각하다 | ～ぐらい ~정도 | つい 그만, 무심코, 조금, 바로 | ～ちゃう (～てしまう의 축약형) ~해 버리다 | ～って ~라고, ~라는, ~래 | 消費者(しょうひしゃ) 소비자 | 心理(しんり) 심리 | うまく 훌륭하게, 잘 | 利用(りよう) 이용 | わけ 도리, 이유, 까닭, 뜻, 의미 | 長(なが)く 오래, 길게 | 必要(ひつよう) 필요 | 以上(いじょう) 이상 | ～ことになる ~하게 되다 | 生活(せいかつ) 생활 | 何(なん)でも 뭐든지

02 정답 2 모의1-2-02.mp3

男の人が話しています。男の人にとって、今一番大切なものは何だと言っていますか。

M：先日、街を歩いていたら「あなたの一番大切なものは何ですか」と質問され、瞬間的に「時間」と答えたんです。答えてから、「家族」とか「愛」とかって言うべきだったかなって思ったり、あるいは正直なところやっぱり「お金」なのかなあ･･･。いやいや今は元気だからあたりまえに思っているけれど、病気をしていたら「健康」と迷わず答えていたかもしれない。あらためてこんなことを考えると、あれもこれもと迷うばかりですが、今の私は、あの時、瞬間的に答えたものが私の本音だと思います。

男の人にとって、今一番大切なものは何だと言っていますか。

1 健康
2 時間
3 家族
4 お金

해석

남자가 이야기하고 있습니다. 남자에게 있어서, 지금 가장 소중한 것은 무엇이라고 말하고 있습니까?

M: 요전 날 길을 걷고 있는데 '당신에게 가장 소중한 것은 무엇입니까?'라고 질문을 받아, 순간적으로 '시간'이라고 대답했습니다. 대답하고 나서 '가족'이라든지 '사랑'이라든지 라고 말했어야 하나? 하고 생각하기도 하고, 아니면 정직하게 역시 '돈'인가……? 아니야 아니 지금은 건강하니까 당연하게 생각하고 있지만 병에 걸려 있었다면 '건강'이라고 망설이지 않고 대답했을지도 모른다. 새삼스럽게 이런 것을 생각하니 이것저것 망설일 뿐이지만, 지금의 나는, 그때 순간적으로 대답했던 것이 나의 본심이라고 생각합니다.

남자에게 있어서, 지금 가장 소중한 것은 무엇이라고 말하고 있습니까?

1 건강
2 시간
3 가족
4 돈

어휘

～にとって ~에게 있어서 | 一番(いちばん) 가장, 제일 | 大切(たいせつ)な 소중한, 중요한 | 先日(せんじつ) 요전 날, 일전 | 街(まち) 거리 | 歩(ある)く 걷다 | ～ていたら ~하고 있었더니 | 質問(しつもん) 질문 | 瞬間的(しゅんかんてき) 순간적 | 時間(じかん) 시간 | 答(こた)える 대답하다 | ～てから ~하고 나서 | 家族(かぞく) 가족 | ～とか ~라든가 | 愛(あい) 사랑 | 言(い)う 말하다 | ～べきだ ~해야 한다 | ～って ~라고, ~라는, ~래 | 思(おも)う 생각하다 | ～たり ~하기도 하고 | あるいは 또는, 혹은 | 正直(しょうじき) 정직 | やっぱり 역시 | お金(かね) 돈 | いやいや 아니야 아니 | 元気(げんき) 건강함, 활발함 | 当(あ)たり前(まえ) 당연함, 마땅함 | 病気(びょうき) 병 | 健康(けんこう) 건강 | 迷(まよ)う 길을 잃다, 망설이다 | ～ず ~(하)지 않고 | ～かもしれない ~할(일)

지도 모른다. | 改(あらた)めて 다시, 새삼스럽게 | 考(かんが)える 생각하다 | ～ばかり ～만, ～뿐 | 本音(ほんね) 본심

03 정답 3 모의1-2-03.mp3

会社で女の人と男の人が話しています。女の人は昨日どうして遅れましたか。

F：課長、遅れて申し訳ありません。
M：今日も遅刻ですか。今日はまた、何で遅れたんですか。
F：財布を忘れてきてしまって、途中で家に戻ってから来ました。
M：昨日は電車の事故で、今日は財布を持ってこなかったんですか。
F：電車の事故は私の責任ではないから、仕方がなかったんですよ。
M：でも、財布を忘れたのは間違いなくあなたの責任でしょう。
F：私も気をつけているんですが、何でこうなるのかわかりません。
M：どうしてあなただけこういうことが起きるんだろう。

女の人は昨日どうして遅れましたか。

1 電車に乗り遅れたから
2 降りる駅を間違えたから
3 電車の事故があったから
4 財布を忘れたから

해석

회사에서 여자와 남자가 이야기하고 있습니다. 여자는 어제 왜 늦었습니까?

F : 과장님, 늦어서 죄송합니다.
M : 오늘도 지각입니까? 오늘은 또 왜 늦었습니까?
F : 지갑을 잊어버리고 나와서, 도중에 집에 다시 갔다 왔습니다.
M : 어제는 전철 사고가 났다더니, 오늘은 지갑을 안 가지고 왔어요?
F : 전철 사고는 제 책임이 아니니까, 어쩔 수 없었어요.
M : 그래도, 지갑을 잊고 나온 건 완전히 당신 책임이잖아요.
F : 저도 조심을 하고 있는데, 왜 이렇게 되는지 모르겠습니다.
M : 어째서 당신만 이런 일이 일어나는 걸까?

여자는 어제 왜 늦었습니까?

1 전철을 놓쳤기 때문에
2 내리는 역을 착각했기 때문에
3 전철 사고가 있었기 때문에
4 지갑을 잊고 나왔기 때문에

어휘

昨日(きのう) 어제 | どうして 왜, 어째서 | 遅(おく)れる 늦다 | 課長(かちょう) 과장님 | 申(もう)し訳(わけ)ない 면목없다, 미안하다 | 遅刻(ちこく) 지각 | また 또, 또한 | 何(なん)で 왜, 어째서 | 財布(さいふ) 지갑 | 忘(わす)れる 잊다 | ～てしまう ～해 버리다 | 途中(とちゅう) 도중 | 戻(もど)る 되돌아가(오)다 | 電車(でんしゃ) 전철 | 事故(じこ) 사고 | 持(も)ってくる 갖고 오다 | 責任(せきにん) 책임 | 間違(まちが)いなく 틀림없이, 분명히 | 気(き)をつける 조심하다, 주의하다 | ～だけ ～만, ～뿐 | こういう 이러한 | 起(お)きる 일어나다 | 乗(の)り遅(おく)れる 늦어서 못 타다, 놓치다 | 降(お)りる 내리다 | 駅(えき) 역 | 間違(まちが)える 잘못하다, 잘못 알다, 착각하다

04 정답 4 모의1-2-04.mp3

男の人と女の人が話しています。女の人が自分の家でパーティーをしたくない決定的な理由は何ですか。

M：ねえ、今度のコンパ、きみの家でするのはどう。
F：えー、わたしの家。何でいきなり私の家なの。私はいつもの居酒屋の方がいいと思うけど。だって私、料理はぜんぜん駄目だもん。
M：それは心配しなくてもいいよ。料理は持ち寄りにすればいいから。
F：でも、片付けとか洗い物とかは全部私がしなければならないじゃない。やっぱり、居酒屋の方がいいよ。
M：でも、君の家の方が、時間を気にせずに済むし･･･。
F：みんなが来るには狭いわよ。それに、実は、今妹が来てるのよ。みんなが来ると彼女が困ってしまうんじゃない。
M：あ、そう。それじゃ仕方がないね。じゃ、今度もいつもの居酒屋にしよう。みんなには僕が連絡しておくから。

女の人が自分の家でパーティーをしたくない決定的な理由は何ですか。

1 後片付けをしたくないから
2 部屋が狭いから
3 料理が下手だから
4 妹が来ているから

해석

남자와 여자가 이야기하고 있습니다. 여자가 자신의 집에서 파티를 하고 싶지 않은 결정적 이유는 무엇입니까?

M : 저기, 이번 친목모임은 너희 집에서 하는 게 어때?
F : 어? 우리 집? 왜 갑자기 우리 집이야? 나는 항상 하는 술집에서 하는 편이 좋을 것 같은데? 왜냐하면 나, 요리는 전혀 못한단 말이야.
M : 그건 걱정 안 해도 돼. 요리는 각자 가지고 오기로 하면 되니까.
F : 하지만, 정리라든가 설거지라든가는 전부 내가 하지 않으면 안 되잖아. 역시 술집에서 하는 게 좋아.
M : 그래도 너희 집이 시간을 신경 쓰지 않아도 되고…….
F : 모두가 오기에는 좁아. 게다가, 사실은 지금 여동생이 와 있어. 모두가 오면 그녀가 곤란하잖아.
M : 아, 그래? 그럼 어쩔 수 없네. 그럼 이번에도 항상 하는 술집으로 하자. 모두에게는 내가 연락해 둘 테니까.

여자가 자신의 집에서 파티를 하고 싶지 않은 결정적 이유는 무엇입니까?

1 뒤처리를 하고 싶지 않기 때문에
2 방이 좁기 때문에
3 요리를 잘 못하기 때문에
4 여동생이 와 있기 때문에

어휘

自分(じぶん) 자기 자신 | パーティー 파티 | なぜ 왜, 어째서 | 今度(こんど) 이번, 이다음 | コンパ 친목회, 다과회 | 何(なん)で 왜, 어째서 | いきなり 갑자기, 느닷없이 | 居酒屋(いざかや) 술집 | だって 그렇지만, 하지만, 왜냐하면 | 料理(りょうり) 요리 | 全然(ぜんぜん) 전혀 | 駄目(だめ) 소용없음, 못쓰게 됨, 불가능함, 해서는 안 됨 | ～もん ～한(인)걸 | 心配(しんぱい) 걱정, 근심 | ～なくてもいい ～하지 않아도 좋다 | 持(も)ち寄(よ)り (필요한 것 · 음식 등을) 제각기 가지고 모임 | 片付(かたづ)け 정리, 정돈 | ～とか ～라든가 | 洗(あら)い物(もの) 빨래, 설거지 | 全部(ぜんぶ) 전부 | ～なければならない ～하지 않으면 안 된다 | やっぱり 역시 | ～方(ほう)がいい ～하는 편이 좋다 | 時間(じかん) 시간 | 気(き)にする 걱정하다, 마음에 두다 | ～ずに ～하지 않고, ～하지 말고 | 済(す)む 끝나다, 해결되다 | 狭(せま)い 좁다 | それに 게다가 | 実(じつ)は 사실은 | 妹(いもうと) 여동생 | 困(こま)る 곤란하다, 난처하다 | ～てしまう ～해 버리다 | ～んじゃない ～지 않아? | 連絡(れんらく) 연락 | 後片付(あとかたづ)け 뒤처리, 설거지 | 下手(へた)だ 서투르다, 잘 못하다

05 **정답 1** 모의1-2-05.mp3

会社で男の人と女の人が話しています。山田さんはどうして会社を休みましたか。

M：山田の顔が見えないけど。

F：さっき電話があったんだけど、風邪をひいて熱があるから、今日は休むって。

M：おかしいなあ。昨夜、僕と一緒に遅くまで飲んでいたけど、そんな様子は少しもなかったよ。ははあ、きっと二日酔いだな。ずいぶん飲んでたから。ちょっと僕が電話してみよう。

F：……。どうだった。

M：やっぱりそうだった。頭が痛くて、吐き気もするらしい。

F：あなたは大丈夫なの。一緒に飲んでたじゃない。

M：もちろん、僕はぜんぜん大丈夫。

山田さんはどうして会社を休みましたか。

1 お酒を飲みすぎて気分が悪かったから
2 お酒を二日も飲み続けたから
3 風邪をひいたから
4 残業で疲れているから

해석

회사에서 남자와 여자가 이야기하고 있습니다. 야마다 씨는 어째서 회사를 쉬었습니까?

M：야마다 얼굴이 안 보이네.

F：아까 전화가 왔었는데, 감기에 걸려 열이 나서 오늘은 쉬겠대.

M：이상하네. 어젯밤 나랑 같이 늦게까지 술 마셨는데, 그런 기색은 조금도 없었는데. 하하. 분명히 숙취 때문일 거야. 상당히 마셨거든. 내가 좀 전화해 봐야겠다.

F：……. 뭐래?

M：역시 그랬어. 머리가 아프고, 구역질도 난대.

F：당신은 괜찮아? 같이 마셨잖아.

M：물론이지. 나는 완전 괜찮아.

야마다 씨는 어째서 회사를 쉬었습니까?

1 술을 너무 많이 마셔서 속이 좋지 않기 때문에
2 술을 이틀이나 연속으로 마셨기 때문에
3 감기에 걸렸기 때문에
4 야근으로 피곤하기 때문에

어휘

どうして 왜, 어째서 | 休(やす)む 쉬다 | 顔(かお) 얼굴 | 見(み)える 보이다 | さっき 아까, 조금 전 | 電話(でんわ) 전화 | 風邪(かぜ)をひく 감기에 걸리다 | 熱(ねつ) 열 | おかしい 우습다, 이상하다 | 昨夜(さくや) 어젯밤 | 一緒(いっしょ)に 같이, 함께 | 遅(おそ)く 늦게 | 様子(ようす) 상황, 형편, 모습, 낌새, 기색 | 少(すこ)しも 조금도 | きっと 꼭, 틀림없이 | 二日酔(ふつかよ)い 숙취 | ずいぶん 몹시, 아주, 대단히 | やっぱり 역시 | 頭(あたま)が痛(いた)い 머리가 아프다 | 吐(は)き気(け) 토기, 구역질 | ～らしい ～것 같다, ～답다 | 大丈夫(だいじょうぶ) 괜찮음 | もちろん 물론 | 全然(ぜんぜん) 전혀, 조금도, 완전히, 아주 | 飲(の)みすぎる 과음하다 | 気分(きぶん)が悪(わる)い 속이 좋지 않다 | 飲(の)み続(つづ)ける 계속 마시다 | 残業(ざんぎょう) 잔업, 야근 | 疲(つか)れる 지치다, 피곤하다

06 **정답 3** 모의1-2-06.mp3

女の人と男の人が話しています。女の人は何が一番よかったと言っていますか。

F：今年の社員旅行、去年よりよかったよね。何と言っても温泉がすごくよかった。

M：温泉もよかったけど、料理がすごかったよな。

F：そうそう。バイキングで種類も多かったし、カニも食べ放題、とてもおいしかった。

M：僕は山登りもよかった。汗をかいて頂上に着いた時のあの爽快な気持ちと景色はたまらなかったな。

F：そうね、天気もよかったし。でも、私はやっぱりそのあとに入った露天風呂がすごく気持ちよかったなあ。静かなところでのんびり温泉に入って、普段では味わえない自然を感じることもできたし･･･。

女の人は何が一番よかったと言っていますか。

1 山登り
2 料理
3 温泉
4 天気

해석

여자가 남자와 이야기하고 있습니다. 여자는 무엇이 가장 좋았다고 말하고 있습니까?

F：올해 사원여행, 작년보다 좋았지. 뭐니 뭐니 해도 온천이 굉장히 좋았어.

M : 온천도 좋았지만, 요리가 굉장했잖아.

F : 맞아 맞아. 뷔페식으로 종류도 많았고, 게도 마음껏 먹을 수 있고 너무 좋았어.

M : 나는 등산도 좋았어. 땀을 흘리고 정상에 도착했을 때의 그 상쾌한 기분과 경치는 더없이 좋았어.

F : 그래, 날씨도 좋았고. 하지만 나는 역시 그 뒤에 들어간 노천온천이 너무 기분 좋았어. 조용한 곳에서 느긋하게 온천에 들어가서, 평소에는 맛 볼 수 없는 자연을 느낄 수도 있었고…….

여자는 무엇이 가장 좋았다고 말하고 있습니까?

1 등산
2 요리
3 온천
4 날씨

어휘

一番(いちばん) 가장, 제일 | よかった 좋았다, 다행이다 | 今年(ことし) 올해 | 社員旅行(しゃいんりょこう) 사원여행 | 去年(きょねん) 작년 | ～より ~보다, ~에서, ~부터 | 何(なん)と言(い)っても 누가 뭐라고 해도, 뭐니 뭐니 해도 | 温泉(おんせん) 온천 | すごく 굉장히, 대단히 | 料理(りょうり) 요리 | バイキング 뷔페식 요리 | 種類(しゅるい) 종류 | 多(おお)い 많다 | カニ 게 | 食(た)べ放題(ほうだい) 마음대로 먹음 | おいしい 맛있다 | 山登(やまのぼ)り 등산 | 汗(あせ)をかく 땀이 나다, 땀을 흘리다 | 頂上(ちょうじょう) 정상 | 着(つ)く 도착하다 | 爽快(そうかい)な 상쾌한 | 気持(きも)ち 기분, 마음, 몸의 상태 | 景色(けしき) 경치 | たまらない 참을 수 없다, 더없이 좋다 | 天気(てんき) 날씨 | 露天風呂(ろてんぶろ) 노천온천 | 静(しず)かな 조용한 | のんびり 한가로이, 유유히 | 普段(ふだん) 평소, 일상 | 味(あじ)わう 맛보다, 겪다 | 自然(しぜん) 자연 | 感(かん)じる 느끼다

문제3 문제3에서는 문제용지에 아무것도 인쇄되어 있지 않습니다. 이 문제는 전체적으로 어떤 내용인지를 듣는 문제입니다. 이야기 전에 질문은 없습니다. 먼저 이야기를 들으세요. 그러고 나서 질문과 선택지를 듣고, 1~4 중에서 가장 알맞은 답을 하나 고르세요.

01 정답 2 모의1-3-01.mp3

テレビで男の人が話しています。

M : もし、地震が起きたら、どうしたらいいのでしょうか。火を使っていれば、すぐその火を消さなければなりません。家が倒れるより火事になる方が危険なのです。それから、戸や窓を開けて外へ出る用意をした方がいいです。しかし、地震が起きても、すぐ外へ出ない方が安全です。もし、上から何か落ちてきたら危ないから、机やベッドなどの下に入ります。1分ぐらいたてば、地震が続いても大丈夫ですから、火やガスなどが安全かどうか、調べます。大きい地震があったときは、ラジオやテレビで放送しますから、よく聞いて、正しい情報を知ることが大切です。

男の人は何について話していますか。

1 地震の時の緊急連絡先
2 地震が起きたときの対処方法
3 地震を予防する方法
4 地震があったときの正しい情報の大切さ

해석

텔레비전에서 남자가 이야기하고 있습니다.

M : 만약, 지진이 나면 어떻게 하면 좋을까요? 불을 사용하고 있다면, 바로 그 불을 끄지 않으면 안 됩니다. 집이 쓰러지는 것 보다 화재가 나는 쪽이 위험합니다. 그리고 문과 창문을 열고 밖으로 나갈 준비를 하는 편이 좋습니다. 그러나 지진이 나도 바로 밖으로 나가지 않는 편이 안전합니다. 만약 위에서 뭔가 떨어지면 위험하니까, 책상과 침대 등의 아래로 들어갑니다. 1분 정도 지나면, 지진이 계속되어도 괜찮으니까, 불과 가스 등이 안전한지 어떤지 점검합니다. 큰 지진이 났을 때는, 라디오와 텔레비전에서 방송하기 때문에, 잘 듣고 바른 정보를 아는 것이 중요합니다.

남자는 무엇에 관해서 이야기하고 있습니까?

1 지진 때의 긴급 연락처
2 지진이 일어났을 때의 대처방법
3 지진을 예방하는 방법
4 지진이 일어났을 때의 바른 정보의 중요함

어휘

もし 만약, 만일 | 地震(じしん) 지진 | 起(お)きる 일어나다 | 火(ひ) 불 | 使(つか)う 쓰다, 사용하다 | すぐ 바로, 곧 | 消(け)す 끄다, 지우다 | ～なければならない ~하지 않으면 안 된다 | 倒(たお)れる 쓰러지다, 넘어지다 | ～より ~보다, ~부터, ~에서 | 火事(かじ) 화재, 불 | 危険(きけん) 위험 | それから 그리고, 그러고 나서 | 戸(と) 문 | 窓(まど) 창문 | 開(あ)ける 열다 | 外(そと) 밖 | 出(で)る 나가(오)다 | 用意(ようい) 준비, 대비 | 安全(あんぜん) 안전 | 上(うえ) 위 | 何(なに)か 뭔가 | 落(お)ちる 떨어지다 | 危(あぶ)ない 위험하다 | 机(つくえ) 책상 | ベッド 침대 | 下(した) 밑, 아래 | 入(はい)る 들어가(오)다 | 経(た)つ (시간 · 세월이)지나다 | 続(つづ)く 이어지다, 계속되다 | 大丈夫(だいじょうぶ) 괜찮음 | ガス 가스 | ～かどうか ~인지 어떤지 | 調(しら)べる 조사하다, 검토하다 | ラジオ 라디오 | テレビ 텔레비전 | 放送(ほうそう) 방송 | 正(ただ)しい 바르다, 옳다 | 情報(じょうほう) 정보 | 知(し)る 알다 | 大切(たいせつ) 중요함, 소중함 | 緊急(きんきゅう) 긴급 | 連絡先(れんらくさき) 연락처 | 対処(たいしょ) 대처 | 方法(ほうほう) 방법 | 予防(よぼう) 예방

02 정답 3 모의1-3-02.mp3

男の人と女の人がアルバイトの面接について話をしています。

F : アルバイト、見つかった。

M : それが…先週行ったところも、おととい行ったところも連絡がないんだ。合格者には次の日電話するって言ってたのに。どうしてだめなのかなあ。

F：遅刻したんじゃないの。
M：まさか。遅刻なんてするわけないじゃないか。
F：そう。髪も切ったし、髭も剃ったし。あ、普段着で行ったんじゃない？
M：えっ、だめなの。
F：そりゃそうよ。いちおう面接なんだから、きちんとした格好で行かなきゃ。
M：そっか。じゃ、明日はジーンズはやめるよ。

女の人は男の人の何が悪いと言っていますか。

1 男の人が遅刻をしたこと
2 男の人が髪を切ったり、髭を剃ったりしたこと
3 男の人がきちんとした格好で行かなかったこと
4 男の人がジーンズをやめたこと

해석

남자와 여자가 아르바이트 면접에 관해서 이야기를 하고 있습니다.

F : 아르바이트, 구했어?
M : 그게…지난주 간 곳도, 그저께 간 곳도 연락이 없어. 합격자에게는 다음 날 전화한다고 했었는데. 어째서 안 되는 걸까?
F : 지각한 것 아니야?
M : 설마. 지각 같은 것 할 리가 없잖아.
F : 그래? 머리도 잘랐고, 수염도 깎았고. 아, 평상복으로 간 것 아냐?
M : 앗, 그러면 안 돼?
F : 당연하지. 어쨌거나 면접이니까, 단정한 차림으로 가야지.
M : 그런가? 그럼, 내일은 청바지는 입지 말아야겠다.

여자는 남자의 무엇이 좋지 않다고 말하고 있습니까?

1 남자가 지각을 한 것
2 남자가 머리를 자르거나, 수염을 깎거나 한 것
3 남자가 단정한 차림으로 가지 않았던 것
4 남자가 청바지를 입지 않았던 것

어휘

アルバイト 아르바이트｜面接(めんせつ) 면접｜見(み)つかる 들키다, 찾게 되다, 발견되다｜先週(せんしゅう) 지난 주｜一昨日(おととい) 그저께｜連絡(れんらく) 연락｜合格者(ごうかくしゃ) 합격자｜次(つぎ)の日(ひ) 다음 날｜電話(でんわ) 전화｜どうして 왜, 어째서｜駄目(だめ) 소용없음, 못쓰게 됨, 불가능함, 해서는 안 됨｜遅刻(ちこく) 지각｜まさか 설마, 아무리 그렇더라도｜～なんて ~같은 것, ~라(다)니｜～わけがない ~할 리가 없다｜髪(かみ) 머리｜切(き)る 자르다, 끊다｜髭(ひげ) 수염｜剃(そ)る 깎다, 밀다｜普段着(ふだんぎ) 평상복｜一応(いちおう) 일단, 우선은, 어쨌거나｜きちんとした 깔끔한, 규칙적인, 정확한｜格好(かっこう) 모습, 모양｜ジーンズ 청바지｜やめる 그만두다

03 정답 3 모의1-3-03.mp3

女の人がラジオで話しています。

F：みなさん、今日は新しいタイプの電子辞書をご紹介したいと思います。今までの電子辞書は、必ず文字で調べましたね。しかしこの新しいタイプの電子辞書は、人の声を自動的に認識し、調べることができます。さらに、英語のほかにフランス語やスペイン語など、6カ国の外国語の辞書が入っています。そしてなんといっても、インターネット上の情報を探してくれる機能がついています。 辞書に載っていない外国語の地名や施設名などを、インターネットで探して示すことができます。とにかく、この新型電子辞書は本当に便利で、使いやすくて、おすすめです。

女の人は新しいタイプの電子辞書について、一番いい点は何だと言っていますか。

1 人の声を自動的に認識し、調べること
2 文字で簡単に調べられて便利なこと
3 インターネット上の情報を探してくれる機能がついていること
4 6カ国の外国語の辞書が入っていること

해석

여자가 라디오에서 이야기하고 있습니다.

F : 여러분, 오늘은 새로운 타입의 전자사전을 소개하고 싶습니다. 지금까지의 전자사전은 반드시 문자로 찾았었지요. 그러나 이 새로운 타입의 전자사전은, 사람의 목소리를 자동적으로 인식하여 찾을 수 있습니다. 게다가, 영어 외에 프랑스어와 스페인어 등 6개국의 외국어 사전이 들어 있습니다. 그리고 뭐니뭐니 해도, 인터넷상의 정보를 찾아주는 기능이 들어 있습니다. 사전에 실려 있지 않은 외국의 지명이나 시설명 등을 인터넷으로 찾아서 보여줄 수 있습니다. 어쨌든 이 신형 전자사전은 정말 편리하고, 사용하기 편해서 추천합니다.

여자는 새로운 타입의 전자사전에 관해, 가장 좋은 점은 무엇이라고 말하고 있습니까?

1 사람의 목소리를 자동적으로 인식하여 찾는 것
2 문자로 간단하게 찾을 수 있어서 편리한 것
3 인터넷상의 정보를 찾아주는 기능이 달려 있는 것
4 6개국의 외국어 사전이 들어있는 것

어휘

新(あたら)しい 새롭다, 새것이다｜タイプ 타입, 형식, 유형｜電子辞書(でんしじしょ) 전자사전｜紹介(しょうかい) 소개｜今(いま)まで 지금까지｜必(かなら)ず 반드시, 꼭｜文字(もじ) 문자｜調(しら)べる 조사하다, 검토하다, 찾다｜しかし 그러나｜声(こえ) 목소리｜自動的(じどうてき) 자동적｜認識(にんしき) 인식｜さらに 더욱 더, 다시 한 번, 게다가｜英語(えいご) 영어｜他(ほか) 그 밖, 이외｜フランス語(ご) 프랑스어｜スペイン語(ご) 스페인어｜～など ~등, 따위｜外国語(がいこくご) 외국어｜入(はい)る 들어가(오)다｜そして 그리고｜インターネット上(じょう) 인터넷상｜情報(じょうほう) 정보｜探(さが)す 찾다｜機能(きのう) 기능｜つく 붙다, 달리다｜載(の)る 실리다｜地名(ちめい) 지명｜施設(しせつ) 시설｜示(しめ)す (나타내) 보이다, 가리키다｜とにかく 어쨌든｜新型(しんがた) 신형｜本当(ほんとう)に 정말로｜便利(べんり) 편리｜使(つか)いやすい 사용하기 편하다｜お勧(すす)め 추천, 권유｜簡単(かんたん)に 간단히

문제4 문제4에서는 그림을 보면서 질문을 들으세요. 화살표(→)가 가리키는 사람은 뭐라고 말합니까? 1~3 중에서 가장 알맞은 답을 하나 고르세요.

01 정답 2 모의1-4-01.mp3

会社で今度のプロジェクトは自分がしたいと思っています。何と言いますか。

1 今度のプロジェクトはぜひ私にやってみてください。
2 今度のプロジェクトはぜひ私にやらせてください。
3 今度のプロジェクトはぜひ私にやられてください。

해석
회사에서 이번 프로젝트는 자신이 하고 싶다고 생각하고 있습니다. 뭐라고 말합니까?
1 이번 프로젝트는 꼭 저에게 해 봐 주세요.
2 이번 프로젝트는 꼭 제가 하게 해 주세요.
3 이번 프로젝트는 꼭 저에게 당해주세요.

어휘
会社(かいしゃ) 회사 | 今度(こんど) 이번, 다음 | プロジェクト 프로젝트 | 自分(じぶん) 자기 자신 | ぜひ 꼭, 부디 | やる 하다, 주다 | ～てみる ~해 보다 | ～てください ~해 주세요 | やらせる 하게 하다, 주게 하다 | やられる 당하다

02 정답 3 모의1-4-02.mp3

道で前を歩いている人が財布を落としました。何と言いますか。

1 財布ならここにありますよ。
2 財布を取ってくれませんか。
3 財布、落としましたよ。

해석
길에서 앞을 걸어가고 있는 사람이 지갑을 떨어뜨렸습니다. 뭐라고 말합니까?
1 지갑이라면 여기에 있어요.
2 지갑을 주워주지 않겠습니까?
3 지갑, 떨어뜨렸어요.

어휘
道(みち) 길 | 前(まえ) 앞, 전 | 歩(ある)く 걷다 | 財布(さいふ) 지갑 | 落(お)とす 떨어뜨리다, 잃다 | 取(と)る 집다, 들다, 취하다, 잡다

03 정답 2 모의1-4-03.mp3

職場で先輩より先に帰るとき、何と言いますか。

1 じゃあ、お大事に。
2 お先に失礼します。
3 ご苦労さまでした。

해석
직장에서 선배보다 먼저 돌아갈 때, 뭐라고 말합니까?
1 그럼, 몸조심해요.
2 먼저 실례하겠습니다.
3 수고했어요.

어휘
職場(しょくば) 직장 | 先輩(せんぱい) 선배 | 先(さき)に 먼저 | 帰(かえ)る 돌아가(오)다 | お大事(だいじ)に 몸조심해 | 失礼(しつれい) 실례 | ご苦労様(くろうさま) 수고하셨습니다(윗사람이 아랫사람에게)

04 정답 1 모의1-4-04.mp3

自分が書いた論文を先生に見てもらいたいです。何と言いますか。

1 先生、ちょっとこれを見ていただけませんか。
2 先生、これを拝見してもよろしいでしょうか。
3 先生、ぜひこれを見させてください。

해석
자신이 쓴 논문을 선생님이 봐 주시길 바랍니다. 뭐라고 말합니까?
1 선생님, 잠깐 이것을 봐 주실 수 없으시겠습니까?
2 선생님, 이것을 제가 봐도 되겠습니까?
3 선생님, 꼭 이것을 보게 해 주세요.

어휘
自分(じぶん) 자기 자신 | 書(か)く 쓰다 | 論文(ろんぶん) 논문 | 見(み)る 보다 | ～てもらう ~해 받다, (~가) ~해 주다 | ちょっと 잠시, 조금 | ～ていただけませんか ~해 받을 수 없겠습니까? ~해 주실 수 없겠습니까? | 拝見(はいけん)する 見(み)る의 겸양, (제가) 보다 | ～てもよろしいでしょうか ~てもいいですか의 겸양, ~해도 됩니까? | ぜひ 꼭, 부디 | 見(み)させる 보게 하다

문제5 문제5에서는 문제용지에 아무것도 인쇄되어 있지 않습니다. 먼저 문장을 들으세요. 그러고 나서 그 답을 듣고, 1~3 중에서 가장 올바른 답을 하나 고르세요.

01 정답 2 모의1-5-01.mp3

田中さんはいつ韓国にいらっしゃいましたか。

1 来年の7月までの予定です。
2 今年の3月にまいりました。
3 田中さんはさっき帰りましたよ。

해석
다나카 씨는 언제 한국에 오셨습니까?
1 내년 7월까지의 예정입니다.
2 올해 3월에 왔습니다.
3 다나카 씨는 아까 돌아갔어요.

어휘
いつ 언제 | 韓国(かんこく) 한국 | いらっしゃる (行く·来る·いる의 높임말) 가시다, 오시다, 계시다 | 来年(らいねん) 내년 | 予定(よて

い) 예정 | 今年(ことし) 올해 | 参(まい)る (行く·来るの 겸양) 가다, 오다 | 先(さっき) 아까, 조금 전 | 帰(かえ)る 돌아가(오)다

02 정답 2 모의1-5-02.mp3

すみません、そこのボールペン取っていただけますか。

1 はい、取っていただきます。

2 はい、どうぞ。

3 はい、取ってあげます。

해석

죄송하지만, 거기 볼펜 집어 주실 수 있겠습니까?

1 네, 집어 주십니다.

2 네, 여기요.

3 네, 집어 줍니다.

어휘

ボールペン 볼펜 | 取(と)る 집다, 들다, 취하다 | ～ていただく ～해 받다, (~가) ~해 주시다 | ～てあげる ~해 주다

03 정답 1 모의1-5-03.mp3

最近は週末まで残業させられて･･･。

1 それは大変ですね。

2 そんなに仕事が面白いんですか。

3 そうですか。うらやましいですね。

해석

요즘은 주말까지 잔업을 해서…….

1 정말 힘들겠네요.

2 그렇게 일이 재미있어요?

3 그래요? 부럽네요.

어휘

最近(さいきん) 최근, 요즈음 | 週末(しゅうまつ) 주말 | 残業(ざんぎょう) 잔업 | させられる (억지로) ~하다, ~하게 시킴을 당하다 | それは 정말, 참으로, 매우 | 大変(たいへん) 대단함, 큰일, 힘듦, 고생스러움 | そんなに 그렇게 | 仕事(しごと) 일, 업무 | 面白(おもしろ)い 재미있다 | うらやましい 부럽다

04 정답 2 모의1-5-04.mp3

明日の会議は7時に開始するから、遅れないようにね。

1 はい、そうしてください。

2 はい、気をつけます。

3 はい、お構いなく。

해석

내일 회의는 7시에 시작하니까 늦지 않도록 해.

1 예, 그렇게 해 주세요.

2 예, 명심하겠습니다.

3 예, 개의치 마세요.

어휘

明日(あした) 내일 | 会議(かいぎ) 회의 | 開始(かいし) 개시, 시작 | 遅(おく)れる 늦다 | ～ないように ~하지 않도록 | 気(き)をつける 조심하다, 주의하다, 정신 차리다 | お構(かま)いなく 개의치 마시고, 편안히

05 정답 1 모의1-5-05.mp3

ここは喫煙禁止になっているんですが。

1 あっ、すみません。気が付きませんでした。

2 あっ、そうなんですか。気にしませんから。

3 あっ、そんなに気を使わないでください。

해석

여기는 흡연 금지로 되어 있습니다만.

1 앗, 죄송합니다. 몰랐습니다.

2 앗, 그렇습니까? 신경 쓰지 않으니까.

3 앗, 그렇게 신경 쓰지 마세요.

어휘

喫煙(きつえん) 흡연 | 禁止(きんし) 금지 | 気(き)が付(つ)く 깨닫다, 생각이 미치다, 알아차리다 | 気(き)にする 걱정하다, 마음에 두다 | 気(き)を使(つか)う 주의하다, 신경을 쓰다

06 정답 2 모의1-5-06.mp3

この書類、佐藤さんに渡してもらえますか。

1 はい、じゃあ、今ここに置いて行きます。

2 はい、ちゃんと渡しておきます。

3 はい、書類を佐藤さんにもらえばいいですね。

해석

이 서류, 사토 씨에게 건네줄 수 있겠습니까?

1 네, 그럼, 지금 여기에 놓고 가겠습니다.

2 네, 확실히 건네 놓겠습니다.

3 네, 서류를 사토 씨에게 받으면 되는 거네요.

어휘

書類(しょるい) 서류 | 渡(わた)す 건네다, 넘기다 | ～てもらう ~해 받다, (~가) ~해 주다 | 置(お)いて行(い)く 놓고 가다 | ちゃんと 틀림없이, 분명하게, 확실하게, 단정하게 | ～ておく ~해 놓다, ~해 두다 | もらう 받다 | ～ばいい ~하면 된다, ~하면 좋다

07 정답 1 모의1-5-07.mp3

窓をちょっと開けてもいいですか。

1 暑いですか。クーラーつけましょうか。

2 そうですね。今日は風が強いですね。

3 ええ、かまいませんよ。閉めましょう。

해석

창문을 좀 열어도 되겠습니까?

1 더워요? 에어컨을 켤까요?

2 그러네요. 오늘은 바람이 강하네요.
3 네, 상관없어요. 닫읍시다.

어휘
窓(まど) 창문 | 開(あ)ける 열다 | 暑(あつ)い 덥다 | クーラー 쿨러, 에어컨 | つける 붙이다, 달다, 바르다, 켜다 | 風(かぜ) 바람 | 強(つよ)い 세다, 강하다 | かまいません 상관없습니다 | 閉(し)める 닫다

08 정답 3 모의1-5-08.mp3

いらっしゃいませ。こちらでコートをお預かりいたします。
1 では、あの黒いコートをお願いします。
2 私に似合うコートを選んでくださいませんか。
3 かばんも一緒にお願いできますか。

해석
어서 오세요. 이쪽에서 코트를 보관해 드리겠습니다.
1 그럼, 저 까만 코트를 부탁합니다.
2 저에게 어울리는 코트를 골라주시지 않겠습니까?
3 가방도 같이 부탁드릴 수 있을까요?

어휘
コート 코트 | 預(あず)かる 맡다, 보관하다 | お+ます형+いたす (제가) ~하다, ~해 드리다 | 黒(くろ)い 검다, 까맣다 | お願(ねが)い 부탁 | 似合(にあ)う 어울리다, 잘 맞다 | 選(えら)ぶ 고르다, 선택하다 | かばん 가방 | 一緒(いっしょ)に 같이, 함께

09 정답 2 모의1-5-09.mp3

ここでちょっと待っていてください。
1 もう1時間も待っているのに、なかなか来ませんね。
2 じゃあ、あそこで本を読んでいますね。
3 どこに行っても込んでいますから、仕方がありません。

해석
여기에서 잠깐 기다리고 있어 주세요.
1 벌써 한 시간이나 기다리고 있는데, 좀처럼 오지 않네요.
2 그러면, 저기에서 책을 읽고 있을게요.
3 어디를 가도 붐비니까 어쩔 수 없어요.

어휘
待(ま)つ 기다리다 | もう 이미, 벌써, 이제, 더 | なかなか 꽤, 상당히, 좀처럼, 도무지 | 読(よ)む 읽다 | 込(こ)む 몰리다, 붐비다 | 仕方(しかた)がない 어쩔 수 없다

시나공 JLPT 일본어능력시험 N3

언어지식(문자 · 어휘)										
문제 1	1 (2)	2 (1)	3 (3)	4 (1)	5 (4)	6 (1)	7 (4)	8 (3)		
문제 2	9 (3)	10 (4)	11 (2)	12 (1)	13 (1)	14 (4)				
문제 3	15 (3)	16 (1)	17 (2)	18 (4)	19 (3)	20 (2)	21 (1)	22 (3)	23 (4)	24 (2)	25 (4)
문제 4	26 (2)	27 (1)	28 (4)	29 (3)	30 (3)					
문제 5	31 (4)	32 (2)	33 (2)	34 (3)	35 (1)					

언어지식(문법) · 독해											
문제 1	1 (2)	2 (3)	3 (1)	4 (3)	5 (3)	6 (4)	7 (1)	8 (2)	9 (1)	10 (2)	11 (3)
	12 (4)	13 (2)									
문제 2	14 (1)	15 (2)	16 (3)	17 (3)	18 (3)						
문제 3	19 (2)	20 (1)	21 (3)	22 (4)	23 (3)						
문제 4	24 (2)	25 (3)	26 (4)	27 (3)							
문제 5	28 (2)	29 (1)	30 (3)	31 (1)	32 (4)	33 (1)					
문제 6	34 (2)	35 (1)	36 (3)	37 (4)							
문제 7	38 (4)	39 (2)									

실전 모의고사 2회 정답과 해설

청해									
문제 1	1 (4)	2 (2)	3 (3)	4 (1)	5 (2)	6 (1)			
문제 2	1 (3)	2 (1)	3 (3)	4 (2)	5 (4)	6 (2)			
문제 3	1 (3)	2 (2)	3 (4)						
문제 4	1 (2)	2 (3)	3 (1)	4 (1)					
문제 5	1 (3)	2 (3)	3 (2)	4 (3)	5 (3)	6 (1)	7 (2)	8 (1)	9 (2)

언어지식(문자 · 어휘)

문제 1 ________단어의 읽는 방법으로 가장 좋은 것을 1·2·3·4 가운데 하나 고르시오.

01 **정답 2**

어휘 予想(よそう) 예상 | 以上(いじょう) 이상 | 多(おお)く 많음, 대부분 | 観客(かんきゃく) 관객 | 漢学(かんがく) 한학 | 感覚(かんかく) 감각

해석 예상 이상의 많은 관객이 와 있었습니다.

해설 観은 観光(かんこう) 관광, 観察(かんさつ) 관찰처럼 주로 음으로 かん이라고 읽고, 客는 客室(きゃくしつ) 객실, お客(きゃく)さん 손님과 같이 주로 음으로 きゃく로 읽는다.

02 **정답 1**

어휘 今回(こんかい) 이번, 금번 | 旅行(りょこう) 여행 | お金(かね)を払(はら)う (돈을) 지불하다 | 笑(わら)う 웃다 | 洗(あら)う 씻다 | 買(か)う 사다

해석 이번 여행은 회사가 비용을 지불해 줍니다.

해설 払(はら)う는 없애다, 털어내다, 몰아내다와 같은 의미와 함께 금전적인 의미를 나타내는 명사와 결합하여 돈을 치르다, 지불하다의 의미를 갖는다.

03 **정답 3**

어휘 次(つぎ) 다음 | 電車(でんしゃ) 전철 | 間(ま)もなく 머지않아, 곧 | 到着(とうちゃく) 도착 | 同着(どうちゃく) 동시착

해석 다음 전철은 곧 도착합니다.

해설 到는 항상 음으로 とう로 읽으며, 出発(しゅっぱつ) 출발과 함께 묶어 기억해둔다. 그리고 着는 着実(ちゃくじつ) 착실, 着陸(ちゃくりく) 착륙과 같이 음으로는 ちゃく로 읽고, 훈으로는 着(つ)く 닿다, 도착하다, 着(き)る 입다, 着(き)せる 입히다 등과 같이 여러 가지 의미로 쓰이므로 주의 깊게 기억해 둔다.

04 **정답 1**

어휘 塩(しお) 소금 | 加(くわ)える 보태다, 더하다, 참가하다 | 味(あじ) 맛 | 大(おお)いに 매우, 크게, 많이 | 変(か)える 바꾸다 | 越(こ)える 넘다, 건너다 | 伝(つた)える 전하다

해석 소금을 넣었더니 맛이 많이 좋아졌다.

해설 加는 加入(かにゅう) 가입, 加工(かこう) 가공과 같이 음으로는 か로 읽지만, 훈으로는 加(くわ)える 보태다, 더하다, 加(くわ)わる 늘다, 더해지다로 사용되는 것을 기억한다.

05 **정답 4**

어휘 地震(じしん) 지진 | ～に対(たい)する ～에 대한 | 避難(ひなん) 피난 | 訓練(くんれん) 훈련 | 行(おこな)う 하다, 실시하다, 거행하다

해석 어제, 학교에서 지진에 대한 피난훈련을 했습니다.

해설 訓은 항상 음으로 くん으로 읽고, 練은 練習(れんしゅう) 연습과 같이 음으로는 れん, 훈으로는 練(ね)る 반죽하다, 단련하다, 경험을 쌓다와 같이 사용된다.

06 **정답 1**

어휘 妻(つま) 아내 | 豆(まめ) 콩 | ほとんど 대부분, 거의 | 毎食(まいしょく) 매 식사 때마다 | 塩(しお) 소금 | 虫(むし) 벌레, 곤충 | 米(こめ) 쌀

해석 아내는 콩을 좋아해서, 거의 매 식사 때마다 먹고 있다.

해설 豆는 훈으로 まめ로 읽고 한 글자 한자로 콩의 의미를 갖는다. 음으로는 豆腐(とうふ) 두부와 같이 주로 とう로 읽히는 경우가 많다.

07 **정답 4**

어휘 共通(きょうつう) 공통 | 目的(もくてき) 목적 | 一緒(いっしょ) 하나로 모임, 같이함 | 高等(こうとう) 고등 | 交通(こうつう) 교통 | 共闘(きょうとう) 공동 투쟁

해석 우리들은 공통의 목적을 위해 하나가 되었다.

해설 共는 共同(きょうどう) 공동, 共感(きょうかん) 공감처럼 음으로는 きょう로, 共(とも)に 함께와 같이 훈으로는 とも로 읽는다. 그리고 通는 通過(つうか) 통과, 通勤(つうきん) 통근, 通用(つうよう) 통용, 通(つう)じる 통하다 등과 같이 음으로는 つう로, 通(かよ)う 다니다, 通(とお)す 통하게 하다, 통과시키다, 通(とお)る 지나다, 통과하다처럼 다양하게 사용되므로 구별해서 기억해 두도록 한다.

08 **정답 3**

어휘 価格(かかく) 가격 | 税金(ぜいきん) 세금 | 含(ふく)まれる 포함되다 | 生菌(せいきん) 생균, 살아 있는 세균

해석 이 가격에는 세금이 포함되어 있지 않습니다.

해설 税는 税込(ぜいこみ) 세금이 포함되어 있음처럼 항상 음으로 ぜい로 읽힌다. 金는 金額(きんがく) 금액, 金曜日(きんようび) 금요일처럼 음으로는 きん으로, お金(かね) 돈, 金持(かねも)ち 부자와 같이 훈으로는 주로 かね로 읽는다.

문제 2 ________단어의 읽는 방법으로 가장 좋은 것을 1·2·3·4 가운데 하나 고르시오.

09 **정답 3**

어휘 波(なみ) 파도 | 泡(あわ) 거품 | 熱(ねつ) 열 | 島(しま) 섬

해석 파도가 높으니 바다에 들어가지 마라.

해설 波는 波乱(はらん) 파란처럼 음으로는 は로 읽지만 훈으로 なみ로 사용되는 경우가 많으니 기억해 둔다.

10 **정답 4**

어휘 光(ひかり) 빛 | 音(おと) 소리 | 速(はや)く 빨리 | 伝(つた)わる 전해지다 | 逆(ぎゃく) 반대, 거꾸로임 | 浅(あさ)く 얕게, 옅게 | 深(ふか)く 깊게

해석 빛은 소리보다 빨리 전해진다.

해설 速는 速度(そくど) 속도, 速達(そくたつ) 속달처럼 음으로는 そく로 읽고, 훈으로는 速(はや)い 빠르다로 사용된다.

11 **정답 2**

어휘 新(あたら)しい 새롭다 | 仕事(しごと) 일, 직업 | 満足(まんぞく) 만족 | 観測(かんそく) 관측

해석 그는 새로운 직업에 만족하고 있다.

해설 満足(まんぞく)는 만족이라는 명사로도 사용되지만, 満足(まんぞく)だ 만족하다의 な형용사로도, 満足(まんぞく)する 만족하다의 する동사로도 사용된다.

12 **정답 1**

어휘 足(あし)を組(く)む 다리를 꼬다 | 座(すわ)る 앉다 | 込(こ)む 몰리다, 붐비다 | 畳(たた)む 개다, 접다 | 結(むす)ぶ 매다, 묶다, 연결하다

해석 그녀는 다리를 꼬고 앉아 있었다.

해설 組(く)む는 끼다, 짜다, 꼬다 등의 의미로, 腕(うで)を組(く)む는 팔짱을 끼다, ひざを組(く)む 책상다리를 하고 앉다, 肩(かた)を組(く)む 어깨동무하다 등과 같이 사용한다.

13 **정답 1**

어휘 多(おお)く 많은, 대부분 | 自動車(じどうしゃ) 자동차 | 外国(がいこく) 외국 | 輸出(ゆしゅつ) 수출 | 輸入(ゆにゅう) 수입 | 手術(しゅじゅつ) 수술

해석 일본은 많은 자동차를 외국으로 수출하고 있다.

해설 輸는 輸入(ゆにゅう) 수입, 輸出(ゆしゅつ) 수출, 輸血(ゆけつ) 수혈과 같이 항상 ゆ로 읽는다.

14 **정답 4**

어휘 赤(あか)ちゃん 아기 | 天使(てんし) 천사 | 眠(ねむ)る 잠들다 | 寝(ね)る 잠자다, 눕다 | 見(み)る 보다 | 笑(わら)う 웃다

해석 아기는 천사처럼 잠들어 있었다.

해설 眠은 睡眠(すいみん) 수면처럼 음으로는 みん으로 읽고, 훈으로는 眠(ねむ)る 자다, 眠(ねむ)い 졸리다로 사용된다.

문제 3 (　　)에 넣을 가장 좋은 것을 1・2・3・4 가운데 하나 고르시오.

15 **정답 3**

어휘 背(せ)が高(たか)い 키가 크다 | 特別(とくべつ) 특별 | 特定(とくてい) 특정 | 特徴(とくちょう) 특징 | 特権(とっけん) 특권

해석 그의 특징은 키가 큰 것입니다.

해설 동음이의어로 特長(とくちょう) 특유의 장점, 특색이라는 의미가 있다.

16 **정답 1**

어휘 イメージ 이미지, 인상 | エチケット 에티켓 | サービス 서비스 | バランス 밸런스

해석 당신은 일본에 어떤 이미지를 갖고 있습니까?

해설 イメージが浮(う)かぶ는 이미지가 떠오르다, イメージアップ 인상이 좋아짐, イメージダウン 인상이 나빠짐과 같이 사용된다.

17 **정답 2**

어휘 問題(もんだい) 문제 | 話(はな)し合(あ)う 이야기를 나누다, 서로 의논하다 | 頼(たの)み 부탁 | 囲(かこ)み 둘러쌈, 에워쌈 | 包(つつ)み 포장, 보따리 | 畳(たた)み 다다미

해석 그 문제에 관해서 다 같이 테이블을 둘러싸고 이야기를 나누었다.

해설 取(と)り囲(かこ)む 둘러싸다, 에워싸다도 유의어로 함께 기억해 둔다.

18 **정답 4**

어휘 空(あ)く (시간이) 나다, (공간이) 비다, 자리가 비다, (구멍이) 생기다 | ごろごろ 데굴데굴, 빈둥빈둥 | まごまご 우물쭈물 | わがまま 제멋대로 굶, 버릇없음 | がらがら 속이 비어 있는 모양, 텅텅

해석 그 버스는 텅텅 비어 있었다.

해설 空은 空(から) (속이) 빔, 空(そら) 하늘, 空(あ)く (시간이) 비다, (공간이) 비다, (구멍이) 나다, 空(す)く (속이) 비다, 손이 비다, 짬이 나다, 空(あ)ける 비우다, 空(むな)しい 공허하다, 허무하다 등 다양하게 사용되므로 기억해 둔다.

19 **정답 3**

어휘 映画(えいが) 영화 | 嘘(うそ) 거짓말 | 便(たよ)り 소식, 편지 | 噂(うわさ) 소문 | 仲間(なかま) 동료, 무리, 한패

해석 그 영화는 나쁘지는 않지만, 소문만큼은 아니었다.

해설 ～ほど는 ～정도, ～만큼의 의미로 뒤에 부정의 말이 올 때 정도가 심함을 부정하는 뜻이 된다.

20 **정답 2**

어휘 嘘(うそ)をつく 거짓말을 하다 | 謝(あやま)る 사과하다 | 許(ゆる)す 허가하다, 허락하다, 용서하다 | 答(こた)える 대답하다 | 無(な)くす 없애다

해석 당신에게 거짓말을 한 것을 용서해 주세요.

해설 許可(きょか) 허가, 許容(きょよう) 허용 등과 같은 단어도 함께 익혀 둔다.

21 **정답 1**

어휘 正(ただ)しい 바르다, 옳다 | 健康(けんこう) 건강 | 大切(たいせつ) 중요함, 소중함 | 姿勢(しせい) 자세 | 言葉(ことば) 말, 언어 | 活動(かつどう) 활동 | 感覚(かんかく) 감각

해석 올바른 자세는 건강에 중요하다.

해설 姿는 한 글자 한자로 姿(すがた) 몸매, 옷차림, 모습, 모양, 상태를 나타내는 의미로 자주 사용된다.

22 **정답 3**

어휘 疑(うたが)う 의심하다 | 決(き)まる 정해지다, 결정되다 | 確(たし)かめる 확인하다 | 見(み)える 보이다

해석 그것에 관해서는 제가 그를 만나서 확인해 보겠습니다.

해설 確는 確(たし)か 틀림없음, 확실함, 確(たし)かめる 확인하다의 의미로 사용되고, 確率(かくりつ) 확률, 確実(かくじつ) 확실, 確認(かくにん) 확인, 確定(かくてい) 확정과 같은 한자어로도 사용된다.

23 **정답 4**

어휘 近年(きんねん) 최근 | 人口(じんこう) 인구 | 減少(げんしょう) 감소 | 授業(じゅぎょう) 수업 | 職業(しょくぎょう) 직업 | 営業(えいぎょう) 영업 | 農業(のうぎょう) 농업

해석 최근 일본의 농업인구는 감소하고 있다.

해설 인구가 감소하고 있다는 괄호 뒤의 문장과 가장 어울리는 어휘는 農業(のうぎょう) 농업이 가장 적절하다. 그리고 減少(げんしょう) 감소와 함께 増加(ぞうか) 증가도 함께 기억해 둔다.

24 **정답 2**

어휘 死(し)ぬ 죽다 | 悲(かな)しみ 슬픔 | 当(あ)たる 맞다, 부딪히다, 적중하다, 들어맞다 | 沈(しず)む 가라앉다, 잠기다 | 迎(むか)える 맞이하다 | 通(かよ)う 다니다

해석 그는 아버지가 돌아가셔서, 슬픔에 잠겨 있다.

해설 沈(しず)む는 가라앉다라는 의미의 자동사이고, 沈(しず)める는 가라앉히다, 빠뜨리다라는 의미의 타동사이다.

25 **정답 4**

어휘 約束(やくそく) 약속 | 内面(ないめん) 내면 | 内部(ないぶ) 내부 | 内容(ないよう) 내용 | 内緒(ないしょ) 비밀

해석 비밀로 해둔다고 약속해 준다면, 얘기해 줄게요.

해설 内緒(ないしょ)는 内密(ないみつ)내밀, 은밀, 비밀의 의미로 유의어로 秘密(ひみつ) 비밀이 있다.

문제 4 _____과 의미가 가장 가까운 것을 1·2·3·4 가운데 하나 고르시오.

26 **정답 2**

어휘 空(そら) 하늘 | 星(ほし) 별 | きらきら 반짝반짝 | 輝(かがや)く 빛나다, 반짝이다 | 開(あ)く 열리다 | 光(ひか)る 빛나다 | 広(ひろ)がる 넓어지다, 퍼지다 | 向(む)く 향하다

해석 하늘에는 별이 반짝반짝 빛나고 있다.

해설 光(ひかり) 빛, 불빛, 光景(こうけい) 광경, 栄光(えいこう) 영광과 같은 어휘도 함께 기억해 둔다.

27 **정답 1**

어휘 息子(むすこ) 아들 | 入学(にゅうがく) 입학 | 試験(しけん) 시험 | 落(お)ちる 떨어지다 | がっかりする 실망하다, 낙심하다 | 残念(ざんねん)だ 유감스럽다, 아쉽다 | 満足(まんぞく)だ 만족하다, 충분하다 | 失礼(しつれい)だ 실례되다, 예의 없다 | 不幸(ふこう)だ 불행하다

해석 아들이 대학시험에 떨어졌다고 들어서, 나는 실망했다.

해설 失望(しつぼう)する 실망하다도 유의어로 함께 기억해 둔다.

28 **정답 4**

어휘 努力(どりょく) 노력 | 成功(せいこう) 성공 | 当然(とうぜん)だ 당연하다 | 公平(こうへい) 공평 | 重大(じゅうだい) 중대함 | 自由(じゆう) 자유 | 勿論(もちろん) 물론

해석 그는 그렇게 노력했으므로 성공하는 것은 당연하다.

해설 유의어로 当(あ)たり前(まえ)だ 당연하다, 마땅하다가 있다.

29 **정답 3**

어휘 余(あま)る 남다, (수량이) 넘다 | 電気(でんき) 전기 | 電力(でんりょく) 전력 | 売(う)る 팔다 | 多(おお)すぎる 너무 많다 | 少(すく)なすぎる 너무 적다 | 足(た)りない 모자라다 | 残(のこ)る 남다

해석 남은 전기를 전기회사에 팔수도 있다고 한다.

해설 余(あま)る 명사형인 余(あま)り는 나머지, 남은 것, 여분의 의미이다.

30 **정답 3**

어휘 歩行者(ほこうしゃ) 보행자 | 横断(おうだん) 횡단 | 禁止(きんし) 금지 | 走(はし)る 달리다 | 渡(わた)る 건너다

해석 이 길은 보행자는 횡단금지로 되어 있다.

해설 横断(おうだん)의 반의어는 縦断(じゅうだん) 종단이다. 그리고 横断歩道(おうだんほどう) 횡단보도도 함께 기억한다.

문제 5 다음 단어의 사용법으로 가장 좋은 것을 1･2･3･4 가운데 하나 고르세요.

31 **정답 4**

어휘 急(きゅう) 급함, 바쁨, 갑작스러움 | それなり 그나름, 그런대로 | 理由(りゆう) 이유 | 手伝(てつだ)う 도와주다, 거들다 | 傘(かさ) 우산 | 降(ふ)り始(はじ)める 내리기 시작하다

해석 우산도 갖고 오지 않았는데, 갑자기 비가 내리기 시작했다.

해설 1번은 急(いそ)ぐ 서두르다, 2번과 3번은 暇(ひま) 틈, 짬, 한가한 모양으로 바꾸어 주면 자연스러운 문장이 된다.

32 **정답 2**

어휘 沸騰(ふっとう) (액체가) 끓어오름 | 太陽(たいよう) 태양 | 夏(なつ) 여름 | 冬(ふゆ) 겨울 | 早(はや)く 빨리 | 涙(なみだ) 눈물 | ごみ 쓰레기

해석 선생님은 「물은 100도에서 끓는다.」고 말했다.

해설 1번은 昇(のぼ)る 해･달이 뜨다, 3번은 溢(あふ)れる 쏟아지다, 흘러넘치다, 4번은 燃(も)える (불)타다로 바꾸어 주면 자연스러운 문장이 된다.

33 **정답 2**

어휘 曲(ま)げる 구부리다 | 年(とし)をとる 나이를 먹다 | 未(いま)だに 아직(도) | 考(かんが)え 생각 | 次(つぎ) 다음 | 角(かど) 기둥, 모퉁이, 구석 | 右(みぎ) 오른쪽 | 失礼(しつれい) 실례

해석 그는 아직도 그 생각을 바꾸고 있지 않다.

해설 1번, 3번 4번은 曲(ま)がる 구부러지다, 돌다, 비뚤어지다로 바꾸어 주면 자연스러운 문장이 된다. 그리고 曲(ま)げる는 구부리다, 기울이다라는 의미와 함께 (주의･생각･희망 등을) 굽히다는 의미를 갖는다.

34 **정답 3**

어휘 出張(しゅっちょう) 출장 | 大会(たいかい) 대회 | 返事(へんじ) 대답, 답장 | このところ 요새, 최근 | 海外(かいがい) 해외 | 忙(いそが)しい 바쁘다 | 今年(ことし) 올해 | 夏(なつ) 여름 | 音楽(おんがく) 음악

해석 요즘 해외 출장 등으로 바빴습니다.

해설 1번과 4번은 出場(しゅつじょう) (연기나, 경기 등에) 참가함으로, 出欠(しゅっけつ) 출결으로 바꾸어주면 자연스러운 문장이 된다.

35 **정답 1**

어휘 慰(なぐさ)める 위로하다 | 息子(むすこ) 아들 | 失(うしな)う 잃다 | 自分(じぶん) 자기 자신 | 結婚(けっこん) 결혼 | 飲(の)み会(かい) 술자리 | 古(ふる)い 낡다, 오래되다 | 新(あたら)しい 새롭다

해석 아들을 잃은 그녀를 위로하기에 거의 아무것도 할 수 없었다.

해설 2번은 楽(たの)しむ 즐기다, 3번은 祝(いわ)う 축하하다, 4번은 好(この)む 좋아하다로 바꾸어주면 자연스러운 문장이 된다.

언어지식(문법), 독해

문제 1 다음 문장의(　　)에 넣기에 가장 좋은 것을 1･2･3･4 가운데 하나 고르세요.

01 **정답 2**

어휘 たばこを吸(す)う 담배를 피우다

해석 전철 안에서는 담배를 피워서는 안 되게 되어 있다.

해설 1번의 ～ことにしている는 과거 어느 시점에 결심을 해서 현재에도 '~(하)기로 하고 있다'는 의미, 2번의 ～ことになっている는 '~(하)게 되어 있다'는 의미로 정해진 일이 현재에도 실행됨을 나타내거나 약속, 규칙, 예정, 법률, 관례 등으로 인한 구속을 나타내기도 한다. 그리고 3번의 ～ことはない는 '~할 필요는 없다'는 의미로 상대방에게 자신의 주장이나 충고, 견해를 간접적으로 권할 때 쓰는 표현이고, 4번의 ～ことではない는 '~인(하는) 것은 아니다'는 의미로 전체 문맥상 정답은 2번이 된다.

02 **정답 3**

어휘 夜(よる) 밤 | 寝(ね)る 잠자다, 눕다 | 眠(ねむ)る 자다, 잠들다 | 朝(あさ) 아침 | 起(お)きる 일어나다 | 辛(つら)い 괴롭다 | 困(こま)る 곤란하다, 힘들다, 애를 먹다

해석 밤에 잠을 자지 못하면, 아침에 일어나기 힘들어서 애를 먹는다.

해설 寝る는 수면 상태에 들어가기 전 자려고 눕는 상태를, 眠る는 수면 상태에 들어가 잠자는 상태를 나타내고 眠る는 관용적으로 眠れる의 형태로 사용되는 경우가 많다. 1번의 ～ようとする는 '~(하)려고 하다', 2번의 ～一方だ는 '~(하)기만 할 뿐이다, ~(하)기만 하다', 3번의 ～なくなる는 '~하지 않게 되다', 4번의 ～ことだ는 '~해야 한다, ~할 필요가 있다'는 이다.

03 **정답 1**

어휘 卒業生(そつぎょうせい) 졸업생 | 代表(だいひょう) 대표 | スピーチ 스피치

해석 그녀는 졸업생 대표로서 스피치를 했다.

해설 1번의 ～としては 입장, 자격, 명목, 부류 등의 의미를 나타내는 표현으로 '~로서'라는 의미, 2번의 ～とは는 화제나 명제, 정의 등의 주제를 나타내는 표현으로 '~란, ~라고 하는 것은'이라는

의미, 3번의 ～というとは 화제로 삼거나 바로 연상되는 것을 말할 때, 또는 상대방이 한 말이 자신이 생각하고 있는 것과 같은지 어떤지를 물을 때 사용하는 표현으로 '～(라고)하면'이라는 의미, 4번의 ～とかは 어떤 사항이나 방법의 구체적인 예를 제시할 때 사용하는 표현으로 '～라든지, ～같은 것'의 의미이다.

04 **정답 3**

어휘 靴(くつ) 신발 | 小(ちい)さい 작다 | はく 신다, (하의를)입다

해석 이 신발은 작아서 아무리 신으려 해도 신을 수 없다.

해설 1번의 どうしては '왜, 어째서'라는 의미, 2번의 ますますは '더욱더, 점점'이라는 의미, 3번의 どうしてもは '반드시, 꼭, (부정형 수반) 아무리 해도'라는 의미, 4번의 なるべくは '될 수 있는 대로, 가능한 한'이라는 의미의 부사이다.

05 **정답 3**

어휘 助言(じょげん) 조언 | 失敗(しっぱい) 실패

해석 만약 당신의 조언이 없었다면 나는 실패했을 것입니다.

해설 1번의 ～たところでは '～해 봤자'라는 의미, 2번의 ～たつもりでは '～했다고 생각하고, ～셈 치고'라는 의미, ～としたらは '～라고 한다면'이라는 가정의 의미, 4번의 ～とはいえは '～라 하더라도, ～라고는 하지만'이라는 의미이다.

06 **정답 4**

어휘 無視(むし) 무시 | 冗談(じょうだん) 농담

해석 그가 말한 것은 무시하세요. 농담을 한 것일 뿐이니까.

해설 1번의 ～ばかりであるは '～(할)일 뿐이다'라는 범위의 한정을 나타내지만 동사의 ～た형에 접속되면 '～한 지 얼마 안 되었다'는 의미를 나타낸다. 2번의 ところだ는 동사의 기본형에 접속하면 '～하려는 참이다' ～ている형에 접속하면 '～하고 있는 중이다' ～た형에 접속하면 '막～했다'는 의미가 됩니다. 3번의 ～はずがない는 그럴 가능성이 없다는 표현의 '～할(일) 리가 없다, 4번의 ～だけだからは '～만(뿐)이니까'라는 한정, 한도의 의미를 나타낸다.

07 **정답 1**

어휘 会議(かいぎ) 회의 | 予定(よてい) 예정

해석 오늘 회의는 일본어로 진행될 예정입니다.

해설 1번과 2번은 行う '하다, 실시하다', 使う '쓰다, 사용하다'의 수동형이고, 3번 表われるは '나타나다', 4번 分かれるは '갈라지다, 나뉘다, 구별되다'는 의미의 자동사이다.

08 **정답 2**

해석 손님, 서비스가 개시될 때까지 잠시만 기다려주십시오.

어휘 お客様(きゃくさま) 손님 | 開始(かいし) 개시 | しばらく 잠시, 당분간

해설 1번의 お+동사 ます형+する는 '～(하)다, ～(해)드리다'라는 겸양표현, 2번의 お+동사 ます형+くださいは '～해 주십시오'라는 존경어의 의뢰표현, 3번은 ～(ら)れる의 존경표현에 ～ておる '～(하)고 있다'는 표현이 더해진 형태로 비문법적, 4번은 ～(さ)せていただく '(제가) ～(하)다'라는 겸양표현이다.

09 **정답 1**

어휘 最近(さいきん) 최근, 요즘 | 仕事(しごと) 일, 작업 | 多(おお)すぎる 너무 많다 | 早(はや)く 빨리, 일찍 | 帰(かえ)る 돌아가(오)다

해석 요즘, 일이 너무 많아서 일찍 집에 가고 싶어도 갈 수가 없다.

해설 3번의 ～ところに '～때에, ～차에, ～상황에'와 4번의 ～だけで '～만으로, ～만큼의'는 동사 ます형에 접속하지 않는다. 동사 ます형에 접속하는 1번의 ～たくても는 '～(하)고 싶어도', 2번의 ～(よ)うとしては '～(하)려고 해서(하고)'라는 의미이다.

10 **정답 2**

어휘 来店(らいてん) 내점 | 案内(あんない) 안내

해석 가게에 와 주신 손님 여러분께 안내 말씀 드립니다.

해설 1번의 なさるは '～하시다'라는 する의 존경어, 2번의 申し上げるは '말씀 드리다'라는 言う의 겸양어, 3번은 おっしゃるは '말씀하시다'라는 言う의 존경어, 差し上げるは '드리다'라는 あげる의 겸양어이다.

11 **정답 3**

어휘 消(け)す 끄다, 지우다, 없애다 | 番組(ばんぐみ) (방송, 연예, 경기 등의) 프로그램 | そのまま 그대로 | つける 붙이다, 달다, 바르다, 자국을 남기다, 첨가하다, 쓰다, 착용하다, 켜다

해석 A: 텔레비전을 끌까요?
B: 9시부터 보고 싶은 프로가 있어요. 그대로 켜두어 주세요.

해설 1번의 ～てくるは '～해 오다(～어 지다)', 2번의 ～てはじめては '～하고 나서야 비로소', 3번의 ～ておくは '～해 놓(두)다', 4번의 ～てみるは '～해 보다'라는 의미의 표현이다.

12 **정답 4**

어휘 天気(てんき) 날씨 | 近(ちか)く 근처 | 大(おお)きな 큰 | 公園(こうえん) 공원 | 散歩(さんぽ) 산책

해석 날씨도 좋고, 근처에 큰 공원도 있으니까, 산책이라도 해보는 게 좋을 것 같아요.

해설 そうだ는 동사, い형용사, な형용사, 명사의 보통형에 접속하면 '～라고 한다'는 전문의 의미로, 동사의 ます형, い형용사와 な형용사의 어간에 접속하면 '～것 같다'는 양태, 추량의 의미로 사용된다. 그리고 이때 いい(よい)는 よさそうだ, ない는 なさそうだ처럼 특별한 형태를 취한다.

13 정답 2

어휘 誰(だれ) 누구 | 来(く)る 오다 | もう 이미, 벌써, 이제

해석 아무도 오지 않으니 이제 가 버릴까요?

해설 1번의 ～てほしい는 '～해 주었으면 좋겠다, ～하길 바란다', 2번의 ～てしまう는 '～해 버리다', 3번의 ～たところだ는 '막 ～한 참이다', 4번의 ～たためだ는 '～했기 때문이다'라는 의미이다.

문제 2 다음 문장의 ＿★＿에 들어갈 가장 좋은 것을 1・2・3・4 가운데 하나 고르세요.

14 정답 1

어휘 思(おも)う 생각하다

완성문 それはあなたにしかできないことだと私は思います。

해석 그것은 당신밖에 할 수 없는 것이라고 나는 생각합니다.

해설 ～にしかできないこと는 '～밖에 할 수 없는 일'이라는 의미이다.

15 정답 2

어휘 健康(けんこう) 건강 | ～ほど ～정도, 만큼, ～(할)일수록 | 大事(だいじ)な 중요한, 소중한

완성문 健康ほど大事なものはないというのは言うまでもない。

해석 건강만큼 중요한 것은 없다는 것은 말할 필요도 없다.

해설 ～ほど는 '～만큼'의 의미로 부정을 나타내는 말과 호응하여, 정도를 비교하는 기준을 나타낸다. ～というのは는 '～(라)고 하는 것은', ～までもない는 '～할 필요는 없다', ～할 것까지는 없다'라는 의미이다.

16 정답 3

어휘 時間(じかん)が経(た)つ 시간이 지나다 | もっと 더, 더욱 | 勉強(べんきょう) 공부

완성문 時間が経てば経つほどあの時もっと勉強しておけばよかったと思う。

해석 시간이 지나면 지날수록 그때 좀 더 공부했더라면 좋았겠다고 생각한다.

해설 ～ば～ほど는 '～(하)면 ～(할)수록'이라는 의미로 한쪽의 정도가 높아짐에 따라, 다른 쪽의 상태가 한층 높아지는 것을 나타낸다.

17 정답 3

어휘 先週(せんしゅう) 지난 주 | 免許(めんきょ)をとる 면허를 따다 | 運転(うんてん) 운전 | やっと 겨우, 간신히

완성문 先週車の免許をとってやっと運転できるようになりました。

해석 지난주 자동차 면허를 따서 겨우 운전할 수 있게 되었습니다.

해설 ～ようになる는 동사의 기본형과 가능형에 접속하여, 기본형에 접속하면 '～하게 되다', 가능형에 접속하면 '～할 수 있게 되다'라는 의미로 예전에는 하지 않았던 것을 '하게(할 수 있)게 됨'을 나타낸다.

18 정답 3

어휘 お祖父(じい)さん 할아버지 | けれども 하지만 | 年(とし)をとる 나이가 많아지다 | 活動的(かつどうてき) 활동적

완성문 お祖父さんは年はとっているけれどもとても健康で活動的だ。

해석 할아버지는 나이는 드셨지만 매우 건강하시고 활동적이다.

해설 けれども는 '～해(이)지만'이라는 의미로 예상되는 결과와 반대의 사실이 일어남을 나타내는 접속조사이다.

문제 3 다음 문장을 읽고 1부터 5 안에 들어갈 가장 좋은 것을 1・2・3・4 가운데 하나 고르세요.

19 정답 2 **20 정답 1** **21 정답 3** **22 정답 4**
23 정답 3

해석

졸릴 때에 졸음을 떨치려면 어떻게 하면 좋을까요? 졸릴 때 졸음을 떨치려면 낮잠을 자는 게 가장 효과적입니다.

일본에서는 별로 일반적이지는 않지만, 이탈리아나 스페인 등에서는 「시에스타」라는 점심 식사 후에 2시간 정도의 휴식시간을 국민 전체가 확보하고 있습니다.

그렇지만, 문화가 다른 일본에서 2시간 동안의 낮잠은 좀처럼 용납될 수 없겠지요. 일반적인 기업에서는 점심 시간이 1시간 정도, 그 중에서 효과적으로 기분전환하려면 20분 정도의 낮잠이 좋다고 말하고 있습니다.

단시간 낮잠을 자는 것만으로도, 그 후의 졸음은 상당히 바뀌게 됩니다. 뇌가 회복이 되어 집중력이 오르는 것을 실감할 수 있으리라 생각합니다.

다만 20분을 넘기는 낮잠은, 깊은 수면에 빠져서, 잠을 깨기 힘들어져서, 밤 수면에 영향을 끼칠 가능성이 있기 때문에, 20분 전후로 제한하는 것이 포인트입니다.

어휘

眠(ねむ)い 졸리다 | 目(め)を覚(さ)ます 잠을 깨다, 눈을 뜨다 | 昼寝(ひるね)をする 낮잠을 자다 | 一番(いちばん) 가장, 제일 | 効果的(こうかてき) 효과적 | 一般的(いっぱんてき) 일반적 | 昼食後(ちゅうしょくご) 점심식사 후 | 休憩(きゅうけい) 휴게, 휴식 | 国民(こくみん) 국민 | 全体(ぜんたい) 전체 | 確保(かくほ) 확보 | とはいえ 그렇지만 | 文化(ぶんか) 문화 | 違(ちが)う 다르다, 틀리다 | なかなか 상당히, 꽤, 좀처럼, 쉽사리 | 許(ゆる)す 허가하다, 허락하다 | 企業(きぎょう) 기업 | 昼休(ひるやす)み 점심식사 후의 휴식(시간) | 言(い)う 말하다 | 誘(さそ)う 권(유)하다, 유혹하다 | 行(おこな)う 하다, 실시하다 | 合(あ)う 맞다, 어울리다 | 短時間(たんじかん) 단시간 | 眠気(ねむけ) 졸음 | だいぶ 상당히, 꽤 | 変(か)わる 변하다, 바뀌다 | 脳(のう) 뇌 | 集中力(しゅうちゅうりょく) 집중력 | 上(あ)がる 오르다 | 実感(じっかん) 실감 | しかも

게다가 | それとも 그렇지 않으면, 아니면 | ただし 단, 다만 | つまり 결국, 즉 | 超(こ)える 넘다, 넘기다 | 深(ふか)い 깊다 | 睡眠(すいみん) 수면 | 不快(ふかい) 불쾌 | 影響(えいきょう) 영향 | 可能性(かのうせい) 가능성 | 抑(おさ)える 억제하다, 막다, 참다

19 1번의 ～にしては '～이면서, ～하고도, ～에게, ～조차' 등의 의미를 나타내는 표현이고, 2번의 ～といっては '～라고 해서'이다. 3번의 ～からしては '～부터가'라는 의미로 그 중의 두드러진 예를 들고 나머지는 말할 것도 없다는 표현, 4번의 ～というのはは '～라고 하는 것은'이라는 의미이다.

20 ～てもらう는 누군가가 어떠한 행동을 해 주는 것을 받는 경우를 나타낸다. 윗사람이 해 주시는 것을 받는 경우에는 겸양표현인 ～ていただく를 사용한다. 그리고 ～てあげる는 내가 누군가에게 또는 제3자에게 어떤 행위나 동작을 해 줄 때 사용한다.

21 문맥의 의미상 3번의 言われる가 가장 적절하다.

22 1번의 ためでも는 '～위해서, ～때문', 2번의 ～ようでも는 '～것 같아도', 3번의 ～ほうでも는 '～쪽(방면, 분야, 방향, 부류)으로도', 4번의 だけでも는 '～만으로도'라는 의미이다.

23 앞뒤 문맥상 앞말에 대한 조건이나 예외를 덧붙일 때 쓰는 ただし가 가장 적절하다.

문제 4 다음 문장을 읽고 질문에 답하세요. 답은 1・2・3・4 가운데 가장 알맞은 것을 하나 고르세요.

24 **정답 2**

해석

수신인: 사사키 님

송신자: 마쓰모토 물산

제목: Re: 주문

날짜: 4월30일

사사키 님

주문하신 제품에 관한 문의, 감사합니다. 죄송하지만, 고객님께 발송은 며칠 늦어지게 된다는 것을 알려드립니다.

고객님께 발송은 4월 29일로 예정되어 있었습니다. 그러나 주문하신 상품은, 현재 재고가 남아있지 않아, 재입고를 주문 중입니다. 공장에서의 발송은 5월 1일로 예정되어 있습니다. 불편을 끼쳐드려 죄송합니다.
주문에 관한 새로운 문의는, 위에 적힌 메일 주소, 또는 전화 123-4567로 연락 주십시오.

마쓰모토 물산

고객 서비스 담당

이 메일을 읽고 알 수 있는 것은 어느 것인가?

1 사사키 씨가 주문한 상품은 이미 도착했을 것이다.

2 사사키 씨가 주문한 상품은 아직 도착하지 않았다.

3 사사키 씨가 주문한 상품은 이미 발송되었다.

4 사사키 씨가 주문한 상품은 아직 잘 팔리고 있다.

어휘

あて先(さき) 수신처, 수신인 | 送信者(そうしんしゃ) 송신자 | 物産(ぶっさん) 물산 | 件名(けんめい) 제목 | 注文(ちゅうもん) 주문 | 日付(ひづけ) 날짜 | 問(と)い合(あ)わせ 문의, 조회 | 申(もう)し訳(わけ)ない 면목 없다, 미안하다 | 発送(はっそう) 발송 | 数日(すうじつ) 며칠 | 遅(おく)れる 늦어지다 | 知(し)らせる 알리다 | 予定(よてい) 예정 | しかしながら 그렇지만, 하지만 | 商品(しょうひん) 상품 | 現在(げんざい) 현재 | 在庫(ざいこ) 재고 | 切(き)らす 바닥나다, 끊어지다 | 取(と)り寄(よ)せ 주문해 들여옴 | 工場(こうじょう) 공장 | 不便(ふべん) 불편 | 新(あら)たな 새로운 | 上記(じょうき) 상기 | もしくは 혹은, 또는 | 連絡(れんらく) 연락 | カスタマー 고객 | 担当者(たんとうしゃ) 담당자 | もう 이미, 벌써, 이제 | 届(とど)く 닿다, 미치다, 도착하다 | ～はずだ ～할 것, ～할 예정 | まだ 아직 | 売(う)れる 팔리다

25 **정답 3**

해석

ABC타워

엘리베이터 서비스 변경

1월 15일 게재

타워 1의 4번부터 6번 엘리베이터 수리가 1월 20일부터 시작됩니다. 모든 사무실에 영향이 있을 것이라 생각하고 있습니다.

1번부터 3번 엘리베이터밖에 운전되고 있지 않기 때문에, 기다리는 시간은 평소의 2배가 될지도 모릅니다. 그러나 이러한 불편은, 모든 수리가 종료되는 2월 5일에 끝납니다.

수리가 끝날 때까지 기다려주시길 부탁드립니다. 협력해주셔서 감사합니다.

건축 공사 책임자

문제 글의 내용과 맞지 않는 것은 어느 것인가?

1 엘리베이터 수리에 관해 안내하고 있다.

2 엘리베이터 수리는 약 2주간이면 끝난다.

3 수리 중이라도 엘리베이터를 기다리는 시간은 별로 걸리지 않는다.

4 엘리베이터 수리는 아직 시작되지 않았다.

어휘

変更(へんこう) 변경 | 掲載(けいさい) 게재 | 修理(しゅうり) 수리 | 始(はじ)まる 시작되다 | 全(すべ)て 모두 | 影響(えいきょう) 영향 | 運転(うんてん) 운전 | 通常(つうじょう) 통상, 보통 | 倍(ばい) 배, 2배 | 終了(しゅうりょう) 종료 | 終(お)わる 끝나다 | 協力(きょうりょく) 협력 | 建築(けんちく) 건축 | 工事(こうじ) 공사 | 責任者(せきにんしゃ) 책임자 | 案内(あんない) 안내

26 **정답 4**

해석

업무 중에 사원은 회사를 대신하여, 경비를 개인이 지불하는 경우가 있습니다. 식사비, 여비, 호텔비와 그 외의 대금이 포함됩니다. 이러한 경비는 되돌려 받을 수 있습니다. 환불은 아래의 규정을 따라주십시오.

· 경비 기록의 보존. 이것에는 영수증, 개인의 신용카드 명세서, 또는 같은 종류의 서류가 포함됩니다.
· 환불 신청서의 기입. 모든 부서에 놓여져 있습니다. 모든 공란을 기입해주십시오.
· 신청서는 경리부에 제출해주십시오. 복사해서 보관하시고, 상사에게도 제출해주십시오.

환급 받는 데에는 통상 15일 걸립니다. 제출할 서류에 관해서 질문이 있으시면, 경리부에 연락 주십시오.

이것은 주로 무엇에 관해서 말하고 있는가?
1 개인의 은행계좌 만드는 방법
2 업무에 관계된 물건 구매 방법
3 회사 예산의 사용 방법
4 경비 환급 방법

어휘

仕事(しごと) 일, 업무, 직업 | 社員(しゃいん) 사원 | 代(か)わる 대신하다 | 経費(けいひ) 경비 | 個人(こじん) 개인 | 支払(しはら)う 지불하다, (돈을) 치르다 | 食事代(しょくじだい) 식사대금 | 旅費(りょひ) 여비 | 代金(だいきん) 대금 | 含(ふく)まれる 포함되다 | 払(はら)い戻(もど)す 되돌려주다, 환급하다 | 下記(かき) 하기 | 規定(きてい) 규정 | 従(したが)う 따르다 | 記録(きろく) 기록 | 保存(ほぞん) 보존 | 領収書(りょうしゅうしょ) 영수증 | 明細書(めいさいしょ) 명세서 | あるいは 또는, 혹은 | 同様(どうよう) 같음, 다름 없음 | 書類(しょるい) 서류 | 申込書(もうしこみしょ) 신청서 | 記入(きにゅう) 기입 | 全(すべ)て 모두, 전부 | 部署(ぶしょ) 부서 | 置(お)く 놓다, 두다 | 空欄(くうらん) 공란 | 経理部(けいりぶ) 경리부 | 保管(ほかん) 보관 | 上司(じょうし) 상사 | 通常(つうじょう) 통상, 보통 | 提出(ていしゅつ) 제출 | 質問(しつもん) 질문 | 連絡(れんらく) 연락 | 銀行(ぎんこう) 은행 | 口座(こうざ) 계좌 | 関係(かんけい) 관계 | 予算(よさん) 예산

27 정답 3

해석

도움을 필요로 하고 있는 사람들의 마음을 생각해 봅시다. 유니세프는 세계의 혜택을 받지 못하는 사람들의 생활을 향상시키고, 희망을 주기 위해서, 여러분들에게 기부를 부탁드리고 있습니다. 이 단체는 활동을 개시한 후, 어린이와 의료를 필요로 하고 있는 사람들을 위해 활동하고 있는 단체로서, 20,000만 달러 이상을 기부해 왔습니다. 작년에는 여러분들의 선의 덕분에 20만 명 이상의 사람들을 지원할 수 있었습니다. 올해는, 더 많은 지원을 하고 싶다고 생각합니다. 유니세프에의 기부는 0120-123-1234로 오늘, 전화 주세요.

①유니세프에 관해 바른 것은 어느 것인가?
1 가난한 사람을 위해서 정부에서 만든 단체이다.
2 작년은 이 단체에 기부해 준 사람의 수가 적었다.
3 이 단체에 기부하고 싶은 사람은 전화를 걸면 된다.
4 병에 걸린 사람을 치료해 주는 단체이다.

어휘

助(たす)け 도움 | 必要(ひつよう) 필요 | 気持(きも)ち 기분, 마음 | 世界(せかい) 세계 | 恵(めぐ)まれる (운수 좋게) 좋은 환경·기회·재능이 주어지다 | 生活(せいかつ) 생활 | 向上(こうじょう) 향상 | 希望(きぼう) 희망 | 与(あた)える 주다, 공급하다 | 寄付(きふ) 기부 | 団体(だんたい) 단체 | 活動(かつどう) 활동 | 開始(かいし) 개시 | 医療(いりょう) 의료 | 昨年(さくねん) 작년 | 善意(ぜんい) 선의 | おかげ 덕택, 덕분 | 支援(しえん) 지원 | 今年(ことし) 올해 | さらに 더욱더, 거듭 | 多(おお)く 많음, 대부분 | 行(おこな)う 하다, 실시하다 | 貧(まず)しい 가난하다 | 政府(せいふ) 정부 | 去年(きょねん) 작년 | 数(かず) 수 | 少(すく)ない 적다 | 電話(でんわ)をかける 전화를 걸다 | 治療(ちりょう) 치료

문제 5 다음 글을 읽고, 질문에 답하세요. 답은 1·2·3·4 가운데 가장 좋은 것을 하나 고르세요.

28 정답 2  **정답 1**  **정답 3**

해석

①개인트레이너는 당신이 트레이닝 프로그램을 시작하고, 의지를 갖고, 건강상의 목표를 달성하기 위해 도움을 줄 수 있습니다. 트레이너는 전화번호부와, 보건 전문가 또는 친구한테 받는 소개, 체육관이나 사설 피트니스 스튜디오, 그리고 인터넷에서 찾을 수 있습니다. 개인트레이너와 프로그램을 짤 경우, 다음 사항에 주의하세요.

스케줄: 당신의 희망 일시에 맞추어 줄 수 있는지 어떤지 확인합시다.

예산: 트레이너 비용은, 대부분 1시간 4천 엔~7천 엔입니다. 여러 회의 레슨을 한번에 등록하는 세트나, 몇 명인가의 친구와 모여서 하는 그룹 레슨을 선택하면, 비용을 절약할 수 있습니다. 건강에 대한 투자를 하고 있다는 것을 잊지 마세요.

스타일과 성격: 트레이너와 궁합이 맞지 않으면 안 됩니다. 계약을 생각하고 있는 사람에 대해서, 대부분의 트레이너는 무료로 상담을 해줍니다.

장소: 트레이너는 개인 스튜디오나 체육관에서 근무하고 있습니다. 또는 사람에 따라서 자택으로 가기도 합니다.

28 ①개인트레이너의 설명으로 맞는 것은 어느 것인가?
1 매우 의욕적인 사람들이다.
2 전화번호부에 실려 있는 경우가 있다.
3 건강 전문지식이 있다.
4 대부분 자신의 스튜디오를 갖고 있다.

29 개인트레이너를 적은 돈으로 이용하는 방법으로 맞는 것은 어느 것인가?
1 여러 회의 레슨을 예약해서 할인 받는다.
2 자택에서 트레이닝을 한다.
3 4천 엔에서 7천 엔 사이에서 요금을 설정한다.
4 트레이닝을 밤 늦은 시간에 한다.

30 이 글의 내용과 맞는 것은 어느 것인가?
1 최근에는 트레이닝 체육관에 다니면서 다이어트를 하고 있는 사람이 늘고 있다.
2 개인 트레이너 비용은 어디나 동일하다.

3 자택에서 개인 트레이닝을 할 수 있는 출장 서비스도 있다.
4 돈을 내면 계약하기 전에 트레이너와 상담할 수 있다.

어휘

始(はじ)める 시작하다 | やる気(き) 할 마음 | 健康上(けんこうじょう) 건강상 | 目標(もくひょう) 목표 | 達成(たっせい)する 달성하다 | 手伝(てつだ)い 도와줌, 심부름 | 電話帳(でんわちょう) 전화번호부 | 保健(ほけん) 보건 | 専門家(せんもんか) 전문가 | 紹介(しょうかい) 소개 | ジム 체육관 | 私設(しせつ) 사설 | 見(み)つける 발견하다, 찾다 | 組(く)む 끼다, 꼬다, 짜다 | 場合(ばあい) 경우 | 次(つぎ) 다음 | 注意(ちゅうい) 주의 | 希望(きぼう) 희망 | 日時(にちじ) 일시 | 合(あ)わせる 합치다, 맞추다 | 確(たし)かめる 확인하다 | 予算(よさん) 예산 | 費用(ひよう) 비용 | ほとんど 대부분, 거의 | 複数回(ふくすうかい) 여러 회 | ひとまとめ 일괄, 하나로 합침 | 集(あつ)まる 모이다 | 選(えら)ぶ 고르다, 선택하다 | 節約(せつやく) 절약 | 投資(とうし) 투자 | 忘(わす)れる 잊다 | スタイル 스타일, 모급, 모양, 몸매 | 人柄(ひとがら) 인품, 사람됨 | 相性(あいしょう) 궁합이 맞음, 성격이 서로 맞음 | 合(あ)う 맞다, 어울리다 | 契約(けいやく) 계약 | 考(かんが)える 생각하다 | ～に対(たい)して ～에 대해서 | 多(おお)く 많음, 대부분 | 無料(むりょう) 무료 | 相談(そうだん) 상담 | 応(おう)じる 응하다, 따르다 | 場所(ばしょ) 장소 | 個人(こじん) 개인 | 勤(つと)める 근무하다 | 自宅(じたく) 자택 | 出向(でむ)き (목적지로) 향하여 가다 | 説明(せつめい) 설명 | 正(ただ)しい 바르다, 옳다 | 意欲的(いよくてき) 의욕적 | 人々(ひとびと) 사람들 | 載(の)る 놓이다, (신문 등에) 실리다 | 知識(ちしき) 지식 | たいてい 대개, 대부분 | 少(すく)ない 적다 | 利用(りよう) 이용 | 方法(ほうほう) 방법 | 予約(よやく) 예약 | 割引(わりびき) 할인 | 料金(りょうきん) 요금 | 設定(せってい) 설정 | 求(もと)める 구하다, 찾다, 요구하다 | 夜遅(よるおそ)い 밤늦다 | 内容(ないよう) 내용 | 最近(さいきん) 최근 | 通(かよ)う 다니다, 통하다 | 増(ふ)える 늘다 | 同(おな)じ 같음, 동일함 | 出張(しゅっちょう) 출장 | お金(かね)を払(はら)う 돈을 치르다, 지불하다

31 정답 1　32 정답 4　33 정답 1

해석

일본 대형 스포츠 의류 메이커, JJ 스포츠사에서는 상금 100만 엔의 ①콘테스트를 개최한다고 발표했습니다. 콘테스트는 신제품 JJ밴드를 선전할 목적으로 실시되는 것입니다.

콘테스트에 관해서의 자세한 것은 7월에 공식적으로 발표되지만, 참가자는 활동을 감지할 수 있는 밴드를 사용해서, 자신의 스포츠 활동을 관찰하는 모양입니다. 1개월 동안에 최대량의 신체 트레이닝을 기록한 사람이 승자로 설정됩니다.

상금에는, 미국여행과, JJ 스포츠사의 의류와 스포츠용품 평생권 제공이 포함되어 있습니다.

콘테스트는 머지않아, 미국, 한국, 중국, 프랑스까지 확대됩니다. 하지만, 한국 사람들은, 인구가 비교적 적기 때문에, 우선 겨룰 기회를 얻게 됩니다.

JJ스포츠 밴드의 사용자는, 구입 시 용지에 기입하거나, 근처 지점에 전화, 또는 인터넷으로 회원 등록을 하고 콘테스트 홈페이지에서 참가 의사를 제출하면 신청할 수 있습니다.

31 ①콘테스트의 목적은 무엇인가?
1 신제품을 선전하는 것
2 건강한 라이프 스타일을 권하는 것
3 사회적인 문제에 관심을 끄는 것
4 사원을 모집하는 것

32 그 콘테스트에서는 누가 겨루는가?
1 프로 스포츠 선수
2 스포츠 의류 메이커
3 해외여행자
4 상품의 소비자

33 어느 신청 방법이 접수되지 않는가?
1 신청 용지를 회사로 보낸다
2 스포츠용품점에서 신청한다
3 기업의 담당자에게 전화한다
4 홈페이지에서 신청한다

어휘

大手(おおて) 규모가 큰 회사 | 衣類(いるい) 의류 | 賞金(しょうきん) 상금 | コンテスト 콘테스트 | 行(おこな)う 하다, 실시하다 | 発表(はっぴょう) 발표 | 新製品(しんせいひん) 신제품 | スポーツバンド 스포츠 밴드 | 宣伝(せんでん) 선전 | 目的(もくてき) 목적 | 詳(くわ)しい 자세하다, 정통하다 | 公式(こうしき) 공식 | 参加者(さんかしゃ) 참가자 | 動(うご)き 움직임, 활동, 동향 | 感知(かんち) 감지 | 使(つか)う 쓰다, 사용하다 | 自身(じしん) 자신, 자기 | 活動(かつどう) 활동 | モニター 모니터 | 最大量(さいだいりょう) 최대량 | 身体(しんたい) 신체 | 記録(きろく) 기록 | 勝者(しょうしゃ) 승자 | 設定(せってい) 설정 | 旅行(りょこう) 여행 | 用品(ようひん) 용품 | 一生分(いっしょうぶん) 평생 사용할 만큼 | 提供(ていきょう) 제공 | 含(ふく)まれる 포함되다 | いずれ 어느 것, 어차피, 머지않아, 곧 | 拡大(かくだい) 확대 | しかしながら 그렇지만, 하지만 | 人口(じんこう) 인구 | 比較的(ひかくてき) 비교적 | 少(すく)ない 적다 | 最初(さいしょ) 최초, 맨 처음 | 競(きそ)う 다투다, 겨루다 | 与(あた)える 주다, 공급하다 | ユーザー 사용자, 수요자, 소비자 | 購入時(こうにゅうじ) 구입 시 | 用紙(ようし) 용지 | 記入(きにゅう) 기입 | 地元(じもと) 그 지방, 그 고장 | 支店(してん) 지점 | 会員(かいいん) 회원 | 登録(とうろく) 등록 | 意思(いし) 의사 | 届(とど)け出(だ)す 신고하다, 제출하다 | 申(もう)し込(こ)む 신청하다 | 健康的(けんこうてき) 건강적 | ライフスタイル 라이프 스타일 | 勧(すす)める 권하다 | 社会的(しゃかいてき) 사회적 | 問題(もんだい) 문제 | 関心(かんしん)を引(ひ)く 관심을 끌다 | 社員(しゃいん) 사원 | 募集(ぼしゅう) 모집 | 選手(せんしゅ) 선수 | 海外(かいがい) 해외 | 商品(しょうひん) 상품 | 方法(ほうほう) 방법 | 受(う)け付(つ)ける 접수하다 | 送(おく)る 보내다 | 企業(きぎょう) 기업 | 担当者(たんとうしゃ) 담당자 | 訪(おとず)れる 방문하다, 찾아오다

문제 6 다음 글을 읽고, 질문에 답하세요. 답은 1·2·3·4 가운데 가장 좋은 것을 하나 고르세요.

34 정답 2　35 정답 1　36 정답 3　37 정답 4

여러분은 TOEIC이나 JLPT같은 어학능력시험을 볼 때, 긴장을 하는 편입니까? 자신의 실력이 제대로 나오지 않고, 점수가 늘지 않는 것은 ① 억울한 일이지요. 그래서 긴장해서 생각처럼 시험을 잘 볼 수 없는 분들에게, 다음 방법을 추천합니다.

1. 계속해서 시험을 보는 것
②긴장을 많이 하는 분은 우선 그 장소의 분위기에 적응하는 것이 중요합니다. 여러 번 시험을 보면, 시험장의 독특한 분위기에 압도되는 경우도 적어집니다. 또한, 문제 푸는 방법이나 시간 배분에도 익숙해져 원활히 시험을 치를 수 있습니다.

2. 집합 시각보다 먼저 여유를 갖고 도착하는 것
이미 전원이 착석하고 있을 법한 시각에 도착을 하면, 긴장감 가득한 교실에 들어오게 되어, 그만큼 분위기에 휩쓸려 버립니다. 아직 교실이 텅 비어 있을 때 도착해서, 긴장한 상태에서 '자, 열심히 하자'는 마음이 될 수 있는 시간을 자신에게 주도록 합시다.

3. 점수가 필요한 시기보다 이전에 시험을 보기 시작하는 것
「이번 밖에 기회가 없다」라는 것과 「앞으로 ~번 시험을 볼 수 있다」라는 것은, 받는 정신적인 압박이 전혀 다르지요. 점수가 필요한 시기보다 훨씬 전부터 시험을 보기 시작하면, 실제로 시험을 볼 수 있는 횟수가 늘어날 뿐만 아니라, 압박에 의한 긴장이 상당이 줄어드는 것입니다.

우선, 점수의 좋고 나쁨에 상관없이, 자신의 실력이 완전히 발휘될 수 있도록 열심히 하세요.

34 ①억울한 일이라고 있는데, 무엇이 억울한 것인가?

1 시험장을 잘못 알아서, 시험을 볼 수 없었던 것
2 긴장해서 원래의 실력을 발휘할 수 없는 것
3 시험이 시작되기 전에 여유를 갖고 도착하는 것
4 앞으로 한 번 밖에 기회가 없는 것

35 ②긴장을 많이 하는 분은 어떻게 하면 된다고 말하고 있는가?

1 시험장 분위기에 익숙해지도록 몇 번이고 시험을 치러보는 편이 좋다.
2 시험을 치르기 전에 반드시 시간 배분 요령을 익히지 않으면 안 된다.
3 이번에야말로 반드시 점수를 올리고 싶다는 마음이 중요하다.
4 긴장하지 않도록, 이미지 트레이닝을 한다.

36 필자가 말하고 있는 방법으로 맞지 않는 것은 어느 것인가?

1 몇 번이고 도전하면서, 노력을 계속 하는 것
2 집합 시각보다 일찍 교실에 도착하는 것
3 생각보다 점수가 나오지 않아도 포기하지 않는 것
4 점수가 필요한 시기보다 이전부터 시험을 보기 시작하는 것

37 본문의 내용과 맞는 것은 어느 것인가?

1 이번이 마지막 기회라고 생각하고 시험을 치르면, 좀 더 좋은 점수를 받을 수 있다.
2 시험이 시작되기 전에 도착하도록 주의하지 않으면 안 된다.
3 최근에는 어학시험을 통해서 자신의 실력을 시험해 보는 사람이 늘고 있다.
4 교실에 일찍 도착하면, 시험장의 분위기에도 익숙해져, 마음에 여유가 생긴다.

어휘

語学能力試験(ごがくのうりょくしけん) 어학능력시험 | 受(う)ける 받다, 치르다 | 緊張(きんちょう) 긴장 | 自分(じぶん) 자기 자신 | 実力(じつりょく)を出(だ)す 실력을 나타내다 | スコア 스코어, 득점 | 伸(の)びる 자라다, 늘다, 발전하다 | 悔(くや)しい 분하다, 억울하다, 후회스럽다 | 受験(じゅけん) 수험 | 方法(ほうほう) 방법 | 勧(すす)める 권하다 | 동사 ます형+~まくる 계속 ~해대다, 마구 ~하다 | 동사 ます형+~がち 그런 일이 많음, 그런 경향이 많음 | 場(ば) 장소 | 雰囲気(ふんいき) 분위기 | 慣(な)れる 익숙해지다, 숙달되다 | 大切(たいせつ) 중요함, 소중함 | 何度(なんど)も 몇 번이나 | 会場(かいじょう) 회장, 집회 장소 | 独特(どくとく) 독특 | のまれる 먹히다, 휩쓸리다, 압도되다 | 度合(どあ)い 정도 | 少(すく)ない 적다 | 問題(もんだい) 문제 | 解(と)き方(かた) 푸는 법, 해법 | 時間配分(じかんはいぶん) 시간 배분 | スムーズ 스무드, 지체되지 않고 원활함 | 集合(しゅうごう) 집합 | 時刻(じこく) 시각 | 余裕(よゆう)を持(も)つ 여유를 갖다 | 到着(とうちゃく) 도착 | すでに 이미, 벌써 | 全員(ぜんいん) 전원 | 着席(ちゃくせき) 착석 | 張(はり)つめる 온통 덮이다, 긴장되다 | 教室(きょうしつ) 교실 | がらんとする 텅 비다 | 状態(じょうたい) 상태 | 頑張(がんば)る 노력하다 | 与(あた)える 주다, 공급하다 | 必要(ひつよう) 필요 | 時期(じき) 시기 | 今回(こんかい) 이번, 금번 | チャンス 찬스, 기회 | あと 뒤, 후, 나중, 다음 | かかる 걸리다, 걸려들다, 소요되다, 의존하다, 끼치다 | プレッシャー 프레셔, 정신적인 압박 | 全(まった)く 전혀, 완전히 | 異(こと)なる 다르다 | かなり 꽤, 상당히 | 実際(じっさい) 실제 | 回数(かいすう) 횟수 | 増(ふ)える 늘다 | 減(へ)る 줄다 | まず 우선, 먼저 | 良(よ)しあし 옳고 그름, 좋고 나쁨 | ~かかわらず ~에 관계없이, ~에 불구하고 | ~切(き)れる 끝까지 해낼 수 있음을 나타냄 | 間違(まちが)える 잘못하다, 잘못 알다 | 本来(ほんらい) 본래, 원래, 보통 | 発揮(はっき) 발휘 | コツ 요령 | 身(み)につける 몸에 지니다, 익히다 | 今度(こんど)こそ 이번에야말로 | 絶対(ぜったい)に 절대로 | 伸(の)ばす 늘이다, 기르다, 펴다, 늘리다 | イメージトレーニング 이미지 트레이닝 | 筆者(ひっしゃ) 필자 | トライ 트라이, 시험, 시도 | 努力(どりょく) 노력 | 続(つづ)ける 계속하다, 연결하다 | 誰(だれ)よりも早(はや)く 누구보다도 일찍 | 思(おも)ったより 생각보다 | 点数(てんすう) 점수 | 諦(あきら)める 단념하다, 체념하다 | 注意(ちゅうい) 주의 | 最近(さいきん) 최근 | ~通(とお)して ~을 통해서 | 試(ため)す 시험해 보다 | 着(つ)く 닿다, 도착하다 | 心(こころ) 마음 | 生(う)まれる 태어나다, 생기다

문제 7 오른쪽 페이지는 스즈키 씨의 여행 일정표이다. 이것을 읽고, 아래의 질문에 답하세요. 답은 1·2·3·4 가운데 가장 좋은 것을 하나 고르세요.

38 정답 4

여행 일정표에 포함되어 있지 않는 것은 무엇인가?

1 베트남에서의 이동에 관한 정보
2 공항 도착 시간에 관한 조언
3 호텔 장소
4 나리타공항까지의 이동

39 정답 2

스즈키 씨의 여행에 관해 맞는 것은 어느 것인가?

1 하노이에서 고객을 만난다.
2 하노이에서 3박 한다.
3 다낭에서 버스를 탄다.
4 반드시 신용카드로 지불한다.

스즈키 나나 씨의 여행 일정			
날짜	시각	상세	비고
6월19일	2:20 오후	VN604편으로 나리타 출발	이 여행 일정표를 인쇄해서, 갖고 계시는 것을 권합니다. 공항에는 늦어도 출발 1시간 전에는 와 주십시오.
6월19일	7:50 오후	하노이 국제공항에 도착	
6월22일	9:50 오전	VN308편으로 하노이 출발	
6월22일	11:10 오전	다낭 국내선 공항에 도착	
6월25일	3:30 오후	VN737편으로 다낭을 출발	
6월25일	9:05 오후	나리타 국제공항에 도착	

※하노이 공항에서 최종 목적지까지, 이동에 도움이 필요한 경우에는, 여행 대리점에 알려주십시오.
하노이에서의 이동은, VINA SUN사의 택시를 이용하시길 권합니다.
숙박은, 해피 트래블사를 통해서 예약되어 있습니다.

손님이 지내실 곳:
〈하노이〉
인터컨티넨탈 하노이 웨스트레이크
1A Nghi Tam, Tay Ho, Hanoi
전화: +84-046-270-8888
〈다낭〉
하얏트 리젠시 다낭 리조트 앤 스파
Truong Sa Street, Hoa Hai Ward, Ngu Hanh Son District
전화: +84-236-398-1234

다낭에서의 디너 크루즈 티켓은, 호텔 프런트에서 받을 수 있습니다.
지불은 신용카드나 자동이체로 수속해 주십시오.

어휘

旅行(りょこう) 여행 | 日程表(にっていひょう) 일정표 | 含(ふく)まれる 포함되다 | 移動(いどう) 이동 | ~に関(かん)する ~에 관한 | 情報(じょうほう) 정보 | 空港(くうこう) 공항 | 到着(とうちゃく) 도착 | 時間(じかん) 시간 | アドバイス 어드바이스, 조언 | 場所(ばしょ) 장소 | 正(ただ)しい 바르다, 옳다 | クライアント 클라이언트, 광고주, 고객 | 乗(の)る 타다 | 必(かなら)ず 반드시 | クレジットカード 신용카드 | 払(はら)う 없애다, 털다, 돈을 치르다 | 日付(ひづけ) 날짜 | 時刻(じこく) 시각 | 詳細(しょうさい) 상세 | 備考(びこう) 비고 | 出発(しゅっぱつ) 출발 | 国際線(こくさいせん) 국제선 | 国内線(こくないせん) 국내선 | 印刷(いんさつ) 인쇄 | 勧(すす)める 권하다 | 遅(おそ)くとも 늦어도 | お越(こ)し 오심, 가심 | 最終(さいしゅう) 최종 | 目的地(もくてきち) 목적지 | 手伝(てつだ)い 도움 | 必要(ひつよう) 필요 | 場合(ばあい) 경우 | 代理店(だいりてん) 대리점 | 知(し)らせる 알리다 | 利用(りよう) 이용 | 宿泊(しゅくはく) 숙박 | ~を通(つう)じて ~을 통해서 | 予約(よやく) 예약 | お客様(きゃくさま) 손님 | 滞在先(たいざいさき) 체류하는 곳 | ディナークルーズ 디너 크루즈 | チケット 티켓 | フロント 프런트 | 受(う)け取(と)る 받다 | 支払(しはら)い 지불 | 自動引(じどうひ)き落(お)とし 자동이체 | 手続(てつづ)き 수속, 절차

청해

문제 1 문제1에서는 먼저 질문을 들으세요. 그러고 나서 이야기를 듣고, 문제용지의 1~4 중에서 가장 알맞은 답을 하나 고르세요.

01 정답 4 모의2-1-01.mp3

受付で女の人と男の人が話しています。女の人は何をすると決めていますか。

F：中華料理のクラスに申し込みをしたいのですが、パンフレットでは、火曜日か木曜日の7時からとなっていますが、正しいでしょうか。

M：はい、しかし、それらのクラスはあいにくすでに満員となっております。日本料理のクラスでしたら毎週日曜日にございます。火曜日のパン教室もまだ受け付け中です。それから木曜日にはベジタリアン料理のクラスもございます。

F：うーん、日曜日は都合が悪いのです。パン教室はすでに受講したので、木曜日のクラスにします。受講料は同じですか。

M：いいえ、2千円お安くなりますよ。こちらが申し込み用紙です。お支払いはクレジットカードですか。

女の人は何をすると決めていますか。

1 中華料理のクラス
2 日本料理のクラス
3 パン教室
4 ベジタリアン料理のクラス

해석

접수처에서 여자와 남자가 이야기하고 있습니다. 여자는 무엇을 하기로 정했습니까?

F：중화요리 수업을 신청하고 싶습니다만, 팸플릿에는, 화요일이나 목요일 7시부터로 되어 있는데 맞습니까?

M : 네, 그러나 그 수업들은 공교롭게도 이미 인원이 다 찼습니다. 일본요리 수업이라면 매주 일요일에 있습니다. 화요일 빵 만들기 교실도 아직 접수 중입니다. 그리고 목요일에는 채식주의 요리 교실도 있습니다.

F : 음, 일요일은 상황이 안 됩니다. 빵 만들기 교실은 이미 수강했었기 때문에, 목요일 수업으로 하겠습니다. 수강료는 같습니까?

M : 아니오, 2천 엔 쌉니다. 이것이 신청용지입니다. 지불은 신용카드로 하십니까?

여자는 무엇을 하기로 정했습니까?

1 중화요리 수업
2 일본요리 수업
3 빵 만들기 교실
4 채식주의 요리 수업

어휘

受付(うけつけ) 접수, 접수처 | 決(き)める 정하다, 결정하다 | 中華料理(ちゅうかりょうり) 중화요리 | 申(もう)し込(こ)み 신청 | パンフレット 팸플릿 | 正(ただ)しい 바르다, 옳다, 맞다 | しかし 그러나 | あいにく 공교롭게도 | すでに 이미, 벌써 | 満員(まんいん) 만원 | 毎週(まいしゅう) 매주 | 教室(きょうしつ) 교실 | ベジタリアン 채식주의자, 베지테리언 | 都合(つごう)が悪(わる)い 사정(상황)이 좋지 않다 | 受講(じゅこう) 수강 | 同(おな)じ 같음, 동일함 | 安(やす)い 싸다 | 用紙(ようし) 용지 | お支払(しはらい) 지불, 지급 | クレジットカード 신용카드

02 정답 2

모의2-1-02.mp3

バス停で女の人と男の人が話しています。女の人はこれからどうしますか。

F :空港行きのバスは何時にここへ来るかわかりますか。

M :時刻表では3時5分に来ることになっていますね。3時からここにおりますが、バスは1台も来ていないですよ。

F :今3時15分なので、もうすぐ来るといいのですが、5時10分の飛行機に乗らないといけないのです。

M :バスですと、空港まで少なくとも1時間半はかかります。ここから歩いて2分の日暮里駅でスカイライナーに乗ればもっと早く空港に到着できますよ。バスの代わりにそうされたほうがいいと思いますよ。

F :そうですか。じゃ、そうします。ありがとうございます。

女の人はこれからどうしますか。

1 もう少しバスを待つ
2 スカイライナーに乗る
3 歩いて空港まで行く
4 飛行機の時間を変更する

해석

버스 정류장에서 여자와 남자가 이야기하고 있습니다. 여자는 이제 어떻게 합니까?

F : 공항 행 버스는 몇 시에 여기에 오는 지 아십니까?

M : 시각표로는 3시 5분에 오는 것으로 되어 있네요. 3시부터 여기에 있었는데, 버스는 1대도 오지 않았습니다.

F : 지금 3시 15분이니까, 이제 곧 오면 좋겠는데, 5시 10분 비행기를 타야만 하거든요.

M : 버스를 타면, 공항까지 적어도 1시간 반은 걸립니다. 여기에서 걸어서 2분인 닛포리역에서 스카이라이너를 타면 훨씬 빨리 공항에 도착할 수 있어요. 버스 대신에 그렇게 하시는 편이 좋을 것 같아요.

F : 그래요? 그럼 그렇게 하겠습니다. 고맙습니다.

여자는 이제 어떻게 합니까?

1 버스를 좀 더 기다린다.
2 스카이라이너를 탄다.
3 걸어서 공항까지 간다.
4 비행기 시간을 변경한다.

어휘

バス停(てい) 버스 정류장 | 空港(くうこう) 공항 | ～行(ゆ)き ～행 | 時刻表(じこくひょう) 시각표 | もうすぐ 이제 곧 | 飛行機(ひこうき) 비행기 | 乗(の)る 타다 | 少(すく)なくとも 적어도, 최소한 | 歩(ある)く 걷다 | もっと 더, 더욱 | 早(はや)く 일찍, 빨리 | 到着(とうちゃく) 도착 | 代(か)わりに 대신에 | もう少(すこ)し 좀 더 | 待(ま)つ 기다리다 | 変更(へんこう) 변경

03 정답 3

모의2-1-03.mp3

会社で女の人と男の人が話しています。男の人は試合会場までどうやって行きますか。

F :今週末、サッカーの試合に出ますか。よい天気になりそうですから、先週末のように雨の中で試合をすることはなさそうですね。

M :試合にぜひ出たいところですが、そこまでどうやって行けばいいかわかりません。ここのところ車の調子が悪くて、修理に出さなくてはならなくなりそうです。試合会場までバスで行けるでしょうか。

F :それじゃ、私といっしょに行きましょう。電車で池袋駅まで来てくれれば、そこであなたを乗せます。10時ごろはいかがですか。

M :それはありがたいです。今シーズン最後の試合に出ないわけにはいかないですからね。

男の人は試合会場までどうやって行きますか。

1 自分の車で行く
2 バスで行く
3 女の人の車で行く
4 地下鉄で行く

해석

회사에서 여자와 남자가 이야기하고 있습니다. 남자는 시합 장소까지 어떻게 갑니까?

F : 이번 주말, 축구 시합에 출전하세요? 날씨가 좋을 것 같아서, 지난주말처럼 빗속에서 시합을 하는 일은 없을 것 같아요.

M : 시합에 꼭 나가고 싶은데, 거기까지 어떻게 가면 좋을지 모르겠습니다. 요즘 차 상태가 좋지 않아서, 수리를 맡겨야 할 것 같습니다. 시합 장소까지 버스로 갈 수 있습니까?

F : 그럼 저랑 같이 가요. 전철로 이케부쿠로 역까지 와 주면, 거기서 당신을 태울게요. 10시 정도 어떠세요?

M : 그래주시면 고맙지요. 이번 시즌 마지막 시합에 안 나갈 수는 없으니까요.

남자는 시합 장소까지 어떻게 갑니까?

1 자기 차로 간다.
2 버스로 간다.
3 여자의 차로 간다.
4 지하철로 간다.

어휘

試合(しあい) 시합 | どうやって 어떻게 | 今週末(こんしゅうまつ) 이번 주말 | 天気(てんき) 날씨 | 先週末(せんしゅうまつ) 지난 주말 | 雨(あめ) 비 | ぜひ 꼭, 반드시 | ここのところ 지금으로는, 지금 상태로는 | 調子(ちょうし)が悪(わる)い 상태가 나쁘다 | 修理(しゅうり)に出(だ)す 수리를 맡기다 | 会場(かいじょう) 회장, 장소 | 乗(の)せる 태우다, 싣다 | 拾(ひろ)う 줍다, 건지다, 태우다, 잡아서 타다 | 最後(さいご) 마지막 | 自分(じぶん) 자기, 자신 | 地下鉄(ちかてつ) 지하철

04 정답 1 모의2-1-04.mp3

男の人と女の人がホテルの電話で話しています。男の人は何を頼みましたか。

M : もしもし、クリーニングをお願いしたいものがあるのですが、金曜日にチェックアウトします。それまでに仕上がりますか。

F : はい、お客様。クリーニングサービスは通常、24時間で仕上がりますので、明日の5時までにお渡しできます。

M : よかった。明日は遅くまで出かけているので、あさっての午前中に引き取りできます。シャツを2枚とスーツを1着、お願いします。

F : はい、お客様のお名前と部屋番号をいただければ受領書をお渡しします。クリーニング代金はお部屋の料金に追加されますので、チェックアウトの際にお支払いください。

男の人は何を頼みましたか。

1 クリーニングのサービス
2 チェックアウトのサービス
3 モーニングコールのサービス
4 支払いのサービス

해석

남자와 여자가 전화로 이야기하고 있습니다. 남자는 무엇을 부탁했습니까?

M : 여보세요, 드라이클리닝을 부탁드리고 싶은 것이 있는데, 금요일에 체크아웃합니다. 그때까지 세탁이 될까요?

F : 네, 손님. 세탁 서비스는 보통, 24시간 안에 다 되기 때문에, 내일 5시까지는 해드릴 수 있습니다.

M : 다행이다. 내일은 늦게까지 나가 있기 때문에, 모레 오전 중에 받을 수 있습니다. 셔츠를 2장, 정장을 1벌, 부탁드립니다.

여 : 네, 손님의 성함과 방 번호를 주시면 수령증을 건네드리겠습니다. 세탁비는 방 요금에 추가되기 때문에, 체크아웃하실 때 지불해 주십시오.

남자는 무엇을 부탁했습니까?

1 세탁 서비스
2 체크아웃 서비스
3 모닝콜 서비스
4 지불 서비스

어휘

頼(たの)む 부탁하다 | クリーニング 세탁, 드라이클리닝 | お願(ねが)い 바람, 소원 | 仕上(しあ)がる 완성되다 | 通常(つうじょう) 보통 | 渡(わた)す 건네다, 넘기다 | 遅(おそ)く 늦게 | 出(で)かける 나가다 | 引(ひ)き取(と)り 인수, 맡음 | 名前(なまえ) 이름 | 部屋(へや) 방 | 番号(ばんごう) 번호 | 受領書(じゅりょうしょ) 수령증 | 代金(だいきん) 대금 | 料金(りょうきん) 요금 | 追加(ついか) 추가 | ~際(さい) ~때, ~즈음, ~기회 | 支払(しはら)い 지불, 지급

05 정답 2 모의2-1-05.mp3

会社で男の人と女の人が話しています。女の人はこれから何をしますか。

M : すみません、キムさんがどこにいらっしゃるか教えていただけますか。

F : はい、ただいま経理担当者といっしょに木村さんのオフィスにおります。15分ほどお待ちになっていただけますか。4時には戻ると思います。

M : かまいませんが、鈴木太郎が来ていると伝えていただけますか。私をお待ちだと思いますから。

F : 今すぐ彼に電話をして伝えます。その間、そちらへお掛けください。もしよろしければ、お水かお茶かコーヒーをお持ちします。

女の人はこれから何をしますか。

1 木村さんのオフィスに行く
2 キムさんに電話をする
3 ここで待つ
4 コーヒーを注文する

해석

회사에서 남자와 여자가 이야기하고 있습니다. 여자는 앞으로 무엇을 합니까?

M : 실례합니다, 김 씨가 어디에 계신지 알려주실 수 있을까요?

F : 네, 지금 경리 담당자와 함께 기무라 씨 사무실에 있습니다. 15분 정도 기다리실 수 있으시겠습니까? 4시에는 돌아올 겁니다.

M : 상관없습니다만, 스즈키 다로가 와 있다고 전해주실 수 있으시겠습

니까? 저를 기다리고 있으실 것이라고 생각하거든요.

F : 지금 바로 그에게 전화를 해서 전하겠습니다. 그 동안, 그쪽에 앉아 계십시오. 만약 괜찮으시다면, 물이나 차나 커피를 가져다 드리겠습니다.

여자는 앞으로 무엇을 합니까?

1 기무라 씨 사무실로 간다.
2 김 씨에게 전화를 한다.
3 여기에서 기다린다.
4 커피를 주문한다.

어휘

教(おし)える 가르치다 | ただいま 지금, 현재 | 経理(けいり) 경리 | 担当者(たんとうしゃ) 담당자 | 戻(もど)る 되돌아가(오)다 | 構(かま)わない 상관없다 | 伝(つた)える 전하다 | 間(あいだ) 사이, 동안, 간격 | 注文(ちゅうもん) 주문

06 정답 1 모의2-1-06.mp3

電話で男の人と女の人が話しています。女の人はこの後、何をしますか。

M : もしもし、小林さんですか。東京私立図書館の者ですが、延滞している本のことで電話をしています。1月15日が返却期限だった本が4冊あります。今の時点で1000円の延滞料金がかかっていますが、2週間をすぎる明日には2000円に上がってしまいます。

F : ごめんなさい。ずっと前に返却するつもりだったのですが、すっかり忘れていました。ご連絡くださってありがとうございます。今日の午後6時以降に返しに行きます。

M : 今日は閉館が5時なので、それ以降に来られる場合は返却ボックスの中に入れておいてください。今後本をお借りになるには、先に延滞料金をお支払いいただかなくてはいけませんが、それまではお客様の会員カードは使用することはできません。

女の人はこの後、何をしますか。

1 図書館へ本を返しに行く
2 本屋へ本を買いに行く
3 銀行へ延滞料金を払いに行く
4 会員カードを作りに行く

해석

전화로 남자와 여자가 이야기하고 있습니다. 여자는 이후에 무엇을 합니까?

M : 여보세요, 고바야시 씨이십니까? 도쿄 사립도서관입니다만, 연체하고 있는 책 때문에 전화 드렸습니다. 1월15일이 반납기한이었던 책이 4권 있습니다. 지금 시점에서 1000엔의 연체요금이 있습니다만, 2주간을 지나는 내일이 되면 2000엔으로 올라 버립니다.

F : 죄송합니다. 한참 전에 반납할 생각이었는데, 완전 잊고 있었습니다. 연락 주셔서 고맙습니다. 오늘 오후 6시 이후에 반납하러 가겠습니다.

M : 오늘은 폐관이 5시이기 때문에, 그 이후에 오시는 경우는 반납함 속에 넣어주십시오. 앞으로 책을 빌리시는 경우에는, 먼저 연체요금을 지불하시지 않으면 안 됩니다만. 그때까지는 손님의 회원카드는 사용할 수 없습니다.

여자는 이후에 무엇을 합니까?

1 도서관에 책을 반납하러 간다.
2 서점에 책을 사러 간다.
3 은행에 연체요금을 내러 간다.
4 회원카드를 만들러 간다.

어휘

私立(しりつ) 사립 | 図書館(としょかん) 도서관 | 延滞(えんたい) 연체 | 返却(へんきゃく) 반환 | 期限(きげん) 기한 | 時点(じてん) 시점 | 料金(りょうきん) 요금 | すぎる 지나다, 넘다 | すっかり 완전히, 아주, 몽땅 | 忘(わす)れる 잊다 | 連絡(れんらく) 연락 | 以降(いこう) 이후 | 返(かえ)す 돌려주다, 되돌려 놓다 | 閉館(へいかん) 폐관 | 場合(ばあい) 경우 | 今後(こんご) 앞으로, 이후 | 借(か)りる 빌리다 | 先(さき)に 먼저, 앞서 | 支払(しはら)い 지불, 지급 | 会員(かいいん) 회원 | 使用(しよう) 사용 | 本屋(ほんや) 서점 | 銀行(ぎんこう) 은행

문제 2 문제2에서는 먼저 질문을 들으세요. 그리고 문제용지를 보세요. 읽는 시간이 있습니다. 그러고 나서 이야기를 듣고, 문제용지의 1~4 중에서 가장 알맞은 답을 하나 고르세요.

01 정답 3 모의2-2-01.mp3

女の人と男の人が話しています。なぜ女の人は驚いているのですか。

F : 車の整備をお願いします。オイル交換とブレーキの点検が必要だと思います。

M : わかりました。これは簡単な整備ですから、5千円ぐらいになるでしょう。お車は2時間後には準備できますよ。

F : えっ! まさか。でも、その整備は無料だと思っていたのですが、2万キロ未満しか乗っていなければ、含まれているものだと聞いたので。

M : 確かにその通りです、お客様。ですが契約には、2万キロまたは購入から2年のいずれか先に達した時点で、無料整備期間は終了するとあります。残念ながら、お客様が購入されてから27ヵ月が経過していますので。

なぜ女の人は驚いているのですか。

1 車が壊れたから
2 予約をする必要があるから
3 料金を払う必要があるから
4 同意書に署名しなくてはならないから

해석

여자와 남자가 이야기하고 있습니다. 왜 여자는 놀라고 있는 것입니까?

F : 자동차 정비를 부탁드립니다. 오일 교환이랑 브레이크 점검이 필요

하다고 생각합니다.

M : 알겠습니다. 이것은 간단한 정비이니까, 5천 엔 정도가 될 것입니다. 차는 2시간 후에는 준비될 수 있습니다.

F : 네? 설마. 하지만, 저는 그 정비는 무료라고 생각하고 있었는데요. 2만키로 미만밖에 타지 않았다면, 포함되어 있다고 들어서요.

M : 분명 맞습니다, 손님. 하지만 계약에는, 2만키로 또는 구입 후 2년 둘 중 어느 쪽 한 쪽이 먼저 도달한 시점에서, 무료 정비 기간은 종료로 되어 있습니다. 안타깝지만, 손님이 구입하시고 나서 27개월이 경과되어 있어서요.

왜 여자는 놀라고 있는 것입니까?

1 자동차가 고장 났기 때문에
2 예약할 필요가 있기 때문에
3 요금을 낼 필요가 있기 때문에
4 동의서에 서명해야만 하기 때문에

어휘

驚(おどろ)く 놀라다 | 整備(せいび) 정비 | 交換(こうかん) 교환 | まさか 설마 | 簡単(かんたん)な 간단한 | 準備(じゅんび) 준비 | 無料(むりょう) 무료 | 未満(みまん) 미만 | 乗(の)る 타다 | 含(ふく)まれる 포함되다 | 確(たし)かに 분명히, 확실히 | その通(とお)り 그대로 | 契約(けいやく) 계약 | 購入(こうにゅう) 구입 | いずれ 어느 것 | 先(さき)に 먼저, 우선 | 達(たっ)する 이르다, 도달하다 | 時点(じてん) 시점 | 期間(きかん) 기간 | 終了(しゅうりょう) 종료 | 残念(ざんねん)ながら 유감스럽지만, 안타깝지만 | 経過(けいか) 경과 | 壊(こわ)れる 고장 나다, 깨지다, 부서지다 | 予約(よやく) 예약 | 必要(ひつよう) 필요 | 料金(りょうきん)を払(はら)う 요금을 내다 | 同意書(どういしょ) 동의서 | 署名(しょめい) 서명

02 **정답 1** 모의2-2-02.mp3

留守番電話のメッセージです。女の人が午前中出勤できない理由は何ですか。

F : もしもし、中山ですが、午前中は出勤することができません。娘が高熱を出してしまって、今、病院に連れていきます。もしそれほどひどくないようであれば、午後は母に娘を頼んで、出勤します。もし病院で検査か何かしなければならない場合には、1日お休みをいただくことになります。診察の後にまた電話をします。それから上田社の野田さんに電話をして、彼からお願いされていたデータを今日中に送ることができないことを伝えていただけるとありがたいのですが。もし何かわからないことがありましたら私の携帯までお願いします。ありがとうございます。では。

女の人が午前中出勤できない理由は何ですか。

1 子供が病気である
2 調子が悪くて病院に行く
3 母のお見舞いに行く
4 上田社の野田さんと約束がある

해석

자동응답전화 메시지입니다. 여자가 오전 중에 출근할 수 없는 이유는 무엇입니까?

F : 여보세요, 나카야마인데요, 오전 중에 출근 할 수 없을 것 같습니다. 딸이 고열이 나서, 지금 병원에 데리고 갑니다. 만약 그렇게 심하지 않은 것 같으면, 오후에는 엄마에게 딸을 부탁하고, 출근하겠습니다. 만약 병원에서 검사라던가 뭔가 해야만 하는 경우에는, 하루 휴가를 받도록 하겠습니다. 진찰 후에 다시 전화를 드리겠습니다. 그리고 우에다 사의 노다 씨에게 전화를 해서, 그분에게 부탁받았던 데이터를 오늘 중으로 보낼 수 없다는 것을 전해주실 수 있으면 고맙겠습니다만. 혹시 뭔가 모르는 것이 있으시면 제 휴대전화로 부탁드리겠습니다. 고맙습니다. 그럼.

여자가 오전 중에 출근할 수 없는 이유는 무엇입니까?

1 아이가 아프다.
2 컨디션이 안 좋아서 병원에 간다.
3 엄마 병문안 하러 간다.
4 우에다사의 노다씨와 약속이 있다.

어휘

留守番電話(るすばんでんわ) 자동응답전화 | 出勤(しゅっきん) 출근 | 理由(りゆう) 이유 | 娘(むすめ) 딸 | 高熱(こうねつ)を出(だ)す 고열이 나다 | 病院(びょういん) 병원 | 連(つ)れていく 데리고 가다 | 頼(たの)む 부탁하다 | 検査(けんさ) 검사 | 場合(ばあい) 경우 | 診察(しんさつ) 진찰 | 送(おく)る 보내다 | 伝(つた)える 전하다 | 携帯(けいたい) 휴대 전화 | 病気(びょうき) 병 | 調子(ちょうし)が悪(わる)い 상태(컨디션)이 나쁘다 | お見舞(みま)い 병문안 | 約束(やくそく) 약속

03 **정답 3** 모의2-2-03.mp3

ビルのロビーで女の人と男の人が話しています。女の人はどうして南エレベーターを使わないのですか。

F : すみません、日本ホールディングス社で6時に約束があるのですが。

M : 5時以降にお越しのお客様はビルを出入りする際に署名が必要となります。こちらにお名前とサインをお願いします。

F : わかりました。はい、どうぞ。あちらにあるエレベーターは25階まで行きますか。

M : いいえ、あちらは南エレベーターで、20階まで止まります。ロビーの反対方向にございます北エレベーターをお使いください。あちらのトイレへ向かう案内に従っていただければ、エレベーターにたどり着きます。

女の人はどうして南エレベーターを使わないのですか。

1 5時以降には出入り禁止になっているから
2 今、修理中だから
3 すべての階には止まらないから
4 反対側に来ているから

해석

빌딩 로비에서 여자와 남자가 이야기하고 있습니다. 여자는 왜 남쪽 엘리베이터를 사용하지 않는 것입니까?

F : 실례합니다. 일본 홀딩스 사에서 6시에 약속이 있는데요.

M : 5시 이후에 오시는 손님은 빌딩을 출입하실 때에 서명이 필요합니다. 이쪽에 성함과 사인을 부탁드립니다.

F : 알겠습니다. 네, 자 여기 있습니다. 저쪽에 있는 엘리베이터는 25층까지 갑니까?

M : 아니오, 저쪽은 남쪽 엘리베이터로, 20층까지 섭니다. 로비 반대 방향에 있는 북쪽 엘리베이터를 사용해 주십시오. 저쪽 화장실 쪽 안내에 따라서 가시면, 엘리베이터로 도착하십니다.

여자는 왜 남쪽 엘리베이터를 사용하지 않습니까?

1 5시 이후에는 출입금지로 되어 있기 때문에
2 지금, 수리 중이기 때문에
3 전 층에 서지 않기 때문에
4 반대쪽에 있기 때문에

어휘

南(みなみ) 남쪽 | 以降(いこう) 이후 | お越(こ)し 오심, 가심 | 出入(でい)り 출입 | ～際(さい) ～때, ～즈음 | 署名(しょめい) 서명 | 止(と)まる 멎다, 멈추다 | 反対(はんたい) 반대 | 方向(ほうこう) 방향 | 北(きた) 북쪽 | 向(む)かう 향하다 | 案内(あんない) 안내 | 従(したが)う 따르다 | たどり着(つ)く 당도하다, 도달하다 | 禁止(きんし) 금지 | 修理中(しゅうりちゅう) 수리 중 | ～側(がわ) ～곁, ～편, ～쪽, ～측

04 정답 2 모의2-2-04.mp3

デパートで男の人と女の人が話しています。男の人はなぜ手助けを求めているのですか。

M : すみません。このネクタイですが、黒以外の色はありませんか。ずっと見て回っているんですけど、見つからなくて。

F : ブラウンとダークブルーもございます。ドレスシャツとセットでお買い上げいただきますと、ネクタイは定価の20パーセント引きになります。シャツとジャケットと一緒のお買い上げですと、無料です。

M : ありがとうございます。でも、必要なのはネクタイなんです。黒とブラウンをもらえますか。来週、フォーマルなディナーに出席するんですけど、このどちらかならばスーツに合うと思いますので。

F : かしこまりました。すぐにお包みいたします。

男の人はなぜ手助けを求めているのですか。

1 商品を返品できないから
2 ほしいものが見つからないから
3 値段をチェックしなければならないから
4 商品を比較する必要があるから

해석

백화점에서 남자와 여자가 이야기하고 있습니다. 남자는 왜 도움을 구하고 있습니까?

M : 실례합니다. 이 넥타이 말인데요, 검정색 말고 다른 색은 없습니까? 계속 보면서 다니고 있는데, 찾을 수가 없어서요.

F : 갈색과 진한 청색도 있습니다. 정장과 세트로 사시게 되면, 넥타이는 정가의 20퍼센트 할인이 됩니다. 셔츠와 재킷과 함께 사시면 무료입니다.

M : 감사합니다. 하지만, 필요한 것은 넥타이이기 때문에. 검정색과 갈색을 받을 수 있을까요? 다음 주에 격식 있는 저녁에 출석을 하는데, 이 둘 중에는 정장과 어울리는 것이 있을 것 같아서요.

F : 알겠습니다. 바로 포장해 드리겠습니다.

남자는 왜 도움을 구하고 있습니까?

1 상품을 반품할 수 없어서
2 필요한 물건을 찾을 수 없어서
3 가격을 체크해야만 해서
4 상품을 비교할 필요가 있어서

어휘

手助(てだす)け 도움 | 求(もと)める 구하다, 찾다 | 黒(くろ) 검정 | 以外(いがい) 이외 | 色(いろ) 색 | ずっと 훨씬, 줄곧 | 見(み)て回(まわ)る 보며 돌아다니다 | 見(み)つかる 들키다, 발견되다, 찾게 되다 | お買(か)い上(あ)げ 구매, 수매 | 定価(ていか) 정가 | 無料(むりょう) 무료 | 必要(ひつよう) 필요 | 出席(しゅっせき) 출석 | 合(あ)う 맞다, 어울리다 | 包(つつ)む 싸다, 두르다 | 商品(しょうひん) 상품 | ほしい 갖고 싶다, 필요하다 | 値段(ねだん) 가격 | 比較(ひかく) 비교

05 정답 4 모의2-2-05.mp3

会社で女の人と男の人が話しています。女の人はなぜ受付に派遣されたのですか。

F : こんにちは。山形と申します。営業部から派遣されて来ました。受付で手助けが必要とのことでしたので。

M : ええ、お待ちしておりました。本日、ソフトウェアのセミナーを開催します。それで 、あなたには参加者が問題なく会場に入れるよう手伝ってほしいのです。彼らが到着したら、まず記帳してもらって、その後リストの名前と確認してみてください。

F : 了解です。その後は何をすべきですか。名札を渡しますか。

M : その必要はありません。正面のドアから参加者を案内してください。最初の講演者が話しはじめたら、自由に受付を離れてけっこうです。

女の人はなぜ受付に派遣されたのですか。

1 セミナーに商品を運ぶため
2 製品を実演するため
3 名札を配るため
4 セミナーを手伝うため

해석

회사에서 여자와 남자가 이야기하고 있습니다. 여자는 왜 접수처로 파견

된 것입니까?

F : 안녕하세요. 야마가타라고 합니다. 영업부에서 파견되어 왔습니다. 접수처에서 도움이 필요하다고 하셔서요.

M : 네, 기다리고 있었습니다. 오늘, 소프트웨어 세미나를 개최합니다. 그래서 당신은 참가자가 문제없이 회장으로 들어갈 수 있도록 도와 주셨으면 좋겠습니다. 그들이 도착하면, 우선 방명록 작성을 받으시고, 그 후 리스트의 이름과 확인해 봐 주십시오.

F : 알겠습니다. 그 후에는 무엇을 해야 합니까? 명찰을 드립니까?

M : 그럴 필요는 없습니다. 정면의 문에서 참가자를 안내해 주세요. 처음 강연자가 이야기를 시작하면, 자유롭게 접수처를 떠나셔도 좋습니다.

여자는 왜 접수처로 파견된 것입니까?

1 세미나에 상품을 옮기기 위해서
2 제품을 실연하기 위해서
3 명찰을 나눠주기 위해서
4 세미나를 돕기 위해서

어휘

受付(うけつけ) 접수, 접수처 | 派遣(はけん) 파견 | 申(もう)す 말씀드리다 | 営業部(えいぎょうぶ) 영업부 | 手助(てだす)け 거듦, 도와줌 | 必要(ひつよう) 필요 | 待(ま)つ 기다리다 | 本日(ほんじつ) 오늘, 금일 | 開催(かいさい) 개최 | 参加者(さんかしゃ) 참가자 | 問題(もんだい) 문제 | 会場(かいじょう) 회장, 집회 장소 | 手伝(てつだ)う 돕다, 거들다 | 到着(とうちゃく) 도착 | まず 우선, 먼저 | 記帳(きちょう) 기장, 장부에 기입함 | 名前(なまえ) 이름 | 確認(かくにん) 확인 | 了解(りょうかい) 잘 이해함, 납득함 | 名札(なふだ) 명찰 | 渡(わた)す 건네다, 건너가게 하다, 주다 | 正面(しょうめん) 정면 | 案内(あんない) 안내 | 最初(さいしょ) 최초, 처음 | 講演者(こうえんしゃ) 강연자 | 自由(じゆう)に 자유롭게 | 離(はな)れる 떨어지다, 떠나다 | けっこうだ 훌륭하다, 좋다, 충분하다, 다행이다 | 商品(しょうひん) 상품 | 運(はこ)ぶ 옮기다, 운반하다 | 製品(せいひん) 제품 | 実演(じつえん) 실연, 실제로 해보임 | 配(くば)る 나누어 주다, 배부하다

06 정답 2 모의2-2-06.mp3

会社で男の人と女の人が話しています。男の人は女の人に何をしてもらおうとしていますか。

M : どうも田村さん。邪魔して悪いんだけど、今日の午後開かれる会議のためにこの数字に目を通してもらわないといけないんだ。

F : そこの机の上に置いておいて。なるべく早く取りかかるわ。

M : 実は、一緒に検討してもらえないかな。今後3ヵ月間の営業経費見積もりにいくつか変更を加えたので、君の確かな目が必要なんだ。経費を15パーセントか、もしかしたらそれ以上削減できる可能性が高いと思う。

F : それはすばらしいわ。経費を削減できたら、あなたは昇進問題なしよ。座ってちょうだい。

男の人は女の人に何をしてもらおうとしていますか。

1 会議の計画を手伝ってもらう
2 彼が準備したデータをチェックしてもらう
3 会議室を予約してもらう
4 営業経費見積書を作ってもらう

해석

회사에서 남자와 여자가 이야기하고 있습니다. 남자는 여자에게 무엇을 해 달라고 하고 있습니까?

M : 실례합니다, 다무라 씨. 방해해서 미안한데요, 오늘 오후에 열리는 회의를 위해 이 통계를 훑어봐 주셨으면 하는데요.

F : 거기 책상 위에 놓아 둬요. 가능한 빨리 보도록 할게요.

M : 실은, 같이 검토해 받을 수 없을까요. 앞으로 3개월 간의 영업 경비 견적에 몇 개 정도 변경을 했는데, 당신의 확실한 눈이 필요해요. 경비를 15퍼센트, 어쩌면 그 이상 삭감할 수 있을 가능성이 높다고 생각해요.

F : 그거 대단한데요. 경비를 삭감할 수 있다면, 당신은 승진 문제없어요. 앉아 봐요.

남자는 여자에게 무엇을 해 달라고 하고 있습니까?

1 회의 계획을 도움 받다.
2 그가 준비한 데이터를 체크해 받다.
3 회의실을 예약해 받다.
4 영업 경비 견적서를 만들어 받다.

어휘

邪魔(じゃま) 방해, 훼방 | 開(ひら)かれる 열리다 | 会議(かいぎ) 회의 | 数字(すうじ) 숫자 | 目(め)を通(とお)す 훑어보다 | 机(つくえ) 책상 | 置(お)く 놓다, 두다 | なるべく 가능한 한 | 早(はや)く 빨리, 일찍 | 取(と)りかかる 시작하다, 착수하다 | 実(じつ)は 사실은 | 一緒(いっしょ)に 같이, 함께 | 検討(けんとう) 검토 | 今後(こんご) 앞으로 | 経費(けいひ) 경비 | 見積(みつ)もり 견적 | 変更(へんこう) 변경 | 加(くわ)える 더하다, 가하다 | 確(たし)かな 확실한 | もしかしたら 어쩌면 | 以上(いじょう) 이상 | 削減(さくげん) 삭감 | 可能性(かのうせい) 가능성 | 昇進(しょうしん) 승진 | 座(すわ)る 앉다 | ～ちょうだい ~(해)주세요 | 計画(けいかく) 계획 | 準備(じゅんび) 준비 | 予約(よやく) 예약

문제 3 문제3에서는 문제용지에 아무것도 인쇄되어 있지 않습니다. 이 문제는 전체적으로 어떤 내용인지를 듣는 문제입니다. 이야기 전에 질문은 없습니다. 먼저 이야기를 들으세요. 그러고 나서 질문과 선택지를 듣고, 문제용지의 1~4 중에서 가장 알맞은 답을 하나 고르세요.

01 정답 3 모의2-3-01.mp3

電話で女の人と男の人が話しています。

F : もしもし、中村さん。昨日の会議で話した翻訳の仕事のことで電話をしています。来週までにやってもらえますか。

M : ええ、ほかのプロジェクトが2、3ありますが、どれも急ぎではないので。

F : よかった。全部で13ファイルありますが、どれも短いものばかりです。ただ、締め切りが厳しいのです。今日このあと、最初のファイルを2、3個、メールで送って、残りは明日までに送ります。

M：それでけっこうです。できるだけ早く取りかかります。

女の人が電話をした目的は何ですか。

1 会議の日程を知らせるため
2 プロジェクトの状況を確認するため
3 翻訳の仕事を頼むため
4 ファイルを送るため

해석

전화로 여자와 남자가 이야기하고 있습니다.

여: 여보세요, 나카무라 씨. 어제 회의에서 이야기했던 번역 일에 대해서 전화 드렸습니다. 다음 주까지 해 주실 수 있겠습니까?

남: 네, 다른 프로젝트가 2, 3개 있습니다만, 다 급한 것은 아니라서.

여: 다행이다. 다 해서 13개의 파일입니다만, 다 짧은 것들입니다. 다만, 마감이 촉박합니다. 오늘 이후에 최초 파일을 2, 3개 메일로 보내고, 나머지는 내일까지 보내겠습니다.

남: 그러면 됩니다. 가능한 한 빨리 시작하겠습니다.

여자가 전화를 한 목적은 무엇입니까?

1 회의 일정을 알리기 위해서
2 프로젝트 상황을 확인하기 위해서
3 번역 일을 부탁하기 위해서
4 파일을 보내기 위해서

어휘

翻訳(ほんやく) 번역 | 急(いそ)ぎ 급함, 서두름 | 全部(ぜんぶ)で 전부 다 해서 | 短(みじか)い 짧다 | ただ 단, 다만 | 締(し)め切(き)り 마감 | 厳(きび)しい 엄하다, 험하다, 심하다, 힘겹다 | 終(お)わる 끝나다 | 最初(さいしょ) 최초, 맨 처음 | 残(のこ)り 나머지 | 取(と)りかかる 시작하다, 착수하다 | 目的(もくてき) 목적 | 日程(にってい) 일정 | 知(し)らせる 알리다 | 状況(じょうきょう) 상황 | 確認(かくにん) 확인 | 頼(たの)む 부탁하다 | 送(おく)る 보내다

02 정답 2

모의2-3-02.mp3

男の人と女の人が話しています。

F：もし家賃がそんなに高くなければ、喜んでこのアパートにするのに。ここより狭いアパートには住めないけど、もっと安いところをどうやって見つけるのか分からないし。

M：僕も同じことを考えていたよ。市の中心からもっと離れた地域で探す必要があるかもしれないね。通勤するのに20分か30分早く家を出なくてはならないとしてもさ。

F：残念だけど、あなたの言う通りね。不動産屋さんに相談して、空いているアパートのリストをもらいましょうよ。

M：うん、そうしよう。ランチの後に、そのうちいくつか回れるね。

女の人はアパートについて何と言っていますか。

1 市の中心から遠すぎる。
2 家賃が高すぎる。
3 良い地域にある。
4 建物がとても新しい。

해석

남자와 여자가 이야기하고 있습니다.

여: 만약 집세가 그렇게 비싸지 않으면, 기꺼이 이 아파트로 하겠는데. 여기보다 좁은 아파트에서는 살 수 없지만, 더 싼 곳을 어떻게 찾을지도 모르겠고.

남: 나도 같은 생각을 했어. 시의 중심에서 좀 더 떨어진 지역에서 찾을 필요가 있을지도 모르겠어. 통근하기에 20분이나 30분 일찍 집에서 나와야 한다고 해도 말이야.

여: 안타깝지만, 당신이 말한 대로야. 부동산 업자와 상담해서, 비어 있는 아파트 리스트를 받아보자.

남: 응, 그렇게 하자. 점심 먹고 나서, 그 중에 몇 개를 돌아볼 수 있겠지.

여자는 아파트에 관해 뭐라고 말했습니까?

1 시 중심에서 너무 멀다.
2 집세가 너무 비싸다.
3 좋은 지역에 있다.
4 건물이 매우 새 것이다.

어휘

家賃(やちん)が高(たか)い 집세가 비싸다 | 喜(よろこ)んで 기쁘게, 기꺼이 | 狭(せま)い 좁다 | 住(す)む 살다 | もっと 더, 더욱 | 安(やす)い 싸다 | 見(み)つける 발견하다, 찾다 | 市(し) 시, 도시 | 中心(ちゅうしん) 중심 | 離(はな)れる 떨어지다, 벗어나다 | 地域(ちいき) 지역 | 探(さが)す 찾다 | 必要(ひつよう) 필요 | 通勤(つうきん) 통근 | 残念(ざんねん) 유감스러움, 아쉬움 | 言(い)う通(とお)り 말한 대로 | 不動産屋(ふどうさんや) 부동산 소개업자 | 相談(そうだん) 상담 | 空(あ)く (시간이) 나다, (공간이) 비다, (구멍이) 생기다 | 回(まわ)る 돌다 | 遠(とお)い 멀다 | 建物(たてもの) 건물 | 新(あたら)しい 새롭다

03 정답 4

모의2-3-03.mp3

男の人と女の人が話しています。

M：このABC社の掃除機を1台購入したいと思っているのですが。棚には1台もないようですね。在庫はありますか。

F：申し訳ございません。ちょうど今朝、箱に入った最後の1台が売れました。申し訳ありませんが、唯一残っているのが、展示見本に使われているこの1台です。

M：うーん、それを売ってもらうことはできますか。どうしても今日必要なんです。

F：もちろんです。あいにく、所々に小さな傷がございます。それでもお買い上げいただけるのであれば、3千円の割引をさせていただきますよ。

女の人は何をすることを申し出ていますか。

1 オフィスを掃除する

2 商品の返品を受け付ける
3 ほかの商品を注文する
4 割引をする

해석
남: 이 ABC 사의 청소기를 1대 구입하고 싶은데요. 선반에는 한 대도 없는 것 같네요. 재고는 있습니까?
여: 죄송합니다. 막 오늘 아침에, 상자에 들어 있는 마지막 한 대가 팔렸습니다. 죄송하지만, 유일하게 남아있는 게 전시 견본으로 사용되고 있는 이 한 대입니다.
남: 음, 그것을 살 수는 있습니까? 꼭 오늘 필요하거든요.
여: 물론입니다. 하지만 작은 흠집들이 있습니다. 그래도 구매를 해주신다면, 3천 엔 할인을 해드리겠습니다.

여자는 무엇을 하는 것을 제안했습니까?
1 사무실을 청소하다
2 상품의 반품을 접수하다
3 다른 상품을 주문하다
4 할인을 해 준다

어휘
掃除機(そうじき) 청소기 | 購入(こうにゅう) 구입 | 棚(たな) 선반 | 在庫(ざいこ) 재고 | ちょうど 꼭, 정확히, 마침, 방금, 막 | 今朝(けさ) 오늘 아침 | 箱(はこ) 상자 | 最後(さいご) 최후, 마지막 | 売(う)れる 팔리다 | 唯一(ゆいいつ) 유일 | 残(のこ)る 남다 | 展示(てんじ) 전시 | 見本(みほん) 견본, 샘플 | 使(つか)う 쓰다, 사용하다 | 売(う)る 팔다 | あいにく 공교롭게도, (때)마침 | 所々(ところどころ) 여기저기, 군데군데 | 小(ちい)さな 작은 | 傷(きず) 상처, 흠집 | 買(か)い上(あ)げ 구매, 사들임 | 割引(わりびき) 할인 | 申(もう)し出(で)る 자청해서 말하다, 신고하다 | 商品(しょうひん) 상품 | 返品(へんぴん) 반품 | 受(う)け付(つ)ける 접수하다, 받아들이다 | 注文(ちゅうもん) 주문

문제4 문제4에서는 그림을 보면서 질문을 들으세요. 화살표(→)가 가리키는 사람은 뭐라고 말합니까? 1~3 중에서 가장 알맞은 답을 하나 고르세요.

01 정답 2 모의2-4-01.mp3

男の人が自分の携帯電話を探しています。何と言いますか。
1 何かを無くしたのですか。
2 このあたりで携帯電話を見かけませんでしたか。
3 明日、私が電話します。

해석
남자가 자신의 휴대 전화를 찾고 있습니다. 뭐라고 말합니까?
1 무언가를 잃어버렸습니까?
2 이 주변에서 휴대 전화를 못 보셨습니까?
3 내일, 제가 전화하겠습니다.

어휘
携帯電話(けいたいでんわ) 휴대 전화 | 探(さが)す 찾다 | 無(な)くす 없애다, 잃다, 분실하다 | あたり 근처, 부근, 주위 | 見(み)かける 눈에 띄다, (언뜻) 보다

02 정답 3 모의2-4-02.mp3

女の人が部長に書類のコピーを頼まれました。何と言いますか。
1 はい、書類は今日中に作りなおしておきます。
2 すみません、この書類を人数分コピーをしてもらえませんか。
3 かしこまりました。書類のコピーは何部必要ですか。

해석
여자가 부장에게 서류 복사를 부탁받았습니다. 뭐라고 말합니까?
1 네, 서류는 오늘 중으로 다시 만들어 놓겠습니다.
2 죄송합니다, 이 서류를 사람 수 만큼 복사해 주실 수 없겠습니까?
3 알겠습니다. 서류 복사는 몇 부 필요합니까?

어휘
書類(しょるい) 서류 | 頼(たの)む 부탁하다 | 作(つく)りなおす 다시 만들다 | 人数分(にんずうぶん) 사람 수 만큼 | 何部(なんぶ) 몇 부 | 必要(ひつよう) 필요

03 정답 1 모의2-4-03.mp3

女の人が男の人を食事に誘います。何と言いますか。
1 昼食を食べに行きませんか。
2 食事は楽しみましたか。
3 すみません、今、すごく忙しいんです。

해석
여자가 남자를 식사에 청합니다. 뭐라고 말합니까?
1 점심 먹으러 가지 않겠습니까?
2 식사는 즐거우셨습니까?
3 죄송합니다. 지금, 너무 바쁩니다.

어휘
食事(しょくじ) 식사 | 誘(さそ)う 권하다, 꾀다 | 昼食(ちゅうしょく) 점심 | 楽(たの)しむ 즐기다 | すごく 굉장히, 대단히 | 忙(いそが)しい 바쁘다

04 정답 1 모의2-4-04.mp3

部屋の中がすごく暑いです。何と言いますか。
1 エアコンをつけてもいいですか。
2 窓を閉めたほうがいいですか。
3 ドアは開けてありますよ。

해석
방 안이 너무 덥습니다. 뭐라고 말합니까?
1 에어컨을 켜도 되겠습니까?
2 창문을 닫아도 되겠습니까?
3 문은 열려 있습니다.

어휘

部屋(へや) 방 | 暑(あつ)い 덥다 | エアコンをつける 에어컨을 켜다 | 窓(まど) 창문 | 閉(し)める 닫다 | 開(あ)ける 열다

문제 5 문제5에서는 문제에 아무것도 인쇄되어 있지 않습니다. 먼저 이야기를 들으세요. 그러고 나서 이야기를 듣고, 문제용지의 1~3 중에서 가장 알맞은 답을 하나 고르세요.

01 **정답 3** 모의2-5-01.mp3

あなたと森さんは以前一緒に働いたことがあったのではありませんか。

1 彼女と働ければうれしいです。
2 彼女は午前中、あなたに連絡するはずです。
3 私たちは二人とも以前営業部で働いていました。

해석

당신과 모리 씨는 예전에 같이 일한 적이 있지 않았습니까?

1 그녀와 일한다면 기쁘지요.
2 그녀는 오전 중에 당신에게 연락 할 것입니다.
3 우리들은 둘 다 예전에 영업부에서 일했습니다.

어휘

以前(いぜん) 이전, 옛날 | 一緒(いっしょ)に 같이, 함께 | 働(はたら)く 일하다 | 嬉(うれ)しい 기쁘다 | 午前中(ごぜんちゅう) 오전 중 | 連絡(れんらく) 연락 | 営業部(えいぎょうぶ) 영업부

02 **정답 3** 모의2-5-02.mp3

入場料はいくらですか。

1 ええ、そうでした。
2 クレジットカードで。
3 大人は2千円です。

해석

입장료는 얼마입니까?

1 네, 그랬습니다.
2 신용카드로.
3 어른은 2천 엔입니다.

어휘

入場料(にゅうじょうりょう) 입장료 | クレジットカード 신용카드 | 大人(おとな) 어른, 성인

03 **정답 2** 모의2-5-03.mp3

ワークショップはいつ行われますか。

1 はい、私は残業しなくてはなりませんでした。
2 次の火曜日だと思います。
3 市の中心街にあります。

해석

워크숍은 언제 합니까?

1 네, 저는 야근하지 않으면 안 되었습니다.
2 다음 주 화요일이라고 생각합니다.
3 시의 중심가에 있습니다.

어휘

ワークショップ 워크숍 | 行(おこな)う 하다, 실시하다 | 残業(ざんぎょう) 잔업, 야근 | 次(つぎ) 다음 | 火曜日(かようび) 화요일 | 市(し) 시 | 中心街(ちゅうしんがい) 중심가

04 **정답 3** 모의2-5-04.mp3

あなたに電話で連絡しましょうか。それともオフィスに寄りましょうか。

1 私のことはジュンと呼んでください。
2 はい、これが契約書です。
3 どちらでも結構です。

해석

당신에게 전화로 연락을 드릴까요? 아니면 회사로 들를까요?

1 저는 준이라고 불러주세요.
2 네, 이것이 계약서입니다.
3 어떻게 하셔도 좋습니다.

어휘

電話(でんわ) 전화 | 連絡(れんらく) 연락 | それとも 아니면 | オフィス 오피스, 회사 | 寄(よ)る 다가서다, 들르다 | 呼(よ)ぶ 부르다 | 契約書(けいやくしょ) 계약서 | 結構(けっこう) 훌륭함, 좋음, 충분함 , 꽤, 상당히

05 **정답 3** 모의2-5-05.mp3

今日はどうしてスーツを着てるんですか。

1 今すぐはできません。
2 彼は少し遅れるそうです。
3 今日の午後結婚式に出席するのです。

해석

오늘은 왜 슈트를 입고 있어요?

1 지금 바로는 할 수 없습니다.
2 그는 조금 늦는다고 합니다.
3 오늘 오후 결혼식에 출석합니다.

어휘

どうして 왜, 어째서 | スーツ 슈트, 양복 | 着(き)る 입다 | 今(いま)すぐ 지금 바로 | 少(すこ)し 조금, 약간 | 遅(おく)れる 늦다 | 午後(ごご) 오후 | 結婚式(けっこんしき) 결혼식 | 出席(しゅっせき) 출석

06 **정답 1** 모의2-5-06.mp3

かぎが見つかりません。
1 バッグを探しましたか。
2 正しいものを見つけるのは難しかったです。
3 残念ながら、それをミスしました。

해석
열쇠가 어디 있는지 찾을 수 없어요.
1 가방을 찾아보셨어요?
2 맞는 것을 찾는 것은 어려웠습니다.
3 아쉽지만, 그것을 실수했습니다.

어휘
鍵(かぎ) 열쇠 | 見(み)つかる 들키다, 찾게 되다 | バッグ 가방 | 探(さが)す 찾다 | 正(ただ)しい 바르다, 옳다 | 見(み)つける 발견하다, 찾다 | 難(むずか)しい 어렵다 | 残念(ざんねん)ながら 아쉽지만, 유감스럽지만 | ミス 미스, 실수, 실패

07 **정답 2** 모의2-5-07.mp3

もしお待ちになるのであれば、どうぞお座りください。
1 実は、家にいくつかあるのです。
2 ありがとうございます。ご遠慮なく。
3 いいえ、まったく。

해석
혹시 기다리고 계신 것이면, 이쪽에 앉으십시오.
1 사실은, 집에 몇 개인가 있습니다.
2 고맙습니다. 사양하지 않고 앉겠습니다.
3 아니오, 전혀.

어휘
もし 만약, 혹시 | 待(ま)つ 기다리다 | 座(すわ)る 앉다 | 実(じつ)は 사실은 | いくつ 몇, 몇 개, 얼마 | 遠慮(えんりょ) 사양함, 조심함, 삼감 | 全(まった)く 전혀, 완전히, 정말로

08 **정답 1** 모의2-5-08.mp3

今日は少し早く帰ってもいいですか。
1 すべて終わっていればいいですよ。
2 コンピュータの横に置いておきました。
3 たいてい5時に帰ります。

해석
오늘은 조금 일찍 돌아가도 되겠습니까?
1 전부 다 하셨다면 좋습니다.
2 컴퓨터 옆에 놓아두었습니다.
3 대체로 5시에 돌아갑니다.

어휘
少(すこ)し 조금, 약간 | 早(はや)く 빨리, 급히 | 帰(かえ)る 돌아가(오)다 | 全(すべ)て 모두, 전부 | 終(お)わる 끝나다 | 横(よこ) 가로, 옆 | 置(お)く 놓다, 두다 | 大抵(たいてい) 대개, 대부분

09 **정답 2** 모의2-5-09.mp3

このあたりで携帯電話を見かけませんでしたか。
1 明日電話します。
2 なくしたのですか。
3 それは使いにくいと思いました。

해석
이 근처에서 휴대 전화 못 보셨어요?
1 내일 전화하겠습니다.
2 잃어버렸습니까?
3 그건 사용하기 어렵다고 생각합니다.

어휘
辺(あた)り 근처, 부근, 주위 | 携帯電話(けいたいでんわ) 휴대 전화 | 見(み)かける 눈에 띄다, 보다 | 明日(あした) 내일 | 無(な)くす 없애다, 잃다 | 使(つか)いにくい 사용하기 어렵다

N3　模擬テスト　言語知識(文字・語彙)　解答用紙

受 験 番 号 Examinee Registration Number		名 前 Name	

問 題 1				
1	①	②	③	④
2	①	②	③	④
3	①	②	③	④
4	①	②	③	④
5	①	②	③	④
6	①	②	③	④
7	①	②	③	④
8	①	②	③	④

問 題 2				
9	①	②	③	④
10	①	②	③	④
11	①	②	③	④
12	①	②	③	④
13	①	②	③	④
14	①	②	③	④

問 題 3				
15	①	②	③	④
16	①	②	③	④
17	①	②	③	④
18	①	②	③	④
19	①	②	③	④
20	①	②	③	④
21	①	②	③	④
22	①	②	③	④
23	①	②	③	④
24	①	②	③	④
25	①	②	③	④

問 題 4				
26	①	②	③	④
27	①	②	③	④
28	①	②	③	④
29	①	②	③	④
30	①	②	③	④

問 題 5				
31	①	②	③	④
32	①	②	③	④
33	①	②	③	④
34	①	②	③	④
35	①	②	③	④

N3 模擬テスト 言語知識(文法)・読解 解答用紙

受験番号 Examinee Registration Number		名前 Name	

問題 1				
1	①	②	③	④
2	①	②	③	④
3	①	②	③	④
4	①	②	③	④
5	①	②	③	④
6	①	②	③	④
7	①	②	③	④
8	①	②	③	④
9	①	②	③	④
10	①	②	③	④
11	①	②	③	④
12	①	②	③	④
13	①	②	③	④

問題 2				
14	①	②	③	④
15	①	②	③	④
16	①	②	③	④
17	①	②	③	④
18	①	②	③	④

問題 3				
19	①	②	③	④
20	①	②	③	④
21	①	②	③	④
22	①	②	③	④
23	①	②	③	④

問題 4				
24	①	②	③	④
25	①	②	③	④
26	①	②	③	④
27	①	②	③	④

問題 5				
28	①	②	③	④
29	①	②	③	④
30	①	②	③	④
31	①	②	③	④
32	①	②	③	④
33	①	②	③	④

問題 6				
34	①	②	③	④
35	①	②	③	④
36	①	②	③	④
37	①	②	③	④

問題 7				
38	①	②	③	④
39	①	②	③	④

N3 模擬テスト 聴解 解答用紙

受 験 番 号 Examinee Registration Number		名 前 Name	

問 題 1				
1	①	②	③	④
2	①	②	③	④
3	①	②	③	④
4	①	②	③	④
5	①	②	③	④
6	①	②	③	④

問 題 2				
1	①	②	③	④
2	①	②	③	④
3	①	②	③	④
4	①	②	③	④
5	①	②	③	④
6	①	②	③	④

問 題 3				
1	①	②	③	④
2	①	②	③	④
3	①	②	③	④

問 題 4				
1	①	②	③	④
2	①	②	③	④
3	①	②	③	④
4	①	②	③	④

問 題 5				
1	①	②	③	④
2	①	②	③	④
3	①	②	③	④
4	①	②	③	④
5	①	②	③	④
6	①	②	③	④
7	①	②	③	④
8	①	②	③	④
9	①	②	③	④

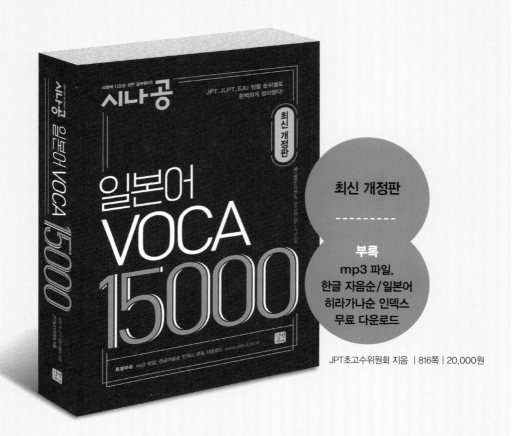

최신 경향을 완벽 반영한 JLPT N3 합격대비 종합서!

❶ 2010~2017 최신 기출 한자&기출 어휘 공개

❷ 핵심 한자 400자, 핵심 어휘 약 2,000어, 핵심 문법 150개 총정리

❸ 출제경향에 딱 맞춘 완벽대비 문제 총 648문항＋실전 모의고사 2회분

❹ 저자 직강 전체 음성 강의 무료 제공

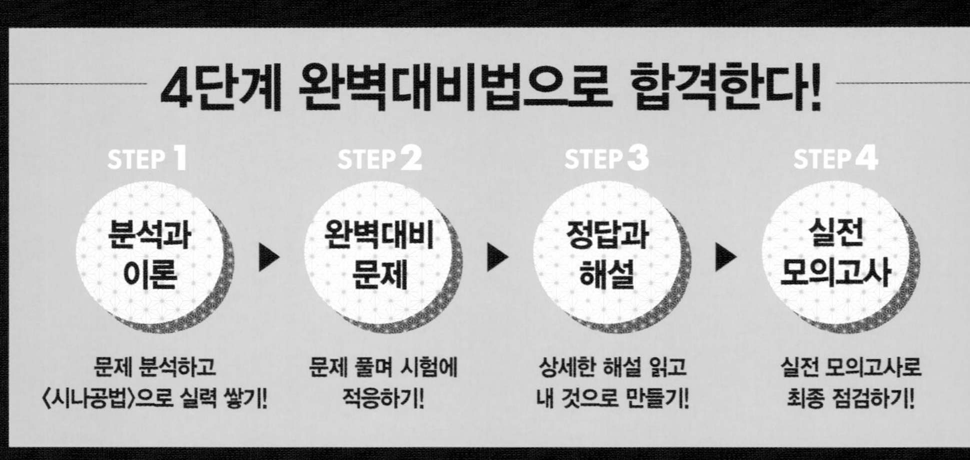

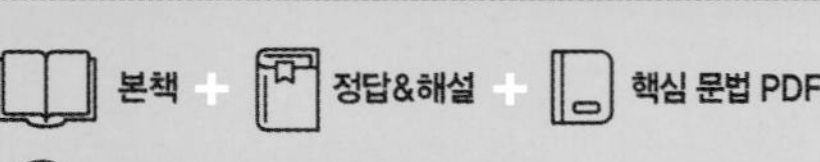

03730

9 791159 241796

ISBN 979-11-5924-179-6

시나공 JLPT N3

Crack the Exam! JLPT for Level N3

값 24,000원